山那边

——刘庆山教育思路节选

刘庆山 著

天津出版传媒集团

天津人民出版社

图书在版编目（ＣＩＰ）数据

山那边：刘庆山教育思路节选 / 刘庆山著. -- 天
津：天津人民出版社，2023.12
ISBN 978-7-201-19925-2

Ⅰ.①山… Ⅱ.①刘… Ⅲ.①教育—随笔—中国—文
集 Ⅳ.①G52-53

中国国家版本馆 CIP 数据核字(2023)第 206829 号

山那边：刘庆山教育思路节选
SHAN NA BIAN:LIUQINGSHAN JIAOYU SILU JIEXUAN

出 版	天津人民出版社	
出 版 人	刘 庆	
地 址	天津市和平区西康路35号康岳大厦	
邮政编码	300051	
邮购电话	（022）23332469	
电子信箱	reader@tjrmcbs.com	

责任编辑	佐 拉
封面设计	汤 磊

印 刷	北京虎彩文化传播有限公司
经 销	新华书店
开 本	710毫米×1000毫米 1/16
印 张	36.25
插 页	2
字 数	700千字
版次印次	2023年12月第1版 2023年12月第1次印刷
定 价	198.00元

目　录

序　言

做教师团队的首席——邢台市七中校长刘庆山

如果说学校是一艘大船,那么他就是这艘大船的船长。在邢台教育的发展大潮中,是他,审时度势、乘风破浪、勇立潮头、迎难而上,带领邢台七中创造了一个又一个辉煌。

身为一校之长,他公正民主,用心呵护着每一位师生的健康成长。他千方百计提高教师的业务能力,实施素质教育工程,为万千学生插上飞翔的翅膀。

见过他的人都说:他,温文尔雅,充满亲和力。与他共过事的人更了解:他,睿智理性,果敢里蕴藏着刚强。他犹如一块磁铁,有着巨大的人格魅力磁场。他用出色的领导才能和公正廉洁的言行,为全校师生树立了榜样,以他的默默奉献和扎实苦干,赢得了广大师生的尊敬和赞扬。

他领导学校 12 年中 8 次夺得邢台市中考状元,美术高中已成为全国美术高等院校的优秀生源基地,办学成绩在邢台美术教育界遥遥领先。他就是"全国十二五规划课题实验学校优秀校长""国家级中小学图书馆管理工作先进个人""河北省优秀教师""河北省中小学骨干校长""河北省家长学校优秀教师""河北省教育学会会员先进个人""邢台市劳动模范""邢台市中小学德育工作标兵",邢台市第七中学校长刘庆山。

一、"当一名合格的人民教师"

1985 年,年仅 20 岁的刘庆山踏上了三尺讲台,当上了班主任。"当一名合格的人民教师"是他初为人师的梦想。

为了这个朴素的梦想,他倾注了全部的时间、心血和智慧,在学校到校前十名统计中,每一次都名列前茅,成为教职工学习的楷模;在教学中,他爱生如子,始终践行"学高为师,身正为范"的信条,做到了"以情育人""以情感人",在学校举行的一年一走动式管理,实现近距离服务。同时加强干部队伍建设,实行中层干部动态管理,进行量化考核,根据个人特长和工作需要实行轮岗转岗。一系列举措打造了一支"高效廉洁、勤奋肯干、开拓进取、执行力强"的管理团队和一支"师德高尚、业务精湛、作风优良、充满活力"的教师队伍。

教书育人,德育先行。为此他围绕着新时期美术生的特点来创造性地开展德育工作,坚持以社会主义核心价值观为指导,制定了邢台七中师生"十荣十耻"标准;他摸索出"三三三"德育管理模式,突出对学生的养成教育,培养学生良好的行为习惯、学习习惯和生活习惯;他努力把德育工作与学生的学习、宿舍生活、食堂就餐、师生关系、同学交往、班级活动、公益劳动、跑操、体育课等细小的方面结合起来,使师生都能在生活、工作、学习中,发现美、欣赏美、表现美、实践美,提升德育层次和效果;他组织开展"进楼即静,入室即学""文明使者伴我行""一生两特长、一班三节目、一级两套操"和"七个一百素质教育工程"等德育活动,积极开辟百花文学社、小记者广播站、动感音乐团、快乐运动吧、扬帆书画院、阳光服务社等学生第二课堂,完善"七星达人"学生评价考核体系,实现了七彩校园中,人人有特长、班班有特点、年级有特色。

五、"当一名解决问题的校长"

刘庆山接任七中校长后,调研发现学校美术高中部,校舍年久失修、管理粗放、人心涣散、学生流失严重。如何让邢台市唯一一所被教育局命名的美术高中焕发出更加夺目的光彩?一个沉甸甸的课题压在他的心头。

他为美术高中部准确定位:职业教育,不是没有出路,而是急待大力发展,我们必须正视困难,迎难而上,办好美术高中。

为此,他千方百计筹措资金,大力改善办学条件。学校先后建成了高标准食宿综合楼,完成两个校园塑胶操场铺设,对三个校区进行绿化、硬化、亮化以及水电暖等配套体系的改造优化;更新现代化的教学设备,为所有教室、画室安装交互式白板,大大提高了课堂教学效率;更新电脑,配备高标准的微机室,安装了先进的监控平台,实现了全方位的网络监控;为教师配备手提电脑,建设图书室、阅览室、音乐活动室、美术活动室、机器人探究室,满足了现代化教学需要。为了给学生以美的熏陶和浸染,刘庆山校长还非常注重学校文化的营造,使其不仅有绿树成荫、百花相映的自然之美,更有丰富的人文内涵和强烈的感染力,使得校园面貌日新月异,为学校跨越式发展抢占了先机。

学校的老师总是这样说："他太忙了，每天第一个到校的总是他，如果6点多收到短信和邮件，准是刘庆山校长发的。"尽管累，但刘庆山乐此不疲，学生每天进步，他就开心；学校老师获奖，他就高兴；家长满意，他就欣慰；存在问题，他就全力解决。他说："让更多的孩子接受优质教育，是我们每一名教育工作者的职责所在，因此，每天的忙碌就觉得很有意义，怎么能偷懒呢？这么多年了，也习惯了，不忙反而觉得空落落的！忙，是一种责任，也是生活的充实。"

一位家长说，耳闻不如一见，当初在决定是否让自己的孩子上七中美高时，曾连续多天站在学校的门口，看到学生每天进进出出校门时的表情和神态，这位家长悬着的一颗心终于放了下来。因为她发现七中学生都很有礼貌，阳光、自信。事实证明，孩子选择上七中是对的。现在，孩子不仅能每天保持良好的心态学习文化课和专业课，还通过学校丰富的社团活动锻炼和提高了能力。

众口一词，刘庆山得到了学生、家长和教师的一致认同。因为他这个校长，是真正能帮学校、老师、学生解决问题的，是学生和家长心目中的好校长。

六、"当一名让师生幸福的校长"

刘庆山来七中五年间使学校发生了翻天覆地的变化，从焕然一新的校容校貌到特色浓郁的校园文化，从师资团队的专业成长到连年攀升的办学成绩。这一连串的成绩无不凝结着他的用心付出和执着追求，那就是"为了每一位师生的尊严，为了每一位师生的发展，为了每一位师生的幸福"。

他着力打造"大七中"文化，通过多元化评价体系、感动七中月度人物评选、小型体育文艺活动等活动让教师有归属感；通过为教师赠送生日蛋糕、组织教职工体检、看望慰问生病住院教师让教师有温暖感；学校通过为值班人员提供早餐、倡导包容、赞美、和谐、实干的大七中文化、组织参加心理培训让教师有幸福感。

艰难的工作历程，大事难事数不胜数，每一项工作刘庆山都亲力亲为，与全体干部教工干在一起，冲在一线。清晨，他迎接全校师生的亲切笑容；夜晚，校长室经久不息的灯光，已经成为激励全校师生辛勤工作、刻苦学习的不竭动力。在他的精神引领和感召下，人人都在为学校的发展出力献策，校园处处洋溢着奋斗者的激情，大家能吃苦、能战斗、能钻研、能奉献，在温馨、和谐的团队氛围中享受教育工作的幸福。

付出总会有回报，近年来邢台七中中高考成绩连创辉煌。尤其是2013年中考，邢台市状元、榜眼全在七中，全市前10名七中独占5名，优秀生人数和比例连续三年高居全市第一，12年来为邢台市贡献了8名中考状元。美术高中2013年高考，再创佳绩,耿雨燕同学以全国专业第一名被中央美院专业录取,多人被中央美院等全国美术院校录取,本科上线率达45%,七中美术高中已成为美术高等院校的生源基地。

"捧着一颗心来,不带半根草去。"这是著名教育家陶行知一生献身于教育事业的真实写照,也是刘庆山奋斗在教育战线上的座右铭。他以其扎实的工作作风和出色的工作成绩,得到社会各界人士的一致好评。他始终站在教育这一块精神高地上,守望着那个甜美的梦,谱写着一曲平凡而卓越的人生乐章。

第一章　校长致辞

第一节　开学典礼上的讲话

2011年春季开学典礼上讲话

同学们，老师们：

你们好，今天我们在这里集会，举行开学典礼仪式，目的有两个：一是向同学们、老师们汇报一下，我们学校上学期取得的成绩，以鼓舞大家的士气；二是对老师们、同学们提出新学期的奋斗目标、工作思路和措施及要求，希望同学们、老师们按照有关要求，再接再厉，再创佳绩。

我们学校办学总目标是，打造市区一流、省内知名优质初中，创建省级名牌美术高中。本学期的奋斗目标是，学校各项工作都要上台阶，中高考成绩在邢台市直中学排名各项评价指标都要晋档升位。围绕这个目标，我们全校师生都要团结一心，共同奋斗，勤奋刻苦，努力拼搏。同学们，要不怕苦，不怕累，拼命学习；老师们全心全意、聚精会神，搞好教学；各处室管理人员一心一意，热情周到地为一线服务好。

作为校长，我的职责就是帮着老师把课上得一天比一天好，帮着老师让学生的考试成绩一次比一次高，帮着同学们一天比一天更爱学习，让校园班级的环境一天比一天更干净整齐、优美。老师和同学们一天比一天进步，在七中生活、学习、工作三年之后，同学们考上自己理想的学校，老师们收获一份份同学们被理想学校录取的喜报。到那个时候，我会和你们一起分享人生拼搏奋斗的乐趣，吹响人生重新启航的号角。

同学们，我来七中的时间还没有你们长，2010年11月22日，我才来到这个学校，也可以说是一个新人、新老师、新学生。时间很短，但经过我细心地观察和了解，我发现七中是一个非常值得热爱的学校，我现在已经爱上了这所学校。

七中有四十多年的办学历史，曾经取得了辉煌的办学成绩，为祖国现代化建设事业培养了一大批优秀的人才，为近万个家庭培育了一个又一个懂事好学、尊敬师长、学有所成、讲文明有出息的学生，受到了社会各界和上级领导的交口称赞。目前的七中初中在市区是一所热点学校，家长们都以把孩子送到七中上学为荣。高中美术特色已成为邢台市的名牌，吸引了许多学生来我们的美高就读，每年考上名牌美术学院的学生越来越多，而且总人数在邢台市名列前茅。

为什么会有如此骄人的成绩？一是因为同学们的家长非常重视你们的学习和学业，为了你们上一所好学校，有一个好成绩，将来有一个好前途，他们可以说是不遗余力、全力以赴；二是因为同学们都有一种勤奋刻苦的学习精神；三是因为七中有一批爱岗敬业、无私奉献、爱七中、爱学生、爱教学的优秀教师队伍；四是因为有一支懂管理、敢管理、善于管理、严于管理、热心为教师和学生服务的领导团队。这四个方面形成合力，才让我们有了今天的优异成绩。

同学们，最后我想告诉你们一个成功的秘诀，共有三句话，希望同学们牢记在心：

（1）你们的父母和老师非常爱你们，都希望你们有一个美好的未来。

（2）你们走向成功的道路，早已有无数的成功人士为你们踩出来了，这条路的名字叫勤奋，请同学们早点走上这条通往成功之路。

（3）无论你们能不能走到成功的终点，我和你们的老师都会为你们加油喝彩，因为条条道路都通向成功，总有一条适合你们的成功之路。

谢谢大家！

2011 年春

2011 年秋开学典礼上的讲话

老师们、同学们：

大家好。今天下午我们在整修一新的操场上隆重集会，举行新学期开学典礼。目的有三个：一是欢迎新同学；二是表彰上学期评选出的优秀教师和学生；三是向全体师生提出新学期的希望和要求。

老师们，同学们：我们学校刚刚送走了 3900 余名初三高三优秀毕业生，又迎来了 1200 余名新初一高一年级的新同学和 7 名新老师，在此，我代表学校全体师生对新老师和新同学加入我们这个七中大家庭，光荣地成为七中人，表示热烈的欢迎。同时，值此第 27 个教师节到来之际，我也衷心祝愿全体教师精神愉快，身体健康，工作顺利;祝同学们在七中的大家庭里天天快乐,学习进步!

邢台七中是一所历史悠久,文化底蕴深厚,办学成绩优异,社会声誉极高,优秀学生向往的热点学校。目前,学校有教职工2354人,63个教学班,其中初中45个,高中18个在校生人数达3400人,拥有三个校区,占地84亩,是一所集初中与美术高中于一体的完全中学。

老师们、同学们,七为什么会有如此辉煌的历史和骄人的成绩呢? 我认为主要有三个关键因素:一是七中有一批爱岗敬业、无私奉献、爱拼敢赢、博学善教、业务精湛的优秀老师队伍;二是七中有一批志向远大、勤奋好学、敢于吃苦、尊师守纪、文明懂事的优秀学生;三是七中有一支团结和谐、尊重老师、爱护学生、热情服务、能抓善管、敢为人先、追求卓越的领导班子和中层管理团队。除此之外,我们学校取得的每一点成绩,都离不开上级部门的正确领导和大力支持,离不开社会各界和同学们的家长对七中的无比信任和鼎力相助,在此,我代表学校领导班子向为七中快速发展奉献出自己聪明才智、心血和汗水的老师们、同学们,向关心支持我校工作的上级部门领导、社会各界友好人士和学生家长表示衷心的感谢。

老师们、同学们,新学期、新学生、新面孔、新机遇、新挑战,一个"新"字给了我们太多的新鲜和感动,如何度过未来的新学期呢? 下面我想向全体老师和学生提出三点希望。

一是要培养一个好习惯。七中要求每一个学生要养成良好的行为习惯、学习习惯和生活习惯。具体到本学期的工作要点,就是要求老师和学生一起养成"进楼即静,入室即学"的好习惯。这既是对大家行为习惯的要求,也是对大家学习习惯的要求。"进楼即静"就是要求大家不管进学校的哪座楼,都要做到在大厅、在走廊走路要轻声慢步,昂首挺胸,文质彬彬,不跑不跳,不大喊大叫,不追逐打闹;要始终想到别人在学习,别人在拼搏,我不能干扰别人,要给别人创造一个安静的学习工作环境,体现出自己优良的品质和文明的素质。"入室即学"就是要求大家进了教室就进入学习状态,读书、做题、预习、复习,不做与学习无关的事,在教室里营造一种浓厚的学习氛围。一个班班风好不好,就看一个班学习氛围浓不浓,这是衡量一个班学生懂不懂事,班主任和任课老师能力强不强的重要指标。我希望,老师们从抓培养学生"进楼即静,入室即学"这一基本习惯入手,严格要求,检查督促到位,指导纠正及时,让学生在最短时间内养成这个习惯。

二是要掌握一种高效的学习方法。这个学习方法是"两先两后一小结",具体来说就是先预习后听课,新复习后作业,一周一小结。好的学习方法能让你快速提高学习成绩。咱们学校今年的中考状元张力培和其他 12 名优秀学生在谈到自己的学习经验时，都说到了这个学习方法。先预习，找问题，带着问题听老师讲课，听课的针对性就强，同时也培养了自学能力。在做作业之前，先把老师课上讲的内容和书上的例题再复习一遍，然后再做练习题，会非常容易。每到周末，老师出一些周测题，同学们先把一周内学习过的东西，复习总结一遍，列出知识点提纲，把一些重要的定理、原理、公理、公式要点等要争取背过。牢记在心，用的时候不紧张，打牢基础，掌握住基本知识和技能，考试的时候才能考高分，不丢分，不留遗憾。

老师们，有一句俗语：师傅领进门，修行在个人。如何把学生领进门，能不能把学生领进门，是我们每一个老师必须思考和反思的问题。教会学生学习方法，是领进门的关键所在。所以，老师们从开学第一天起，从上的第一节课开始，就要把教会学生科学正确高效的学习方法作为一项重要任务，渗透在教学的每一个环节。"授之以鱼，不如授之以渔"，给学生一条鱼，不如教给学生打鱼的方法，就是这个道理。除了方法，还要平时反复强调，严格要求，认真训练养成习惯。

三是要坚持每天一小时锻炼。老师们，同学们，有一个好身体，才会有一个好心情，有一个好心情，才有心思有力气学习工作，学习工作时才有灵感，效率效果才会高。所以，同学们、老师们，每天要坚持一小时的体育锻炼把身体锻炼得壮壮的，棒棒的，然后全身心地投入到学习工作中去。为此，我们希望，老师一是自己有锻炼意识，抽时间就活动活动；二要组织学生开展丰富多彩的课外活动、体育运动，做到劳逸结合。安排好运动和学习的时间，不要因为运动过度而耽误学习，也不要因为工作学习而把身体搞垮了。学习锻炼两不耽误，身体好是为了更好的工作学习，这个关系一定要处理好。

老师们、同学们，"一年好景君须记，正是橙黄橘绿时"。橙子黄了，橘子绿了，天高云淡，江山如画，正是一年中最美的时节。这两句诗是宋代大文学家苏轼勉励好友刘景文的千古名句，在此我转赠给全体师生，希望大家珍惜这大好时光，乐观向上。聚精会神抓学习，一心一意多做题，专心致志读好书，期中期末争第一。

最后，祝老师们、同学们在七中这个美丽的校园幸福生活，舒心工作，快乐学习，健康成长！

2011 年 9 月 7 日

2013 年开学典礼上的讲话

各位老师、同学们：

　　大家下午好。寒假匆匆过去了，新学期又开始了。今天的开学典礼，我们表彰了优秀老师和学生、优秀班级和"七星达人"，这些老师和学生展示了我们七中的良好社会形象，为学校的发展做出了贡献。我代表学校向他们表示感谢，代表全体师生向他们表示衷心的祝贺。

　　2012 年，我校在中高考办学条件改善、师资队伍建设和学生管理方面都取得了很大成绩，获得近 20 项荣誉。2013 年，我们要再接再厉，大家共同努力，让学校在各方面工作再上一个新台阶，开创新局面。为此，提出三点希望。

　　一要重视安全。师生安全是学校稳定发展的基础。遵守交通规则，参加体育运动要服从老师口令，注意运动安全，课间在教室内或走廊要注意行走安全，不要追逐打闹，参加学校组织的义务劳动，要注意劳动安全。同学们时时刻刻要注意安全。首先要学会自我保护，第一不要到有危险的地方活动，不要进入施工现场，不要攀越栏杆等。第二不要和校外那些好打架斗殴的人交往接触。第三遇到有人要伤害你，一要马上躲避，二要及时报警或向老师报告，千万不要和他们发生纠纷。在学校，同学之间要互助友爱，互相宽容，不要因为一点小事就发生矛盾。

　　老师们，重视学生安全是为师者的重要职责和任务，要做学生安全的保护神。平时，要多给学生讲一些安全自护的知识和技能，尽到告知的责任，同时要加强对后进生的管理，及时发现苗头，把学生之间的矛盾解决在萌芽状态。还要文明执教，建立良好的师生关系。

　　二要遵规守纪。遵规守纪是一个学生文明素质的体现。从严管理，对学生健康成长非常有利。校有校规，班有班纪。没有规矩，不成方圆。一个集体没有纪律，就会一盘散沙。我们学校给同学们一个基本要求就是"进楼即静，入室即学"，意思就是说，同学们无论走进咱们学校的哪一座楼都要轻声慢步，稳稳当当地走路，不影响别人。进了教室就读书学习，预习，做题，营造一个良好的学习环境。

　　学校制定了很多规章制度，有学习方面的，有行为习惯方面的，有生活运动方面的。希望同学们做一个讲文明懂礼貌的优秀学生。

　　三要学会学习。学习是每个学生的天职，作为学生最基本的任务就是学习。同学们既然来到学校，就要认认真真学习，学习就是读书听讲做作业。在学习过程中要按照老师的要求,培养自主学习能力。目前,我校还在进行高效课堂改革,上课时使用导学案,目的在于培养同学们的自主学习能力。另外,学校还要求同学们掌握一种高效的学习方法,即"两先两后一小结",具体来说,就是"先预习,后听课;先复习,后作业;一周一小结"。只要同学们按照这样的方法去做,就一定会很快提高学习成绩的。这也是我校历届中考状元共同总结出来的学习方法。

同学们,七中是一所中考状元辈出的学校,也是一所美术特色学校,是名牌大学的生源基地,大家在七中学习,会受到许多名师的指点和教育,这是非常幸运的,衷心地祝愿大家在新的学年,新的学期,通过自己的辛勤努力,刻苦学习,取得优异成绩。祝愿初三高三的同学们把握好今后的一百天,奋力拼搏,埋头苦学,考上自己理想的高中和大学。

谢谢大家。

2013 年 9 月

2015 年秋季开学典礼上的演讲

敬爱的老师们、亲爱的同学们:

大家好!

1968 年 10 月,七中诞生了,至今有近 50 年的历史。现有三个校区,三个级部,有初中部、高中部和初三部,共有 4800 人。我校的初中是邢台市最好的初中,教学质量高;我校的高中是一所美术高中,独具特色,每年的高考本科上线率在邢台市名列第三名,而这些学生 90% 当年中考分数在 300 分以下,三年高中后能够考上本二大学,在邢台市只有七中美术高中能让学生做到。

今年有 860 名美术高中新生、890 名初一年级新生走进了七中这个大家庭,我们的老师和在校的 3060 名老同学都感到非常高兴。因为你们的加入,我们在学习上有了新同学,在生活上有了新朋友,在未来的人生道路上有了新同伴,我们的队伍更加壮大了,我们的力量更加强盛了,我们七中这个大家庭更加兴旺了。

同学们来到七中,就要明确自己的使命,你们在七中将要度过三年或六年时光。我们走进七中是来干什么的呢?我要明明白白地告诉大家:来到七中,要做好三件事。这三件事在我们学校大门口明明白白地写着,有的同学看到了记住了,有的同学却未必留心。这三件事就是我们著名教育家孔子的名言,子曰:"学而时习之,不亦乐乎?有朋友自远方来,不亦乐乎?人不知而不愠,不亦君子乎?"告诉我们:快乐学习,快乐交友,做个君子。

下面我就这三件事,给同学们谈谈我的体会。

第一,学而时习之,不亦乐乎? 意思是说,来到七中,首要任务就是学习,而且要把学习当成一件非常快乐的事。怎么做才叫学习? 怎么样学习才快乐呢? 孔子告诉我们,边学边习。学就是读书、听讲、做笔记;习就是把读书、听讲得到的知识、方法、理论,通过做作题进行巩固,直到完全掌握,考试的时候,能取得一个好成绩。

第二,有朋自远方来,不亦乐乎? 意思是说,来到七中,你们会结识很多新同学,要把和同学交朋友当成一件快乐的事。这些新同学来自不同的学校,为了一个共同目标——学习成才,报效国家,聚到了一起,新老同学要互相尊重、互相爱护、互相帮助、相互团结、相互合作,共同把学习搞好。掌握本领,为国家为社会做出贡献。

第三,人不知而不愠,不亦君子乎? 意思是说,我们在学校学习、交友的最终目的就是做人,做一个正人君子。什么是正人君子呢? 我们七中的标准就是有爱心、负责任、求真知、做真人。如何才能达到这个标准呢? 孔子告诉我们,在日常学习时,和同学、朋友、家长、老师及其别人交往中,可能会有许多误会和矛盾,这个时候,一定要学会多沟通、多交流,开诚布公、心平气和、不急不躁。如果做到了这些,还是解决不了误会和矛盾,也不要着急,要学会包容,学会理解别人,不能为了一点儿小事小矛盾小误会去打架斗殴。因为同学之间友情是第一位的,朋友之间要相互包容对方的缺点,朋友才能做得长远。同学是你一辈子的朋友,是一生当中没有血缘关系的亲人。珍惜同学之间的关系,你的一生才不会孤单,生活才会永远幸福。在与同学交往中,要付出真心,担起责任,共同学习,才能成为一个正人君子。

同学们,七中的校园有许多文化景观,大家要用心观察体会。一进校门的问天阁墙上有孔子行礼像和状元廊。正对大门升华雕塑底座上刻有"厚德、博学、尚美、健体"校训,四方园地告诉大家做人要方方正正。在教学楼和问天阁之间有一个"育才苑",里面种植有七种不同的树种,分别是杨柳枫桃李杏松。七种树共同处在一个园子里,高高低低,五颜六色,各具风格,象征我们的育人理念是让每一个学生都与众不同,让每一个学生都成为最优秀的自己,七彩七中,弘扬个性,健全人格,幸福人生。在我们的孔子文化广场北面,有一个孔子讲坛,伟大的思想家教育家孔子正襟危坐、和蔼可亲、儒雅可敬,告诉我们做人要做到十个字:"仁义礼智信温良恭俭让",这十个字做到了,你就是一个正人君子。

同学们,在我们每一个校园,到处都有宣传我们学校办学思想的标语,到处都有老师和学生亲手制作绘画的手抄报、学习专栏等作品。你们随处都可以了解我们七中辉煌的历史,灿烂的现在和美好的未来蓝图。

我希望同学们,珍惜这些景观,不破坏、多爱护、常思考,让七中文化像血液一样流进每一个师生的心里。

谢谢大家。

2015 年 9 月

2017 年新学期开学典礼上的讲话

尊敬的老师们、亲爱的同学们:

大家好!

在这个秋高气爽、收获满满的时节,我们迎来了放飞希望的新学期。今天,七中十五中联合校在这里隆重召开新学期开学典礼暨优秀师生表彰大会,目的就是告诉大家,七中有一大批优秀的老师和学生。你们选择七中,就选择了成功,就走进了一个充满活力、人才辈出的学校,就是要引领全校师生振奋精神、再鼓干劲,凝心聚力、再创辉煌。

我们欣喜地看到,初一高一的新生成了我校一股蓬勃的新力量,一道靓丽的风景线。看到你们期盼的目光,作为校长,我感到肩上责任的重大。在此,我对同学们的到来,表示热烈的欢迎,学校会因你们的到来而精彩无限,你们也会因选择了学校而成就未来。

同学们,当你们迈进学校的这一刻,我们就已经成了相亲相爱的一家人。无论你们取得进步,还是遇到挫折,老师都会与你们携手同行,分享你们的快乐,也分担你们的忧愁,成为你们坚强的后盾。每一位老师都会用满满的爱,陪伴你们幸福成长,助你们在蔚蓝的天空展翅翱翔。

今年五月,我们七中十五中实施了联合办学,让更多的学生享受到优质教育资源,遇到了好学校、好老师。如今,我校有四个校区,6000名学生,400余名老师。七中办学成绩优异、社会声誉极高,是优秀学子争相迈进的热点学校。我校大力深化教育教学改革,同心同德,奋力拼搏,走可持续发展之路,让每一位师生在七中都能大放异彩。

我校初中成绩斐然,被誉为"中考状元的摇篮",师生梦想放飞的乐园,美术高中声名显赫,优秀学子遍布祖国的五湖四海。奇迹的缔造,源于全体师生团结协作、锐意进取、顽强拼搏的奋斗精神。在第33个"教师节"来临之际,我代表学校向奉献在教育战线的全体教职员工表示衷心的感谢,真诚地说一句:"谢谢你们,你们辛苦了!学校教育事业,因你们而腾飞;每一名学生,因你们而翱翔。"

面对新的教育形势,我们将以培养学识渊博、培育可持续发展的人才为己任;努力贯彻"全人格教育"的理念,让每位学生拥有自信、勤奋、好学的优秀品质,具有自主发展、勇于创新的核心素养,成为栋梁之材。为此,我们给每位学生搭建展示精彩的舞台,开辟翱翔的天空,用真心和你们共同成长,走向光明的未来。

同学们,选择一所适合自己成长的好学校,遇见一位懂得尊重、理解、爱护你的好老师是一生的幸运。每年都有许多学生要求上七中,因为七中每年的中高考成绩都名列邢台市前茅,是邢台市最好的初中和美术高中。你们选择了七中和十五中联合校,会遇见大批尊重你、理解你、关爱你的好老师,请大家珍惜这样一个人生难得的机遇,听老师话,跟老师走,把学习作为自己的首要任务。抓住每一天、每一分、每一秒,起早贪黑多读书,只争朝夕做练习。不睡懒觉,不沉迷于网络游戏,不玩手机,把老师要求完成的作业,认认真真独立完成,确保每一科的学习都能取得优良的成绩。要积极参加学校组织各种社团社会实践活动,培养自己的兴趣和特长,提升全面素养。只有这样,在七中这个优秀的学校,你才能变得更优秀,实现自己的理想——高中梦、大学梦。

老师们,在你们的教育生涯中,最幸运的是莫过于遇见了一批听话、懂事、爱学习、守纪律的好学生,最如意的是这些学生在您三年辛辛苦苦的培育下,凭着优异的成绩,考入自己理想的高一级学校,走上工作岗位后,为国家、为社会做出伟大贡献,成为各行各业的领袖人物,成为对社会有用的人。

老师们,你们现在遇见的这一批学生,肯定不会让你们失望,他们具备你们所希望他们具备的一切潜质、潜能、潜力。《三字经》上说"子不教,父之过;教不严,师之惰"。学生好不好,全在老师教。只要你们有爱心,有耐心,有恒心,去挖掘、去发现、因材施教、循循善诱、诲人不倦,认真探索教育规律,备好、上好每一节课,督促要求每一个学生完成您的作业和任务,让他们养成良好的生活、学习、行为习惯,他们一定会变成最棒的学生。每一个优秀的学生都会成为每一位老师从教生涯中一朵最鲜最美的花朵,成为悬挂在自己胸前最耀眼的勋章,成为自己人生回忆录中最精彩的华章,充满甜蜜温暖,进而享受到更多老师的快乐和幸福,让您的人生无怨无悔,丰富多彩,回味无限。

同学们,新的学期开始了,父母为你买的新书包里装满了他们殷切的希望,学校给你发的新课本里写满了老师的期待,希望大家在新的学期取得新的进步、新的成绩。老师们,我们的节日虽然来了,可肩上的责任更加重了。让我们不忘初心、牢记使命,把每一个学生都教育好。

最后,祝老师们节日快乐,同学们在七中平安健康、学习进步!

谢谢大家。

2017 年 9 月 8 日

争先创优志存高远,不负韶华只争朝夕

——刘庆山校长在 2020 秋季开学典礼上的讲话

老师们、同学们:

大家好,今天是第 36 个教师节。教师节是党中央在 36 年前,专门为人民教师设立的节日。这体现了党中央对教育事业的高度重视,对教师的无比尊重,这是教师的光荣。我代表联合校领导班子和全体学生,向在场的老师们,向坚守岗位未能到场的南校区、西校区的老师们,表示节日的祝贺:祝大家节日快乐,幸福平安,工作顺利!

值此佳节吉日,我校隆重举行庆祝大会,表彰优秀教师和优秀学生,大力营造尊重老师、尊重知识、尊重优秀的浓厚氛围;激发我校师生志存高远、自信拼搏、文明向上的豪情；鼓励大家争先创优、追求卓越、成才报国，向着各自的人生目标奋勇前进，为学校争光，为社会添彩，也为祖国的富强而努力！

老师们，同学们，我们七中十五中联合校，在校生有七千余人，分布在和真苑、和善苑、和美苑、和慧苑四个校区。

在这个金秋时节，走进联合校的一千二百余名初一新生所在的是和善苑，期待同学们怀抱一颗和衷共济、善行天下的赤子之心，勿以善小而不为，勿以恶小而为之，团结友爱，互帮互助，共同进步。

还有一千三百余名高一新生也加入了我们的队伍，其中有 220 名普高新生，八百余名高二高三年级的同学们，在和真苑学习，希望你们和谐相处，求真务实，不断创新。

高一新生中有一千一百余名学生学习美术、体育、音乐、编导、播音、主持、空乘等专业，你们的世界在和美苑。和和美美、美美与共、成人之美、美在其中是老师送给同学们的祝福，真诚地希望你们一心向美，爱美画美，考上美院等理想院校，成才立业，成为富强民主文明和谐的中国美创造者。

另外，我们的初三年级师生在和慧苑，和能生慧，合作共赢。能够与周围的人与环境和谐相处的人，都是有大智慧的人，有大智慧的人才能成就一番大事业，为社会发展做出大的贡献。

同学们、老师们，"和谐求真，和谐行善，和谐向美，和谐生慧"，是我们联合校全体师生的共同追求。让我们大家一起积极践行社会主义核心价值观，实现自己的成才报国之梦、学校的为国育才之梦、祖国的繁荣昌盛之梦吧。

我们学校是一所初中教育质量一流、美术高中特色鲜明的优质热点品牌学校，是许多同学向往的理想学校，这里培育过 10 名中考状元、近五十名单科状元和一年比一年多的升入八大美院以及双一流大学的优秀美高学生。你们有幸凭借着自己的实力，跨进了这个有着辉煌办学历史的伟大学校！

今天，面对你们——新一届的同学们，看到你们即将担负起再续我校辉煌的重任，我感慨万千，作为你们的校长，作为你们的老师代表，深深感到责任重大、使命光荣、任务艰巨，真诚地希望我们师生同心，能一路相扶。同学们要牢记家长的期望，老师们要牢记党的嘱托，共圆每个学生的成才梦，每个老师的名师梦，我们大家的强国梦！

老师们，同学们，新学期，新希望，新目标，新动力，新的人生征程开始了。下面送给大家三句话，让我们共勉。

　　一是做一个有理想的人。有理想，犹如人生有了北斗星，前进路上装上了导航系统，还能给自己注入坚持不懈奋斗的动力；没有理想，则天天都生活在漆黑一团的世界，找不到人生的方向、发展的目标，更没有生活学习工作的动力，昏昏沉沉、无精打采、不知所措，在这里荒废三年或六年的大好时光，让自己的黄金时代变成一片荒凉的沙漠，一无所成，一无所得，一生悔恨。

　　9月8日，也就是前天，党中央隆重表彰了许多抗疫英雄，特别授予钟南山、张伯礼、张定宇、陈薇四位医学专家国家荣誉勋章，号召全国人民向他们学习。同学们，老师们，疾风知劲草，烈火见真金，危难之处显英雄，这四位获得国家勋章的老科学家、人民健康的卫士就是我们学习的榜样，他们都是有崇高理想的人，他们的理想就是为人民的健康事业奋斗终生。正因为他们有这样的理想，他们求学的时候勤奋刻苦，工作的时候精益求精，在今年年初武汉疫情最严重的时候不顾个人安危，挺身而出，逆风而行，与疫情赛跑，挽救了许许多多人的生命，为我们国家快速摆脱疫情、平稳恢复生产和社会秩序的稳定做出了巨大贡献，成为世界抗疫防疫的榜样和标杆，赢得了世界的尊重。

　　同学们，从今天起，如果你已经有了自己的理想，请你脚踏实地过好每一天，认认真真过好每一分钟，让你的理想在你早起的琅琅读书声里，在你埋头做的每一道题里，画的每一张画里，一点点地实现；如果你还没有明确目标和理想，请你务必马上确定下来，每天都大喊三遍以上，让理想逐渐变成自己的骨骼和血液，再变成具体的行动，拼命读书，努力做题，养成习惯！

　　今年有一位考上清华的同学说："如果严格按照老师的要求去做，执行到位，高考时考个六百四五十分没有问题。请同学们相信自己，相信老师，师生同心，其利断金！"

　　二是做一个充满自信的人。初一的同学们，你们大多数在小学就是非常优秀的学生，希望你们继续保持优秀，保持自信与阳光。来到七中十五中联合校，你们会遇到能让你们更加优秀的名师，你们一定要好好珍惜这大好机会，尊重你们的老师，共同努力，争取中考取得一个好成绩。

　　高一的同学们，我知道你们当中多数人，在这次中考中，没有考出理想的成绩，留下许多遗憾，也有许多委屈，甚至打击了你们的自信心。希望大家翻过这令你痛苦的一页，重新出发，来到这里，你一定能有一个不一样的人生。只要你坚强振作起来，无论你爱或不爱美术，有没有美术基础，这一切都无所谓，只要你有自己的理想，你就尽管自信起来，因为你在这里遇到的每一位老师都会对你充满信心，他们每年都能让许多中考成绩二三百分的学生考上大学,考上名牌大学,甚至清华美术学院、中央美术学院、中国美术学院等一流顶尖大学。我相信,只要你们听老师的话,跟着老师的步调走,每天认真完成老师布置的作业,三年后考上大学是没有任何问题的。同学们,考大学虽然不是你唯一成才的路,但是考上大学会让你未来成才有更加多的选择,能为你的人生开启更加精彩的世界奠定坚实的基础。

三是做一个文明守纪的人。现在我们正在创建文明城市,要求大家人人参与。人人文明,才有班级文明,学校文明,城市文明,国家文明。我们要文明出行,文明交往,文明学习,文明工作。

大家要做到文明,首先要牢记核心价值观,其次要遵规守纪,没有规矩,不成方圆。同学们,老师们,都要从遵守法律法规、遵守我们学校的各项规章制度、遵守班级的班规班纪做起,从讲卫生、懂礼貌、爱学习做起。希望无论新生,还是老生,都要经常学习学校的规章制度,养成遵规守纪的好习惯,为创建文明校园、文明城市做出自己应有的贡献。

同学们,青春易逝,时光如水,我们有幸相聚在七中十五中联合校,老师们有幸陪伴你们度过人生的黄金时代,我们一定会不遗余力奉献所有,为你们的成功助力。希望同学们不要辜负我们的一片苦心和爱心,用你们的实际行动,用三年后的优异成绩回报我们。你若安好,便是晴天;你若成功,我们无悔!

最后,再一次祝老师们节日快乐,万事顺意,徒弟成才,扬我威名!祝同学们不负韶华,只争朝夕,人人有出息,个个梦想成真!祝我们伟大的祖国富强民主文明和谐,祝我们的社会自由平等公正法治,愿我们每个人爱国敬业诚信友善!祝愿我们的学校平安和谐优质文明!

谢谢大家!

2020 年 9 月 21 日

强国有我,书写华章

——2021 秋季开学典礼上的讲话

老师们、同学们:

在这丹桂飘香、硕果满枝的金秋时节,我们全体师生相聚在美丽的校园,满怀喜悦地按下 2021 秋季新学年的开始键。首先,请允许我代表学校领导班子和全校师生,对以优异成绩进入我校学习的新高一、新初一的全体新同学表示热烈的欢迎!

今天是第37个教师节。教师节是党中央在37年前，专门为人民教师设立的节日。这体现了党中央对教育事业的高度重视，对教师的无比尊重，这是教师的光荣。我代表联合校领导班子和全体学生，向在场的老师们，也向坚守岗位未能到场的老师们，表示节日的祝贺：祝大家节日快乐，幸福平安，工作顺利！

值此佳节吉日，我校表彰优秀教师和优秀学生，大力营造尊重老师、尊重知识、尊重优秀的浓厚氛围；激发我校师生志存高远、自信拼搏、文明向上的豪情；鼓励大家争先创优，追求卓越，成才报国，向着人生目标奋勇前进。

老师们，同学们，我们七中十五中联合校有和真苑、和善苑、和美苑、和慧苑以及美高南校区等五个校区。在这个金秋时节，走进联合校的初一新生和部分初二学生所在的是和善苑，普高和部分初三学生在和真苑就读，美高一、高二的同学们在和美苑就读，部分初三、初二的同学们和慧苑学习，美高三的同学们在美高南校区就读。期待同学们怀抱一颗和衷共济、善行天下的赤子之心，团结友爱，互帮互助，共同进步；希望你们和谐相处，求真务实，不断创新；和和美美，美美与共，美在其中；和谐生慧，合作共赢。将来都能考上理想的高中和大学，成就一番大事业，为社会发展做出大的贡献，成为富强民主文明和谐的中国梦创造者。

我们学校是一所初中教育质量一流、美术高中特色鲜明的优质热点学校，是一所集义务教育、美术高中、普通高中于一体的完全中学，拥有151个教学班，在校生8500余名，教师600余名，是一所深受广大学生和家长赞扬，得到社会广泛认可的邢台市首选品牌学校。是许多同学向往的理想学校，优生辈出。初中教学质量在邢台市位居前列，中考优秀生率名列第一。美术高中是我省在校生规模最大，人数最多的学校，保持着高速发展的势头。

我校有一流的教学质量。老师们牢记教书育人本分，兢兢业业，鞠躬尽瘁。有一流的师资水平。一大批中高级教师成为学校蓬勃发展、教学质量保证的强大支撑。有一流的精细管理。我校建立了一套科学高效的德育工作体系，为学生良好习惯的养成指引方向，引领学生志趣广泛、多元成才，让每一位学生在七中都能大放异彩。有一流的高效课堂。我校的"7341"高效智慧课堂模式日臻完善，中高考成绩连年攀升。有一流的靓丽校园。走进校园，你会发现一草一木焕发着勃勃生机，一字一画折射出文明的光芒。有一流的管理理念。坚持"为了每一个师生的尊严，为了每一个师生的发展，为了每一个师生的幸福"的办学宗旨，形成了"厚德、博学、尚美、健体"的校训、"正、和、严、活"的校风和"身教言传、勤严爱廉"的教风、"知行合一、自主乐群"的学风，推动学校持续健康优质发展。有一流的文化内涵。包容创新是七中校园文化的一大特色。

同学们，你们有幸凭借着自己的实力，跨进了这个有着辉煌办学历史的名牌学校！今天，面对你们——新一届的同学们，看到你们即将担负起再续我校辉煌的重任，我感慨万千，作为你们的校长，作为你们的老师代表，我深感责任重大、使命光荣、任务艰巨，真诚地希望我们师生同心，能一路相扶。同学们要牢记家长的期望，老师们要牢记党的嘱托，共圆每个学生的成才梦，每个老师的名师梦，我们大家的强国梦！

对每位同学来说，新学期就像是刚刚翻开的一本新书，在书崭新的封面上，有老师对你们的深深祝福，家长对你们殷切的希望，还有你们心中的梦想。在新学期开学之际，我提几点希望，与大家共勉。

一是做一个有家国情怀的人。今年，是中国共产党建党100周年。一百年来，一艘小小红船承载着人民的重托、民族的希望，越过急流险滩，穿过惊涛骇浪，成为领航中国行稳致远的巍巍巨轮。回首过往，我们党从小到大，从弱到强，带领全国人民不断取得革命、建设和改革的一个又一个胜利，让中国实现了从站起来、富起来到强起来的历史飞跃，一路走来，何其不易！身处盛世，我们何其荣幸！

少年强，则国强。青少年一代有理想、有本领、有担当，我们的国家就有希望，我们的民族就有未来。一百年前，一群新青年高举马克思主义思想火炬，在风雨如晦的中国苦苦探寻民族复兴的前途。一百年后的今天，"请党放心 强国有我"这响亮的青春誓言在天安门广场上空久久回荡，也牢牢印刻在我们每个人的心中。"请党放心 强国有我"是青少年一代对党和国家的庄严承诺。

今天，我们伟大的祖国正处在"两个一百年"奋斗目标的历史交汇点上，作为担负国家民族希望的新一代，你们一定要学党史、明党情、感党恩、跟党走，树立远大理想，发愤图强，刻苦学习，不断锤炼报国的本领，将个人"小我"融入祖国"大我"，将爱国之情化为报国之行，努力做一个正直善良、有责任、有担当的人，用实际行动让党放心。

二是做一个有梦想的人。有理想，犹如人生有了北斗星，前进路上配备了导航系统，能给自己注入坚持不懈去奋斗的动力。今年的8月8日，东京奥运会落下帷幕，中国共获得38枚金牌，位列奖牌榜第二名。38位奥运冠军中有11位是"00后"，可以说和同学们都是同龄人，他们用一流的竞技水平，过硬的心理素质，在奥运赛场上所向披靡，用自己的实力奏响国歌，升起国旗，为祖国赢得荣誉。他们获得荣誉的背后，都是数年如一日的刻苦训练与无数汗水铸就的。梦想，就像一棵大树，正是有了对阳光的渴望，才能直插云霄；梦想就像一只雄鹰，正是有了对蓝天的向往，才能邀游天空。

同样,作为年轻的你们,更应该在奋斗中释放青春激情,追逐青春梦想;更应该以开拓进取、披荆斩棘的锐气,勇往直前,蓬勃向上,奋发有为,朝着自己的梦想,脚踏实地地奋勇前进。

同学们,请你脚踏实地过好每一天,认认真真过好每一分钟;让你的理想在你早起的琅琅读书声里,在你埋头做的每一道题里,画的每一张画里,一点点地实现;让理想逐渐变成自己的骨骼和血液,再变成具体的行动!

三是做一个激情自信的人。初一的同学们,你们大多数在小学就是非常优秀的学生,希望你们继续保持优秀,保持自信与阳光。来到七中十五中联合校,你们会遇到能让你们更加优秀的名师,你们一定要好好珍惜这大好机会,尊重你们的老师,加倍努力,争取中考取得一个好成绩;高一的同学们,我知道你们当中多数人,在这次中考中,没有考出理想的成绩,留下许多遗憾,也有许多委屈。希望大家重新出发,来到这里,你一定会有一个不一样的人生。因为你在这里遇到的每一位老师都会对你充满信心,他们每年都能让许多中考成绩二三百分的学生考上大学,考上名牌大学,甚至清华美术学院、中央美术学院、中国美术学院等一流顶尖大学。我们学校有激情早读、激情跑操、激情演讲等活动。学习生活离不开激情,只有在激情的带动下,才能在学习中尽头十足,开足马力,创造一个又一个奇迹,令人刮目相看。只要你们顽强拼搏、勤奋刻苦、坚持不懈、咬定目标不放松,在老师的帮助下,你就会成为那匹最健壮的突出重围的黑马。在人生又一个全新的阶段,希望你们用行动证明自己的实力,用勤奋抒写自己的梦想,让青春绽放出无比灿烂的光芒。

四是做一个文明守纪的人。现在我们正在创建文明城市,要求大家人人参与。人人文明,才有班级文明,学校文明,城市文明,国家文明。我们要文明出行,文明交往,文明学习,文明工作。

大家要做到文明,首先要牢记核心价值观,其次要遵规守纪。同学们,老师们,都要从遵守法律法规、遵守我们学校的各项规章制度、遵守班级的班规班纪做起,从讲卫生、懂礼貌、爱学习做起。希望无论新生,还是老生,都要经常学习学校的规章制度,养成遵规守纪的好习惯,为创建文明校园、文明城市做出自己应有的贡献。

同学们,青春易逝,时光如水,我们有幸相聚在七中十五中联合校,我们有幸陪伴你们度过人生的黄金时期,一定会不遗余力奉献所有,为你们的成功助力。希望同学们不要辜负我们的一片苦心和爱心,用你们的实际行动,用三年后的优异成绩回报我们。你若安好,便是晴天;你若成功,我们无悔! 老师们、同学们! 新的学期召唤老师们、同学们!新的学期召唤着新的征程,呼唤着新的希望!让我们背起智慧的行囊,以开学典礼为起点,脚踏实地,直面困难,砥砺前行,乘风破浪,凝心聚力,扬帆启航;让我们同心同德,用汗水浇灌梦想之花,用努力铺就成功之路,用奋斗抒写精彩华章,让我们为了远大的目标共同努力。

最后,再一次祝老师们节日快乐,万事顺意!祝同学们不负韶华,只争朝夕,梦想成真!祝我们伟大的祖国昌盛富强!

谢谢大家!

2021 年 9 月

扬奋斗之帆 筑青春之梦

——刘庆山书记庆祝第 38 个教师节暨 2022—2023 学年开学典礼上的讲话

亲爱的同学们、尊敬的老师们:

大家好!

金色满园,阳光灿烂,年年岁岁花相似,岁岁年年人不同,又是一年好时节,又是一年迎新季。

在这金秋飒爽时节,我们又迎来了一个崭新的学年。今天,我们隆重集会,举行2022—2023 学年开学典礼,表彰优秀的师生,迎接新同学。在此,我谨代表学校向辛勤工作的全体教职员工表示崇高的敬意和衷心的感谢!向努力学习、取得进步的同学们表示真诚的祝贺和亲切的慰问!同时,对以优异成绩进入我校学习的新高一、新初一的同学们表示热烈的欢迎!

再过一个月,党的二十大即将在北京隆重召开,明天我们也将迎来第 38 个教师节。我代表联合校领导班子和全体同学,向在场的老师们、向坚守岗位未能到场的老师们表示节日的祝贺,祝大家:节日快乐、幸福平安、工作顺利!

今天的开学典礼,我们隆重表彰了优秀教师 206 人次、优秀学生 540 人次,大力营造尊重老师、尊重知识、尊重优秀、热爱学习的浓厚氛围,激发我校师生志存高远、自信拼搏、文明向上的豪情,鼓励大家争先创优、追求卓越、成才报国,向着人生最高的目标奋勇前进!

今天的开学典礼隆重热烈,国旗班同学英姿飒爽的帅气形象、播音空乘班礼仪引领颁奖时的优雅身影、上台领奖的各位老师们的儒雅气质,给全体同学留下了深刻印象,他们也是联合校的一道亮丽风景。见贤思齐,同学们要向榜样学习、向优秀靠拢,大家渴望成为国旗班队员、礼仪队员、优秀老师们那样的人,就从此刻开始打好坚实根基、奠定扎实基础、为美好未来做好充分准备!

同学们,大家走进联合校,就是联合校的主人,了解联合校、热爱联合校是我们每一个联合校人的责任!今天的联合校已经发展成为一所集初中义务教育、美术高中、普通高中于一体的综合性完全中学,拥有和真苑、和善苑、和美苑、和慧苑以及美高南校区共五个校区,共计150个教学班。目前,联合校拥有在校生八千八百余名、教师近六百名,其中正高级教师4人、河北省特级教师6人、省级市级名师数十人、上百名各级各类骨干、新秀、学科带头人等优秀教师,是一所深受广大学生和家长青睐向往的学校,得到了社会广泛认可。学校先后荣获"全国教育科研先进实验学校""全国教育改革创新示范学校""全国关心下一代工作先进集体""河北省文明单位"等百余项荣誉,体现了社会各界和各级部门对学校办学成就的充分肯定和赞誉。

同学们,七中十五中联合校争创一流名校,初中教学质量名列前茅,美术高中特色鲜明、独树一帜,走进联合校的你们,就要担负起赓续学校辉煌的重任。作为联合校的老师、学校的领导班子,我们深感使命光荣、任务艰巨,让我们师生同心、一路相扶,共创未来。借此机会提出以下三点希望,与大家共勉。

一是希望同学们树立远大的志向。走进联合校的每个校区,同学们可以感受到浓浓的优秀传统文化和励志文化。在学校教学楼通道两侧悬挂着一副著名对联,那便是"风声雨声读书声声声入耳,家事国事天下事事事关心"。有志者事竟成。同学们立志就要立成才报国之志。在学校的勤政楼上镌刻着"怀天下、求真知"六个大字,就是希望同学们心怀天下、追求真知。一个人只要心怀祖国,就时刻充满力量。希望同学们走进校园的那一刻起,就要树立起成才报国的远大理想和"读好书、做好人、考取理想学校"的近期目标,引领自己成才报国。在北京冬奥会上,谷爱凌夺得自由式滑雪女子大跳台金牌、自由式滑雪女子U型场地技巧金牌、女子自由式滑雪坡面障碍技巧银牌。她年仅十八岁,能取得两金一银的辉煌成绩,就是因为心中有目标、拥有为祖国争光的抱负。作为新时代的青少年,你们应该时刻胸怀祖国,心中有梦,并为之不懈努力。只有这样,青春之花才能开得娇艳、开得灿烂、开在祖国最需要的地方。

二是要培养优良的习惯。在教学楼的东侧张挂着"古今自然厚待勤者,从来苍天不恤懒汉"的著名对联。孔子是儒家思想开创者,今天的会场也是以孔子命名的文化广场。孔子一生勤奋学习,到了晚年,特别喜欢读《易经》。《易经》晦涩难懂,学起来很吃力,可孔子不怕吃苦,反复诵读。由于孔子翻看《易经》次数太多,竟使捆扎书简的牛皮绳断了多次,这就是"韦编三绝"的典故。我们在学习生活中应学习孔子勤勉自律的精神,努力做到上课不浪费一分一秒,每天的作业坚持独立完成,每天看几页有益的书,珍惜当下,把每件事做到极致和卓越。只有这样聚沙成塔、集腋成裘、厚积薄发,才能成就精彩的人生。

三是希望同学们养成文明的品行。创建文明国家、文明城市、文明校园,需要每一个学生、每一位老师都以文明为标准要求自己,要做到尊重别人,与人为善。学校西教学楼悬挂一副对联:"做好事不可少我一人,做坏事怎可多我一人。"我们中华民族自古以来就是礼仪之邦,"孔融让梨""程门立雪""六尺巷"这些典故家喻户晓。希望同学们能够继承文明礼让的优良传统,养成良好的道德行为习惯,遵规守纪,诚实守信,礼貌待人,孝敬父母,关心集体。同学们要按照《中学生日常行为规范》来严格要求自己,遇人面带微笑,问好主动大方,对待同学真诚友善、团结合作,在生活实践中锤炼品格,说文明话、行文明事、做文明人。

老师们,百舸争流,奋楫者进。沐浴着全国教育改革的东风,乘着邢台市和襄都区教育事业大跨步发展的历史机遇,在课程改革激流涌动的当下,我们必须牢牢把握时代脉搏,以时不我待的紧迫感,以舍我其谁的责任感,更加注重内涵发展,更加注重激发全体师生的学习积极性,坚定不移地走文化育人之路、走课程改革之路,以立德树人为根本,以队伍建设为核心,以课程改革为突破,以学生发展为抓手,全力提振士气,全面提升质量,为构建公平卓越、活力创新、开放包容的教育新体系、办好人民满意的教育做出更大的贡献。

联合校的老师们坚守"学生优秀,老师成就,学生出色,老师骄傲"的信条,为每一位同学成长成才助力加油。站在历史与未来的交汇点,青少年更要勇挑时代重担,在激情奋斗中绽放青春光芒。在前行的道路上,同学们要牢记"世上无难事,只怕有心人;世上无难事,只要肯登攀;世上无难事,只要肯坚持"。要用拼搏创造历史,实干成就未来,青春洋溢之时就应当为梦想而奋斗。

让我们携手并肩,青春向党百年路,奋进喜迎二十大,书写出无愧于时代的人生华章!新学年,我们来啦!让我们在邢台七中十五中联合校,一起奔跑在路上,遇见最美的自己!

最后,祝同学们身心健康,学习进步,在联合校学习愉快!

祝全体老师生活愉快,工作顺利!

祝愿联合校越来越辉煌!

2022 年 9 月

第二节　教学联席会上的发言

一、关于美术教学的分层目标

由于学生基础学情不同,在制定教学目标时,可分为三个层次:

第一层次:培优是为了名校突破;

第二层次:培中是为了联考过关;

第三层次:转差是为了激发兴趣。

专业老师一定为不同层次的学生设定不同层次教学内容和目标。

二、关于校本教研和外出学习回来后验收学习收获:

一是校本教研要围绕学校提出的高效教学"七个抓手",德育工作"三三三"模式,体艺"一班三节目,一级两套操,一生两特长"展开,并且制定详细的课题承包方案,责任到人,志愿参与。

二是外出学习回来的老师要上一节样板课,仿照观察的课程结构重新演示一遍。此事由教务处和科研处负责完成。

三、关于校园文化

一是传递赞美,营造和谐向上进取的氛围,抓手就是模仿衡中,简朴、节约、实用、正气。

二是早读要让学生读起来。早读可以促进学生学习写作,练就写作能力和阅读能力。

要注意发挥一下教育故事。各年级要经常组织老师开一些教育沙龙,共同回忆一些自己求学历程中那些难忘的老师,难忘的细节、动作、语言,往往这些东西可以影响我们的一生走向。这些抹之不去,终生难忘的东西就是教育,也可以作为我们今天从事教育的模板。

三是现在我们的管理需要在精细化方面做得更好一些,要建立长效机制。精细化之后要制度化。现在的一个措施,如果做得有效,就要形成制度,坚持下去。

2013 年 12 月 2 日

在联席会上强调

一、成绩

1.教育教学改革结硕果,教师成长,名师培养

李育红副校长被推荐为省级千人计划名师,上报为国家级万人计划名师。

李育红、胡海云被评为正高级教师。

李育红、王翠芳、胡海云被评为特级教师。

2.学生成长,获奖多多

(1)谷晓蕾带领我校"荣耀之光"创客团队冲进省级竞赛。

(2)学生获得"希望杯""大中华杯"等竞赛一二等奖多人。

(3)高三年级美术生多人通过联考、校考,5人过中央美院,多人过八大美院。

3.各年级在校园文化活动中形式多样,创意无限,落实核心素养18件事出成果

初一年级两套操,高二年级书法展

4.学生素养普遍提高

二、需要加强的几项工作

1. 认真组织好升国旗仪式:内容、形式要把关

朗诵文字不超过200字,时间控制在3分钟以内,国旗下讲话稿不超过3分钟,才艺展示不超过3分钟;主持人、演讲者要衣着整齐大方、声音洪亮、富有激情;音响设备要保证效果。总之,要及时反思,打磨精品,抓好每一个环节,每一个细节。

2.抓好课间文明

(1)学在教室、静在走廊、动在操场。

(2)每班安排两名学生每个课间在本班门口值班,保证自己教室门前面安静、整洁、安全,值班学生佩戴绶带。

(3)年级要加强课间巡查、纠正、评价。

3.抓好特色教科研和核心素养教育

(1)围绕7341教学思想,每个年级围绕1—2个专题开展教科研。

(2)围绕核心素养18件事,分步骤组织学生完成。各年级定期组织成果展,通过美篇、学习园地、制作展板,展示学生活动图片,活动体会的文章。

4.抓好四同值班工作

(1)盯岗到位、按时反馈值班情况，走进教室、课堂、宿舍、食堂、门口等，观察记录师生状况。

(2)制作好美篇，显示出领导、老师、学生现场情况。

(3)杜绝学生在门口购买零食。

5.关心教师健康，把握好运动锻炼时间

时间节点:早读前、课间、下午四点钟以后，不准在正常上课时间在操场活动。

6.政教处围绕传统文化进校园写出一篇新闻报道

(1)学校注重传统文化景观打造，有孔子塑像、孔子浮雕、孔子文化广场、景观石。

(2)注重园地建设，党部文化、班级孔子文化专栏、门口论语摘句、孔子行礼像。

(3)开展传统文化活动，演讲、故事会、主题班会、征文比赛、经典诵读、读书会、升旗仪式、社团活动(包括篆刻社团、京剧社团)、祭孔仪式、知识竞赛。

(4)开发了传统文化教材经典诵读。

(5)开设了传统文化课堂。

(6)培养师资。

(7)纳入学校德育注意内容。

7.抓好常规管理

(1)关注课堂上学生精神状态。

(2)要求教师落实好"活课堂宝典"、上课礼仪、上课七步曲。

8.各院要加快基建维修项目手续跑办。

9.对学生教育内容

(1)理想(远大)、信念(坚定)、价值观(正确)。

(2)纪律(守)、学习(好)、卫生讲习惯良好。

(3)"三三三"德育模式。

2013 年 12 月

第三节　誓师大会讲话

2014 年高考誓师会上的讲话

尊敬的家长代表、亲爱的老师们、同学们：

大家好。今天，学校召开 2014 届中高考誓师大会。

首先，我代表学校领导向初三高三毕业班的老师们表示衷心的感谢和诚挚的敬意！向勤奋学习、顽强拼搏的同学们致以亲切的问候！向一直支持我校各项工作的家长朋友表示衷心的感谢！

距离中高考已经不足 100 天了，参加完中高考，同学们就要结束在七中的学习生活，这里留下了你们的迷人的笑声、奋斗的足迹、拼搏的身影，见证了你们的成长，但是，在七中你们究竟成长得怎样，有一个重要衡量办法，就是中高考。中高考成绩是对你们各方面素质的一个重要考核指标，当然，不是唯一指标。希望同学们认真对待中高考，从现在开始，再加一把劲，挑灯夜战，废寝忘食，专心学习，积累实力，冲刺中高考，争取一个好成绩，考入自己理想的中学和大学。为此，我提醒同学们三句话。

一、要消除杂念，专心备考

同学们都有一个明确的奋斗目标或大学，要实现自己的理想，就要靠分数说话，没有分数，理想就是空谈，所以，大家认定目标，消除一切杂念，每天只想只做一件事，那就是学习，除了吃饭、睡觉和必要的运动，把时间和精力全部投入到学习中去，复习、做题、考试、总结、反思、提高，充分利用好中高考前这不到 100 天的时间，每天进步一点点。

二、要有爱拼敢赢的心态

曾经流行过这样一句话，爱拼才会赢，敢唱才会红。备战中高考同样需要这种心态。在学习中会遇到许多困难，好多书还没有复习完，好多难题不会做，心里一定非常着急、紧张，产生畏难情绪，这都非常正常，但是只要我们摆正心态，一页一页书复习，一道一道题去做，遇到困难不害怕，不躲避，问老师，问同学，共同努力，再大的困难也能克服。

三、要有一套科学的复习方法

方向明确了,方法很重要,以下几种复习方法同学们可以参考一下。一是跟着老师的复习思路走。你们的老师都是有着丰富中高考经验的优秀老师,对中高考研究很深,他们是你们的领路人,一切要听从他们的安排,什么时候复习什么,看哪些书,做哪些题,大家要按时保质保量完成。二是多做基础题,打好基础,才能心中不慌,胸有成竹。从高考试卷来看,各学科基础题60%—65%,中档题25%—30%,难题10%,而一般上本三能够得58%—63%分就行,本二能够得64%—67%分就行,上本一能够得70%—75%就行。对美高同学来说,这份得分比例还可以更低。因此,同学们一定把基础吃透,思考钻研,透彻理解,不能一知半解,不求甚解。三是要边复习边总结。特别是把每一次模拟考试中的错题及时整理出来,答错题就说明你哪些知识点没有掌握住,要反复地去复习巩固。同样,也要积累一些能考查多个知识点的典型题,反复揣摩,举一反三,总结答题规律。另外,同学们要有主动学习的意识,在课外主动去找题多做多练,不能光靠老师的督促,要根据自己的情况,查漏补缺,主动学习,才能成功。

同学们,你们的成功才是我们老师的成绩,才是我们学校的成就,老师和你们命运相连,无论以后你们走向哪里,你们永远也走不出我们的心。你们走多远,我们的心就跟随你们多远。

祝同学们好运,祝同学们马年马上成功、马上辉煌,祝老师们快马加鞭、春风得意马蹄疾,为弟子们中高考取得优异成绩拼一把。

谢谢大家。

2014 年 3 月 21 日

初三年级毕业典礼暨誓师大会上的讲话

家长朋友们、同学们、老师们：

　　大家好。今天，我们相聚在这里，举行毕业典礼暨中考动员大会，一是欢送同学们离校，二是为同学们鼓劲，三是感谢你们的老师三年来无私的奉献。

　　同学们，三年前，大家带着自豪和骄傲，来到梦寐以求的邢台市第七中学，遇到了一批邢台市最优秀的老师和同学，一起开始了刻苦而快乐的学习生活。在学校"让每一位师生都能大放异彩"办学思想引领下，你们积极参加学校组织的丰富多彩的教育教学活动，努力完成"核心素养18件事"，校园处处留下了你们许许多多精彩感人的故事。三年，弹指一挥间，转眼就要走出七中校门，参加你们人生中第一场重要的大考——中考，然后再走进或者是你们熟悉的七中美术高中，或者是另外一所陌生的理想学校。无论你到哪里去，请记住，只要你们怀揣梦想，勇于拼搏，七中，你们的母校，你们的老师，就永远祝愿你们幸福快乐！为你们加油鼓劲！

　　同学们，在你们即将离开学校的时候，我代表学校，代表你们的老师给你们提出三点希望：

一、认真对待这一次中考

　　就眼前来说，你们最重要的一件事，就是充满信心参加中考。中考成绩决定着你能不能考上自己理想的高中。在七中这三年，同学们勤奋学习，努力钻研，尽自己全力掌握了丰富知识和技能，老师相信每一位同学只要冷静应考，不急不躁，正常发挥，都能取得让自己满意的成绩。希望同学们考前这几天，按照老师要求，劳逸结合，张弛有度，调整好心态，以优良的精神状态，走进考场，迎接挑战。

二、永远珍惜师生同学友谊

七中的老师始终坚信：学生优秀，老师成就；学生越出色，老师越骄傲。所以，你们是老师快乐的源泉，工作的动力，同学们每一点进步，都会让老师们高兴很多天。希望同学们勇敢地挑起这副重担，许下一个心愿，今后无论走到哪里，永远让你们的老师快乐幸福。同学同桌师兄师弟，同样是你们人生中最重要的财富，无论这三年之中，你们是和谐相处，还是曾经剑拔弩张，今天毕业了，希望你们以后抛弃仇怨，不计前嫌，和好如初，亲如兄弟，互帮互助。请大家记住，一个没有朋友的人，永远成就不了伟大的事业。历史上许多事业的成功，一开始都是有几个志同道合的同学、同窗同桌同门，同心协力合作才实现的。

三、要有为祖国富强而发奋学习的志向

我们国家正在走向繁荣富强，国家富强，人民富裕，社会文明，人类进步，应该是每一个青年人的人生追求。国家越富强，我们每一个人生活才越有保障，才华才越有更多施展的机会和平台，理想抱负才能真正实现。一个人只有有了远大理想，只有和祖国的命运融合在一起，他的前程才会远大，他的梦想才能成真。清华大学学生中流传着一句名言：为人类进步而拼搏！胸怀天下，先天下之忧而忧，后天下之乐而乐，是所有仁人志士的共同理想信念，同学们都非常优秀，因为你们是七中培养出来的学生，你们理应志存高远，超凡脱俗，追求卓越，做出一番不平凡的事业，造福国家民族社会和人类。今天你们以七中为荣，明天七中以你们为荣！

同学们，三年，老师和你们一起做了什么，也许你们已经忘记，而且老师对和你们朝夕相伴，也已经习以为常。当你们拿着通知书来学校报到时，是谁满面春风，微笑着迎接你们入班？是谁组织你们排座位，结识新同学？是谁和你们一起冒着酷暑，顶着烈日炎炎在操场上参加军训？是谁教会你们遵守校规班纪，文明礼仪，堂堂正正做人？是谁每一节课都嘱咐你们要认真听讲按时完成作业？是谁在你每次违反学校纪律时严厉地批评你，耐心地说服你，热心地开导你？是谁在看到你快乐时比你更快乐？在知道你痛苦时比你更痛苦，及时安慰你，想方设法逗你开心，教你振作精神？是谁每次放学后催着你回家，直到你的背影消失在校门外才安心离开学校？是谁为了让你们只争朝夕学习，放弃了多少个节假日，陪你们在学校寒窗苦读？是谁每逢春暖花开的季节，带领你们跋山涉水，登高望远，郊游远足，领略祖国大好风光和家乡一日千里的建设成就？那一个个饱含期待的眼神，一句句凝聚深情的教诲，都变成了无

数的回忆,无数的看似微不足道的小事,谱写了初三老师们无私奉献的赞歌,展示了用爱心编织的平凡而伟大的传奇诗篇!叫我如何不想他!老师们,你们辛苦了,你的学生怎能忘记这难忘的三年中每一个日日夜夜!

同学们,初中毕业,只是漫漫人生路上的一个驿站。中考之后,你们又要风雨兼程。只有拥有真才实学,才能实现人生的价值。当你把学习当成一种常态,你就拥有了一种品质;当你用主动学习的态度引领成长,你就拥有了一笔财富。同学们,因为毕业,老师们不能陪你们走遍万水千山,但依然期待着你们归来之日,仍然是当年那个翩翩少年。

老师们,你们的学生马上就要离开你们了,家长们用鲜花表达了对你们的付出无比感激之情,学生们会铭记你们的教诲,学校感谢你们用爱心哺育学生们健康成长,实现了我们学校培养"有爱心,负责任,求真知,做真人"的育人目标。再一次对你们表示感谢!

最后,祝同学们中考顺利,成绩优异,祝老师们心想事成,身体健康!

2018 年 6 月 20 日

第四节　全体教工大会上的讲话

2016 年春季新学期全体教工会议上的讲话

各位老师们:

大家好。我们盼望已久的猴年马月终于来了,猴年马月的意思是吉祥如意。每当我们期盼已久的愿望想要实现的时候,往往要给一个期限,那就是猴年马月。如今,猴年马月已经来到了咱们的面前,让我们一起期待所有的梦想成真,万事如意吧!

过去的一年,我们平安顺利、快乐幸福,收获许多。初三高三年级圆满完成了中高考的目标和任务,保持了社会对我们教学质量的信任和口碑。因此,我校美术高中招生工作超额完成任务,高一年级招生 850 人,规模达 14 轨。二是 7341 教学思想全面落实,高效智慧课堂改革扎实推进,教师参与高效智慧课堂改革的积极性空前高涨;在教改活动中专业能力水平快速提升,多数教师在教改中获得极大收益,涌现了一大批教改先锋。三是我们评出首届校级名师、骨干、新秀,培树典型、表彰先进,引导全体教师学榜样、赶先进、争先创优;我们还搭建各种竞赛平台,让师生的特长、实力、风采在体验中成功,感受人生价值,享受幸福快乐。四是我们办学条件得到了更大的改善、录播教室的建成使用、初中部孔子文化广场修葺一新、美术大师塑像栩栩如生地矗立在高中部院内、年级各班教室、走廊文化丰富多彩，赢得了来我校参观的同行的啧啧称赞。五是老师们的福利待遇比去年有所提高，学校通过举办各种教学竞赛、文体娱乐活动，为参加者奖励实物，为老师们免费提供早餐、赠送生日蛋糕、提高体检标准、投入人身保险、春节等重大节日发放实物福利，为困难教师争取各种救济款等，学校在不违反财务制度和有关规定的情况下，想方设法为老师们发放福利，让老师们得到更多的实惠。

总之，2015年我们每一个老师和学校领导都有付出，都有同样的感受，七中让我们骄傲，让我们自豪，我们是团结和谐、幸福快乐的一家人。

展望2016年，我们仍有一些主要的事情要做，本学期我们一起做好如下几件事：

一是初三年级、高三年级要瞄准中高考目标，认真扎实地备考。中考状元要争取，前十名人数不能少，优秀生率要名列前茅；高考本二双上线录取人数、名校录取人数要有较大突破。

二是"7341"教学思想要全面落实，全员参与实践。学校要组织各种活动，利用各种形式，搭建各种平台，老师们在学习、课题研究、日常教学过程中都要围绕"7341"教学思想中的每一个抓手、每一种课堂模式，积极打造师生幸福人生这一终极目标去探究实践，不断总结反思、修正完善、提升自己、造福学生。

三是重视自己业务能力的提升。专业能力是自己在学校的立足之本、立身之本；没有专业能力，不能让学生喜欢，教学成绩就出不来。干活没有成绩，没有成就感，对一个人来说是一件痛苦的事，工作就枯燥无味。老师们要注意学习国家教育政策、新课改理论，研究中高考改革方向，钻研我校"7341"教学改革思想，让自己工作有针对性，提高实效性，提高教育教学成绩。

老师们，新的学期开始了，希望大家牢记使命、心怀学生，用微笑面对人生、面对生活、面对工作，快快乐乐度过每一天；在教改中找乐趣，在创新中找幸福，在合作中求成功。

最后，祝大家新学期健康平安、工作顺利。谢谢大家。

2016年春

第32个教师节庆祝大会上的讲话

老师们、同学们：

大家下午好，教师节好！

正值第32个教师节来临之际，今天我校五千五百余名学生和361名教师在这里隆重集会，共同庆祝我们自己的节日，并隆重表彰在教育教学等方面取得优异成绩的优秀教师和优秀学生。首先，我代表学校领导班子，向全体师生表示节日的祝贺，向受表彰的优秀师生表示由衷的敬意和感谢。

邢台市第七中学是一所具有悠久办学历史和崇高声誉的优质学校，是众多学生向往的学校。今年我校送走了1500名初三高三优秀毕业生，又迎来了两千余名初一、高一新生和24位加入我校教师队伍的新老师，在此我对怀揣着梦想和光荣走进邢台市第七中学的新学生和新老师表示热烈的欢迎。七中将会因你们的加入而更加美好。

七中初中教育教学质量非常高，近20年来，我校培养出9名中考状元，近三年，有30多名学生获得中考单科第一二名，七中因此被社会誉为"状元的摇篮"。七中美术高中，近几年来，因为管理严、校风好，高考成绩逐年上升而受到广大学生的追捧。越来越多的学生选择七中美术高中就读，学校规模因此不断扩大。今年美术高中招生人数突破千人大关，是建校以来在校生人数最多的一年。家长的信任，学生的喜欢，让七中美术高中声名鹊起，令人憧憬。

老师们、同学们，七中无论初中和高中，都呈现出蒸蒸日上的大好局面，这是我们全体师生共同努力的结果，是上级领导关心支持的结果，是广大师生家长和社会各界鼎力相助的结果，在此，我们表示衷心的感谢。

老师们、同学们，秋色满园，万物竞发，又是一个美好的新学年新学期开始了，如何迎接和度过这个新的阶段，下面我提出三点希望。

一、志存高远、养成习惯

有志才有奋斗目标，有奋斗目标才有工作、学习、生活的动力。志存高远、目标远大，奋发向上，人生就会走得更高、走得更远。胸无大志、心无目标的人，每天的工作、学习和生活就会没有追求、没有计划，从而杂乱无章，找不到任何乐趣和成功的喜悦。瞄准目标，每天进步一点点，就会因为有所收获而体验到生活的快乐。

养成良好的行为习惯、学习习惯、生活习惯，是实现远大志向和人生目标的保障。我们学校围绕着培养同学们这些良好习惯，要开展一系列活动，学习一系列校规校纪，希望同学们积极参与，在活动中体验成长，在学习中培养习惯，这个道理，新生更需要明白。

二、顽强拼搏、成就梦想

在里约奥运会上我国女排重夺世界冠军，鼓舞着全国人民。女排夺冠靠的是什么？靠的是永不服输、顽强拼搏的精神。我们的学习过程是一场又一场的比赛，与时间比赛、与困难竞争、与懒惰拼搏，同样需要一种不服输、敢吃苦、认真拼的精神。美高的同学在中考中没有获得理想的成绩，说明自己在学习上有很多的薄弱点、更多的困难，这就更需要大家坚定信心、刻苦努力、争分夺秒、勤奋学习，这样才有可能实现自己升入大学的梦想。从我校每年毕业的许多学生升入理想大学的情况来看，他们的基础还不如你们，但是他们没有自暴自弃，而是听老师的话，自我激励、自我加油、不怕困难，最终在高考中取得了优异成绩，考上了名牌大学。

三、爱国爱校、承担责任

爱国从爱七中开始，同学们，在你的一生中，七中将是你一生中最重要最难忘的母校之一。你走进七中，你就走进了一个温暖可爱的大家庭，老师是你们的家长，同学是你的兄弟姐妹；我们要成为相亲相爱的一家人，就需要每一个老师和同学互相包容、互相团结、互相合作、互相尊重、互相理解。"己所不欲，勿施于人"，设身处地为他人着想，发生矛盾冲突误会要多从自身找原因，不要抱怨别人，及时沟通交流，消除误会，避免矛盾，绝不打架斗殴、发生冲突。

我校要求每一个师生做到"有爱心、负责任、求真知、做真人"。所谓负责任，就是要求同学们承担起振兴祖国的责任，承担起振兴家庭的责任，承担起造福社会的责任。要想承担起来这些责任，就要求大家有知识、有能力；所以请同学们进了七中之后，就要全身心地投入到学习中去；让学习成为自己每天生活的主要内容，无时无刻不学习，无时无刻不思考，无时无刻不拼搏；今天吃尽学习苦，他日才得人生甜。

老师们，2000多名新生交给了你们，请你们呵护好这些未来无可限量的人类精英，全心全意培育他们成人成才。

同学们，361名七中的老师交给了你们，请像尊重你们的父母一样尊重他们。他们每天的辛苦忙碌、喜怒哀乐全都是为了你们，他们会因你们的优秀而骄傲和自豪。

老师们,同学们,让我们共同珍惜人生历程中这一段天赐的缘分。学生优秀,教师成就;学生越出色,老师就越伟大。最后,祝全体老师节日快乐,健康平安;祝同学们学习进步,实现理想;祝我们的大七中风华卓越,辉煌永存。

谢谢大家!

2016 年 9 月

2017 年春新学期全体教工大会上的讲话

亲爱的老师们:

首先,给大家拜个晚年。2016 年过去一个多月了,可 2016 年的许多人和事仍然跳跃在我的脑海里,感恩的情怀一次一次被激荡。

第一,我感谢全体老师。2016 年终考核,全体老师都为我校的领导班子点了赞,投了优秀票,这让我们万分感激。

第二,我感谢那些传递咱们的老师们。2016 年我们致力于营造传递赞美的和谐校园氛围,有许许多多的老师心存善美、眼中生美、动手写美,及时发现自己身边的美,并用诗一样的语言、神一样的画面传递出来,赞美了别人、升华了自己。校长率先引领,张东海主任和各年级科室宣传人员积极推动学校宣传工作。如今,我们的微信群充满了满满的正能量。

第三,我感谢那些懂得分享的老师们。2016 年有许多老师自己在看到和我们的教育教学管理服务工作有关的政策、理论、先进经验的好文章,没有独享,而是分享,及时传播出去,让更多的老师学习借鉴、转变观念、提升能力。尤其是陈志红老师撰写的七中青川学子回忆在七子学习的难忘岁月系列文章和她个人创作的歌颂七中、赞美同事、赞美工作和生活的每一篇诗文,都让人从中获得无限的向上力量。还有范小娟老师教务工作报道,韩中兴老师班级管理及个人读书、旅游感悟体会,还有其他很多老师把自己生活工作中点点滴滴的思想火花分享给大家,让我们更加感受七中这个大家庭的温暖、和谐、向上、充满活力的气场。

第四,我感谢那些甘为人梯的老师们。2016 年,有许多老师甘为人梯,帮助别人发展,为别人搭建成才成功的平台。范增六主任的名师讲师团,李育红副校长的名师送教下乡活动,李汝静副校长的家长学校系列讲座,教务处组织开展的赛课评课,新老教师拜师结队,特色教研组评比,办公室组织的校长主任大讲堂,中层月度述职演讲活动,各年级组开展的可持续发展成果展等,让很多老师从活动中受益、在活动中成长,增强自信、锻炼技能、积累成就名师的经验。这些精心策划每一次活动的老师们付出的心血,受到了广大老师的一致赞扬和感激。

第五,我感谢假期不休息,仍然守护学校安全的值班领导们。每逢假期,老师们都休息了,可是学校每天都有领导值班。他们接转上级指示,巡查校园安全隐患,督查学校假期安排的基建维修任务,处理可能出现的突发事件。这些值班的领导们每周至少有一天吃住在学校,和学生同吃同住同学习同活动。他们每一个人自己身体、家庭、工作上都有许多困难,但是从无怨言、任劳任怨、服从大局、服从安排、服从命令,圆满完成每一次值班任务,学校的师生感谢他们。

第六,我感谢高三的老师们和为了顺利开学提前上班的各处室的老师们。前几天,领导们已经在谋划新学期的工作计划,高三年级的老师们提前开学为学生补课,图书馆的老师们接书、分书、等候发书,办公室、教务处的老师们准备今天的会场,综合办派人打扫校园的卫生,都已经开始忙碌着进入新学期的工作状态,还有许多老师为开学默默做好了很多工作。在这里,我一并表示感谢。

第七,我感谢我自己。我感谢自己如此幸运地遇到了七中这么好的一个团队,每一个老师、每一个学生都那么美,那么充满青春活力;我感谢我自己有如此积极向上、开朗乐观的生活态度,无论面对怎样的艰难险阻、烦恼苦闷、世事纷扰,都能坚定信念、与人为善、为人祈福、勇往直前,让自己和七中同呼吸共命运,不断创造新成就,开启新篇章。

闻鸡起舞实干,如饥似渴学习,抢抓机遇发展,脚踏实地成才。祝老师们鸡年顺利平安,健康幸福!

谢谢大家。

2017 年春

七中十五中联合办学工作会议上的讲话

各位领导,全体老师:

大家好!下面我说三点内容,表达我此时此刻的心情。

一是感谢。感谢局党组领导对我的信任,让我兼任十五中第一校长。能够和十五中的领导班子及老师们一起共事,我感动非常荣幸,我会非常珍惜这一人生相遇的缘分,真诚希望大家同心同德、精诚团结、勇于拼搏、做好工作,努力把我们学校办成一个高质量、有特色、平安和谐的示范性学校,不辜负上级领导的信任和社会的期待。

二是实干。让七中和十五中联合办学,是局领导的英明决策,是我市教育改革的重大举措是推动我市义务教育均衡化发展的有效创新形式。局领导高度重视我们,还特别为我们明确了三项任务:(1)保证片内生源不流失;(2)保证教育教学质量有提高;(3)搞好七中和十五中联合办学这一重大教育新闻的宣传,让社会各界广泛了解。从今天起十五中和七中就是一家人了,为了每一个师生的尊严,为了每一个师生的发展,为了每一个师生的幸福,就是我们共同的办学宗旨。让我们携起手来,牢记宗旨、脚踏实地、专心致志教好书,聚精会神育好人,实实在在干工作,认认真真抓管理。力争在最短时间内展示出更加优良的教风、学风、校风,赢得社会的广泛认可,为今年"小升初"工作的顺利开展和中考取得优异成绩打下坚实的基础。

三是请求。一是请求各位老师全心全意支持我们新的领导班子的工作,我们班子成员一定会以身作则,做好表率,关心爱护每一位师生;二是请局领导一如既往地关心厚爱七中和十五中这一联合体,给我们的工作更多信心、智慧和力量;三是请局领导放心,十五中和七中这个联合体一定会心心相印、互助互学、尽快融合、荣辱与共,共创新的辉煌,给领导和社会交一份满意的答卷。

最后,谢谢各位领导老师,祝大家平安健康、心情愉快、工作顺利。

2017 年 5 月 31 日

2017 年秋新学期全体教师会上的讲话

老师们、同志们:

大家好。新学期开始了,为了这个新学期,我们全体教职工从 25 日开始预热,开展了为期三天的培训;我们的中层以上的干部从 23 日开始上班,召开全体会议,谋划新学期的工作;还有许多领导和老师说我们好像一直就没有放假,从 7 月 10 日将进入了新学期,一切正常运转,天天上班,天天忙碌;为学校,为老师,为学生,为上级部门做了许许多多看不见、摸不着的事;虽然很忙很累很辛苦,却很快乐,因为所做的一切工作都获得了方方面面的满意,领导满意、学生满意、家长满意、老师满意我们的追求不正是办好人民满意的教育吗?

这个暑假,我们学校发生了许多新的变化。办学条件不断改善,校园环境焕然一新,令人心旷神怡;中考、高考成绩赢得了师生和社会的赞誉;高三年级老师和带运动队的郝占礼、徐静老师冒着酷暑战高温,挥汗如雨,坚持为学生开展体育训练;今年我们的美术高中招生规模进一步扩大,美术专业人数达 640 人,是建校以来人数最多的一届,美术高中的品牌进一步受到社会的认可。许多老师组织学生积极落实核心素养18件事之远足研学活动,收到了丰硕成果。七中和十五中联合办学达到了预期效果,十五中今年片内生的报到率由以往的不足30%,提高到80%,受到上级领导充分肯定和表扬,为义务教育均衡发展做出巨大贡献。两校全方位联合融合力度进一步加大,干部和教师全面交流,为联合校的快速发展打下了坚实的基础。总之,这个暑假有的人感觉很漫长,有的人感觉太短暂;无论长短,该来的总会来的,新学期已经如期而至,又一批新的学生来到了你的面前,职业、责任、使命督促着我们必须迅速整理行装,抖擞精神,重新出发,迎接新生命、新挑战,创造新业绩、新辉煌。

新学期我们的工作重点有哪些呢?除了刚才德全副校长为大家宣布的学校教学工作计划之外,我们再强调以下几点。

老师们、同志们,无论从大七中到大联合校,还是从十五中到联合校,都是由一个小家庭变成了大家庭,家和万事兴。一群人、一件事、一起拼,才会赢,"平安、和谐、优质、特色、文明"是我们联合校每一个人的共同愿景,希望大家牢记"学生好,一切都好"这句话,视学生如己出,对所有学生要一视同仁、亲近呵护、关爱备至、因材施教、循循善诱,引导每个学生成人成才、有益社会、造福人类、报效祖国,实现我们作为一名教师的人生理想,上不负党和国家重任,下无愧于老百姓的殷殷期盼,中无愧于自己的师者良心。学生优秀,教师成就;学生越出色,老师越骄傲。名师出高徒,高徒同样可以出名师。

最后,千言万语汇成一句话:拜托各位老师,请把您的学生管好带好。

谢谢大家。

2017 年秋

七中·十五中联合校 2018 年元旦教师联欢会上的致辞

亲爱的老师们，可爱的同学们：

大家上午好！

再过两天，新年的钟声即将敲响，和畅的春风就要扑面而来。告别多姿多彩的2017年，我们七中·十五中联合校全体师生，伴随着党的十九大的雄壮旋律，满怀豪情，跨进充满美好希望和梦想的2018年。在这辞旧迎新的激动时刻，我代表联合校领导班子，向大家致以新年最真挚的祝福！祝愿大家，2018，我们一切都好！

我们是新时代开启的见证人。党的十九大胜利召开，我们国家走进了新时代，在以习近平同志为核心的党中央坚强领导集体，有了习近平新时代中国特色社会主义思想，"以人民为中心"的口号更加响亮地提出来了，我们踏上了新征程，开始了新的伟大事业！

我们是城市文明的参与者。邢台市创建省级文明城市顺利成功，我们的街道更宽了，更平了，我们的校园更净了，更亮了，更美了；我们身边的一切都在日新月异，更加赏心悦目，令人心旷神怡了；我们的文明素质更高了，我们得到了更多实实在在的实惠了！

我们是新家庭的缔造者。我们大七中和十五中组成了一个新家庭，有了一个新的名字，那就是七中·十五中联合校。我们的一校四区，师生们经过半年的相识相知，沟通交流，磨合融合，终于成为相亲相爱的一家人，在一起和谐快乐、幸福地生活着，工作着，学习着。联合校的成立，为满足老百姓对美好生活的向往，对优质教育资源的需求做出了应有贡献。

我们是新教育体制改革的忠实维护者。我们幸运地经历了邢台市划时代的教育体制改革，从这一年起，我们就是桥东区教育大家庭里的一员了。面对新体制，新机制，新形势，新模式，我们顺势而为，乘势而上，顾全大局，专心教书育人，确保了我校的安全稳定的发展。

我们是辉煌战绩的创造者。今年的中高考又取得了骄人成绩，初三高三两个团队的师生们，分别在李育红、郭光明两位校长，张红燕、孟海宁两位主任的带领下，精心备考，精心谋划，精心组织，精诚团结，奋力拼搏，克服了重重困难，最终圆满完成了既定任务，为我校的2017年教育教学工作描绘了浓墨重彩的一笔！

我们是高效智慧教育教学改革的开拓者和创新者。可持续发展教育理念，成为我们的办学指导思想；"7341"高效智慧教育教学模式深入人心，我校全体教师人人参与，积极探索，推行实践，不断创新完善；"三自一包"责任教育，"三个让三个一"激励教育等一系列管理德育模式，得到认真贯彻落实；围绕"保稳定，创文明，上质量"

山那边

三大工作主题,开展的"课间文明,课堂礼仪,课上板书"等教育教学常规,得到进一步强化管理;举行的弘扬中华民族优秀传统文化祭孔仪式等一系列别具特色的德育活动,都为培养和提升学生的全面素质,起到了巨大的推动作用,具有奠基意义。

我们是优异办学成果的获得者和受益人。许多老师和学生在各级各类竞赛中获得优异成绩,在各级各类评比中获得荣誉称号,在各级各类平台上大展风采,收获快乐、自信、进步、成长,骄傲和自豪充满了每一个人的心田!

老师们,同学们,大家每一个人取得的每一点成绩,为学校争取的每一份荣誉,我都铭记在心,充满了无比的感激!因为你们每一个人每一天每一刻都在我的心海里,阴晴圆缺,喜怒哀乐,潮起潮落,我都和你们一起经历过,感受过,品味过。2017年,我们一起走过,每一分收获,都是在上级党委和政府部门的正确领导下,在学校领导班子团结和谐的带领下,在全体师生共同努力下,上下一心,披星戴月,披荆斩棘,不辞辛苦,开拓创新取得的。我们要倍加珍惜这来之不易的胜利果实,不忘初心、牢记使命,继续前行。

2017年,再见。2018年,我们来了。新的机遇,新的挑战,我们一起去迎接,让我们继续相亲相爱,相互包容,相互理解,相互尊重。为了一个共同的目标,教好书,育好人,干好活,办好事,做个好老师,创造好业绩,办个好学校,造福好百姓,争个好口碑,实现好价值,过个好人生!

最后,我代表联合校领导班子,祝大家新年快乐,阖家幸福,万事如意!预祝今天的联欢会圆满成功!

2017 年 12 月 29 日

新学期开学典礼暨优秀教师表彰大会上的讲话

亲爱的同学们、尊敬的老师们：

大家下午好！

今天是第 34 个教师节，在这个洋溢着祝福、快乐和幸福的日子里，我校举行新学期开学典礼暨优秀教师表彰大会，有着特殊的意义。一是热烈欢迎两千两百五十余名新生和二十余名新老师走进大美七中校园；二是祝老师们节日快乐；三是向受到表彰的老师和同学们表示衷心的祝贺和感谢，感谢你们勇于担当、率先垂范、争创一流的出色表现。

我非常荣幸，在今天这样一个热烈、庄重、喜庆的七中·十五中联合校的开学典礼上，欢迎大家来到我们美丽的校园，一起拥抱坚强奋进的自己，拥抱一尘不染的初心，拥抱美好的梦想，振奋精神，再鼓干劲，凝心聚力、再创辉煌，开启新的生活篇章。

新的学年，新的征程，同学们充满希望地走进了校园，教师们在培训积淀后走向了课堂，开始生命历程的又一次起航，人生理想的又一次飞翔。我们要以全新的姿态迎接这个充满收获的金秋九月，因为秋天只属于辛勤耕耘的人们，机遇永远属于有准备的头脑。

初一、高一的学生是我校一股蓬勃的新生力量，是一道靓丽的风景线，学校因你们的到来而精彩无限，充满了新的朝气和活力。看到你们洋溢着青春的脸庞，看到你们对知识的渴求，对梦想的期望，作为校长，我感到肩上责任的重大。在此，我代表学校对你们的到来，表示热烈的欢迎，希望你们在我们这所充满"和文化"的校园茁壮成长，学习进步，奋发向上，成就未来。

今年我校将迎来 50 周年华诞，每一位联合校人都无比激动和自豪。我校始建于1968 年，2002 年、2009 年先后与十六中、九中合并，2017 年又与十五中实现联合办学。如今七中·十五中联合校是一所集初中、普通高中、美术高中为一体的完全中学，在校生达六千余人。我校在多校合并、联合的发展过程中，大力深化教育教学改革，同心同德，奋力拼搏，走可持续发展之路，形成独具特色的"和文化"，让每一位师生在这里都能大放异彩。

我校一直是优秀学子成长的沃土，是放飞希望的殿堂，是无数校友的精神家园。我校初中成绩斐然，被誉为"中考状元的摇篮"，美术高中声名显赫，优秀学子遍布祖国大地。奇迹的缔造，源于全体师生锐意进取、顽强拼搏的奋斗精神与团结协作。

在第 34 个"教师节"来临之际，我代表学校向奉献在教育战线的全体教职员工表示衷心的感谢，真诚地说一句："谢谢你们，你们辛苦了！因为有你们，学校的教育事业腾飞在即；因为有你们，学生的美好明天注定辉煌。"

同学们，感恩遇见，相逢有缘。你们选择了七中·十五中联合校，会遇见懂得尊重、理解、爱护你们的好老师，他们会助你成就梦想。这是一种幸运，请大家倍加珍惜这样一个难得的人生机遇，珍惜这份缘。在此，我真心地嘱托同学们几句话。

一是珍惜当下，严格自律，学会做人。

"在一个人成长的诸多因素中，知识固然重要，但比知识更重要的是能力，比能力更重要的是品德。"同学们要遵规守纪，自觉提升个人的道德修养。比如每天上课不浪费一分一秒，每天的作业坚持独立完成，每天看几页有益的书等等。珍惜当下，在自己的能力范围内尽量把每件事做到极致和卓越。只有这样聚沙成塔，集腋成裘，厚积薄发，才能成就精彩的人生。

二是珍惜时间，严守计划，学会学习。

大家要制定科学的学习计划，规划好自己的目标，并严格执行，端正学习态度，勤学好问，养成良好的行为习惯，养成热爱读书的好习惯，做学习和发展的主人。只有这样持之以恒地朝着目标去努力，最终才能攀上理想的巅峰！

三是珍惜他人，胸怀感谢，学会感恩。

同学之间是兄弟姐妹，你们要懂得相互友爱，珍惜同学情；老师是知识的传播者，你们要懂得尊敬和感恩，珍惜师生情；父母给予了我们生命，也给予了我们无私的爱，要心存感激，常思回报。还要心中有大爱，做一个对国家、对民族负责的人。

四是珍惜渴望，胸怀理想，学会自信。

一个有理想、有抱负、志存高远的人，应该有持久的热情、坚定的意志、持之以恒的精神。希望同学们从我做起，从现在做起，有理想，有自信，满怀学习和奋斗的激情，以永不言败的英雄气概面对挑战，以坚持不懈的品格战胜挫折。我坚信，你一定会获得成功，赢得人生的辉煌；我知道，你们一定会成为我们的骄傲，不让我们失望。

老师们，还记得多年前，怀揣着无限的憧憬初登讲台的自己吗？那个用粉笔书写梦想和希望的自己！在新的学期，请好好拥抱、展现这份美好的初心，继续向前。做一个学生喜欢的老师，认真上好每一堂课；和学生一起仰望星空，追逐梦想。

老师们，在教育生涯中，最幸福的是学生在我们精心的培育下，凭着优异的成绩，考入理想的高一级学校，走上工作岗位，成为对社会有用的人才，为国家做出伟大的贡献。请相信，我们遇见的每一名学生，都具备成才的一切潜质、潜能、潜力。只要我们有爱心，有耐心，有恒心，去挖掘、去发现、因材施教、循循善诱、诲人不倦，认真探索教育规律，他们就一定会成为最棒的学生。等我们可爱的学生拥有了飞翔的翅膀，会感谢你所给予的厚爱！

老师们，面对新的教育形势，我们要继续努力贯彻"全人格教育"的理念，走可持续发展教育之路，让每位学生都拥有自信、勤奋、好学的优秀品质，具有自主发展、勇于创新等核心素养，成为国家的栋梁之材。我们要给每位学生搭建展示精彩的舞台，开辟翱翔的天空，用真心陪伴学生成长，让学生充满阳光和自信，走向光明的未来。我们不忘初心、牢记使命，砥砺前行。

下面送老师们两句话：

当初有意无意地选择，走进了神圣职业的行列，拼尽全力，不负重托。

如今自觉知足的快乐，历经了风霜雨雪的润泽，永葆痴心，育才报国！

精心呵护每一个经手的生命，为人师表，因材施教，传道授业，解惑答疑，只为塑造一个个自己崇拜的偶像，推进文明，造福人类，美化未来，圆满完成人生使命！祝联合校的老师们节日快乐，祝联合校的同学们前程似锦，祝我的国因我的奋斗而厉害精彩！

最后，再一次祝老师们节日快乐，祝同学们在七中·十五中联合校平安幸福、学习进步！让我们一起坚定信念，挥洒激情，扬帆远航，我们向更加美好的未来前进！祝我们的联合校更加平安和谐、优质特色、绿色卫生文明，所有的美好都能如约而至！

谢谢大家。

2018 年 9 月 10 日

邢台七中五十华诞上的致辞

各位领导，各位嘉宾，老师们，同学们：

大家上午好。

时光荏苒，岁月匆匆，历史长河，凝聚此刻。在这春华秋实、硕果累累的十月，在全国上下认真学习领会习近平总书记在全国教育工作大会上讲话，全面贯彻落实党的十九大精神的大好形势下，我们迎来了邢台七中五十华诞。我谨代表学校向百忙之中拨冗光临本次庆典和颁奖活动的各位领导和嘉宾，表示衷心的感谢！向多年来关心支持我校发展的各界人士和朋友致以亲切的问候！向海内外广大校友和全体师生员工送上美好的祝愿！

今天，我们欢聚在这风景如画的校园，隆重庆祝邢台七中建校五十周年，大力表彰为我校创新发展做出突出贡献的部分教师代表，一是为了共同追忆我校辉煌历史，大力弘扬"求真务实，完美创新"的七中精神；二是为了对在七中五十年风雨历程中，埋头苦干，无私奉献，继往开来，薪火相传的一代又一代师生表示崇高的敬意；三是为了向受到表彰的优秀教师代表们表达深深的谢意，感谢你们长期坚持以身作则、勤严爱廉、率先垂范、追求卓越的精神，为全校师生树立了楷模形象，让我们学有榜样，赶有目标。

各位来宾，五十年前的今天，就是在我们脚下这片热土上，邢台七中诞生了。五十载风雨兼程，半世纪砥砺前行，历经了从无到有，从小到大，由弱变强的艰辛奋进过程。我们不会忘记创校之初师生们筚路蓝缕、开疆辟土的壮举；不会忘记发展道路上师生们不畏艰苦、携手图强的壮烈；不会忘记在跨越过程中师生们一次次奋力腾飞、华丽转身的壮阔。我们学校从一开始在古城墙下护城河边的几间教室、几十张土桌泥凳、百余名师生，发展到今天一校四区、十几栋高楼，全部是现代化教学设施，六千余名师生。我们一直坚守着"办好老百姓家门口的学校"的办学愿景,肩负着"立德树人,为国育才"的历史使命,践行"发展教师,成就学生,教化社会,造福桑梓"的教育价值观,坚持"文化立校、依法治校、科研强校、特色树校"的办学方略,致力于创建"平安、和谐、优质、特色、文明"的5A级学校,形成了以"和"为核心独特的学校文化。如今,邢台七中已经成为我区乃至我市一所质量高、口碑好、广受老百姓赞誉的优质学校。

各位来宾,我们深知,一所优质的学校,是由一群优秀的教师创造和支撑的。习近平总书记说:"一个人遇到好老师是人生的幸运,一个学校拥有好老师是学校的光荣,一个民族源源不断地涌现出一批又一批好老师则是民族的希望。"我们这次表彰的功勋教师和特殊贡献教师是我校众多优秀教师的代表,他们深受师生们的爱戴。他们有一个共同的特征,就是痴心教育、恪守本职、胸怀大爱、精心教书、潜心育人。他们之中有的长期担任班主任工作,有的连年送毕业班,有的培养出中考状元,有的把大批中考成绩不理想失去自信的学生送进了大学校园,有的专注于教学科研取的丰硕成果,有的常年带病坚持工作不叫苦不怕累,有的精于管理工作,爱生如子,德艺双馨。可以说各有所长,各有风格,爱严结合,独领风骚,在师生中享有盛誉。他们不愧是邢台七中的脊梁,学校的骨干力量,师生的榜样。老师们辛苦了,我代表全体师生,再一次向你们致敬!

各位来宾,邢台七中在发展过程中,一直受到上级党委和政府的热情关怀和大力支持,尤其是2017年归属桥东区以后,更是获得了区委和区政府无比的厚爱,在资金投入、硬件建设、办学条件改善、师资配备、教育培训、校园周边环境综合治理,历史遗留问题的解决等方面,都给予了前所未有的帮助和支持,为学校在新时期再一次实现跨越式发展提供了有力保障。

潮平两岸阔,风正一帆悬。五十年浓厚积淀,七彩七中芳华正茂!我们坚信,在党和政府的大力支持下,在区委区政府的正确领导和亲切关怀下,在社会各界的热心帮助下,在我校师生的共同努力下,我们一定不忘初心、牢记使命,立德树人,增强"四个意识",坚定"四个自信",做好"四个引路人",积极践行社会主义核心价值观。老师们争做"四有教师";学生们争做"四有新人";学校将紧紧抓住新的发展机遇,以更高质量更高水平办学,争创"平安、和谐、优质、特色、文明"的5A级学校,服务我区经济社会等各项事业的可持续发展需要,书写新时代教育的宏伟奋进之笔,为实现中华民族伟大复兴的中国梦而发奋学习,努力工作,奋力拼搏,在新时代,新起点上,展现新气象,开启新征程,取得新成绩,做出更大贡献!

2018 年 10 月 20 日

第五节　学生十八岁成人礼上的讲话

尊敬的各位家长、各位老师,亲爱的同学们:

大家上午好! 今天,我们为即将步入高三的同学隆重举行成人礼,目的有三个。

第一,就是要提醒我们的同学:你已经告别了懵懂、不懂事的少年时光,迈入了成熟睿智的青年时代,你应该告别"我还小、我任性"这样的自己。应该向父母有一个誓言:我长大了,我要负起责任。

第二,就是要提醒我们的老师:你面对的已经不再是那个顽皮贪玩、不懂事的孩子,你应该以理服人、以德服人。

第三,就是要提醒我们的家长:无论我们的孩子,有什么样的错误,有什么样的问题,都应该记住他已经不是一个孩子了,凡事都应该和孩子们坐下来,促膝谈心,平等交流。

亲爱的同学们,今天学校举行庄严而隆重的十八岁成人仪式,就是要和我们同学一起回忆过去,憧憬未来,见证成长。在此,我谨代表全校师生,诚挚地祝贺亲爱的同学们、青年朋友们,祝贺你们成为共和国最年轻的成人公民! 借此机会向为同学们的成长倾注了全部爱心与热情、汗水及智慧的家长和老师表示崇高敬意和由衷感谢!

亲爱的同学们,十八岁,你们真正实现了法律意义上的独立自主,即可以独立承担法律赋予我们的权利和义务。展现在你们面前的是众多的机遇和广阔的舞台,因此你们面临的使命和责任也从此开始重大起来。如何把握青春,走好人生路,让自己的青春熠熠生辉,这是步入成人行列的你们需要认真思考的重大课题。

两年前带着缤纷的希冀和美丽的憧憬,你走进了你理想的学校——邢台七中。从此,你就走进了一个如诗如画的梦想乐园。

在这里,让每一名学生都能成为文能治国,武能安邦的国家栋梁之材,拥有激情自信,勤奋好学的优秀品质,具备自主发展,勇于创新的能力,是七中一贯坚持的教育理念。

在这里,"学生优秀,老师成就""学生越出色,老师越骄傲""学生好,一切都好"是七中每一位教师坚守的教育诺言。老师希望每一名学生都有自己独特的兴趣、爱好和特长,学校会给每一名学生开辟飞翔的天空,搭建展示精彩的舞台,让每一名学生在七中都能大放异彩。同学们的需求就是学校和老师的教育追求。

在这里,"自主、合作、探究、展示"高效智慧课堂,"三三三"习惯养成德育模式,"三自一包"责任教育模式,"三个让,三个一"激励教育模式,"邢台七中学生在校三年需要完成18件事"学生核心素养培育模式,"七个一百"素质教育工程,"一级两套操,一班三节目,一生两特长""232"体艺工程,"七星达人"发现亮点教育模式等一系列富有创新意义的工作措施,体现了七中"以生为本,与时俱进,追求卓越"的办学理念。

在这里,不以考试分数评价学生,假如你的考试成绩不理想,也不要自卑气馁。只要你今天比昨天多懂一些知识,多明一些事理,老师就会为你祝贺,学校就会为你喝彩。学校希望你们在七中三年,不仅掌握科学文化,升入理想学校,更重要的是身心健康,学会做人,在家是好孩子,在校做文明学生,在社会成为社会发展的建设者。同学们,当你们迈进七中的那一刻,老师已把你们当成自己的孩子,无论你们取得进步还是遇到挫折,老师都与你们相伴同行,分享你们的快乐,分担你们的烦恼。因为你们是家庭的希望,是祖国的未来,对你们的教育是教师的天职。作为七中学子,你们应当感到自豪,因为她有近五十年的办学历史,既有清新优雅的育人环境,一流的硬件设施,又有一批经过多年历练的名师授课;你们的学长中涌现了许多高考精英,更多数的成为社会栋梁,谱写了七中辉煌的历史篇章。我期待着你们续写七中校史更精彩的一页。

同学们,在今天这个特殊的庆典上,在欢庆你们已经成人的同时,不要忘记大家还走在高考的路上。作为准高三的你们,必须懂得高考其实也是一场激烈的竞争,胜利只属于强者。所以,希望大家系好绑腿,打好背包,鼓起勇气,扬鞭策马,携手并肩,一起走过这难忘的365天。在今后的日子里,我们的老师、家长也许对你们有更严格的要求、更艰苦的训练,更严厉的批评,或许有时会令你们难以接受,但我相信同学们能够理解,因为作为学校、老师、父母所做的这一切,其实都是爱,都是为了自己的学生,自己的孩子能够有所作为,能够出类拔萃,能够拥有一个更好的前程。作为你们的引路人和同行者，我想对大家提出几点希望。

一是要做一个有爱心的人。温家宝曾说过："爱是一切道德的基础。"邢台七中多年来一直在德育工作中，进行爱的教育，其根本宗旨就是培养有爱心的学生，我希望将来从七中走出的每一名学生都是一个有爱心的人，让爱走出校门，走向社会。

二是要做一个负责任的人。所谓责任，就是指一个人该做的必须做，不该做的坚决不做。每个人都要履行责任，包括学习责任、工作责任、家庭责任、社会责任等等。梁启超说："今日之责任，不在他人，而全在我少年。"同学们，让我们勇敢地担当起自己的责任，不折不扣的朝着既定目标去努力。

三是要做一个求真知的人。求真知，就是要坚持科学精神，做到实事求是、探求真知真理。希望同学们都能静下心来，心无旁骛，潜心求知，学进去，学成功。

四是要做一个真正大写的人。"千教万教教人求真，千学万学学做真人"是平民教育家陶行知总结出的教育真谛。同学们，对你们而言，做真人就是要爱祖国，敬师长，勤学习，苦钻研，说真话，乐助人，做善事，尽本分。

我相信邢台七中全体同学都能做到朝气蓬勃，健康向上，努力奋斗，用积极的行动去拥抱美好的明天！愿你们从此走好人生的每一步，愿你们拥有一个美好灿烂的人生，愿你们今后的人生从此与众不同！

谢谢大家！

2017 年 6 月 9 日

学生十八岁成人仪式上的讲话

同学们，老师们，家长朋友们：

大家好。

在全国上下深入学习贯彻落实党的十九大精神，在我校即将迎来五十年华诞的喜庆日子里，在火红的五月花盛开的季节，我们学校领导、老师和家长，为高中四百多名同学，举行隆重的成人仪式，见证同学们迈进共和国成年公民的行列。

看到同学们表现出的自信成熟、稳重大气的精神状态，我感到由衷的欣慰，你们的家长和老师也感到非常的满意。你们长大了，成人了，我们就放心了！

在此，我代表所有出席这次仪式的老师们、家长们，向你们致以最诚挚的祝福！

从你们走进七中大门那一天起，你们就遇到了许多和你们的父母一样，关心呵护你们的亲人，和你们一起走过，风霜雨雪日夜相伴，阴晴圆缺依依不舍，挑灯夜战苦读诗书，早出晚归追逐梦想。

学校围绕"立德树人"这一根本任务，深入开展社会主义核心价值观教育，通过"三三三"德育模式，高效智慧课堂改革，三自一包责任教育等一系列教育教学形式，教给大家做人做事的道理，指导大家求知成才的方法，培养大家成就一生的习惯，不断提升同学们的可持续发展能力和核心素养，为同学们一生的健康发展和幸福成长奠定了坚实的基础。

希望同学们永远珍惜在七中养成的各种优良品质和习惯，并让这些宝贵的财富伴随着我们一生，成就自我，造福社会！

在今天的仪式上，作为你们的校长，我想代表你们的老师和父母，给大家分享三句话。

一、做一个有梦想有担当的人

没有梦想的生活，是枯燥无味的；没有担当的人，是不靠谱的，不靠谱的人，交不到真正的朋友，没有朋友合作的人，是做不成任何大事的。

成为一个成年人，不仅意味着达到了法定公民年龄的标准，而且要体现在思想和心理的成熟。而成熟的标准就是有了自己独立的思想观念，对自己的未来有了清晰的规划，意识到自己要承担的责任和义务。正如习近平总书记所说"青年一代有理想、有担当，国家就有前途，民族就有希望"。

引领时代，振兴中华，是同学们作为当代青年义不容辞的责任；自立自强，孝顺父母，是同学们为人子女的天职；遵纪守法，勤劳创业，是同学们作为成年公民的基本素质。

在七中，老师们经常通过学习伟人、名人和英雄模范人物的事迹，帮助同学们树立并坚定自己的人生理想，用"先天之忧而忧，后天下之乐而乐"，"老吾老以及人之老，幼吾幼以及人之幼"等名言警语，教育大家胸怀天下，勇于担当，从爱护身边人做起,从做好身边的每一件事开始,培养同学们的远大志向。同学们务必志存高远,阔步远行,走出一片属于自己的天空,为民造福,为家争光。

二、要做一个有恒心、好学习的人

学贵有恒。无论在学校学习,还是今后参加工作,要让学习伴随自己一生才好。"活到老,学到老"是所有有所成就的人成功的秘诀。

同学们当初走进七中的时候,多数是胸怀理想,因中考失利才来到这里,曾经彷徨迷茫,困惑郁闷,在老师的鼓励下,找到了努力的方向,激起了追求理想的动力。两年多的时间里,同学们发奋读书,一直坚持,都有了不同程度的进步;后面大家迎接高考,更需要大家不松劲,再努力,争分夺秒。只要努力,我相信大家都能实现自己的理想。

三、要做一个守法纪、懂感恩的人

遵纪守法,诚信做人,既是社会主义核心价值观的要求,也是一个公民的社会责任和义务,是真正做成一番事业的保证。违法乱纪,是因为不能自律,一个驾驭不了自己贪欲的人,必然受到法律严惩;到那时,即使你有再大的志向,再聪明的头脑,再超人的能力,也会一失足成千古恨,一事无成,为父母、家人、老师带来无尽的遗憾。

同学们,一定要走正道。无论你走多远,无论你今后的成就大小,都是父母、家人、老师的自豪和骄傲。不让父母、亲人担心,堂堂正正做人,清清白白做事,这也是懂得感恩的具体表现。永远牢记一句古话"勿以恶小而为之,勿以善小而不为"。

同学们,今天专门为你们举行了盛大的成人仪式,就是希望大家体验成人的感觉,增强成人的仪式,担起成人的责任,向着自己的理想奋勇前进。

老师们,家长朋友们,我们参加孩子们的成人仪式,就是希望大家该放手时就放手,相信自己孩子的生存能力、自立能力。他们会做好自己的事,遇事要和他们平等交流,商量沟通;有意识地让他们做一些家务劳动,分担家庭的艰辛困苦,分享家人的喜怒哀乐,一起走,一起拼,一定赢。

最后,祝同学们学业有成,前程似锦;祝愿我们的祖国繁荣昌盛;祝愿我们的七中英才辈出,根深叶茂;祝愿所有老师们同学们家长朋友们所有梦想都开花!

2018 年 5 月 19 日

第六节　2017年祭孔典礼上的讲话

尊敬的老师们,亲爱的同学们:

大家好!今天我们在孔子杏坛隆重地举行纪念孔子诞辰2568年活动。

孔子,生于公元前511年。名丘,字仲尼。我国春秋时期鲁国陬邑人,就是现在的山东省曲阜人。他是中国历史上著名的思想家、教育家、儒家学派的创始人,是世界历史文化名人。

孔子三岁丧父,家道中落,随母亲迁到鲁国都城居住。他虚心好学、博学多才。17岁时母亲去世,迫于生计,年轻的孔子做过司仪,当过管理仓库和牛羊的小官吏。50岁左右开始从政,先后担任过鲁国的中都宰、司空、司寇、大司寇,政绩突出。后因对鲁国执政者不满,辞去官职,开始带领弟子周游列国14年。这14年周游活动,也可以说是孔子师德研学之旅。他不仅尝尽人生苦难,也收获人生阅历和经验,晚年返回鲁国,集中精力整理古代文化典籍。公元前479年,孔子逝世,享年73岁。

孔子的一生,是奋斗的一生,是知识积累的一生,是精神不断升华的一生。他创立的儒家学派,对后世影响巨大。他的思想经后世儒家学派的发展、系统,成为后世中国社会的正统思想,至今仍发挥着重要作用。

我们今天在这里集会,目的有两个,一是让同学们通过中华民族传统文化集大成者孔子的祭念仪式,更多地了解中华民族传统文化的博大精深和独特魅力,更加坚定中华民族传统文化自信感和使命感,感受作为一个中国人的自豪感;二是通过纪念孔子,希望老师们、同学们从以下两方面向孔子学习。一要学会做人。孔子是中华民族灵魂的塑造者,他的许多经典名言成为我们今天的行为规范,他的核心思想是"仁",就是"仁者爱人"。我们要学习孔子孝敬父母、和睦兄弟、友善朋友、有教无类、循循善诱、诲人不倦的精神品质,做一个敢爱敢恨、堂堂正正的人。二要努力学习。孔子的一生，命运多舛。从 3 岁起到 73 岁去世，70 年间他经历了数不清的生活磨难、政治磨难、孤独的精神磨难，但他意志坚定，不向困难低头，朝着既定的目标，学而不厌、孜孜不倦、广收博采、不耻下问、积累知识，终于成就了一代大家，修炼成为中国的也是世界的文化巨人。这种坚韧不拔努力学习的进取精神，是非常值得我们学习的。

同学们，我校一直非常重视中华民族传统文化教育，开展了丰富多彩的传统文化进校园活动，如经典诵读、课间文明、课堂礼仪等活动，以及要求同学们在七中培育核心素养三年完成的十八件事等，这些都是中华民族传统文化的传承和践行的生动体现。中华民族传统文化是中国现代文明的源泉，让中国古代经典成为广大青少年的民族文化基因，是我校校园文化建设的永恒主题，

今天，你们正处在长身体、长知识的少年时代，正处在世界观、人生观形成的关键时期，也处在和平盛世，祖国建设一日千里之际。祖国的未来需要千千万万的接班人。希望大家学习孔子、努力学习、学会做人、发扬精神、成长才干、完善自我、学会合作，为实现习近平总书记提出的中华民族伟大复兴的中国梦，做出应有的贡献！

最后，祝同学们学习进步，精神愉快！

2017 年 9 月 28 日

第七节 "书法进校园第三次公益讲座"活动中的致辞

尊敬的周国江主任，各位领导、各位来宾，全体师生：

大家上午好！

为弘扬我国优良传统文化，营造热爱国粹、热爱书法艺术的氛围，市关工委"书法进校园第三次公益讲座"活动在邢台七中举行，目的就是要让更多师生感受书法艺术魅力，激发师生练习书法的热情。下面，让我们再次以热烈的掌声，向各位领导

和书法家的到来表示热烈地欢迎和衷心地感谢！

"书法进校园"活动是在国家语委和中国书协统一要求下开展的，各级领导都非常重视。"书法立志，一笔一画打基础；翰墨树人，一点一滴促发展"，七中很早就将书法作为学校特色全力打造和创建。七中有很好的活动基础，学校通过成立书法兴趣社团，开展学生书法比赛、迎新年书法送楹联、教师"基本功三字比赛"等活动，在学校掀起了学习书法，传承文化的热潮。经过几年的不懈力，学校先后获得"全国关心下一代先进集体""全国素质教育示范校""河北省书法教育实验学校""河北省特色文化先进集体"等荣誉称号。

今天，我们将市书协的书法家们请进校园，就是要让同学们更近距离地感受书法家的艺术魅力、更好地受到国风文化的熏陶。我们要借助"书法进校园"活动契机，因地制宜，搭建平台，在书法教育中坚持特色与校本课程相结合，充分尊重学生个性发展，引导师生充分感受汉字和书法的魅力，全面提升汉字书写水平。同时，在书法教育中渗透国学知识和文化素养的熏陶，让学生在书法学习中找到修身养性的快乐，奠定人生发展的基础。

同志们，普及书法教育是学校的一项重要的工作，也是 5A 级学校创建、努力提升校园文化建设的一个重要方面。对学生进行书法教育既是学生成长的需要，也是传承中国文化要求。正如人们所说：一手好字，受益一生。让我们共同努力，以邢台市书法家进校园活动为契机，提升书法教育水平，为邢台教育贡献自己的力量。

衷心期待在场的书法家们，用你们的宝贵经验，指导邢台七中书法特色更好发展；用你们的涓涓笔锋，为七中的学子，书写寄托你们美好祝愿和善意的墨宝。最后，祝各位领导、朋友工作顺利、万事如意！祝同学们写好方方正正中国字，做个堂堂正正中国人。

谢谢大家！

2017 年 10 月 18 日

第二章 思想指导

第一节 优秀来自行动

优秀的老师最受师生家长欢迎,他们都有一个特征,那就是勤于行动,真心执行。

实心实意实干,执行力强。对上级的指示和团队的工作安排以及会议的决定,服从大局,不讲条件,听从安排,服从命令,迎难而上,甘作一枚棋子,愿做一颗钉子,敢当一个先锋,亲力亲为,不折不扣落实,脚踏实地去行动,圆圆满满去完成。

以干好本职工作为荣,以坚守在一线上课为荣,以爱操心多干活儿为荣。从大局出发,从细处入手。只要留心一下,身边总会看到这样的一些可爱的人:坚持天天早来晚归,坐在教室备课,随手捡起地上一片纸,整理一下垃圾桶,拎起扫帚去扫除,拿着剪刀剪枝去叶,浇水施肥,亲自守在机器跟前读录阅考试卷,能自己手提肩扛背驮的不求人,能自己下手维修安装的,不花钱派活儿给工人,能为学校节约一分是一分,多干一点是一点,以校为家,以生为本,全心全意为集体,诸如此类细小的工作,具体的细节,只要坚持,早晚会被大家看在眼里,记在心里,成为良好的口碑,成为逐渐受重用的资本。学校要的是特爱操心,为校分忧,持之以恒,有人看见没人看见都一样,一直埋头苦干实干的人。只要干过,就有人给你记着。

哪有什么有奇迹,只有你努力的痕迹;没有运气,只有你坚持的勇气;每一滴汗水,都是你成功的积累。

坚信这样的道理:是金子总会发光的。桃李不言 ,下自成蹊。花自盛开,清风自来。好运就藏在年复一年,日复一日,一点一滴的踏踏实实做的每一件小事里。

一、栽棵梧桐树,引得凤凰来

有一种新说法叫渠成水到,意思是说平时多下些修渠的功夫,一旦水来了,自然先让你尝到甘甜的水。只管耕耘,莫问收获。这几句话都说出了一个道理:只要埋头苦干,收获只是早晚。不要急功近利,总想着事半功倍的效果,或者是不劳而获的好事!

对于多数人来说,要做成一件事,实现一个愿望或者说理想,都要靠的是刻苦工夫,而不是异禀天赋。而且还要能全心全意,全力以赴,全时空投入,才有可能取得一点点的进步成功。

读书学习,要取得一个好成绩,没有平时争分夺秒量的积累,哪有质的变化?读书百遍,其义自见。读书破万卷,下笔如有神。书到用时方恨少,事非经过不知难。只有踏破铁鞋,才能得来全不费功夫。题做到一千道时,突然灵光一闪,原来这么简单;画画到一千张时,突然成竹在胸,才能一挥而就;卖油翁和庖丁解牛,愚公移山和达·芬奇画蛋的故事,都说明了一个道理,就是凡事要全心投入,达到如醉如痴的状态,反复练习千万遍,坚持不懈做下去,就能熟能生巧,甚至能感动上苍,助你一臂之力,让你梦想成真,成为专家,变成神人!

别人做不了的事情,做得到;别人做得到的事情,做得细;别人做得细的事情,做得妙。这些都会成为你的优势,只要努力不止,进步自然不止。世上没有白费的努力,更没有碰巧的成功,不要揠苗助长,不要急于求成,只要一点一点去做,一步步去走,成功,不过是渠成水到。现在的年轻人根本听不进去,只有过来的人才知道。

二、你若盛开,蝴蝶自来

如果你喜欢一只蝴蝶,千万不要去追,因为你追也追不到,你应该去种花,待到春暖花开时,等到草长莺飞的时候,蝴蝶自然而然为你而来。

如果你喜欢的那只蝴蝶,没有飞回来怎么办,没关系,你有了花有了草,有了阳光,有了雨露,有了微笑,有了特殊的魅力,那只蝴蝶没有来,其他的蝴蝶都会为你而来。比它更美更好的都会来,这就叫"你若盛开,蝴蝶自来"。生活如此,事业如此,友情也是如此爱情更是如此!

"学生优秀,老师成就",细细想来,这句话有三层含义,第一层含义是:学生优秀的成绩就是老师的成就。老师以学生的点滴进步而骄傲,而自豪。第二层含义是:老师成就了学生的优秀。没有老师的孜孜不倦和辛勤付出,哪有学生的进步?第三层意思是:教师和学生相辅相成、相互制约、相互影响,共同进步。

三、规矩和自由

无论对谁,独立和自由都是有条件的,是相对的,而不是绝对的。

一个人总是希望自己过上独立自主的生活,生活在自由自在,无拘无束的工作学习的环境中。其实,民主集中制原则的意思是,要民主,也要集中,在民主基础上的集中,在集中统一管理下的民主。根本不存在没有民主的集中,没有集中的民主。没有民主的集中,就会出现专制和垄断,没有生机和活力,难以实现可持续发展。没有集中的民主,就会出现一盘散沙,各行其是,混乱不堪,更不可能生存发展了。

独立自由,是要以经济独立自由为基础的。只要自己的生活工作学习,都要依附依靠别人和团队集体帮助支持提供,就永远不会有独立自由自主,都要在别人和团队的规定制度管理下,尊重遵守,去适应环境,生存发展。

有的人抱怨国家有这限制,有那不准,抱怨单位有这规定,有那制度,抱怨班级有这纪律,有那约束;其实,这就如同马路上的红绿灯一样,对于自律严格的人来说,确实有点多余,可是如果没有的话,马路上会乱成什么样子,会出多少事故悲剧,更不要说交通顺畅便利,工作生活效率提高了。

所以,一个成熟的国家团队集体、学校年级班级,肯定有一套完善科学合理地法律法规制度体系,而且根据不断出现的新问题,修改完善。一个新的团队成立建设,首要的任务和切入点,就是从立规矩,讲规矩,守规矩教育开始,告诉学生纪律和自由的关系,让学生明白,一切自由都必须在遵守纪律规定制度约束前提下,以不侵害别人自由为前提,以不集体利益和多数人的意志为前提,以保障整个团队团结干事拼搏创新,争取荣誉为前提。

第二节　真正聪明的人,都能吃苦

这几天接触了一些家长,聊一些孩子升学上学的话题。常听到有的家长为自己孩子的学习成绩差开脱:"俺孩子很聪明,就是懒,吃不了苦,不下功夫,不认真,不好好学习。"每每听到这样的话,我若是遇到心胸开阔,通情达理,特别真诚渴望听听别人意见和建议的人,就直接告诉他:真正聪明的孩子没有一个不勤奋,不吃苦,不下功夫,不认真,不好好学习的。

当然,如果是个班主任老师,面对自己的学生和家长,就不能这般敷衍。无论遇到什么样的家长和学生,都要坚定信念,恪守职责,耐住性子,忍住暴躁,亲切和蔼,掌握着轻重缓急的火候,循循善诱,诲人不倦,学而不厌,一计不成,再生一计,一招不行,再寻一招,想方设法,永不放弃,直到和家长取得共识,形成合力,共同育人。这是当老师的职责所在,义不容辞,责无旁贷,尽力而为。

　　同样,在成人世界中也有类似的情况:大家评价某个人很聪明,很能干,业务很厉害,就是有点懒,不肯下功夫。其实,哪有什么怀才不遇,哪有什么聪明而不干,分明是遇事不明,好高骛远,眼高手低,不切实际,才疏学浅,不能客观评价自己的实力,不能找准自己定位。识大体顾大局,顺势而为,无论在哪里,都要尽情发挥自己的能力和才干,在现有的岗位做到尽善尽美,是金子总会发光的。这才是真正的聪明人。

　　很多时候,成功的人不是比你更聪明,也不是比你更好运,只是他们在每一件看似微不足道的小事上,都能付出比你更多的认真和努力,也比你更有耐心和责任心。认真做事的人,终会得到生活最好的犒赏。天不负有心人,有志者事竟成,就是这道理。

一、学身边榜样,做奋斗楷模

　　讲好联合校的故事,传播好声音,传递正能量,是我们每一个人的责任!学校的口碑是每一个联合校人靠平时的一点一滴苦干实干精神积累出来的,也是靠大家都以联合校为荣,都说联合校一切都好,集体描绘塑造出来的。

　　熟悉的榜样,更有说服力,身边的楷模,更值得学习。人心向善,见贤思齐,应该成为每一个团队共同的精神追求和价值观。经常夸自己团队优秀的人,一定是因为热爱,因为自己不甘落后,积极向上,因为自己总能看到身边的人亮点,因为和自己队友和谐相处,友好合作,因为有一颗知恩感恩的心。抱着阴暗潮湿自私自利本性的人,是看不到光明和希望的,更感受不到温暖和幸福,更不会顾及他人的喜怒哀乐!

　　要做一个健康快乐,幸福美满的人,就从热爱团队,乐观和善,积极工作,尽职尽责,争先创优,追求卓越做起。

第三节　教育的意义在于奉献

　　人们大都有这样的理想:真正为自己活一回,活出自己。过自己想要的生活,随心所欲,自由自在,无拘无束,潇洒走一回。

　　理想终归是理想,不是现实。有个梦,去追求,有动力,固然是好事,但完全脱离现实的梦,永远不会是理想的含义,只有基于每个人自身实际的理想,才能叫做理想,才值得拥有和追求。

　　没有人能随随便便成功,意思是说,一个人的成功,从来都是先天优势,个人努力,众人帮忙,万物给力,上苍护佑,天赐良机等许许多多的因素造就的,总不能成功了却忘了成功的原因和外在的一切关系的助力,自以为是地认为,一切都是自己巨能伟力所致,与他人毫无干系,目中无人,肆无忌惮,任性妄为,忘了初心,漠视他人,不知感恩,内不感恩父母兄弟姐妹抚养资助,亲戚朋友关心呵护,师长同事引领支持合作,外不感恩国家稳定,社会和谐,民族团结,岁月静好的环境,而是自绝于人,独享一切所得成果。

古往今来,真正能成就大事,而且能可持续发展的人,都不会只顾个人感受,不顾他人疾苦冷暖得失喜忧,而是心怀天下,老吾老以及人之老,幼吾幼以及人之幼,助人为乐,为人纾困解难释疑解惑,在为他人,为社会,为国家拼搏奋斗奉献中,实现自己的理想,体现自己人生价值,活出自己想要的样子。

教育,就要帮助学生树立全心全意为人民服务的人生观、价值观、世界观。在奋斗中实现自己的目标,体现出自己独特价值。

一、识万种人,经万般事

我们学校校友亭上有一副对联:读万卷书 行万里路,识万种人经万般事。提示大家读书明理,识人做事,理论联系实际,是教育的目的所在。

目前,大家都处在一个特殊时期,所谓特殊,就是和人们日常习惯了的状态不一样了,人与自然,人与人相处不和谐了,心理平衡被打破了,产生各种不适应,这样的状态下,每个人的思想观念,意志意识,性格情绪不同,决定了感受能力,适应能力,应对能力不同,因此也成为心理问题,矛盾纠纷集中表现和爆发期,对我们大家来说,无论是学校的管理者,还是任课老师,既要确保自己身心健康,尽力快速调节好自己与自然环境与周围的人,甚至是自己内心产生的矛盾,还要做好学生及家长的思想工作,努力营造和谐相处的氛围,顺利实施教育教学行为,完成教育教学任务。

作为一个班主任或任课老师,作为一个管理人员,面对的教育管理对象各色各样,千人千面,要想教育管理出效果,平时就要做个有心人,细心人,带着研究的心,常人的情,敏锐的眼,勤快的腿,适度的嘴,常识的理,通俗的话,深入一线,细心观察,认真倾听,查找苗头,遇到问题就分析出原因,研究解决问题办法。从管理对象入手,把握住"己所不欲,勿施于人"的人际交往原则,运用换位思考,设身处地,感同身受等原理,找出问题的症结所在是不难的,研究琢磨寻找解决问题的方法,采取正面教育,正向引导,积极指导,循序诱导等方式方法,会收到事半功倍的效果。

二、积极应对疫情常态化

世事多难料,未雨绸缪,才能应对自如。日常如爬山,短休增精神,久歇养懒人。今年太多太长的假期,已经严重影响了我们的教育教学质量。

每次节假日、寒暑假、疫情假过后,有不少人即使人在学校,身在岗位,却依然沉浸在懒散放松状态,久久不能自拔,厌倦上班,无心工作,厌学厌战,粗心备课,上课走神,左顾右盼,心不在焉,无精打采,阴阳怪气,牢骚不断,偷懒耍滑,发呆犯困,粗枝大叶,聚集聊天,敷衍了事,潦草应付,不求精细,得过且过,晚来早走等现象屡见不鲜,干什么都提不起精神,把上班时好不容易提起来的精气神,养起来的斗志昂扬的劲儿头,全给一扫而光,烟消云散。

各主管校长、科室主任和年级主任、班主任务必提高警惕,一方面要坚持常态化防疫措施的落实,一方面高度重视并要积极遏制如疫情般的消极情绪滋生蔓延,防止它破坏了整个团队积极向上的精神状态,把人心搞散,团队搞乱,成绩搞垮,品牌搞砸。各团队主管自己要首先打起精神,激情澎湃,动力十足,为荣誉而战,严于律己,以身作则,带头干活,明察秋毫,准确研判,精准预测,预先谋划,制定抓手,多措并用,精细管理,严格要求,带动感染整个团队师生都生龙活虎起来,抢着干活,拼着学习,勤走一线,发现问题,解决问题,持续营造勤奋拼搏,争先创优的热火朝天的氛围。

好成绩不是从天上掉下来的,是从比别人多学一小时来的,是从比别人多做三道题来的,是从比别人更及时纠正考试题来的!

三、进步秘诀,只管耕作

有一个培训师说,什么样的人在单位里容易站住脚跟,发展顺利,获得肯定,收获荣誉,获得晋升晋级呢?答案是要做到如下四点。

一是忠诚。一切行动听指挥。听领导的话。从一定意义上来说,领导站位高,看得远,思路开阔,安排谁干什么工作,在什么岗位,是着眼全局,瞄准长远,既要用人所长,照顾个人所需,更要考虑用之事成,确保大局稳定,事业发展;所以,这就需要每个人听从命令,服从指挥,齐心协力,共同完成任务。绝不容许个人只考虑自己兴趣爱好利益得失,我行我素,自作主张,各行其是,从而造成上下离心离德,一盘散沙,一事无成,个人得不到成长,事业得不到发展,谁都没有收获。

二是服众。全心全意为人民服务。抱着一颗为大众服务的心,从为自己岗位所负责的人服务做起，上为领导服务好，中为同事服务好，下为自己的学生服务好。尽职尽责做好每一件事，圆圆满满完成每一项任务。让领导放心，让同事学生满意，这叫做作服务大众，又叫作让大众信服佩服，积淀深厚的群众基础，也是未来发展和成就更大事的根基。

三是出活儿。就是俗话说的，干什么就要干出个样。领导信任，组织安排，有岗有位，就要有为，干事干好事，更要干成事，干出成绩来。具体来说就是，自己所带的团队强，班级好，学科成绩突出，优秀学生多。

四是敬业。平时表现，大家公认是非常靠谱的人，勤奋努力，刻苦认真，兢兢业业，任劳任怨，淡泊名利。这样的人就是俗话说的那种没有功劳也有苦劳，没有苦劳也有辛劳，一心一意付出的人，也会赢得大家的尊重和好评。

荣辱之心，人皆有之。从一定意义来说，荣誉是一个人工作干事儿，追求上进的动力，这无可厚非，而且是人之常情。淡泊名利是美德，绝不是无所作为，不求有功，萎靡不振，不求进取的借口和理由，一味地追名逐利。

疫情当前，我们的生活状态，工作节奏，学习氛围，一切都要服从上级部门的安排，需要全社会一盘棋，同心同德，共渡难关，更需要每个人磨练具备以上四个词的素养能力，坚定意志，吃苦耐劳，步调一致，凝心聚力，相互激励，无怨无悔，共同迎接挑战，打赢疫情防控这一仗。

四、干什么就吆喝什么

俗话说，干什么就吆喝什么，这就是道，为人处事之道。干什么不钻什么，就是不务正业。

进了学校，入了教育这一行，当了老师，无论在哪个岗位，搞管理，做教学，管服务，无论时间长短，只要时时刻刻想着教书育人，立德树人这个事儿，绷紧这根弦儿，就会时时刻刻有一个警觉，树立一种意识，养成一种习惯，那就是每天都在观察，都在联想，都在思考，所有的所见所闻所感，都和教育教学联系上；也就是从教育教学的角度，去看事物想问题，找规律寻方法，提建议讲道理，反思得失，总结成败，升华思想，提醒大家注意如何改进工作，提高认识和水平。一旦找到当老师的乐趣，就会随时随地，体现出职业习惯，多思考，多表达，多宣传，随机记录下来自己的所思所感所悟，日积月累，不断沉淀，才能不断提升自身职业素养和能力。做一个有思想的老师和管理者。

五、磨不推自转

磨不推自转,就是不要别人监督催促,干好每天的工作,完成上级交给的各项任务,于公是法定职分,于己是理应本分,于人是交需情分。努力把每天的工作做到极致,任务完成圆满,无愧于公,不憾于心,没亏于人,法理情三分尽得,莫失一分,才能心安理得,直追圣贤。

否则,于公不尽职分,于己不守本分,于人不顾情分,任性妄为,画地为牢,投机取巧,敷衍塞责,自足私欲,无论自己有何等惬意满足,都不会受人尊重,令人信服和敬仰。

一个人可以不高尚,但绝不能自甘落后。

六、总有一群人让人感动!

值班的各位领导和高三老师们带着学生们加班加点,来往家校之间,冒着夏日炎炎似火烧的酷暑,精神抖擞迎战高温,挥汗如雨泛舟学海,精心备考畅饮知识之甘霖。

十五中马校长、团委清菲老师、郭雷主任 7 月 19 日完成了激情飞扬,感受大自然美好风光之家乡研学郊游,他们一路欢歌,或行进在乡间羊肠小道,或疾走于车水马龙宽阔大路,或跋涉在绵延起伏山丘之巅,诵吟经典,观长江之水滚滚而来,识农作物,游守敬故里沧海桑田,仰视千年古寺鸟柏,聆听人间不老传奇,感悟行善积德大道。体现了超强的责任感和执行力。他们是最可爱的人!

还有许多老师带领家人亲身体验千里之外旅行之奥妙,敬老,亲子,走亲访友,娱情健身,一起领略异域风情万种,遍尝他乡美味佳肴,尽览祖国江山如此多娇,积累丰富学科教学人文底蕴,激发从教育人冲天之豪情!为接下来指导学生完成核心素养 18 件事提供规划方案借鉴。无论出门在外踏遍万里河山,还是居家畅想梦游人间仙境,大家都在修炼体验充电,安全第一,平平安安,健健康康,快快乐乐,是七中·十五中联合校大家庭共同的心愿!

书到用时方恨少,事非经过不知难。读万卷书,行万里路。让学生终生难忘的,往往是那些学生亲身经历体验过的事!而这将是学生终生的财富和成长发展的智慧和力量源泉!

一个人拼到最后,靠的是文化底蕴,而文化底蕴源自由读书、思考之后形成的思想、观念,思维方式、行为习惯,阅历眼界胆识等无形的东西,外在的漂亮只能诱惑人以一时,不能给人以启迪,昙花一现,难持久,思想的交流才会让人获得营养,永志不忘!

七、要想快乐,干好工作

谁都知道:劳动最光荣,最美好,最快乐,最幸福。只有劳动才能体现一个人的价值!才能增添阅历,增长学识,增强才干,健全人格,健康身心,锤炼意志品质,积累夯实发展进步的基础,才能体会人生的乐趣和意义,才能在团队中发挥作用,找到位置,获得认可和赞美以及友情和友谊。

对我们做教育当老师的来说,劳动就是每天要干满点,出满勤,教好书,育好人,上好每一节课,管好每一个学生,做好本职工作,指导帮助支持配合同事做好工作,同成长,共进步,传递赞美,相互鼓励,和谐创新。

只要专注于工作,平时沉醉于思考工作目标方法步骤之中,就会省却许多人事无谓的纠缠带来的烦恼。忘我的投入工作之中,不计较自己得失成败,只管耕耘,不问收获,说不定埋头苦干一段时间之后,蓦然回首,会惊喜地发现身后是一片金色的麦田。

转抄一段话共赏一下吧:

你的付出,时光都会懂,如果它许不了你一个"梦想成真",它一定会补你一份"无心插柳柳成荫"。只不过是或早或晚,或显性或隐性,或物质或精神,不同呈现方式的差别而已。

梦想也许会像个成年人一样喜怒不形于色、高深莫测,但是时光一定会像个孩子,单纯得像一面镜子,你付出就会让你有所获。走过哪些弯路不要紧,重要的,是这一路的风景。这些,能创造出最好的你。境由心造,情随心转,相由心生,心想事成,用一句俗话来说,心里想什么就有什么,说曹操曹操到。一心向善,善莫大焉;心怀大爱,爱满天下。心中有鬼,遍地是鬼,心里有魔,魔障遮眼,心中有妖,妖精缠绕,心里作怪,怪事连连,心存善念,遇见皆善,心藏美好,美好环绕;所以,要想改变身边不如意的环境,先要把自己的内心打扫干净,诚心正意,修身养性,格物致知,齐家治国平天下,古语不虚,道出了人生真谛。

精心呵护每一个经手的生命,为人师表,因材施教,传道授业解惑答疑,只为塑造一个个自己崇拜的偶像,推进文明,造福人类,美化未来,圆满完成人生使命!

八、真实细深就是创新

大家写文章都喜欢创新,做事也都提倡创新,以为只有创新才有意义,才能让自己的工作出彩。其实,写文章和做其他任何事一样,哪有那么多创新,哪有那么容易创新呢。大道理都让前人说透了,常识规则规律也都让前人探索总结完了,尤其是一些为人处事领导管理类的人文学科的东西,古今一理,人性相通,所以古代圣贤的思想至今通用。但是如果从相对意义上来说,设定一个低一点儿的标准,创新其实也简单,只要把大道理和一些常识性以及常规性的东西,坚持做下去,做深做细做真做实,做出自己的特色。要善于抓准抓住关键细节,把细节性的东西做到极致,也就是创新。所以说,细节是魔鬼,细节做好了,能让一个人走向成功卓越,成为一个出类拔萃的人。

九、联题教师节

试问有谁,勿论愚顽好恶,厚德为首彰师爱,一世耕耘,毕生坚守;
总言无悔,任凭长少寒贫,闻道在先育栋梁,恰如蜡炬,更似春蚕!
人生有三境:一曰受辱心不惊,二曰苦中能作乐,三曰舍得都从容。
人生有三喻:一曰人生如水,二曰人生如茶,三曰人生如旅。
人生有三德:一知恩图报之德,二助人为乐之德,三与人为善之德。
做人的标准:仁义礼智信。
做人的方法:温良恭俭让。
做事的方法:三思而后行,吾日三省吾身,举一反三,三人行必有我师。

十、以人为本,追求卓越

1.良好的品行、丰富的想象力比知识更重要。

2.以人为本,追求卓越;胸怀祖国,放眼世界;继往开来,兼收并蓄;革故鼎新,与时俱进。

3.小胜靠技巧,大胜靠德行。

4.好习惯,天天练,不间断,受益一生;守纪律,好学习,讲卫生,以成大事。

5.以培养健康人格为目标,以和谐师生关系为条件,以因材因性施教为原则,以培养良好习惯为方法。

6.七中教育思想：

(1)立德树人，本真育人

(2)教学相长，尊师爱生

(3)有教无类，一视同仁

(4)因材施教，因势利导

(5)循循善诱，循序渐进

(6)温故知新，举一反三

(7)扬长避短，全面发展

7.既然不能选择学生，就要选择适合学生的教育。

第四节　阳光心态成就师生幸福人生

生活是一种选择，你选择了什么就得到什么。幸福是一种心态，你缔造阳光，幸福就会光顾你。

责任意识促进事业学业成功。当一个人能够对自己负责时，就具备了独立的人格与行动能力；当一个人能够对他人负责时，就具备了价值，因为责任让你更加成熟。

忘我境界促进事业学业成功。当一个人全身心投入工作时，他会忘掉自我；当一个人从别人角度去思考问题时，他会忘掉自我；当一个人不计较个人得失时，他更会忘掉自我。只有达到忘我境界，才能高效工作，主动工作，才能有良好的人际关系，才能在他人的心目中有更高的自我。

一、如何保持良好心态

我们每个人都身处在一个团队里生存生活发展，这个团队可以是一个家庭，可以是一个工作单位，也可以是一个临时组织起来的活动集体。对我们学校来说，我们有科室、年级班级、教研组备课组，校级和中层等各种团队。无论你在这个团队里担任主管，还是普通一员，都担负着保证这个团队人心齐，事业兴，个人旺的责任和使命。可是，既然是一个团队，就是有几个几十个几百个甚至更多人组成，每个人都有自己的兴趣爱好和脾气性格，素质能力也是各有高下、千差万别，大家必须经常相互磨合，相互适应，最后逐渐形成一个有统一意志目标规矩步调的团队，以确保所向披靡，战无不胜。事业成功，个人光荣！

　　在相互磨合适应过程中,难免人与人之间产生误会矛盾冲突,从而造成互不信任,心理纠结,情绪不安等问题,遇到这些情况怎么办呢? 我认为:心态不好,不是现实出了问题,而是自己心理出了问题。同样一件事,众人的看法有一样的地方,也有不一样的地方,这就是看问题的角度相同或不同造成的,出发点落脚点相同或不同决定的。只要多转换角度,多设身处地,多换位思考,就能达到认识统一,思想一致,心情舒畅,凝心聚力,共谋大业。

　　一个团队里的队员,素养能力千差万别,只有差异,没有差人。寸有所长,尺有所短,梁山好汉,一百单八将,各有绝技,互为补充,相互欣赏,相辅相成,才能打赢一场场战斗。刘邦手下三杰,有的擅长运筹谋略,有的善于将兵攻城,有的长于后勤保障,相互协作,相得益彰,才创下汉朝四百年基业。唐僧带的总共三个徒弟,有实干先锋而脾气不好的孙大圣,也有幽默风趣不想干活却能让取经一路欢歌的猪无能,还有默默无闻埋头苦干却能力有限的领导铁粉沙僧。团队不大,总共四个人,还性格各异,各怀心态,各有梦想,如果唐僧没有与人为善,包容大度,爱心耐心,真心诚心,怕是取经团队早就分崩离析,取得救苦救难的真经就永远是个梦想了;师徒四人个人励志成长成仙成佛成为传奇的故事,也不会流传千古,受人颂扬。看人长处,避人短处,用人所长,集人众长;就能上下齐心,精诚团结,创造辉煌,成就个人,造福社会。一个领导干部,必须有大胸怀,容人所短,扬人所长,时刻保持清醒头脑,快乐心情,昂扬斗志,勇往直前,才能带动整个团队的士气高涨,赢得胜利!

二、我们的努力

　　我们的努力,就像盐,盐溶于水,盐已无痕,水中处处留有盐的痕迹,融为一体。

　　当你看到下面这些现象的时候,切记息怒、息怒、再息怒! 切记放心你手中的教鞭。想一想你的盐就在里面体现着。

　　每当这个时候,下面的一段话,就会在我耳边回响,你还记得是谁说过的吗?

　　"你这糊涂的先生! 你的教鞭下有瓦特,你的冷眼里有牛顿,你的讥笑中有爱迪生! 你别忙着把他们赶跑,你可要等到坐火轮、点电灯、学微积分,才认他们是你当年的小学生。"

　　七彩世界,源于七彩心灵,无论童年少年青年中年老年,每一个人每一个阶段每一个境况下心灵的色彩都是不一样的,相互理解包容沟通交流欣赏赞美共生共存,才会有教育的效果! 也是教育的终极目的,世界只有充满爱才会变得七彩斑斓,和谐幸福美满!

三、遵规守纪，拼搏奋斗

每个人追求什么，是各自的自由，前提是任何人追求的自由，都不能侵犯和妨碍别人的自由，而且每个人的自由都不能违反国家的法律法规，所属团队的规章制度和条例程序，以及职业道德规范。从一定意义上来说，如果是一个团队的管理者，个人的自由度会更小，受到的约束会更多，个人休闲娱乐的时间会更少，自觉做遵规守纪，拼搏奋斗，舍己为人，无私奉献的模范。

正如老百姓常说的一句话：当官不自在，自在不当官。既然当了官，个人就要付出奉献更多时间精力给服务管理的对象，舍小家为大家，才能赢得更多群众的拥护和支持，把工作搞好，不辜负组织和群众信任。

四、一切全靠自己努力争取

四十不惑，五十知天命，六十耳顺，七十随心所欲。修炼是一个过程，修养够足，就能做到知足常乐，修养不足，就会自寻烦恼。

不要指望别人能给自己带来心情舒畅，一切全靠自己努力争取，从来就没有什么神仙皇帝，神仙皇帝就是每个人自己。顺势而为，事事可为；逆势而为，事事难为。事可为则为之，不可为则弃之。既来之，则安之。我们要志存高远，坚定信念，不甘平庸，拼搏进取，发奋图强的斗志。奋斗有可能成功逆袭突围而出，放弃只能安于现状，自甘落后，任凭生活命运摆布，白了少年头，空悲切！

五、想要学生做得好，老师先要做得到

我们总希望自己的学生，男生个个是绅士，女生人人是淑女，遵规守纪，通情达理，善解人意，文明礼貌，勤奋好学，自信阳光，乐观向上，人见人爱，花见花开，做人中君子，社会精英，展示我们为师者之成就。理想很丰满，现实却很骨感，我们自以为平时尽了很大的力气，效果却不理想，各种学生违纪现象时有发生，为什么会有这样的结果？

如果我们每个人都抱有"天下兴亡，匹夫有责"担当意识和思维模式，就会发现学生身上出现的所有问题，在我们老师身上都能找到影子和根源，所以在抱怨指责学生之前，先反思一下我们自己做得到不到，好不好，行不行。

我们常说，每一个问题学生的背后都有一个问题家长，我们敢不敢勇敢的承认，每一个问题学生的背后都有一个问题班主任和学科老师？我们无意给老师增加压

力,只是希望大家在追求自己教育理想的路上,多一些担当,多一个看问题的角度,因此能更好寻找更多的教育智慧和方法措施。为人师表,率先垂范,身教言传,说到不如做到,巧言千遍,不如做出来看看,这是做好教育的秘密诀窍,谁先做到谁早受益!

下面是一段关于家庭教育的观点,如果把里面的父母换成老师也适用的:

真正自信的父母,总是思考如何做最好的自己,让自己成为孩子的骄傲;

自卑的父母,总是琢磨怎么让自己的孩子比别的孩子强,来为自己赢得面子。

为人父母,不要总说,孩子是我们的未来。我们,其实更是孩子的未来。

不要总期待孩子某一天能会成为我们的骄傲,先想一想,我们能不能先成为孩子的骄傲。如果你只想种植几天,就种花;如果你只想种植几年,就种树;如果你想流传千古,就种植观念!

家庭教育的唯一捷径是:家长努力提高自己的境界,进而提高孩子的境界,带动孩子一起飞翔。

六、原来你这么优秀

6 月 28 日上午,新西兰坎特布雷大学校长斯图尔特先生,来我校进行工作访问,两校交流了基本情况和办学经验以后,斯图尔特校长为我校师生做了主题演讲,重点介绍了坎特布雷大学有关办学特色、成就,和留学方面的知识。我校高中一年级的学生在聆听演讲过程中,积极参与互动,全程都能用全英语对话交流,而且提出的问题和表现出来的自信精神面貌,受到校长先生的称赞。同学们的表现也出乎我的意料。学生们的确很棒。

七、人的升迁,态度是关键

在一个领导团队里面,每一个领导干部成为领导干部的原因是不同的,有的凭自身有事业心,能力强,业绩大。有的凭人际关系,特殊的人脉,个人能力也说得过去。有的完全靠自己特殊关系。有的看因缘际会,或者是偶然碰上领导特殊爱好,或者是为了照顾平衡,或者是偶然捡漏,等等,总之一个人成为领导,原因很多。

领导的来历经历能力三观不同,造成每个人对待工作的态度也不同。有的人是事业型,内动力十足,不待扬鞭自奋蹄。有的人是情绪型,根据自己和上级领导的关系亲疏,和自己的情绪好坏,选择干还是不干,尽心尽力干还是敷衍了事。有的是撞钟型,推推动动,拨拨转转。

八、我的幸福是这样的

作为家庭的一员，我的幸福就是老母亲看到健康长寿，孩子平安快乐。作为一个社会人，我的幸福就是眼看着国家安全富强，繁荣昌盛；社会稳定有序，城市文明美丽，小区环境优美，安宁祥和。

作为一个联合校人和校长，我的幸福了就是感受到同事团结和谐；看到老师亲如一家，齐心协力，痴心育人；学生积极向上，乐观好学；目睹学校蒸蒸日上，人才辈出，声誉卓著！

九、慎独慎思，乐观乐行

目的地一旦确定了，每每走过了一段路，度过了一段时光，要根据难料的时事变化，各种因素影响和个人需求，一要回一回头看看来时路，想一想为什么要出发，是为生计所迫，为爱好所驱，为某人某事所感，为事业心所召，还是为青青涩涩懵懵懂懂所误？初心初音初境是什么样子？扪心自问一下路上经历了什么，看到了什么，自己主动做过了什么，了解认识了什么；内心感动了什么，收获了什么，掌握住了什么，不能掌控什么，又失去了什么，失去的原因有多少是来自别人的，又有多少全是自己的。这叫总结反思，人生复盘，积淀经验，丰富智慧。二要往前看一看方向，望一望星空，校一校路径，调一调心态，把一把节奏，捋一捋头绪，理一理资源，想一想下一个目标，做一做下一步计划，筛选一下该做什么，多做什么，怎么做，不该做什么，少做什么。这叫展望未来，战法推演，自我加压，再开新局。

必须跳出教育看教育、立足全局看教育、放眼长远看教育，准确识变、主动求变、积极应变，抓住重大机遇，开创教育新局面。

同样道理，我们要跳出学校看学校，跳出自己看自己，跳出团队看团队，站在历史和现实以及未来与全局角度看学校和自己；把握好国家政策变化，立足自身实际条件，既要登高望远，看到大势所趋，又要脚踏实地，顺势而为，乘势而上；摒弃惯性思维，突破僵化模式，与时俱进，灵活运用教育教学规律；养成良好的沟通交流习惯，真诚待人处事，勇于担当，善于协调，心思缜密，谋事精细，不留隐患，主动消除一切误会，畅通家校沟通交流渠道，加强合作育人力量；学会积极应对各种挑战，妥善处理学校和社会，老师和学生及家长等之间复杂多变的关系与矛盾，不急不躁，遇事冷静，多角度思考，以问题解决为导向，做到步步有声有色有效。

明确发展方向和目标任务，找准自身定位，发展思路和措施；增强自豪感，紧迫感,使命感,责任感;努力奋斗,力争让自己天天有事可做,日日有所收获,点点有些变化,步步有所提升;为自己进步,为学生成长,为学校发展,为国家繁荣有所贡献。

第五节　论责任

同学们,你们说"天下兴亡"的下一句是什么?(台下声音:"匹夫有责")——不,是"我的责任"。如果今年高考每个人都额外加10分,那不等于没加吗?"天下兴亡,匹夫有责"等于大家无责。"匹夫有责"要改成"我的责任",我是这样教我的学生的。所以说,现在我们大陆教育办得不好,是我高震东的责任,只因为这样,我才回祖国专门举办道德方面演讲。(掌声)"以天下兴亡为己任"是孟子思想。

禹是人,舜是人,我也是人!他们能做到的,我为什么不能呢?"天下兴亡,我的责任",唯有这个思想,我们的国家才有希望。我们每个学生如果人人都说:学校秩序不好,是我的责任;国家教育办不好,是我的责任;国家不强盛,我的责任。人人都能主动负责,天下哪有不兴盛的国家?哪有不团结的团体?所以说,每个学生都应该把责任拉到自己身上来,而不是推出去。我在台湾办学校就是这样,如果教室很脏,我问"怎么回事?"假如有个学生站起来说:"报告老师,今天是32号同学值日,他没打扫卫生。"那样,这个学生是要挨揍的。在我的学校,学生会这样说:"老师,对不起,这是我的责任",然后马上去打扫。灯泡坏了,哪个学生看见了,自己就会掏钱去买个安上,窗户玻璃坏了,学生自己马上买一块换上它——这才是教育,不把责任推出去,而是揽过来。也许有些人说这是吃亏,我告诉你,吃亏就是占便宜,这种教育要牢牢记在心里,我们每个中国人都要记住!

一、教育是"术"

教育是道术,讲究规律性。

教育是学术,要有能力和素质。

教育是技术,要有技术方法。

教育是艺术,要有自身特色和风格。

教育是仁术,要有大爱胸怀。

二、受人之托,忠人之事

古语有言:受人之托,忠人之事。这句话讲了一个最普通的道理,也是人之常情,就是要挣人家钱,就要给人家干活。不干活就不能挣到钱。这是天经地义的事!可是现在有些人不认这个理了。光想着白挣钱不干活或者少干活,清清闲闲挣大钱。更不要说无私奉献,多干活少挣钱了。这样的人连起码的底线都没有了。更不要说党性和组织原则了。

学校安排工作的时候,常常就遇到这样的人,找各种理由拒绝组织工作安排。成了自己想干啥就要干啥,自己愿意干多少就要干多少,自己要怎么干就怎么干,完全目无组织目无纪律。你既然挣国家的工资,就应该服从组织安排,让干什么就干什么。国家给我们发工资,把那么多孩子交给我们管理教育,为国育才,更要珍惜岗位,心怀感恩,拼命工作,完成使命嘱托,对得起国家。这两个方面完全可以兼顾好,无非是自己忙点累点苦点。组织的需要就是我们每一个人的选择。不要总想着学校能给我什么,而要经常思考我能给学校贡献什么,因为我只有给学校贡献了什么,才能够有资格得到学校给予的什么。无功不能受禄,没劳何来报酬。

对得起国家具体表现就是,代表国家利益的组织——学校,我们每个人自己所在的单位,让干什么就干什么,听从指挥,服从安排,兢兢业业,无怨无悔,心无旁骛,尽职尽责完成组织交给的一切任务。

三、什么叫奋斗?

什么叫奋斗?为学生和家长创造价值的任何微小活动,以及在劳动的准备过程中,为充实提高自己而做的努力,都叫奋斗,否则再苦再累也不叫奋斗。

没有为学生和家长创造价值的工作过程不是奋斗。

自私的人只念索取,善良的人懂得分享,厚道的人常怀感恩。

对于多数普通的人来说,要想让自己的人生与众不同,大放异彩,在求学和入职择业晋级等许多方面,除了分数之外,没有什么更加公平的评价标准和选择方式了,所以,如果没别的依靠和资本,我们只能靠勤奋刻苦埋头拼搏,努力学习,上好每一节课,做对每一道题,争取每一点分,用足够的总分去和别人比拼,力争胜出,实现自己的目标和梦想。

第六节 老师的本质是艺术家

中国教育学会顾问、上海市教育学会名誉会长,被联合国教科文组织授予"亚太地区普教专家"称号的我国普教界著名学者吕型伟关于教育有一段名言:教育是事业,事业的意义在于奉献;教育是科学,科学的价值在于求真;教育是艺术,艺术的生命在于创新。

我们是人类灵魂的工程师,是学生形象的塑造者,是未来国家和社会发展的奠基人。我们用德艺双馨对学生言传身教,让学生成为我们理想的模样,为我们自己,为我们的社会,为我们的国家培养出一批又一批德才兼备的接班人和建设者。立德树人,使命光荣,不忘初心,业业兢兢。

习近平对文艺工作者寄予了深深的嘱托和希望,大家都可以读一读,想一想,从中汲取营养和力量,悟出使命和责任,落实到具体行动上。从一定意义上来说,我们当老师的本质是文艺工作者,每天面对活生生的人,鲜活的生命,火热的生活,青春的年华,激情的岁月,用粉笔,用黑板,用备课本,用日增的白发,用有教无类,用因材施教,用循循善诱,用诲人不倦,用赤心爱心描绘雕刻塑造出一个个国家希望,民族期盼,家庭依靠,社会需要,老师骄傲,人格健全,身心健康,素质全面,对社会有用的人物形象。读一读习近平总书记的讲话,联系我们联合校的实际,结合自己的岗位职责和每天工作任务,积极投身到我们学校的教育教学工作中去,创造亮点,创新业绩,发现美好,歌颂赞美身边的优秀师生,讴歌联合校的辉煌的昨天、火红的今天、理想的明天,鼓舞士气,团结一致,办好老百姓家门口的优质学校。

一、适应新形势,展现新形象

时代在变,政策在变,形势在变,人们的观念在变,评价事物是非好坏优劣美丑的标准也在变。大家都要跟上变化,适应变化,利用好变化带来的机遇。

不变是相对的,变化是永恒的。我们作为教育工作者,肩负着为党育人,为国育才的重任,必须紧跟国家教育政策的变化,顺应时代潮流,深刻领会立德树人根本任务的内涵,更新教育教学观念,更新教育教学方式,更新评价学生的标准,更新与学生与家长沟通交流的方式方法,积极回应社会各种关切和诉求。坚持科学与人文并重的教育原则,树立共富共生,共进共和,共优共赢,师生学习和命运共同体的新理念,以海纳百川、有容乃大的胸怀,登高望远,从善如流,尊重理解,和蔼友善,循循善诱,因材施教,换位思考,将心比心,崇尚团结,重视分享,追求共识,凝聚合力,提高效率,以优质的服务态度,和不断提高的教育教学质量,营造新形势下学校家庭社会和谐共处的氛围,凝聚新动能,开创新局面,赢得新的美誉度,打造新形象,创造新品牌,收获新口碑。

现在的社会有一种现象,就是人人都想都在参与教育工作,都对教育有自己的理解和看法,都有自己的教育梦,而且指点江山,塑造教育形象,以至于把教育推向神话的境界,老师都必须是神人圣人完人,几乎不食人间烟火,高洁无双,无欲无求。以致于一旦学校和老师有一点儿过错,立刻"是可忍孰不可忍"。学校压力大,老师整日如履薄冰,如临深渊,战战兢兢,惶恐不安,唯恐出一点差错就落得让人抓住把柄,揪住不放,刨坟掘墓,殃及上下几代人声誉。在这样境况下生活工作的老师和学校怎么能培养出人格健全,身心健康,心态阳光,积极向上,埋头苦干,一心求学,专心执教,服务社会的人才呢?

二、各有所长,才尽其用

时时事事处处做个有心人,凡事用心谋细,依据各自特长,确定岗位,明确职责,分工负责,狠抓落实。正如俗话所说:有忠诚担当,目标明确,信念坚定,组织领导能力强的,有素质全面,样样工作拿得起放得下的,有开山辟路开拓进取的,有牵马挑担默默付出的,有埋头苦干的,有指导查看的,有高喊加油的,有鼓掌营造氛围的,有摄像记录精彩内容的,有擅长写作文采飞扬宣传形象的。总之,在一个团队里,八仙过海,各显其能。人人都要让自己成为八仙之一,平时练就一个特长和技能,遇事分工明确,夯实责任,主动作为,互相合作,在团队建设中发挥独特的作用,人尽其才,才尽其用,用尽其所,为团队带来成就和荣誉,为个人带来成长和进步。

其实,我们班级管理和教育教学的秘诀,也正是如此:以生为本,尊重个性,发现优势,因材施教,挖掘潜能,培育特长,各具所长,发展特色,具备可持续发展能力,让每一个人都能大放异彩,适应未来的社会工作的挑战,在现实生活中得到存在感,获得感,荣誉感,幸福感。让学生自信充实,优雅大方,美丽动人。

三、有实力才能有用处

让学生对社会有用是我们的责任。

我们当老师做教育的目的和任务就是:立德树人,培养一批又一批对社会有用的人。所谓有用,就是能够满足他人和社会的精神或物质需求,以体现自己的人生价值,获得存在感、荣誉感。要能够提供这些需求,就要求自己有能力和实力,去做好事善事大事。就是要求我们的学生具有有爱心,负责任的品质,能担当,肯吃苦,会办事的能力。在家是父母的依靠,兄弟姐妹的榜样,在学校是团队的骨干,同学的助手,老师的帮手,在社会是文明的使者,推动社会进步的力量。

培养学生让自己有用的能力,就要从培养学生良好的习惯入手,包括良好的生活习惯,行为习惯,学习习惯。习惯是成就一切能力和实力的重要因素。著名教育学家乌申斯基说:"如果你养成好的习惯,一辈子都享不尽它给你带来的利息,如果你养成了坏的习惯,一辈子都在偿还无尽的债务。"

决定一个人成就的,靠的是天时地利人和,三个因素都具备了才可以。所以只是靠天靠地,靠运气和机遇,是远远不够的,尤其是人和,更为关键,有自我驾驭能力,随时能够调节平衡心态,内心充满正能量,与己与人与自然,和谐共生,善于合作,互学互助,不断自我超越,才是为人处事之道,安身立命之基,进步胜出之本。而要坚持和付出,是不停地做,重复的做,用心去做,当你真的努力了付出了,你会发现自己潜力无限。

每一段不努力的时光都是对生命的辜负。

四、做个耐心的教育研究者

无论是谁,都要活到老,学到老。意思是说,每一个人一生都处于成长过程之中,从无知到有知,从错误到不错,从幼稚到成熟,从经常反复犯错到很少犯错和重复犯错。学生和老师是一样的,都是在"犯错纠错不错"的过程中,过着每一天,这是人成长的规律,我们做管理教育工作的人,都要不断的学习规律,摸索规律,掌握规律,按规律办事,不要违反规律,才能让自己变得越来越优秀。

严师出高徒,严师的特点首先是严格管理,但是严格管理不是不遵守教育规律,而是刚柔并济,攻心为上,管法教法灵活多样,处理形式因人而异,因材施教,对症下药,一人一个药方,一种用法用量,不能对违规违纪的学生一棍子打死。即使让他停课回家,也要给他定一个专门停课期间课程表,和监督检查办法,让他停课不是享受生活,收到应有的教育效果。

品牌学校是由一个个名师,一代又一代传承的口碑积攒起来的。名师的成名,靠的是日复一日年复一年,在课堂内外,校内校外,和学生及家长打交道过程中,一言一行,一举一动,一颦一笑,一点一滴,一事一件,做得让家长和学生心服口服,即使劝退开除他,也要让他对老师感激涕零,认错服罚,自惭而退,知耻而别,认定都是他自己惹的祸,而不是老师的错。更不能让他骂骂咧咧,满腹怨恨,悻悻而归,记恨终生。

教育学生要懂得规律,对后进和问题学生,更要注意工作原则和方法方式。幸福的家庭都是一样的,不幸的家庭各有各的不幸,同样,优秀的学生都是一样的,问题学生各有各的问题。我们要抱着研究的心态做学生工作,学学诸葛亮七擒孟获,三降姜维的教育智慧和艺术,接受现实,容许犯错,冷静对待,耐心等待,循序渐进,步步紧逼,环环相扣,越拧越紧,攒足证据,事不过三,以情感人,以理服人,以德服人,依法执教,以规处理,仁至义尽。

五、安全要保底,教学争第一

开学在即,我们的口号是:安全要保底,教学争第一,宣传要给力。谋细,干实,说好。

四个院的师生要在学校大的工作思路和规章制度指导下,抓办学理念思路落地,抓各项工作管理模式程序流程落实,狠抓激情教育,精细管理,智慧教学,出彩成绩。

每个人在自己的岗位上,都要努力做到谋得细,干得实,说得好。都要忠诚担当,任劳任怨,不找借口,不推卸责任,敢于负责,谋划精细,强力执行。抓住安全和教学宣传三件事,从严从细管理,多深入一线,深入课堂,狠抓教学。同事之间,师生之间,家校之间,对待外来人员来访来查来看,要以礼相待,互相尊重,遇事多交心,多商量,营造和谐的氛围,增强和谐教育就是增强教育教学生产力,推动力,竞争力的共识。确保安全教学宣传全丰收。尤其要搞好宣传,传递赞美,树立典型,干出成绩,打造亮点工作。

本学期,防疫是基础,安全是保障,精细是关键,认真是前提,评比是抓手,备考是重点,出彩是目标。大家要齐心协力,瞄准目标,快马加鞭,不计得失,忘我投入,勤奋工作,加班加点,激情奋发,以优异成绩迎接建党一百周年。

第七节　何谓双减

一、"双减"不是让你不学习

"双减"不是让你不学习,"双减"是让你自律+独处的学习!让你自主+勤奋的学习!所以不能减态度,不能减努力,不能减勤奋。

他人在拼搏,他人在奋斗。你怕早起,有人不怕早起;你怕晚睡,有人不怕晚睡;你怕作业多,有人不怕作业多;你怕吃苦受累,有人不怕吃苦受累;你怕老师追逼严管,有人不怕老师追逼严管,最后的结果是,怕的人一直生活在梦里,不怕的人让梦想变成了现实!

因为中高考不会因为"双减"而降低难度和标准,树高千尺,营养在根部。

二、今日状态决定未来好坏

所谓双减,既不是减压,无所作为,也不是减负,不求上进。

没有压力,就没有动力,更没有乐趣;没有负担,就没有担负,更没有进步。是不是负担,负担重不重,合理不合理,有效果没有效果,有没有乐趣,只有自己知道,正如自己睡多长时间体质精力才有保障,吃多少肚子才舒服,肩膀上能扛多少重量的东西才正好一样,谁和谁都不要攀比,外人更不要以己度人,强行规定一刀切。这就对老师有了更高的要求,如何真正做到因材施教,高效智慧的教学。

老师要了解每一个学生的基础素质和优势特长,发现潜能,挖掘潜力,选择适合的教学方法方式,从双减政策和五项管理方面,对不同的学生提出不同的要求,利用好多元智能理论,给学生规划出不同发展方向,在让学生培养出"有爱心,负责任,求真知,做真人"的共同品质素养基础上,历练出不同的特长技能;让学生各有绝技,各有身手,各有特点,各有成就,从而让每个学生以及家长都有满意的收获,为党育人,为国育才。

三、明明白白告诉学生人生真相

早起的鸟儿有虫吃。八小时之外才能找到成功的捷径。一分耕耘,一分收获。没有谁能随随便便成功,没有自律自强,尽可能多的时间投入,高强难度和反复的大训练量,干什么都不可能成功。

该奋斗的年龄,不要贪图安逸。少年时代经受并战胜的一切苦难,都将成为青年成才,中年成功,老年享受,养家糊口,服务社会,造福人民的根基和资本。人生是环环相扣的,每一个环节都是由无数个细节组成的。细节是魔鬼,成功就藏在细节之中。作为一个中学生要在立志成为社会有用之才,报效祖国的大目标下,务必明确一个三年、六年、十年的近期升学目标,然后用每天的早起晚归,脚踏实地,只争朝夕,专心学习,刻苦训练,一步步去接近和实现每一个周测月考期考年考目标。

让学生懂得真正的高人是这样的:三年不鸣则已,一鸣惊人,三年不飞,一飞冲天。厚积薄发。平时饭菜穿肠过,目标心中留,埋头苦干,也不高喊不切实际的口号,只是盯住目标,持之以恒,反复修炼;一旦技术精熟,艺高胆大,必然如猛虎下山,呼啸而出,出手不凡,百步穿杨,一举成功,一战成名。

加强家校沟通,确保合作育人。要做足每一项措施实施前沟通交流,确保年级推行的每一项新措施,家长理解支持,学生服从参与,不出现家校之间有任何误会,不让家长和学生到处反映问题,影响工作的开展。

第八节　挤出时间来思考点什么

每个人每天手机在手里时间和衣服在身上的时间一样长,甚至更长,通过看手机接收信息,学习理论,助力工作,刷手机完成某项任务次数多的不计其数,往往让人没有时间去思考一下人生、工作,把感悟提炼记录下来,捕捉住一闪而过的思想火花,用文字表达出来,许多宝贵的教育经验和工作体会白白地流逝了,失去了能让自己不断提升自己全面素质的宝物,非常可惜。

看看这篇关于写日记的文章,希望大家能每天看手机的同时挤出时间来思考点什么,记下点什么,和大家分享点什么,日久天长,自己有收获,同事能受益。但是前提是不要因此陶醉其中,忘掉了备课上课辅导批改作业以及本职工作。让手机成为工作的工具,我们是手机的主人,而不是奴隶。

"上善若水","水善利万物而不争,处众人之所恶,故几于道"。这里实际说的是做人的方法,即做人应如水,水滋润万物,但从不与万物争高下,这样的品格才最接近道。上善若水的真正含义:你高,我便退去决不淹没你的优点;你低,我便涌来绝不暴露你的缺陷;你动,我便随行绝不撇下你的孤单;你静,我便长守决不打扰你的安宁;你热,我便沸腾决不妨碍你的热情;你冷,我便凝固,决不漠视你的寒冷。

一、要想人敬,先要有用

怀有自尊心,追求存在感,是人之常情。但是自尊心和存在感,是要靠自己先对他人有所付出,才能得到的。百无一用,又不肯付出时间精力修学炼能的人,总是怨天尤人。满身本领,还与人为善乐于助人的人,常常心怀感恩。

有用的人,一定要有德有才,有品有学,有情有义,有勇有谋,有言有行,有进有退,有舍有得。而且一生都在为具有这些不停修炼着。

理想是天上的彩虹,奋斗才是登天的梯子。居高望远,指点江山,笑谈人生,全靠"曾经少年爱追梦,一心只想往前飞,行遍千山和万水,一路走来不能回"的梦想支撑,笃定坚持,专注为基,进取为伴,言行如一,吃苦受难,努力攀登,不断发奋积攒实力,修炼出百毒不侵,金刚不坏之身之后才能做到的,气定神闲,面对人生旅途中千难万险,笑看花开花谢,云卷云舒在庭前。

好学的人,时间不够用,总是在争分夺秒,看到的是他人在拼搏,他人在奋斗,即使做梦,也是金戈铁马梦。好睡的人,总是叫不醒,总是嫌昼长夜短,梦见的都是行尸走肉瞌睡虫,最终变成寄生虫,直至可怜虫。多数人开始有目标,能跑到目标终点的人总是很少,不少人半道儿坚持不住,忘记了目标,怕苦怕累,不再早起晚睡,刻苦学习,而是找个机会就溜号儿。

靠天靠地不如靠自己,当你还没有足够强大,没有足够优秀,没有足够有实力时,多花点时间读书、提高专业技能。因为唯有让自己变得强大,让自己变得有用,世界才和你有关系,你想要的一切,才会主动来找你。

二、做自己思想和情绪的主人

因为人生不如意常八九,所以,才有了这样的祝福语:万事如意,心想事成,好运连连,福星高照,天遂人愿等。因为难得,才显得珍贵,才总是让人充满期待和憧憬,才能不断激发人们勇往直前的勇气和决心,智慧和力量。

如何正确处理好公与私,人与人之间的关系,是每个人每天都要面临的人生课题,也是一个人成长发展成熟过程中,谁都无法回避的问题。大公无私的人,胸襟大,天地宽,受人敬仰;公私兼顾的人,善合作,更容易心想事成;过于自私的人,自寻烦恼多,损公肥私,损人利己,满心私利,越走路越窄。自私自利的人,往往目中无人,目无组织,目无纪律,目无大局,甚至目空一切,目光短浅,心胸狭窄,以邻为壑,从而造成心智减弱,判断力下降,安全感极低,既偏激又偏执,容易在周围人和事以及自然环境变化的左右下,杞人忧天,患得患失,胡思乱想,自以为是,刚愎自用,矫情蛮横,喜怒无常,情不自禁,行动失控,常常表现为偏听偏信,受人蛊惑,语无伦次,颠三倒四,反复无常,焦躁不安,胡搅蛮缠,无理取闹,强词夺理,任性妄为,不由自主,挑三拣四,挑拨离间,造谣传谣,无事生非,朝三暮四,吹毛求疵,指桑骂槐,飞扬跋扈,斤斤计较,睚眦必报等。

在一个团队里共事,总要有一个主管,总揽全局,牵头负责团队整体工作的谋划,组织协调,督促落实,检查评价。大家都要明确团队奋斗目标,自觉服从领导,遵守团队规则,凝聚团队力量,形成强大的战斗力,才能完成上级交给的任务,实现团队的目标和个人的成长。至于团队主管如何给每个人分工,交代什么任务,让哪个人具体干什么,谁和谁组合,谁是主角,谁是配角,都是依据全局需要,阶段任务特点,每个人的个性能力特长优势等许多方面因素,从如何才能达到是最佳组合,能发挥最大能量来考虑的。对个人来说未必能掌握和考虑到这些因素,但作为一个主管,就必须平时观察、思考，掌握、考虑到自己团队里每一个人的这些特征，便于安排工作，发挥每一个人的优势，收到最佳效益。老师们在接受主管安排工作，布置任务时就要积极配合，不能总是强调自己的利益，一点也不顾及集体团队需求，以自己愿意不愿意，爱不爱，想不想，能不能，喜欢不喜欢，自由不自由作为借口，来推脱、拒绝、不服从，影响整个团队的工作部署和目标实现。

与人相处之道，贵在和谐，只有和谐，才能形成合力，达成共同的目标。要想和谐，就要学会互相尊重理解。一个人要想驾驭别人，首先要学会驾驭自己，控制好自己的情绪，磨练自己的意志，强大自己的内心，不以物喜，不以己悲。不因一事一时得失成败而颓废消沉，可以呐喊，不可以放弃，可以痛哭，不可以绝望。一旦自我失去了拼搏的动力，再次站起来，就会付出双倍甚至几十倍的代价。不可想象，一个连自己都驾驭不了的人，内心充满纠结矛盾，如何去和周围的人建立和谐的人际关系，争取到别人的配合和支持，合作共事，实现自己的目标和愿望。

当然，我们不是追求表面的低质量庸俗的和谐，一味的你好我好他好，看到问题和隐患也不明说，等着矛盾激化看笑话，这是最可怕的和谐。在目标统一明确之后，本着对团队负责的态度，围绕着工作方式方法，措施策略等，进行讨论甚至争论，多方论证，集思广益，是很有必要的，有了这个过程，最后达到思想统一，意见一致，步调一致，确保问题不出门，矛盾不上交，分歧不示众，这样的和谐力量更强，质量更高，效果更佳。

我们学校的教育理念之一就是：和谐教育创造幸福人生。

三、教育本质的思考

教育本质是教人求真向善尚美，育人人格健全，身心健康，培养对社会有益，对家庭有用，对自己有责的人。

一个人健康成长成人成才，一靠自身内在因素，二有赖于许多方面的综合作用，内因外因相互作用。每一个人身处社会之中，不会是单一因素决定的，更不会自生自灭，自由生长。无论是家庭教育还是社会教育，和学校教育，对于一个受教育者来说，都是不可或缺的，只有三方面紧密结合，密切合作，理念一致，步调一致，各尽所能，形成默契，形成合力，才能收到最佳效果。所以说教育，不是由单一某个方面独自完成的。

在学校教育中，对一个学生的管理教育，更是有多方面的力量合作完成。班主任和任课老师，以及同学，是每一个受教育者最直接的影响因素，其他的管理人员，教辅后勤服务人员,校工保安等所有活动在校园里的人员,以及校园里一草一木,一景一物,墙壁上一字一画等等,都会直接或间接地对学生的发展成长,产生和施加或多或少,或轻或重的影响;所有人的仪容仪表,所作所为,所言所语,都会是学生模仿学习的对象。所以说,教育既是一个人的事业,也是集体合作的工作。

一个学生在一个学校学习成长过程中,自然而然地受到一个学校各方面人和物和事的熏陶,带有这个学校明显的学校文化气息和印记,这就提醒我每一个人,务必重视自己每天的一切言行,学高为师,行为世范,一定要把自己最好的一面展现给自己学生,以身作则,率先垂范,培养出德智体美劳全面发展的社会主义合格建设者和接班人。教育就是培育学生的生存能力,学习能力,合作能力,创新能力。这是一个人立身处世的基本能力。联合国教科文组织曾提出的"四个学会":学会求知(Learning to know)、学会做事(Learning to do)、学会共处(Learning to live together)、学会实现自我(Learning to be)。

教育,对一个人本身而言,要达到人格健全,身心健康,和谐发展,首先要学会全面的了解认识自身所有的一切,长处短处,优势劣势,强点弱点等,正视现实,然后根据自身条件,按照因地制宜,因人而异,因材施教,扬长避短,取长补短的原则,选择自己成功的目标,奋斗的方向,成长的道路,发展的方式,努力的办法,实现各方面的和谐发展,成为一个个性鲜明,特长突出,特质明显,潜能深厚,又能与人和谐相处,合作共赢的人。

让每一位师生都能大放异彩,是我们学校的教育追求;"为了每一个师生的尊严,为了每一位师生的发展,为了每一位师生的幸福",是我们的办学宗旨;"育人为本,和谐创新",是我们的办学理念;只有具备了"有爱心,负责任,求真知,做真人"的素养,才能成为具有可持续发展能力的现代人,未来人。

第九节　联合校优秀教师应该具备的特点

一是爱岗敬业,服从安排,顾全大局,善于合作,任劳任怨。

二是身兼多职,坚守一线,爱拼敢赢,好学爱钻,专长明显。

三是业绩突出,师德无瑕,淡泊名利,文明乐观,勤严爱廉。

四是胸怀理想,作风优良,品行端正,精益求精,踏实肯干。

任何优秀都是相对而言的,时间空间不同,评价标准变了,谁是否优秀就会有不同结果。尽管俗话说,"金无足赤,人无完人""水至清则无鱼,人至察则无徒";但我们不能因此不去追求卓越、力求完美,不去主动改正自己身上的不良习惯,落后思想,坏脾气坏毛病坏行为的理由。其实,没有谁自甘落后,人人都有一颗积极向上的心,都走在优秀的路上,只要今天的自己,比昨天的自己某一个方面,有一点点进步,而且不断的努力进步,就可以说是优秀的人。这样不断的鼓励自己,坚持下去,我们就会越来越优秀,越来越卓越,越来越接近完美,越来越有成就感,不会为一时的得失成败而烦恼。

有时候人的眼睛看世间、看他人,就是看不到自己;能看到别人过失,却看不到自己的缺点;能看到别人的贪婪,却看不到自己的吝啬;能看到别人的愚昧,却看不到自己的无知;能看到别人的目光短浅,却看不到自己的狭隘。人生要多些反思,多些扪心自问,才能认识自己。修行是修正内在的过程,改变自己,让心越来越靠近慈悲喜舍,才是对自己最大的善待!

过于自私的人,往往目中无人,目光短浅,心胸狭窄,心智减弱,判断力下降,安全感极低,既偏激又偏执,情绪波动很大,在周围人和事以及自然环境变化的左右下,喜怒无常,情不自禁,行动失控,常常语无伦次,颠三倒四,反复无常,焦躁不安,挑三拣四,朝三暮四,吹毛求疵等。

一、与时俱进,教书育人

教育在发生巨变,新政策,新要求,新规定,新举措,陆续密集出台,不断在贴近人民需求,呼应人民呼声,扣紧教育规律,端正教育方向,倒逼教育进一步更新教育观念,深化改革,革新教育方式方法,提高教育教学质量,办好老百姓满意的教育。

当前,贯彻落实的双减政策和五项管理措施是督促学校尽快在办学理念、人才观和学生观,教育教学观念和管理服务方式方法等方面,全方位进行调整变革,以适应新时代对教育工作的新要求。为此,我校及时组织全校老师学习上级部门的文件精神,统一思想认识,谋划新的与之相适应的工作思路,统一步调和行动。

二、自己先干得好,后说自己好

超越他人不易,超越自己更难。接受自己的错误容易,包容别人的缺点更难。

干,就可能出错,不要说干别人都没有干过的事,即使是重复别人的动作,也未必百分之百正确,所以,要宽容努力干而出错的人,绝不宽容这样的人:只说不干,专门吹毛求疵,讥笑干活的人。

自己先干得好,后说自己好,很有必要,让别人因为得到你的精神激励和物质帮助,而说你好,才更重要。

对我们当老师的来说,忠诚有三层含义:一是对党的教育事业忠诚,二是对自己所属的团队(学校科室年级)忠诚,三是对自己的岗位职责忠诚。三者关系是从抽象到具体,从理论到行动,从形而上到形而下,从大概念到小细节,步步落实,相互印证。

三、争与不争

一心办差,却无心名利,这样的人更有竞争力,更有可能胜出,常常有意外之得,意外之喜。而时时事事怀抱有所付出,一定要马上要有所收获回报的人,斤斤计较,唯利是图,名利心过重,被人反感,最终会少了志气,缺了骨气,显得小气,输了人气,反而一无所获。

越是整天怨天尤人,牢骚满腹,仇恨满满的人,越说明他不能与时俱进,停留和陶醉在自己过去曾经的辉煌岁月或舒适区,而和自己当下生活工作的环境格格不入,人际关系紧张,事业无成,工作失意。这种人往往过度自信,或极度自卑,世界观是目中无人,人生观是自私自利,价值观是唯利是图。越是夸自己家人好,同事好,学校好,工作好的人,越说明他的人缘好,生活幸福,工作顺利,事事如意。

四、新学期,立新功

新学期马上开始了,有不少老师工作有变动,分工有调整,岗位有变化,要到新的环境,新的年级,新的科室,新的团队去学习工作,大家无论有什么变化,都是为了一个共同的目标:借助联合校这个平台,团结同事,发展自己,成就学生,辉煌学校,不断开创自己和学校崭新的未来。

在一个集体团队单位里,无论是谁,多数时候是身不由己的,往往不是自己想干什么就干什么,不想干什么就不干什么,而多数情况下,组织选人用人的原则是,首先要求是素质全面而且相对优秀,或者是有一技之长的,还要考虑谁和谁搭配是最佳组合,产生的正能量最强,更重要的是这个人未必是最优秀的,但一定是最合适的。每个人都要接受组织挑选,需要你在哪个岗位,你就愉快的接受安排,既不能妄自菲薄,又不能自以为非己莫属,恃才傲物,任性放纵,肆意矫情,不会合作,不能团结,装出一副不可一世的样子,让人感觉谁离开了他就不能活。始终抱定一个思想:只要让干活做事,让自己有更多的历练能力的机会,在什么职位,当个中层只是为了多干活,责任大,吃苦在前,享受在后,别的都不是最重要的。而且心怀感恩,努力在哪个岗位干出成绩来。

需要得不到满足,生气着急发牢骚撂挑子等消极情绪根本不管用,也改变不了既成的事实结果。而且沉沦下去,只会让自己的生活、工作、未来更加糟糕,人际关系更恶劣,事事更不顺,成功更无望。不思进取,自我放弃的人,结果必然是被众人抛弃;不甘落后,不甘失败,屡败屡战的人,最终天道酬勤,整个世界都会给他让路,谁都挡不住。

永远叫不醒一个装睡的人,更唤不醒那个一直迷恋在自私自利之中而不自知的人。

教育是点燃每一个交付在我们手上的生命,而不是熄灭或者摧毁。教育不是你收了多少人,而是你影响到了多少人。

生活中一定要和你同频的人在一起,和鼓励你前行的人在一起,和有趣的人在一起,和正能量的人在一起,因为这样你会越来越快乐,越来越进步,越来越有趣,越来越优秀,越来越有正能量,你会慢慢活成一束光,照亮自己也会照亮别人!

第十节　家校一家,共同育人

家校一家,共同育人。学校和家长,老师和学生是命运共同体,我们要互相尊重,互相理解,互相支持,共同托起学生的未来。我们真诚地欢迎社会各界和家长积极参与到我校的各项工作中去,尤其是对孩子所在的班级管理以及任课老师有好的建议和意见,一定要首先和学校主管校长各年级主任打电话或见面沟通,无论有什么样的问题,例如师生矛盾、有偿补课、工作方法、精神状态和业务能力等问题,我们都一起商量找到解决的办法。我们相信,在我们共同努力下,一定能营造风清气正的教育生态,为学生健康成长创造和谐有力的教育环境。我校老师们深知为国育才,为党育人,为民培根,为己立荣,责任重大,夙兴夜寐,兢兢业业,克己奉公,以身作则,以德树人,一致恪守这样一个信念:学生优秀,老师成就,学生越出色,老师越骄傲。

遇事多沟通,凡事好商量,建立起和谐的家校合作关系,确保学生健康成长。在学生如何教,如何管方面,老师都具有很强的专业素养,比不是当老师的人相比更具有优势,家长做好表率,并教育孩子尊重老师。正处在青春期的学生,因为心理发展期达不到成年人的预期,在家里,和父母会有很多矛盾,在学校会和老师同学产生纠纷,这都非常正常,要有一个正确的态度面对,妥善的方式处理,不要操之过急,能让师生和同学之间自行解决的,一定要耐心等待,冷静思考,科学指导;家长尽量不要意气用事,掺和其中,让事态扩大化,矛盾激化,更不要随意把矛盾问题向家庭和学校之外的任何无关的渠道和个人诉说,那样不仅无助于解决问题,反而会把问题和矛盾搞的更难解决。家校是一家,家长和老师要结成共同体,一条心,拧成一股绳,共同找根源,想办法,把孩子身上的不良习惯和毛病改掉。老师和家长之间永远不要形成对手关系,甚至敌对关系。家长要相信学校和老师,学校和老师要相信家长,互相信任,互相理解支持。我们都要坚持这样一个原则:什么事都要靠学校和老师家长三方解决,什么事都可以沟通交流解决,什么事只要有关方面各让一步,都肯定能解决。

第十一节 新学期,新思想,新作为

一、开学了,都要收心、比拼、求真

9月1日,联合校开学了,开工了,一切都是崭新的开始。老师有学生才有存在的意义,才能教书育人,立德树人,尽为师之责,显为师之德。学生有学校有老师才能读书学习,成才报国。沉寂了两个多月的校园又热闹起来了,充满了生机和活力,梦想和希望飞翔在校园的天空,迎接新生工作准备充分,高效有序,温馨美满。老生返校紧张和谐,井井有条,顺利归位。全校教职工借着开学前学校召开的各级各类会议的东风,各个团队都吹响了冲锋的号角,信心满满,干劲十足的迎接着一切工作任务,展现出联合校师生求真务实,励精图治,开拓进取的精神风貌。

9月2号,是按照新的考勤管理制度运行的第一天,全体老师遵规守纪,人人争先,一线老师、科室人员、中层以上干部都能听从指挥,服从大局,严格自律,按点签到;第一签签出了精神,签出了作风,签出了每一个人思想境界和人格素养,值得赞美。办公室特发通报予以表扬,希望大家持之以恒,天天坚持,不甘落后,早到晚归,心系学生,情驻校园,牢记使命,不忘初心,自律完美,用自己的付出换来学生的优异成绩,体现自己存在的价值和为人尊严。

忠诚,担当,干事,出彩,是学校对我们每一个人要求。

马上就要开学了,要求学生马上把心收起来,聚起来,首先要求老师们收心聚力,整理思想,全神贯注,做好充分准备,让自己的心赶紧进校上班,提前进入冲锋的状态。为此,希望大家要树立起正确的思想观念和思维方式。有大格局,奉献心,较真劲,执行力,追求卓越品质。

组织的信任就是自己的工作动力和压力,什么时候都不要辜负组织信任,抱怨组织不公平。

永远都要服从组织安排,可以给组织提建议,绝不容许不执行组织决定。会上决定的事,一定要先去执行,再反映自己的不同意见。

干工作要率先垂范,勇挑重担,尽职尽责,主动多干活儿,争抢艰难险重的任务,不准挑肥拣瘦。不计报酬,不计名利,不发牢骚。

占据某个岗位,就有一定职责,就要履行相应责任义务。每当领受组织安排的任务后,要认真谋划,想方设法调动自己周围老师的积极性,集思广益,团结带领大家齐心协力,奋力拼搏,高质量完成任务,并及时总结经验教训,做好工作模版程序,制定规范制度,健全档案资料。

无论什么时候,干好工作是本职之必要,岗位之必须,是本分应该的事,不是什么特殊付出和奉献,不要到处炫耀自夸,更不能诉苦说怨,当作索要名利地位的借口。干不好工作是失职,辜负组织信任,同事抬举,师生帮助。所以,无论是谁,无论什么时候,都要坚持这样的思想:工作出彩了,要有感恩之心,感谢组织给平台,领导给机会,让自己有事干,有岗位,有了用武之地;要归功于组织信任,领导英明,主管指导,同事支持,大家帮忙;工作没搞好,不出彩,全都是因为自己思想不端,认识不清,观念不新,谋划不细,思路不对,分工不明,沟通不畅,协调不顺,管理不严,培训不精,投入不多,用情不深,激情不强,能力不足,水平不够,执行不到,督促不狠,作风不实,方法不活,措施不硬,和别人没关系。自己只有主动担责,认真反省,总结得失成败,重振精神,奋起直追,从实从严从细从精去谋划和干工作,才能真正不断提升自己全面素质,赢得大家的尊重和认可。

二、百年大计,教育为本

以德服人,以情感人,以学教人,以能导人,以廉育人。

百年大计,教育为本,教育大计,教师为本,教师大计,师德为本。

师德师风建设,是学校师资队伍建设的首要任务,是实现学校可持续发展的根本保障,是完成立德树人根本任务的重要和必要条件。我校对师德师风建设一直高度重视,目标明确,思路清晰,重点突出,坚持问题导向,不断加大工作力度,取得了一些成绩。

为了进一步提升全体教职员工的师德师风水平,建设一支忠诚党的教育事业更高质量的教师队伍,办好老百姓家门口的学校,满足老百姓对优质教育的越来越高的需求。

德育工作的重要性：有德有才是极品，有德无才是次品，无德无才是废品，无德有才是危险品。

作为老师要具备哪些素质：修为师之德，守为师之道，尽为师之责，强为师之技，练为师之能，展为师之风，铸为师之魂，创为师之业，圆为师之梦，树为师之名，唱为师之歌。

教书育人，精忠报国，忠诚党的教育事业。德高为师，身正为范，学博为基，做好四个引路人。身教言传，勤严爱廉，争做四有教师。

当老师要不断修炼，德才兼备。每一个人所谓的成功，都是一个自我修炼，不断完善的过程。由不纯正，不灵动，不完善，不完美开始，逐渐走向至纯至正，至灵至慧，至真至善至美的境界。

没有天生的圣人智者，只有一直走在至深至高至远的路上的人。任何人在通往成功的路上，都会有这样的经历：面对困难时畏惧，面对挫折时彷徨，面对压力时迷茫，面对无助时心生退意，面对孤独时犹豫不决。而成功的人就是那些经历了不堪，痛定思痛之后，依然能够不忘初心，坚定信念，专注目标，痴心不改，在不断跌倒后重新爬起振作，重整行装再出发，日益精进，增长学识，苦练本领，最终接近或达到理想的境地。

当老师的职责就是，自己有梦想，有目标，有信念，有坚韧不拔的精神，带着一群学生，犹如唐僧师徒四人，专注前方，专心取经，不畏艰险，患难与共，相互鼓励，各尽所能，互助合作，踏平坎坷，终成正果，各有所成。一路奋斗一路歌，展现人生的精彩，实现人生的价值！

三、思想通，路路通

日常生活工作中，经常看到有些人为一时失意而难过，为自己一个阶段特别想要的东西得不到而郁郁寡欢，尤其是又是自己为得到某个东西一直付出很多努力最后却没得到而伤心欲绝，看到他们痛苦不堪的样子，心里也不好受，替他们惋惜，又爱莫能助，只能说一些在别人听来是高大上的道理劝一劝，尽一份心意而已。其实，生活工作中，遇到此路不通的提示，我们不必纠结，赶紧转换思路，另寻出路，相信总会找到一条路也能让自己达到目的地。事不顺心如意，与其闷闷生气，不如奋起争气，再接再厉，再创佳绩解气。因为，生气、着急、发牢骚、撂挑子等等消极情绪根本不管用，也改变不了既成的事实结果。而且沉沦下去只会让自己的未来更加糟糕，人际关系更恶劣，成功更无望。自我放弃的人得到的是众人抛弃，不甘落后，屡败屡战的人，整个世界都会给他让路，谁都挡不住。所以倒不如换一种心态面对发生的一切。

一个人做任何事，不能没有目的和方向与目标，否则，会没有动力和压力与勇气。这目的应该是为了工作，为了把工作做好，做到极致，也就是说，先把活干好，因为活干得好，可能由此可能产生什么效果，获得什么评价，得到什么地位，都交给时间来安排。机遇总是垂青那些有准备的人。真金需要烈火淬炼，千淘万漉。桃李不言，下自成蹊。有心栽花花不开，无心插柳柳成荫。一个人，在做事的过程中，总是抱着"多劳多得，优劳优得，即劳即得，不劳也得，不得不劳"的偏执心态，过分执着于成败得失，心中充满功名利禄，期望值越高，失望必然会越大。而一旦放开了，放下了输赢得失，没有了名利的羁绊，怀着一颗纯粹的心，专注于工作本身，可能会有意外惊喜等着你。

以己之长，比人之短，自信满满；以人之长，比己之短，形秽自惭。得意时不要忘形，冷静下来想想自己还有什么不如人处，失意时不要沉沦，环顾一下周围的人，还有谁在年龄容貌个头富裕人缘等某一个方面，不如自己。多想想自己得到了什么。而一个人在自己工作的经历当中，往往是当时干的出彩了，当时就获得了单位的肯定和荣誉职位，也就是所谓的红极一时，应有尽有，应得尽得。后来因为江山代有才人出，总是新人换旧人，或由于个人年龄身体等原因，表现得不那么出色了，荣誉和掌声也就少了，晋升有些难了慢了，甚至停滞不前了，感觉事事不顺心了，谁都要适应这个变化，不能用自己过去的辉煌，作为一生当中所有阶段索要荣誉和利益的资本。

所谓的优秀都是相对的。你是跳高第一名，我是百米第一名，他是铅球投掷第一名；你是一个学校数学学科名师，我是英语学科带头人，他是物理学科专家，谁和谁是没有可比性的，都优秀，却都是相对的。再就是二十岁优秀，不代表三十岁、四十岁、五十岁一直优秀，在这个单位优秀，换个单位依然优秀，在这个平台或序列中优秀，调到另一个平台或序列中还优秀，过去的成功，不代表永远成功，更何况谁都有年轻，谁都会衰老，自然规律，谁都躲不过。在该奋斗的年纪，只管奋斗，只管耕耘，不问收获。时刻为随时到来的机遇准备着。这些道理想开了，想通透了，活明白了，干起活儿就没有思想负担了，可能更出活儿，干得更漂亮，该来的就来了。奋斗心要树，胜负心要有，得失心要正，平常心要常，坦然心要强。

一个人的成功和优秀，心想事成，需要许多因素促成。包括政策规定，时代背景，单位环境，人际关系，平台起点，家庭条件，自然机遇，领导慧眼，组织培养，同事帮助，家庭支持等各种因素，当然最关键的是个人努力。而现实生活中，每个人在每个年龄阶段有一个追求的小目标,是很正常的,也是必须的,而一切都以名利为追求和衡量标准,往往会求之不得就心生怨恨。有两类人牢骚不平最多,心里装着个小算盘,不停的算计。一类是尽心尽力干工作而且业绩突出,却一时或好久得不到自己想要的东西回报;一类是工作很稀松,却自以为很卖力,更可怕的是还自我评价非常高,心里只有自己好,别人谁都不如他。干活就要回报,不得就是牢骚。得到的全忘记,得不到的总牢记,要求多,欲望强,心胸小,抱怨多,仇恨大。把公平正义的标准定为:必须令他满意,必须令他高兴,他想要的都必须满足。否则,一切结果都是不公平的。与其抱怨不止,不如奋斗不息。

下面一段话很有道理:为什么我们能允许自己的过失,却对他人、对单位有这么多的抱怨?再有才华的人,也需要别人给你做事的机会,也需要他人对你或大或小的帮助。你现在的幸福不是你一个人就能成就的。单位给了你饭碗;工作给你的不仅是报酬,还有学习、成长的机会;同事给了你工作中的配合;服务对象帮你创造了成绩;对手让你看到距离和发展空间;批评者让你不断完善自我。

四、唯有奋斗,才有实力

已经荣誉满身,家财万贯,身居高位,荣华富贵,万人仰慕的成功的人,常常教育别人说:得百荣不如避一耻。其实是:人富怕死,位尊怕辱,权重怕失,势大怕耻。而正走在奋斗路上的人,如果听信了宁可一无所有,也要保全脸面这句话,只怕会永远不敢走出家门,去经受狂风暴雨,斧劈刀刻的考验,不敢接受耻辱的煎熬,更练不出金刚不坏之身,面临深渊,危机重重气定神闲的真气,更不要说做成什么大事伟业!这就叫心有多大,舞台就要多大。能吃多少苦,就能享多大的福。容得下多少人,就能干多大的事。更何况大多数成功的人从没有停止过奋斗的脚步。

不怕没机会,就怕没本事。不怕没位子,就怕没德行。不怕没事做,就怕不做事。

不疯魔,不成活。学习也一样,你有多投入,你的进步就会有多快!成绩就会有多好!离理想目标就会有多近!年级主任和班主任,每天就是要想方设法营造一种浓厚学习氛围:让学生一天到晚就知道学习,进家门,进书房,进校门,进教室,马上进入学习状态,手不释卷,看书读书,预习复习,作业练习,自检自查,全身心投入学习中去。我们的学生,尤其需要老师们下狠功夫,诱导引领督促强迫他们无时无刻无处不在学习。精细管理学生的每一分钟!除此之外,再没有其他办法,能让我们的学生,变成我们想要的模样。

五、致敬英雄成才报国

习近平总书记指出:"一个有希望的民族不能没有英雄,一个有前途的国家不能没有先锋。今天,中国正在发生日新月异的变化,我们比历史上任何时期都更加接近实现中华民族伟大复兴的目标。实现我们的目标,需要英雄,需要英雄精神。我们要铭记一切为中华民族和中国人民作出贡献的英雄们,崇尚英雄,捍卫英雄,学习英雄,关爱英雄,戮力同心为实现"两个一百年"奋斗目标、实现中华民族伟大复兴的中国梦而努力奋斗!"

"少年强则国强。"对于青少年而言,英雄情怀、家国情怀、爱国主义的培养尤为重要。邢台七中十五中联合校深入学习贯彻习近平新时代中国特色社会主义思想,紧紧围绕立德树人这一根本任务,全面贯彻党的教育方针,秉承"育人为本,和谐创新"的办学理念,坚持"为了每一位师生的尊严,为了每一位师生的发展,为了每一位师生的幸福"的办学宗旨,形成了"厚德、博学、尚美、健体"的校训、"正、和、严、活"的校风、"身教言传、勤严爱廉"的教风和"知行合一、自主乐群"的学风,将崇尚英雄、成才报国融入学校日常德育工作中,一是组织学生观看宣传片,让学生进距离感受英雄对信仰的追求,为学生解读英雄内涵,揭示英雄就在身边,引发学生对英雄的崇敬,对英雄精神的思考;二是引领学生分享英雄故事,引导学生将崇尚英雄、成才报国与个人成长、家庭传承有机结合起来;三是组织学生开展演讲和诵读比赛,走进英雄内心深处,感受英雄对理想信念的执著追求和绵绵家国情怀。系列活动掀起了广大学生向英雄致敬、向英雄学习的热潮,对弘扬革命英雄主义精神,对培养学生树立正确的人生观与价值观起到极大的推动作用。

崇尚英雄才会产生英雄,争做英雄才能英雄辈出。面对百年不遇的新冠肺炎疫情,中华大地又见遍地英雄。各条战线的抗疫勇士临危不惧、视死如归,以生命赴使命,用大爱护众生。在脱贫攻坚斗争中,1800多名同志将生命定格在了脱贫攻坚征程上。100年来,正是在中国共产党坚强领导下,一代又一代英雄们,同全国人民一道顽强拼搏、持续奋斗,使中华民族经历无数灾厄仍不断发展壮大,使中国社会发生了前所未有的历史巨变。今天,历史的接力棒传到我们的手中,让我们牢记使命,不忘初心,在学习中增长智慧,从历史中汲取力量,担负起我们这一代人的责任和担当,在实现中华民族伟大复兴的道路上戮力同心,携手共进,争当先锋,再续辉煌!

第十二节 活成一束光

最期待你过得好的人是父母和兄弟姐妹,最期待你成功成才的人是老师,最期待你成名师名人的人是校长,他们功成不居功,奉献不求回报,是我们每一个人生路上最可爱可敬的人,无论他们所作所为如何难随你愿,都不要抱怨,不要嫌弃,不要苛求,你辉煌幸福时,他们未必能在你身边,你痛苦郁闷时,他们常常与你相伴,感同身受,心如刀绞,苦不堪言,总是忘掉自己,全神贯注,想方设法,倾其所有,尽己所能,为你排忧解难!母爱似海,父爱如山,亲情如血,师恩如天,长情无限!

年轻就是这样,有错过有遗憾,最后才会学着珍惜。淡是本真;健康是资本;拼搏是动力;勤劳是钥匙;宽容是美德;豁达是心胸;沧桑是沉淀;善良是福报;懂得是缘分;心态最重要;若无闲事挂心头,便是人生好时节。燃一盏心灯,照亮生命的每一个角落,微笑是最美的诗行。

生活中一定要和你同频的人在一起,和鼓励你前行的人在一起,和有趣的人在一起,和正能量的人在一起,因为这样你会越来越快乐,越来越进步,越来越有趣,越来越优秀,越来越有正能量,你会慢慢活成一束光,照亮自己也会照亮别人!

一、抓住机遇,向名师学习

学校请名师进校园,让大家目睹名师风采,聆听名师授课,领悟名师思想,学习名师成长。

名师的过人之处就在于他们满心学生,痴心教育,痴迷教学,专注钻研,能与时俱进,因时而异,在坚守中创新,在沉静中凝心;始终瞄准做名师,育名生的目标,潜心钻研业务,刻苦历练技能,不断丰富自身素养,不怨天尤人,不心浮气躁,不找借口,不讲条件,只是沉醉于教学和科研,以研为乐,以研促教,以教为乐,心中充满阳光,胸怀千秋伟业。

我们都应该涵养名师的教育情怀,自定目标,自我鼓劲,自我加压,自我督促,勤于学习,勤于反思,勤于总结,勤于交流,点滴积累,善于提炼,以赛课为契机,积极参与,大胆展示,倒逼自己,快速成长,快速成功,快速成名,达人达己,成就学生,扬校威名!

为此,建议每一位老师先尝试从以下三个方面切入,作为突破口:

一是备讲一节精品课。就像歌星一样,一辈子就唱红一首歌,一首歌吃一辈子。

奇迹产生了。还不到一百遍,我的能力在快速地增长;还不到一百遍,我的水平就出奇的高。游泳不再担心呛水,滑冰不再害怕摔跤;手下的字有形有神,琴中的曲有情有调。专注,让我产生了兴趣;训练,使我增加了自信。天道酬勤,百遍创奇迹。

武林神功,依赖于日夜的刻苦;学习兴趣,产生于反复的练习。自信源于基础扎实,坚强来自艰苦训练。勤学习,有方法。基础题,多练习;错题本,要备齐。题海中游泳,我不会溺水;理解后练习,我不会盲目,总结训练提高,百遍练习创奇迹。

操千曲后晓声,观千剑后知器;绳锯木断,水滴石穿;读书百遍,其义自现。

生活的充实,在反复中体现;前进的自信,在重复中铸造;学习的兴趣,在百遍后产生。基础训练,储备力量,天道酬勤,终将成功!

五、做老师的人最大的乐趣

做老师最大的乐趣,就是看到自己的学生一天天变得懂事、好学、习惯一点点好,成绩一点点长。人都是这样,古语说,仓廪实而知礼仪,马斯洛需求层次理论说,人吃饱喝足了,就希望有一份工作,有一个岗位,尽一份责任,干好活儿,交好朋友,与人合作,出点成绩,体现价值,受人尊重,满足自己的精神需求。常怀"生于忧患,死于安乐"的人生信念,历练"不干活,不存在,不经历,不成长,不奋斗,无价值"的处事智慧。

学生在成长过程中,需要我们热心呵护,精心指导,耐心教育,只要他们一步步,一天天跟着我们走,变得越来越好,今天一个,明天两个,后天五个,直至越来越多的学生变成我们理想的模样,我们就会不断增强工作的自信心,体验成就感,产生存在感,享受幸福感,找到当老师的滋味。从激情早读,激情跑操,激情课堂,老师们激情工作,就可以看出来!让自己的理想一点点变成现实,继续加油吧!

六、考前心理辅导

作为考生应该怎么调整自己的心态,作为孩子家长,我们又能做些什么呢?心理咨询师告诉父母 8 句话,轻松给孩子减压!

(1)要明白不只你一个人焦虑:高考前每个人都会焦虑,这是每个人在面临重大事件时的正常反应。

(2)健康饮食,规律作息,适度运动:其中,适度运动非常重要,建议每天运动不少于1个小时。如果没有"整块儿"的时间,可利用课间等碎片化时间做"俯卧撑"等快捷的运动。

（3）正常交往，多与同学或其他考生沟通：在和别人沟通的过程中，可能会了解到大家都有"焦虑"的感觉，就不会再为自己的"焦虑"感到羞愧和紧张；同时还会从别人身上学会一些应对焦虑的方法，从而实现社交性"互助"。

（4）父母平静从容胜过千言万语：父母和孩子一样都要有一颗平常心，切记不要"围着孩子转"，各自像平常一样"忙自己的"即可，给孩子营造一个和谐宽容的家庭氛围，让孩子感受到无条件的爱和支持。

（5）睡眠永远是人的本能：万一高考前一天睡不好甚或通宵未眠，也没有关系。这说明你暂时不需要这么多的睡眠，也说明你的大脑处于更积极的兴奋的状态，会确保你考试时拥有足够的能量。

（6）顺应自己的情绪：如果你紧张、害怕、生气、厌恶或者疑惑，那就坦然接受这些情绪的存在。压抑自己的情绪会增加压力。

（7）掌握一项"放松"的技巧，每天练习一到两次：可在过度紧张焦虑时快速放松；紧张的学习间隙休息放松；入睡困难时助眠。

具体做法：找一个舒适环境，坐或躺在舒适的位置，闭上眼睛，尽可能让肌肉放松；用鼻子深深地慢慢吸气，想象一下吸气的时候闻着花香，心理默数 3 秒，停留 1 秒，手放在肚子上，慢慢感受隆起；微微噘起嘴唇，慢慢匀速用鼻子和嘴呼气，默数 6 秒，手放在肚子上，并在呼气时轻轻按下；重复 10 到 15 分钟，直到你再次感到平静。

（8）必要时果断向专业人员求助：如果焦虑过于严重，通过自己的努力难以调整过来，甚至伴有明显的身体不适，如头昏、头紧、头皮发麻、肠胃功能失调、睡眠欠佳、食欲下降等，严重影响学习和生活质量，就要第一时间向专业人员求助，切忌拖延！

七、何谓团队？

就是一群有性格的人为了达成目标，要彼此放下自己的性格，相互包容，谦让和鼓励，共同成就彼此，过程艰辛，但是结果很美丽。

和谐就是有选择有底线的相互妥协。要想做到和谐，就是利益攸关方共同求取利益的最大公约数，而不是某个单方面获取利益最大化。人与人交往，都希望自己能够拥有一个和谐愉快的人际关系，从而使自己充分借助人际关系资源，通过自身努力，做好每一件事，最终达到自己的目的。

在中国人的传统观念里，非常重视诚信厚道的道德品质。厚德载物。你敬我一尺，我还你一丈。有理走遍天下，无理寸步难行。己所不欲，勿施于人。老吾老以及人之老，幼吾幼以及人之幼。先天下之忧而忧，后天下之乐而乐。这些传统美德永远不会过时。现在有一些说法，和传统观念正相反，让自己开心就好。与其取悦别人，不如充实自己等等。都是过分的强调自己的心理感受。其实，一个人如果总是让别人不舒服，造成矛盾紧张冲突的人际环境，自己怎么会舒服快乐幸福。由此看来，一个人的自由必须以不妨碍别人合理合法的自由为前提。

八、推己及人，激发潜能

坚持奋斗，可以一直停不下来，奋斗不息，歇息三天，也可以再也不想工作，很多人都有这样的体会，这大概是人性的弱点。我们作为管理者，要养成经常反思的习惯，推己及人，挖掘自身的弱点，联想团队成员的弱点，发现带有普遍性的弱点，及时研究琢磨管理好团队的弱点；精心谋划，制定出预防措施，精准施策，精准提醒要求，通知安排，督促检查，验收整改评价。让师生在奋斗的年龄，不要选择安逸。例如遇到假期，就要让学生放假在家不停学，放假比不放假还忙。每天的学习任务都非常具体明确，作息时间都规定的清清楚楚，保证不浪费一点时间，在不停的学习中培养自律自主自学意识和能力，以适应今后上班后超长工作时间，快速高压的工作节奏，为社会奉献更大智慧和力量，创造更多价值。

习惯早起的人，不早起不习惯；习惯早到校晚离校的人，晚离早到不习惯；习惯干活的人，不干活不习惯；习惯操心的人，不操心不习惯；习惯细节的人，不精细不习惯；习惯落实的人，不落实不习惯；习惯反思的人，不反思不习惯；习惯优秀的人，不优秀不习惯；习惯分享的人，不分享不习惯；习惯苦中作乐的人，总能逆袭成功；习惯正能量的人，见不得负能量。你想让自己成为什么样的人，你就从习惯养成开始。你想成为一个优秀的人，就把自己认为对的好事连续坚持做 21 天，就成了好习惯，就能成为一个好人。你想要自己成为一个庸人，只要连续三天容忍自己的弱点，不思进取，得过且过，是活不干，是书不读，是题不练，也会养成恶劣习惯，让自己彻底堕落为庸俗，变得没有担当，少有智慧，缺乏能力，甚至祸害家庭，危害社会。

其实，每个人都有人性的弱点，更有人性向善向上的潜意识，潜能力。我们做老师的责任，做教育的任务，就是让学生不要和成功的人比起点，比享受，比光鲜，要和追求成功路上的人比吃苦，比耐力，比拼劲儿，比终点。把目标定在自我超越上，要求今天的自己，比昨天的自己进步了一点点，未来的自己，比现在的自己更优秀。这就要和学生一起挖掘出自己潜意识中优秀的部分，激发出来，抑制住残弱的部分，并逐渐消灭掉，时时处处表现出优秀的一面，不出现或者少出现劣根的一面，最终成为不断优秀的人。功夫在校内，更是在校外。平时就要对学生在校内的时间当面抓，回到家的时间遥控抓,抓住细节,抓紧管理,以学为主,抓精抓细,抓住抓紧,抓狠抓实,让学生养成良好的生活习惯,行为习惯,学习习惯,培养出尽量多的优秀的学生!

你的人生永远不会辜负你的,那些转错的弯,那些走错的路,那些流下的泪水,那些留下的伤痕,全都会让你成为独一无二的自己。

第十三节 让学生学会合作,相依共生

每一个人都希望自己成为最优秀的,其实,任何优秀都是相对的,只能是某一个方面有特长,在某一个事上,某一个时段,某一个群体之中,表现得比别人突出,不可能无论何时何地何种情况下,都独占鳌头,出类拔萃,永久优秀。所以,我们的目的不是超越别人,因为人各有长,生命有限,精力有限,自身各种条件有限,谁都不可能面面俱到,样样精通,行行第一,而且人无完人,人生活在社会中,各自依靠自己的一技之长生存,互为所用,互相依存,成为社会关系的一部分,一个链条,一个环节,命运与共,和谐相处,共生共享,这才是人生的真相和真谛。所以,我们的目的就是不断的超越自我,让今天的我,比昨天的我进步一点点,不断的精进修炼,在有一技之长的基础上,让自己各方面的素质都有所提高,更加全面,成为一个人格健全,身心健康,学识丰富,技能优长,对社会有用而且有所贡献的人。

我们当老师的,为了教育管理好一个学生,需要几个学科的老师共同努力,甚至学校各部门上上下下共同配合。如果没有合作,单靠一个老师是无法完成教育学生的任务的。由此看来,教育目的,不应该是教给学生:具有人与人之间不择手段的无情竞争的狭隘意识,而应该是学会做人,学会做事,学会共处,学会学习,学会合作,学会共赢,体会和谐相处的快乐,合作共赢的幸福。我们的课堂模式,要求学生自主合作,探究展示,就是希望学生,既要独立思考,培养自主学习能力,又要有合作意识,和同桌同学多沟通交流思想,互相理解,互相帮助,取长补短,共同提高。老师们更要有意识地帮助学生树立这种意识,养成这样的习惯和能力。由此增强班级凝聚力和战斗力。

现在社会各种竞争激烈,加上这一代学生独生子女多,家庭万千宠爱集于一身,家庭教育合作教育缺失非常严重,学生独立自由个性较强,与人合作团队精神淡薄,不少学生自私自利,唯我独尊,唯利是图,漠视他人意见和利益。这对我们来说,让每一个学生在求学时代的黄金时期,为获取友谊学识,丰润饱满心灵的奠定坚实的基础,为人生未来找到志同道合,同心同德的同伴,相互支撑,相辅相成,为建功立业建立起可持续发展的丰沛有力的人脉资源，为推动国家和人类的进步作出更大的贡献，这是当前我们学校教育的首要任务。

一、加强艰苦奋斗的精神教育

加强艰苦奋斗的精神教育，首先必须平时加强和学生家长的沟通，形成共识，结成合力，家校配合，实现师生和谐，家校和谐，尤其是让家长理解学校的教学管理的措施，主要集中在作息时间管理，作业布置，违规违纪处理等几个突出问题上，和家长沟通交流，多做换位思考，互相尊重理解，争取思想达成一致，消除家长的误会，防止家长因为不了解情况，不理解老师要求，而造成老师和家长之间发生矛盾纠纷，影响正常的教学与教育秩序，搞得大家身心俱疲，没有了师道尊严和职业幸福感。

各个年级和科室的计划都要公布到自己团队的群里了，希望老师们人人都要打开主管领导的学期计划，并及时把学校的办学理念和本团队的计划有关内容传达给所有学生，贯彻落实到即将开始新学期新学年的每一天。认真看，仔细想，对照查，取人长，补己短，比一比，谁最用心，看一看，谁最精细。在新的学期中，大家千帆竞发，万马奔腾，牛气冲天，人人争做爱生如子，甘于奉献的孺子牛；务实创新，勇于教改的拓荒牛；埋头苦干，勤奋拼搏的老黄牛；努力比出干劲，比出成绩。比出谁的谋划更精细，谁干的活更实在，谁的观察更细致，谁的钻研更深入，谁的教法更有效，谁的写作更勤奋，谁的形式更多样，谁的工作更出彩，谁的赞美更及时，谁的宣传更动人，讲好联合校故事，传播联合校美名！

二、老师们都要有培养小老师意识

任课老师和班主任，都要有培养小助手意识。班级里的班干部和课代表，选拔时要注意素质高，爱管事，敢负责，肯付出，有组织能力，有群众基础，老师们选拔出来后，就有意识的经常培训他们，分派任务，明确职责，制定工作标准，手把手教会工作方法，多指导，多鼓励，多表扬，树立他们在班里的威信，逐渐让他们成长为能帮老师管理班级的小老师和小班主任，学生有成长，老师有成就。

学生人人能自律，人人有职责，安排他们盯班讲课，收发作业，策划组织活动，积极参与学校年级的工作等等，在完成一个个任务，履行一次次职责过程中，培养责任感，自信心，管理领导组织能力，这样的班级才是理想的班级。

三、理想决定命运

一个人这辈子走多远，不是由腿决定的，而是由心决定的。性格决定命运，气度决定格局，细节决定成败，态度决定一切，思路决定出路，高度决定深度，格局决定结局。

大世界，小人物，蛰伏在有限的角落，尽可能站的高一些，看的远一这，格局大一些，版图宏伟一些。在有限生命中给自己足够的安稳与舒适，给亲人朋友足够的温暖与呵护，不求此生尽善尽美，只求今世无怨无悔。

第十四节　理想　激情　奋斗

和有理想有激情肯奋斗的人同行，万事如意！

有一句话说得好，你想成为什么样的人，就去找什么样的人，和他们同心同德，同向同行，同步同力，有难同当，有福才能同享。你想得到什么东西，就去找拥有那些东西的人。找的过程，也许很漫长和曲折，道路坎坷崎岖，荆棘丛生，只要坚持不懈地努力，诚心诚意地结交，无怨无悔的付出，百折不挠地奋斗，最终会梦想成真，如愿以偿。任何等待和偷懒，期待不劳而获，都是缘木求鱼，守株待兔，刻舟求剑，水中捞月。

没目标，无动力，没追求，无激情，没努力，无事成，不奋斗，无人生。

看一个人是什么样子的人，只要看看他平时结交什么样的人，每天找什么样的人，经常和什么样的人在一起，谈什么，干什么，工作生活状态怎么样就可以了。一个人是一群人的缩影。你想成功，看看你身边成功的人。

加入了一个团队，就要共同瞄准一个目标，遵守一个规则，发扬一种精神，凝聚一股力量，喊出一个口号，统一一个步调，才能创造一个奇迹，共享一个荣耀。

一、新年新气象，奋斗正当时

广大青年既是追梦者，也是圆梦人。追梦需要激情和理想，圆梦需要奋斗和奉献。广大青年应该在奋斗中释放青春激情、追逐青春理想，以青春之我、奋斗之我，为民族复兴铺路架桥，为祖国建设添砖加瓦。勤奋的人总是按时起床，乐观的人总是充满希望，努力的人总能超越梦想，正能量的人总是自带光芒。我始终相信一句话：只有自己足够强大，才不会被别人践踏。

有人帮你是幸运，学会心怀欢喜与感恩；无人帮你是命运，学会坦然面对与承担。没有人该为你做什么，因为生命本是自己的，你得为自己负责任。

奋斗的日子总是难忘，虚度的时光徒留感伤。永葆一颗年轻乐观积极向上的心，才能拥有战无不胜的力量。过去一年虽然道路坎坷崎岖，走得很辛苦劳累，却让我们意志更加坚定，心胸更加阔达，智慧更加强大，目光更加聚焦，任务更加明确，追求更加紧迫，接受了许多难以接受的常态化！激情度过每一天，管理更精细，教学更精美，质量更优质，内涵更丰富，学生更可爱，夺取了许多可喜的成绩！

忆往昔峥嵘岁月稠。日月描绘出灿烂的人生，新年携带着牛气的好运，为我们开创出精彩的未来，祝愿联合校的各位家人，珍惜韶华，激情满满，精神抖擞，盛装出发，迎接挑战；犹如初生牛犊，不辞辛劳，奋勇争先，师生同心，惜缘惜福，和谐相处，凝聚合力，高效智慧地应对一切不确定性困难，瞄准目标，抓铁见痕，踏石留印，执着认真，变着花样儿激发学生学习兴趣，想着办法督促学生动手动脑做题。事事精心，点点滴滴，追求卓越，携手冲向美好时空！

胜日寻芳泗水滨，万紫千红总是春。

二、一个人怎样活出真我

经常听到有人说，立那么多规矩有什么用，太不自由了。这些爱抱怨的人大致分三类：第一类是自己非常优秀，或自律甚严，一贯遵规守纪，不越雷池半步，以守纪为荣，以违纪为耻，而且异想天开地以为，周围所有人都和他一样优秀，都能或应该能做到自律，在他看来，不需要管理，任何规矩对他来说，简直都是多此一举，大可不必有。第二类是一贯是大错不犯，小错不断的人，更是讨厌有规矩有纪律有约束。第三类是生来就无规矩约束，成长过程中缺少管教，没有遵规守纪的习惯，长大了就没有规矩意识，更不要说习惯了。还有一类少数人，在一个团队里，时间长了，职位有了，岁数大了，荣誉多了，自以为有资格享受特权了，对自己放松要求了，对团队的精神不重视，规矩不在乎，约束不自在，总想让组织照顾自己，不想让组织严管。所以，在一个团队里，一旦有一点规矩约束，就不适应，遇到违规违纪受到批评处分，就大喊大叫组织不给自由，火冒三丈，胡搅蛮缠，无理取闹，要所谓的"民主自由"，反正就是不要人管他，谁管他，谁就是错误的。

毛泽东同志说过：加强纪律性，革命无不胜。家有家规，国有国法。在一个团队里工作生活学习，由于每个人思想境界，认识水平，个人性格等因素不同，素质参差不齐，高低不一，千差万别，造成对规矩的认识和遵守程度也不同，这就必须要有共同遵守的规则，统一思想，统一认识，统一步调，统一的价值观，才能凝心聚力，战胜一切困难,为集体赢得荣誉,否则就会一盘散沙,一事无成,都没有了人生价值和社会存在感。

要经常告诉我们的学生:自由是需要条件的。个性张扬,追求自由,满足自己的兴趣爱好,前提是什么呢? 就是先要有两确保:一确保有自食其力的生存能力,二确保生养自己的亲人衣食无忧。然后,冷静地审视自己的兴趣爱好、优势特长、天赋资源等,找准定位,明确方向,追求个性自由,随性随意,自由自在做自己想做的事,在不妨碍别人自由的前提下,享受个人自由。只要有益社会,无害他人,做什么都可以。否则,就不可能也不应该任性而为,肆意生长,盲目跟风,而要暂时遏制自己的不切实际的欲望,自我约束,依规行事,埋头苦读,拼搏奋斗,增长才干,积蓄实力,创造能够实现自由梦想的条件。

没有规矩,不成方圆。只有守规矩的人,才能与他人、团队、社会、自然和谐共处,受人尊敬和爱戴,帮助和支持,得到真正的自由和尊严,快乐和幸福,才能可持续发展,活出真实的自我。

三、做好眼前,前程无限

今天虽是 2020 年最后一天,但我的思考教育的热情依然不减,故此特献新年心声一篇。

中国今日的辉煌成就,靠的是几代中国人的勤俭节约,艰苦奋斗。中国经济复苏,逆势而上,创造出这边独好的风景,靠的是当初党的英明决策,强力执行,一夜封城,举国上下,听从指挥,服从命令,万众一心,众志成城。

任何一个团队的兴旺发达,靠的是一代又一代团队成员接续努力,屡战屡败,屡败屡战,思千种方,试万种策,亲力亲为,埋头苦干,相互鼓励,齐心和谐,竞争合作,坚持不懈,日积月累才实现的,很少有一夜暴富的神话。

看到别人的高光时刻,光彩照人,高端大气上档次,繁华兴旺景象奇,心中总有一种莫名其妙的感觉。谁可曾想到人家一路走来,创业艰难百战多,用苦难换来辉煌,用血泪换来灿烂,用伤痕换来光彩,台上一分钟精彩绽放,靠的是台下十年难以忍受的苦练寒窗。

为了有朝一日的大放异彩,他们又是如何:坚定信念,坚守信仰,牢记初心,大处着眼,小处着手,天下大事,必做于细,勇往直前,精益求精,追求卓越,披荆斩棘,筚路蓝缕,挥汗如雨,含辛茹苦,起早贪黑,披星戴月,伤痕累累,饮尽孤独,忍耐寂寞,咬牙坚持,踏破铁鞋,历经磨难,才得正果

"高大上",笑起来,很好看,想起来,更心酸!

所谓的高,就是高付出,付出许多时间精力,承受巨大的压力。

所谓的大,就是出大力,流大汗,吃大苦,受大罪。

所谓的上,就是迎难而上,负重前行,上刀山,下火海,不敢有丝毫懈怠。

这才是每一个"高大上"人生的真相!也是一个草根逆袭的必经之路。王公贵族和一帆风顺少年得志的人,是看不到这个真相的。他们会经常问穷得吃不上饭的穷人:"何不食肉糜?"他们只看到眼前的繁华结果,看不到背景起点和过程,从来不去思考现在的一切美好,是如何从把当下身边的每一件小事做完美才得到的。认为眼前一切美好都是天然拥有,与生俱来,理所应当;或者是轻而易举,唾手可得,探囊取物,而且以为所有人都和他一样拥有美好的一切。其实,现实并非如此,甚至恰恰相反。

理想很丰满,现实很骨感。而这才是我们每一个管理者和教育人,发愿要改变眼前一切不如意的动力,并为此而绞尽脑汁谋良策,苦思冥想寻办法,上下求索做方案,针对实际找抓手,抓落实,常督促,搞评比,步步为营,稳抓稳打。

所以,再美丽的远方,也要从眼前起步。我们要面对现实,看到自己的优势和亮点,增强前行的信心和动力,还要直面问题和矛盾,自加压力,抖擞精神,奋力进取,从解决眼前看到的、碰上的一个个问题开始。问题可能出在他人身上,但办法要靠我们自己主动去找,改变要靠我们自己积极去抓,事情要靠我们自己的想法去干。学校兴衰,我的责任。在羡慕别人拥有各种光环和潇洒之前,先透过现象看本质,评估一下自己能否用自己的躯体去还原真相。

不是把焦点放在明天或后天,也不是明年或十年后,而该把精神集中在"现在"这一刻。

眼前万千红红火火,必是曾经恍恍惚惚。不曾经历风雨洗礼,哪来今日头筹第一。

新的一年,让我们继往开来,继续保持昂扬向上的斗志,坚持不懈奋斗的姿态,谋细,干实,说好,依然狠抓一二三,实现四院精进,五谷丰登,六六大顺!

四、争做四有教师

增强四个意识,争做四有教师

坚定四个信念,争做四有新人

践行两个维护,争创特色名校

在这里，

有学生"十个一"的培养目标，

一流好品格、一身好体魄、一生好习惯

一个好兴趣、一种好思维、一手好汉字

一副好口才、一篇好文章

一项好才艺、一门好外语

五、初心

初心，是学生早上到校时老师迎接时永不冷却的微笑；初心，是学生困惑迷惘时老师传道沙哑不知疲倦的嗓音；初心，是学生失败颓唐时老师鼓励的振聋发聩、醍醐灌顶的话语；初心，是早起晚归的劳碌，是意志坚定的忠贞；初心，是披星戴月的奔波，是教书育人的笃行。

奔腾的黄河说：谨守初心，坚定信念，我势不可挡；巍峨的群山说：无拒风雨，积翠凝华，我屹立不倒；美丽的学校说：不忘初心，承担使命；我们的普高一老师说：守初心，担使命，做贡献。我们聚力成城生命为舟，信仰作桨继往开来，初心秉承解放思想，巨笔如椽把宏伟蓝图描画，团结一心巍如昆仑把中国梦唤醒。

哪有什么岁月静好，分明是前面有人为你逢山开路，遇水搭桥，旁边有人为你附身搀扶，甘作拐杖，身后有人替你手提肩扛，负重前行！怀抱一颗感恩的心，感谢周围那些默默无闻，任劳任怨，不求回报，悄悄替你付出，为你加油鼓劲，为你的喜怒哀乐而喜怒哀乐的人们。

习近平总书记说，幸福都是奋斗出来的。说一千道一万，不如甩开膀子去实干。校级干部坚持完成"五个一"，中层干部按照《中层干部考核细则》去做，就是"不忘初心，牢记使命"的具体体现，这是检验主题教育成果的一个方面，请大家在检视问题整改落实时候，先对照自己在遵守学校规章制度，完成分内任务，履行岗位职责上有哪些差距吧；把学党章党规习近平新时代中国特色社会主义思想等和学校的和自己工作实际紧密结合起来吧！否则，都不是实事求是。

六、行动行动，自强者胜

平时总听到一些俗谚警句，劝人多脚踏实地做事，少空想不劳而获的"好事"，激励人们要边奋斗，边行动，边积蓄实力，边等待、选择、争取机遇，然后顺势而为，乘势而上，一举成功。三年不鸣则已，一鸣惊人。好风凭借力，送我上青云。海阔凭鱼跃，天高任鸟飞。

盼着天上掉馅饼，也算是一个梦想，这本没有错，但要先静下心来，先专心做一个足够大的盘子，确保万一有馅饼掉下来一定是落到自己的盘子里，而不是别人的盘子里。

守株待兔也没有错，关键是不能荒废了自己的田地，而要在辛勤耕耘劳动之余，树下乘凉休息，顺便等待"兔走折株"的意外收获，如果没有天天劳作，放下正业，丢下本职，饿着肚子，死等瞎兔撞树。

万事俱备，只欠东风。盼着东风吹来的前提是，自己要把万事都准备好了，否则，及时天天刮东风，照样啥好梦也成不了真。只能是一枕梦黄粱。

所以说，一个人有啥梦都不可怕，可怕的是把梦境当现实，沉醉其中不能醒，不敢醒，不想醒，或者只管抱怨生不逢时，怀才不遇，或者嘲笑别人有眼无珠，不识真货，暴殄天物。而不用行动奋斗去争取获得梦中一切美好的东西。是金子总会发光的，机遇总是垂青有准备的人，这些话永远没有错。先让自己才高八斗，学富五车，德才兼备，梦想就在不远处等着你！

七、关于立德树人一点思考

关于立德树人，新时代以来，习近平总书记以"明大德、守公德、严私德"对"立何德"做了深刻阐释。强调把学习奋斗的具体目标同民族复兴的伟大目标结合起来，明国家发展民族复兴之大德，注重培养人们的法律信仰，法治观念，规则意识，引导人们自觉履行法定义务社会责任，家庭责任，守社会文明、风清气正之"公德"；学会劳动、学会勤俭、学会感恩、学会做人、学会谦让、学会宽容、学会自信、学会自律，涵养慎思笃行，严于律己之私德。

远大的理想是引擎，坚定的信念是动力，正确的立场是基础，高尚的品德是根本，扎实的作风是关键，勇敢的精神是力量，不屈的意志是保障，守法的习惯是保证。

学校德育担负着为学校师生立心铸魂强魄的作用。让师生拥有一颗共同的心神，守住一个共同的灵魂，练强一种共同的气魄。就我们联合校具体来说，共同的心神就是"爱"，爱党爱国爱人民爱学校爱自己。共同的灵魂是"和"，和人和己和自然万物。共同的气魄就是"拼"，拼搏立身，自强创新，生命不息，奋斗不止。

我们每一位联合校师生都要知道我们的心在哪里，爱在何处，魂是什么，怎样和谐，魄为何物，为何拼搏？明确方向，瞄准目标，与人合作，奋力拼搏，实现成才梦，教育梦，中国梦。

八、放下包袱,轻装上阵

无论你在个团队,只要你把荣誉称号,职务职称,特殊待遇作为自己的追求目标和工作动力,而且要求公平合理,那就放下等待和指望别人恩赐的幻想,唯一的办法就是,自己努力奋斗,争取让自己优秀得出类拔萃,无与伦比,让上上下下,里里外外,左左右右,觉得非你莫属,舍你没谁,众望所归,领导和组织如果不给你公平,就会无法和大伙交代。

如果得不到这样的结果,要想不生气,那就从自身找原因,归因于自己努力还不够,奋斗还不足,从零开始,放下包袱,轻装上阵,再出发!

九、一枝一叶总关情

从事一个职业,当老师时间久了,容易引起职业疲劳,审美倦怠,感觉麻木,反应迟钝,没了刺激,少了新鲜,缺了动力。其实,无论哪个行业,什么工作,哪个岗位,什么地方,天天惊心动魄,开天辟地,扭转乾坤的事,很难找到和遇上,再巨大的事儿,要成功,也是要每天一件一件小事儿做好了,甚至是鸡毛蒜皮,不足挂齿的小事儿。而这些小事儿在当下看,往往是小事儿,可一旦大功告成时候,再回头去分析一下那一件件小事儿,意义又十分必要和巨大,没有这些小事儿,就没有大事发生。千里之行,始于足下。不积跬步,无以至千里。不积小流,无以成江海。

教育无大事,无非是每天盯着学生一早一晚,一分一秒,一言一行,一举一动,一丝一毫,一神一貌,一诵一读,一测一试,一问一答,是不是符合我们理想的模样,及时示范,及时指导,及时发现,及时引导,及时点赞,及时批评,及时纠正,让他沿着正确的轨道,长善救失,向美而行,日日有进,做一个好人,能人,高人,伟人。

教育无小事,面对正在成长中未成年孩子,他们的黄金时期和我们一起度过,我们的一言一行,一举一动,一颦一笑,一丝一毫等都会是学生模仿的对象,对他们每一个人一生的人生走向,和未来成就有着巨大的不可预测的影响,他们的未来是什么样子,我们的社会、国家、民族未来就是什么样子,甚至,我们每一个做过他们老师的人,在未来都要面对他们用什么样态度和方式对待我们的。每当想起这些,我们不由得头上战战兢兢,如履薄冰。做个无愧于心,无愧于学生的老师,于国有益,于己有利。使命重大,任务艰巨。我们天天做的每一件事,都会在未来,从学生那里得到回报。种瓜得瓜 ,种豆得豆。

美国总统林肯,小时候因为邻居爷爷的一句"孩子,你将来一定是一名出色的船长",从而种下了一颗伟大的种子,而最终名垂青史。经常听到有人说,正是因为上学的时候,老师的一句"你非凡人,你将来一定能成为一个什么样子的人"等等这些期望和鼓励的话,让自己的人生果然如此!感恩之情铭记在心,溢于言表。自然天道,诚不欺也!

十、出门在外,学校萦怀

每当咱们学校孔庆珍、范小娟,王会青等外出参加国培的老师,传回出差在外有关"他山之石"的所见所闻所感,并和我交流时,我发现我们学校这几年教育教学管理思想做法,和教改教科研走过的路,是很先进又切合实际的。一方面觉得他们并没走远,另一方面从中总能受到启发,更加坚定对我校办学理念和实践探索的信心,感到坚持走下去并不断创新的重要性。他们制作的参加培训期间的活动美篇内容丰富,学习心得体会深刻,不忘借机与同行交流教育教学经验,展示自我风采,宣传我校教育教学改革和办学成果,把培训收获及时和大家分享,心里非常高兴,觉得这些老师出门在外,学校萦怀,值得赞扬。这令我更加觉得派他们走出去活动,非常有价值,有意义。

学校总希望通过走出去,请进来的方式,让每个老师都有机会接受学习培训,能够参观考察,参加竞赛,传经送宝搞讲座,下乡支教展示课,抽做专家当评委,临时借调搞专项,让大家开阔视野,强化业务,拓展人脉,积累资源,丰富阅历,增长见识,提升能力,为学校发展贡献力量,而且为大家专门制作了相应的工作模版,做一个外出活动美篇,开一次汇报讲座,上一节模仿课等,大家要认真领会执行。学习培训,参观考察,听课开会,借调帮忙等所有的公出,肩负的任务是什么?

一是珍惜机会,有备而去,为校发展,任务具体。

二是感恩学校,给予时间,出资出力,成就自己。

三是做个唐僧,求取真经,联系校情,建言献计。

四是广结人脉,扩大资源,精准选优,为校所用。

五是壮大自己,助力同事,宣传学校,传播荣誉。

十一、精益求精,永无止境

最近一段时间,学校集体活动比较多,大型听课活动、述职演讲、总结表彰大会和仪式等,要求必须参加的老师人数比较多,多数老师能够按照组织会议和活动的部门要求,保证人数,保证考勤,保证会场秩序,保证活动和会议效果,但是也有一些不尽如人意的地方,反映出会风会纪问题很严重,有些老师不听指挥,不服从管理,不重视活动和会议的要求,主要表现为:活动和会议还没有结束,就随意提前离场,不请假不打招呼,组织会议的部门会前谋划不够周密,准备不够充分,会议节奏不紧凑,人员分工不够明确,部门之间合作不默契,有关负责人执行力不强,监管不到位,时间把控不精准等。

抱怨有些老师们不听话,觉悟不高,意识不强,认识不到位,行动不统一,步调不一致,不如自查原因,问题出在老师身上,根源还是在组织管理部门。与其抱怨,不如改变,发现问题,寻找根源,制定措施,确保下一次活动和会议不出现类似问题,整顿会风,规范老师的行为。

无论在哪个单位,年级班级和科室团队,优秀的人是少数,他们不用管,自然事事遵规守纪,执行力超强;多数人随大流,还有少数人思想意识行动都落后,需要制度管,领导引、导、带、教、压、促,表扬鼓励,同事帮,氛围熏染。领导的工作重点和成效高低的标志就是,自己队伍里的优秀人才越来越多了,不甘落后,自我加压,自求进取,想干事,能干事,干好事,干成事的人数越来越多了,一天比一天增加了。

会风,能体现我校师生的素质和修养,更能体现我们个人和学校的形象,无论在校内校外参会活动,都要遵守会议纪律,都作为提升自己能力,展示我校形象的机会。今后各部门组织活动,召集会议等大型活动,谁主管,谁负责,谁召集,谁管理,谁制定方案,谁提要求,谁分派任务,其他部门打好配合,要人派人,要物给物,同心同德,齐心协力,开展好活动,组织好会议,展示出水平。每次活动和会议前,务必事先把各种可能出现的问题都预测出来,围绕会场安全和活动会议质量这两个主题,订出预案,找出对策,聚焦细节,精益求精,追求完美。建议依循如下常规,可以抽六个人,设六个岗,履各自责:

一是看大门,管进出。

二是盯设备,保运转。

三是有司仪,控全场。

四是设文秘,管资料。

五是设礼仪,排顺序。

六是设督查,管秩序。

十二、美丽的画卷

为当下校园描绘出

一幅美丽的画卷

还必将成为师生共有的一段

历久弥新的情感教育故事

积淀为终生受用的优品素质

若非被逼无奈,谁肯才华横溢

若非不甘落后,谁肯闻鸡起舞

若非惧怕虚度,谁肯悬梁刺股

若非志存高远,谁肯挑灯夜战

若非心系苍生,谁肯夸父逐日

若非韶华易逝,谁肯拼搏努力

读书的意义,不在于我们看了什么,而在于它使我们变成更好的自己。读书多了,容颜自然会改变。在气质上,在谈吐上,也许还显露在生活和交流中。腹有诗书气自华,我们不必抱着目的心态去读书,但时间久了,我们的气质也能发生改变。——唯有读书才能使人生更加精彩!

十二、天道酬勤

中高考不会因为哪一个人没有准备好而推迟或取消,自然有权利公平公正公开得给每一个人每天分配了 24 小时,每一个人如何管理使用这 24 小时,在这 24 小时里,吃喝玩乐睡学干这七件事各占多少时间,则是每一个人的自由,自然没有能力负责和干涉,但最终会为每个人都备好了一份轻重薄厚的爱礼,根据每一个人感动他的程度予以奉送。苍天自古厚待勤者,自然从来不恤懒汉。

早起几分钟,万事都从容。早出几分钟,一路是绿灯。早行几分钟,竞赛少人争。早到几分钟,心里多沉静。早学几分钟,日久学业精。早练几分钟,多增技和能。与人差距大,就差几分钟! 莫道君行早,更有早行人!

人在少年时期,小学不努力,中学需要下大力气;中、小学不卖力气,高中需要拼命,大学才有曙光。人到成人,二十岁偷的懒,三十岁要日夜弥补,赚钱是成年人最大的体面,也是体现你价值的真实写照! 通往诗和远方的路上,需要情怀更需要盘缠。靠父母是一时的,靠自己是一辈子的! 唯有脚踏实地,才能梦想成真! 社会是美好的,但也是残酷的! 幸福真的是奋斗出来的!

每一位父母和老师都会是孩子成长过程中的重要的人,如果多年之后,被孩子回忆起来的时候,能有一句评价:这是我生命中的贵人。可能就是对教育者的最美赞誉了吧。让我们努力成长,培养有梦想的孩子!

十三、自律创造奇迹

站得端,立得正,举得起,力够强,喊得出,声够大,气够足,势够壮,情够深,学得好!坚持下去,就和每天坚持早起跑步练功一样,跑着跑着,练着练着,不停的跑着练着,总有一天就感觉不早起不习惯,不跑步不习惯,不练功不习惯,不诵读不习惯,不学习不习惯,不干活不习惯,不认真不习惯,不努力不习惯,不拼搏不习惯,不进取不习惯,不优秀不习惯,不习惯不习惯,自律的品质就是靠执着认真地做好每一件事,这样日积月累炼成的!而自律的人都是能够创造奇迹的人,起码能够创造一个心仪的不一样的自己。

咱们学校体育老师郝占礼把学生李明轩带成省级跳高冠军,就是从先把自己和学生变成一个自律的人开始的。自律就是一个人的内心有了内驱力,生活工作学习,形成了磨不推自转。

生命中有许多你不想做却不能不做的事,这就是责任;生命中有许多你想做却不能做的事,这就是命运。许多事有些人,开始不一定喜欢,不一定习惯,慢慢的发现,一切习惯了就好了,而且还发现,变好了的不仅仅是自己,还有周围的人和事儿。

十四、长善救失,见贤思齐

老师们经常遇到这样的学生,单位里也遇到这样的员工,就是自己犯了错误,不从自身找原因,而是找别人的错误,挑规章制度的漏洞。他迟到了,不按时交作业了,不听从工作安排了,就说别人也这样做了,犯了同样的错,为什么不先处罚那个人?偏偏盯着我不放,非得处罚我,这不公平。

一个人由于三观扭曲,贪慕虚荣,惧怕压力,恐惧竞争,缺乏自信,精力不济等原因,往往会萌生不再拼搏奋斗,不敢开拓进取,不再挑战自我,不求上进,得过且过混日子的念头,就开始想变坏变成一个落后分子,往往就会以坏人为榜样,和落后分子比谁更令人所不齿,更不讲道理,更无理搅三分,更没有境界和底线,为自己不守规矩而变坏找借口,做铺垫,推卸责任,而且总是和落后的人情投意合,扎堆结伙,沆瀣一气,抱团抱怨。

一个人想变好,就会时时处处拿自己和优秀的人做对比,见贤思齐,见不贤就反躬自省,对照检查,为自己变得越来越好注入前进的动力,找出自己的不足,下决心改正弥补,逐渐变成优秀的人。

有一段话说得好：创业和舒服这两个词，从来就不会同时出现。我们要做的两件事：

近成功人士，让他们的想法影响你；走出去学习，让精神的世界影响你。

一个人不管是自主选择还是被动接受了一个岗位，只要在岗留位一天，就要履职尽责，无怨无悔，尽心尽力做好本职工作，不能只要组织照顾，不要组织纪律，该奋斗的时候不奋斗，该拼搏的时候不拼搏，该尽责的时候不尽责，怨天尤人，自甘堕落。

所以只要看看一个人在法律规矩面前，在犯了错误之后，在集体利益和个人利益发生冲突，需要选择的时候，在面对艰难繁重工作任务的时候，他说什么，做什么，就可以判断出这个人的思想品质、人性人格直至党性修养了，无论他说多少漂亮话和冠冕堂皇的理由。

对于成长过程中的学生来说，当然不能随随便便判定为三观不正，道德无良，品质不端，而要相信每一个学生本质不坏，人性还好，基础不错，都是可造之材，只要用榜样引领，用制度约束，用正能量的氛围熏陶，坚持正面教育和批评处罚相结合，强制要求、耐心纠正、细心呵护、热心关注、理解尊重、鼓励表扬、示范诱导、点燃激励等多种教育方式方法多管齐下，交互使用，一定会有奇特的效果。

十五、只有实在，才有精彩

如果你今天不努力，明天也不努力，那么你的人生只是在重复而已。你要坚信每天叫醒你的不是闹钟，而是心中的梦想，新的一天开始了，你唯一应该努力去超越的人，是过去的自己。

每一个人始终保持积极乐观向上的心态，是让自己变得越来越成熟优秀的基础和动力源泉。不和比自己突出的人攀比，不为此而烦恼生气，也不能漫无目的，不能浑浑噩噩，自暴自弃。

事事如意时，就仰望星空，眺望远方，回首过往岁月无情，自觉如沧海一粟之渺渺，少些戾气暴躁，肤浅漂浮，自满自足，自以为是，自高自大，多一些反躬自省，自找差距，自我加压，脚踏实地，再接再厉，百尺竿头，更进一步；欲穷千里目，更上一层楼。

自我感觉最近万事违和，万物添堵，周遭可恶，四面受阻，而心烦气躁，自卑自贱，身心疲苦，命运多舛的时候，就要让心飞扬，跳脱传统，摒除俗念，独辟蹊径，放大自我，傲视群雄，俯瞰万物，志存高远，卧薪尝胆，闭关修炼，十年磨剑，一旦修得绝世神功，再呼啸江湖，一战成名。

学会控制自己情绪,懂得谁都不能代替谁活着,一个人生下来就具备的天赋、背景、财富,既可能是帮助,也可能是重负。时时保持清醒头脑,心中有目标,每天有计划,坚持实实在在做事,认认真真学习,一步一个脚印,一天比一天进步,自卑时自己和自己昨天比,自大时和天空未来比。飘时拴根绳儿,燥时卧会儿冰,冷时就拼命跑。努力做最好的自己,就是最成功的人生!

坚持我们的梦想我们"执迷不悔",因为我们相信"我的未来不是梦";寒窗苦读我们乐此不疲,因为我们深知"不经历风雨怎么见彩虹";偶尔的挫折我们不改初衷,因为我们知道"风雨中这点痛不算什么",我们坚信"阳光总在风雨后"。

十六、积少成多,积善成德

学生养成一个好习惯和消除一个坏习惯一样不容易,都需要一个漫长的过程,老师们要有耐心,要经常观察,及时发现,随时示范,认真指正,强力督促,步步为营,狠劲儿要求。学生会时好时坏,反反复复,但仔细观察思考分析学生反复的过程,总会有不一样的地方,原因、时间、地点、表现形式等不一样。就好像医生治病人,这就是自己的工作,自己的本分和职责。心烦或泄气感到崩溃的时候,就劝自己:是医生,不治病救人干什么?是老师,不教书育人干什么?这既是职责职业,工作谋生的手段,也是成就自己,为国育才,实现自己和学生人生价值的途径。只要病人有一口气,有一点希望,学生跟自己学习一天,就要想尽一切办法去尝试治疗,去挽救,去转变,互相鼓励,与病魔和不良习惯斗争到底。永不放弃,不嫌弃,不抛弃。

其实,在我们的团队里面,我们成年人,当老师的,每个人身上都有各种各样的不足。只要回想一下自己的求学经历和成长过程,发现我们自己都不是天生完美,现在完美,未来继续完美;我们都是在不断的发现自己的不足,不断修正,不断完善,只不过我们比学生更有自制力,自觉力,自纠力罢了。相信我们的学生多数会成长为我们希望的样子,甚至因为遇到了我们,会变得比我们更优秀,更完美,更出类拔萃,成为一个让我们崇拜的人。

魏书生说过,如何让经常怕上作文课,发愁作文无话可说,无事可写的学生不再发愁,办法就是:让学生从第一次写一句话就达标,第二次写两句话就可以,第三次写三句话就满意,第四次写十句话就夸奖,第五次写二十句话就表彰,以此类推,用不了多久,学生个个都能下笔如有神,洋洋洒洒,立马挥就。唐代诗仙李白斗酒诗百篇,也是靠的"只要功夫深,铁杵磨成针"的反复磨砺艰辛缓慢过程,各学科的老师都可以试试先。

十七、教育是需要信仰的事业

德国思想家雅斯贝尔斯曾指出："教育需要信仰，没有信仰就不成其教育，而只是一种教学技术而已。"朱自清也说过："教育者须对教育有信仰心，应努力成为以教育为信仰的人。"纵览古今中外，真正的师者无不对教育事业怀着崇高的使命感和强烈的体认，为了追求真理而上下求索。苏联教育家苏霍姆林斯基为教育倾注了毕生的心血；至圣先师孔子，子弟三千，博学好仁，"造次必于是，颠沛必于是"；近百年来，正是因为有像蔡元培、陶行知、夏丏尊等一批中国优秀的知识分子投身到"教育救国"的历史潮流中，心怀信仰、身体力行、躬耕讲台、不懈努力，才谱写出中国教育的辉煌，成为当代中国教育的财富和引路的明灯。

十八、量人先量己

俗话说："眼是一把尺，量人先量己。"很多时候，我们能够轻易地评判别人，却看不到自己的缺点。因此，人生在世，每个人都需要有一把"比较"的尺子。古语有言："见贤思齐焉，见不贤而内自省也。"与优秀的人比较，学习他们的长处；与差劲的人比较，反省自己的缺点。只有认清现实，才能做到既不低估别人，也不高估自己。只有不断向他人学习，才能做到日日精进。

人生最难的修行，其实就是与自己和解。接纳自己的失败，接纳自己的平凡，接纳生活给我们的千斤重担。爱自己的意义，其实不仅仅在于让自己获得幸福、愉悦的感受。更重要的是，当我们不再为别人的看法担忧，能够认真对待生活、去做对自己最好的事时，我们也得到了真正的自由。

第十五节　老师们的鼓励是孩子成才的基石

对我们多数学生来说，课堂教学中组织教学比教学本身更费劲。驾驭好课堂，让学生都进入学习状态更关键，更重要！学生上课好习惯的养成，需要每一个老师都重视、都引导、都示范、都强制，更关键的是坚持不懈，反复纠正，不断巩固！这大概就是教育的诀窍吧。

一、爱是人间最美的语言

美国教育家马文·柯林斯是一位非常优秀的一线教师，两次拒绝接受政府任命当教育部长,甘心情愿做一线教师。她的教育思想值得我们学习借鉴。

她认为,对于老师来说,最重要的品质就是对学生爱。一个优秀的教师要坚持十条原则:一是信念,相信每一个学生能够攀上想象不到的高度;二是收获——让每个学生每天收获满满,绝不让学生失败;三是忠实,踏实做好每一件事;四是不要做一个叛徒——做学生的朋友是永远要做的事情;五是公平,一视同仁的对待所有学生,六是发自内心的教书育人,而不是为了薪水,要有激情、决心和奉献精神,不允许任何学生平庸和失败;七是认真,用心做好每一件事情;八是积极热情,把教育事业当作自己的生命,就是不让学生失望,让后进的学生变得更好,让优秀的学生变得卓越;十是决不放弃,即使一开始不顺利,也能够继续努力。其实这10条原则都是对学生的爱的具体展开。

她说自己成长历程中最关键的因素有四个。

一是反思能力。她认为,要经常思考自己的人生经历,回想自己当学生的时候,喜欢什么样的老师,喜欢老师怎么对待她,究竟哪些人,哪些事,哪些话,对她影响最大,甚至自己在家庭中父母是如何教导她的,都要反思,这些思考,是她教育的最大的财富。

二是应该相信学生,更应该让学生相信自己。她坚信每个学生都是想要学习,而且能够学习的,只要给予他们恰当的环境,正确的动机,和适合的学习材料,孩子们就能够展现出他们与生俱来的特长,脱颖而出,她曾经说过这么一段话,我真希望全世界都能看到我在教室里看见的一幕,所有的孩子生来都是成功者,他们需要的就是有那么一个特别的人,相信他们激发出他们最好的一面。

三是应该尊重学生,而只有教师的自尊,才能激发学生的自尊。这是她的教育理念。她认为不尊重孩子们,就不尊重职业。自尊是一个人可以拥有的最重要的东西。只有尊重自己的人,才能被人尊重。

四是应该高度重视阅读的作用,尽力把学生带到书籍的世界之中。在她看来教育的重中之重,就是让孩子阅读。不知道阅读的孩子什么都做不了,所以如何激发学生的阅读兴趣,让学生养成良好的阅读习惯非常重要。她说,对一个正在学习阅读的孩子,你最初给他那本书决定了他以后会读什么。

二、不要带着心理垃圾上讲台

无论自己工作生活学习如何不顺心,都不要带着情绪来上班、上讲台,对待学生,对待同事,对待学生家长,对待身边所有人,更不能把学生当出气筒,把同事当情绪垃圾箱,把工作当儿戏,应付差事,敷衍了事,浪费学生一生当中每一节课。

尤其是和学生打交道,就和自己的孩子打交道一样,师生关系和父子母子关系是一样的,根本就剪不断,理不清,去不掉,跑不了,着急生气可以有,但不能没完没了,持续不断地僵持下去,最后还是要自己放平心态,放下姿态,放弃成见,主动沟通交流,开诚布公,各抒己见,达成共识,面向未来,同心同德,携手共进,追求共赢,让自己成为学生喜爱的好老师,学生成为自己崇拜的好学生。你好我好大家好,班好校好教育好。

因为日常家务事繁杂而烦心,因为同事交往发生矛盾而不顺心,因为学生不听话而闹情绪,因为受到主管领导批评而不痛快,因为自己近期身心疲惫而苦恼,遇到这种情况,多数老师能够很快自我调节,自我反省,自我管理,自我解决心理上纠结问题,有极个别老师就深陷其中不能自拔,苦不堪言,叫苦连天,怨天尤人,看谁都不顺眼,见谁都懒搭理,干啥都没精神,最后耽误工作,把师生关系搞得紧紧张张,老师不理学生,学生忌恨老师,师生天天见面变成了仇人相见;上课消极怠工,要么是秩序混乱,要么是睡倒一片,要么是你讲你的,我玩我的,互不干涉,这样下去,误人子弟,害人害己,为师者罪可就大了,不可不惊醒啊。

和学生发生矛盾纠纷不可怕,解铃还需系铃人。当老师要先把自己当作学生的父母,知道自己和学生这种关系是剪不断的,那就尽职尽责做好长辈工作。把自己当成学生的知心朋友,知心大妈大爷大哥大姐,主动倾听学生诉说,了解学生对老师的需求,共同探讨解决问题的方法,引导学生多角度思考问题,辩证看待周围的人和事。把自己当成学生的人生导师,给学生讲自己的生活学习经验,为人处事的方式,取得学生的理解和认可!

遇到问题矛盾纠纷不可怕,可怕的是自以为是,自我封闭生闷气,不主动沟通,不积极交流,造成问题越来越大,矛盾越来越多,纠纷越来越严重,隔阂越来越深,最后冲突激化,势不两立,相互为敌,寒了各自心,破了师生情,老师成了坏老师,学生成了坏学生,班级成了烂班级,学校成了烂学校,教育成了烂教育。由此看来,我们实在不能让自己成为负面情绪的携带者,不能带着心理垃圾去上课。

太阳每天都是新的。周围的景色美不美,源自于自己内心强大不强大,善良不善良,美丽不美丽。修炼好自己,美好的世界都是你的!

对于我们多数人来说,是我离不开工作,而不是工作离不开我。让自己变得越来越有价值,要让工作离不开你,或者是离开了你,工作质量就下降了,而不是工作不需要你,你离开了,人人心情舒畅,皆大欢喜,干劲儿更足!

三、立足学情，营造激情

仙人指路，前提是自己成仙；贵人相助，前提是自己可贵，点石成金，前提是自己练成了神手，我们每个老师都要努力让自己成仙师神师和学生的贵人，以一当十，一语点破，一题百解，让学生少学少练少费功夫，轻轻松松，开开心心，快快乐乐就能考上大学，度他到彼岸。如果我们非仙非贵非神，倒不如做个凡人，身心落地，既着眼长远，又做实当前，更要管好学生和我们相遇的这三年中的每一天，没有更好更巧的办法之前，下笨功夫，用笨招术，就是最佳的选择。

我们大多数老师都是很平凡的老师，面对的是非常平凡的学生，那就只有一个办法：严格管理，狠抓落实，威逼与诱导并重，鞭子和糖块齐飞，处罚约束和正面教育共舞，逗起学习激情，步步为营，教一点，练一点，会一点，做一道题会一道题。基础好、自觉性高，习惯优良，能力好一点的学生会自主学习，多读多练多拓展训练！这样的学生在我们学校毕竟是少数。切记，我们的目标只有一个，就是让每一个学生，在我们学校三年之后，都有一个学生、家长和老师皆大欢喜的结果。

四、回味历史，发现规律

有什么样的学情，就用什么样的教育教学方法，正如有什么样的国情，就走什么样的道路，用什么样的治国理政方法，千万不能脱离国情校情学情做事情。我们国家走过的路，先是发展才是硬道理，后变成科学发展才是硬道理，再变成高质量发展才是硬道理，由穷变富，再变成强，再变成富强文明更高层次。每个阶段都不可缺少，后者是前者的结果，前者是后者的铺垫。没有前期的不那么科学那么低质量的快速发展积累，哪有条件讲高质量的发展。

一切从实际出发，在不同的历史时期选择切实可行的发展理念和方法，就是按规律办事。用现在的眼光看过去的做法，似乎是急躁不符合规律，放在当时看，就是必然选择，别无他路可走。先放开探索实践，再逐渐规范提升，再制定长效机制。改革开放之初，先激发大家创业干事豪情激情，杀开一条血路，急功冒进，只要能对当前发展有利，什么办法都可以先行先试，是为长远发展奠定坚实基础，而必须付出的代价。我们学校的教育理论必须与我们的国情校情学情相结合，才能让自己成为教育奇迹的创造者。

逼着我们的学生充满激情，催着学生拼命学习，这就是我们的校情和学情，也是我们不得已的最好选择。让学生在被迫接受各种严格训练中培养出来学习兴趣爱好,逐渐由被动变主动,由感性变理性,由偶然变习惯,习惯成自然,由要我学变成我要学,我会学,我乐学,这样就达到了我们的目的!

五、谁的美好都是众筹而得

父母常问你吃没吃饱,穿没穿暖;老师常问你学没学会,进没进步;同事常问你有没有需要,要不要帮忙;领导常问你干没干完,做没做好。一个关注你身体健康,一个关注你心灵成长,一个关注你的精神需求,一个关注你未来发展。这就是一个人为什么要心怀感恩的原因,也是自己不能不奋发有为,勇往直前,回馈大家,造福于人的不竭动力,因为周围的这些人把自己的心力都投入到了你的世界,你的美好凝聚了他们忘我而无悔的付出,是他们引以为傲的人生杰作。你最美,我更美,这就是为人父母老师同事领导的精神密码,心灵暗号!

谁能每天见到第一缕阳光,勇敢的迈出第一步,洒下第一滴汗水,谁就能首先闻到花草的清香,感受到自身的强大,享受到果实的美味。拼搏少年时,人生打根基,他日跃峰顶,甘苦唯自知!

第十六节　随想录

你想让别人以后如何对待你,你现在就如何对待别人。自己种什么因,必然收什么果。警醒人们做事前思前想后,做事后要瞻前顾后,想想自己需求的同时,也想想别人难处,互相理解,互相尊重,互相体谅,互相包容,求同存异,共取中庸,达到各自心安,美美与共。

当然也有的人欲壑难填,只管索取,不想付出,视别人的好意宽容帮助支持如应当廉价享受,一旦不能满足自己要求,就以怨报德,恩将仇报。

而一个人在追求自我完善的过程中,需要阔达胸怀,放眼长远,牢记自己的方向和目标。为此,能够理性面对生活,相信世上好人多,善良居多,恶毒者极少,正义的力量强大,邪恶的势力虚张声势掩饰内心的恐惧,仍然执着信念,不忘初心,豁达洒脱,忍辱负重,善行天下,广施恩惠,乐于助人,成人之美,感化教育那些恶念迷心,言行乖张,喜怒无常,专注私欲,不顾公德的人,改邪归正,减消恶念,不再危害他人和社会国家,如此,才是自我完善必修的功课。

教育,从一定意义上来说,就是教人积德行善,向美求真,做一个真善美的人。

一、要想优秀，用心去求

刚入职或刚当班主任的老师，要想优秀，就要先有丰富的经验，丰富的经验来自哪里呢？来自每天和学生摸爬滚打在一起，仔细观察记录每一个学生，经常分析、总结、反思，把与学生交往过程中的教育体验积累起来，用点点滴滴的感动感悟感怀升华，印证教育原理原则规律方法，写就一个个教育故事。像观察一颗种子从种下到出芽到成长到成熟整个过程，浇水施肥，剪枝斧正，纠错扬善惩恶，体悟万物生长发育规律。在和学生交流沟通打交道中，互相理解，互相尊重，互相帮助，互相支持，建立感情，实现亲其师信其道，收到教育效果。不要指望有什么捷径，平时远离学生，对学生冷暖苦乐困顿疑惑错误不理不睬，自以为只要发号施令就是教育，就能管好班，带好队伍，出好成绩。

陪伴就是教育，点燃引爆激情，鼓励收获爱戴，纠错培育感激，亲近能出效果，示范才是真谛！

二、向一切优秀的人学习

永远不要把比自己优秀的人当作敌人，哪怕优秀的人把自己当成了敌人。技不如人，甘愿承认，发奋努力，改变自己才是正道，绝不能自甘堕落，肆意诋毁他人，不求进取。学问能力、技术实力、成绩收获、名誉地位等，暂时不如身边的某个人，就冷静下来想想，自己的优势和不足有哪些，别人的优势有哪些，多学学优秀的人长处，研究可以借鉴的经验，思考优秀的人为了优秀吃过多少苦，受过多少罪，熬过多少夜，走过多少路，挨过多少摔打，忍过多少曲，求过多少人，遇过多少妖，降过多少魔，千万不要和人家比天然具有的客观条件资源，多和优秀的人比谁的付出更多。没有做和珅的那种是非颠倒厚颜无耻的心理素质和乖巧机灵，就甘心情愿脚踏实地学好刘墉，凭实干业绩胜出，是金子总会发光的，机遇总是垂青有准备的人。即使暂无所得，也有增添阅历、丰富才干、光彩人生、不虚此生的精神收获，无愧于心，不愧于人。

当老师自己要和身边的人和谐相处，虚怀若谷，善于观察，取人之长，补己之短，追赶先进，力争优秀。教育学生相互合作，不要相互为敌，拒绝学习别人的长处，班主任和年级主任要致力于创建班级年级命运共同体，学习共同体，树立一荣俱荣，一耻俱耻，一衰俱衰的意识。大家携手同行，共创辉煌！

三、事业都是干出来的

弘扬正气,创造正能量,是联合校每一个师生的共同责任。大家平时都要和好人比谁更好,不能和坏人比谁更坏。底线是管好自己,干好自己分内的事儿,有余力就多帮助周围的人。分内的事愉快干,交叉的事主动干,份外的事抢着干。让投机取巧,懒惰成性,自私自利,违规违纪,不顾大局,不听指挥的人没有作恶的市场,在正气满满的校园氛围里自惭形秽,知耻后勇,自我修正,自求进步,迎头赶上。

要荣誉,就要始终如一卖力;要晋职,就要坚持不懈干事;要升级,就要一直不停出力;要留任,就要持之以恒较真;要照顾,就要一如既往吃苦。坚决杜绝荣誉有了,晋职升级了,留任有岗了,就开始讲条件,要待遇,求照顾,挑三拣四,挑肥拣瘦,自我娇养,不思进取。有的人一旦得到自己想要的东西后,面对学校的规章制度,工作安排,艰巨任务,立刻变脸,无理取闹,死活不肯接受,全然再也不去回想当初如何深受组织栽培,领导关怀,做出承诺,表达初心,不去感恩组织费心培养,同事无私帮助。

事业都是干出来的,荣誉都是拼出来的,一切美好都是奋斗出来的。让我们用自己的痴心诚心爱心,手脚并用,一起来创造联合校更好的明天吧!

四、关于教育话题两句流行语的思考

1.只有不会教的老师,没有教不会的学生

这句话如果是老师说出来的,会令人肃然起敬,为之动容,感激涕零,感叹庆幸人间仍有圣贤大师在,国家民族尚有希望存。因为这句话体现的是为人师者大爱无疆,仁爱为本,不放弃一个学生的高度责任感和使命感,炙热的赤子之心,浓烈的教育情怀,执着的教育追求,完美的教育理想,坚定的教育信念。

如果这句话出自一个校长口中,同样会叫人怎么不爱他?这句话体现的是责任担当,是教育自觉,是激发老师们热血沸腾,忘我投入教育教学工作的兴奋剂,是指导要求老师们牢记使命,不忘初心,迎难而上,不抛弃,不放弃,不嫌弃每一个学生,因材施教,有教无类,循循善诱,把握教育教学规律,善待每一个孩子,尊重理解包容每一个孩子的差异,找出每一个孩子的最近发展区,发现闪光点,挖掘潜力,因势利导,帮助他成长为最好的自己,让每一个人都有自己独特个性光彩照人的未来。

如果这句话成为不当老师或不搞教育的人流行语、口头禅,而且对着老师侃侃而谈,大声疾呼,声言厉色,那么大家最好原谅这个人的盲从和浅薄,也没有必要和他辩论,只管听听就好,拈花微笑,因为他连基本的生活常识和教育原理都没有,再

与之谈教育科学问题,就勉为其难了。谁去奢求把一块朽木雕刻成文玩,谁去抱怨母鸡为什么不能把石头孵化成小鸡呢? 更不要说哲学上说的浅显易懂的道理了:事物的变化都是内因是关键因素,外因通过内因发挥作用。

但是如果懂得寸有所长,尺有所短的道理,不要一个标准衡量所有的人,只要承认成功的标准因人而异,你就另当别论了。

2.有一个好校长,就有一所好学校

这句话如果是上级领导讲话,或是人民群众观点,应该感谢领导和人民群众对教育的高度重视,和对校长队伍建设规律的精准认识与准确把握。常言道,千军易得,一将难求。一个优秀的领袖人物在历史发展中起着至关重要的作用,在一个单位的发展过程中有着举足轻重的地位和作用,当校长的要把领导的这句话当作激励语,警醒话,勉励词,珍惜岗位,感恩组织,心怀教育,兢兢业业,胸怀大爱,服务师生,专注提升教育教学质量,办好学校,造福社会。

如果这句话发乎一个校长的心中和嘴里,那就可笑至极。这自我膨胀的状态早晚会毁掉一个个学校,误人子弟。个人总是非常渺小的。所以,当校长的千万要认清一个事实,大学者,大师之谓也。一个学校名师越多,质量越好,校长显得越有尊严、能力和水平。

五、干事出彩不出事最可敬

一般来说,一个真正忙于干正经事的人,根本没有时间发牢骚,说闲话,拨弄是非,专门办坏事,找别人毛病,省出时间专注干更多的正经事儿,提升自己,造福别人,光耀团队。而那些不干活儿的人,倒是有大把的时间怨天尤人,唉声叹气,挑三拣四,说三道四,事成抢功,事败推过,不干正事儿。

希望我们的队伍里干正经事儿的人越来越多,袖手旁观,指手画脚,夸夸而谈,挑拨离间,消磨正气,自私自利,散发负能量。面对学校组织交给的任务,既要有一种非我莫属,舍我其谁的壮志豪情,勇往直前,不成功绝不罢休,做就做到仁至义尽,竭忠尽智。又要有一种功成不居,名利归众,退而反思,再接再厉的胸怀和素养。

新学期马上就要开始了,让我们抖擞精神,再出发,再努力,再奋斗,再提升,再创新,再跨越,再辉煌。

六、千万不要做消耗别人正能量的人

半年来,大家一边线上教学,一边应付各种检查资料搜集整理上报,工作量很大,依然无怨无悔,保质保量完成任务。尤其是初三高三的师生和相关的管理人员更是面对疫情千变万化,每天战战兢兢,如履薄冰,精细管理,点点滴滴扎牢防线,守护学生安全,昼夜奋战,认真备考,人人舍小家为大家,不怕苦不怕累,体现了高尚的师德师风,圆满完成了防疫备考两不误的任务。

马上进入假期了,除了上级和学校安排的必要工作任务以外,大家都可以酌情量力安全自主安排假期生活,放松心情,陪陪父母,看看孩子,旅游度假,宅家充电,培养个人爱好,做一些平时没工夫做的事情,而且及时关注时事,听从国家政府学校号令,配合好社区工作,做一个为人师表遵纪守法的好公民好老师。

这两天学校组织老师们签订师德师风承诺书,希望大家信守承诺,言行一致,严以律己,戒贪婪绝私欲,走正道不走邪道,廉洁从教,有精力就免费为学生辅导学业,彰显师德,远扬美名,没精力就按兵不动,按部就班,静心悟道,专心修炼,增长武功,满血复活,以备来年再战江湖,带出一批优秀学生。

需要提醒大家的是,疯传有些学校有个别业务很好,师德欠佳的老师最近蠢蠢欲动,不看严峻形势,动员学生假期补课,与家长沟通交流不充分,造成误会误解,致使个别家长议论纷纷,四处传播,影响了学校形象,希望我们学校的老师们有则改之,无则加勉。

捕风捉影固然可恶,但是多数时候也不会空穴来风,一旦有风有影,单位就要闻风而动,东奔西跑,上下求索,调查核实,耗费学校主管领导的时间精力物质好心情等各种资源,消耗人家的能量,一人之恶,殃及无辜,实在可恨,所以大家一定要严于修身,做到身正影直。

祝大家假期愉快!平安幸福!

七、生长的勇气

一个教师,要想走向卓越,要有第三次生长的勇气。要敢于"野蛮"地长,加高短板,要把自己的绝招亮出来,要坚持做自己。

一个骨干教师,要想成为卓越教师,有三个关键词:方向——认识自我,准确定位;持续阅读,汲取能量;专注一项,练就绝招。

总需要一些人,守得住初心,抵得住诱惑,经得住考验,耐得住寂寞。

人与人沟通的时候,都希望对方能够换位思考,达到理想的沟通效果。多数时候是一厢情愿的。因为,换位思考要取得成功,就要有一个前提,双方的地位学识经历等等因素相似的地方越多,效果才越好,越少就越不好。达不到设身处地,感同身受,互相理解。

面对小人物的诉求,对于位高权重的人可能就是一句话一伸手的小事儿,而且就能改变小人物生存生活状态和命运,甚至是小人物终其一生也未必能得到的结果。

八、量力而行,达人达己

有一句古话说得好,己欲立而立人,己欲达而达人。说明了一个道理,就是先让自己内心和谐,然后处理好周边的人际关系,是一个人生存立足,发展成功,快乐幸福的重要而且关键因素。

一个人无论到什么时候,什么地方,什么岗位,什么阶段,遇到什么状况,都要学会控制好自己的内心世界,自省自主,自强自胜,自律自超,尽量客观看待评估自己和他人以及周围的一切,不骄不躁,不卑不亢,不慌不忙,不要放纵,也不要自虐,拿捏好分寸,恰到好处,人己两适,物我两旺最好。

有能耐改变自己生活、工作、学习的环境,就一定要有舍我其谁的气魄,担起使命,勇敢面对,勇于挑战,尽心尽力,尽才尽能,勇往直前,勇于拼搏,开天辟地,不虚此生,不枉此行,让遇到的一切都变成自己喜欢的理想的模样。如果没有那份能耐,就要学会珍惜身边的一切,不怨天不怨地不尤人,努力接纳阴晴圆缺和顺逆得失,主动适应各种环境变化和遇到的各色人等,平心静气,尽己所能,顺天应时,甘当绿叶,做好配角,积极合作,填缺补漏,鸣锣搭台,鼓掌喝彩,与人方便,与人为善,与人同乐,与人和谐,助人自助,成人之美,共享尊荣,创造出自己舒适满意的环境,修炼成就别人,升华自己的高贵境界。我们当老师的不正是如此写照吗?大多数人一辈子守着平凡,活着平淡,看着平常,过着平稳,却努力让自己的学生出奇出色出众,出类拔萃,从而通过学生的美妙伟大多姿多彩的未来,延伸自己为师为人的价值!

是树苗就要志存高远,挺拔伟岸,根深叶茂,参天蔽日,福荫无边;是小草也要审时度势,自求发展,寻找阳光,积极向上,自我滋养,自我强壮,互助相伴,绿茵满地,芳草连天,装点江山,美美与共,自娱自乐,聊发豪迈,悠然自得,拥抱属于自己的春光灿烂!

九、在奋斗路上体验幸福的滋味

只有为一件事动过情,操过心,用过力,流过汗,淌过泪,滴过血,反过思,总过结,回过味,喜怒哀乐,酸甜苦辣样样尝过,才会在事情成与败之后,有太多的话要说,分享给别人才有启迪智慧,激发动力的价值。

只有想方设法让自己出类拔萃的人,才能放下身段,俯下身子,静下心来,眼观六路,耳听八方,虚怀若谷,海纳百川,取众人之长,补自己之短,不断地提高自己,最终修炼成一方面特长,显示凸显出来,令人折服,受人尊重。

只有靠着受尽煎熬,咬牙坚持攀上某一个顶峰的人,才会眼前晴空万里,江山如画,光明无限;脚下磅礴如丸,激流似溪,一马平川;手握乾坤旋转,满目鲜花烂漫,耳边掌声不断!

告诉学生,风雨彩虹,梅香寒来,备战中高考,就要靠只争朝夕,珍惜每一分每一秒,苦读多练,才能实现梦想,体验到幸福的滋味!

第十七节　教育的最高境界

教育的最高境界是父母"活出孩子钦佩的样子",在灵魂和精神上足以担当对孩子的引领。

托尔斯泰说过:"爱孩子是老母鸡都会做的事,关键是如何教育。"

教育,是深入灵魂的事,是精神上的扎根和熏染。父母所扮演的角色,不应是审判者,而应该是引领者。希望孩子走多远,你就应该要求自己走得更远;希望孩子攀登多高,你就应该要求自己攀登得更高!

一、把身边的人都看成宝

很喜欢这句话:"与凤凰同飞,必是俊鸟;与虎狼同行,必是猛兽!"你能走多远,看你与谁同行跟随的是谁!你把身边的人都看成宝,你被宝包围着,你就是"聚宝盆"。你把身边的人都看成草,你被草包围着,你就是草包。人生,就是要懂得放大别人的优点,欣赏别人的长处,才能相互协作,相互支持,相互成长,价值共赢!

二、做好手里的每件小事

奋斗不是让你上刀山下火海、闻鸡起舞、头悬梁锥刺股。

奋斗就是每天踏踏实实的过日子,做好手里的每件小事,不拖拉不抱怨不推卸不偷懒。每天一点一滴的努力,才能汇集起千万勇气,带着你的坚持,引领你到想要到的地方去。最怕你看不见未来回不到过去活不惯当下还不愿去学习改变!

三、好老师是民族的希望

习近平说:一个人遇到好老师是人生的幸运,一个学校拥有好老师是学校的光荣,一个民族源源不断的涌现出一批又一批好老师则是民族的希望。

做好老师,要有理想信念、道德情操、扎实学识、仁爱之心,把自己的温暖和情感倾注到每一个学生身上,用欣赏增强学生的信心,用信任树立学生的自尊。要做"有理想信念、有道德情操、有扎实知识、有仁爱之心"的好老师,

四个引路人:

(1)广大教师要做学生锤炼品格的引路人。

(2)做学生学习知识的引路人。

(3)做学生创新思维的引路人。

(4)做学生奉献祖国的引路人。

四个相统一:

(1)坚持教书和育人相统一。

(2)坚持言传和身教相统一。

(3)坚持潜心问道和关注社会相统一。

(4)坚持学术自由和学术规范相统一。

以上都是衡量好老师的标准。

教师做的是传播知识、传播思想、传播真理的工作,是塑造灵魂、塑造生命、塑造人的工作。教师不能只做传授书本知识的教书匠,而要成为塑造学生品格、品行、品味的"大先生"。

好老师要有"捧着一颗心来,不带半根草去"的奉献精神,自觉坚守精神家园、坚守人格底线,带头弘扬社会主义道德和中华传统美德,以自己的模范行为影响和带动学生。

全国广大教师要做有理想信念、有道德情操、有扎实知识、有仁爱之心的好老师,为发展具有中国特色、世界水平的现代教育,培养社会主义事业建设者和接班人作出更大贡献。

思想政治工作从根本上说是做人的工作,必须围绕学生、关照学生、服务学生,不断提高学生思想水平、政治觉悟、道德品质、文化素养,让学生成为德才兼备、全面发展的人才。

教育重要的目标就是从知情意三方面培养学生真善美的良好品性。陶行知说教

师："千教万教,教人求真。",陶行知说学生："千学万学,学做真人。"许慎说得好:"教者,上所施,下所效也。育者,教子使作善也。"

教师肩负的使命不仅仅是传承,传承传统的优秀文化,我们更需要严肃而认真的思考,思考并解决当下的问题;教师肩负的使命不仅仅是传播,传播外来的优秀文化,我们更需要扎根本土、面向未来、面向世界作严谨的思考,思考现实的教育生态,分辨发展的方向、路径和策略,带领学生走向美好的明天。

老师要切实担当好教育者的责任,就要对教育事业充满着热爱,对学生充满着感情,用理想信念传播思想、传播真理,用道德情操以身示范、引领社会风气,用扎实的学识传播知识,用仁爱之心感化学生,以深厚的学养赢得尊重,以高尚的人格赢得赞誉,向学生传递坚定的力量、思想之光、理性之光。

第十八节　做一个让人舒服的人

传播正能量,杜绝负能量。人生时光匆匆,给同事和朋友带来快乐和幸福是每一个人的责任。快乐让大家分享,与人同乐,痛苦就自我解脱,自我疗伤,苦中作乐,不烦别人。

工作圈只发和工作有关的信息,不发和工作无关的信息。朋友圈只发正面真实有效,能鼓励朋友积极向上、健康快乐幸福的信息,不发道听途说、臆想猜测,任性骂街、指桑骂槐、强人所难、逼人买卖、损人利己、诱导人们关注社会阴暗面、叫人泄气的信息。

正常工作时间要专心工作,不玩手机,不被手机控,除非紧急通知之类,少发信息。无论是工作群还是朋友圈,上班时间一律禁止发送和工作无关的信息,避免干扰同事正常工作状态。可以利用课间或下班后,整理一下必要有用的信息,有选择的发送信息,尽量一人一事一景一张照片,避免同一主题活动场景人物事情重复发送,浪费别人时间和空间。

可喜的是我们的老师们大多数都能做到以上三点,希望大家都能坚持下去。手机人人有,只能做工具,不能被它控,用好人欢喜,滥用人反感,善用人受益。只要还在职,尽忠尽职守,爱岗又敬业,多为工作用,交流新经验,分享干活乐。传播正能量,做个小太阳。

一、微笑,赞美,感谢

绽放的微笑,赞美的拇指,鞠躬的感谢。

一个人比你优秀,你尽可以放心交往,因为优秀的人散发正能量；一个人比你有德行,你尽量与他成为一个朋友,因为厚德载物；一个人比你有智慧,你尽可安心与他同行,相信智慧能照亮未来；一个人活的生命比你有质量,你可用心与他成为知己,生命才有高度与宽度!

一个人的心态,会支撑你一路的发展；一个人的眼界,会决定选择的方向；一个人的格局,会意味着你成就多大的规模；一个人的毅力,会支持你能够走多远；一个人的用心,会注定你做出多好的成效! 你变好了,一切就变好了,成功不是属于跑最快的人,而是不断在跑的人!

二、忠诚比能力更重要

当你明白:规矩第一,人情第二时,你已经敲开了人与人最难的一扇门。

当你明白:团队第一,个人第二时,你已从小我走向了大我。

当你清楚:诚信第一,聪明第二时,你会明白小聪明只是一时,而信任才是一世。

当你懂得:实力第一,人脉第二时,才会明白只有自己做到了,才会有人真的尊重你!

当你学会:忠诚比能力更重要时,你才是一个既懂得感恩又能担当大事的人!

三、优秀的底色是善良

善有大善小善之分,恶也同样有大小。为善待一个人,而无原则没底线的满足一个人的私欲,而让多数人利益受到损失,这是小善,不应该也不值得去做。

优秀的基本品质是善良,如果没有善良作为优秀的底色,优秀会没有根基。没有约束,没有规范,就不能称得上是优秀,即使被硬拉进优秀的行列,那样越优秀越可怕,最终轻则害人害己,重则祸国殃民。

第十九节　教书育人,人人有责

教育的特殊性决定了教育必定成为大众课题,群众话题,社会命题,不用大惊小怪,因为一个人的成长过程就是在不断受教育和施教育。教育从家庭教育开始,接着是学校教育,再就是社会教育,这三个教育又互相交织,不可分割,始终伴随着一个人一生的全过程全方位,这就决定了一个人一生当中有三类老师教育自己:人生的第一任老师——父母及婴幼儿时期遇到的所有人,学龄阶段的第二任老师——学校的任课老师和在学校遇到的所有人,就业之后的第三任老师——团队主管和师傅以及团队内外遇到的所有人。而其实这三任教师从来都不能严格隔离来施教,一直是在不同阶段扮演主角配角的转换,而且我们每一个人也在不同时期变换着自己的角色——给别人当老师,或者是给别人当学生,甚至有时候既是学生又是老师的身份。

由于教育就是这样的特性,全民为师的道理就能理解了,人人都对教育的话题有感而发,也就不必大惊小怪了,我们专门做老师的就要接受这样的现实,听听来自每个人对教育的认识观点理论思想,心平气和,理性思考,取其精华,去其糟粕,择其善者而从之,其不善者而改之,前提是我们自己要有自己对教育规律的正确把握,有自己评判是非曲直的标准,而这一标准来自对自己学校,自己学生,以及自己本人实际情况的了如指掌,胸有成竹,由此进而形成的自己的教育思想定力,思维模式,方式方法。这样才能做到育人有理有据,教学有板有眼,管理有章有法,才不至于被外界盲人摸象,不怀好意,自以为是,只是自家偏方没有推广价值的言论所左右。

非常时期,教育内容和形式方式方法都需要创新,老师们要结合实际,解放思想,实事求是,与时俱进,探索出适合我校师生实际的停课不停学高效智慧教育模式,每位老师探索出具有自己独特风格特色的教育理念方式方法,而且坚持"不看广告看疗效"的理念,认认真真做好每一次直播,利用好这个令人痛苦不堪,又激人奋进,注定叫人终生难忘的超长假期,用我们学校焦振军老师的话说:"停课不停学,管理员、班主任、科任老师、学生家长、学生多重身份切换,研究各种操作,做好技术支撑。"全面提升自己能力素质,艺多不压身,练就从事多行业和副业必备的技能,最不济做个网红也要有的本事。

另外,趁此大好时机,号召跃跃欲试的学生们的第一任老师们尽快上岗,履职尽责,把自己的教育教学思想理念好好地实践一下,验证一下可行性,从培养孩子的生活习惯入手,教会自己的孩子学会生活,养成良好的生活习惯,健康的生活方式,建立和谐的家庭关系,亲子关系,培养崇高的家国情怀,和敬畏自然尊重差异珍爱生命,以及热爱劳动等可持续发展的思想观念。教会学生学会学习,珍惜时间,自我约束,自主学习,自我管理,自主发展,养成良好的学习习惯,据说一个好习惯的养成需要 21 天,正好让家长们率先垂范,以身作则,制定模版,督促孩子按部就班,坚持训练,形成习惯,争取开学前有一个大的改善,开学后交给学校的是一个崭新的学生:

讲卫生,乐学习,守纪律,爱劳动,懂安全,自爱自尊自信自强自立自主。让我们的教育教学质量因此不但不降低,反而快速提升,为时代,为社会,为群众交一份满意的答卷!

一、板凳要坐十年冷,事成还需基本功

真正的勇敢,不是从不害怕,而是充分了解困难和风险后,选择继续前行;是知道人生路上总有艰难坎坷,依然有勇气拥抱生活、笑迎挫折。每一个迎风向前的人,都是自己的英雄。

在一个人的人生道路上,求学既是一个阶段的必要而重要,甚至可以说是唯一的事情,也是每一个不断追求卓越的人,终生孜孜以求的事情。中高考成绩很重要,而生命安全身体健康比中高考成绩更重要。在生命安全有保障的前提下,对一名学生来说,抓紧时间学习备考,是第一位的大事,要充分利用好在家里独自生活的日子,管理好自己的每一分每一秒,把全部精力都投入到学习中去,不负光阴,只争朝夕,自加压力,自我激励,自主学习,超前预习,大量练习,总结规律,提高效率,夯实基础,提升能力,丰富素质,增强素养。

现在全社会防疫生产同时抓,要求两不误,双胜利,对学校来说,师生也要防疫教学两手都抓,而且要抓的更紧,因为事关每一个学生的未来,每一个家庭的幸福。老师们要认真对待这个特殊时期特殊的教学工作,科学设计教育教学内容和方法,全面精心指导好学生学习,讲究教学效率和效益最大化,确保防疫工作和教学质量双丰收。

二、人生处处是考场

无论是现在还是在未来,人类都不会因为一场大灾大难而改变进化的方向,社会也不会因为一次又一次危机动荡而放慢文明的脚步,人才永远是引领推动社会发展的主要力量。真正的人才把成就他人荣耀团队造福社会,作为自己的选择和奋斗目标,作为衡量自己成功和价值的标准。

人生处处是考场。一个人的人生当中,要经历不同阶段各种各样大大小小有形无形的考试选拔。考试选拔的结果,有的是用分数来证明,有的是用得失来衡量,无论什么样的结果,都是自己平时一点一滴,一举一动、一言一行耕耘劳作,日积月累下来的质量的总考核。种瓜得瓜,种豆得豆,不种不得。守株待兔,不劳而获的事情不会长久拥有。

（6）服从意识：服从一把手，服从主管领导，服从集体决定。同时一把手和主管领导就要有担当意识，责任意识，全局意识。一把手分党务一把手和政务一把手，有分工有合作，互相尊重理解支持配合，就能把工作做好。合则共赢共荣，分则两败俱伤，害人害己害学校害事业。一把手着眼一个面，主管着眼一条线，科室和年级主任着眼一个点，点要服从线，线要服从面，道理很简单。所以，主管领导就要服从一把手，科室和年级主任要服从主管校长，遇事多向一把手请示报告，意见一致时听你的，意见不一致，听一把手的，互相理解就好。另外，中学实行的是校长负责制，所以，校长必须有担当，敢负责，而且要负全责，可以说，学校兴衰系于一身。要领导团结班子成员，统一思想，统一步调，统筹协调好各方面工作。支部书记要协助监督好校长工作，做好全体教职工思想工作，完成好校长安排布置的工作任务。

（7）标杆意识：率先垂范，冲锋在前。

第二十节　与人为善

珍惜顺境，让我们的生活美好；接受逆境，让我们学会忍耐。善待好人，让我们事事顺心，快速行进。包容坏人，让我们步步小心，行稳致远。多一份感恩的心，多一份宽容与释怀，赠人玫瑰，手有余香，愿你发现快乐的所在。

任何人在被挑剔和指责的时候，第一反应都是防御和对抗。

所以当你说话做事的目的是让对方感到不对、不好、不如你的时候，沟通的大门，连接的门就已经关上了，心与心之间就有了距离。

当你批评责备孩子的时候，孩子已经不再跟你交流，教育开始失效。

一、真正成熟的人

真正成熟的人，不是嫉人之才，鄙人之能，讽人之缺，责人之误；而是察人之难，补人之短，扬人之长，谅人之过。

心中有风景，眼前无是非；心宽一寸，路宽一丈；若不是心宽似海，哪有人生的风平浪静。

欣赏他人是一种境界；善待他人是一种胸怀；关心他人是一种品质；理解他人是一种涵养；帮助他人是一种快乐。

人不容我，是我无能，我不容人，是我无量，人不助我，是我无为，我不助人，是我无善。最高级的修养，是尊重别人跟你不一样。

有修养的人，很少认为自己正确、高级，他们尊重每个人的努力与选择。

当我们不优秀的时候，我们比别人多学一点儿，比别人多干一点儿。慢慢地我们变得优秀起来了。当我们优秀的时候，为了怕别人超越我们，我们只能比别人更加多学一点儿，多干一点儿。没有最好，只有更好。

二、大胸怀才能体会到真快乐

对违纪学生采取简单粗暴的处理方式，导致师生关系紧张，家校关系紧张，产生低效的教育效果，甚至会影响学生一生的健康成长。对后进学生的态度，对违纪学生的处理方式和效果，就能看出一个教师爱心足不足，修养够不够，智慧有没有，能力强不强，水平高不高，办法多不多。转化和教育成功一个后进生，最能历练提升一个老师的综合素质。

做教育，要有爱心和耐心，更要有博大无比的胸怀。许多时候，一个人做多少成功的事往往很快就忘记了，对自己没做成的事，其痛苦和教训往往刻苦铭心，如果没做好的事又伤害到别人，别人对你的抱怨甚至痛恨的程度与时长，往往超过你给他办好一件事而带来的快乐高兴幸福的程度和时长。人们往往是快感瞬间消失，痛感久久难忘，这就是常说的，你给别人办成 99 件好事，如果办砸 1 件事，就会让99 件好事归零。所以，才有了"日久见人心，遇事看真情""疾风知劲草，板荡识忠臣"的醒世名言。

教育因为事关国家民族和一个家庭的未来而赋有神圣的意义，因为神圣，必然要脱俗。为未来社会培养一批批正人君子，是我们的使命和责任。光明磊落生活工作的人，最轻松最简单最快乐幸福。既然从事了育人的事业，我们就必须踏上让自己成长为君子圣人的道路，勇往直前，无怨无悔。

太平盛世，温情世界，人们往往身在福中不知福，以为一切都是理所应当，不去想为了打造维护这太平盛世安乐环境，有多少志士仁人默默付出，苦苦支撑，舍生忘死，舍己为人，无私奉献。

三、忘却一切烦恼

心病，源于执念太深，当遇到你不愿接受的情况，执着于解决而无法做到，焦虑，抑郁，恐惧，强迫，悄然而至。

解决的方法是不再想去解决，譬如想努力忘却一件事的时候根本无法做到，而发现无法做到时释然对待，随它去而无求时，很快就忘掉了。

清风有意难留我;明月无心自照人。

四、那份情,那份爱,那份缘

人生相聚不容易,惺惺相惜相偎依,互帮互助同努力,合作共赢创美誉。

不要等离别的时候,泪眼朦胧;不要等学生远行的时候,才遗憾的说:我没有对你们尽心尽力;不要等到失去的时候,才发现自己现在拥有的东西是多么珍贵。奉献当下,甜蜜一生。当老师注定要比其他职业受到的约束更多,因为我们肩负的是决定未来社会是什么样的责任。师德高尚,博学多才,塑造出来的学生才会德高望重,品学兼优,对社会有用,建设社会而不破坏社会,我们从中享受社会的进步文明幸福快乐!

师生本是命运共同体,有朝一日,他乡相见,可以无怨无悔堂堂正正的面对学生说:我无愧于心,我对得起你们中每一个人! 播种正直善良正义清廉,我们也会收获这些种子结出的爱心之花美好之果!

五、教会学生做人是根本

做人的道理有很多,具体到我们学校的学生,目前重点围绕着教会学生如何处理好同学之间的关系,建立平等互助友爱和谐的关系尤为重要。师生之间,学生之间和谐相处,才能确保班级学校平安无事。为此,建议班主任老师根据自己班里的情况,选择契合实际的主题,利用身边发生的和自己遇到的事作为素材,通过班会和日常教学等途径,策划案例分析、辩论赛,征文比赛等多种形式进行形象宣传渗透教育,使学生增强安全意识,掌握自救自护技能,培养互助友爱情感,树立正确的是非观和正义感,增强班级凝聚力和战斗力,避免遇到矛盾采取过激行为解决问题,造成伤害事件和精神财产损失,甚至小小年纪背负刑事责任,悔恨一生。

下面推荐几个班会话题给大家,供参考,可以开班会时使用。

话题一:我来七中干什么?

话题二:我喜欢什么样的朋友?

话题三:和同学发生矛盾怎么办?

话题四:遇到危及自身安全的情况怎么办?

话题五:集体宿舍要建立哪些规矩?

话题六:怎样才能成为受人欢迎的人?

话题七:遇到同学之间发生激烈冲突情况如何应对?

六、投入地爱一次,留下一段美好好回忆

回忆一段历史,就是回忆一段共同奋斗的艰辛与甜蜜,回忆团队命运共同体思想情感凝聚在一起的鲜活与美好,回忆其中每一个人为了集体和个人理想尽力而为的可敬可爱,回忆那一点点一滴滴值得一生无悔的选择与坚持。一路走来,为你哭为你笑,诗情画意的岁月,如诗如歌的声音,如泣如诉的感动,优劣慧顽的故事,喜怒哀乐的情愫,酸甜苦辣的滋味,春夏秋冬的体验,守望参天的执着,直抵心灵的温暖,洗尽铅华的高贵,犹如一粒粒珍珠,随着日月旋转,越发金光闪闪,历久弥新,成为相伴一生的自娱自乐自足之源。

同学少年都不贱,顺逆阴晴皆是缘。爱她,就走近她,拥抱她,赞美她——教育教学和学生学校和自己遇见的一切! 七中这么美,欢迎来看看! 爱我,就带我上七中。

一直相信一句话:"无论你遇见谁,他都是你生命该出现的人,绝非偶然,他一定会教会你一些什么。"所以我也相信,无论我走到哪里,那都是我该去的地方,经历一些我该经历的事,遇见我该遇见的人。

七、十句话

第一句话,结交"两个朋友":一个是运动场,一个是图书馆。到运动场锻炼身体,强健体魄。到图书馆博览群书,不断"充电""蓄电""放电"。

第二句话,培养"两种功夫":一种是本分,一种是本事。做人靠本分,做事靠本事。靠"两本"起家靠得住。

第三句话,乐于吃"两样东西":一样是吃亏,一样是吃苦。做人不怕吃亏,做事不怕吃苦。吃亏是福,吃苦是福。

第四句话,具备"两种力量":一种是思想的力量,一种是利剑的力量。思想的力量往往战胜利剑的力量,这是拿破仑的名言。一个人思想有多远,他就能走多远。

第五句话,追求"两个一致":一个是兴趣与事业一致,一个是爱情与婚姻一致。兴趣与事业一致,就能使你的潜力最大限度得以发挥。恩格斯说,婚姻要以爱情为基础,没有爱情的婚姻是不道德的婚姻。也不会是牢固的婚姻。

第六句话,插上"两个翅膀":一个叫理想,一个叫毅力。如果一个人有了这"两个翅膀",他就能飞得高,飞得远。

第七句话,构建"两个支柱":一个是科学,一个是人文。

第八句话,配备两个"保健医生":一个叫运动,一个叫乐观。运动使你生理健康,

乐观使你心理健康。日行万步路,夜读十页书。

第九句话,记住"两个秘诀":健康的秘诀在早上,成功的秘诀在晚上。爱因斯坦说过:人的差异产生于业余时间。业余时间能成就一个人,也能毁灭一个人。

第十句话,追求"两个极致":一个是把自身的潜力发挥到极致,一个是把自己的寿命健康延长到极致。

第二十一节　眼光才能看到未来

两只狼来到草原,

一只狼很失落,因为他看不见肉,这是视力;

另一只狼很兴奋,因为他知道有草就会有羊,这是视野。

视野能超越现状,让人看到人生目标。

每个人都有眼睛,但未必都会有眼光。

每个人都有脑袋,但不一定都有智慧。

人生,是一个不断修炼的过程!

不同的角度看问题,结果也是天壤之别!

眼睛只能看到当下,眼光才能看到未来!

当你抱怨没鞋可穿的时候,

不要忘了,有些人没有脚。

当你抱怨工作太累的时候,

不要忘了,很多人已经失业。

我们总以为、生活欠我们一个"满意",

其实我们欠生活一个努力。

一、人生苦短要努力

多认错,少争理,口中常说对不起。

多知足,少攀比,身心安逸常欢喜。

多夸人,少夸己,常说感恩谢谢你。

多奉献,少索取,尽力施舍去给予。

多善言,少恶语,宽以待人严律己。

多利人,少利己,常将他人去抬举。

多感恩,少挑剔,受人恩惠别忘记。

多恭敬,少傲气,谦虚最使人受益。

多学习,少游戏,人生苦短要努力。

二、又闻桃李香,个中滋味长

第三十五个教师节

祝老师们节日快乐

平平淡淡地度过

轰轰烈烈地度过

心里始终保持着警觉

身边那一群学生的饥渴

师爱胜似母爱父爱的执着

自从走上讲台那一刻

就开始遥望远方七彩世界

梦想有自己培育的精灵跳跃

于是信念和脚步开始跋涉

自愿戴上紧箍咒一个

自我约束自我砥砺以身作则

自我修炼自我提升痴心正果

率领一批鸿蒙未开的徒儿降妖伏魔

把一届又一届神童红孩儿送往仙界

只为被自己的学生总能由衷的认可

只为让自己日后回首往事有话可说

熬制出积德行善的舍利子多上几颗

为了实现中国梦的队伍更加壮阔

为了七中十五中联合校金光闪烁

教师节,一年一个

只是催促我们加油前行的号子

一只粉笔两袖清风,

三尺讲台四季耕耘,

五天忙碌六七不休,

八思久想十分用心,

百般教诲千言万语,

滴滴汗水浇灌桃李遍天下,

祝全天下的老师们节日快乐!

三、修好身,教好书,育好人,做名师

初心:修好身,教好书,育好人,做名师。

修好身:修炼好自己身体和心理,健康乐观,积极向上。还要修炼好人品和学问,以身作则,为人师表。

教好书:做好自己的本职工作,管好学生带好班,精心备课上好课。

育好人:牢记自己的使命和责任,培育一批又一批优秀学生,实现自己的人生梦想和价值。

做名师:学生优秀,老师成就。名师出高徒,高徒出名师。培养的优秀学生越多,自己的名气越大,名师的桂冠不争自来。

梦想:学生更优秀,老师更光荣,学校更伟大。

优秀的意思是品行,学问,成绩非常好。某种特质非常突出。

光荣的意思是光彩,荣耀,靠每个人的拼搏奋斗获得光荣。

伟大的意思是品格崇高,才识卓越,气象雄伟,规模宏大,超乎寻常,令人敬仰钦佩。

四、靠天靠地不如靠自己

担当过,努力过,奋斗过,收获才是必然的,不必羡慕别人的拥有,只管沿着正确的方向奋斗! 时时刻刻,分分秒秒,一点一滴,一步一脚!

祈求神灵保佑,谁可曾想过神灵经历了多少艰难险阻,爬过了多少级台阶,才登上了高台,接受万众顶礼膜拜,香火不断。

期待别人帮助,谁可曾想过别人经历了多少忍辱负重,爬过了多少深沟险壑,才练就了功夫,吸引众人的目光,掌声不断。

其实,谁都代替不了谁的成长,神灵就是自己,自助才能自信。求人不如求己,旁观不如实干。走过路过,就会留下痕迹,拼过搏过就会留下印记,奔过跑过,就会留下汗水,哭过笑过就会留下回音!

没有踏破铁鞋无觅处 ,哪有得来全不费功夫。没有山穷水尽疑无路,哪有柳暗

花明又一村。没有读书破万卷,哪有下笔如有神。没有独上高楼,哪有望尽天涯路。没有众里寻她千百度,哪能蓦然回首,那人却在灯火阑珊处。欲穷千里目,更上一层楼。不入虎穴,焉得虎子。台上风光十分钟,台下苦练十年功。要想人前显贵,必得背后受罪。没有忍辱负重,哪来岁月静好!

五、身在哪里,心就在哪里

虽然俗话说,心有多大,舞台就有多大。可换个角度说,心不能无限大,要和自己能力发展相匹配,志大才疏,内心膨胀,往往会导致自毁前程,害人害己。有自知之明,量力而行,才能步步为营,脚踏实地,稳扎稳打,有所作为,造福于人。

毛主席曾说过,自己只不过就改变了北京周边那么一点儿很小的一块地方,其他的地方管不了。具体到我们联合校的人,我们离开了联合校,哪里也管不了。所以要先做好自己的事,要先管好自己能管的身边的这点事儿,呵护好身边的人,管好自己的班、年级、科室团队,上好自己的课,干好自己的本职工作,才是求真务实的精神。只要不是处特殊时代,肩负党组织的特殊任务,就立足工作单位,胸怀学校大局。

身在联合校,爱在联合校。不以自己的喜怒哀乐,作为爱与不爱的理由,不以他人的优劣好坏,作为自己干与不干的借口。谁干工作,就和谁同心同德,同甘共苦,风雨同舟;谁不干工作,就和谁分道扬镳,形同陌路,各奔东西。为了实现团队共同的目标和理想,团队成员之间必须做好相互之间的完美配合。联合校好,每个师生才会好,每个师生好,联合校才会更好! 珍惜平台,成就个人精彩!

六、品格是一个人最硬的品牌

工作真正的意义,是你安身立命的资本,是你实现自我价值的平台,是让你有钱吃饭养娃,孝顺父母,是让你夜半醒来不害怕。任何工作没有喜欢不喜欢,只有能干不能干。

心态的"态",拆解开来看,就是心大一点。生活中、工作中,一定会遇到很多委屈和不甘,如果事事都要计较,真的太累了,还容易影响你、阻碍你前进。只要心大一点,把所有的心思放在提升自己上,你就会发现,相比于工作中收到的委屈和不堪,收获的快乐反而是你最宝贵的财富。

吉祥美好的一天,从微笑开始!

七、守初心,担使命,找差距,抓落实

习近平指出,"守初心、担使命,找差距、抓落实"的总要求,是根据新时代党的建设任务、针对党内存在的突出问题、结合这次主题教育的特点提出来的。

守初心,就是要牢记全心全意为人民服务的根本宗旨,以坚定的理想信念坚守初心,牢记人民对美好生活的向往就是我们的奋斗目标,时刻不忘我们党来自人民、根植人民,永远不能脱离群众、轻视群众、漠视群众疾苦。

担使命,就是要牢记我们党肩负的实现中华民族伟大复兴的历史使命,勇于担当负责,积极主动作为,保持斗争精神,敢于直面风险挑战,以坚忍不拔的意志和无私无畏的勇气战胜前进道路上的一切艰难险阻。

找差距,就是要对照新时代中国特色社会主义思想和党中央决策部署,对照党章党规,对照人民群众新期待,对照先进典型、身边榜样,坚持高标准、严要求,有的放矢进行整改。

抓落实,就是要把新时代中国特色社会主义思想转化为推进改革发展稳定和党的建设各项工作的实际行动,把初心使命变成党员干部锐意进取、开拓创新的精气神和埋头苦干、真抓实干的自觉行动,力戒形式主义、官僚主义,推动党的路线方针政策落地生根,推动解决人民群众反映强烈的突出问题,不断增强人民群众获得感、幸福感、安全感。

"守初心、担使命,找差距、抓落实"是一个相互联系的整体,要全面把握,贯穿主题教育全过程。

八、要想拥有,先要奋斗

要想优美的黄昏,
先要奔跑的清晨。
要想七彩的未来,
先要铿锵的现在。
要想优雅的老去,
先要奋斗的青春。
要想从容的生活,
先要丰富的阅历。
要想宝贵的尊严,

先要足够的努力。

要想难得的幸运，

先要长久的痴迷。

要想甜蜜的幸福，

先要辛苦的搏击。

要想无限的风光，

先要不懈的坚持。

坐享其成的梦想，

不劳而获的奢望，

虚无缥缈的幻觉，

投机取巧的妄想，

挑肥拣瘦的做法，

弄虚作假的行为，

都会变成难以下咽的苦果。

而每一个坚实的足迹，

都会化为骄人的底气，

精明不如厚道，

计较不如坦诚，

强势不如和善，

巧言不如行动，

只管做好自己，

付出自有回报。

九、褒贬如药，因人施教

孔子在教育学生子路、曾皙、冉有、公西华时，就采用了不同方式，子路是孔子的一位非常优秀的学生，执行力很强，在孔子带领弟子周游列国研学过程中，担任开路先锋，经常一马当先，冲锋在前，但性情急躁，草率鲁莽，孔子就经常批评他，让他收敛一下。曾皙内敛，很有能力，有点过于谦虚低调，孔子就刻意鼓励他勇于展示自己。还有一个学生叫宰予，优点是光会说漂亮话，缺点就是不好好学习，好吃懒做贪睡总迟到屡教不改，孔子也是火冒三丈，又无可奈何。《论语》是一部教育奇书，充满教育智慧，常读常新。

在现实生活中经常遇到这样的情况,鞭打快牛,褒奖后进。优秀的人挨批评,落后的人受表扬。其实,无论是表扬和批评,都是一个目的,就是让优秀者更优秀,后进者变上进,提高整个团队的水平和业绩。能接受批评,而且能化批评为动力的人,都是了不起的人。那要有多大的心理承受能力啊。心理承受能力就是抗挫折能力,是最重要的情商。失败给人刺激作用,让人心里产生巨大压力,这压力就是批评,不怕失败,越挫越勇,终会成功。落后的人,因为一点点进步,就获得别人的关注关爱,呵护激励,虽说得到的是甜点美味,悟性好的人,会体会到别人的一片苦心,知道你本已落后正痛苦不堪,就不忍心让你自暴自弃,为了整个团队的利益,拉你一把,为你加油,激你上进,自当心领神会,知耻后勇,奋起直追,再接再厉,继续进步,不断完善自我,争取早日成为优秀的一个。

会听的人,都懂辩证法,有时候,先进和落后是相对的,有时候,表扬就是批评,批评就是表扬。善于倾听,利用好外力,才能快速进步。

人人都喜欢被夸赞,被激励,这是人之常情。往往越被夸,动力越强,干劲越大。需要提醒的是,被夸为优秀,是因为别人包容了你的缺点,一旦有这样的清醒,不断反思自省,追求卓越就是一种可贵的品质。

管理者也要追求高效智慧。无论管理一个年级还是一个科室,都需要智慧管理。尤其是做班主任工作的老师,面对各种各样的学生,不要一把尺子,一种方式方法去管理教育所有学生,不要一个药方治百病。要因材施教,因人而异,对每一个学生的思想品质,兴趣爱好,脾气性格,家庭情况,生长环境,特长潜能,学习基础,生活行为习惯等都要尽量多地观察了解,然后有针对性的采取不同的态度策略措施,因人施策,对症下药,才能得到真正的教育效果。

十、依然热爱生活

金一南教授跟大家分享几句忠告:

第一句话,知识不是力量,只有能执行的知识才有力量。灰心丧气发牢骚、讲坏话也是知识,它形不成力量。最有知识的人成立了低调俱乐部,你说他有力量吗?

第二句话,人人都是普通之人,人人都可能做非凡之事。从任正非到高德康,哪个不是普通之人? 普通的农民,普通的工人,他们都做出了非凡之事。

第三句话,再谦卑的骨子里也流淌着江河。

第四句话,世界上只有一种真正的英雄主义,那就是认清真相之后,依然热爱生活。

　　一个人的成功离不开贵人相助，生命中的贵人，不一定是最好的朋友，也不一定是朝夕相处的家人。而是有正能量有眼光的人。他给你一个全新的讯息，也许就改写了你人生的轨迹。天雨虽大，不润无根之草；任何的机会都是从相信开始的，这就是生命中的贵人，一生都值得感恩的人！

十一、保持一颗平常心

　　柯洁在演讲中表示，自己从小的目标就是成为一名职业棋手，在 11 岁那年我完成了目标；成为职业棋手之后，我的目标就是棋手最高荣誉——世界冠军，在我 17 岁那年我完成了目标；拿到世界冠军后，我的新目标就是拿更多世界冠军，今年我 22 岁，已拿到了 7 个世界冠军；我的新目标是拿更多更多的世界冠军。这就像是金字塔，必须不断向上攀爬，才能站在塔尖之上傲视群雄，一将功成万骨枯，这非常残酷，是独木桥，但这条路是我自己选的，哪怕再难再险，也必须一步一步走过去，必须相信自己。我就相信自己一定会实现心中的梦想。作为专业棋手，必须要面对残酷胜负。爱迪生曾说过，天才就是 1% 的灵感和 99% 的汗水。我和同学们一样，有过挫折，有过瓶颈期。刚成为职业棋手时成绩并不好，老师不看好，队友不看好，连父母都不看好我，都有质疑，因为那时我一直在输，路并不顺，输得比较多，但我从未动摇信心！

　　柯洁慷慨激昂的演讲赢得热烈掌声，接着与师生们继续互动。有人问柯洁大赛前如何备战。柯洁表示平时每晚都要训练、看棋，已养成习惯。比赛前晚也依然如此，最重要就是需要放松，保持一颗平常心，比什么都重要。

十二、一生中最走运的

　　一生中最走运的是：遇到某个人，他打破你的思维，改变你的习惯，成就你的未来，我们称之为贵人。

　　一生中最幸福的是：遇到一群人，他们会点燃你的激情，觉醒你的自尊，支持你的全部，我们称之为团队。

　　一生中最庆幸的是：遇到一件事，唤醒你的责任，赋予给你使命，成就你的梦想，我们称之为事业。

　　当千里马遇上了伯乐，你就可以放手一搏！棋行天下，弈路向前！

十三、优秀是一种习惯

优秀的人,优秀是一种习惯,落后的人,落后是一种享受。自私的人,自私是一种满足,吹牛的人,吹牛是一种快乐。

规章制度,对遵规守纪的人来说是多余,对不守规矩的人来说,是约束;让实干的人工作留痕是负担,让偷懒的人工作留痕是督促。本来因为有懒人存在,而制定的措施,往往让实干的人躺着中枪,造成不待扬鞭自奋蹄和推推动动拨拨转转的人都不满意。仁者见仁,智者见智。

换位思考,对管理者来说,在一个团队里所有人的觉悟和能力还没有都达到一定高度,没有找到更好的监督督促惩罚办法之前,一刀切地要求工作留痕,制作工作模版,操作程序等机械化的东西,或许是一个有效而不错的办法。管不了别人,就管好自己。

少点抱怨,多点适应,少点指责,多出主意,少发牢骚,多做表率,顾全大局,共谋发展。

十四、管却自家身与心,胸中日月常新美

有人夸你优秀,是因为别人包容了你的缺点,放大了你的优点,有人说你平庸,是因为别人无视了你的优点,放大了你的缺点。你的任性却没人和你计较,并不是你的任性就是对的,一是因为别人仁厚宽容,珍惜和你的友情,等待着你的自省。二是因为别人精明,放任你的任性。

有的人很虚荣,爱炫耀自己。 一个人越缺什么,越爱自夸什么,越有什么,越爱贬低什么。俗话说,夸人小不了自身,贬人抬高不了自己。上等人,人抬人。下等人,人伤人。人生犹如一台戏,相聚一起不容易,各自演好各自角,相互补台常感激。有一句话说得好,哪有什么岁月静好,全靠背后有人为你忍辱负重。

境由心造,情自心生。"春风得意马蹄疾 ,一日看尽长安花""感时花溅泪 ,恨别鸟惊心",花在不同的人和心情之下,呈现出完全不同的色彩和状态。眼里看到别人有什么,自己心里就藏着什么。管却自家身与心,胸中日月常新美。尺有所短,寸有所长。自省是美德,自知是智慧,以人为镜,保持清醒,扬长避短,行稳致远。

做教育工作的人,要善于发现别人的优点,放大别人的优点,尤其是对学生,优点就是学生内心的火种,老师要及时点燃,不断添柴加油,促其火苗越烧越旺,向着真善美的方向发展,成为一个充满正能量的人,造福社会,有益于自身可持续发展。

第二十二节　愉悦自己，温暖他人

高贵是做好自己，善待他人，以尊重对话，以感恩延续，不扬己长不揭人短，不谈己是不论人非，远离红尘纷扰，避开世态纷争，永远无愧于心，无愧于事。严于利己却不苛求他人，只求自己所言所行如清风拂面，如花儿绽放，愉悦自己，温暖他人。

你心里有天，天就是你的舞台，任你天马行空，自由翱翔。

你心里有地，地就是你的舞台，任你纵横驰骋，踏平坎坷。

你心里有大海，大海就是你的舞台，任你披荆斩浪，尽情遨游。

你心里有联合校，联合校就是你的舞台，任你昂首挺胸，快意行走。

心有多大，舞台就有多大，心中装有多少人和事，就有多少牵挂和喜怒哀乐，人生就有多精彩，内容就有多丰富。

一、好事多磨，奋斗为乐

如果你不喜欢自己现在干的活儿，既无法选择，又无法改变，而且还指望着干这活儿挣钱养家糊口，就不如先放弃浮躁，沉下心来，硬着头皮把活儿干好，日积月累经历经验，逐渐增长才干智慧，一来说不定能喜欢上这个活儿，甚至成为行家里手，活得更加游刃有余，有更大的发展空间，一级级走上更高的平台，实现自己梦想和人生价值。二来为以后另辟新路，再做选择积攒足够的实力和底气。磨刀不费砍柴功，厚积薄发，少走弯路，脚步更稳，进步更快。

如果你不喜欢你遇见的人：家人同事领导，同学朋友邻居，学生家长偶遇，既无法选择，又无法改变，而且还指望着这些人合作干活儿成事发展进步，就不如放弃厌烦，自劝顺便，或撇开纠缠，专注目标，专心做事，或着眼未来，反观自省，坚定信念，为己发展，主动交流，寻求共识，求同存异，期于成事，立足长远，即使做不到化敌为友，起码也想法做到使之袖手旁观，不存心祸害。成大事者，不计一时得失。俗话说，登高望远皆笑脸，谷底仰视满狰狞。平等相看无异样，同座互耻多欺凌。而一旦自己壮大，超脱于心，就会有一种心旷神怡、惠风和畅的感觉。

青春是用来奋斗的。其实，人生就是矛盾的组合体，矛盾无处不在。理想和现实不合拍，能力和困难不对等，自己与周围人不和谐，内心充满委屈纠结郁闷压抑等，都是矛盾的表现形式。解决矛盾的过程就是奋斗的过程，就是磨事儿的过程。奋斗的过程就是成长的过程。人的一生无论在哪个阶段，在哪个地方，都会遇到不同的矛盾，都离不开奋斗。奋斗的涵义，不只是工作，包括生活学习等人生遇到的一切，与天有斗，与地有斗，与人有斗，与自己的生老病死新陈代谢七情六欲一样有斗，只有奋斗才能证明一个人是有生命存在的。无处可逃，无路可走，无可奈何，唯有奋斗！车到山前疑无路，柳暗花明又一村。车必须到山前，才能遇到柳暗花明的美景。迎难而上，乐在其中！

二、与生活的较量

人生，就是一场与生活的较量。

你付出多少，生活便回赠你多少。

船停在码头是最安全的，但那不是造船的目的；

人呆在家里是最舒服的，但那不是人生的追求。

爱学习，爱劳动，爱生活，爱一切美好的人事物。你若盛开，蝴蝶自来！你若精彩，天自安排！

三、人人自觉，幸福和谐

和谐的家庭都是一样的，不和谐的家庭各有各的不和谐。幸福和谐家庭里的人都有这样三种心态：

一是我付出我愿意。只管付出，不计回报。付出，是为了满足自己的需求，证明自己有能力，有实力。感觉被人需要是一种价值的存在，与人为善，尽己所能，成人之美，是一种幸福方式。

二是我赞美我快乐。自己有一块博爱的心田，有一种虚怀若谷，包容万物，海纳百川的胸怀，见贤思齐的意识，自我超越的欲望，与时俱进的灵活，有一双善于发现美的眼睛，有一种渴望表达的激情。不赞美不自在，不快乐，追求赠人玫瑰，手留余香的境界。

三是我委屈我成长。有一句名言说，伟大的人都是被无数的委屈喂大的。别人逼迫是委屈，自我突破是委屈，委屈有来自外界，也有来自内心，更多的是自我内心的感觉。只有始终保持乐观积极向上的心态，有一种"把我的悲伤留给自己，你的美丽让你带走"的豁达超然，才可以转危为安，琢石为玉，化恶为善，化敌为友，借物发力，观阴为晴，笑看人生，静观风云，立足当下，专注工作，专心奋进，自我修炼，强心健体，厚积薄发，伺机而动，一鸣惊人。

幸福和谐的家庭需要如此心态，幸福和谐的团队、学校，同样需要每一个人，推己及人,从家庭推及学校,让自己享受家里家外一片祥和安宁,幸福快乐。一呼百应,万众一心,众志成城,将心比心,心心相印,同心同德,同向同行,步调一致,心有灵犀一点通,谁不想呢?可现实是人各有志,悟性高低不同,能力千差万别,怎么会达到戮力同心,号令一致呢?

一个团队里只要有一个拧巴的人,就会耗费大量的正能量,产生巨大的负能量,降低整个团队前进的速度。更为可怕的是,有些人看不到大势所趋,依然逆势而动,而且自以为是,固执己见,不知变通,还认为自己的所作所为全是对的,混淆了是非,颠倒了黑白,模糊了善恶,扰乱了人心,带坏了风气。不换思想就换人,家里家外很难做到,让自己不满意的家里人换不了,团队的人更换不了,那就换自己的思想,变自己的心态,转自己的视角,开启一个全新世界。

四、和谐,从会说话开始

我们联合校高举"和文化"大旗,构建和谐校园。和谐,指的是为了学校利益,为了团队发展,为了师生幸福,校内校外各种社会关系的融洽相处,密切合作。达到和谐,要调动一切因素,人人自觉,人人参与,日常一言一行一举一动都要有意识地去践行和谐理念。有爱心,明事理,能通情,会说话,说让人舒服的话,是达到有效沟通交流,实现和谐关系的重要方式方法。

和领导同事、学生家长、遇见的所有人,就要坚持如下说话原则:

多说赞美的话,少说挑剔的话。
多说厚道的话,少说刻薄的话。
多说引领的话,少说指责的话。
多说和气的话,少说气人的话。
多说客观的话,少说离谱的话。
多说有用的话,少说没用的话。
多说团结的话,少说挑拨的话。
多说亲切的话,少说生硬的话。
多说鼓励的话,少说泄劲的话。
多说措施的话,少说没法的话。
多说暖心的话,少说寒心的话。
多说指路的话,少说敷衍的话。

多说诚意的话，少说虚假的话。

多说担当的话，少说推诿的话。

多说参与的话，少说旁观的话。

多说积极的话，少说消极的话。

多说走心的话，少说欠点的话。

多说给力的话，少说冷漠的话。

多说正能的话，少说是非的话。

五、一切遇见都能修炼

家有一家之主，国有一国之君，单位有一团之长，观人思己，推己及人，千人千面，人各有志，各有个性，才组成了大千世界，无奇不有，气象万千，遇见什么，就在情理之中，善于相处，都可以化腐朽为神奇，把所有的遇见都变成自我修炼的珍品异物，强身健体的灵丹妙药。

领导有三类，管理带团队有三种方式：

一类是应懂尽懂型，属于内行领导内行。发挥专长带队伍。行的是道，致力于教人导人领人带人。

一类是完全不懂型，属于外行领导内行。发挥阴招带队伍。玩的是术，习惯于整人骂人训人唬人。

一类是似懂非懂型，属于半行领导内行。发挥糊弄带队伍。玩的是技，热衷于瞎指挥糊弄事。

从最终结果来看，前两种领导较多，业绩增长速度快，团队成员成长进步大，只不过第一类领导用的是中医之道，采取温阳补虚，调和气血，平和阴阳，培根养元，达到自身强壮，能实现可持续发展。第二类领导用的是西医之术，采取的是釜底抽薪，治标不治本，图的是一时繁荣景象，难以持久，人去政亡，虽然都能治病救人，长远来看，高下立判。第三类领导不会有大的作为，不值一评。

古人云，当官不自在，自在不当官。为官一任，造福一方。能自主选择自己喜欢的人生轨迹和职业生涯，工作岗位，生活方式，扮演自己喜欢的角色，有条件来一场说走就走的旅行，世界那么大，我想去看看，人生不只是苟且，还有诗和远方，像梦一样自由，固然是家里有几代人积德行善换来的福分，可是能有几个人有此机会呢？不如放弃幻想，立足现实，面对每天的柴米油盐酱醋茶，所有为自己的长大成人付出心血的人们，一分耕耘一分收获，养家糊口干事业，教书育人求卓越，不负自己不负人。

六、和谐竞争,共生共荣——一带一路国际合作高峰论坛有感

我们的教育应该与国家的治国理政理念紧相连,同脉搏,共步调,才能完成立德树人的根本任务。

教育理念要因地制宜,与时俱进。不同时期,不同的国家地区,教育的理念是不同的。在民族救亡图存的时候,教育的目的就是"壮志饥餐胡虏肉,笑谈渴饮匈奴血","匈奴未灭,何以家为"? "大刀向鬼子们的头上砍去"。在太平盛世,虽然仍要保持忧患意识,提高警惕,防止帝国主义亡我之心不死,"御敌于国门之外",但从一定意义上来说,只要没有处在战争一触即发的危险时刻,则是倡导"仓廪实则知礼仪","老吾老以及人之老,幼吾幼以及人之幼",先人后己讲礼仪,互帮互助共进步。堂堂正正做人,踏踏实实做事。鸡鸣狗盗之徒,有才无德之辈,投机取巧之流,粗鲁野蛮之人,就没有了立足之地。这就要老师们为人师表,率先垂范,教育学生温良恭俭让,仁义礼智信,做一个温文尔雅的谦谦君子,翩翩少年,讲文明懂礼貌,做和谐文明社会的创造者。

除非是战争时代,在和平时期,真正的对手,不是敌对关系,不是谁吃掉谁,而是谁比谁更强大,更优秀,更卓越,比谁能团结更多的人努力奋斗,开拓进取,对社会贡献更大。不是单纯的非此即彼,你死我活,而是竞争关系,是合作关系,在合作中竞争,在竞争中合作,斗而不破,斗而不灭,斗而共存,斗而共赢,斗而共荣,在竞争中比干劲,比奉献,比业绩,比不断的创新,创造新思想,新技术,新产品,造福人类,提升自己的能力,最终推动社会进步,保证人民受益,这才是任何竞争的最终目的。

强大不一定伟大,强大是肌体,伟大是人格。只有人格健全的人,才能真正做到伟大。有的人很富有,却为富不仁,令人嗤之以鼻;有的人有权有势,却仗势欺人,令人憎恨;有的学校奢华无比,中高考升学率很高,靠的是不正当手段挖抢优秀生源,制造出一校独大,万校萎缩的局面,令人不齿;有的老师教学成绩突出,却孤高自傲,目空无人,也难以令人佩服;有的学生学业优异,却自私自利,不懂合作互助,仍然令人羞于与之为伍。这类人无论在某一方面多么出类拔萃,无论怎样自吹自擂,巧言令色,只要格局不大,德行不足,就不可能成为伟人和令人尊敬的伟大的国家、学校和团队。

我们教育学生要做一个伟大的人。为人师者,首先要自我修炼,见贤思齐,矢志育才,努力做到德高望重,行为规范,学识渊博,教艺精湛,人格伟大,然后带出一届又一届青出于蓝而胜于蓝的学生,让自己的人生价值和教育梦想不断延伸,世代传

承,造福民族,辉煌自己。

第二十三节　成功三借

(1)借势——转型,时势造英雄,读懂趋势、把握趋势才能赢在未来,人生最大的智慧是选择,学会选择,懂得放弃。

(2)借智——升级,聪明人不断摸索总结经验,智慧的人善于向成功人士学习、快速行动,节约人生成本、缩短成功时间。

(3)借力——抱团,没有完美的个人、只有完美的团队,小成功靠个人,大成功靠团队! 造船出海,不如借船出海,善用借字,成就一生!

一、专心工作,才能超越

专注学习,才能优异,专心工作,才能超越。哪有先知先觉,全靠奋力拼搏。

干完一件事后,任何人都不要有指责之类的抱怨,可以总结经验教训,避免以后再犯类似错误。因为面对陌生的未来,一切都无法预测,只要有人一事当前,挺身而出,主动担当,认真谋划,积极行动,就值得赞美,即使出一些问题差错,或者失败,也是情理之中,旁观者和追随者以及后来者,没有身临其境,就无法预测到全部制约因素。

二、所有的付出,都有来路和归途

下雨了,拿起雨伞的那一刻,明白了一个道理:跟雨伞学做人,跟雨鞋学做事!雨伞说:你不为别人挡风遮雨,谁会把你举在头上。雨鞋说:人家把全部的重量托付给了我,我还计较什么泥里水里的。学会感恩,学会付出,学会包容,学会担当,全世界都会为你让路!

人生一条路,走好每一步。

"任何事情,没有坚持 3 个月,就没有发言权! 没有坚持 3 年,就不能说自己懂!没有坚持 7 年,就不可能是专家! 没有坚持 10 年以上,就不会拥有权威! 没有坚持一辈子,就不可能有所成就! 选择自己真正想做的事情,每天重复做,能坚持下来的人,定会成为某一领域的领航者。成功没有捷径,坚持才能成功!"

没有选择,无法选择,不能选择,无力选择的时候,就选择自己内心的快乐,这是外人谁都不能决定和夺走的。

生活中有时很多事情是不能自主的。你选择了我，我选择了你，而且还是你情我愿，就是你选对了我，我选对了你，很难得，很幸福，是几辈子修来的福分。如果不是你情我愿，而是上级安排，组织决定，或者是其他外因逼迫，自己无力改变，就是你选错了我，我选错了你，也很难得，需要自己及时调整心态，事业为重，学生第一，放下纠结，面对现实，自我强大，苦中作乐，逆袭而上，百炼成钢，化腐朽为神奇，借机锻造出金刚不坏之身，造福社会，成就正果，从这个角度讲，这也是几辈子修来的缘分，同样要珍惜自己拥有的一切。时间空间对一起生活工作的人来说，都是公平的，看谁内心强大，善借外力，独辟蹊径，壮大自己，不负岁月！所有的含辛茹苦，都会变成一粒粒耀眼的珍珠。

一个人的成长，读书、聊天、思考一样都不能少。只是出生在哪里哪个家庭谁都不能选择，生什么样的孩子大人也无法选择，但可以选择自己教育孩子的内容和方式。

第二十四节　人生格局

想开才能看开，看开才能开怀。

一切食物要想成熟，必须要经过风霜雨雪，蒸煮烤炖，到一定的火候才能成为美食。一切人物要想成熟，一定要历经九九八十一难，屡败屡战，越挫愈勇，坚持到底，百炼成钢，才会慧眼独具，世事洞明，见怪不怪，信念坚定，自生光芒，处乱不惊，引人入圣，导妖向善，转差为良，扶正祛邪，扬善除恶，降妖除魔，普度众生。

所谓的一路顺风，一帆风顺，万事如意，心想事成，都是一种美好的祝愿，没有谁在人生路上能遇到这样的境界。明白了这个道理，平时遇到的一切不如意不开心不顺眼的人和事，都是自己成长成熟成为人物过程中的必需品，对于自己无法选择、决定的人和事，只管包容接纳适应，尽心尽力，与人为善，不求回报，只管耕耘，做到仁至义尽，问心无愧就是了。

每天乐观面对遇到的一切，善待身边的人，活出高质量的自己。

一、立足眼前，爱心奉献

有的人喜欢怨天尤人，和人相处，总是要求别人事事顺着自己心意，哪怕是自己所做的事不合常理，不合规矩，不合大局，不合团队利益，也要别人迁就宽大处理，稍有违逆，就火冒三丈，暴跳如雷，即使之前对他有一百个好，也全然不念。固执己见，一意孤行。

总有一种人,喜欢虚无缥缈的活着,不爱近邻,偏爱远亲;不爱与自己朝夕相处,遇事马上能嘘寒问暖的同事,偏爱远在天边,好久不见的神人;最后是近邻同事关系没搞好,远亲爱莫能助空牵挂。所以,我们还是要珍惜当下,着眼周围,立足实际,仁者爱人,先从爱自己的身边人做起,从喜欢自己每天看到的家人同事学生开始,沟通交流,尊重理解,信任关心,鼓励支持,赞美拥护,建立良好的人际关系,与人方便,自己方便,与人为善,成人之美,与人合作,共进共赢,赠人玫瑰,手留余香。人生有限,大爱无限,追求快乐,从为遇到的人奉献爱心开始。

二、各美其美,美美与共

各美其美,美美与共,是说人各有所好,要互相理解,互相包容,和而不同,求同存异,天下大同,才能天下太平,持续发展。这种思想是我国传统文化"和文化"的核心,也是我校长期以来着力弘扬的学校文化精髓。和谐教育创幸福人生。传递赞美,构建和谐,和谐求真,和谐至善,和谐尚美,和谐生慧。

每一个人都身处在一个个不同的团队之中,家庭或工作单位,扮演的角色也不同,领导或群众,而且角色也随着时间地点不同而变换。无论处在什么位置,扮演什么角色,每个人都有自己的处事风格,做人准则,要互相适应,才能和谐共处,共同发展进步。

一个团队的领导是什么样的领导风格,取决于领导的思想个性能力水平,取决于领导所处的团队实际情况,这两个方面相互匹配,高度契合,团队就会团结和谐,人心凝聚,事业有成。如果不匹配,早晚会人心不稳,分崩离析,一盘散沙,事业受挫,领导也会精神分裂,喜怒无常,一事无成。从一定意义上说,有什么样的领导,就有什么样的群众,有什么样的群众,就会产生什么样的领导,二者互为条件,共生共存。

领导不用东施效颦,邯郸学步,自取其辱,整天抱怨自己的群众没素质,群众也不要盲目攀比,崇洋媚外,妄自菲薄,整天抱怨自己的领导没水平。评价一个领导好不好,要亲自归他领导几天试试才知道,不是道听途说或没有利益交往时候你好我好就能判定的。说不定曾经令你惊叹的叱咤风云大气磅礴的人中龙凤,在你和他有了利益冲突的时候,变成了一个唯利是图,简单粗暴,喜怒无常,心胸狭窄的人。

所以,不要瞧不起自己领导,而去羡慕一个和自己毫无关系的别人的领导。经常夸自己领导的人,一定是领导满意的人,说自己领导不好的人,肯定是领导不满意的人。还是多从自己身上找找原因吧。努力做一个让领导满意的人,比什么都重要!毕竟没有领导给机会,铺路子,搭台子,摆梯子,鼓励指点提携,要成长进步,干出一番事业,是不容易的。

所以,不要瞧不起自己团队,而去羡慕一个和自己毫不相干的别的团队。经常夸自己团队好的人,自己也肯定深受大家的喜欢,经常说自己团队不好的人,肯定自己在团队里是个不受大家欢迎的人。抱怨别人,不如反省自己,立足实际,改变自己,包容差异,海纳百川,礼贤下士,用人所长,顺应民心,凝聚共识,毕竟古语说得好,水能载舟,亦能覆舟。一个领导如果得不到群众的尊重信任拥护理解支持,带不出一个上下一条心的团队,靠单打独斗,也不会走多远,更别说干成多大的事,自己的理想价值也无法实现。

三、心动不如行动,享福先要造福

干自己喜欢的事儿,无拘无束,自由自在,这样的生活状态谁都想要,可是我凭什么有此福分呢? 与其空想,不如扑下身子先把眼前的活儿一件一件干好再说吧。

世界上最大最静的道场禅房,不在古刹,也不在寺庙,而在人的心中。多想开心的事,多看养眼的人,多听知己的音,多行安然的路,多帮无助的人,多干积德的活,禅道自然清新,心房必然宽敞。人的生命,在呼吸间;人的快乐,在道心内;人的成功,在明心净心。以健全的心灵品质,依道而行,达成目标,同时拥有幸福自在乃至圆满觉悟的人生。

一生坚守"珍惜、放心、感恩"的理念,信奉点燃激情、传递梦想,只有激情成就梦想。秉承生活上知足、学习上不知足、工作上知不足,生活上将就,工作上讲究。倡导日事日毕、日新日高,目中有人、心中有事,用心做事,以情感人。弘扬"个人形象一面旗、工作热情一团火、教书育人一生情",让学生成长、让家长放心、让群众满意。

如果人人都献出一份爱,换位思考,站在服务对象的角度考虑问题,如何与人方便,对自己负责的每一件事都如此用心琢磨,做成操作程序和模版,做成一种技术文化,我们的精细化管理就真正落到了实处! 希望每一位老师都能有一种文化思维模式,而不是单一思维方式。

四、出路与吃苦

如果你没有别的出路,你就先选择吃苦。如果你父辈保证不了你一生安逸的生活,你就趁着年轻为自己努力积攒能安度晚年的资本。靠什么? 靠学习! 青春是用来读书学习的,读书学习是用来开发智慧,掌握生存技能的,而智慧和技能才真正是保证你安度晚年的资本。而一个人对社会的贡献，首先是自食其力，自强自立，在此基础上，放大自己的聪明才智，帮助更多的人自强自立，为社会创造更多的财富。所以说，一切从读书学习开始，就是为自己为社会未来发展更好做准备！

学习本来就是一件清苦的事情。季羡林《留德十年》里讲，他在德国留学期间的生活极有规律，只会被"肚子饿和间或有的空袭"这两件事情打断，走路吃饭心里惦记着数据，第二天一醒来就迅速简单吃点，立即奔到研究所继续工作。

吃一点学习的苦，并没有什么不好。这些学生们会在以后面临无数次的考验，他们可能会考研、考博，走上学术道路，可能要经历无数轮笔试、面试找到一份工作。这三年吃过的苦，是贮存的能量，他们随时能拿出一股拼劲，准备为人生上一个新台阶。拼过的人，才知道自己潜力在哪里。

美好的生活方式，不是躺在床上睡到自然醒，也不是坐在家里无所事事，更不是走在街上随意购物，而是和一群志同道合的人，一起奔跑在理想的路上，抬头有清晰的远方，低头有坚定的脚步，回头有一路的故事。

五、不要害怕与比你优秀的人相处

"一个人能走多远，要看他有谁同行；一个人有多优秀，要看他有谁指点；一个人有多成功，要看他与谁相伴。"

所以不要害怕与比你优秀的人相处。

当你与勤勉刻苦的人在一起，你自然也不会松懈堕落；

当你与行业的顶尖者在一起，你就越容易学到成功的法则；

当你与优秀的人在一起，才容易变得积极进取、出类拔萃……明天我们向优秀看齐！

六、心好干好，岁月静好

岁月静好，人人梦想。生活静工作好，才能说得上是岁月静好。岁月静好，更多时候源于自己内心创造。

爱生气的人，有些时候是源于不适当的片面攀比心理，这种心理叫作"比坏"心理。这种人永远不会有岁月静好。

有些人比坏是有选择性的，围绕自己利益得失来选择比的对象。干活时候，不攀比别人干的多干的好，要待遇的时候，却要攀比别人挣钱多收入高。这种人只有一个追求：少干活，多挣钱，最好是不干活也能多挣钱。只看别人比自己挣钱多，不看别人比自己忙和累,苦和难。只看别人风光无限,不看别人经历多少熬煎。只看别人岁月静好,不看别人背后为之苦苦支撑,默默奉献。只看别人一路顺风,不看别人曾经冒酷暑,战严寒,逢山开路 ,遇水架桥,历尽磨难。这些道理想通了,就会觉得,与其生气,不如争气,自己奋起!　没有吃过那么多苦,经过那么多难,就不要指望比别人多挣钱,享清闲。期盼岁月静好,要么自己无欲无求,要么自己先去拼搏奋斗。

下面转借两段话,充满正能量,分享一下:

越是优秀越是努力,这一现象的根源在于,优秀的人总能看到比自己更好的,而平庸的人总能看到比自己更差的。真的努力后你会发现自己要比想象的优秀很多。

一个人比你优秀,必须和他交往,因为优秀的人散发正能量;一个人比你有德行,你尽量与他成为一个团队,因为厚德载物;一个人比你有智慧,你尽可安心与他同行,相信智慧能照亮未来;一个人活的生命比你有质量,你可用心与他成为知己,生命才有高度与宽度 。与智者同行,与善者同频!

每一个人一旦加入了一个团队,就要学会珍惜自己的团队,与团队风雨同舟,同甘共苦,同舟共济。不抱怨,不嫌弃,不放弃,不抛弃。同时也多理解自己的团队领导,他们掌控全局,看到的听到的经历的更多,在顺应形势,遵守法律法规前提下,他们都会想方设法为大家的利益最大化而努力。不能心存侥幸,争一时得失。守法永远没错,违法迟早必究。只要遵纪守法,就不会留下隐患,才能确保事业平安顺利发展。他们首先需要保证团队这条船的安全航行,否则,大家的利益最大化保证不了不说,基本利益也难以确保。尤其是现在社会治理越来越规范,激流险滩,暗礁重重,更多考验,作为船长舵手,责任重大,更要眼观六路 ,耳听八方,施展才技,小心行驶,躲暗礁,避险滩,乘风破浪,顺利航行,确保万无一失,安全到达目的地。

七、淡泊中坚守自我? 岁月里砥砺奋进

"把努力给今天,希望给明天。早安! 每一个快乐的清晨。"

"有行动就有希望,每一次行动铸就最终梦想! 努力! "

"愿我们奋斗努力,感触每一缕阳光! 愿我们内心平静强大,活的恣意潇洒。愿我们在易逝的韶华,不留遗憾,不枉此生! "

"心有光明,不惧黑暗,心怀希望,不拒绝望,恬淡安然,静隅一方。"

"用一颗美好的心看世界风景,用一颗善良的心对待生活琐碎,用一颗奋斗的心拼搏未来! 早安,美丽的清晨! "

"每一天的努力都是为了让自己成为一个比昨天更美好更优秀的自己! "

"怀揣梦想,抱有信念,让每一个清晨露出真诚的微笑,淋漓的战意! 早安! "

"不管天气怎样,给自己的世界一片晴朗,不管季节变幻,让自己内心平和无波。"

"若不是终点,请微笑一直勇敢向前! "

"为梦想奔跑,一路向前,笑看风景,洒脱自然! "

"美好未来的秘密,就是不断淘汰昨天的自己,只要迈开步,路就会在脚下延伸! "

"……"

上面这些深深地震撼我、感动我的文字,摘抄自我校"翰墨七中"微信群中高三年级王志超老师最近一周的"每日格言"。自学期初美高学生校考结束返校后,我校高三全体师生积极备战 2018 高考,把全部精力投入文化课集训中。高三 10 班班主任王志超老师以他自己特有的方式,在每天凌晨 5 点半"早早读"开始之前和晚上 10 点半夜自习下课之后,用他发自内心的"每日格言",坚持不懈地激励学生、鼓舞自己,振奋师生精神,增强决胜高考的信心和勇气!

王志超老师曾经动情地回顾:三年前,当你们一个个手拿通知书,嬉笑追骂中来报道时;当看着你们一个个奇装异服、张扬独特的发型时;当心里默念着你们可怜的一二百分的中考成绩时;当看到你们把抽烟、喝酒、打架作为娱乐消遣时。我清楚地知道,以后的三年会是什么样的日子;清楚地知道,改变你们的路会是多么艰难。

2015 年"十一"放假归来当天,王志超老师毅然决然地下定决心要帮助这群孩子彻底改变,他要坚守做人的初心、教育的初心,他要用执着和热情把自己和孩子们内心的希望点燃!

在学校领导的关注支持下,在年级和协作组老师们的齐心配合下,王志超老师大胆实行了班级"责任分组"制,并专门申报了课题《核心素养下"平行责任"分组的探究与实践》在邢台市规划办成功立项,扎扎实实开展实践与研究。他将高一 10 班的所有班务全部分类逐一细化,建立了班级各项管理制度,成立了"平行责任"模式下的"行政责任小组""学科责任小组""学德平行小组",明确了"平行责任"下的小组责任划分及目标实现度的定位与教育教学实践,努力使"平行责任"分组教学下每个学生都积极参与到班级各项事务和教育教学中,让每个成员对本团队都有归属感和强烈责任意识,提高学生的团结合作、责任平等意识和学习积极性,提升学生和老师的综合素质和职业幸福感。

三年时光,苦心经营;赤诚丹心,日月可鉴。三年来,他每天坚持陪学生清晨五点四十进班,而这之前无论教室还是楼道楼梯已擦拭干净;三年中,曾因为夜自习发现学生照镜子,他恨铁不成钢竟上演了"手撕镜子"事件,鲜血直流扎心的痛,手心里的疤痕成为 10 班师生永久的纪念;三年来,六十多个学生无论是谁捅了多大的祸,他都一马当先,永远像一面盾牌义无反顾地挡在孩子们的前面。

10 班的孩子曾经调皮过、放肆过、撒过野,但现在他们更心疼他们的"老班",仅仅两个多月满头黑发竟让白发占去半壁江山;王志超老师曾经伤心过、失望过、彷徨过,但一千多个日夜的用心陪伴和真情奉献,无论是愤怒的咆哮、知心的交谈,还是畅快的大笑、肆无忌惮的痛哭,孩子们已成为他割舍不下的牵挂,对自己的付出他从来不曾懊悔过。

刘庆山校长说:"有的人奔跑是自愿,有的人奔跑是职责所在,有的人奔跑是被逼无奈,无论是怎样,只要为梦想去奔跑,无论快慢,姿势优劣,情态如何,都值得尊敬和鼓励!"是的,梦想就像播下一粒种子,只有脚踏实地的努力耕耘,不辞辛苦的精心浇灌,才能春华秋实,硕果累累。在我们七中十五中联合校,不图名、不图利,只为教育初心、教育梦想,像老黄牛一样勤勤恳恳、兢兢业业、踏踏实实、任劳任怨的老师数不胜数。王志超老师说:"生活在这个团结温暖、奋发向上的大家庭,真的感到很幸福!就是在向年级牛泽鹏主任、李常彬主任及其他老教师学习的过程中,我也有了些许自己的主张,我一直坚信我的学生德行端正,我也坚信通过我不懈的努力和真心付出,可以把他们扭转、同化、改变,最终,让他们认可我、容纳我、理解我、信任我。"

十二年寒窗苦读,再有几天,莘莘学子们即将踏上高考决战的战场。祝愿我们高三年级所有考生能够以最佳状态考出最优异的成绩!七中十五中联合校六千余名师生为你们加油助威、保驾护航。

八、吃准"两头",才有干头

有一位老领导谈起自己多年的工作经验时,说了一句很形象的话:"吃准两头,才有干头。"意思是说,当领导带着大家干活的时候,一要先琢磨透上头领导意思,二要琢磨透自己下头的情况,只有把两头都琢磨透了,活就好干了,也能干好了。缺一头也干不好活儿。

不知别人的家底,就不要给别人出主意吃啥饭穿啥衣服;不是人家的一家之主,就不要随便替人做主走啥路干啥活;没在那个位子,就不要任性的指责别人该做什么,不该做什么;该怎么做,不该怎么做。积极建议可以提,消极抱怨不必有。从一定意思上说,越在高层,看得越远,掌握情况越全面,责任越重,面临的情况越复杂,风险越大，决策越慎重。一招不慎，全盘皆输。所以，一定要知己知彼，确保百战不殆。每个人都要根据自己的情况，选择自己的生存发展之道，千万不要人云亦云，亦步亦趋，邯郸学步，东施效颦，生搬硬套，最后自己都找不到自己了，自身不仅连特色没了，过都过不下去，黯然退出历史舞台。如果只是自己受害受损也就罢了，就怕跟着你干的团队因此而受累受困，事业受阻，那就遗憾无比。无数历史事实都证明这一道理。

领导一个国家的革命和建设是如此，领导管理一个单位，一个家庭，一个团队也是如此。治大国如烹小鲜。大小同此一理。作为领导者，必须善于把书本理论，别人的先进经验做法，和本单位家庭团队部门实际相结合，把领导的思想精神指示要求，以及交办的任务，联系自己的实际，认真研究消化，制定出切实可行的方案，寻找符合自己实际的方法措施，整合自己一切能够调动的资源，全力以赴去完成任务，实现目标。这才是实事求是的思想精神和工作作风。我们做教育管理工作的，管理一个学校，一个部门，一个年级，一个班级，一个小组，更需要这种工作作风。要学会"吃准两头"，做什么事都要做好调查研究，平时多研究国家教育方针政策，学习外地先进学校经验，领会本校办学思想和领导要求，熟悉自己部门年级老师学生的全面情况，忠于团队，勤于思考，善于联系，工于谋划，长于实践，重于执行，敢于拼搏，争先创优！不负信任，不负团队，不负事业。

九、甘苦自知，从"心"育人

作为教育工作者，对学生日常行为表现的观察，要多从理解的角度出发，深入其内心，分析研究其心理感受和变化，不要轻易批评指责讥讽嘲笑，甚至放弃教育的责任。好学生之所以好，是因为有好身心好习惯好品质好成绩，原因都是一样的。而后进的学生之所以后进，则各有各的原因。如果我们一律归结为一个原因，一个处方，包治百病，肯定不能对症下药，受到药到病除的效果。要善于运用发散思维和破案模式，对学生出现的问题，首先要查找问题根源，多问几个为什么。有一个说法：找到了原因，就找到了解决问题的办法。这句话非常有道理。遇事找原因非常关键，否则就是无的放矢，隔靴搔痒，费力劳神不见效果。对问题学生的管理教育，要有耐心，不能指望马上见效果。不妨试试以下方法：

一是有其父必有其子。古语有言，子不教父之过。我们常说，一个问题学生的背后，隐藏着一个问题家庭。家风不正，逆子必生。父母是孩子的第一任老师，等等，这些醒世箴言揭示了教育的规律，其实也告诉了我们老师寻找问题学生的教育方法。

从了解一个学生家庭成长教育环境入手,可以找到问题成因。

二是鱼找鱼虾找虾。看一个人是什么样子的人,只要看看他平时和什么样子的人交朋友,在一起吃喝玩乐就行了。问题学生交朋友的类型,一定影响了这个学生的思想观念,兴趣爱好,脾气性格心理特征和价值取向,老师只要把这些摸透了,采取相对应的策略和办法,就能得到有效的结果。

三是常受挫没人理。问题学生不是一天长成的。由一开始的一个问题没解决,逐渐的一个接着一个问题没人理,成了没人疼没人爱的孩子,最后积重难返,久冻成冰,学生心灰意冷,自卑自曝自弃,一步步成了问题学生。总是做出各种各样的奇怪异常状况,以引人瞩目,这样的学生急需老师和同学的关怀关注关爱,最害怕被冷落,老师要摸准其心理活动变化,给予亲近陪伴沟通交流,会收到意想不到的效果。

四是学不好没人要。长期以来,对学生优劣的评价标准很单一,只看成绩好坏,造成学生只分两类:学习成绩好,就是好学生,成绩不好,就是差学生。犹如小时候看电影,只分好坏人两种。其实,生活中的人何止两类,可以说千人千面,千心万行,性格思想千姿百态,而且是遇事与时随境而转变,是不断变化的,很难用一个标准去划分。新中国成功改造了那么多十恶不赦的战犯,就说明这个道理。更何况是正在成长过程中学生了。所以,对学生学习不好,除了从以上几个方面找原因外,还可以从他的学习本身找原因,如学习习惯方法基础等。

只为成功找办法,不为失败找借口。教育是个技术活儿,更是个艺术活儿。随机应变,灵活应对,见招拆招,需要想象力和创造力。和人打交道,不可能像和已编成程序的机器打交道一样,人有七情六欲,喜怒哀乐,需要察言观色,望闻问切,因材施教,因人而异,循循善诱,诲人不倦。只有做教育的人才有可能成为圣人,这是有历史为证的。我们即使成不了圣人,也要走在朝圣追圣成圣的路上!

十、教育能让你活得幸福

幸福取决于有意识的思维方式。

哈佛大学的《幸福课》风靡全球,教授这门课的泰勒·本-沙哈尔(Tal Ben-Sha-har)教授认为,幸福取决于你有意识的思维方式,并总结出了以下12点有意识地获得幸福的思维方式:

(1)不断问自己问题。每个问题都会开启自我探索的门,然后值得你信仰的东西就会显现在你的现实生活中。

(2)相信自己,怎么做到通过每一次解决问题、接受挑战,通过视觉想像告诉自己一定做得到,也相信他人。

(3)学会接受失败,否则你永远不会成长。

(4)接受你是不完美的。生活不是一条一直上升的直线,而是一条上升的曲线。

(5)允许自己有人的正常情感,包括积极和消极的情感。

(6)记录生活可以帮到你。

(7)积极思考遇到的一切问题,学会感激。感激能带给人类最单纯的快乐。

(8)简化生活。贵精不贵多,对自己不想要的东西学会说"不"。

(9)幸福的第一要素是:亲密关系。这是人的天性需求,所以,要为幸福长久的亲密关系付出努力。

(10)充分休息和运动。

(11)做事有三个层次:工作、事业、使命。找到你在这个世界的使命。

(12)记住:只有自己幸福,才能让别人幸福。教育子女最好的方法就是做个诚实的父母。

第二十五节 致有梦想的所有人

对于多数校级领导干部来说,工作事业几乎都能看到顶了,现在我们还这么拼,逼着自己多做点有益的事,就是希望比我们年轻的老师们和后辈发展得更好一些,更快些,更高些,尽我们所能,总结反思自己的经验教训,提供借鉴,做好肩膀,少走弯路,与人为善,只求心安! 实现联合校教育的可持续发展!

修行是完善自己,宽容别人。人生,因为有残缺,所以修行。真正修行的人,不会去看别人的过失与缺点,盯着别人的过失与缺点不放,就是自己的一个缺点。人生的痛苦,一部分在于自己的缺憾,一部分在于看不惯别人。修行,就是借完善自己增加幸福;借宽容别人淡化痛苦。

一、"四有"好老师

做有理想信念、有道德情操、有扎实学识、有仁爱之心的"四有"好老师。

"好老师"的4个要素

(1)做好老师,要有理想信念。

(2)做好老师,要有道德情操。

(3)做好老师,要有扎实学识。

(4)做好老师,要有仁爱之心。

二、四个引路人

(1)广大教师要做学生锤炼品格的引路人。

(2)做学生学习知识的引路人。

(3)做学生创新思维的引路人。

(4)做学生奉献祖国的引路人。

三、四个相统一

(1)坚持教书和育人相统一。

(2)坚持言传和身教相统一。

(3)坚持潜心问道和关注社会相统一。

(4)坚持学术自由和学术规范相统一。

四、命运的真谛

命运是什么

命是不可更换的

运是可以转换的

假如命

是一条长河

那么运

就是漂泊在长河里的一叶扁舟

河的宽窄长短深浅

我们难以改变

而我们自己驾驭的

那一叶扁舟

是可以把握住

方向和速度

颠簸和平稳

停止和行进

许多时候我们

总是迁就自己的贪欲

全然不服命的规律

放纵心底的缆绳

任由小舟驰骋纵横

使心灵的速度

跟不上小舟的节奏

身心分离

身体听不见心的呼唤

心灵

失去了栖息的港湾

暴风骤雨

惊涛骇浪

暗礁险滩

激流漩涡

早已使心灵

遍体鳞伤

无处安放

使身体

变成行尸走肉

空壳飘扬

经历了挫折的人

才会懂得珍惜

守护好身心健康

命运和谐

自然顺畅

五、座右铭

这就是中国历史上第一篇座右铭："无道人之短，无说己之长。施人慎勿念，受施慎勿忘。世誉不足慕，唯仁为己纲。隐心而后动，谤议庸何伤？无使名过实，守愚圣所藏。在涅贵不缁，暧暧内含光。柔弱生之徒，老氏诫刚强。行行鄙夫志，悠悠故难量。慎言节饮食，知足胜不祥。行之苟有恒，久久自芬芳。"

这篇座右铭申明,不要议论别人的短处,也不要夸说自己的优点。施恩惠给别人,千万不要记在心里;接受别人的恩惠,千万不可忘记。

世俗的虚名,不值得羡慕;只有"仁"才是做人的根本法则。做任何事情前,心里觉得安适,不惭愧,别人的毁谤难道能中伤你吗?

不要让虚名超过事实,不炫耀才华,不卖弄聪明,这才是圣人所称道的。处在污浊的环境中,贵在不被污浊所染。有才德的人,光芒内敛,只求内在充实,不求表面的虚荣。

柔弱的人因为具有韧性,不容易被摧折,所以是适合生存的一类。老子认为,刚强容易被折毁,不如柔弱容易生存,因此以刚强为戒。唯有闲静不与人争,他的成功才会不可限量。

说话要谨慎,饮食要节制。一个人知道满足而不贪求无度,就可以制止或避免不好的事发生。如果照着这个"座右铭"持之以恒地去做,日子久了以后,才德自然会发出光辉来,有如花香四播。

六、做个小太阳,传递正能量

和阳光的人在一起,心里就不会晦暗;和快乐的人在一起,嘴角就常带微笑;和进取的人在一起,行动就不会落后;和大方的人在一起,处事就不再小气;和睿智的人在一起,遇事就不再迷茫;和聪明的人在一起,做事就变得机敏。学最好的别人,做最好的自己。

古语说:物以类聚,人以群分。

你想成为什么样的人,你就和什么样的人交朋友;你想和什么样的人交朋友,你就先把自己变成什么样子的人。正能量的人乐观向上,积极进取,传递的都是正面信息,令人精神振奋,斗志昂扬,带动周围的人自信快乐,勇往直前,快速成长。负能量的人悲观消极,怨天尤人,传递的都是负面信息,叫人颓废绝望,惶恐不安,带动周围的人牢骚满腹,自暴自弃,一事无成。

非常欣赏下面几段话:

有福德的人,通过欣赏别人的优点来让自己的生活更加光明;通过赞美他人的功德来让自己的福德更加圆满;通过观照自心来让自己的爱心和智慧更加发挥。缺福德的人,常常观察别人的缺点来让自己的内心更加污染;常常谈论他人的是非来给自己制造更多的麻烦;常常评判别人的对错来惩罚自己,使自己倍受折磨。

上层社会的人,每个人都在盯着对方的长处;

中层社会的人，每个人都在等待别人的好处；

下层社会的人，每个人都在坐等别人的笑话。

莎士比亚说："善良的心，就是黄金。"

哈佛大学一项研究表明：一个人的精神层次越高，心理越是健康，内心也越善良，不因别人的看法而轻易改变自己的本性，在对人上微笑、喜悦的表情越多，人生也会活得更快乐。

为了自己的成长和快乐，请多看并汲取他人之长吧。

内心不够笃定的人，才会在慌乱失措中急急忙忙地给自己削出各种棱角，以看似与众不同的方式横冲直撞，假装有个性。真正有个性的人是能够找到属于自己的天地，内心有方圆，做事有方法，在平静而淡定的日常生活中获得踏实的成就。

"只有那些习惯于威胁他人的人，才会把所有人都看成是威胁。"铿锵有力，寓意深远！人间自有公道在！

对于我们每个人来说，对人性的看法千差万别，没有绝对的好与坏，善与恶，真与假，是与非，犹如一幅太极图，阴阳黑白是不断运动变化的，主观因素和客观条件共同作用下产生各种各样的组合形式，呈现出来的状态自然千变万化。相对于他人来说，我们都是客体，我们的责任应该是，要尽量让自己发光发热，传递正能量，为营造一个积极向上的能量场尽心竭力。作为一个教育工作者，更应该有这样的情怀和担当，悲天悯人，爱满天下，拥抱未来，不抛弃不放弃任何一名学生，无论他是优秀还是后进，富有还是贫穷，美丽还是丑陋，聪明还是愚笨，亲近还是疏远，都要一视同仁，平等相待，理解尊重，真情陪伴，诚心沟通，耐心开导，爱心倾注，让每个学生都能得到阳光雨露，充满自信，身心健康，茁壮成长，大放异彩！不辱教育使命，昂首阔步走在教育圣人的大路上。

耐得住寂寞，才能守得住芳华。

耐得住寂寞，方能内心平静、宠辱不惊，有所作为。

耐得住寂寞，才能对真正所爱好的事情专注持久，不怨天尤人，不妄自菲薄，不见异思迁，向着既定的目标坚持不懈地走下去，最终总会有所收获。

但凡成功之人，往往都要经历一段没人支持、没人帮助的黑暗岁月，而这段时光，恰恰是沉淀自我的关键阶段，犹如黎明前的黑暗，捱过去，天也就亮了。

七、记住那个默默对你好的人

一个人从小到大，做成一件事，得到功名利禄，权势地位，清净悠闲，心满意足，表面上看,似乎是凭借个人文韬武略,天赋异禀,天下第一,全是自己一人之功。其实,只要静下心来,细细回想一下做事的过程,从开头到结束,哪一步都离不开遇到的人的网开一面,格外开恩,高看一眼,厚爱一层。或是因为与您惺惺相惜,趣味相投,或是因为佩服您的高远志向,或是因为欣赏您的愈挫愈勇的坚定意志,或是羡慕您的才华,或是看好您的前途等等,从而给予理解支持帮助。在人生的关键几步,有人愿意伸出援手,扶持一把,提携一下,鼓励一句,指点一招,资助一点,有的甚至为了成全您而不惜牺牲自己的时间功夫或是利益,说不定还要自己克服重重困难,而这些东西有时候是让您看不见,摸不着,甚至感觉不到,但不能因此就忽略不计,熟视无睹,就认为一切都是理所应当,而不去感恩回馈。

所以平时我们常听到一些成功人士谈成功经验时,第一句话,往往是成功归功于集体团队领导,感谢同事朋友亲人等,绝非虚言,实为高人的肺腑之言。别人背后付出的代价要牢记在心,背后对我们的好不可以不知道,要永远记住。施恩的人未必图报,受恩的人理当永记,要化作拼搏进取,开拓创新,忠于团队,服务社会,造福于民的动力,并表现在日复一日,年复一年的具体行动上和生活工作之中。

一个人只要想做点事,就不可能是一帆风顺,靠单打独斗做成。遇到各种各样的困难在所难免,只要我们平时诚心待人,遇事坚守底线,热心助人,常怀感恩之心,就会赢得人心。古语说,得道多助,失道寡助。这样,不管做什么事,只要是正道善行,无害于人,就能调动一切积极因素,形成一个团队的力量,为己所用,只有因缘际会,才能成就自己的梦想。

八、超常并不难,"一点"是关键

最近看了一篇文章,论如何成为超常人才,谈得很实在,接地气,能让每个读过的人都产生成为超常人才的信心,而且还有具体的操作方法,给大家分享一下吧。摘录如下:

所谓超常,无非是在某一方面突出一点,比如跑得快一点,跳得高一点,唱得好一点,或者在学习和研究的过程中,积极情绪调动得好一点。在事业进程当中或者组织能力合作能力强一点,或者道德高尚一点,或者思考深刻一点,或者智慧多一点,在上述这些一个或多个方面强一点,并且创造了很好业绩的,就是人才。

上面这段话写得是不是很温暖亲切实在呢?让人读后马上有一种跃跃欲试的感觉,原来做到"超常"如此简单!超常并不难,"一点"最关键。不过话又说回来,说起来容易做起来难啊!就这一点,需要首先找准自己的基础和优势,选择确定瞄准一个目标,然后作出一个人生规划来,接着就是踏下心来,扎扎实实,老老实实,一步一个脚印,天天读书,天天练习,天天巩固,天天总结,天天提高,持之以恒,久久为功,慢慢的把自己的那"一点"突出出来,只有这样才有可能脱颖而出,比别人强一点,成为超常人才,放大自己的价值,在自己工作的团队里成为先进骨干榜样,受人尊重敬仰,获得自豪幸福快乐。

人是要有一点精神的,每个人都要有一点追求,这样,每天生活上班工作才有计划,有奔头,有收获,有获得感,有存在感!

九、和正能量的人同行

走过再说路是否好走,攀登到山顶再说山是否好登,有钱了再说钱是否有用,什么事做过了再说事情是否好办,成功了再说成功是难是易,什么职位经历了再说那个职位值不值得你去追求,只要你没有进入某个时空位置真正拥有过体验过,你永远不知道其中滋味,你就永远不要对他的决策评判对与错,所处的环境复杂和简单,走的路曲与直。旁观和道听途说得到的东西,都是盲人摸象的结果,牢骚指责偏激讽刺嘲笑不屑之情态等,都是由此而来的。

不当家不知柴米贵。事不关己,高高挂起。不入虎穴,焉得虎子。李子不亲口吃,不解其中味。事不经过不知难,绝知此事要躬行。这些道理有些人只是挂在嘴上,从不用在生活中,所以造成负面情绪时常爆棚。因为自己心中充满不顺畅,才抱怨这也不公,那也不平。周围的一切也变得越来越崎岖坎坷,凶险无比,愁云惨雾,满目沟壑,四邻为敌,草木皆兵,自我封闭,消极厌世。

好心情,自己造。你想让别人如何对待你,你就如何对待别人。你想和什么样的人交朋友,你就要想法成为什么样的人。种瓜得瓜,种豆得豆。物以类聚,人以群分。要和同志同心同德的人同行,才能赢得快乐幸福成功!

第二十六节　知识就是力量

一、智者勤,能者达

智者勤,能者达,劳者得,勇者胜,备者福,学者升,思者明,慎者行,顺者义,廉者安,信者立,谦者礼,忠者稳,忍者兴,专者精,奸者惩,恶者除,犯者朱,骗者罚,偷者关,抢者监,贪者狱,拐者灭,坑者失,蒙者丢,赌者败,懒者穷,浪者耻,节者荣,诚者盈,正者钢,善者扬,仁者敬,慈者美,孝者幸,恒者成,坚者赢。人生一世草木一秋,自己不努力能行吗。

二、老师有特长,学生更难忘

一个人一生遇到一个好老师,是幸运的。好老师除了必须具有一颗爱心,还要有与众不同的特别之处,给人以"我就是我,不一样的烟火",有"我是唯一"的感觉。上大学时候,我学的是中文系,给我们上课的教授们,根据自己的研究领域专长,开设课程,古典文学、现代文学、写作、文艺评论、训诂学等,分别有不同的老师讲授,因为他们各自研究的很深,知识面又广,讲起课来,围绕一个主题,针对一个问题,举一反三,如数家珍,满腹经纶,旁征博引,纵横驰骋,古今中外,天上人间,娓娓道来,环环相扣,一套一套,侃侃而谈,口若悬河,讲得又深又透,一节课下来,收获很多,非常过瘾,教授们的渊博学识令人崇拜。

上高中的时候,数学和语文学科老师,分别有两位共四位老师给我们上课,数学课有一位讲代数,有一位讲几何;语文有一位教阅读,有一位讲作文,都非常有水平。据说,这几位老师一从教,学校就是这样给他们安排课的,所以他们就在自己所教板块里深耕细作,把里面的内容结构,例题习题,教法和学法考法以及思维方法琢磨的非常通透,都称得上是这一教学板块的专家,教学也形成了独特的风格,而且都有一些习惯性动作、丰富的表情包、个性化语言,走路着装特点,给我们留下深刻的印象,深受学生的喜欢, 大家时常情不自禁的模仿老师的一言一行一举一动一颦一笑,很是好玩逗乐,一节课总是在短暂而快乐中悄然离去。多少年过去了,这几位老师的风采依然非常鲜活,是学生的记忆里,回忆里,聚会的话题里永恒的故事。老师有特长,学生更难忘!

由此我想:我们学校的老师是不是也应该在自己所教的学科里,也找一块自留地,也深耕细作。比如语文老师,可以根据自己的天赋潜能、兴趣爱好或理性思考,选择一个学科板块,或钻研作文教学,或钻研现代文教学,或钻研古文教学,或钻研诗歌教学,或钻研朗诵演讲等,无论钻研哪一块内容,都要整理出一套有自己特色的教学独门秘籍,不管上什么课,都先给学生露一手,给学生留下深刻印象,让学生知道您的绝活是什么,绝活就是特长,特长就令人难忘。真正的教育就是那些能给学生留下深刻印象的教师和故事,而这些老师的印象和故事能陪伴学生一生,就是一个老师教育成果的体现。

语文老师如此,其他学科的老师也可以照此来做,我们的科室管理人员、中层以上干部也可以自我发现,自我规划,聚焦特长,夯实专长,或擅长谋划设计,或擅长整合资源,或擅长师资培训,或善外交,或善沟通,或善协调,或精于计算,或擅长维修技术,或擅长处理学生矛盾,或擅长解决家校纠纷,或擅长心理疏导,或擅长安保警卫,像咱们学校的"万能焦振军","一看通侯和平","正能量范增六"等,总之有一技之长就好。

有如梁山好汉,一百单八将,人人有绝技专长,才好有立足资本,扬名的真才实学,选自己喜欢的热爱的学科体系中的内容,通过围绕中心,广泛阅读,搜集材料,认真学习,潜心思考,深入钻研,着眼学法,立足教法,瞄准考法,聚焦学趣,上勾下联,分析整合,不断总结,反复尝试,高度提炼,把握规律,触类旁通,建构体系,独创功法,施教学生,课课练习,堂堂呈现,自成一家,成为一个有特长的老师,提升自己,造福学生,让七中和十五中联合校涌现出一个又一个魅力四射,光彩照人,充满智慧,声名显赫的大师圣手,弘扬校风,传播校名!

三、一个人的成功并不是偶然

所谓成功的人,一定是比别人努力,比别人付出得多,经历了更多的磨难。凤凰涅盘,正是因为经历了强烈的痛苦,才会有震撼人心的美丽。

一个人的成功并不是偶然的,他是踩着无数的失败和痛苦走过来的。别人看到的只是他今天的光辉和荣耀,只有他自己知道,在他通往成功的路上,有着怎样的艰难与辛酸。

请记住:使我痛苦者,必使我强大!

随着你自己经历的增长,真切感受到的越多时,你看到那些真正"成功"了的人,就不再只是单薄的羡慕那个结果了,你会立即联想到他一路走来所面对的各种质疑和内心的激荡,唯一能战胜"不被看好的"就是时间挖掘出来的真正的实力与质感。

你想自强向上,遇到的都是供你攀登的肩膀和垫脚石;你想自弃堕落,扑面而来的全是纷纷坠落的稻草和落井石。不是世界太美好,而是你心中充满阳光;不是生活太残酷,而是你的胸怀不亮堂。丰俭自取,悲喜自造,福祸自觉,得失自认,甘苦自知!身外的一切就是自己的内心世界。无论走到哪里在什么时候,只要您心中的星星之火永不熄灭,您就一定能够点燃整个世界!

第二十七节　静夜思

静夜思，深夜和凌晨是最适合静思的时刻，白天的喧嚣浮躁尘埃落定，喜欢思考的人过滤掉漂浮的感觉泡沫，捡拾起厚重的思想，综合整理分析提炼记录下来，分享给身边的人，升华自己，惠及同道，共同进步，共同发展，共同提高。

静夜思，思什么呢？有的回首往事，有的展望未来。有的重温辉煌过五关斩六将的豪迈气概，有的回味苦涩教训败走麦城的仰天长叹。有的专门研究成功案例，有的专门咀嚼失败故事。有的因思而励志奋起，有的因思而修正成熟。总之，一个人只有在不断反思中，才能不断进步。我们说，爱学生是为师之本，常反思是强师之道，敢超越是大师之境。就是希望老师们守本自强卓越，不做误人子弟之庸师，誓做成人之美之良师。

一、容易让人迷茫的三大原因

一是读书少。书是通往智慧的直线，让你看得见自己，看得见别人，看得到未来。

二是交往少。越停留在自己的小圈里，就越孤陋寡闻，久而久之，就没有自信和优秀的人交往。

三是不旅行。走出去才知道什么伟大和渺小。

所以，趁年轻，多读书，多交往，多旅行。

二、人生出彩的机会

2012年11月29日，习总书记在参观完"复兴之路"展览时，提出了实现中华民族伟大复兴的"中国梦"。

他阐释到："生活在我们伟大祖国和伟大时代的中国人民，共同享有人生出彩的机会，共同享有梦想成真的机会，共同享有同祖国和时代一起成长与进步的机会。有梦想，有机会，有奋斗，一切美好的东西都能创造出来。"

教育梦就是有教无类，因材施教，终身学习，人人成才。

三、陪伴的意义

从某种意义上说，教育就是一种陪伴。父母陪伴孩子，家庭就更加温馨；老师陪伴孩子，教育就更加和谐。陪伴是一种温暖的教育。

好老师有三点：一是道德情操，二是专业素养，三是交流能力。倾听是交流的基础，教育的根本是素养的提升。

幸福的教师身上的感情常常表现为："别让我为了学生懵懂或前学后忘而伤心痛苦，让我比做母亲的更为慈爱，像母亲一般爱护那些不是我亲生的小孩……给我朴质，给我深度，让我每天教学时避免烦琐平淡，让我在工作时，抛开个人物质的追求和世俗的苦恼，让我的手在惩罚时变得轻纤，在爱护时更加温柔……"

每一天，不约而至，就是一种心情；每个人，擦肩而过，就是一次缘分；每条路，寒来暑往，就是一道风景。守住心底那最美风景，成为一种风度，宁静而致远；守住记忆里最美风景，成为一种境界，悠然而豁达；守住生命中最美风景，成为一种睿智，淡定而从容。每个早晨，给自己一个微笑，种上一天的阳光。做一个小太阳，每天能量充沛。做一个阳光积极的人，面对过去，不要绚怀；面对未来，不必彷徨；活在今天，你只要做好自己，做最真最美的自己。

四、厚德载物

一是做一个孝顺的人。古人说"百善孝为先"，一切善行都是从孝开始做起，一个人如果都不知道孝敬父母，就很难想象他会和别人的关系会怎么样了。

二是做一个善良的人。"人之初，性本善。"有了善良的品性，就有真心爱父母、爱他人、爱自然的基础和可能。

三是做一个守信的人。古人云："人而无信，未知其可。"一个人如果没有信用，什么事也干不好。

四是做一个宽容的人。常言道："有容乃大。"人要有一颗宽容之心，要能容天下难容之事。

五是做一个诚实的人。诚实是立身之本，诚实是一种美德。人之无诚，不可为交。"欲当大任，须是笃实。"

六是做一个谦虚的人。谦虚是好人品的一个重要组成部分。毛主席说过："谦虚使人进步，骄傲使人落后。"

七是做一个正直的人。人正不怕影斜，脚正不怕鞋歪，身正心安魂梦稳。品行端正，做人才有底气，做事才会硬气，心底无私天地宽，表里如一襟怀广。

八是做一个执著的人。人贵有恒。干任何事情要有决心、恒心和耐心，要有执著追求的精神，这是成就事业的关键。否则，将一事无成。所谓"滴水穿石，铁棒磨针"讲的就是这个道理。

九是做一个乐观的人。人生不如意事十有八九,不可能事事都顺。日子总是在前进,好也一天,烦也一天,不如多看看生活中美好的一面,让自己快快乐乐地生活。

十是做一个厚道的人。古人云:厚德载物,就是说人只要有好德行,才能承载更多的事物,相反,人无大德便无法成就大事。

第二十八节　平凡的人生亦可以灿烂

伟人之所以伟大是他们心中无顺逆,眼里无阴晴,脚下无平坎,经常保持乐观积极向上的心态,做出一番造福人类世界的伟业。而我们普通人信奉人生不如意事十之八九。

所以,矛盾纠结郁闷时候比较多。正确的处事态度和方法是,能做主的事情尽全力干好,不能做主的事情尽全心适应,顺应大势,居危思安,转危为机,顺势而为,乘势而上,苦中作乐,逆境成事,积攒实力,蓄势待发,伺机而动,一鸣惊人。做好自己眼前的事情,不负人生,不负与自己相遇相处的每一个人,也是一种伟大。

一、能干不能干,全在事儿上见

一个人能干不能干,不是只看他能不能说,敢不敢说,而是看他在说过之后,具体干了多少,干的结果如何,能说能干,敢说敢干,才是真正能干的人。

你追求什么,什么就是你的压力,也是你的动力。生在天地间,活在烟火中,人间有百态,世有万种情,七情六欲,人皆有之,顺逆阴晴,富贵贫贱,酸甜苦辣,健康平安,疾病危机,谁都难免,谁都不会无动于衷,只不过看那个人在遇到这样境遇的时候,如何应对,是泰山崩于前而不动声色,还是大惊小怪,大呼小叫,草木皆兵,慌慌如惊弓之鸟,那就全看一个人的心理素质了。

每临大事有静气,积极应对,冷静处理,想方设法,化危为机,逢凶化吉,遇难呈祥,需要我们平时就涵养浩然正气,审时度势,迎难而上,有意识的在解决问题中磨练自己,提高做事的能力,见多识广的人,往往会遇事不慌,书到用时方恨少,事非经过不知难,说的就是这道理。凡是遇事躲着走,怕困难,怕吃苦,拈轻怕重,投机取巧,可能会得一时清闲自在,一遇到难事儿,必然手忙脚乱,无所适从,束手无策,坐以待毙,会受更大的苦,遭更大的罪,吃更大的亏。

能干不能干,全在事儿上见。"人在事上练、刀在石上磨",有句老话:出水才见两腿泥。有担当,敢作为,扑下身子干活儿,练就真本事,是让自己脱颖而出的最好办法。在教育教学和学生管理过程中,经常遇到难管的人和事,优秀的管理者和老师都是通过处理这些难管的人和事,教育教学和管理能力不断提升,经验不断丰富,才优秀起来的,靠抱怨和躲避,永远也不会解决问题,更不能锻炼自己的心理素质和能力。

人一辈子永远保持乐观向上,积极进取的精神状态,多干点活儿,多帮点儿人,心理素质和做事能力都能提高,于人于己都是好事。

二、基层人就做基本事

我们学校是最基层的单位,我们的工作岗位是最基层的岗位,教学、管理的事都是最基本的事儿,而且是事关学生、家长、教职工切身利益的平常事、细小事、难办事,每天面对的就是学生、家长、同事、教材、教案、作业本,家庭、学校、菜市场等,可以说都是非常具体的事儿,具体的困难和问题,具体的矛盾和纠缠。

只有把这些最具体的事情整明白了,才能得到真正的锻炼,水平得到真正的提高。我们学校各科室各年级犹如部队上的连排班,打的都是具体的一场战斗,不要说战争,连战役都说不上,面对的都是真刀真枪真敌人,需要的是每个战士的真功夫,真本事,不需要什么高瞻远瞩,高谈阔论,宏伟蓝图,战略眼光,高高在上,不接地气,要的是研究如何把一个山头攻下,一个敌人消灭。

所以,我们无论是谁,凡事都要亲自动手,冲锋在前。就我们做学校管理干部和一线老师来说,校级干部每周做到"五个一",中层干部按照"中层干部业绩量化评比细则"去做,走进一线,走进课堂,走进老师中间,走进学生教室,做好表率,做好老师学生的思想工作,把一个个老师的积极性调动起来,一线老师们把一个个学生教育好,让不同层次的学生都能感受到关怀和温暖,获得自信和勇气,得到进步和提升,达到自己理想的高度,把每一节课备好上好,把领导交办的每一件事办好,就是一个优秀的管理干部和老师,这是一个基层教育工作者的本分。

为此,希望大家做到以下"七个必须":

感恩感动:感恩遇见,感必行动。

亲力亲为:亲自示范,亲自动手。

尽职尽责:尽忠本职,尽心负责。

敢做敢当:敢于冲锋,敢于担当。

精心精细:精于用心,精做细节。

实干实效:实在干活,实求高效。

共进共赢:共同进步,共同成就。

三、创新回报

春天是从冬天开始的,正如白昼是从黑夜发源的。这是常识,但失去信心的人,往往不敢相信常识的力量。

加缪说:"这是一个流放的时代,枯燥的生命,麻木的灵魂,都在流放之列。要想重新生活,就必须重新安排,就得忘记自己,甚至忘记自己的故土。某几个早晨,在一条大街的拐弯处,一滴清澈的露珠落在心灵上,随之便蒸发了,但它的清凉却一直留在心头。正是这滴露珠,是心灵永远需要的。我必须重新出发。"

用善意与理性感知彼此的温暖。

无论一个人、一个群体还是一个国家,都时刻面临成长的挑战。成长的本质,是拓展自己的能力边界,调适自己与他者、与环境的关系。山峰在招手,攀援没有捷径,要想到山顶看云起云落,就不要畏惧荆棘。

不要害怕失去,只要你有捍卫的能力。凡是经不住考验的,都不值得拥有。在风浪里学习游泳,在饥饿中学习觅食,哪一代人不是这样呢?

一帆风顺的远航,算不上真正的经历;一眼看得到尽头的征途,便不会有路上的惊喜。

四、保持"好心态"的秘笈

笑是营养素。"话疗"是特效药。朋友是"不老丹"。宽容是调节阀。淡泊是免疫剂。这是近年来中外专家对 1420 名高龄人士跟踪调查,得出的保持"好心态"的秘笈。

有这么一句话我非常欣赏:"苦才是人生,累才是工作,变才是命运,忍才是历练,容才是智慧,静才是修养,舍才是得到,做才是拥有!

如果,感到此时的自己很辛苦,告诉自己:容易走的都是下坡路,坚持住,因为我们正在走上坡路!且行且历练!

有人帮你是幸运,学会心怀欢喜与感恩;无人帮你是命运,学会坦然面对与承担。

没有人该为你做什么,因为生命本是自己的,你得为自己负责任。

人生的必修课是接受无常,人生的选修课是放下执着。

当生命陷落的时候请记得,你必须跌到你从未经历过的谷底,才能站上你从未到达过的高峰。

所以,决定一个人继续成功的首要因素是境界和思维,和一群有同样格局和思维的人在一起前行是多么重要!努力成为一个可以支持别人的人!

五、与其羡慕别人,不如做好自己

看到别人的成功,我们会羡慕,会渴望那个人要是自己该多好啊,但是羡慕归羡慕,别去过度的拿自己与别人比较,活在别人的光环下,不如做好自己,释放自己的光彩。

没事时,别总是盯着别人,多看看你自己,别人有什么都是别人的,只有你有了,那才是你自己的。

当你想努力,想变得优秀,却看不到方向的时候,就低头做事。尝试多了,你就越加知道自己该做什么了。

如果你停止不前,就算你找到了方向,发现你已经跟不上了,还得重来。

凡事自己心里要有个谱,接受你所不能改变的,改变你所能改变的。

你一样可以让自己变得更好。

六、越努力,越幸运

人生,越努力,越幸运!

付出不一定有回报,但不付出永远都没有回报。唯累过,方得闲;唯苦过,方知甜。

当你努力过后就会知道:许多事情,多坚持下,就挺过来了。要相信人生不会亏待你,你吃的苦,你受的累,你掉进的坑,你走错的路,都会练就独一无二成熟坚强感恩的你。

命,是失败者的借口;运,是成功者的谦词。

失败者说:命不好,心里却后悔,当初没尽力。成功者说:是运气好,心里却清楚,付出的代价。

古人说,种瓜得瓜,种豆得豆。你想有所得,就得有所付出。付出不一定有回报,但不付出永远都没有回报。

不要还没有尝试努力,就说自己不行,你努力了,尽力了,才有资格说自己行还是不行。

不要刚开始努力,就说太难了,就放弃了,你只有坚持拼到底,才有资格评判自

花更红。

摘录几段别人的人生感悟,作为鼓励自己的新年寄语:

无论你遇见谁,都是你生命该出现的人,绝非偶然,他一定会教会你一些什么。

你永远不要有企图改变别人的念头!你能够做的就是像太阳一样,只管发出你的光和热。每个人接收阳光的反应是不同的,有的人会觉得很温暖,有的人会觉得刺眼,甚至有的人会选择躲避。种子破土发芽前没有任何迹象,是因为没到那个时间点。

只有自己才是自己的拯救者。

人生在世,注定要受许多委屈。而一个人越是成功,他所遭受的委屈也越多。要使自己的生命获得价值和炫彩,就不能让它们揪紧你的心灵、扰乱你的生活。

二、海纳百川,有容乃大

人无完人,金无足赤,扬长避短,才尽其用。

古语有许多经典:金无足赤,人无完人。疑人不用,用人不疑。水至清则无鱼,人至察则无徒。人谁无过,过而能改,善莫大焉。如此警句,我们不仅要知道,更要在现实生活工作中灵活运用,不光要用到自己身上,还要用到对待别人的态度和方式上。

只盯着身边人的缺点,就没有可交可用之人,可喜可乐之事。只盯着身边人优点,就没有可教可带之人,可悲可怜之事。对于每个人来说,都是一条没有走过的陌生归途,每个人都是探索着走,没有谁能替代着走完别人的人生道路。既然是陌生的新路,在探索实验过程中就必然会有成功和失败,正确与错误,优点和缺点,优秀和平凡,亮点和暗淡等结果,对于这些结果,我们要客观面对,辩证看待,历史观察,不能只看到好的地方,也不能只看到不好的地方。要有包容万物的胸怀,上中下,左中右,大中小,高平低,热温凉,好中差都要看到,都要接受,因为人的千差万别,才有了世界的五彩斑斓,五颜六色,绚丽多彩,才有了人的七情六欲,喜怒哀乐,亲疏远近,同道陌路。

一个人与另一个人或一群人,一辈子永无交集,从未相聚,固然不用也没有相互认识理解接受的必要和可能,一旦相见,相聚相处,就必然需要研究如何相待,如何相互包容,相互尊重、支持帮助,共事共赢。正确的选择是:克己奉公,大局为重,相互适应,求取最大公约数。相互取长补短,互为导师,因材施教,因势利导,量才使用,各安其位,人尽其才,才尽其用,共谋发展!当老师的,面对自己各种各样各类学生,当领导的,面对自己各种各样各类同事,当家长的,面对自己各种各样各类亲人,都要有一颗善良感恩的心,在为他人服务奉献中,实现自己的人生价值,找到自己的存在感,丰盈自己生活的充实感,挖掘自己幸福的源泉。

三、您海纳百川,我实干相伴

大家聚在一起干活,机会难得,各有所长,各有所短,这很正常,为了一个共同的目标,相互尊重理解、包容鼓励、帮助支持,各展其长,各显其能,扬长避短,长短搭配,优化组合,才能形成合力,实现共同发展和辉煌。

在相互交往的过程中,一个人不能总指望着别人海纳百川,包容一切,而自己却包藏私心,斤斤计较,把别人的宽宏大量理解为善良可欺,软弱无能,任由自己毛病滋长蔓延,短处肆意挥霍,不尽职责,偷懒耍滑,投机取巧,干工作缺斤短两,避实就虚,华而不实,粗枝大叶,推诿扯皮,做些表面文章,自欺欺人,不能做到扑下身子,一马当先,冲锋陷阵,率先垂范,亲力亲为,尽职尽责,这样下去,不仅自己毫无长进,还会影响整个团队的士气,造成大家互相攀比谁比谁更差,更懒散漂浮,更无所作为,最后团队涣散消亡。应该用诚信实干,还报别人的海纳百川。

身处一个团队之中,大家和谐相处,凝心聚力,相互扶持,人人都不辜负相互的信任支持,而是起早贪黑勤勤恳恳,忙里忙外手脚不闲,时时刻刻一心为公,认认真真做好本职,拼尽全力投入管理教学服务工作,拿出真本事,亮出真功夫,创出真业绩,人尽其才,才尽其用,毫不保留,相互回报感恩对方的宽容大度,实干相伴,才能让团队战无不胜,创造辉煌,进而让团队中每一个人都得到快速成长进步发展,取得业绩,获得荣誉,享受幸福。团队和个人是相辅相成的关系,是水和鱼的关系,鱼水情深,相得益彰,相互成就,才有一幅美丽动人的风景。

一个人能力有大小,只有有自知之明,无论在哪个团队,一要服从组织安排(组织于私可指家庭,于公可指集体单位,或其他自己服务的团队),二要自我评价准确,找准定位,明确自己的发展方向,以及具体的职责目标任务,整合自己拥有的内外资源,立足岗位,发奋努力,有所作为,尽职尽责圆满完成一个个任务,来赢得同事的尊敬,团队的肯定,个人的进步,人生的价值。

没有人天生就想做一个拖别人后腿,拖累团队的负能量。每个人心里都有一个正气,一个邪气。点燃正气,就能造福一方,成就自己。放任邪气,就会危害周边,自毁一生。谁都希望自己在离开团队的时候,获得一个这样的评价:那是一个善良实在干活儿挺有正经事的人。

四、您对学生的好,学生忘不掉

9月4号下午,我去市人民医院看望一个住院的老师,走进住院部大楼,在电梯口长久的等待之后,终于被裹挟着进了电梯,在慌张拥挤胸闷极力向上伸着脖子时候,听到有人喊:"刘校长"。我下意识的扭头寻看,只见一个身着护士服的小女孩在冲着我阳光般灿烂微笑,我确信是和我打招呼后,就流露疑问的神情,她迫不及待的说:"您不认识我了?我是十中的学生,我在那里上学的时候,您刚到十中不久,我是董明丽老师班的。您到了以后,管得特别严,我们学了不少东西。"我的心里有一点点高兴惬意,就问她:"您是高中还是初中的?哪一届的呢?"她说:"是高中2007级的,我毕业的时候,您就调走了,您现在哪里呢?"我说:"在七中,有空找我去吧。"她说:"好的,您需要我帮忙吗?"我说没有,随后,她就说声再见,急匆匆出了电梯忙工作了。因为激动,我竟忘了问她的名字。

其实,无论是高中还是初中,十中的学生基础都不算好,由于多种原因学校的风气也不理想,管理松散,师生精神状态不佳,质量低下,社会口碑越来越差,我到任之后,率先垂范,建章立制,精细管理,严格要求,树立典型,传递赞美,营造和谐实干氛围,很快大见成效,中考成绩连年攀升,师生信心大增,精气神儿焕发。这次的遇见和几句聊天,让我觉得很开心,我的反思是,她对我印象最深的是:管理严格,让她受益很大。这就进一步印证了一个教育规律,严是爱,松是害,严爱结合对学生的成长是多么重要,对学生的好,学生不仅早晚能体会知道,而且永远忘不了。

五、学生努力的模样很可爱

每天走进学生们的中间,遇到那一个个熟悉或不熟悉的学生,发现有好多感人的情景。无论是个人仪容仪表,打扫卫生,文明礼仪,还是课堂学习状态,运动场上训练,还是在大街上一个个邂逅遇见,我们学校的学生特有的积极向上,乐观阳光,彬彬有礼的精神风貌,总是令人感动。在心底里常有一种"这就值了"的满足。

我们的学生多数基础有差距,但他们一直在努力让自己变得越来越好,我们也一直在努力让他们变得一天比一天好,这就是我们的教育成绩。

不要抱怨学生这也不行,那也不行,正如不要抱怨自己的孩子,这也不行那也不行一样,要多想方设法让他们行动起来,强起来。有一位家庭教育专家说,如果孩子有一天突然发现我们做大人的也不是他们理想的样子,开始抱怨我们了,我们将情何以堪?我们还敢抱怨他们吗?抱怨是一种负能量的情绪,不仅无济于事,而且是一种不负责任的表现。面对现实,寻求改变,亲力亲为,才是真正需要的行动。所以,与其抱怨,不如让我们和孩子一起成长,而且要做孩子的表率,和孩子结成命运共同体,结成父子母子命运共同体,班级命运共同体,相互感恩今生唯一的遇见,同甘共苦,携手共进,互相尊重,互相理解,互相鼓励,互相帮助,互相支持,合作共赢。

第三十节　献给每一位努力奋斗的人

想干事的人永远在找方法,

不想干事的人永远在找理由!

世界上没有走不通的路,

只有想不通的人!

喷泉之所以漂亮,

是因为她有了压力!

瀑布之所以壮观,

是因为她没有了退路!

水之所以能穿石,

是因为她有了目标而持之以恒,

人生亦是如此!

——献给每一位努力奋斗的人!

一、找准定位,尽职发挥

一个人无论身在何处,身居何职,都要找准定位,尽忠职守,尽力发挥,还要顺势而为,进退自如,防止过犹不及。

有的人适合在幕前,唱主角或配角,有的人适合在幕后,当导演或助理;有的人适合吹拉弹唱当乐师,有的人适合跑前跑后搞后勤服务;有的人适合做观众,专司加油打气喝彩,也是戏中人,戏里的一个角儿、一部分。团队犹如一个舞台,一起生活工作好像演出一台戏,舞台有的设在家里,有的设在社会,有的设在单位。戏要演唱好,需要各类人扮演不同角色,编剧、导演、主角、配角、化妆,造型、舞美、灯光、道具的,制片人直至观众等,内内外外,台上台下,前前后后,幕前幕后,是一个团队各种角色合作的过程,而且要相互默契配合。

每个人有不同的专长和潜质,要有自知之明,选择适合自己的角色,在舞台上选好自己的站位,明确自己的职责,尽好自己的本分,完成自己的演出任务。每个角色都不要抢戏,短戏,缺席,还要互相提醒,配合默契,帮忙补台,才能呈现给观众一场精彩演出,个人才能展示出存在的价值。

二、人有多重角色,认真演好每一个

每一人既有自然属性,又有社会属性,自然属性很简单,不用多说,社会属性很复杂,只能简单粗略地说,不能细说。简单的说,就是三维角色:家庭、单位、社会。一个人,在家庭里,是人子、人父母、人兄弟姐妹,在单位里,是同事、领导、属下,在社会里,是朋友、邻里、熟人。有几个角色,就要承担相应多的的责任和义务,全心全意全力演好每一种角色。

遗憾的是,现在社会上、网络舆论场信息堆里,开始流行一种思潮和言论,活着就要让自己舒服,不要管别人的感受。我的幸福第一,谁让我幸福,我就让谁幸福。有那么一些人,在现实生活工作中,忘记了自己的社会责任和职业道德规范,沉溺于个人家庭角色,不去演好团队和社会角色。遇到利益,私字当头,个人第一,见利忘义,顾此失彼,我行我素,肆意任性,只管自家享清福,不管他人痛和苦。

我们学校追求的价值观是,"学生优秀,老师成就;学生越出色,老师越骄傲"。"发现老师,成就学生;教化社会,造福桑梓。""让每一位师生在这里都能大放异彩。""怀天下,求真知。"始终把为社会服务,对他人负责,以学生幸福为幸福,做为幸福的标准,人生的目标和动力,促进了师生核心素质的培养,促进了教育质量的提高,促进了和谐校园,文明学校的建设。

多重角色,都要演好。为人子女,要尽力尽孝;为人父母,要尽心养育;为人师长,要敬老护幼;为人同事,要互帮互助;为人领导,要尽忠职守,引领属下,指导新人,提携后学;为人朋友,要诚信交往,精诚团结,合作共赢。不断逼迫自己走在圣贤的路上。

爱人者,人恒爱之;敬人者,人恒敬之。

家事国事天下事事事关心,风声雨声读书声声声入耳。关心家事,敬老爱幼,家庭和睦。关心国事,爱岗敬业,社会和谐。关心天下事,扩大境界,事业和顺。风声入耳,惊醒自己,兼听则明。雨声入耳,鞭策自己,去恶扬善。读书声入耳,提醒自己,终身学习。

三、晋级评先靠什么?

老师们平时要参加各种晋级评先活动,比如晋职称,评骨干名师,各级各类荣誉称号等,只要不是本校的评委,而是上级组织的评委负责考评筛选,多数情况下,只能靠参评的老师硬件资料,因为评委都不认识参评的人。所以,老师们平时要注意积极参与各级各类竞赛活动,争取获得最优秀的成绩,拿到前几名的荣誉称号和证书,积累起来备用。希望老师们平时注意做到以下七个方面:师德足够好,业绩足够大,评分足够高,排名足够前,证书足够多,称号足够高,级别足够高

上级部门聘请的评委,临时组成小组,时间紧,任务重,不会去具体细致地了解每一个人在原单位里平时的具体工作情况,往往是首先甄别参评人员档案里面各种资料的真假,然后看本单位和人事部门对上报上来的参评人员的排名情况(非常尊重这一项排名情况),再根据评委会制定的打分细则,重点核查参评人员的荣誉称号、证书、课题论文的级别和数量,进行量化打分排序,最后确定优胜劣汰的结果。至于有面试和说课讲课以及答辩等环节,多数情况下是拉不开距离的,所以说,一切还是硬件说了算。老师们平时一要遵守学校的规章制度,遵纪守法,埋头苦干,争取在各种量化考核中排名靠前;二要多参加各级各类练兵竞赛,无论校内的校外的,只要自己有资格参加的,都要踊跃参加,争取拿到好名次和证书;三要师德师风过得硬,不因违法违纪违规受处分。

干一行,爱一行,爱岗敬业,争先创优,提升自己,立德树人,造福学生,服务社会,是为师的根本任务。

四、最适合自己的才是最好的

任何东西好不好,先进不先进,一流不一流,优秀不优秀,评判的标准只有一个,就是是不是适合自己的实际。无论是一个国家,还是一个单位集体团队,或是一个家庭和个人,对自己的生存之道,发展道路,生活方式,工作方法等的选择,一定要实事求是地从自己的实际出发,去选择确定最适合自己的发展目标,管理方式,实施方案路径渠道,不能照抄照搬别人的东西,否则就会出现削足适履,东施效颦的结果。

不了解一个国家的历史,就不要轻易指责这个国家的发展道路和社会制度的选择。不了解一个学校的过去,就不要轻易指点这个学校管理模式教育教学等方面的优劣。不了解别人的过去,就不要轻易评论别人的对错。因为一切现存现有的目标道路做法等,都要受这个国家、学校、个人所拥有的历史、环境局限,不可能超越时代和

地域人文氛围的局限,这是历史规律。所以,一切都要从自己实际情况出发,选择最适合自己的方式来生活、工作、发展。最适合自己的才是最好的。不要抱怨别人为什么不和我们一样去做什么和怎么做。也不要自怨自艾为什么不和别人一样去做什么和怎么做。

有一句话说的好:一个真正成熟的人,不会轻易去评价别人的好坏,更何况是朋友的朋友。

人生交契无老少,论交何必先同调。

团队是每一个个体的总和。每个人都存在于一个团体之中。个人要发展好,必须选择正确的方向,处理好个人与他人与团队的关系,适应环境,顺势而为,乘势而上。每个人的生活经历、受教育经历、工作环境人际关系都是一个人思想意识、脾气性格、兴趣爱好、思维方式和行为习惯形成的决定性因素。这些因素的不同,造成人各有志,各具特性,工作作风、管理和教育教学风格,自己为人处事方式各不相同,这是好事,只有这样,我们生活的世界才丰富多彩,我们的学生才能接受到丰富多彩的教育,更加有利于我们的学生健全人格的形成。

我们要怀抱和而不同,理解包容的心态,以诚相待,主动沟通,积极交流,尽力创造敞开心扉,各抒己见,自由活泼的氛围,在维护大局,依法守纪,遵循原则的前提下,最终达到互相尊重,互相认识,互相理解,互相体谅,互相接纳,互相适应的结果,建立起和谐共处,互帮互助的人际关系,形成良好互动和工作合力,共同发展,共同维护团队利益,成为命运共同体,荣辱与共,同舟共济,共创伟业,实现共赢:事业有成就,学校有前途,团队有成绩,个人有进步。永远牢记着集体的辉煌来自于每一个人的全力奉献,个人的荣光离不开集体的辉煌,团队好,每个人才会好,每个人好,团队会更好。

五、胸怀光明,追贤齐圣

追求和平共处,和谐共赢的人,一直都在寻找朋友;喜欢唯我独尊,自私自利的人,一直都在寻找敌人。许多时候,敌人就在自己心里,你想谁是敌人,谁就是敌人;你想谁是朋友,谁就是朋友。

中国古代有个寓言故事叫《智子疑邻》,说的是一个人丢了一把斧子,就怀疑是自己邻居家孩子偷的,于是啥时候碰到邻居家的孩子,横看竖看都像小偷。后来斧子在自己家找到了,再见到邻居家的孩子,就怎么看也不是小偷了。

我们生活中,经常会遇到这样的人和这样的事,因为自己心胸狭隘,目光短浅,只是精于算计个人利益得失，疑神疑鬼，斤斤计较，睚眦必报，造成以邻为壑，误会重重，人际关系紧张，从而失去朋友和合作的伙伴，让自己的生活工作事业失去了快乐发展成功的基础。

我们中国的文化中，有和而不同、合作共赢的基因。实际上美国在自己崛起的过程中，也曾经展示过这样包容的文化。美国国父之一富兰克林就非常认真地研究过中国儒家的著作，他认为人类"需要通过孔子的道德哲学达到智慧的完美顶点"。托马斯·杰弗逊、约翰·亚当斯、托马斯·佩恩等美国奠基人都从儒家学说汲取了大量的智慧。

作为一个教育人，更需要宽广的胸怀，宽广的视野。每天面对正在成长中的同事和学生，思想习惯，思维方式，脾气个性兴趣爱好，千差万别，更需要有一颗包容的心，虔诚的意，友善的情，真挚的爱，温良的话，微笑的脸，鼓掌的手，喝彩的声，动人的行，在心里，给自己遇见的不同的人都留下一个位置，给予尊重理解、关爱呵护、引导帮助、发现亮点、赞美支持，启发他，点燃他，信任他，督促他，激励他，提携他，成就他，圆满他，造福社会，惠民益国，尽一个教育人的天职！

六、成为自己的太阳

愿我们成为自己的太阳，无需借助谁的光芒，就可以照耀别人。

头顶上有太阳，就要珍惜这颗太阳，借光借力，发奋努力，成就自己，协助太阳，更明更亮，普照更多更深更广，尽力让每个角落都铺满阳光。头顶上没有太阳，就独立自主，自带光源，发奋图强，努力把自己变成太阳，发热发光，贡献能量，燃烧自己，温暖周边，照亮别人，造福社会！

七、立己达人，明白做人

对于一个一贯遵纪守法的人来说，遵纪守法，是无意识的自然而然，偶尔因为特殊原因而一时一事违规违纪，就觉得是一件天大的事儿，会好长时间惴惴不安，自责悔恨，甚至痛苦万分，总是想找机会用某一种奉献的方式，弥补自己的过失，以求得心里平衡。因此，在一贯遵纪守法的人心里，所有人理所应当要遵纪守法，而且团队组织不应该大会小会反复强调重申法纪规章制度，那都是多余的废话。所以，从一定意义上来说，法纪规章制度，对一贯遵纪守法的人来说，就是一张废纸，几句废话，没用的篱笆墙。

可现实生活中的情况要复杂得多，远不是清水一潭，白纸一张，百人一款，千人一面,万人一心,人人一律,总有一些人自私自利,自行其是,视法纪法规制度如无物,投机取巧,徇私枉法,违纪自肥,总是想法设法钻空子,找漏洞,冒天下之大不韪,沾集体和别人的便宜,满足个人的虚荣心,名利心,惰性陋习私欲,而且这样的人,以为不占便宜就是吃亏,占了便宜,心里才能踏实,付出一点儿,就觉得难受万分,不劳而获一点儿,就兴高采烈。

其实,现实生活中,这两种人都属于少数。第一类人因为理想很丰满,恨铁不成钢,至多边干活边发发牢骚,该干的活依然干,而且依然全心投入,精益求精,倒是第二类人最可怕,也最可气,自己不干,还要唱高调,散发负能量,影响整个团队的风气。

所以,我们任何一个追求上进的人,都要睁大眼睛,明辨是非,看准正邪,认清真假,识别善恶,懂得美丑,站稳脚跟,和积极向上的人相处相聚,躲开那些劝你不干活,贪便宜的人。自己的人生,自己做主,毕竟积极进取的人,才会不断有成就感,不断成长壮大,人生才有价值,心态才会充满阳光,幸福快乐充实。

作为一个老师,在班级管理中,会遇到各种各样的学生,在生活工作中,会遇到各种各样的同事领导亲戚朋友,对学生要一视同仁,不能放弃一个,培优转差,责无旁贷,义不容辞。而其他成年人,如果自己是一个管理者,一个团队的负责人,是无法选择自己队员的,就同样要有做老师的境界和心态,一视同仁,培优转差,扶老携幼,凝心聚力,共同前进。

教育我们的学生今后做一个什么样的人,是我们必须经常思考的问题。而我们是什么样的人,对学生影响太大了,修好自身,教书育人,任重而道远。

八、一元复始,万象更新

满载着对未来的憧憬,我们迎来了新的学期。沐浴和煦阳光,聆听万物呼吸,往后日子皆向暖。

那些乘风破浪的岁月,那些学习生活的轨迹,无不记录着爱与责任,印证着果敢与坚韧;在努力奔跑的路上,我们不曾止步。

春来又一载,继续加油干。一切机遇,只有在奋斗中才能把握;一切愿景,只有在实干中才能实现。

这些天,冬奥赛事如火如荼。赛场上,冬奥健儿奋力拼搏,一次次突破自我,一次次创造历史。激励着、感动着无数人。

2月7日,在单板滑雪男子坡面障碍技巧决赛中,中国小将苏翊鸣斩获银牌,创造了该项目中国队的历史最好成绩。

2月8日,在自由式滑雪女子大跳台决赛中,谷爱凌做出世界最难高度,勇夺冠军,成为奥运会历史上最年轻的自由式滑雪金牌得主。

在2月6日结束的女足亚洲杯决赛中,中国女足逆转韩国女足获得冠军。铿锵玫瑰,重返亚洲之巅。

我很想跟同学们分享以下几点感受:

一是苏翊鸣的银牌,含"金"量很高。他的动作一气呵成,顺畅自如;他是所有选手中唯一完成1800度五周转体的运动员,惊艳了全场,征服了观众。

17岁的苏翊鸣,首次参加冬奥会就出手不凡,让人感受到青春的力量,奋斗的意义。初生牛犊不怕虎,自古英雄出少年!

人们看到的是苏翊鸣一鸣惊人,而在这背后,是日复一日的训练,是不知倦怠的付出,是超越自我的坚毅。

他说,闪亮的青春就是用来奋斗的。

二是谷爱凌夺金,证明了一个事实,她的天赋无与伦比。在外人看来,她仿佛天生为滑雪而生,她在滑雪赛场上像"开了挂"一样,但她却说:"我的滑雪天赋应该不到0.1%。"她觉得自己成功的背后99.9%都是汗水与泪水。

没有什么是轻而易举的,和她所获荣誉成正比的,恰恰是她一次次跌倒又爬起的次数。

难能可贵的是,谷爱凌从未荒废过自己的学业,她把上学当成自己最重要的任务。征战奥运的同时,还提前一年完成了高中学业,去年10月,就收到了大学入学SAT考试的成绩单。满分1600分,她获得了1580分,这份成绩单足以载入斯坦福的史册。

谷爱凌夺冠,靠的是硬实力、好心态、够霸气! 自信、勇敢、无畏,超越了自我。

"1620"这个动作,从没挑战过,从没尝试过,最后一刻才决定用这个动作来挑战自己,并取得成功,也许这就是超越的意义。不仅仅是谷爱凌,也代表了无数拼搏的人,都是在不断的超越自我,永远不给自己设置上限,我想这才是这位姑娘能够霸榜的根本原因。

三是中国女足上演逆转绝杀奇迹。她们在亚洲杯决赛中0-2落后的局面下,追回并反超比分,最终3比2战胜韩国队,荡气回肠的胜利令人热血沸腾。必胜的信念,顽强的意志力,是胜利的根本保证。

之前的半决赛,两度落后,两度扳平,不放弃、不认输,坚持战斗到最后一刻。面对世界冠军、亚洲杯卫冕冠军日本队,女足姑娘没有给自己找理由、找借口、找退路,不畏强敌、敢于求胜、勇于进取,迎来了铿锵玫瑰又一次绽放。亚足联官网头条报道了中国女足击败日本队,评价中国女足踢出了让日本女足震惊的表现,在一场史诗级的半决赛中,淘汰了对手打入决赛。

我们永远相信中国女足,相信的不是她们永远战无不胜,而是她们永远不会被一时的挫折摧毁;不是她们一直能够凯旋,而是她们始终不忘"铿锵玫瑰"的初心和传承;不是她们一直能够留在世界足坛的高处,而是相信她们永远可以从幽暗的低谷中昂首走出来,重新上升、再次飞腾。相信女足,是相信拼搏的力量,是相信顽强的意志,是相信哪怕落后也不气馁的斗志,是相信曾经的王者之师重回巅峰的勇气!

苏翊鸣的银牌,谷爱凌的金牌,中国女足的夺冠,无一不是拼回来的。爱拼才会赢!

拼搏不止于比赛,更在日常的每一份努力中。在不同的"赛场"上,中国人都很拼!联合校人,又岂甘人后呢?

新的学期,我对同学们的要求与希望就一个字——勤。

这是迈向未来的最好方式、最美姿态!

在中国文化中,勤,是一个重大的字,几千年来,深深地贯通于中国人的血脉里,是中国人的主流精神。

勤奋,即"暗暗下功夫,把一件事情做到底"。

勤奋,努力,把一件事情做到极致,毫无疑问,这是成为优秀的必由之路。

懒惰本身并不可怕,可怕的是懒惰背后衍生出来的东西,它会消耗人的生命与能力。

拥有了极度的勤奋与咬牙坚持的精神,生命就会变得自信、从容、优雅,学什么都能学好,做什么均可以做到极致。

一分耕耘一分收获,日积月累,然后颗粒归仓,没有比勤奋更容易、更快捷的方法了。

真想学好,其实很简单,下笨功夫就是了,而且越是聪明的人,越要下笨功夫。所谓"笨功夫",就是别人一遍能做到的,我做一百遍;别人十遍能做到的,我做一千遍。果真这样做,即使是愚笨的人也一定变得聪明,即使是柔弱的人也一定变得坚强。

拼过就是闪耀!人生能有几回搏?

有拼搏,才有收获。

真正的努力,从来都是不动声色的。耐得住寂寞,才配拥有诗和远方。努力只能及格,拼命才能优秀。

今年是虎年。虎是百兽之王,是强壮、威武、力量的象征。

春光万道,虎威千山。

让我们不负春光,虎力全开,以虎虎生威的雄风、生龙活虎的干劲、气吞万里如虎的精神,一路高歌! 一路生花!

一起向未来!

九、在奋斗中强大自己

越缺什么,就越在乎什么。越不缺什么,就越不在乎什么。缺什么,不能靠别人施舍,而要靠自己努力奋斗来获得。如果一味的祈求上天或别人恩赐一切,一旦得不到,就会怨天尤人,而且也不会珍惜,还会肆意挥霍,时间一长,还会游手好闲,无所事事,不劳而获。

只有靠自己努力奋斗获得的东西,才会心安理得,万般珍惜。只有在奋斗过程中,才能丰富人生阅历和经验,扩大自己的胸怀和格局,增加处事的智慧和能力,充实生命的底蕴,体会到生活工作学习的艰辛,人情冷暖,世态炎凉,才能结交到志同道合的合作伙伴,终生受益的可靠朋友,找到可以让自己可持续发展的支撑和保障。

理想再远大,也需要点滴的努力;口号再响亮,也需要实际的行动。不论你有多么宏伟的规划、多么昂扬的斗志,不去行动,终究是空中楼阁。千里之行,始于足下;漫漫长路,不如就从此刻出发!

一个人比你优秀,你尽可以放心交往,因为优秀的人散发正能量;一个人比你有德行,你尽量与他成为一个团队,因为厚德可以载物;一个人比你有智慧,你尽可安心与他同行,相信智慧能照亮未来;一个人活的生命比你有质量,你可用心与他成为知己,生命才有高度与宽度。与智者同行,与善者同频。

十、择人择境,自主自强

物以类聚,人以群分。近朱者赤,近墨者黑。和正能量的人在一起,自己也会能量满满,想干事要干事,干好事的习惯就养成了,和什么样的人在一起就会成为什么样的人。爱喝酒,酒肉朋友多;爱赌博,满眼都是赌徒赌棍;爱事业爱工作,胸中就常怀目标,心里始终装着事,眼里都是活儿,按俗话形容勤快人的样子就是:放下锄头就是耙子,没个闲得时候,怪不得人家过得好。这就是一句老话说的:天道酬勤!

出淤泥而不染,濯清涟而不妖。能做到就太难了。得有非常人之大志的心胸和毅力才能做到啊。所以,选择和什么样的人在一起太重要了。作为多数常人来说,与其抱怨环境对自己不利,不如主动迎着太阳而行,和自己羡慕仰慕敬慕的人在一起,学人之长,效人之优,主动作为,不辞辛苦,努力修炼,自我超越,成就自己。

十一、当老师的滋味

所有的老师都希望自己的学生比自己好,比自己能力强,水平高,更优秀,混的好,有出息,有前途,所以,平时的目光和心思都用在了自己的学生身上,总是专注于学生一言一行,一举一动,是不是合规矩,合礼仪,合规律,是对还是错,是实还是虚,是还是假,是美还是丑,是善还是恶,总是不由自主的去严厉的批评,和蔼地提醒,具体的指导,手把手的教练,不厌其烦地纠正,从来不抱怨学生傻笨呆蠢,只要看到学生有一点好的变化,对的进步,优的发展,都会欣喜若狂,自以为做成了一件最为自豪的事情,自己的自信心,成就感,幸福感油然而生。

这样的感觉,会随着看着自己经手调教的一个个学生一天天成长为自己想要的模样,而成为自己人生的快乐源泉,当老师的价值正是如此,因为青出于蓝而胜于蓝,高徒辈出,而丰富教育生涯的内涵与意义和获得无私大爱的评价,其实没有很深的期盼,只为践行当初走进教育当个老师的初心和使命,履行职责道德和义务而已。这是其他任何行业的人难以理解和做到的。

十二、慎独慎思,乐观乐行

目的地一旦确定了,每每走过了一段路,度过了一段时光,要根据难料的时事变化,各种因素影响和个人需求。

一要回一回头看看来时路,想一想为什么要出发:是为生计所迫,为爱好所驱,为某人某事所感,为事业心所召,还是为青青涩涩懵懵懂懂不知为何所误,初心初音初境是什么样子,扪心自问一下:路上经历了什么,看到了什么,自己主动做过了什么,了解认识了什么,内心感动了什么,收获了什么,掌握住了什么,不能掌控什么,又失去了什么,失去的原因有多少是来自别人的,又有多少全是自己的。

这叫总结反思,人生复盘,积淀经验,丰富智慧。二要往前看一看方向,望一望星空,校一校路径,调一调心态,把一把节奏,捋一捋头绪,理一理资源,想一想下一个目标,做一做下一步计划,筛选一下该做什么,多做什么,怎么做,不该做什么,少做什么。这叫展望未来,战法推演,自我加压,再开新局。

目的地一旦确定了,每每走过了一段路,一要回一回头看看来时路,想一想为什么要出发,初心初音初境是什么样子,扪心自问一下:路上经历了什么,看到了什么,自己主动做过了什么,了解认识了什么,内心感动了什么,收获了什么,掌握住了什么,又失去了什么。这叫总结反思,积淀经验,丰富智慧。二要往前看一看方向,望一望星空,想一想下一个目标,做一做下一步计划,筛选一下该做什么,多做什么,怎么做,不该做什么,少做什么。这叫展望未来,自我加压,再创新局。

十三、老师的本质是艺术家

中国教育学会顾问、上海市教育学会名誉会长,被联合国教科文组织授予"亚太地区普教专家"称号的我国普教界著名学者吕型伟关于教育有一段名言:教育是事业,事业的意义在于奉献;教育是科学,科学的价值在于求真;教育是艺术,艺术的生命在于创新。

我们是人类灵魂的工程师,是学生形象的塑造者,是未来国家和社会发展的奠基人。我们用德艺双馨对学生言传身教,让学生成为我们理想的模样,为我们自己,为我们的社会,为我们的国家培养出一批又一批德才兼备的接班人和建设者。立德树人,使命光荣,不忘初心,兢兢业业。

下面是习近平总书记对文艺工作者的嘱托和希望,大家都可以读一读,想一想,从中汲取营养和力量,悟出使命和责任,落实到具体行动上。从一定意义上来说,我们当老师的本质是文艺工作者,每天面对活生生的人,鲜活的生命,火热的生活,青春的年华,激情的岁月,用粉笔,总黑板,用备课本,用日增的白发,用有教无类,用因材施教,用循循善诱,用诲人不倦,用赤心爱心描绘雕刻塑造出一个个国家希望,民族期盼,家庭依靠,社会需要,老师骄傲的人物形象。读一读习近平总书记的讲话,联系我们联合校的实际,结合自己的岗位职责和每天工作任务,积极投身到我们学校的教育教学工作中去,创造亮点,创新业绩,发现美好,歌颂赞美身边的优秀师生,讴歌联合校辉煌的昨天,火红的今天,理想的明天,鼓舞士气,团结一致,办好老百姓家门口的优质学校。

十四、适应新形势,展现新形象

时代在变,政策在变,形势在变,人们的观念在变,评价事物好坏优劣美丑的标准也在变。大家都要跟上变化,适应变化,利用好变化带来的机遇。

不变是相对的,变化是永恒的。我们作为教育工作者,肩负着为党育人,为国育才的重任,必须紧跟国家教育政策的变化,顺应时代潮流,深刻领会立德树人根本任务的内涵,更新教育教学观念,更新教育教学方式,更新评价学生的标准,更新与学生和家长沟通交流的方式方法,积极回应社会各种关切和诉求。坚持科学人文的教育原则,树立共富共生,共进共和,共优共赢。

师生学习和命运共同体的新理念,以海纳百川,有容乃大的胸怀,登高望远,从善如流,尊重理解,和蔼友善,循循善诱,因材施教,换位思考,将心比心,崇尚团结,重视分享,追求共识,凝聚合力,以优质的服务态度和不断提高的教育教学质量,营造新形势下学校家庭社会和谐共处的氛围,赢得新的美誉度,打造新形象,创造新品牌,收获新口碑。

十五、各有所长,才尽其用

时时事事处处做个有心人,凡事用心谋细,依据各自特长,确定岗位,明确职责,分工负责,狠抓落实。正如俗话所说:有埋头苦干的,有指导查看的,有高喊加油的,有鼓掌营造氛围的,有摄像记录精彩内容的,有擅长写作文采飞扬宣传形象的,总之,在一个团队里,八仙过海,各显其能。人人都要让自己成为八仙之一,平时练就一个特长和技能,遇事分工明确,互相合作,在团队建设中发挥独特的作用,人尽其才,才尽其用,用尽其所,为团队带来成就和荣誉,为个人带来成长和进步。

其实,我们班级管理和教育教学的秘诀,也正是如此:以生为本,尊重个性,发现优势,因材施教,挖掘潜能,培育特长,各具所长,发展特色,具备可持续发展能力,让每一个人都能大放异彩,适应未来社会工作的挑战,在现实生活中得到存在感,获得感,荣誉感,幸福感。自信充实,优雅大方,美丽动人。

十六、有实力才能有用处

让学生对社会有用是我们的责任。

我们当老师做教育的目的和任务就是:立德树人,培养一批又一批对社会有用的人。所谓有用,就是能够满足他人和社会的精神或物质需求,以体现自己的人生价值,获得存在感荣誉感。要能够提供这些需求,就要求自己有能力和实力,去做好事善事大事。就是要求我们的学生有爱心,负责任的品质,能担当,肯吃苦,会办事的能力。在家是父母的依靠,兄弟姐妹的榜样,在学校是团队的骨干,同学的助手,老师的帮手,在社会是文明的使者,推动社会进步的力量。

培养学生让自己有用的能力,就要从培养学生良好的习惯入手,包括良好的生活习惯,行为习惯,学习习惯。习惯是成就一切能力和实力的重要因素。著名教育学家乌申斯基说:"如果你养成好的习惯,一辈子都享不尽它给你带来的利息,如果你养成了坏的习惯，一辈子都在偿还无尽的债务。"

决定一个人成就的，靠的是天时地利人和，三个因素都具备了才可以。所以只是靠天靠地，靠运气和机遇，是远远不够的，尤其是人和，更为关键，有自我驾驭的能力，随时能够调节平衡心态，内心充满正能量，与己与人与自然，和谐共生，善于合作，互学互助，不断自我超越，才是为人处事之道，安身立命之基，进步胜出之本。而要坚持和付出，是不停地做，重复地做，用心去做，当你真的努力了付出了，你会发现自己潜力无限。

每一段不努力的时光，都是对生命的辜负。

十七、做个耐心的教育研究者

无论是谁，都要活到老，学到老。意思是说，每一个人一生都处于成长过程之中，从无知到有知，从错误到不错，从幼稚到成熟，从经常反复犯错到很少犯错和重复犯错，学生和老师是一样的，都是不断的犯错纠错不错的过程中，过着每一天，这是人成长的规律，我们做管理教育工作的人，都要不断的学习规律，摸索规律，掌握规律，按规律办事，不要违反规律，才能让自己变得越来越优秀。

严师出高徒，严师的特点首先是严格管理，但是严格管理不是不遵守教育规律，刚柔并济，要管法教法灵活多样，处理形式因人而异，因材施教，对症下药，一人一个药方，一种用法用量，对违规违纪的学生一棍子打死，无论情节轻重，一律停课，劝退，开除，一把刀一刀切，图省事，嫌麻烦，期望一蹴而就，不愿意耐心细致地做学生的思想工作。

品牌学校是由一个个名师，一代又一代传承的口碑积攒起来的。名师的成名，靠的是日复一日年复一年，在课堂内外，校内校外，和学生及家长打交道过程中，一言一行，一举一动，一颦一笑，一点一滴，一事一件，做得让家长和学生心服口服，即使劝退开除他，也要对老师感激涕零，自惭而退，而不是骂骂咧咧，满腹怨恨，悻悻而归，记恨终生。

教育学生要懂得规律，对后进和问题学生，更要注意工作原则和方法方式。抱着研究的心态做学生工作，接受现实，允许犯错，冷静对待，耐心等待，循序渐进，环环相扣。

十八、做自己思想和情绪的主人

因为人生不如意常八九，所以才有了这样的祝福语：万事如意，心想事成，好运连连,福星高照,天随人愿等等。因为难得,才显得珍贵,才总是让人充满期待和憧憬,才能不断激发人们勇往直前的勇气和决心,智慧和力量。

如何正确处理好公与私,人与人之间的关系,是每个人每天都要面临的人生课题,也是一个人成长发展成熟过程中,谁都无法回避的问题。大公无私的人,胸襟大,天地宽,受人敬仰;公私兼顾的人,善合作,更容易心想事成;过于自私的人,自寻烦恼多,损公肥私,损人利己,满心私利,越走路越窄。自私自利的人,往往目中无人,目无组织,目无纪律,目无大局,甚至目空一切,目光短浅,心胸狭窄,以邻为壑,从而造成心智减弱,判断力下降,安全感极低,既偏激又偏执,容易在周围人和事以及自然环境变化的左右下,杞人忧天,患得患失,胡思乱想,自以为是,刚愎自用,矫情蛮横,喜怒无常,情不自禁,行动失控,常常表现为偏听偏信,受人蛊惑,语无伦次,颠三倒四,反复无常,焦躁不安,胡搅蛮缠,无理取闹,强词夺理,任性妄为,不由自主,挑三拣四等。

在一个团队里共事,总要有一个主管,总揽全局,牵头负责团队整体工作的谋划,组织协调,督促落实,检查评价。大家都要明确团队奋斗的目标,自觉服从领导,遵守团队规则,凝聚团队力量,形成强大的战斗力,才能完成上级交给的任务,实现团队的目标和个人的成长。至于团队主管如何给每个人分工,交代什么任务,让哪个人具体干什么,谁和谁组合,谁是主角,谁是配角,都是依据全局需要,阶段任务特点,每个人的个性能力优势等许多方面因素,从如何才能达到是最佳组合,能发挥最大能量来考虑的。对个人来说未必能掌握和考虑到这些因素,但作为一个主管,就必须观察、思考,掌握、考虑到自己团队里每一个人的这些特征,便于安排工作,发挥每一个人的优势,收到最佳效益。老师们在接受主管安排工作,布置任务时就要积极配合,不能用自己愿意不愿意,爱不爱,想不想,能不能,喜欢不喜欢,自由不自由作为借口,来推脱、拒绝、不服从,影响整个团队的工作部署和目标实现。

与人相处之道,贵在和谐,只有和谐,才能形成合力,达成共同的目标。要想和谐,就要学会互相尊重理解。一个人要想驾驭别人,首先要学会驾驭自己,控制好自己的情绪,磨练自己的意志,强大自己的内心,不以物喜,不以己悲。不因一事一时得失成败而颓废消沉,可以呐喊,不可以放弃,可以痛哭,不可以绝望。一旦自我失去了拼搏的动力,再次站起来,就会付出双倍甚至几十倍的代价。不可想象,一个连自己都驾驭不了的人,内心充满纠结矛盾,如何去和周围的人建立和谐的人际关系,争取到别人的配合和支持,合作共事,实现自己的目标和愿望。

我们学校的教育理念之一就是:和谐教育创造幸福人生。

十九、对自己最大的善待

有时候人的眼睛看世间、看他人,就是看不到自己;能看到别人过失,却看不到自己的缺点;能看到别人的贪婪,却看不到自己的吝啬;能看到别人的愚昧,却看不到自己的无知;能看到别人的目光短浅,却看不到自己的狭隘。

人生要多些反思,多些扪心自问,才能认识自己。修行是修正内在的过程,改变自己,让心越来越靠近慈悲喜舍,才是对自己最大的善待!

二十、争做四个引路人,争当四有好老师

教育是点燃每一个交付在我们手上的生命,而不是熄灭或者摧毁。教育不是你收了多少人,而是你影响到了多少人。

生活中一定要和你同频的人在一起,和鼓励你前行的人在一起,和有趣的人在一起,和正能量的人在一起,因为这样你会越来越快乐,越来越进步,越来越有趣,越来越优秀,越来越有正能量,你会慢慢活成一束光,照亮自己也会照亮别人!

教师要做学生的"四个引路人",即做学生锤炼品格的引路人,做学生学习知识的引路人,做学生创新思维的引路人,做学生奉献祖国的引路人。

第一,做学生锤炼品格的引路人。教师在关注学生成绩的同时,要引导学生锤炼品格,要通过各种行之有效的方式方法培养学生具有健全的人格和优良的品格,让学生不仅当一名合格公民,更要当一名优秀的炎黄子孙。同时,教师自身也要注重品格的锤炼。

第二,做学生学习知识的引路人。教师自身要有扎实的学识,既能教给学生知识,又能教给学生方法,不仅要引导学生学什么,更要引导学生怎么学,还要引导学生不厌学,精益求精地学。教师要成为学生的引导者、帮助者、参与者。

第三,做学生创新思维的引路人。教师要鼓励学生有创新行为,允许并包容学生在创新时犯错,学会创造性地思考和实践,力争成为创新型人才。一个优秀的老师要敢于让学生超越自己,要能够接受学生提出的新观点,新思想,只有这样才能够培养学生的创新思维。

第四,做学生奉献祖国的引路人。教育学生热爱祖国,是每位教师应尽的教育职责。教育学生要做一个对祖国、对社会、对人民有用的人,要有大格局、大视野,不能仅仅思考自己,更要"达则兼济天下"。在老师的教育下,每个学生都有责任感,都有使命感,都有国家的荣誉感,为中华民族的伟大复兴而努力学习。

老师要争当四有好老师。即有理想信念,有道德情操,有扎实知识,有仁爱之心。

第一,有理想信念,这是实现中国梦的思想基础,体现了思想育人的导向。思想是行动的先导,有什么样的思想就会有什么样的行动。

第二,有道德情操,这是教书育人的前提条件,体现了道德育人的导向。古人云,师者,传道、授业、解惑也。一个道德情操高尚的教师,他的学生也会是道德楷模。

第三,有扎实知识,这是对教师的起码要求,体现了知识育人的导向。教师的职业就是教书育人,如果自己一瓶不满、半瓶晃荡,那是教不好学生的。

第四,有仁爱之心,这是教师从事的职业所需,体现了和谐育人的导向。孔子曰,仁者,爱人也。教师就是人类社会灵魂的工程师,只有真心诚意地去爱每一名学生,才能成为一名合格的教师。

二十一、教育本质的思考

教育本质是教人求真向善尚美,育人人格健全,身心健康,培养对社会有益,对家庭有用,对自己有责的人。

一个人健康成长成人成才,一靠自身内在因素,二有赖于许多方面的综合作用,内因外因相互作用。每一个人身处社会之中,不会是单一因素决定的,更不会自生自灭,自由生长。无论是家庭教育还是社会教育,对于一个受教育者来说,都是不可或缺的,只有三方面紧密结合,密切合作,理念一致,步调一致,各尽所能,形成默契,形成合力,才能收到最佳效果。所以说教育,不是由单一某个方面独自完成的。

在学校教育中,对一个学生的管理教育,更是由多方面的力量合作完成,班主任和任课老师,以及同学,是每一个受教育者最直接的影响因素,其他管理人员,教辅后勤服务人员,校工保安等所有活动在校园里的人员,以及校园里一草一木,一景一物,墙壁上一字一画等,都会直接或间接地对学生的发展成长,产生和施加着或多或少,或轻或重的影响,所有人的仪容仪表,所作所为,所言所语,都会是学生模仿学习的对象,所以说,教育既是一个人的事业,也是集体合作的工作。

一个学生在一个学校学习成长过程中,自然而然地受到一个学校各方面人、物、事的熏陶,带有这个学校明显的学校文化气息和印记,这就提醒我每一个人,务必重视自己每天的一切言行,学高为师,行为世范,一定要把自己最好的一面展现给自己学生,以身作则,率先垂范,培养出德智体美劳全面发展的社会主义合格建设者和接班人。教育就是培育学生的生存能力,学习能力,合作能力,创新能力。这是一个人立身处世的基本能力。联合国教科文组织曾提出的"四个学会":学会求知、学会做事、学会共处、学会实现自我。

教育，对一个人本身而言，要达到人格健全，身心健康，和谐发展，首先要学会全面了解认识自身所有的一切，长处短处，优势劣势，强点弱点等，正视现实，然后根据自身条件，按照因地制宜，因人而异，因材施教，扬长避短，取长补短的原则，选择自己成功的目标，奋斗的方向，成长的道路，发展的方式，努力的办法，实现各方面的和谐发展，成为一个个性鲜明，特长突出，特质明显，潜能深厚，又能与人和谐相处，合作共赢的人。

让每一位师生都能大放异彩，是我们学校的教育追求；"为了每一个师生的尊严，为了每一位师生的发展，为了每一位师生的幸福"，是我们的办学宗旨；"育人为本，和谐创新"，是我们的办学理念；只有具备了"有爱心，负责任，求真知，做真人"的素养，才能成为具有可持续发展能力的现代人，未来人。

二十二、永恒的追求

努力成为真的追寻者，善的传播者，美的创造者，爱的践行者。

简洁的几句话，道出了为师的真谛，为师的价值，为师的追求，为师的境界。

真善美，是人类文明进步的标尺，是现代价值体系的基本准则，是人们发自内心的道德追求。

教师承担着教书育人的重任，不仅是美好价值的坚守者和弘扬者，更是人类文明的传承者和创新者。

做真的追寻者，善的传播者，美的创造者，爱的践行者，这个源远流长又被赋予时代内涵的命题，将鞭策和激励每一位即将以及正在教育岗位上工作的人。

从来没有一种职业，能像教师一样，与真善美爱这四个人类无限崇敬的美好价值完美结合。

完善自我，培育学生，延续文明，走向崇高，成就伟大。

追求真理的导师，学会做人的表率。

做真的追寻者，什么是"真"？真是事实和规律。

尊重事实，指导规律，让社会文明赓续发展；追求真理，求真务实，让职业底色熠熠生辉。教师是时代航船的瞭望者，是探究社会发展规律的先行者，是离真理最近的人群。

教育的最高境界是个性化的教育，是因材施教，而不是千篇一律。

每个人都是不同的，一个人可能跟别人没法比，但是可以把自己的潜力发挥出来,做最好的自己。

是什么决定我们的未来? 互联网和教育。每个人在互联网和教育面前都是平等的,而且互联网教育可以改变一个人的生活。

以学习者为中心。

学习真的可以很美。

二十三、幸福教育

幸福教育的主体应该是教师,应该让播种幸福的人幸福起来。随着经济社会的发展,在教师的物质生活待遇改善之后,其幸福度更多地体现在精神层面,个人人格是否得到充分尊重,自身价值是否得到充分体现,这些需要学校创造更人文、更科学的管理环境。

教师要成为教育事业的主人,首先要成为学校的主人,学校工作的各个方面要真正做到尊重教师,凸显教师的主人翁地位。教师在履职过程中如果不能受到充分尊重,就不会有高度的事业心、责任感和职业幸福感。

我们要善于建立科学的评价机制,让教师共享公平与阳光,让教师充分感受平等与尊严。要人尽其才,创造条件,搭建平台,让每一个教师充分发挥自己的优势和特长,实现自我价值,体验职业成就感。

要善于从人的细处着眼着手,创设丰富载体,营造温馨、友善、和谐的校园小环境,让校园成为全体师生依靠、依恋的幸福家园。

二十四、教育是一种生命关怀

教育应当以引导学生成人为第一要务,以发展人性,培养人格,改善人生为根本目的,最大程度地促进学生人格美好,人格健全,人生幸福。

一段教育历程,便是一段生命历程。教育应建立在敬重生命、珍爱生命的基础之上,唤醒学生的生命意识,发掘学生的生命潜能,激发学生的生命活力,拓展学生的生命宽度,从而使学生追求生命的意义,实现生命的价值。

教育是一种生命关怀。这种关怀,既是对学生自然生命、未来生命、群体生命的关怀,也是对学生精神生命、当下生命、个体生命的关怀,是统一体,是身心的和谐,是爱和智慧。

教师梦包括三个层次的内容,即职业追求、社会理想、生活向往。

职业追求:就是教师在教书育人、学术研究、服务社会的过程中,所能取得的职业地位、职业声望、学术成就,教师的职业追求绝不仅仅是满足养家糊口的需要,培养高素质、创新型人才而"桃李满天下",科研出成果有益于国家科技进步,这些才是教师收获幸福与快乐的源泉。

社会理想:就是要密切关注时代、社会和国家的发展变化,"为天地立心,为生民之命,为往圣继绝学,为万世开太平",体现出教师的情怀、担当和良知。

生活向往:就是教师们能安居乐业,生活幸福,有爱好,有追求,有情趣,有气度,不为物欲和金钱所思。

职业追求、社会理想、生活向往,三者互相影响,互相推动,相辅相成。尊重教师,就是要支持和帮助广大教师提高生活品质,获得生活幸福,在职业道路上就得快速发展和伟大成就,并以此影响和引领社会。

二十五、改变,从阅读开始

一个人的精神发展史就是他的阅读史。人类最伟大的思想在书里。

通过阅读,我们不一定变得更加富有,但我们一定可以变得智慧。

通过阅读,我们不一定能改变我们的长相,但一定可以改变我们的品位和气质。有些人相貌普普通通,但"听君一席话,胜读十年书",令人如沐春风,你会觉得他深邃厚重。遗传无法改变,但是人的精神可以通过阅读而从容,而气象万千。

通过阅读,我们不一定能延长我们生命的长度,但一定可以改变我们生命的宽度,增加我们生命的厚度。人的生命长度有基因等先天因素在起作用,而后天阅读可以让我们的精神世界更加宽阔而充实。

通过阅读,我们可以在有限的生命当中欣赏无限的美景,体验精彩人生。通过阅读,我们不一定能实现我们的人生梦想,但一定可以帮助我们更接近我们的人生梦想。阅读,对个体的精神成长至关重要。

第三章　学校发展

第一节　对学校发展的思考

邢台市第七中学是我市标准化初中和美术职业高中。创办于20世纪50年代，有60年办学历史。学校办学质量高，教学成绩好，深受群众满意。学校坐落于邢台市行政文化中心开元北路，占地84亩，建筑面积7000平方米，现有教学楼8个，在校生5500余名，教职工380人。

一是邢台市第七中学是一所很有特色的学校。

（1）学校创办之初是由三所小学附设初中班和三所职业高中合并而成。

（2）2002年、2009年，七中根据上级要求兼并了十六中、九中两所薄弱初中，形成了"强校带动薄弱学校发展，扩大优质教育资源，有效解决城区孩子上学难"的办学模式。

（3）学校除承担义务教育外，还担负职业教育和普通高中教育任务，是一所完全中学。

（4）学校共有三个校区，分别位于开元北路红星街东头、红星街西头。

二是邢台市第七中学是一所深受百姓喜爱的学校。

（1）学校教育教学质量高，校风正、教风严、学风浓、社会声誉好。初中十几年来培养出9名中考状元，各项评价指标名列市区初中前茅；高中每年高考升学率逐年上升，一直在市区12所高中排名中名列第三位，年年有多名学生考入八大美院。邢台市第七中学是小学毕业生首选的热点学校，高中是有志于学美术的学生首选的特色职业学校。

（2）学校办学理念先进，锐意改革创新，大力推进素质教育。学校围绕"立德树人"这一根本任务，坚持"文化立校、科研强校、依法治校、特色树校"的办学方略，把可持续发展教育思想融入办学理念中，以打造"平安、和谐、优质、特色、示范性"5A级理想学校为办学目标，坚持"为了每一位师生的尊严，为了每一位师生的发展，为了每一位师生的幸福"为办学宗旨,提高教育教学质量。学校文化是一个学校的灵魂,邢台七中一直十分注重学校文化建设,打造富有七中特色的精气神文化。我校在学校文化建设上主要围绕三大主题来开展,一是可持续发展教育文化,着重培育学生的未来素质;二是孔子文化,着重培养学生中国人魂魄;三是钱学森大成智慧文化,着重培养学生智能人素养。学校通过打造文化景观,开发校本课程,开展丰富多彩的社团活动。学科教学渗透,让学生受到文化的滋养,逐步具备中国心、科技身、未来人的素养。

(3)学校大力开展教育教学改革,深入推进素质教育。学校经过多年实践总结,探索出一套有利于提高教育教学质量的模式,教学方面:"7341"高效智慧教育教学模式;德育方面:"三三三"德育模式、"三自一包"管理模式、"三个让三个一"激励教育模式;体艺方面:"一班三节目、一生两特长、一级两套操"工作规程;校园安全管理方面:"七要七不要""十建立十达标"工作机制;问题即课题的草根式接地气的科研模式等,随着这一系列工作的落实,学校管理日益规范化、精细化、科学化,办学水平逐年提升。学校先后获得"联合国教科文组织中国可持续发展教育项目(ESD)实验学校""中国当代特色学校""河北省特色文化建设先进学校""河北省心理健康教育特色学校""河北省依法治校先进学校""河北省职业技术教育示范学校"等近百余项荣誉称号。

三是邢台七中有一支有仁爱之心、锐意进取、德艺双馨的教师队伍。

学校有全国优秀教师1人,河北省最美女教师1人,邢台好人4人,全部达到本科以上学历。

四是邢台七中在发展中遇到了一些困难。

(1)校区分散,管理不便:学校有三个校区,相距较远。每个校区占地都不足28亩,管理的触角有时难以达到每个角落,给精细化管理带来困难,制约管理水平进一步提升。建议新建一个达标校区,整合资源。

(2)规模较大,师资缺乏:目前学校在校生有5300多人,在编教师只有347人,师生比不合理;加之学校由三个学校合并,出现三多问题,老弱病残教师多,长期不在一线上课难以胜任教学工作的科员人员多,响应二胎政策育龄生产的女教工多,造成了结构性缺编。根据学校现在规模和未来发展规划定位,学校大约学科教师40人。

(3)设施不全,需要补建。目前学校需要一个400米跑道的塑胶操场,专业画室10个,职业教育实训楼一栋,教师的办公条件需要进一步改善。

写于2016年

邢台七中是教学质量非常高的热点学校,有近60年的建校历史,当初是由三所初中和三所职业高中组成,后来于2002年、2009年分别兼并了十六中和九中两所薄弱初中,形成三校合一、一校三区的格局。现在在校生5600余名,其中高中生2300余名,初中生3300余名,在编教师347名,在聘教师42名。学校占地面积80余亩,三个校区分别位于红星西街市政府西侧、红星东街驴夫营街和开元北路38号,建筑面积3.1万平米。

学校承担着我市的初中义务教育、美术职业高中教育和普通高中教育三类教育任务,是一所综合性完全中学。其中义务教育因为质量上乘而成为品牌,美术职业高中以其特色突出而成为龙头,深受我市百姓的热赞。尤其是我校的美术职业高中,办学规模和在校生人数在我市排名第一。邢台市各行各业的美术人才大多数都是从邢台七中美术职业高中毕业。

邢台七中近几年来,教育教学质量快速提升,社会声誉日益提高,先后获得全国关心下一代工作先进单位、全国百强特色学校、河北省学校文化建设特色学校,河北省科研工作先进单位、邢台市文明单位等荣誉称号。

在市委、市政府和上级部门的正确领导和大力支持下,七中这几年有如下三个方面的巨大变化:

一是办学条件改善的力度大。近四年来,我们通过争取上级支持,下拨资金1500万余元,自筹资金500万余元,完成了校安工程8000平米,对三栋教学楼、一栋学生宿舍楼、一栋学生食宿楼的加固改造和新建,铺设塑胶操场一个装修装饰美术教学楼2栋,改建美术画室8个,使学校有了一个更加安全牢固放心美观的教学环境,这得益于市委市政府对教育的高度重视。

二是办学品位提升速度快。2014年市教育局制定了“创造5A级学校评估方案”,指导我市学校在不断完善办学条件基础上,着力学校内涵发展。邢台七中现在已达到了5A级标准,成为5A学校。学校把立德树人作为自己的根本任务,狠抓教育教学质量的提升。我校初中教育教学质量一直名列市直中学前茅,近二十年来有9名中考状元出自七中,优秀率一直排名在前三位。美术高中考上八大美院人数连年大幅增加,2010年本科上线率仅为19%,2016年达到54%,让越来越多的中考成绩二三百分的学生在感到升学无望的时候,重新树立自信,发现自己的特长和潜能,实现升入大学的梦想。2017年我校有12名学生通过了清华美院、中央美院、中国美院这三所国家顶级美术院校的专业合格线。我们正在全力加强对这12名学生文化课的辅导,争取让他们实现清华梦、央美梦、国美梦,为我市的高中教育质量增光

人,增加到今天的3600多人,成为我省在校生规模最大,人数最多的学校,每年的升本率达到70%以上,让许多中考成绩达不到重点高中分数线,升学无望的学生重新燃起希望,实现上大学的理想,为不同层次和类型的学生开辟了一个多元化发展,多渠道升学的捷径,创造了"因材施教,低进高出,多元发展,人人成才"的教育奇迹,深受广大学生和家长的赞扬,得到了社会广泛认可,我校成为邢台市美术职业教育的一面旗帜。

二是教学管理精细化。学校立足现有的办学条件,确定了"实施精细化管理,创办优质精品学校"的办学思路。全面控制班额,实施小班化管理教学,高中依据学生基础兴趣爱好特长,开设了美术、书法、音乐、体育、编导、播音、主持等十余类专业班,实施分类分层教学,极大地满足了学生发展的需求,使每一个学生在我校都能心有所属,学有所成,最终实现自己的升学就业愿望。

学校坚持"管理精细化,教学精品化,服务精致化"的原则,累积制定了百余项规章制度,近百种各类工作流程、程序和模版,确保各项工作规范化,精细化,科学化,促进学校实现高质量发展,办学水平不断提升,向现代化学校迈进。

三是学校文化尖端化。学校文化引领学校发展,必须有历史观、先进性、前瞻性。我校创办伊始,就是由六所学校合并而成,在发展过程中又先后兼并了九中和十六中,联合了十五中,这一特殊的办学历史,决定了学校必须高度重视不同学校文化的大融合,只有文化融合,才能保障学校在不同的发展时期平稳过渡、健康生存,稳步发展,不断兴旺。因此,我们确定了学校文化的核心内涵就是一个"和",即"和文化",这个文化内涵既是中华传统文化的精髓之一,又是中国现代社会提倡的核心价值观的重要内容,更是构建未来世界——人类命运共同体的基础支撑,可以说既有历史传承,还有学校特色,又有现代元素,更有未来意义。我们始终高举这一尖端化的学校文化大旗,并作为学校发展愿景和规章制度制定,团队文化建设,德育文化模式设计,教改文化建立,课程文化开发,校园文化氛围营造,家校合作机制构建等多方面工作的指导思想。如今,"和文化"已经成为全校师生的共识和共同的价值观,成为学校不断发展壮大的动力和法宝。在"和文化"的熏陶下,学校平安和谐,教师快乐幸福,学生阳光大气,获得了很高的社会信誉度,美誉度,成为我市一所深受老百姓青睐的优质特色品牌学校。

写于2018年

一、再造新七中,打造桥东教育新名片

桥东区委区政府对教育的重视程度提高到了一个崭新的高度,为处在发展瓶颈期的邢台七中迎来了新的发展机遇。为此,特建议如下:

一是尽快解决邢台七中生均占地不足问题。邢台七中是一所集义务教育、普通高中教育、美术职业高中教育于一体的综合性完全中学,是我区乃至我市一所优质热点中学。为实现义务教育均衡发展,学校发挥优质教育资源的辐射带动作用,积极以强带弱,先后兼并联合了原邢台十六中、邢台九中、十五中,实施集团式办学,尽最大力量满足老百姓对优质教育资源的需求。目前,在校生 7000 余人,其中初中 3800人,高中生 3300 人。现有四个校园,都地处老城区,分别位于(七中)东门里街口,25亩,(九中)市政府西侧,24 亩,(十六中)驴夫营街口,23 亩,(十五中)牛市街口,8亩,总面积 80 余亩。生均占地面积严重不足,既不能满足现在办学要求,又不能满足未来迅猛发展的需求。校园分散,管理难度大,需求人员多,耗费成本高,不利于精细化管理和进一步提高教育教学质量。

二是有三个解决方案供参考。

第一个方案:整合现有教育资源,舍二换一成二。邢台二中五一桥校区占地近60 亩,可以通过政府购买形式,或者土地置换,划归邢台七中使用,现成的校舍及设施设备,投入少,周期短,见效快。七中的九中校区和十五中校区可以归政府或开发或办成小学和幼儿园,不用再投入,就多了两个学校。

第二个方案:加快三年教育攻坚计划落实步伐,舍二换一成二。攻坚计划中又建两所中学,希望规划时候按中学或高中,最好是美术高中标准设计,加快进度,尽快建成后归邢台七中美术高中使用。邢台七中的九中校区和十五中校区交由政府统一调用。

第三个方案:整体搬迁,异地新建一所高标准的新七中,舍四换一成五。在桥东区划范围内精心选址,争取占地面积在 200 亩左右,新建一处适度超前几年不落后的新校园,打造我区教育新名片,新亮点,新地标。邢台七中现有四个校区全部交由政府统一调用,这样建成一所学校,实际整合出五所校园,一举五得,效益极大,将大大缓解我区义务教育资源不足和学位紧缺的矛盾。

三是着力发展好我区两所特色高中,对于提升我区整体教育质量和影响力有着极为重大的意义,功在当代,利在千秋。2017 年划归我区六所学校,只有两所高中,而且都是特色高中,一所是邢台三中外国语高中,一所是邢台七中美术职业高

中。这两所高中单单办普通高中，只能是为了满足老百姓孩子有高中上，不能保证多数孩子上大学，因为优质生源都被邢台一中、二中录取了，但是我们办好两所特色高中，就可以让这些学生靠外语和美术特长，多数人还能考上大学，这是我们这两所高中的优势所在，非常值得高度重视。可喜的是，目前我区对邢台三中的校园建设投入，基本上满足了其自身发展的需要。邢台七中近几年由于质量高声誉好，加上我区经济社会等各方面发展迅速，人口和生源激增，在校生规模极速扩大，现有校园已经远远不能满足学校发展需要，占地面积和校舍面积严重不足，亟待解决。希望区委区政府考虑一下，把改善邢台七中的办学条件列入议事日程，尽早谋划，加快规划实施再造新七中建设，使我区的基础教育发展再上新台阶。

以上是本人一些不成熟建议，不妥之处，请指正。

二、七彩七中，可持续发展

永远不对自己的孩子说，你看看别人的孩子，因为孩子从来没有对你说，你看看别人的家长；永远不要对学生说，你们看看别人班的学生，因为学生从来不会当面对你说，你看看别人班的老师。永远不要对同事说，你看看别人的同事，因为你的同事从来不会对你说，你看看别人的同事；永远不要对领导说，你看看别人的领导，因为领导从来不会对你说，你看看别人的下属。没有攀比，就没有伤害。如果自己没有能力逃离自己生存生活工作的环境，那就选择自己适应现有的环境的方式方法。没有融入，就没有改变。

教育，是因材施教，分类指导，包容个性，培养特长，全面发展，鼓励学生成长为最好的自己，追求第一固然重要，更重要的是力求唯一。在教育管理过程中，坚持尊重理解的原则，致力于唤醒点燃每一个生命，创造一个自由的生机勃勃的景象。可以建立竞争机制，采取比赛等手段，通过外在压力激发学生的内动力，教会学生在竞争比赛中合作，在合作中竞争比赛，展现出自己优秀的一方面和独特魅力，完成自己的成长经历，但不能用一个标准一把尺子去衡量评价所有学生的好与坏，高与下，优与劣，强与弱，长与短。从学校到班级都应该看作一个大花园，期待百花齐放，看作一片大森林，乐见万木茂盛，看作一片天空，喜望百鸟争鸣，看作一方池塘，俯观万种鱼翔。你的学生来时之路千差万别，不要期望他们现在和未来万物归一，一摸一样，而应该是教育学生在遵守基本社会规则和法律法规道德规范前提下，各自生长，气象万千，万紫千红，五彩斑斓，我就是我，不一样的烟火，这样才能让我们生活的世界变得多姿多彩，充满活力，可持续发展。

三、七彩校园,和谐七中

七彩教育理念的创生:"七彩教育"之"七"是指多样多元,"彩"是指出彩、精彩,"七彩"意味着色彩之多、特色之多、精彩之多。所谓"七彩教育",就是发挥教育的最优化功能,在个人层面为每位教育者提供适合的教育,使每位受教育者做最好的自己;在学校层次坚持特色化办学,通过课程多元化、课堂个性化、评价多元化,使受教育者实现"按需选学"。构建多彩的学校教育、家庭教育、社会教育"三位一体"教育网络,使受教育者获得与其全面成长及个性发展需求相匹配的教育,构建社会主义现代化学习型学校。

"七彩教育"以科学发展观为理论依据,秉承"以人为本"的理念,提出"做最好的自己""做最好的我们",真正达到"了解每一个、关注每一个、激励每一个、成就每一个"的教育境界。

"七彩教育"是多元化、协同化、优质化的教育,追求让所有人享受到教育的润泽,体验幸福的教育生活。

办学理念:文化立校,依法治校,科研兴校,特色树校。

办学目的:发展教师,成就学生,造福桑梓,回报社会。

一是调动两个积极性:教师教学和管理的积极性;学生学习的积极性。

二是培养学生三个习惯(素质):行为习惯,学习习惯,生活习惯。

三是学生管理工作的三个内容:守纪律,爱学习,讲卫生。

四是学生管理工作的三个抓手:仪容仪表,个人和公共环境卫生,"进楼即静,入室即学"活动,营造浓厚的学习氛围。

五是教师管理工作的三个内容和三个抓手:

内容:教研、教学、考评。

抓手:集体备课、听评课、周月中终考试检测评价。

四、打造"七彩七中",创建和谐校园

邢台七中创建"七文化"工作纪实

一是邢台七中的简介:邢台市是著名元代科学家郭守敬的故里,邢台七中位于邢台市桥东区开元路38号,东临开元路。南接邢台历史文化公园,北靠唐建开元寺,西邻明建清风楼,可谓是地处人文圣地,物华天宝,人杰地灵,浓郁的古邢襄文化浸润。

邢台七中占地 84 亩,由原邢台七中兼并邢台十六中、邢台九中两所学校后重组而成,有三个校区,集初中和美术高中于一体。在校生 3700 人,教职工 347 名,其中初中每届 8 轨,在校生 950 人。

邢台七中初中教学质量在邢台市处于领先地位,高中办学特色鲜明,位于邢台市同类学校龙头地位。学校初中被誉为中考状元的摇篮,高中被誉为美术高等院校的优秀生源基地。

邢台七中建校于 20 世纪 60 年代末,已有 45 年办学历史。积淀了丰厚的文化底蕴,形成了富有特色的学校文化。经过全体师生共同挖掘、整理、沉淀、升华、提炼、确立"七文化"作为学校文化的符号。学校一直围绕"七文化"大做文章,凝聚共识,引领学校发展方向,充实学校文化内涵,为学校发展不断注入正能量。

"七文化"取自校名中"七"数字,附意天文学中的"北斗七星",意指引领方向;又附四川方言谐音"雄起",意指崛起;又附俗语"七上",意指向上攀登提升;又附色彩学中的"七彩",意指因材施教,以人为本,发展特长,全面育人,契合素质教育理念。在音乐乐谱中 7 为最高音阶,意为追求卓越。合意是邢台七中要引领邢台市基础教育的发展方向,积极向上,志在崛起,创造"平安、和谐、优质、特色"的理想学校,为我国教育事业探索一条素质特色教育之路。

"七文化"的核心内涵是由"人本、和谐、创新"三个关键词组成,具体由七大文化载体组成:人本内涵以安全为载体,和谐内涵以感恩文化、礼仪文化、美育文化为载体,创新文化以科技文化、课改文化、状元文化为载体。围绕每一个文化载体,设计文化建设方案,明确指导思想,建立工作制度、制订工作措施,开展系列活动,跟踪评估工作效果,整理工作模板,总结工作经验,提炼理论成果,使"七文化"建设扎实有效地推进。

关于安全文化建设,学校安全是学校学校一切工作的基础和底线。习近平总书记说:做安全工作要有底线思维、红线意识。马斯洛的"五个需求说"也把安全需要放在基础位置,没有安全,什么事也做不好,只有安全稳定,学校才能生存发展。因此,邢台七中把学校安全工作放在重要位置,多做打基础性的工作。安全为人本理念本中之本。学校把安全工作上升到学校文化层面来看待,来打造,就使安全工作内涵更加丰富,以安全意识、安全教育、安全制度、安全措施等多方面来开展安全工作。

五、学校管理

一是完善组织机构,强化领导的领导力。

二是选好中层领导,强化处室服务意识。

三是打造基层团队,强化年级管理功能。

1.强化年级组对教育教学管理能力,扩大年级组对教育教学的管理能力

(1)管理教育教学,负责教育教学质量。

(2)团队精神培养。

(3)责、权、利量化捆绑,赋予对组员奖惩的权限。

(4)每周召开一次班主任碰头会,每月开一次年级组会。

2.学校中层以上行政领导下蹲年级组,协助年级组长抓好年级教育教学管理工作。

四是确立发展定位,强化学校内涵发展课堂教学"八个精心":精心设计课堂、经营课堂、选择习惯、总结练考、跟进辅导、培优补差、研究考纲、钻研考题。"以学定教,以生为本",因材施教。

五是明确岗位责任,强化岗位精细管理。

(1)教务处

(2)政教处

(3)科研督导处:校本培训、课题、教材、课改

(4)教办室

(5)总务处

六是重视专家引领,强化教师专业提升。

七是重视入学教育,强化学生行为规范。

八是以人为本管理,强化教师主人公地位。

六、好学校

好学校应该与大师为友,与真理为友,与文明携手,与欢乐同行,与激情共舞,让幸福常驻。这样的学校面向所有的学生,一视同仁,因材施教,有教无类,让学生享受平等,有尊严的教育,不选拔优秀,而培养优秀。

课堂上学生能大大方方无拘无束地与老师在知识的旷野上一起探寻追求,没有绝对的权威,而教师的角色应是学生思想的导航者,人生的导师,健康的呵护者和成长的助理。

七、弘扬邢台教育精神,忠诚团结敬业创新

一是奋斗目标:初中教学质量保一流,高中美术特色创品牌,力争在三五年内成为区域基础教育的优质特色示范校。

二是工作思路:

(1)抓管理,树形象

(2)抓教改,上质量

(3)抓硬件,促发展

(4)抓特色,创品牌

(5)抓班子,带队伍

三是抓好两个积极性调动:

(1)教师教学积极性

(2)学生学习积极性

八、人大教育建议联合办学

一是组建教育集团或联合办学,以强带弱,教学、管理、教研、师资统一,统筹安排,均衡教育资源;二是加强对热点学校服务区域内开具临时居住证,租房合同等证明材料的管理,卡死作假现象,减少热点学校压力;三是加大新建、扩建学校建设力度,确保今年或明年9月1日前交工使用,保证教学用房满足教学使用;四是切实解决师资短缺问题,即使学校有空余教室,但因缺老师,致使不能扩班,只有采取减少招生班数,增大班容量的办法解决师资短缺问题,也是完成入学难的一个重要原因;五是加大教育投入,用于改善办学条件,教师培训,教育教研,提高办学品味,改变学校面貌;六是加强校长队伍建设,打造具有工作敬业、业务精湛、理念先进,方法得当,目标清晰,措施得力,重点明确的校长队伍;七是加强师资队伍建设,努力打造一支教学理念先进,敬业精神好,教育思想端正,业务能力强,执教水平高,管理力度大师资队伍,全面提高学校管理水平,全面提高学校教育质量。

区域内各学校之间办学条件,管理水平,教育质量,通过以上措施达到基本均衡,必备教学设施满足后,入学难问题将逐渐消除

目前区委区政府加大了学校建设力度,一次开工建设25所学校,将有效缓解入学难问题。学校总数量解决之后,入学难会因为优质教育资源不足,出现择校造成新的入热点学校难问题。如何解决这个问题?我认为,一要适度做大现有的优质学校规

模,在规范办学行为前提下,尽量挖掘优质学校的潜力,以满足社会需求。二要发挥优质学校资源的辐射作用,可以采取组建教育集团,联合办学,兼并重组等多种形式。三要加大划片招生管理力度,尽量减少跨片择校学生人数。

九、我们的发展战略

我们的发展战略:质量立校、文化立校、人才立校、科研强校、特色名校、特色树校。

学校的核心竞争力在于学校文化,而构成学校文化的主体是师资队伍,全体教师的价值认同感是学校文化形成的关键。

我们的课堂:共生课堂——教研——课程——德育——管理。

我们的管理模式:条块结合、以块为主、线面并行、以面为重、线面融合、条块联动。

后勤围着前勤转,科室围着年级转,领导围着教师转,教师围着学生转。

十、邢台七中始终走在全市基础教育改革前列

邢台七中分初中和美术高中两部分。邢台七中始终走在全市基础教育改革前列,获得多个荣誉称号,发挥着示范引领作用。

中学老师对人一生的影响是最大的,因为这个阶段正是一个人世界观、人生观、价值观形成的时期。

学校名气,主要表现在三点:一是培养了很多优秀学生;二是获得了很多的荣誉称号;三是有一批热爱七中,献身教育事业的优秀老师。

要想红旗飘万代,重在教育下一代。

让孩子上个好学校,找个好老师,考个好大学,成为一家几代人的最大愿望。教育既是推动经济社会发展的战略工程,又是满足人民群众需求的民生工程。

办好教育,教师是关键。没有高水平的教师队伍,就没有高素质的人民教育,就不可能培养出高素质的人才。

爱因斯坦在怀念居里夫人时说:"第一流人物对于时代和历史进程的意义,在其道德品质方面,也许比单纯的才智成就方面还要大。即使是后者,它们取决于品格的程度,也远超过通常所认为的那样。"

"每一个学校都可以变为优质学校,但满足不了人民群众对品牌学校的追求,解决的办法就是发展特色,让每所学校都有自己的品牌,为每一个孩子提供适合的教育。"

多建设优质学校,多培育学校特色,引导群众从"择所谓的好学校"向择"适合孩子的有特色的学校"过渡。

特色学校坚守的是对教育本源的理解,展开最朴实而充满人文关怀的教育实践,让教育回归对人生命价值的追问。这些学校都保持着公共理性,从公共利益出发,成为社会正义的维护者,成为办人民满意的积极回应者。

改革创新,提升发展软实力。

推进内部改革管理,学校文化和精神文明建设,不断提高发展软实力。

(1)突出精细规范,打造一流管理(内部科学、程序严密、配套完备、有效享用)。

(2)坚持以人为本打造一流队伍。

(3)致力精力塑造,打造一流文化(文化建设规划)。

(4)提升文明层次,打造一流形象。

校园文化建设要体现出简约、大气、高雅的格调,建筑的色调要明快、不要太暗淡、压抑。

要培养全面发展的人才,能说会道,素质全面,有思想头脑,还要机灵。

十一、衡量一个学校办学是否规范、优质、有示范性意义,就要从四率来看

一是新生报到率。初中学校承担义务教育任务,划分招生,就近入学,上级教育部门根据这些国家招生政策,为每一所初中学校划分了一定数量的学生,每一所初中学校就要接收这些学生,动员这些学生全部报到,报到率高说明这些学校深受学生的信任、办得质量高、有特色、有吸引力;否则,学生就会开始择校,不去相应的学校报到。

二是学生毕业率。学生入学后,没有极其特殊的情况,一般不会转学;但是如果这个学校管理松懈、三风不正,同样留不住学生,学生就会想方设法选择好一点的学校而转走。三年之后,报到的人数和毕业的人数有一个对比,得出的比率,也是评价一个学校好坏的重要标准。

三是优秀生率。所谓优秀生,从一定意义上说,就是学生的学科成绩是否优秀。学生的学科成绩两个重要阶段的考试成绩,即初中生的升高中考试,高中生的普通高考,也就是中考分和高考分是判断一个学生是不是优秀生的重要依据。参加中考和高考的人数与达到一些指标意义的高中与大学录取分数的人数相对比,比例越高,说明这个学校管理科学与严格,师资队伍精良,是一所非常优质的学校,同时也

是一所让人信服的学校。

四是违规学生率。所谓违规学生是指通过违反国家招生政策招来的学生,这样的学生人数越少越好,比率为零最好,这样学校办学最规范,最具有示范意义,每一所学校都应把精力用在日常管理、日常管理、日常教学。科研上,把按照国家招生政策招来的学生精心培育好,让每一个学生都能有所进步,各有所长,在中考和高考中取得优异成绩实现符合自己实际的高中梦、大学梦。这样的学校才值得业界内外的尊重,符合国家的大政策,营造出正常的教育生态环境,推动每一个区域直至全国的教育事业健康优质可持续发展。

真正实现用新生报到率、学生毕业率、优秀生率、违规学生率这四率来衡量评价一所学校,需要多方力量整合在一起,齐心协力、共同发力。国家教育招生政策真正不折不扣地落实到位,当地政府高度重视是根本保证。教育行政部门和学校严格执行起关键作用,社会、家长理解支持非常重要。所以,这条路很长,走起来很艰难,唯有无私义勇能胜。

十二、联合校优秀教师应该具备的的特点

一是爱岗敬业,服从安排,顾全大局,善于合作,任劳任怨。
二是身兼多职,坚守一线,爱拼敢赢,好学爱钻,专长明显。
三是业绩突出,师德无瑕,淡泊名利,文明乐观,勤严爱廉。
四是胸怀理想,作风优良,品行端正,精益求精,踏实肯干。

任何优秀都是相对而言的,时间空间不同,评价标准变了,谁是不是优秀都会有不同结果。人人都有一颗积极向上的心,都走在优秀的路上,只要今天的自己,比昨天的自己某一个方面,有一点点进步,而且不断的努力进步,就可以说是优秀的人。这样不断地鼓励自己,坚持下去,我们就会越来越优秀,越来越卓越,越来越接近完美,越来越有成就感,不会为一时的得失成败而烦恼。

十三、学校教育

学校教育的职能是育人,以人为本就是要把教育人、培养人作为根本任务,作为立足点和落脚点。学校教育担负起满足社会和学生发展双重性需求的责任。

学生可持续发展,让学生学会认知,学会生活,学会生存,学会做人,掌握实践,如自我发展的能力技巧,合理开发学生的潜能与特长,保持持续发展的能力。

尊重学生需求,激发兴趣,让他们自主求知,促进德智体美劳各个方面的协调发

展,让学生愉快地学习,健康地成长。

要坚持育人为本的思想,更加重视学生的心理健康教育,注重校园文化建设,美化校园环境,优化育人结构,陶冶情操。教师们在教育教学的过程中尊重学生的人格,培养他们健康向上、积极进取的精神。

恪守"努力追求适合每一个学生发展的教育"的办学理念,尊重每一个学生个体,相信每一个学生都是可塑之才,承认学生平等享受教育的权利和机会,正视学生的个性差异,促进学生全面而有个性的发展,为每一个学生的可持续发展奠定坚实基础,实现人的成长与时代社会的和谐共进。办精品学校,育精英人才。

邢台七中一贯坚持"育人为本,和谐创新"的办学理念,紧紧围绕立德树人这一根本任务,切实加强学生的思想道德建设,深入开展社会主义核心价值观教育,深化教育教学改革,教会学生做人,教会学生求知,培育有爱心,负责任,品学兼优的社会公民。2014年,我希望我们邢台七中环境更加优美,教育更加优质,学生更加快乐,老师更加幸福,真正成为一所莘莘学子向往的思想学校。同时,祝愿我们的邢襄大地天蓝地净,风清气正,美丽宜居。希望我们邢台教育百尺竿头,更进一步,希望我们的国家繁荣昌盛,蒸蒸日上,早日实现中华民族复兴的中国梦。

辉煌的办学成绩,独特的教学模式,精细的管理特色。

美哉,校园文化;美哉,高效课堂;美哉,灵动教学;美哉,师德如山;美哉,管理精细;美哉,业绩辉煌;美哉高哉,唯我七中。追求唯一,力争第一!

衡量学校教育是否优质,关键是看能否滋润学生自然成长,激励学生自主成长,引领学生自我成长,实现学生自觉成长。

学校立德树人方面的想法和做法。立德树人是教育的本质,教育的本质在于使人有灵魂,所以教育首先在立德,立德方能树人。立德是核心,立德在于立心,在于提升心灵的境界。心灵就像田地一样,播种什么就生长什么,播种真善美方能生长真善美。我们应在学生心中播种真善美,使其有正确的人生观、价值观和世界观。

教育不管发展到什么什么时候,说到底是生命对生命的影响,就是有什么样的教师就有什么样的教育,所以对教师的培养很重要。

关于课程改革,最重要的是使学生成长方式有一个变化和优化,使学生能够过完整的有意义的生活。这样一种学生的校园活动、社团活动也应该是研究的一个重点。

十四、打造理想学校

让每一个教师都能成功,让每一个学生都能进步,让每一个家长都能满意,让每一个班级都能优秀。让每一个家长都成为学校工作的同盟军。

好孩子的标准:一是身心健康,二是习惯良好,三是学业成绩优秀,四是有人气,会沟通,五是要有个性特长。

优秀家长标准:一是身心健康,二是习惯良好,三是以身作则,四是理解尊重学生,五是做孩子的好朋友。

优秀教师标准:一是身心健康,二是习惯良好,三是领导同事满意支持,四是学术优良,五是学生喜欢(师生个性良好)

理想学校标准:一是让每一个家长都成为学校工作的同盟军,二是让每一个教师都成功,三是让每一个学生都有展示特长的平台

十五、七彩教育

七彩教育是多元化、协同化、优质化的教育,追求让所有人享受到教育的润泽,体验幸福的教育生活。

七彩教育以"七彩课堂"建设为载体,以"七彩课堂"构建为着力点,以课题研究为手段,通过"三课"建设,构建多元的、满足学生需要的课程体系,发展多样的、适合学生学习的教与学方式,生成开放的、独具七中标识的"七彩课程文化",追求"七彩教育"的共生、共创、共享、共成长。

一是建设"七彩课堂",关照每一个生命个体的成长。

课程是学校教育的载体,是学校的核心竞争力,是承载教育理想、落实素质教育、实现教育目的的重点和基础。构建"七彩课堂"体系,关照每一个生命个体的成长,满足不同个体的多样化需求,是"七彩教育"的有力依托。

二是构建七彩课堂,成就每一个生命个体的幸福。

课堂是教育教学的主阵地,是践行"七彩教育理念"的有效途径,"七彩课堂"是尊重差异、鼓励特色、释放个性、精彩纷呈的课堂。它不是模式,而是一种多元和谐、动态生成、可持续发展的课堂状态。

它努力体现出"三重课堂境界"。第一重境界:固本强基,打好基于标准、以学定教的"底色";第二重境界:尊重差异,凸显个性张扬、特色鲜明的"亮色";第三重境界:生态发展,追求轻负高质生命幸福之"绿色"。

在践行"七彩课堂"的过程中,特别抓住三个关键点:设置层次化的学习目标,形成多样化的学习方式,实施多元化的教学评价。"七彩课堂"反映的是共同的课堂追求,先学后教,以学定教;追求的是生态的课堂文化,呵护生命,关照成长。

三是深化课题研究,成就每一个生命个体的价值。

教育科研是推动教育改革的强大动力,是提升教师素质的必然选择,是品牌学校建设的催化剂和推进器。

为了凸显课题研究的实效,倡导教师做"微研究",从教育教学中的"小事""小现象"中捕捉真问题,从微观的课堂观察做起,在行动中研究,在反思中总结提升,让每一个教师在研究中增长教育智慧,体会教育幸福,实现个体价值,成为学有所长,教有所成,术有专攻的研究型、专家型教师。

四是"三名工程"作为推进"七彩教育"的抓手。

1.实施名师培养工程,打造名师团队

(1)以名师工作室为载体,以现代化信息网络为依托,建立名师"三三培养模式",依托名师工作室举办名师巡讲、教学论坛等活动,帮助教师提升生命意识、主体意识和职业认同意识。引导其进行职业生涯规划,促进其专业发展。教师是教育发展的根本。

(2)搭建梯级教师培养平台,充分发挥名师群的辐射带动作用,营造"以师带徒,相互促进,比学赶帮"的氛围。

(3)引导教师利用博客开展教育教学反思。

2.实施名学科构建工程,形成风格各异的精品学科

学科建设是教育内涵发展的关键,以学科教研组为主体,以课堂教学为主阵地,以教研科研为抓手,健全制度,规范管理,逐渐构建学科教学模式。

3.实施名学生群培育工程,培养具有个性特长的复合型人才

学生是重要的教育成果呈现。开展"厚德学习"培养计划,着重培养学生良好的行为习惯;实施"2+1+1"项目计划,使学生具备两项体育运动技能、一项艺术特长和一种科技创新能力;通过系列措施增强学生的社会责任感,培养学生的创新精神和实践能力,在全面提升学生综合素质的同时,注重培养学生的个性特长,使学生能够健康快乐地成长成才。

文化治校,质量立校,科研兴校,特色强校。

十六、致力于学校文化建设，塑造校魂

一个校长离任之后，给学校留下的只是自己的好名声吗？如果仅此而已，不能称作是好校长，要给学校留下文化——精神、理念、思想、习惯、风气。如果因为校长的更换，而使学校马上出现群龙无首的状态，像丢了魂一样，那么这个校长是一个失败的校长。应该让老师尽情地享受你为他们带来成长的快乐，使用你带他们学会的工作能力、方法、生活方式。

在七中这几年的工作，我一直致力于学校文化建设，塑造校魂，从学校精神、管理风格、干部作风、教学原则、教学模式、学生教育等多方面都做出了一些切合七中实际的探索。通过几年的努力，学校形成了"永不服输，永不放弃，永不言败，爱拼敢赢"的精神风貌，形成的勇于创新、坚持教学改革的风气，探索出"导学案""三段式""四版块"高效课堂教学模式，明确了"为了每一个师生的尊严，为了每一个师生的发展，为了每一个师生的幸福"的办学宗旨。在学生管理上，坚持从培养学生养成良好的行为习惯、学习习惯、生活习惯入手，围绕守纪律、爱学习、讲卫生三项教育内容，使学生有良好的仪容仪表，整洁个人和校园环境卫生，开展"进楼即静，入室即学"教育督察活动为抓手，提高学生德育工作的实效性。德育工作的基础就是习惯养成教育，好习惯影响一个人一生走向和取得的成就。培养学生的良好习惯是教育的本质规律。

我们追寻着"七彩七中"的教育梦想，期盼每一个学生基础扎实，学有所成，全面发展，个性优良。

十七、用文化为学校立魂

学校教育缺失文化，会把孩子带到一个抽象片面的地带，文化的缺失带来精神的浮躁，甚至荒芜。而解决这个问题的关键，就是让学校重新发现生命的意义和文化的价值。

面向全体，全面发展。尊重每一个学生，促进每一个学生发展，全面发展就是德育、智育、体育、美育的有机统一。

无官一身轻是因为无官事少责小，风险是零，对于一个"穷则独善其身，达则兼济天下"的怀抱济世大志的人来说，有事做更重要。

能受多大的挫折，经多难的考验，能容多强的刺激，就能担多大的责任。职位越高，风险越大，因为责任越大。

每天和太阳最早打个照面,打个招呼,吸取阳光的养分,补充钙质的动力。

作为一个校长,有着双重身份,一个是学校行政领导,一个是思想领导。行政领导是对上级部门,对学校内部管理人员;思想领导是对学校发展,对教师成长及管理。

建设学校文化的过程,成为每所学校将历史和现实汇聚成创造之源的过程,成为统一思想,形成共识,凝聚智慧的过程。

学校文化建设的关键是核心价值观的提炼与建设,只有具备了历史和现实穿透力的校园文化,才具有深刻性和独创性。

如何开展学校特色创建活动:挖掘办学历史、团队研讨、专家论证、现场推进、督导评估,传承、创新、科学定位并立体培育。

文化以它巨大的力量,雕刻出了学风醇厚,书香怡人的雅致校园,静心教书、智心育人的儒雅教师灵动聪慧、彬彬有礼的文雅学子。

国学经典的学习乐园,每个学生都能背出不少诗词佳句,校园文化墙上,教学楼走廊上,教室里,到处都充满着诗情画意。师生诵读得兴致盎然,天长日久,深刻影响了师生的气质、修养。

学校特色文化成为引领发展的核心竞争力,有效推动了学校的内涵发展。让每所学校充满生机,让每位教师充满活力,让每个孩子充满智慧。

打造一流的教师队伍:开展师德教育、开展师风培育、开展师能培养。

十八、让优秀者更优秀,平凡者不平凡

名校的荣誉令人羡慕,名校的理念可以学习,名校的做法可以借鉴,名校的活动可以模仿,名校的模板可以照搬。

做我们能做的,内涵发展,眼睛向内。

办学成果:教师成功,学生成长,学校成名。

教师取得了哪些荣誉,名气有多大;学生竞赛取得成绩;中高考考得哪些名校。

科学精细,建立凸显教学工作的管理模式。

一是站上一个高度——科学发展的高度。

二是丰厚一种文化——学校校园文化。

三是完善一套机制——学校管理的机制。

四是优化一支队伍——优秀教师的团队。

五是构建一个网络——德育工作的网络。

六是坚持一个中心——课堂教学的中心。

七是抓好一批实验——各级课题的实验。

八是开发一类课程——学校校本课程。

九是凸显一种特色——多元发展的特色。

十是兑现一种承诺——人民满意的承诺。

十九、如何激发中小学办学活力

最近，中共中央、国务院印发《中国教育现代化 2035》，明确提出"发展中国特色世界先进水平的优质教育"。发展优质教育，需要学校充满生机与活力。激发中小学的办学活力，越来越受到重视和关注。

2018 年，党中央召开新时代第一次全国教育大会，为教育发展举旗定向。习近平总书记在重要讲话中指出，要深化办学体制和教育管理改革，充分激发教育事业发展生机活力。李克强总理提出，要充分发挥学校办学主体作用，为学校潜心治校办学创造良好环境。

2019 年全国教育工作会议上，教育部党组书记、部长陈宝生指出，对中小学办学自主权也要重视起来，今年要专门制定落实中小学自主权激发办学活力的文件《国家中长期教育改革和发展规划纲要（2010—2020 年）》中提出的建设"依法办学、自主管理、民主监督、社会参与"的现代学校制度目标，关键在于落实和扩大学校办学自主权。

全面落实中小学校长负责制，扩大学校办学自主权，积极探索建立学校自主用人、定岗竞聘、优教优酬的新机制，加快构建政府依法宏观管理、学校依法自主办学、社会依法参与和监督的现代教育治理体系，增强办学活力，提高教育质量，为基本实现教育现代化提供重要制度保障。

中央教科所陈如平处长说过，学校办学自主权中最主要的一块就是教育教学管理权，如课程设置、教学安排、教学成果的自主评价等方面的权利。国外也有很多这样的例子，除了完成国家统一制定的课程之外，学校有权制定学校的特色课程。

我看过一篇文章，赋予学校更多自主权是国际趋势。这种"赋权"有三方面的含义：第一，从课程角度看，它意味着允许学校在决定课程内容、如何在班组之间进行课程划分、开设选修课、自由选择教材和方法等方面，发挥更大的作用。譬如在芬兰，自 1993 年起，政府一直在倡导学校更多地参与课程计划拟定工作。虽然教育部仍然负责教学科目的设立，但中央政府已给市政当局和学校拟定课程计划一定的机动性。芬兰教育部的目的是让教师更多地参与课程事务,并"将课程视为一个不断发展的过程而非一份静止不动的行政文件"。第二,从财政角度看,它意味着学校可以掌管自己的财政资源,但这并不包括对提高财政自主权至关重要的两方面,即教学人员的费用和其他融资形式。不过,近年来,在这方面已出现了某种程度的自由化。譬如,一些国家现在允许学校对那些有高度敬业精神或取得良好成绩的教师发放特定的额外补贴。第三,从计划拟定的角度看,它意味着允许每所学校制定各自的计划并突出其特点。譬如在欧洲,大多数国家都提倡并做到了这一点。

全面落实校长负责制和学校用人自主权。校长在核定的副校长职数内,按规定程序提名聘任副校长。学校在教育行政部门核定的内设机构和中层干部职数内,按规定程序自主设置内部机构,聘任中层干部;学校的专业技术人员、管理人员、工勤技能人员实行岗位管理,由学校按照有关规定和程序,在核准的岗位设置方案内自主确定岗位,根据岗位的职责任务和任职条件自主聘用人员,实现按需设岗、竞聘上岗、按岗聘用、合同管理。

学校公开招聘具有高级专业技术职称或博士学位的人员时,在核定的编制计划内,经招聘主管机关同意,可以采取直接考察的方式进行。在招聘教师的面试环节,面试工作方案报经人社部门审核备案后,可由招聘学校按照备案的面试方案具体组织实施,人社、教育部门负责指导、监督和管理。对学校急需的紧缺教师,经教育行政部门同意,可通过自主公开的方式招聘,依法签订劳动合同,期间工资待遇由财政保障,人事档案关系由人社部门所属人力资源管理服务机构托管。

面向教师的评优表彰,按照主管部门分配指标、学校自主推荐的方式产生人选。学校根据上级有关规定和作风建设纪律要求,可自主安排人员参加国内外的教育考察、学习培训、学术性会议等业务活动。

中小学办学自主权指的是用人权、理财权、做事权。

目前,我区在依法保障办学自主权,激发办学活力方面,有一些成熟的制度建设和管理措施,值得继续坚持下去,并进一步完善。

区委区政府高度重视教育。坚持教育优先发展战略,出台了一系列振兴教育的政策文件。不断加大教育投入,新建改扩建中小学25所。拨款近5000万元用于改善办学条件,保证了各个学校顺利通过了省级义务教育均衡评估验收。

教育行政部门实施科学管理。对学校坚持宏观管理指导,理顺了机关科室部门与学校管理部门的关系,使各项工作协调顺畅,务实高效。尽最大限度减少对学校的具体指导检查,创造了宽松的发展环境,充分发挥基层学校的管理体制机制的优势和作用,调动基层学校干部职工的积极性,有效保障了学校教育教学正常秩序。

区委区政府各部门为学校保驾护航。在区委区政府的正确领导和大力支持下,区直各部门对学校十分重视,综合治理校园周边环境,确保安全稳定。

二十、七中愿景,使命,价值观,发展战略

愿景:办好老百姓家门口的学校。教学生做最好的自己,办老百姓最满意的学校。

使命:发展老师,成就学生,教化社会,造福桑梓。

价值观:学生优秀,教师成就,学生越出色,老师越骄傲。

发展战略:文化立校,依法治校,科研强校,特色树校。

教育的本质功能应该是培养人们理解幸福、追求幸福,引领人们迈向幸福之境。

让师生为幸福而生活,让教育为师生的幸福而生存,让幸福永远为教育、师生而生长。让幸福之花开满校园,开放在每一位师生的心田。

以人为本的教育,就是要尊重人生每一个阶段的幸福。引导学生树立正确的幸福观。

二十一、评价学校标准

一是看基础:计划数或分配数,报到数和报到率,分配生之外学生数,参加中考高考的人数和升学人数及录取率。

二是看起点:看一个学校,要看起点,看过程,看终点,辩证看,全面看,评价结果才更有意义。

起始年级由教育局统一组织第一个月统测,统一命题阅卷登统分析,确定各校的优秀生数,各分数段学生数,总评分等数据,作为各个学校的起点,建立数据库,跟踪三年,每学期一统测,看数据变化,最后看中考成绩,实施终端评价,从各项指标数据变化,分析判断各个学校亮点和不足。鼓舞士气,找出差距,明确方向,心和气顺。避免一把尺子衡量所有学校。邢台市高中唯有一中好,初中轮流好,哪个学校当年中考前十名人数最多谁就最好,根本不看生源质量的起点就有差别,甚至巨大差距的现状。而这几所轮流坐庄好的学校都是超大规模学校,每年大量招收片区以外尖子生,而且最终中考成绩拔尖的,也是这部分片外优等生。

生源质量是决定一个学校中高考成绩的极其重要的因素。不能指望一个小学成绩不好,中考分数差的学生,放到衡水中学就能考出中考前十名,考上清华北大。这

不符合哲学常识和教育规律。正如衡水教育集团,衡水中学只招收本地学生,衡水一中招收外地市优秀拔尖学生,最后进入省高考前十名的自己考上清华北大的大多数是外地来的学生,而衡水中学优秀生很少。尺有所短,寸有所长,作为教育主管和评价部门,应该制定切合实际有利于提高所有学校办学品位,打造符合自身实际的亮点特色的评价体系,引领各个学校特色优质可持续发展。毕竟不能一个区域只有一所学校存在,其他学校都没有存在的意义。

三是分开评:为了强化教育局在义务教育优质均衡发展方面的引领指导管理作用,促使每个学校规范化特色化优质化办学,防止年年出现招生乱象,破坏区域内教育生态,造成校际之间无序竞争,相互挤压,不能抱团发展,共同进步。要引导鼓励同区域的学校一致对外,教育引商,服务区域经济发展,和谐社会,面向区域外招生,而不是区域内互相争夺生源,可以要求各个学校凡是非教育局分配的学生要单独办理学籍,单独编班,单独考核评价,各学校分配生互比,片外生互比。招收区域外学生越多越好,不鼓励区域内学校之间互相抢生源,造成新的不均衡发展。

以上只是一点感悟,不当之处,请指正。

二十二、优质中学的标准

一是符合国家教育部优质均衡发展基本条件。比如学校规模不超 2000 人,班容量50 以内,占地面积 30 亩以上等,见教督 2017(6)号文。其实这是教育规律的体现,国家组织教育学者专家用文字文件形式规定了下来,说明办教育应遵循的底线!

二是升学率,平均分高,学生发展全面,发展潜力大。升学率是占总人数比而不是绝对人数,平均分指学校对全体学生的关心度而不是只关注尖子生。

三是一流的教师团队。一流团队指热爱教育事业,爱生如子,让好学生更优秀,普通学生变优秀,后面的有大的进步,不让一个孩子掉队!用心教育,促进学生全面发展,能立足"明天"。重思维重品德。落实师德要求,团结一心育人才!

四是办学理念清晰、科学,符合教育规律和学生成长特征。校园文化积极向上,利于教师团队的正能量集体作用发挥,利于学生健康成人成才。所谓理念清晰,文化积极就是培养各具特色的百花齐放的每一个人都得到充分发展的教育教学。如不只是精英教育而是大众教育,面向全体的教育。促进全民全社会发展的教育。

五是有一个接地气有内涵的校长。这是非常关键的一条件,有人说一个好校长就是一所好学校也即如此吧。

二十三、一些建议

1.扩大优质教育资源,满足百姓需求,推进合作办学模式

(1)京津冀一体化国家战略落实契机,引领京津优质教育入邢,京津名校在邢台办分校,或合作办学。

(2)本市内优质学校与薄弱学校联合办学。

(3)鼓励市区优质学校自己办分校,需要政策支持、政府主导,协调联动,在土地政策、人事政策、财政政策加以保障。

2.解决学校教师短偏问题

目前,市区一些优质学校普遍存在办学规模连年扩大,在校生人数快速增加的问题。目前师生比例不达标,市区 1:12,高中 1:15,教师人数不够。需要聘任教师,却解决不了编制,这造成聘任教师待遇不高、人心不稳、学校自筹资金困难的问题。大班额问题需要解决。

3.加强对学校平安校园创建工作的研究

(1)应由市政府责成公安部门统一为学校配备保安、统一管理、统一发工资、统一培训。

(2)搞定学校教辅和后勤服务人员需求数量,水电暖等工人用量,并将这些人员纳入编制,财政拨款弥补学校办学经费不足的问题。

4.改善学校办学条件

(1)通过置换方式建一个占地面积达标的新校区,三个校区管理难度大、隐患多。

(2)直接搬迁,城区东北缺一所标准化学校,东新区建设需要一所学校。七中利用品牌优势,可以很快生存发展起来。

二十四、规范办学

规范办学做到三不,不超计划招生,不选择学生,不超大规模办学。创建文明做到三抓三结合:氛围营造,活动育人,习惯养成。创文三结合:大创建与小创建相结合,大活动与日常教学相结合,校内创建与校外创建相结合。

办学特色三大亮点:质量上乘多状元,形式多元普职全,校园文化有内涵。

创文三结合:大创建与小创建相结合,大活动与日常教学相结合,校内创建与校外创建相结合。

办学的特点是:规范、科学、有特色。按政策办学是规范,按规律办学是科学,按实际办学是特色。

文明学校的标准应该是:办学规范,质量优质,特色鲜明。

二十五、造成义务教育发展不均衡的原因

造成义务教育发展不均衡的原因有三个:政府、社会、校长。

政府:学校建设数量,跟不上城市人口和适龄学生增长速度。学校布局不合理。划片招生,就近入学招生政策执行不严格,落实不到位。

社会:老百姓对优质教育资源的极度追求,择校热持续升温。对学校评价标准单一化,逼迫学校为了生存而片面追求升学率。

学校:校长办学思想极度偏差,一味追求超大规模,认为只要规模大,就能证明自己办学水平高,个人本事大,能力强,社会声誉好,完全不顾招生政策规定。

二十六、未来教育出来的学生应该是什么样?

行善积德,勤奋好学,乐观向上,胸怀大众,追求卓越,与众不同,力求唯一。教会学生做人做事做学问,是教育的唯一目的和功能。行善事,做真人,求大学问,就是在传道授业解惑,是一个老师的天职所在。

再高的山峰,上面也是空气在流动。所有高深的道理,最后都变成了一样的道理!道至高层皆相通,鸟瞰万物一般平。横看成岭侧成峰,远近高低各不同。不识庐山真面目,只缘身在此山中。不畏浮云遮望眼,只缘身在最高层。

二十七、关于加快校园建设步伐的建议

最近几年,我区对教育高质量发展提高到了前所未有的程度,教育投入不断加大,校园建设工程顺利实施,学位增加了很多,有效地缓解了上学难的问题。

按照区委区政府制定的学校建设三年攻坚计划,我区先后启动了二十多所校园改扩建和新建项目,到目前为止,有的已投入使用,有的在建之中,有的没有进展,或缓慢或仍未启动,整体进度不够理想。由于我区得天独厚的区位优势,一年年随着城镇化加速,涌入人口快速增加,带来的快速增加的生源需求,现有的学校和学位数量,尤其是优质学校数量少,已经不能满足,这一矛盾成为教育高质量发展的瓶颈问题,为此特提出建议如下:

一是成立专班,专门负责。区委区政府成立一个校园建设专班,按照攻坚计划蓝

图作战。定期现场检查,定期会商工程进展,及时督促加快建设步伐,及时解决建设过程中发生的困难,保证如期完成交钥匙工程。

二是集思广益,共谋新建学校建设。校舍布局,各类教室规划设计阶段,尽量吸收学校校长和部分教师代表参与,征询他们的意见和建议,使校园内部建筑物布局更加合理,功能教室和办公室设计更加实用,切合实际。

三是立足实际,着眼未来,适度超前搞好校园建设。摸清我区各个学校办学条件缺口情况,和未来发展规划,按需而建,统一调配,充分利用现有资源和即将建成的资源,尽量满足需求,既防止资源浪费,又能及时充分需要,逐步改善各个学校办学条件,为实现教育优质均衡高质量发展提供物质保障。

教育是民生工程,而且丰富的教育资源和优质的教育资源,对区域经济社会发展有着巨大的带动和推动作用,区域内好学校越多越有吸引力,吸引更多的高素质人才来我区工作生活居住,还可以优化社会环境,提高文明程度,对打造首善之区,文化名城,商贸新都有不可估量的作用。

第二节　为人民服务

一、做人民教育家

首先需要理念,即对教育事业真谛的理解和信仰,把素质教育、教育质量、教育公平、因材施教作为价值追求,促进学生全面发展。

其次需要组织,即坚持实事求是的科学态度,遵循教育规律,敢于担当,形成学校的教学特色和办学风格。

最后需要环境,即政府、学校、社会之间的良性关系,教育投入要有较好的保障,消除学校实际存在的行政级别和行政化管理模式,建设依法办学、自主管理、民主监督、社会参与的现代化学校制度。

以先进的教育理念引领教师专业发展,努力做一个具有世界眼光的校长,熟悉教育规律的校长,爱护学生的校长。

走特色之路,创德育品牌。生态文化、科研文化、课程文化、制度文化、礼仪文化、网络文化。"城中闹市虽喧嚣,到此已成读书人。"

美化校园是美化心灵的最好办法。环境氛围对人的心理乃至成长起着非常重要的作用。

春来百花开,蜂飞蝶舞撞入怀。夏至绿成荫,蝉噪鸟鸣皆成韵。秋霜红叶映斜阳,冬雪压枝梅花香。

伟人的名字牢记在百姓的心中,是因为伟人能够经常走进百姓身边,和百姓交心、谈心、连心。平凡中显示出伟大,伟大蕴藏在平凡之中。一个人的事迹在百姓中间变成一个个鲜活的故事,让百姓口口相传,是一种人格魅力的积淀,是一种高贵品质的闪耀。一年、两年、三年、十年、二十年、三十年、一百年,历久弥新。和老百姓血脉相连,永不割断,这才是一个真正共产党人永葆的精神——为人民服务。

二、文化育人,以文化人

文化是民族的血脉和美德,是人民的精神家园,是国家发展的重要支撑,体现了民族的认同感和归属感,反映了民族的生命力和凝聚力。建设社会主义文化强国是战略目标。

五个坚持:坚持以马克思主义为指导——指导思想,坚持社会主义先进文化前进方向——根本性质,坚持以人为本——根本目的,坚持把社会效益放在首位——根本要求,坚持改革开放——根本动力。

一个民族的创造力,在很大程度上必须以文化繁荣发展作为基础。

一个民族的凝聚力和同心力,在很大程度上植根于民众对自身文化的认同和忠诚。

文化越来越成为民族凝聚力和创造力的重要源泉,越来越成为综合国力竞争的重要因素,越来越成为经济社会发展的重要支持,丰富精神文化生活越来越成为我国人民的热切愿望。

中华民族伟大复兴必然伴随着中华文化繁荣兴盛。

教育对推动社会主义文化建设有重要的作用。自人类社会之始,教育也就随之出现。文化对教育具有涵养熏陶的独特作用,教育思想和理念深深根植于源远流长的传统文化之中,并随着文化发展而不断更新。同时,教育又是传承人类文明和传播优秀文化的重要载体。

现代教育体系不仅是培养文化人才的重要摇篮,也是传承创新文化的重要基地,更是支持文化科技创新、公益性文化事业和文化产业发展的重要力量,在文化发展和教育发展之间,始终存在着相互促进,共同提高的密切联系。

建成创新型国家、人才强国、人力资源强国、社会主义文化强国。扎实抓好社会主义核心价值体系,融入国民教育全过程的各项工作。社会主义核心价值体系是兴国之魂,是社会主义先进文化的精髓。立德树人是教育的崇高使命。学校是青少年思想道德建设的主课堂。

必须把社会主义核心价值体系教育融入国民教育全过程,加强和改进大学生的思想政治教育和未成年人思想道德建设,为营造全民族良好道德风尚打好基础。

牢固树立育人为本,德育为先的理念,胡总书记强调指出:坚持以人为本,在教育工作中的最集中体现就是育人为本,德育为先。

学校是特别能够反映育人为本,德育为先要求的文化共同体,应在学校教育全过程大力弘扬一切有利于国家富强、民族振兴、人民幸福、社会和谐的思想和精神,借鉴吸收人类优秀文明成果,以文化传承创新为载体,运用教育的文化内涵,使受教育者激发兴趣,拓展知识视野,塑造健全人格。

文化育人,以文化人,培育有理想,有道德,有文化,有纪律的社会主义公民。

三、担当教育家的责任与使命

习近平总书记说:每一个都有理想和追求,都有自己的梦想。实现中华民族伟大复兴,就是中华民族近代以来最伟大的梦想。每个人心中都有中国梦,也有教育梦。要实现我们心中理想的中国教育梦,必须有一批既仰望星空又能脚踏实地的教育家去努力践行。

作为担负基础教育发展重任的中小学校长,理应有成为教育家的自信与追求,自觉锤炼教育家的目光与胸怀,自觉担当教育家的责任与使命,能够自觉站在传承历史,造福当下和创造未来的高度上来审视、践行和发展教育。只有这样,我们才会离中国的教育梦越来越近。

引领和担当,爱老师,爱学生,爱事业,有梦想,有价值,有尊严,有幸福。

有远大的理想,执着的信念;对未来充满信心,精力十分旺盛,思维非常活跃。

大志向成就大蓝图,大智慧搭建大舞台,大情怀铸就大魅力,大责任担当大希望。

我们一直致力于理想学校的创建,理想学校就是"七彩七中,和谐七中",就是让学生喜欢、家长满意、领导放心的学校。

四、邢台新思维,我们新感悟

邢台新提出的口号,具体到我们学校的工作理念:

一是你发财,我发展。学生优秀,老师成就;学生越出色,老师越骄傲。教学相长。名师出高徒,高徒出名师。学生越有名,老师越出名。一批批优秀学生的出现,才是一个老师人生价值的一次次展现。

二是亩均论英雄。分子和分母的比例关系。优秀生是分子,普通学生是分母。一个班单从中考高考成绩来做衡量优秀生标准,老师们就要把优秀生率作为一个追求目标,在分母不变(班级人数毕业生人数基本固定)的情况下,如何让优秀生人数尽最大可能越来越多,分子越来越大就非常关键,也是我们平时工作的中心和重点。英雄老师就要研究如何把班均优秀生数做多。

三是二话不说,干了再说。干部干部,干了进步。成绩不说跑不了。干活儿千万不要事没干,先谈条件。想干事,肯干事,干好事,干成事,自己才能有美事儿。

四是妈妈式服务。不能是保姆式服务。妈妈式和保姆式区别在于一个无私奉献,无微不至,无怨无悔,一个是有钱就干,有事就做,无事就溜,量利而行。我们为学生提供的服务就是妈妈式教育和服务。

第三节　提高效能

一、"5A引领创造,着力内涵发展"的理念

(一)对照标准,提高认识,认真谋划

1.认真学习领导讲话和评估标准

2.联系实际,对照标准,找出问题,制定方案

3.加强督导,抓好落实,及时总结,及时整改

(二)用先进的办学思想引领学校可持续发展:

1.用先进的办学思想引领师生

2.用7341教育教学思想引导师生

(1)"7341"(2)课改(3)科研

3.创新德育、体艺、安全工作形式,全面深入推进素质教育,如"三三三德育模式""三自一包""三个让三个一"

4.改善办学条件,优化育人环境,美化、亮化、绿化、文化、更新服务设施

(三)在5A级学校创建过程,提升学校办学品位

1.教师幸福了

2.学生成长了

3.学校发展了

二、校长有指示

校长有指示,主任有落实。

校长有号召,主任有思考。

校长有推荐,主任有多元。

校长有号令,主任有行动。

校长有顾虑,主任有妙计。

校长有方案,主任有指南。

校长有先行,主任有互动。

校长有一句,主任有百计。

上下相呼应,专心抓执行,

人人拼命干,家和万事兴。

三、抓好七个抓手

抓班子,带队伍。

抓建设,上质量。

抓管理,树形象。

抓硬件,促发展。

抓培训,强素质。

抓特色,创品牌。

抓安全,保稳定。

围绕一个中心:教育教学工作。

瞄准两个目标:初中保市区一流,高中创省级名牌。

做好三项重点工作:实施精细化管理,推进高效课堂教学改革,坚持为一线服务宗旨。

着力四个校园建设:平安校园,和谐校园,优质校园,特色校园。

力争五个提升:校园环境建设品位,教学设施现代化水平,教师专业发展能力,管理团队执行力,学生全面发展。

完善六项制度:七个七中三年创建规划方案,中层干部管理制度,教师业绩量化考核方案,班级管理量化考核方案,重点工作模板制作规则,学生安全工作预案。

四、点燃激情

真心转作风,激情于事业。优良作风是推进科学发展的重要保障,是凝聚党心、民心的强大力量。

一是确定争先目标,激发激情。没有目标就没有方向,科学合理的目标是激情干劲的重要源泉。

二是树立先进典型,褒扬激情。榜样的力量是无穷的,先进典型具有示范效应和引领作用。

分层次树立一批先进典型和引领标兵,开展激情七中"年度先进人物""四个十佳"评选活动,评选各个行业月度、季度、年度"激情之星",宣传他们的先进事业,挖掘他们身上的激情因子,发挥他们的引领带动作用。

三是严查不良行为,倒逼激情。有奖有惩才能树立正确导向,奖罚分明可以激浊扬清。

四是健全规章制度,保障激情。缺乏制度保障,激情难以长久,制度保障有力,激情持续迸发。不以激情代替制度,而以制度保障激情。

公开挂牌上岗亮身份,让群众知道我是谁;公开动态报行踪,让群众知道我在哪;公开目标晒承诺,让群众知道我要怎么干。

集中整治活动,大力倡导优良作风,努力纠正不良作风,一年多来,成效显著,群众欢迎。一是改革力度大,二是发展步伐加快,三是群众受益明显。

五、5A 现场会各校亮点可以借鉴一下

1.教师教案集印成册,上级部门文件整理成册

2.图书馆走廊化

3.杯子舞、千人诵读感恩信

4.励志教育三大步

5.综合实践活动,学生动手能力培养

6.精细化管理

7.电子班牌

8.接待员正装

9.宣传展板设计及支架

第四节　重点工作

一、教育工作的总体思路

指导思想:2019 年是中华人民共和国成立 70 周年,是全面建成小康社会、实现第一个百年奋斗目标的关键之年，是深入贯彻落实全国教育大会精神开局之年,是教育系统深入实施"奋进之笔",攻坚克难、狠抓落实的重要一年。

教育工作的总体思路是:高举中国特色社会主义伟大旗帜,以习近平新时代中国特色社会主义思想为指导,深入贯彻党的十九大和十九届二中、三中全会精神,深入学习贯彻全国教育大会精神,按照"五位一体"总体布局和"四个全面"战略布局,增强"四个意识",坚定"四个自信",坚决做到"两个维护",坚持稳中求进工作总基调,坚持高质量发展,坚持和加强党对教育工作的全面领导,全面贯彻党的教育方针,坚持发展抓公平、改革抓体制、安全抓责任、整体抓质量、保证抓党建,加快推进教育现代化,建设教育强国,办好人民满意的教育,以优异成绩庆祝中华人民共和国成立 70 周年。

二、知行合一　共创文明

创建文明校园,应知应会的内容有以下四点,请全体师生务必熟记,为创建工作做贡献。

(一)社会主义核心价值观内容(必须熟记)

富强、民主、文明、和谐、自由、平等、公正、法治、爱国、敬业、诚信、友善。

(二)文明校园创建"六个好"(必须熟记,教师是重点检查对象,顺序要准确)

领导班子建设好、思想道德教育好、活动阵地好、教师队伍好、校园文化好、校园环境好。

(三)文明校园创建"十个一"(熟悉了解)

1.一个校史馆(展)

2.一枚校徽

同在蓝天下,师生共扬帆。

3.一批社团:春蕊合唱团、书法社团、篆刻社团、机器人社团、绘美社团、京剧社团、文学社、田径队、篮球队、健美操队

4.一系列校园文化活动:"红五月"艺术节、阳光体育节、祭孔仪式、十八岁成人礼、国学经典朗诵大赛、"书香校园"读书演讲比赛、升旗仪式才艺展示、月度述职演讲、主题教研沙龙等。

5.一批"善行功德榜":七星达人、最美少年、拾金不昧好少年、文明学生、文明教师、感动七中月度人物、感动七中年度人物、优秀教师、优秀班主任等。

6.一个家长委员会:学校建有三级家委会:班级、年级、校级。

7.一个校园网站。

8.一个校园广播站:正能量主播室。

9.一个心理维护辅导站:勤政楼四楼心理健康教育中心。

10.一条维权热线:3133008。

(四)社区调查(熟悉了解)

1.文明校园创建认识:是文明城市创建的重要组成部分,邢台市争创国家级文明城市,桥东区争创省级文明城区。

2.学校开展过哪些文明创建活动?

校庆系列活动;制定文明师生公约,师生积极践行;开展文明师生、文明班级、文明办公室、文明宿舍评比活动;开展垃圾不落地活动;开展课堂礼仪活动;开展课间文明、课间保洁活动;开展"小手拉大手,共创文明城活动";开展志愿者活动,如养老院慰问、爱心义卖、社区打扫卫生、文明交通执勤等;我校"爱在其中"服务团队荣获河北省教育系统优秀志愿服务品牌称号。

3.是否参加过社区组织的问题活动、慰问帮扶、公益服务等活动?

参加过。

如:社区有健身器材,可以锻炼身体;有科技知识讲座;有科技馆和阅览室,可以读书学习;有文明社区宣传活动;有家长学校,父母参加学习;有演出表演;在社区参加义务劳动,慰问社区里的孤寡老人;社区组织跳蚤市场,捐衣服等。

三、一个目标,三个重点,七大项目

一个目标:创建平安和谐,优质特色,绿色文明美丽的学校。

三个重点:保平安,保师德,保质量。

七大项目:

一是更新观念,双减落地,取得新经验:家校沟通合作渠道畅通,确保家校和谐共处,效果明显。课后服务以学科辅导为主,与社团活动,特长培养并重,形式多样,质量提升。推广宣传优秀案例,培树典型。

二是力争一流,精细管理,取得新成果:防疫不出事,创城不扣分,迎检争满分,宣传树形象,运动队管理更规范,招生保质量。

三是强化硬件,智慧校园,取得新突破:建好用好信息化设施设备。提升教师网络教研水平,课堂教学效率,和考后评价纠错功能的利用率。创建示范校。

四是带强团队,师德师风,取得新成绩:党建出经验。(理论学习,制度完善,活动开展,纳新培训,收获成果)四支队伍建设(中层干部,学生干部,班主任,教研组长)以院为主出效果。青蓝工程重实效。培训进修多元化。强大自己,成就学生。

五是提高质量,教学改革,取得新成效:教研活动体现主题性,突出集体性,提高实效性。狠抓我校教学常规和各种要求的落实,7341课堂模式改革再深化,再完善,再高效。

六是从严规范,安全稳定,取得新实效:校内校外住宿生管理更严格精细。摸清底数,完善信息,建好台账,定期走访,加强沟通,安全教育。欺凌事件预防好,确保不出一起责任事故。舆情管控全时空,超前谋细,预防为主,及时发现,及时处理。严格规范财务制度,严格遵守执行三重一大制度。

七是发挥优势,特色办学,取得新亮点:劳动教育创示范。劳动教育要立足校内,借力校外,部门牵头,选好基地,设计课程,选配师资,配好课时,有序安排,人人参与,提升技能,培养兴趣,涵养精神,劳学结合,注重实效,建好档案,搞好宣传。家庭教育创优秀。家长学校做扎实,争荣誉。校本科研坚持问题导向创特色,求量发动人人参与,求质贴紧本校本班本学科本课堂。

四、省督导专家建议

省专家对我校筹备国检情况进行了过程性督导检查,实地查看了实验室,功能教室、微机室、教室、教室办公室,体育器材室,校园文化建设,学校硬件设施等,听取了学校主管领导的汇报,随机和部分师生交流,对我校的筹备工作基本满意,肯定了各管理员的工作态度,业务素质,对我校的师生精神面貌、工作状态,校园文化氛围都给予了高度的评价。

在细节管理上,专家给予了非常具体的指导建议。请各主管校长和主任按下列要求,争取在4月20号之前抓好落实,科研督导处抓好督查验收。

一是实验室:课程表、座次表,规章制度、实验仪器设备分类清单表,实验教学进度表要上墙。仪器室各类仪器种类、数量要有台账。社团活动记录。

解说词模版:您好,这里是实验室,我是这里的管理员。这里有多少类仪器,每一类有多少组和多少个,每周有多少节实验课。我的主要职责和工作是什么等。教务主任政教主任负责落实。

二是图书馆和阅览室:管理员要熟练掌握电子借阅程序、图书数量,学生平时借阅使用情况。我校师生借阅图书要求和制度。教务主任负责。

三是社团活动和功能教室:美术、书法、微机室:要有课程表、活动计划和每次活动记录,学生作品和优秀作业成果展示。图片或装订成册。微机课以后都要在56台机教室上课,不要在机数少的教室上课,保证一人一台机。教务主任负责。

四是体育器材室:墙壁要粉刷一遍,电灯电线要维修安装标准。课程表,教学进度表和规章制度要上墙,建立好器材台账。器材分类上架入柜,摆放整齐,排列组合有序,卫生干净整洁。体卫主任负责。

五是管理员要熟悉自己的职责和管理范围之内一切仪器设备器材的种类、数量、使用方法、开课情况,做到有问必答,演示操作熟练。接待介绍情况时落落大方,不紧张,态度热情,语言精练,突出重点,亮出特色。明确管理员责任。教务主任负责。

六是厕所和走廊教室环境卫生要注意墙根墙角的清理。物品摆放要整齐有序。在一些边边角角设计美化点缀花草墙绘图案装饰、学生创作的书画和小制作之类作品等。政教主任、综合办主任负责。

七是所有的消防器材及时更新,摆放要合理。法制处、综合办主任负责。

五、迎接督导

为了迎接好这次过程性督导,全区中小学校要具体要做好以下准备工作。

(一)校园环境卫生

1.校园卫生

校园内无纸屑、无污水、无坑洼、无果核、无落叶等,垃圾池及时清理,不留垃圾死角,墙壁干净,无乱写乱画现象。

2.教室卫生

教室内空气流通;桌椅、门窗、地面、屋顶、墙壁整洁;三表安排合理、齐全,张贴美观;教师前后门畅通。

3.教辅用房卫生

包括教师办公室、宿舍、食堂、厕所、门卫室。

以上各处都要保持通风良好,无乱堆乱放,各类物品摆放整齐有序,线路布局合理,地面、墙壁、门窗等干干净净。

4.专用教室卫生

包括实验室、仪器室、图书室、微机室、音乐、美术教室、体育器材室、团队(德育)活动室、卫生室等。以上各专用教室首先保持整洁有序,其次是照明设备符合标准,水管及电线布局合理,能正常使用;各类仪器、器材、图书等摆放有序合理。

(二)专用教室要求

初中包括:微机室、图书室、阅览室、实验室(理化生)、准备室(理化生)、仪器室(理化生)、体育器材室、美术教室、音乐教室、卫生室、德育活动室等。

小学包括:微机教室、图书室、阅览室、科学实验室、体育器材室、美术教室、音乐教室、卫生室、少先队和科技活动室等。

1.各专用教室制度、使用记录齐全,专用教室内外渲染与本室特色相适应的文化。

2.各专室要有相应的台帐,各类仪器、器材要全部开封、入盒、入橱,说明书分类装订保存,图书全部上架。

3.室内布置要符合各专室的具体要求。

(三)学校档案工作

均衡验收学校档案资料共分为九大类,建档目录已经在2月26日发到各校长手中。按照督导室要求,全区中小学校在3月底要全部完成建档工作。

过程督导中,档案管理员要熟悉档案资料,表述清楚,回答正确规范。

(四)迎检接待要求

1.提前到学校门口迎接,学校安排一名陪同人员做好记录,对于自己学校被认可的工作,及突出问题都要记录。

2.各位校长要注意自身形象,用普通话讲解,这次尽量脱稿,但不能用讲解员,不能用扩音机,校长要主动向省领导汇报学校的基本情况、师资配备、专室使用、办学思想、理念、特色及未来3—5年规划等。

3.要精心设计学校的检查路线,专室管理员提前在门口迎候检查;迎检期间,严禁拉横幅、摆放水果,严禁不按课表上课拉出学生表演活动等,要严格按课程表开足开齐开好课程,可以用展板、视频等形式展示学校的特色。

4.学校简介要精心设计,字斟句酌,内容要涵盖义务教育发展基本均衡县评估的相关内容,涉及到学校基本数据一定要和年报一致。既要反映学校现实情况,又要体现学校长远规划和办学特色,一般一页A4纸即可。

六、开学前三件事:保健康,订计划,迎开学

一是确保自己和家人平安健康,按时完成学校上传下达的各项工作任务。

二是年级正副主任及中层以上干部,正月初十上午 12 点之前,把制定好的学期工作计划,由主管校长统一收集好后,先在内部交流后发送到校办室、校长、书记邮箱。全体中层以上干部会和全体教工会开会时间,待上级部门正式通知开学时间后再决定。

三是各院教务处联合年级主任制定延期开学的学科教学应对预案,研发线上授课内容和操作方法,开设网上直播课堂,保证老师停课不停教,学生宅家不停学,教学质量不能降。培养自主学习,自主管理,自主发展的能力。年级主任通知各班主任以及任课老师,要指导学生制定学习计划,并每天报告学习任务完成情况。其他科室做好开学前一切准备工作。

疫情就是命令,防控就是责任。生命不可复制,灵魂无法复活。心存侥幸心理,终究会聪明反被聪明误,自食恶果。只有遇事敢担当,敢冲锋,盯得住,有办法,经得住考验,受得了煎熬,干得出成绩,才能显得出一个人的品行和能力。

特殊时期,在确保自己安全健康的基础上,不给别人添乱惹事讨嫌,严防死守,以防万一。闭门静思自己走过的人生经历,感悟生命之珍贵和艰险变化莫测,更加坚定信念,不忘初心,牢记使命,只争朝夕,谋划工作,履职尽责,造福社会。珍惜身边的人,感恩所有的遇见,团结一致共同干成一件事,建立起终生难忘的友情,让自己的人生充满爱和精彩!

七、迎国检重点早知道

1.门口不得挂"欢迎领导光临"类条幅,电子屏可以滚动"推进义务教育优质均衡发展,办好人民满意的教育,办好老百姓家门口的学校,弘扬和文化,创建和校园,坚持可持续发展教育理念,打造优质特色品牌学校。"等口号,不摆水果鲜花,不使用耳麦介绍讲解。

2.校园卫生无死角,物品摆放整齐有序,课间走廊安静,主动问好打招呼鞠躬行礼。

3.专室老师使用文明用语,可以说"欢迎各位专家光临指导",不要说"欢迎参观学习"等。对仪器设备图书底数功用明白准确清楚地介绍。图书仪器上不得有灰尘,要有使用过的痕迹。

4.国家、地方、校本课程,社团活动要有课时安排,音体美课程要开齐,课时开足。

5.档案资料要齐全完整。

八、国检在即,重要提示

(一)总体要求

1.利用好国检前极短时间,各点位不管达标还是基本达标,都要继续对标对表打造提升。

2.测评中,不管是谁都要站好自己的岗,做好自己的事。在测评人员前面有打扫卫生、捡拾烟头、规整非机动车等行为不但不减分,相反还会加分。

3.任何人不要对测评人员尾随、围观、拍照。

(二)如何回答测评提问:

测评专家到学校会检查师生对应知应会内容的掌握情况。随机提问5人,无法提前预知,所以要求师生人人熟背24字核心价值观和校园建设6个好。另外,还要提问有关文明创建的一些问题,必须提前做好准备,了解情况,从容应答。

例如:你们学校在文明创建方面做了哪些工作?

答:1.制作了社会主义核心价值观、习近平中国特色社会主义思想、讲文明树新风、关爱未成年人、低碳环保、学校特色活动等许多块展板。

2.开展老师和学生先进模范的评选、表彰,宣传他们的先进事迹和优秀品质,号召大家向他们学习。

3.定期评选先进班级和先进宿舍,并颁发流动红旗。

4.设立课间文明监督岗。

5.组织学雷锋活动,在学校内外广泛开展学雷锋做好事活动。

6.组织开展徒步七里河捡拾白色垃圾社会公益活动、徒步郭守敬故居和玉泉寺进行徒步研学活动、歌咏比赛、经典诵读比赛、拔河比赛等丰富多彩的德育活动和课外活动等。

你是否参加过社区组织的文体活动、慰问帮扶活动、公益活动? 具体活动有哪些?

答:参加过。

1.寒暑假参加过社区和村里组织的扭秧歌、舞龙舞狮、贴对联、猜灯谜等活动。

2.到敬老院慰问帮助孤寡老人,帮助残疾人。

3.捐款捐物资助困难家庭。

4.星期天在社区打扫卫生等。

九、安全要保底,教学争第一

开学在即,我们的口号是:安全要保底,教学争第一。谋细,干实,说好。

四个院的师生要在学校大的工作思路和规章制度指导下,抓办学理念思路落地,抓各项工作管理模式程序流程落实,狠抓激情教育,精细管理,智慧教学,出彩成绩。

每个人在自己的岗位上,都要努力做到谋得细,干得实,说得好。都要忠诚担当,任劳任怨,不找借口,不推卸责任,敢于负责,谋划精细,强力执行。抓住安全和教学宣传三件事,从严从细管理,多深入一线,深入课堂,狠抓教学。同事之间,师生之间,家校之间,对待外来人员来访来查来看,要以礼相待,互相尊重,遇事多交心,多商量,营造和谐的氛围,增强和谐教育就是增强教育教学生产力,推动力,竞争力的共识。确保安全教学宣传全丰收。尤其要搞好宣传,传递赞美,树立典型,干出成绩,打造亮点工作。

本学期,防疫是基础,安全是关键,备考是重点,出彩是目标。大家要齐心协力,瞄准目标,快马加鞭,不计得失,忘我投入,勤奋工作,加班加点,激情奋发,以优异成绩迎接建党一百周年。

强化综合实践育人,积极开展研学实践、志愿服务等综合实践教育。

深入实施中华经典诵读工程,组织举办第三届中华经典诵写讲大赛,开展中国诗词大会等品牌活动,实施经典润乡土计划、"家园中国"民族地区中华经典传承推广活动。在中小学培育建设中华经典传承推广特色学校。

十、学校的德育工作

教育和引导青少年学生树立社会主义荣辱观,是培养社会主义合格建设者和可靠接班人的必要要求,要把社会主义荣辱观教育作为青少年学生思想道德建设的重要内容。采取更加积极主动的态度,制定更加切实可行的措施,牢固树立"育人为本,德育为先"的观念,把社会主义荣辱观教育贯穿于学校教育的全过程,努力形成全员育人、全方位育人、全过程育人的格局。

要大力宣传教育系统开展社会主义荣辱观教育的经验和做法,大力宣传和表彰教育弘扬社会主义荣辱观的先进事迹和典型人物,努力营造崇荣弃耻、见贤思齐的氛围。不断提高对在青少年学生中开展社会主义荣辱观教育重要意义的认识,切实完成好"学校培养什么人,如何培养人"的战略任务。

学校的德育工作要坚持一条主线,即爱国主义教育这条主线,着重培养学生的三个良好习惯:一个是良好的行为习惯,一个是良好的学习习惯,一个是良好的生活习惯。习惯养成教育是一个人做事做人的根基,是成就事业的关键,有什么样的习惯就有什么样的人生。

中学教育的首要任务就是让学生有理想信念,有生存技能,有良好的习惯。没有理想信念,就没有人生发展的方向;没有生存技能,生活就不会幸福;没有良好的习惯,就不会有一个很好的发展。人生的价值就不会有多大的含金量,不会造福于他人,奉献给社会。

十一、暑期重点工作

一是迎检准备,查漏补缺,自查自纠,完善规范。围绕创城和迎检,对照标准和上级部门日常检查要求,对学校硬件情况查漏补缺,列出具体基建维修整改项目清单和资金预算。完善招投标程序。

二是以教研组为单位编写开学第一课教案:各学科开学第一课模版。

1.学科历史和趣事、学习的意义

2.学科名人和成果贡献标志,有代表性的科学家

3.学科阶段结构骨架板块及学习方法,要培养哪些学科素养。学科之间的关系。结合我校 18 件事和 7341 教育模式。

4.学科学习注意事项

三是语文老师编写教学计划:朗诵课(每学期 3 节),阅读课(每学期四节),作文课(每周两节)。

四是组织学生选择完成核心素养十八件事,做好主题优秀成果展示资料收集。

五、完成《状元的摇篮》和《365 里路 365 首诗》等校本教材的编辑印刷。

六是主管教学校长带领教务处牵头办公室政教处等部门,筹备暑假开学前教师培训,导学案编写,新生军训和入学教育,新高三假期补课等工作。搜集整理中高考信息,提炼亮点,做好宣传报到。

七是做好初一高一招生宣传报到接收编班等工作,班主任选聘培训。

八是暑期值班、校园安全,学生安全教育,上情下达,处理突发情况。带班领导是第一责任人。

九是主管政教处校长牵头教务处后勤处和有关年级主任，整合分析四个校园资源分布情况，制定下学期各年级布局规划方案。

十是制定下学期部门和个人工作计划。

十一是开展迎国庆系列宣传教育体验活动和组织开展的核心素养18件事活动紧密结合起来，一次活动，具有多种功能意义和解读表述报道。以年级为单位筹备"我爱祖国，同唱国歌"迎国庆70周年歌咏比赛。体卫处牵头政教处筹备学校歌咏比赛。

十二是狠抓师德师风建设。严格执行承包年级校长和年级主任责任追究制度，杜绝乱办班乱收费现象发生。

十三是编织五年发展规划。主管校长牵头各科室主任负责，根据学校办学思想和日常强调的重点工作原则，集思广益，编织出本科室未来五年的工作构想。主要分三部分：第一，指导思想，第二，目标任务，第三，措施步骤。从以下几个方面编织：第一，明确办学思想，第二办学条件改善，第三，办学规模预设，第四，校园文化建设，第五，管理体制机制改革和制度建设，第六，师资队伍建设，第七，德育工作，第八，教学工作，第九，科研工作，第十，法制安全工作，第十一，后勤保障工作和劳动教育，第十二体卫艺术工作，第十三，美术高中发展规划，第十四，对接京津冀一体化国际化开放办学设想，第十五，党建工会团委妇女工作构想，第十六，特色办学设想。常规工作抓精细，重点工作抓成效，创新工作抓亮点。

十四是搞好师资人员调配。四个院一盘棋，满足一线需求，尽量人人确保满工作量，精简科室人员，坚持中层以上干部带头兼课兼班主任或副班主任和满工作量的原则。优化教师队伍结构，减少闲置人员和不满工作量人员，合理利用好现有师资，把好外聘教师进口关，选优聘能，宁缺毋滥。

十五是整顿会风。从开好每一次会开始整顿，严肃会纪会风。坚持谁组织谁负责的原则，谁的课堂谁做主，谁的会场谁负责，谁的观众谁管理。认真组织好每一次会议。组织会议的校长负责，主管科室主任具体落实，会前通知有提醒，会中安排专人盯，会后算账不留情。严格会议纪律，实施两签到制度。杜绝旷会迟到早退带孩子进会场现象。落实惩罚措施，制定处罚标准，会后及时通报会议考勤会风等情况。

十六是继续围绕"一保六抓"七项重点任务，谋划新学期工作计划，制定落实步骤和方法，力争实现全面工作目标。

十二、安全第一,预防为主,综合治理

抓基础提升水平,抓机制规范建设,抓培训提升素质,抓竞赛带动引领。

本质安全型:明确安全责任,规范安全行为,提高安全技能、确保安全文明生产。

生产效益型:严控生产经营成本,落实生产经营任务。

学习创新型:拓展学习培训,加强岗位练兵,切实提高班组科学化管理水平。

民主和谐型:开展思想教育,加强民主管理,构建和谐文化,促进事业健康稳定发展。

环境友好型:营造低碳作业环境,实现废旧物料资源化。

十三、创建文明校园要做到

1.践行社会主义核心价值观,发扬七中精神,弘扬七中文化,践行七中办学思想。

2.搞好校园环境卫生,落实三三三德育模式、三自一包要求。

3.自觉遵守交通规则,提高安全防范意识,增强自我保护能力。

4.争做文明使者,树立文明形象,打造文明科室,年级,班级,个人。

5.从我身边做起,从现在做起,一言一行尽显大七中气质精神面貌,说文明话,做文明事,行文明礼,处处时时事事讲文明树新风。

十四、社团工作"十个一"

一是一个管理机构。学校设一个总团长,各社团设一个分团长,分团长下再指定若干七人一组的小组长,并明确职责。

二是一个活动计划。要制定出年度和学期活动计划,周主题周进度,并挂贴墙上。

三是一个规章制度。要制定一套社团活动规章制度。

四是一个团员档案。要为每一个团员建一套档案。详细记录个人信息。作为评价材料。

五是一张联络图。绘制一张通讯联络图,成金字塔式分布,只需通知一人,很快传达到全体成员。

六是一个校外辅导员。挖掘家长资源,每个社团聘请一位自愿服务学校的专业辅导员,参与指导社团活动。

七是一个竞赛活动。各社团指定专门信息员,学校设总信息员,负责搜集上级部门或社会各界发布的信息,只要和我校的社团活动内容有关系,就搜集汇总整理出来,上交给总团长,进行筛选,指令总信息员定期向各社团发布公告,并督促组织报名参加竞赛。以竞赛促活动开展和质量提升,为学校争荣誉。

八是一个活动美篇。每次社团活动,每个社团都要制作一个活动美篇,上报给总信息员,并制作整个活动简报。特别要组织学生写好活动记录,分享活动心得体会。

九是一个成果展示墙。每个社团活动室,都要认真布置一面墙作为专栏,用来展示学生活动成果:活动过程纪实图片,心得体会,手工制作品等。

十是一个评优评先。定期评选优秀社团、辅导老师、优秀成果、优秀团员等,进行表彰激励。

十五、素质教育月主题

一月份:传统文化教育

二月份:礼仪孝亲教育

三月份:学雷锋讲文明

四月份:绿色环保教育

五月份:艺术审美教育

六月份:考前心理教育

七月份:社会实践教育

八月份:国防科技教育

九月份:法律规范教育

十月份:爱国爱校教育

十一月份:安全技能教育

十二月份:理念信念教育

十六、"我的中国梦"主题教育

要把"我的中国梦"主题教育活动融入中国特色社会主义学习宣传中、社会实践之中、校园文化建设之中、学习争当先进典型之中。

(1)习总书记指出,实现中华民族伟大复兴的中国梦,就是要实现国家富强、民族振兴、人民幸福。

(2)中国道路:中国特色社会主义道路。

中国精神:以爱国主义为核心的民族精神和以改革创新为核心的时代精神

中国力量:中国各民族大团结的力量。

(3)立德树人:培养学生社会责任感、创新精神和实践能力

(4)五种意识:强化育人意识,围绕质量提内涵;强化需求意识,优化结构促发展;强化创新意识,突出重点推改革;强化服务意识,促进公平惠民生;强化责任意识,固本强基抓党建。

(5)中国梦就是育才梦:坚持师德为先,增强教书育人的荣誉感和责任感;坚持教学为要,心无旁骛地投入教学工作;坚持科研为基,以高水平科研提升教育质量;要将爱国精神、事业心、责任感、团队意识认真刻苦等品格,融入课堂、课题,以高尚师德、人格魅力、学识风范、教育感染学生,做学生健康成长的指导者和引路人。

(6)中国梦就是成才梦。做到三个结合:个人梦想和中国梦、个人价值与社会价值、个人命运和国家命运。学生要立足高远,涵养大气品格,修身求知,追求一流学问,知行合一,创造精彩事业,敢于奉献,践行责任人生。

(7)搞好"四个融入"。

一是要把"我的中国梦"主题教育活动融入中国特色社会主义学习宣传之中,真正把国家和民族的光明前景讲清楚,把伟大梦想的实现路径讲明白,引导广大师生把实现伟大中国梦的满腔热情转化为刻苦学习、努力工作、报效祖国的实际行动。

二是要把"我的中国梦"主题教育活动融入社会实践之中,深入对中国梦的理解和把握。

三是要把"我的中国梦"主题教育活动融入校园文化建设之中,深入开展社会主义核心价值体系学习教育,注重思想观念的引领,注重行为规范的约束,注重日常生活的养成,培养中国特色社会主义学校精神。

四是要把"我的中国梦"主题教育活动融入学习、争当先进典型之中,通过培养选树先进典型,感召广大师生在实现梦想的征程中成长成才,建功立业,用中国梦凝聚强大的精神力量。

(8)为师生搭建筑梦圆梦的舞台,为老师教书育人,为学生成长成才营造良好的环境,为实现中华民族伟大复兴的中国梦贡献力量。

办学主题:和谐、创新、特色。

党建主题:求真务实、争先创优。

德育主题:爱心、责任、合作。

教学主题:规范、高效、优质。

体卫主题:素质、健康、特长。

管理主题:引领、培训、精细。

后勤主题:服务、节约、实用。

法制主题:安全、稳定、预防。

十七、七中十五中联合校班级文化配置标准

两园地:一是孔子文化园地。二是钱学森之问园地。

两专栏:一是班务公开栏,包括课表,座位表,班规,三自一包公示栏,中学生守则,中学生行为规范。二是班级风采展示栏,包括手抄的班级日报,光荣榜,学生书法绘画,小制作等手工作品。

两标语:前有班训,后有核心价值观。

两行花:要求学生捐花二十盆,摆放窗台上,整齐美观,精心护养,观察记录。

两墙字:两边墙上挂满励志类名人名言。

一板报:黑板报。定期更换。

一班牌:班号,班主任,班级目标

十八、瞄准一个目标

(一)瞄准一个目标

签订高考目标责任书、双上线率达到保5%争100%,将升学指标分配到班级,分到学科教师人头上,人人有目标,有任务,有紧迫感。

(二)坚持一个原则

立足学情,立足校情,立足基础,保证各科成绩,保90分,争120分。

(三)主要工作内容

(1)制定复习备考方案(月、周、节)。

(2)学科知识结构建立起来。

(3)根据考点确立重点知识点。

(4)总结解题规律、学习方法、答题模板。

(5)帮助学生建立动力系统(激励自信心)。

(四)重点做好几项工作

(1)走出去,请进来。

(2)每天三件事:做题、制题、说课。

（3）摸底考试,确定起点,明确终点,展示进点。

（4）营造氛围,激发斗志。

（5）用心去工作。

（6）搞好集体备课。

十九、奋斗目标

（1）抓好学校管理,要在细、严、实上下功夫,细处着手,小处抓起。

（2）全面推行校务、财务公开。严格财务纪律,遵守收费标准。

（3）坚持严于律己,以身作则。要求教师做到的,自己首先做到。

（4）坚持深入教学第一线,积极参与教研活动,坚持听课、评课,时时刻刻起模范作用。

（5）安全教育常抓不懈,牢固树立安全意识,确保校园安全,创建平安校园。努力改善办学条件,使学校又好又快的发展。

二十、违纪学生处理流程

（1）学生自我描述违纪类型并依据班规自我认定处罚等级。

（2）班委会和班主任共同核实并依据年级、学校有关规定研究确定处分决定

（3）学生违纪情况严重,确需上报年级主任或学校政教处（教导处或其他处室）处理的违纪学生,年级主任负责做出初步处理意见和建议,由政教处会同年级主任依据校规校纪共同做出处分决定,报主管校长批准后予以执行

（4）学生行为涉及违法的,直接交由司法部门处理。

（5）对违纪学生的处理要有根有据,实事求是,不得随意武断,坚持正面引导,教育为主,处分为辅的原则,力求做到仁至义尽,让家长和学生心服口服,甘心情愿接受处分

（6）对违纪学生的处分在坚持班规和年级、学校有关规定的前提下,灵活运用多种多样惩戒处分教育方式,如为班级做一件好事,受一次处分献一盆花,短期承包一项班务,在家反省期间每天写一份千字思想汇报交给班主任直至复课,围绕遵规守纪、习惯养成、学习成绩目标等写保证书承诺书。

（7）各班主任要认真组织学生学习法律法规、校规校纪,民主制定班规,根据新情况及时调整修订班规,让学生对学校、年级、班级规章制度奖惩条例熟记于心,外化于行,自觉遵守,形成习惯。

二十一、邢台市七中关于举办 50 周年校庆的报告

为了深入学习贯彻新时代习近平中国特色社会主义思想,宣传落实党的十九大和全国教育大会精神,积极响应区委区政府关于振兴桥东教育的号召,充分展示我校素质教育成果和我区基础教育取得的辉煌成就,邢台市七中校委会研究决定:2018 年 10 月 18 日举办建校 50 周年校庆系列活动,并表彰一批为学校教育事业发展作出巨大贡献的功勋教师。特此报告。

邢台市七中,1968 年 10 月建校,至今有 50 年办学历史。邢台七中目前是一所集优质初中、美术特色高中和普通高中于一体的综合性完全中学,在校生 6000 余人。50 年来,学校办学规模不断扩大,为国家培养了一大批优秀毕业生。初中教育质量在我市首屈一指,被誉为"中考状元的摇篮",美术高中升学率连年攀升,办学规模在我省名列第一,成为我市基础教育一支重要力量,在社会上享有很高的声誉。

校庆活动设想:

时间:2018 年 10 月 18 日上午 9:00

地点:邢台七中中院

参加人员:区领导,部分校友,社会各界部分友好人士,老教师代表,在校全体师生

主要议程:

(1)校长致辞,校友发言,老教师代表发言

(2)区领导讲话

(3)表彰功勋教师和特殊贡献教师(中考状元班主任)

(4)文艺演出

(5)参观校史馆和校园

会议议程:

(1)升国旗

(2)介绍与会领导和嘉宾

(3)宣读受表彰教师名单:特殊贡献教师,优秀教师,功勋教师

(4)颁奖:证书和奖杯,功勋教师,优秀教师,特殊贡献教师

(5)校长致辞

(6)优秀教师代表发言

(7)校友发言

（8）区领导讲话

（9）文艺演出

（10）参观校史馆

第五节　对事业,要学会坚持

遇到一个人,打破你的思维,改变你的习惯,成就你的未来,他就是你的贵人。

遇到一群人,点燃你的激情,觉醒你的自尊,支持你的全部,她就是你的团队。遇到一平台,唤醒你的责任,赋予你的使命,成就你的梦想,它就是你的事业。对贵人,要学会感恩;对团队,要学会忠诚;对事业,要学会坚持！请大家都来一次遇见吧。

遇见邢台,宣传美丽家乡我的伟大邢襄,好山好水好风光,人杰地灵大邢襄,千年古都历史长,旅游胜地美名扬。

遇见七中·五中联合校,以及自己和自己所在的团队。开学在即,面对新学生,新学期,新教材,新环境,新一切,每位老师都有一个面对新一切,让新一切接受自己的任务,如何让自己很好很快融入新一切之中,都要写一篇推介自己和自己科室、年级、班级、教研组备课组等团队风采的甜心美文,向自己的教育对象、合作对象表白自己可爱可敬可亲可赞可歌的优势,这样才能顺利开展自己的教育教学工作。

遇见七中美术高中,就遇见了一大批爱生如子,引人成才,点石成金,妙笔生花的美术大师;遇见七中美术高中,就遇见了一座传统与现代艺术完美融合的神圣殿堂;遇见七中美术高中,就遇见了一个雕塑矗立,彩绘飞扬,浮雕灵动,洋溢着迷人的人文气息美丽校园;遇见七中美术高中,就遇见了一个直通美术名校,助您实现人生梦想的幸福乐园！遇见七中美术高中,又见七中美术高中,走进七中美术高中,一起开创一个精彩的印象七中美术高中！七中美术高中招生只招收爱学习,守纪律,讲卫生,懂礼貌的有志于学美术肯吃苦敢拼搏的理想学生！

初一、高一年级班主任做以下几件事:一是组织任课教师与学生见面会,介绍推销自己是最棒的老师。二是任课老师在一周内背过所有学生姓名。三是为每个学生取一个英文名字,仿照古人取一个字,一个号,让学生先自取,发动家长,语文英语老师参与,并介绍寓意。四是建立双班委,双课代表,双团委等。五是组织学生民主订班规,公约。班歌,班训,班旗等。六是介绍学校办学思想德育,教学,体艺模式。七是参观校史馆。

开学在即,热身开始,温故知新,谋划未来,精细抓实,勇于担当,调整心态,轻装上阵,着眼未来,做好当下,创先争优,再创佳绩。联合办学,大势所趋,造福百姓,决策英明,认清形势,顺势而为,乘势而上,胸怀大局,摆正位置,听从号令,守好职责,忠于职守,相互支持,精诚合作,搞好团结,敬上爱下,带好团队,勤于沟通,与人为善,包容大度,取人之长,传递赞美,成人之美,追求共赢。

资源整合,均衡发展,何必舍近求远。生不择校,校不择生,出门就进名校。

(1)七中十五中联合办学,同心同德共同育新人。

(2)联合办学,共享优质教育资源 提升教育教学水平。

(3)师资交流,分享先进教学理念 打造优秀教师团队。

(4)办好老百姓家门口的学校,教出有出息有文化的学生。

(5)邢台七中,爱拼敢赢。

(6)挑战自我,追求卓越。

(7)敬业创新,本真育人。

(8)发展体育运动,增强人民体质。

(9)身体好,学习好,工作好。

(10)锻炼一个好身体,为国工作一辈子,为民服务一辈子。

一、我们到底要培养什么样的人

深圳育才中学创校之初的办学理念是培养与资本主义打交道的人。要学生具有与世界同龄人谈判并取得胜利的能力。这一办学理念具有鲜明的时代特色,是在世界处于对抗格局的时代,相互斗争,争取胜利就是各自的最终目的。后来,世界发展主流走向和平,战争的危险性大大降低,合作大于对抗,那么,学校办学育人的理念也要发生变化,与时俱进,适应时代的变化,要转向培养具有全面素质,能适应并引领时代发展潮流的人才。

培养学生与人亲近,与人交流,与人谈判,与人合作,与人分享,与人共赢,与人共生,与人共存的正向能力,而不是与人对抗,与人争斗,与人为敌,与人分裂。美国挑起的世界贸易战中,各国领导人的素养能力尽显出来,提醒我们教育工作者,要更加重视思考为未来世界培养什么样的人才,怎样去培养人才,为谁培养人才这些根本问题。

中国古代思想家教育家很早就提出了人才的标准:"为天地立心,为生民立命,为往圣继绝学,为万世开太平",这句出自北宋儒学家张载的《横渠语录》,被当代哲学家冯友兰概括为"横渠四句"。

直到今天仍有现实意义,我们的学生就要:胸怀世界,以人为本,继往开来,筑梦太平,建设盛世。犹如杜甫一样"安得广厦千万间,大庇天下寒士俱欢颜",更要像毛泽东一样毕生追求"太平世界,环球同此凉热"的伟大理想。更要深刻领会习近平主席倡导的构建人类命运共同体,一带一路战略的伟大意义。

教育是现实的事业,更是未来的事业,今天的教育是什么样子,世界的未来就是什么样子。做教育者不可不谨慎小心对待自己的工作,也是对自己,对国家,对世界,对人类负责。

二、核心素养是教育本质的回归

核心素养是教育本质的回归,是为生命成长奠基。核心素养,指的是生命个体在学习与生活的过程中不断培植起来的能促进个体身心持续和谐发展的知、情、意、行等融会贯通而成的精神元素与成长基因。

核心素养是学生在接受相应学段的教育过程中,逐步形成的适应个人终身发展和社会发展需要的必备品格与关键能力,他是关于学生知识技能情感态度,价值观等多方面的要求的结合体,他指向过程关注学生在其培养过程中的体悟,而非结果导向。

同时核心素养,兼具稳定性与开放性发展性是一个伴随钟声可持续发展,与时俱进的动态,优化过程是个体能够适应未来社会促进终身学习,实现全面发展的基本保障。

三、母校是什么模样?

她不应该抽象,而是有母爱呵护一个个鲜活的生命留下的令人感动的瞬间、场景,故事情节,洋溢着爱的温馨温暖温情,是一个爱的天地时空。

初三年级各班都做了一个三年七中生活回忆视频和美篇,形式精美,内容丰富,充满感情,都很用心。里面提到的一些让师生难忘活动,如军训、跳蚤市场、艺术节、体育节、经典诵读、励志报告会、宣誓仪式、恩师感人瞬间等,这些都给我们一些启示,组织这些活动的部门就是要多设计一些让学生亲自参与,亲自体验的活动,这样学生才能难忘老师、学校,那些人,那些事,那些年,那些景,那些美,组成了母校的模样,成为学生记忆中的永恒,母校才会成为学生一生的精神家园。

四、和谐 创新 特色

和谐：

(1)建立民主议事制度

(2)实施校务公开

(3)定期召开教代会、述职报告

(4)教师结对

(5)群众工作室

(6)党员干部帮扶制度

(7)困难教职工慰问制

创新：

(1)管理体制创新,年级主任负责制

(2)行政运行图

(3)联查及联席会制度

(4)岗位责任制

(5)捆绑式值班

(6)高效课堂

(7)中考高考成绩

特色：

(1)书香校园:经典诵读

(2)学习型校园:读书栏、初中做精品

(3)七彩校园:特色教育、高中做特色

(4)和谐校园:人性化管理、以人为本

(5)平安校园:礼仪教育

五、"晒"出来的教师新状态

"自媒体时代"使用网络进行展示的方式,不仅具有极强的时效性,而且具有极强的"草根性"。点赞,点的是即时即地的事,赞的是毫厘毕现的细节。不说高低门槛,也无层层评选。一张图片,犹如一面旗帜,一次分享就是树立一个形象的行为标杆。这种民间激励机制,大大增强了赏识激励的内存,使更多老师的工作得到了肯定。得到点赞的老师,内心感到温暖,工作更带劲了。

为学校开启了一种常规管理新模式,即发现、分享和赞美。学校要求行政值班人员在值班过程中,发现校园中值得分享、宣传的细节,即时拍下照片发在学校工作微信群里。只要用欣赏的眼光关注校园,你会发现每天都会有值得赞美的细节。学校每两周把行政人员值班抓拍到的感人细节,编辑成图文和视频,然后在各种师生集会场合播放。

细节成就美丽。学校在致力于制度管理的同时,也必须重视舆论氛围的营造和引导。而尊重赏识教师,是校长进行团队管理的重点之一。放大细节亮点,淡化无心之错,让教师能够自赏地找到自己的位置,给教师创造机会"闪光",这样才能促进发展每一位教师。

六、尽心尽力做好本职工作

多数家长评价老师和学校好坏的标准就是:"凡是把我的孩子教好的老师和学校,就是好老师好学校,凡是没有把我的孩子教好的老师和学校,就是差老师差学校。"一切以自己的孩子最后的结果作为评判标准,以此来选择对老师的态度。

教师就是一种职业,一个行业,所谓的职业道德规范和行业标准,和其他职业行业一样,都需要以人为本,爱岗敬业,精益求精,追求卓越理念和精神。没有必要对教师格外特殊要求,如果非要制定特殊的标准要求老师,那首先要有和这个标准同样特殊的保障条件做支撑,否则,就是对这一职业的歧视和挤压,最终逼迫这个行业堕落消亡或变异。

任何职业单靠从业人员的道德自觉自律来保障工作质量,是非常可怕的。必须客观地评价一个职业的意义大小,来判定其在社会发展过程中的地位,从给予其相当的生存发展的成本和待遇,并有制度保障,确保其从业人员感觉物有所值,而尽心尽力做好本职工作,达到行业标准,推动社会进步。

七、新时代中小学教师职业行为十项准则

教师是人类灵魂的工程师,是人类文明的传承者。长期以来,广大教师贯彻党的教育方针,教书育人,呕心沥血,默默奉献,为国家发展和民族振兴作出了重大贡献。新时代对广大教师落实立德树人根本任务提出新的更高要求,为进一步增强教师的责任感、使命感、荣誉感,规范职业行为,明确师德底线,引导广大教师努力成为有理想信念、有道德情操、有扎实学识、有仁爱之心的好老师,着力培养德智体美劳全面发展的社会主义建设者和接班人,特制定以下准则。

一是坚定政治方向。坚持以习近平新时代中国特色社会主义思想为指导,拥护中国共产党的领导,贯彻党的教育方针;不得在教育教学活动中及其他场合有损害党中央权威、违背党的路线方针政策的言行。

二是自觉爱国守法。忠于祖国,忠于人民,恪守宪法原则,遵守法律法规,依法履行教师职责;不得损害国家利益、社会公共利益,或违背社会公序良俗。

三是传播优秀文化。带头践行社会主义核心价值观,弘扬真善美,传递正能量;不得通过课堂、论坛、讲座、信息网络及其他渠道发表、转发错误观点,或编造散布虚假信息、不良信息。

四是潜心教书育人。落实立德树人根本任务,遵循教育规律和学生成长规律,因材施教,教学相长;不得违反教学纪律,敷衍教学,或擅自从事影响教育教学本职工作的兼职兼薪行为。

五是关心爱护学生。严慈相济,诲人不倦,真心关爱学生,严格要求学生,做学生良师益友;不得歧视、侮辱学生,严禁虐待、伤害学生。

六是加强安全防范。增强安全意识,加强安全教育,保护学生安全,防范事故风险;不得在教育教学活动中遇突发事件、面临危险时,不顾学生安危,擅离职守,自行逃离。

七是坚持言行雅正。为人师表,以身作则,举止文明,作风正派,自重自爱;不得与学生发生任何不正当关系,严禁任何形式的猥亵、性骚扰行为。

八是秉持公平诚信。坚持原则,处事公道,光明磊落,为人正直;不得在招生、考试、推优、保送及绩效考核、岗位聘用、职称评聘、评优评奖等工作中徇私舞弊、弄虚作假。

九是坚守廉洁自律。严于律己,清廉从教;不得索要、收受学生及家长财物或参加由学生及家长付费的宴请、旅游、娱乐休闲等活动,不得向学生推销图书报刊、教辅材料、社会保险或利用家长资源谋取私利。

十是规范从教行为。勤勉敬业,乐于奉献,自觉抵制不良风气;不得组织、参与有偿补课,或为校外培训机构和他人介绍生源、提供相关信息。

第六节　特色教育

一、没有质量的特色，是无本之木

一是质量与特色。没有质量的特色，是无本之木，只能昙花一现；没有特色的质量是无花之果，质朴无华，但难以可持续发展。一所学校必须要靠质量立足生存，靠特色发展。我们外出考察的名校，名为特色鲜明，实为质量强硬，都是当地教学质量一流的学校，是升学率在当地排前五名的学校。质量是硬功夫，如果不讲质量，只讲特色，就没人认可。

二是教改与声誉。恩格斯说："不以结婚为目的的任何形式的谈恋爱都是耍流氓。"套用一下，不以提高教学质量为目的的任何形式的教改都是耍花样、误人子弟、误导领导、愚弄百姓、有辱使命、有违教育良心和底线。教改如果不能有利于提高学生的学科成绩和全面发展，不能促进教师业务能力提升，不能提高学校整体办学水平，都偏离了教育规律、办学宗旨和老百姓的意愿。

一个学校质量就是政治经济学上所说的一个商品的价值。一个学校的声誉就是价值，有些学校名气很大，靠的不是教学质量高，而是热衷于靠媒体炒作、商业运作、广告包装。所以，实实在在抓教学质量，做真做实做足，价值是第一位的。我们要大张旗鼓地宣传办学质量第一，轰轰烈烈地抓质量，质量高的主要评价指标就是学生学业成绩高、道德品质好、身体素质强，别的指标都是附属品。毛主席说：学生要以学为主，兼学别样，我们不能以别样为主，兼而学习。

三是解放思想与实事求是。解放思想不是建造空中楼阁，而是要立足实际，实事求是，在传承中创新，在现实中开拓。解放思想要进一步探究事物发展的客观规律，而不是自造规律。

教育有自身的规律，育人为本、以德为先是教育规律，因材施教是教育规律，这种规律亘古不变。现在有许多新提法、新说法，其实都没有脱离这一规律。"分层走班"模式、"多元智能"理论，都是"因材施教"的意思，是具体的教育教学形式。所以我们一定要回到教育的原点，以人为本、因材施教、因人制宜，具体问题具体分析。

孔子的学生有军事家、政治家、外交家、教育家、礼仪专家，就是因为孔子根据子路、冉求、颜回、子贡等不同个性，采取了不同的教育方法培养出来的。我们要向孔子学育人、学教学、学管理。

五是解放思想，不盲从。实事求是、回归本源、遵守常识，也是解放思想。其实，不切实际的唯书唯上唯文，用新教条主义代替旧教条主义，也是一种陈旧思想、保守思想。不敢按照事物的本质规律办事。这样的思维模式、思想方式也需要改变，也需要解放它。照搬别人现成的教学模式，不因时因地而宜，不从河北、邢台、本校实际出发，再好的理论、经验、模式也不会落地生根，只能是刻舟求剑、邯郸学步、东施效颦，迷失了自己、迷失了方向，耽误了师生，阻碍了发展。

现在的新课程、新课改、新高考，在南方的一些学校，在大城市的一些名校，他们拥有的各种教育资源，我们都不具备。如果我们盲从去生搬硬套，只能是一场作秀。参观时热闹，参观后回到老课堂上。包括南方的一些学校也是如此，我们不能认为他们作秀就是常态，就是日常，那完全是一场演出。演出是演出，生活是生活，舞台上的美女帅哥都是脂粉画出来的，生活中未必是这样。

我们的教学改革，如果不能让学生学业成绩提高，考上个好中学、好大学，一样是死路一条。所以说，质量是学校的生命线。

总之，为提高教学质量，我们可以喊出任何口号，采用任何教学模式。但若不能提高质量，我们一定要及时调整、改变。围绕提高教学质量，做任何事都可以；不讲质量，做任何事都不可以。校长不能为自己出名，搞花架子、不切实际的教改之名、违心炒作，谋取个人名利。金杯银杯不如老百姓的口碑，老百姓的口碑就是自己的孩子从你那里考上的理想中学、理想大学；而不是从那里学会了什么对升学没有任何用的特长，老百姓很现实的。

告诉学生：十年前你是谁，十年后你是谁，甚至昨天你是谁，都不重要；重要的是，今天你是谁？人生是很累的，你现在不累，以后就会更累；人生是很苦的，你现在不苦，以后就会更苦。唯累过，方得闲；唯苦过，方知甜。今日不吃苦，明日必吃苦；前半生怕吃苦，后半生必吃苦。苦不苦，想想长征两万五；累不累，想想革命老前辈。

五是教育现状。当前，我们邢台教育的现状，还处于初级阶段，其特点是优质教育资源不丰富，不能满足人民群众的需求，老百姓期望自己的孩子考上好中学、好大学，找一份好工作，而我们的学校有些还不符合老百姓的这种期望，还不能适合新高考的要求，不切实际，有盲目跟风。全然搬别人现成的模式、经验、做法，不能理论联系实际，把外地先进经验本地化、本校化，造成老师、学生无所适从，生搬硬套，画虎不成反类犬，教育质量下滑，师生家长不满意。

二、忠诚看日常,规范看细节,亮点看特色

近几天学校先后接受了区教育局等区委区政府有关部门的节日值班、校园安全、常规管理、劳动纪律等方面的督导检查,成绩是主要的,也发现了不少问题,都给我们指了出来,要求我们尽快整改到位。反思之后,有必要提醒大家务必做到以下三点:

一是履职尽责不能松懈,侥幸心理害己害人。凡是学校安排给每一位校级干部、中层主任、科室人员、一线老师的岗位,都有明确的职责分工,目标任务,常规步骤,甚至一天的工作流程操作程序模版,要求中层以上干部早七点半到校参与教学联查,四同值班人员站点卡位巡查管理做记录等,严禁脱岗缺位。这些规定,大家一定要牢记在心,每天落实在行动上,不能有任何侥幸心理,光想着应付上级检查,不能变为对学校对团队对自己岗位的忠诚和自觉自愿的行为,造成自己受处分,团队受连累,领导挨批评甚至更严重的结果。你有多忠诚,日常就有多担当,多勤奋,多操心,多尽力,多认真,多自律。

二是做精细节严谨规范,常规管理常抓不懈。学校管理规范不规范,都是从一点一滴一事一物角角落落的管理、布局、秩序、程序,环境卫生,完整完善完美状态看出来的,所以,各科室负责人和年级主任,把功夫下在平时的常规管理过程中,从事前谋划设计,事中监督指导,事后评价完善,都要亲自主持参与,率先示范,自始至终一起干,了解全过程,才会做精做细做规范。这次四个院接受各种检查,每一个院都存在细节管理上的不足,我们列出了问题清单,及时制定了整改方案,希望大家高度重视,按照规定以及各种评价打分标准,逐项分解任务,明确工期,责任到人,按时完成整改任务,让我们的管理更加规范化精细化科学化。任何成功都孕育在细节之中。

三是突出重点打造特色,突出特色展示亮点。学校工作千头万绪,学校的重点工作是党建,德智体美劳和安全教育,后勤保障,分解到每个校级干部各科室主任头上,大家就要想法把自己分管的工作重点找出来,理清楚,然后找出自己的优势,做精做细做强,有让人眼前一亮的效果,有能看得见摸得着感的成果,美观实用简单大方易操作有特点,而且善于总结出经验,系统上升到理论,形成自己的风格,有自己的模式,有借鉴意义。做一线老师的也一样,把自己的教学理念,教学实践总结一下,常写论文做课题搞讲座上公开课示范课,扩大自己的影响力,形成自己的教学教育思想,向教育家方向努力奋斗。

从事任何职业,干任何工作,时间长了就会感觉很枯燥无味,正像有些老师感觉

教案写着写着就没意思了,换成导学案,写上几年又觉得没意思了,这叫职业倦怠,为什么会出现这样的情况呢?问题的根源就是没有树立一种凡事抱着一种研究的心态去对待,学生一届一届在更换,同一届同一个班的学生各有不同情况,即使同一个学生在不同年龄段不同时间内思想心理体质家庭等多方面都不一样,老师本人各方面也在不断变化,发生新问题,寻找新办法,获得新结果,阅历越来越丰富,必然会有新的体会和感悟,这些都是备课的素材,需要不断地添加进去。每天都面对着新的学生,新的自己,应该因材施教,与时俱进,写得教案和导学案怎么会是一样的呢?怎么重复写呢?怎么会没意思呢?怎么能用去年的教案导学案来应付今年今天的学生呢?看来关键是我们自己的心态。所以,大家抱着太阳每天都是新的,一切都是新的,干的活每天都不一样的思想,每天都充满挑战,就会让自己天天有新鲜感,干活儿就充满了乐趣和劲头儿。

实干出成绩,研究出乐趣,反思出经验,实践出真知,挑战出斗志,超越自我才幸福。

三、"多元育人"特色办学

办学思想:以德立校、全面育人。

育人标准:志向高远、精神丰富、体魄健美、基础扎实、智能良好、特长突出、创造性强。

治校之本:干部修政德、教师修师德、学生修品德。

治校方略:文化引领、精神凝聚、特色立校、科研强校。

办学理念:创多元育人品牌,建和谐书香校园,培育有科学素养民主思想的现代人。

办学目标:追求卓越,育好人。

学校精神:拼搏创新。

学校价值观:诚信、求真。

办学宗旨:以生为本、和谐发展。

办学理念是指学校办学过程中产生的一系列教育观念。

四、特色办学扎实

办学理念:爱是教育的基础,严是育人的美德,实是成功的法宝,用现代教育培养现代人,以创新思维造就创造者。

校训:以人为本、自强不息

办学目标:规范+特色(学校),敬业+专长(师资),合格+特长(人才)

学生良好习惯培养,过程管理,精细化管理。以法、以人、以情科学管理,治校、治教、治学规范严格。明确教学质量的重点,突破育人的难点,扫除前进的盲点,强抓中考质量的热点,培植学校管理的亮点。

关爱学生,力争让每一位学生都得到健康发展;善待教师,力争让每一位教师都获得成功;尊敬家长,力争让每一位家长都感到满意。强国必须强教,强教必须强师。合格型+新秀型+骨干型+研究型+专家型。教师专业发展途径:走出去,请进来;校本培训;教育科研;全员读书。三环、六度、五模块:整合学习三环节,课前自学、课堂展示、课后反馈,课堂展示五模块,自学质疑、合作探究、展示提升、互动评价、达标测评,教学评价六度,自学质疑到位度、交流展示有效度、精讲点拨有高度、互动探究有深度、巩固拓展合适度、达标测评层级度。

构建高效课堂为抓手(三个):抓集体备课,突出一个"实"字。实施321工程:三次备课、二次反思、一次突破。备课——交流——上课——反思。抓课堂教学,突出一个"活"字。四个板块:预习自学要充分,互动展示不讲形式,拓展提升深入讲解,反馈巩固当堂达标。抓作业批改,突出一个"精"字。三精练习要求:练习设计要精心,作业内容要精选,作业批改要精选。

抓学生的行为习惯,最重要是一个"恒"字。抓学习习惯,突出一个"细"字。细化学习内容、时间、要求、检查记录。

《文明礼仪》校本教材。课堂礼仪、用餐礼仪、就寝礼仪、家庭生活礼仪、社交礼仪"十无"要求:身边无纸屑、周边无痰迹、桌面无刻画、墙上无脚印、出口无脏话、就餐无剩饭、就寝无言语、穿着无奇装、身上无陋习、安全无事故

办学理念:文化立校,以人为本,和谐创新

办学思路:特色办学,追求卓越

办学愿景:平安和谐优质特色(和谐七中,七彩校园)

教育目标:培养全人格的现代人(真才实学、爱心责任、文明创新)

发展指标:一流的办学思想、一流的师资队伍、一流的管理水平、一流的生源质量、一流的教学设施、一流的育人环境、一流的办学效益

内涵品质:平安、和谐、优质、特色、绿色、文明、幸福

五、特色办学成就学校核心竞争力

特色是学校立足与发展的根本,是生存与竞争的前提,学校的核心竞争力很大程度上取决于学校的办学特色。走特色化之路,成为新时期各级各类学校发展的现实要求。

(1)先进办学理念是特色发展的关键点。

(2)学科专业建设是特色发展的成长点。

(3)教师队伍建设是特色发展的支撑点。

(4)人才培养模式创新是特色发展的落脚点。

(5)信息化建设是特色发展的亮点。

(6)管理创新是特色发展的着力点。

(7)校园文化建设是特色办学的凝结点。

六、七中学生七中特质

1.文理兼备,人文见长

2.国际视野,民族情怀

3.勇于担当,乐群阳光

4.言行一致,求真务实

5.忠于团队,博爱奉献

6.明礼守法,好学上进

7.追求卓越,自强创新

七、邢台七中特色办学措施

(一)学校文化内涵、特色:打造“七”文化

办学使命:取义“北斗七星”,引领素质教育和邢台教育方向,办特色学校,育特色人才,创特色教育。

办学目标:取义川方言“雄起”,开拓进取,快速发展,振兴七中,造福社会。

(二)德育特色:

1.“三三三”德育模式

2.“七星达人”评选

3.“七个一”德育活动

（1）升旗仪式

（2）主题班会（每学期七个主题班会）

（3）暑期"七个一"社会实践活动

（4）"七个一"校园歌曲组合

（5）"七个一"技能大赛（演讲、征文、朗诵、书画、手抄报、科技小制作、说故事）

（6）"七个一"素质教育工程

（7）七种思维品质和特质能力

（三）教学特色：

1.常规教学："课堂七步曲"

2.教学改革模式："三段式""四板块"、早读模式

3.教科研：人人有课题、问题即课题、教管服一体、共谋学生利

（四）体卫特色：

"一生两特长、一班三节目、一级两套操"

党建特色（1234567工程）

1.一个中心：教育教学

2.一个口号：见红旗就扛，见第一就争

3.一个主题：争先创优

4.一个载体：立足岗位，争先创优

5.一个仪式：党员宣誓动员

6.一个活动：书画、健身竞赛

7.一个目标：带一流队伍，创一流业绩

（三）管理特色：（扁平化、制度化、模板化）

1.制度建设：中层干部考核细则

2.一个活动：竞争保岗活动

3.七种思维及七个活动

八、花园式学校

今天上午 10 点左右，市委常委宣传部部长戎阳带领市委宣传部督导组成员一行四人，随机到我校抽查创建文明城市工作，实地察看校园，抽查学生创城知识，询问创城迎检工作情况，之后戎阳部长给予了高度评价：

（1）七中称得上是花园式学校。

（2）七中发生了天翻地覆地变化。戎部长是我校的老校友，20世纪90年代初在我校任教，对当年的七中有深刻的印象，看到今日校园新貌，不禁由衷的赞叹不已，一直说变化太大了，一点也看不出过去的样子了。

（3）初一的学生表现好，很给力，。戎部长在校园里随机提问了一名初一年级的学生，这名学生非常大方得体流利顺畅的回答了社会主义核心价值观24个字，受到戎部长称赞，说我校创建工作做得很扎实。

（4）对我校的校园文化建设赞不绝口，并提出希望要进一步挖掘邢台地方乡土历史文化，把邢台的历史文化名人展示出来，让学生了解家乡的历史文化。

（5）对我校的美术高中发展提出了指导意见，希望今后市委宣传部和七中美术高中密切合作，共同搞好邢台文明城市创建工作，给我们的师生提供更多的参与机会和平台，把师生的作品展示出来。戎部长一行对我校的整体工作水平评价很高，我校师生深受鼓舞。

九、我校办学特色

（一）我市一所办学规范、规模适度、管理精细、质量上乘、校园环境整洁优美、师生精神面貌积极向上、办学水平较高、市区优质热点学校。

办学规范体现在以下三个方面：

1.不超计划招生

2.不选择学生

3.不盲目扩大招生规模，不办超大规模学校

初中严格执行一位教育招生政策，划片招生，就近入学，执行计划，不超班额，让每一个学生都能享受到优质教育。

（二）发挥优质教育资源，引领示范辐射作用，使更多的老百姓享受到优质教育，与十五中联合办学，促进了义务教育的均衡发展。

（三）大力实施素质教育，完善教育结构，提供多元教育形式，为每一个学生提供切合自己的成才途径。我校除了提供优质的初中教育之外，高中还设有普高、美高、音乐班、体育班，满足学生不同成长需求，并开展丰富多彩的课外活动，有50多个社团共学生选择，使学生在学习文化课的同时，根据自己的兴趣爱好，选择符合自己个性的社团，学习不同的校本课程，培养自己的特长，成为合格+特长的中学生。

十、举办各种特色主题活动

1.书香文化节

2.英语文化节

3.科技文化节

4.体育节

5.宿舍文化节

6.心理健康教育节

7.学生领袖团队建设活动

8.时间多元文化活动

9.综合素质拓展训练活动

10.毕业生感恩活动

11."一帮一"共卓越、蓝帽子行动

12.生态环保活动

十一、制度形成规范——管理创新

学校明确了"分管领导负责制"和"项目管理制",将学校纷繁复杂的工作分解到部门,落实到人头;积极推行行事例制度,学习考核制度和校级领导每月述职制度,建立每周重点工作通报制和每周工作快报制,修订了学校系列管理制度,一系列举措,进一步理顺了管理体制,弥补了管理漏洞,真正实现了学校规范、高效管理。

培训转变观念——队伍创新;教育积淀文化——德育创新;足以激励人心的自主教育为抓手,助推成才。

十二、办有特色的学校,做能创新的教育

党建工作有特色,德育工作有特色,教学工作有特色,体卫工作有特色,管理工作有特色,科研工作有特色。

邢台七中坚持"为了学生的幸福人生奠基"的办学理念,坚守"为了每一位师生的尊严,为了每一位师生的发展,为了每一位师生的幸福"的办学宗旨,追求教师有特点,学生有特长,学校有特色的办学目标,着力打造高质量、现代化、市区第一、省内一流、全国知名的品牌学校,积极探索高效课堂教学模式,深入推进素质教育,实施多元化开放式办学,确保学校中考状元的摇篮,美术品牌大学优秀生源基地的良

好口碑,满足我市人民对优质教育的需求,为我市教育事业的健康快速发展注入正能量。

十三、创特色,树品牌

推进"七个一百"体艺特色工程,建设诗意校园,发展艺体教育,包括:百人太极扇表演、百人合唱团、百人健美操队、百人经典诵读团、百人现场书画队、百人舞蹈队、百人乐器队。

推广普通话宣传周:语言文字工作的三项重要任务:普及国家通用语言文字、提高全社会语言文字的运用能力、弘扬中华优秀文化。

开展七中大型活动:一次画展、一次联欢会、一次体操比赛、一次素质大赛(社团)、一次歌咏比赛、元旦教工猜谜大会、诗歌朗诵会(演讲会)。

(一)树立一个理念:以人为本,追求卓越

(二)严守一个宗旨:为了每一位师生的尊严,为了每一位师生的发展,为了每一位师生的幸福

(三)实施一个体制:年级主任负责制

(四)落实各项制度

1.四同值班制

2.中层包班制

3.干部竞聘保岗考核制

4.科室人员岗位责任制

5.导师制

6.谈话制

(五)两种模式

1."三三三"德育工作模式

2."三段式""四板块"导学案模式

(六)一种作风:求真务实高效。坐在屋里想问题,走出屋子找问题,聚在一起讨论解决问题

(七)两种精神:忠诚团结敬业创新,求真争优完善创新

(八)编织一张管理图:无缝隙管理图

(九)口号:面向基层,走进基层,扎根基层,服务基层

(十)三个倾斜:向一线倾斜,向班主任倾斜,向业绩突出的老师倾斜

(十一)学习制度三结合

1.与提高自己素养相结合

2.与本职工作实际相结合

3.与转变作风相结合

(十二)三个平台

1.群众工作室建设

2.教师讲堂

3.健康讲座

名校特质：

1.办学思想端正

2.办学理念先进

3.办学行为规范

4.办学水平一流

5.办学特色鲜明

6.办学成果显著

以人为本三层次：

(1)以学生为本,关注学生的全面发展。

(2)以师生关系为本,关注学校的和谐发展。

(3)以人的本质为本,教育要像马克思提出的那样,关注人的发展,也就是关注人的需要,包括社会发展的需要和个人成长的需要。

中学教育的四项职责:为学生的学习和生活服务,培养负责任的社会公民,为高一级学校输送新生,为学生终身和发展奠定基础。

邢台七中的管理模式:分院管理,牵头校长负责,条块结合,主管校长负责,年级自治,年级主任负责,部门主办,科室主任负责。

让七中因我的存在而美丽,因我的奉献而精彩。用心工作,提升自己,成就他人,发展学校。我靠学校进步,学校靠我发展。

七星文化核心:取北斗七星具有引领指向作用的含义,寓七中肩负着示范引领中国基础教育航向的使命,实施精细科学高效的管理模式,不断创新,追求卓越,用丰硕的办学成果回报社会。

工程之一:文化育人工程——促进学校科学发展。

工程之二:校园改造工程——促进学校全面发展。

工程之三:特色创新工程——促进学校个性发展。

工程之四:队伍建设工程——促进学校内涵发展。

工程之五:质量提升工程——促进学校持续发展。

工程之六:科研实效工程——促进学校优质发展。

学校德育工作以校园文化建设为主线,以培养学生文明习惯为重点,以心理健康教育为依托,促进学生健康和谐发展。

教学工作以教学质量为中心,实施有效地教学管理,全面提高教学质量。

学校提出以改变学生学习方式为重点,创设双语环境为特色的教改课题,从物化环境、人文环境去创设双语学习氛围,在学生中倡导日常用语,用英语进行交流。

> 建章立制,办学行为规范化。
>
> 加大投入,办学条件大改善。
>
> 改革体制,办学活力大激发。
>
> 明确理念,办学愿景更清楚。
>
> 丰富活动,德育工作创特色。
>
> 坚持课改,教学质量速提升。
>
> 大兴科研,师资素质快增强。
>
> 外树形象,宣传工作有亮点。
>
> 文化立校,校园文化挖内涵。
>
> 带好队伍,团队力量得加强。
>
> 狠抓安全,创文明和谐校园。

特色是一所学校——尤其是一所名校的灵魂,是其出类拔萃、与众不同的标志,独特的办学理念,鲜明的办学特色,与时俱进的创新精神,是特色学校的不二法门。

特色学校发展的硬道理是学校的核心竞争力,是教育发展的永恒主题。

七中的特色是:美育特色、书法特色、国学特色、生命教育特色、体育特色。

优质化是特色学校的本质特征,特色学校就是优质的学校行为过程及活动的良好结果。

学校教育形成的重点:特色理念、特色管理、特色环境文化、特色课程、特色活动、特色网络。

三大着力点:文化传统、地理环境、社会精神。

特色发展之于学校,犹如品位之于高品,品牌之于企业,校园文化之于教育,犹如灵魂之于生命,思想之于人类!

办学条件现代化、教师素质专业化、关爱师生人文化、学校发展特色化、均衡优质特色、精心确立特色、用心打造特色、阳光教育、尊重教育、幸福教育、生活教育、自信教育、艺术教育、责任教育、自主教育

文化是学校凝聚力和活力的源泉，是学校的灵魂。学校文化建设最关键的东西在于使命、愿景、价值观。使命是学校的责任，即学校为什么而存在。愿景是学校对于好坏、善恶、美丑、成败、是非的基本信仰和评价标准，即哪些东西要坚守，有些高压线不能碰，教育应该有所取舍。

校风、校训可以称之为学校文化的精神财富，这是学校使命、愿景、价值观诗意化的表达。校风是历史积淀下的现实状态。校训是一种理想。制度是学校的文化契约，是文化管理者和师生共同遵守的契约。学生和教师所展现出来的气质就代表了学校的文化。师生的道德水准、课堂氛围、师生的阅读生活以及师生的行为方式都可以展现出学校气质。学校的仪式、节日和庆典是学校文化传统的活标本，是学生生命中最值得关注的重要时刻。学校建筑是学校文化的物质载体。学校应该是一个历史博物馆，一个珍品收藏所，一个美好事物的集散地，一个传奇故事曾经发生过的地方。学校的历史故事，脚下这片大地的特色都应该能在学校体现出来。

第七节　大放异彩

一、让每一个师生在这里都能大放异彩解读

每一个：面向全体，有教无类。

都能：人人成才，因材施教。

大放异彩：尊重人性，鼓励多元发展，享受成功，树立自信。

保护和培养每一个学生的学习兴趣，充分调动每一位学生的学习积极性，开发和培育每一位学生的学习潜能和特长，让每一位学生愉快学习、幸福成长，和谐教育创幸福人生。和谐教育内涵就是让每一个人都有话可说，有事做，都有机会说话，都敢说话做事，这样才能创造一种生动活泼自由平等的氛围，才有可能创新发展，人生才会幸福。

教育是一项事业，事业的意义在于献身。

教育是一门科学，科学的价值在于求真。

教育是一种艺术，艺术的生命在于创新。

二、校训校风教风学风解读

校训解读:厚德、博学、尚美、健体。

厚德:心胸宽广不以个人得失为主,重公轻私,谓之厚德。什么是"德",帮助别人不要求回报,就叫做"德"。如果有很多人得到你的帮助,而你都不要求回报,那就可以称为厚德,就可以称作德高望重。

博学:"博",大通也。学识渊博,知道的多,了解的广,知识丰富,见多识广。博学,是一种处事为人的态度,是一个开放的态度,热爱这个世界以及关于他的知识。也是一种谦虚的态度,知道自己的不足才能好学,进步。也是一种美德,使人明事理。

尚美:"美"蕴涵着心灵美、语言美、行为美、环境美等丰富的内容;它既是外在的、物质的,也是内在的、精神的。"尚美"不仅是人的天性,更是一种高尚的人生境界。

健体:保持身体健康。身体是革命的本钱,没有健康,什么都谈不上。

校风解读:正、和、严、活。

"正"即纯正,是让孩子们脚踏实地、诚于做人;

"和"即和谐,师生间理解与平等,校园生活自由与民主;

"严"即严肃,是教师治学和学生求学一丝不苟,作风严谨,注重细节,扎扎实实;

"活"即活泼,严而不僵,活而不乱,思维活跃,敢于创新。

教风解读:身教言传、勤严爱廉。

以良好的师德师风感召和熏陶学生,以自己的言行和人格魅力俩影响学生,对工作忠于职守、刻苦钻研、积极探索,对学生关心、理解、宽容、包涵。

学风解读:知行合一、自主乐群。

知中有行,行中有知,以知为行,知决定行,用富有生命力,有智慧的教育,让学生学会与人合作、与人交往、与人相处,成为适应社会发展需要的人才。

三、孔子文化专栏

孔子文化专栏,也是传统文化教育专栏。孔子是中华民族的代表人物,他的思想也是中华民族传统文化的代表。中华民族传统文化博大精深、包罗万象,包含着古今历代文化大家的思想学说,所以在专栏内要展示的不仅仅是孔子一个人的思想学说,而是所有文化大家的思想学说。具体可以包含以下几个内容:

一是古今历代文化大家著作中的名言警句摘抄;二是古今历代文化大家的生平

事迹、传说故事;三是根据历代文化大家的著作、事迹、故事、传说编写创作的诗歌、小说、戏剧、散文、演讲稿等各类作品;要求学生自己创作,原创为主。通过对传统文化的学习、宣传,培养学生热爱经典、传承经典、弘扬经典的兴趣爱好,拓宽阅读面;在学习宣传中积累文化知识、丰富人文素养、培养综合能力、塑造民族精神家园。

四、展示栏的名称

1.没有不行学生,只有与众不同:多元评价栏、七星达人栏

2.失败是成功之母:错题本展示台

3.自我超越、自主发展、自制优秀试卷展

4.反思才能提高:学习报告栏

5.他山之石,可以攻玉:优秀导学案展

6.山在绝顶我为峰(会当凌绝顶,一览众山小):周测、月考成绩表

7.优秀早读模板:分秒必争,才能成功

五、校史馆七大部分

1.学校概况,历程光辉(奖牌)

2.历史天空,群星闪耀(历任教师、领导、名师代表)

3.桃李芬芳,春花秋实(历届学生班级、生数、优秀代表)

4.德育体系,理念先进(知行合一)

5.领导关心,特色办学

6.环境优美,设施齐全,平安和谐(吃住行学)

7.继往开来,科学发展(七个七中创建方案)

六、三个让三个一

三个让三个一和可持续发展教育内容的准确表述:

让每一位师生都有一个自己特长的机会,让每一位师生都有一个展示自己风采的平台,让每一位师生都有一张证明自己实力的证书。

形成可持续发展价值观,掌握可持续发展科学知识,提高可持续发展学习能力,践行可持续发展生活方式,解决可持续发展的问题。

七、靓丽七彩

一是绿色,建设书香生态智慧的校园环境。

二是紫色,实施先进严谨人文的学校管理。

三是蓝色,培养朴实奋进能干的教师队伍。

四是红色,开展文明和谐向上的学校德育。

五是青色,实践规范稳重高效的教学教研。

六是金色,收获全面优质出彩的办学成果。

七是橙色,彰显热情灵动多元的办学特色。

在七彩理念的指导下,学校自己探寻七彩教育的实践路径,为学生的未来发展奠基,为学校可持续发展储能,学校以"书香+生态+智慧+优雅"为办学条件的优化目标,建设书香生态智慧的美丽校园。

八、解读四个口号的意思

亩均论英雄——班均优秀生比例论英雄。

妈妈式服务——无微不至,无私奉献,循循善诱,以生为中心,为骄傲。

我发展——学生优秀,老师成就,学生越出色,老师越骄傲。

二话不说,干了再说——服从第一,马上行动,不讲条件,不说困难,干成事,干好事,宣传好。

七中的实:严谨务实

九中的活:灵活

十五中的细:细致

十六中的朴:简单朴素

联合校的校风:严细实活

九、办学理念:一中、二主、三严

一中:以教学为中心。

二主:以教师为主,以学生为主。

三严:治学严谨、组织严密、要求严格。

视野宽,基础厚,能力强,素质优。先进的教学设施(实验室、图书馆、体育场地),一流的教学科研队伍(素质良好,学识渊博,治学严谨,富有活力),独特的教学特色

（厚基础,强实践,重创新）,丰富多彩的校园文化（校园文化节,科技创新大赛,体育文化节,知识竞赛,演讲比赛,音乐、美术、书法等社团活动）,良好的社会声誉（获得各种奖励）。

联合校以科学发展观为统领,以服务社会建设为目标,以教学为中心,以素质为生命线,以队伍建设为关键,以改革、管理为动力,以党建为保障,走内涵发展之路。全面实施"质量立校、人才强校,特色兴校"工程。

最终建成具有雄厚的办学力量,科学的办学思路,良好的办学声誉,显赫的办学成果,先进的教育理念,科学的教学方法,严格的管理制度的优秀学校。

因地制宜提高校园文化建设水平,营造鼓励文化创造的良好氛围。文化育人是一个对受教育者潜移默化的体验省悟过程。努力构建和谐、健康、向上的校园文化,是文化育人不可替代的重要环节。

健康向上、和谐美好的校园文化有利于激发师生对学校的热爱之情,提升学校的凝聚力和向心力,品味高尚的校园文化,还是激发文化创作生产活力的有机组成部分,对文化大发展大繁荣。

高度重视校园文化对青少年学生成长发展的重要影响,把校园文化建设作为教育活动的重要环节,努力营造有利于教书育人的校园文化环境。

十、静定,百年办学的坚定

"静则得之,躁则失之。"

"静生智,定生慧。"

作为教育者,需永远保持清净之心,实事求是。遵循教育本来之规律,以人为本,关爱师生身心之发展,有为有不为,尚美求真,才能真正实现为人民满意的教育的理想和追求。

祛除浮躁,精心教育,永葆定力,摒弃急功近利,秉承正心养德,潜心修为,是以绵延,愈兴愈旺。

十一、看大会有感而发,想教育多元评价

改革开放四十周年纪念大会,有一个表彰议程,我们得到一个启示:举行隆重仪式,发出响亮号召,学习英模人物,表彰先进个人,忆往昔峥嵘岁月,直叫人拼搏奋斗,激荡创业创新豪情,唱响社会时代主旋律,指明未来发展的方向。除了提醒各学科老师从中提炼出中高考考点外,我们可以借鉴这种英模表彰鼓励模式。

10月18号,我们学校举办建校五十周年校庆时,也表彰了近五十名各科优秀教师代表,收到了很好的激励效果。我们学校的激励教育模式,要渗透到日常的教育教学过程中,就是让老师们对学生进行多元评价,多几把衡量学生的尺子,有一个智慧的大脑,有一双明亮的慧眼,发现学生有一个亮点,一点进步,一方面贡献,就给他起一个优秀的称号,让学生都能享受到受重视的存在感,尊严感,自豪感,幸福感,这会让我们的教育更有吸引力,感召力,效果更好。学校各部门负责人也可以在管理过程中思考并发挥一下多元评价的巨大作用。好学生是夸出来的,您希望学生是什么样子,就往什么样子引导塑造他!在我们学校一定会出现"行行出状元,科科有第一,人人有特长""不拘一格降人才"的大好局面!我们的口号是:让每一位师生在这里都能大放异彩!

联合国教科文组织提出"一切教育活动都是为了学生的成长和发展,为了孩子一生的幸福。"

第八节　感悟教育

唯有对教育事业心存敬畏与热爱,唯有满怀历史使命感和对人民的责任心,唯有敬业尽职、用情用心、全神贯注、心无旁骛地投入岗位工作,才能在正确的方向和道路上有效完成人民交付的历史任务。

——南开大学校长陈雨露

校长是学校追梦的领跑者。不仅是一所学校的形象代表,更是学校理念与精神的执行者。不仅需要有深厚的政治素养,还要掌握办学的基本规律,并且要具备自己的教育思想。不仅要致力于学校教育环境的优化,战略发展的谋划,而且要有运作资金,协调内外重要关系的能力。首要的角色是能领导学校科学发展的懂政治的教育家。

校长应当爱岗敬业、开拓进取、顾全大局、团结协作、廉洁奉公。一要具备高超的管理能力,二要具备高尚的道德品质。

聚精会神抓内涵,改革创新谋发展,重点突破上水平的总体工作思路,实干就是能力,落实就是水平。

领导力靠的是眼界、心胸、品德、责任。诚意正心、修身明德、凝力治学。校长要做到四点:

1.坚持民主集中制,履职尽责谋发展。

2.坚持理论联系实际,不断明确学校事业发展的新思路。不但要勤于学习,更要善于理论联系实际,不仅把学习当作一种精神追求,更要当作一种事业责任。

3.坚持"三个面向",不断夯实学校的办学特色。"办精、办强、办特色"。

4.加强思想道德建设,营造积极向上的校园文化环境。文化是学校的灵魂。

(1)沟通协调,坦诚相见。

(2)作风民主,团结包容。"不求说了算,但求说得对",尊重人、理解人、关心人、善于发现长处、提醒短处、包容个性、增进团结。

(3)公道正派、敢于担当。为副职分忧,协调化解。

一、凝心聚力的思想引领

凝心聚力的思想引领是学校发展的资源,思想理念是行动的先导。一个人的行为,归根结底是有他的思想意识决定的,因此用什么样的思想来引领团队用什么样的意识来培育团队。这是校长首先要考虑的问题。

教师的主人翁意识,确立起来之后,我们要进一步深化和培养他们的共生意识。引导他们用心呵护命运共同体,我们经常打这样的比喻。如果说,学校是一艘在大海中航行的船的话,那么学校的校长就是船长,教职工是船员,一损俱损,一荣俱荣。命运共同体,是我们来到这艘船的出发点和归宿,因此我们的队伍要用心做好两件事,一是处理好和同事们的关系,共同营造和谐温馨的幸福家园。二是教好书育好人,取得优异业绩,为创建优质特色学校添砖加瓦。

大家能够走到一起来就是一种缘分,在教师中间,我们积极倡导有声有色的工作,有滋有味的生活,有情有义的交往的人生状态,培育温馨和谐的家的氛围,是教师的主要任务。

除了在生活中给予老师更多的关心关爱,通过组织一系列的活动来加强沟通交流与加深了解,增进感情以外,我们还积极地引导教师在美的意识牵引下开展教学研究,具体想现在整个活动的组织呈现出一种内在的逻辑美,结构美,展示课进程中的意识美等几个方面,教师首先把自己塑造成大千世界的美的使者,在课堂上传递给学生的必然是一个美的世界。

人心凝聚起来了,下一个需要直面的就是学校的发展方向问题,顶层设计问题,关照学校生存和发展的大计,根据学校的实际和特点规划蓝图,是一个校长义不容辞的使命,要想做好顶层设计,必须首先明白校情、社情校情即自己和兄弟学校情况,社情即区域经济文化,教育情况。政情即当地政府政策。明白自己学校的定位和学校所在区域的教育发展趋势。经过一番周密的调查,分析和思考。我们得出的结论是要走自己的路,不能跟在人家后面跑。然而怎样才能走好自己的路?校长是一所学校的灵魂,能否科学管理是衡量校长领导水平的重要指标都看雪的管理,对提高教育教学质量,提高教师工作积极性,改善干群关系,顺利完成学校的各项任务都能起到促进作用。我校的管理遵循两句话,从管理理念的角度说,是让心灵沟通,让机制管理,让制度说话。从管理原则的角度说,是以人为本,民主先行,制度保障,规范程序。概括的说,就是以人为本,科学管理。

科学管理工作机制,首先是在先进的办学理念指导下运行的。我们学校的办学核心价值观,是学生成长,教师成功,家长满意,社会认可。办学宗旨是:一流学校,一流质量,一流人才。办学特色是:美的意识和形态融于教育教学过程中的办学目标。

建立健全岗位责任制度,是实现管理科学化,民主化,自动化的必要保证,为此,我们从职务职权职责三个密切联系,相互依托的方面做了规范,注重了各个岗位职责的系统性、整体性、协同性,使各个岗位的职务更明确,职责更明晰,职权更给力,具有较强的合理性、科学性、可操作性。既便于各个管理职能部门明确主动地开展工作,行使权力,尽职尽责,也方便广大教职工向学校各个职能部门的管理人员知情问政,汇报工作,反映问题,联系沟通,从而使我们的各项工作更顺畅,更和谐。

明确学校有关事项的形式程序,是实现管理机制化自动化的有效措施,为此我们制定了行政例会程序,和家长、各部门沟通合作的通知流程,初中毕业典礼程序,教师应聘程序,教师辞职程序,教师,请假程序,行政深入基层安排等一系列的制度来保障每一项工作按部就班,有章可循,教育的本质是培育人,教化人,转变人,我认为德是美的核心,美是德的表象,

二、尊重教师在学校的主体地位

一要尊重教师在学校的主体地位,教育以育人为本,办学以教师为主体,要尊重教师的主人翁地位,平等对待每位教师,特别是在进行重大决策或者决定与教师利益有关的重大事项之前,要真诚听取广大教师的建议、意见。

二要引导和支持教师在职业上获得快速发展。教师的成长和发展,除了个人的勤奋与努力,同时需要学校的引导和支持,其核心就是教师的评价与考核体系。

"想干事有平台,能干事有机会,干成事有发展,不干事有压力。"

三要尽可能地为广大教师提供优质的服务。

三、立德树人,实践育人

教育的根本在于过程,而不是结果;在于成长,而不是成绩;在于为人,而不是为学;在于心灵,而不是脑手;在于品德,而不是能力;在于把火点燃,而不是将桶灌满。

士子之志,"志"在四方,行万里路,阅尽大学,方破万卷书,志士乃成。

以励志教育为主线,以积极心理学和团队辅导为支持,以夏冬令营为主要手段,做青少年的成长伙伴。

四、善待问题学生,追求智慧育人

现在的教育形势进入了新常态,不断出现新问题、新情况、新特点,不能总靠老思想老办法解决现在的学生出现的新问题,要与时俱进,应时而化,顺势而为,我们要及时转变教育观念,改进教育教学方式方法,更需要老师们既有惩戒教育,严格要求,又富有人性爱心耐心智慧,善于把握学生和家长心理,做好他们的思想工作。学生和成年人一样,都是在不断试错、出错、纠错、改正、守正过程中,逐渐成长为一个不犯错误或少犯错误,不断长善救失的人。没有人在成长过程中一点也不犯错误的,这是事物发展的规律。在处理学生问题过程中,要家校合作,善于沟通交流,形成合力,千万不要激化和学生和家长和社会的矛盾,以德服人,以情感人,做到有理有据有节,有情有义友谊,不留后患和遗憾,安全稳妥地处理好、转化好、教育好每一个违纪学生。

五、七大工程促进管理

"七大工程"管理促进学校发展

1.课堂教学改革

2.书香校园

3.平安靓丽校园

4.家长学校

5.文明礼仪(知书达理、文质彬彬、温文尔雅)

6.校园文化

7.特长培养

(一)立新求变,向课改要效益

1.三生课堂:生长、生命、生活

2.三成课堂:成长、成熟、成功

3.三种课堂模式:学、议、导、练,1+1小组合作,一议二学三练

4."质量立校"意识

5.课改领导机构制定方案、专题活动:公开课、观摩课、展示课、赛课、教学反思、案例分析、集体备课、优质录像

(二)读名著经典,书香溢满校园

1.校本教材编写

2.师生同读一本书,家长学生同读一本书

3.经典美文诵读比赛,读书征文比赛、手抄报比赛、读书演讲比赛

(三)抓落实、重细节

1.牢固树立"学校安全无小事"观念

2.坚持"预防为主、注重教育、标本兼治、综合治理"原则

3.法制教育活动

4.整体规范宣传阵地

(四)重交流创新,家长工作求实效

1.每学期都组织1~2次家长讲座

2.优秀家长评比

(五)崇尚礼仪教育,助推文明校风

1.多中形式讲礼仪知识,引领学生做礼仪

2.成效显著、穿着得体、仪容整洁、举止大方、学生能主动向教师问好、打招呼,盛开礼仪之花

(六)打造校园文化,突出育人特色

1.校园文化是学校的灵魂,对师生起着导向、凝聚和激励作用

2.结合地方实际,突出地方特色

(七)关注特长培养,力促个性发展

1.通过艺术课、大课间、兴趣小组对学生进行艺术、特长的培养

2.利用节日进行各种汇演、比赛活动

3.因地制宜开设绘画、剪纸、书法、音乐、舞蹈、器乐、体育等活动项目

4.体育、艺术、科技节作为平台

第九节　有关外出学习

一、带着问题出去学,找到办法回来干

我们学校为了让外出学习的老师有收获,专门制作学习报告撰写模版和工作清单,许多老师都能按要求高质量完成任务,值得表扬。

梁东萍老师的外出培训学习报告价值有三个:一是胸怀七中走出去培训,聆听名师大家授课讲座。二是联系七中实际思考感悟,记录总结。三是感恩七中交流分享传播学校办学成果,实践探索经验,洋溢着骄傲自豪幸福快乐,扩大学校影响力。

这才是我们委派老师们外出学习参观考察培训及其他一切公差的意义所在,也是规定要求。带着七中的疑问出去学,装着解决七中问题的意见建议回来干,是每一个老师的责任和学习方法。这叫理论联系实际,学以致用,知行合一。

梁老师的学习报告中,提到如下热词,请各位老师记住并在自己的教育教学管理中实施:新时代中小学教师职业行为十项准则,学科核心素养,可持续发展能力,7341教育教学模式,三招就能让您的课堂活起来,思维导图,好老师的特点是知识渊博,教学技术精湛,课堂语言幽默风趣,课堂氛围活跃等等。

二、外出学习回来任务清单

我们学校一直重视老师的专业成长,通过走出去,请进来等多种形式,让老师们参加各级各类业务培训、考察学习。希望老师们学成归来后能够深思熟虑,及时整理学习的东西,学以致用,知行合一,分享给大家,以促进我校教育教学改革,提升教师,成就学生。为此,特提醒学成回来的老师要做好三件事:可以给自己打个自评分,试一试吧。

(1)做一个美篇,分享到学校微信群,20分。

(3)做一个讲座,交流给本学科组老师,30分。

(3)做一节模仿课,示范给本学科组老师,50分。

这三件事落实情况,按照"谁派出谁负责"的原则,由派出科室主任或主管校长负责督促检查验签字确认后,再办理报销手续。

外出学习考察培训归来做美篇,内容包括以下三点:听到了什么? 看到了什么? 听了几节课?（5分）

听了几位专家讲座？

1.专家一：要点 123

2.专家二：要点 123

3.专家三：要点 123

看了几个地方？

1.考察点一：亮点 123

2.考察点二：亮点 123

3.考察点三：亮点 123

听了几节课？

1.第一节课：创新点 123

2.第二节课：创新点 123

3.第三节课：创新点 123

我校做的怎么样？ 5 分

1.我校现在做了什么？

2.我校现在需要做什么？

3.我本人现在做得怎么样？

今后我们应该怎样做？ 10 分

1.学到的理论和先进经验有哪些在我们学校能够借鉴落实？ 3 分

2.根据学到的东西，我本人下一步计划做成几件事？ 7 分

外出培训学习，要多听多看先进经验，名校风采，专家理论，名师表现，更要联系七中十五中联合校实际，反思自己的教育教学实践体会，密切联系，相互印证，取长补短。分享别人的经验理论，固然重要，具体畅谈自己所学之后，要干什么，怎么干更为重要！所以，培训学习报告要多写写自己下一步努力的方向、目标、任务和具体的做法，和同事们分享交流，这才最有意义！学了不会用，全是无用功！学校在心中，学了才有用！就是让大家出去听看学一遍，回家以后，做美篇写一遍，搞讲座说一遍，模仿课做一遍。最终达到最佳学习效果。

三、学习归来感受

10 月 20 日到 10 月 23 日，我参加了区教育局组织的中小学特色办学综合创新能力研修班，聆听了北京四中原任校长刘长铭的讲座《好的学校教育》，实地参观考察了四所学校，分别是清华大学附属小学、中央美术学院附属实验学校、北京市九十

四中、北京市润丰学校,并聆听了四所学校校长的办学经验介绍。有三点收获和大家分享交流一下。

一是优质学校一定要有一套独特的办学思想。五所学校校长在介绍办学经验时,都强调了办学思想在学校发展壮大过程中的重要作用。办学思想是学校的灵魂,是引领学校全体师生员工前进的旗帜,具有凝聚全校师生力量的作用。如润丰学校的和谐教育思想,北京四中的守望教育思想,清华大学附小的赞美和成志教育思想等,都是学校校长结合学校的办学历史和长期的教育教学实践,是凝聚全校师生的共识,总结提炼出来的办学思想,形成了自己学校风格的办学模式。

二是优质学校一定是把学生放在中心位置的学校。在参观考察过程中,印象最深的是,每个学校在课程开发设计上都能依据自己学生年龄特点,身心发展规律,区域教育资源优势,制定符合自己学生实际的课程开发目标任务,内容形式,实施方案。清华大学附小生源质量很高,又具有清华大学丰富的教育资源,这个学校的课程开发就具有高起点,高层次,高标准的特点,所做的观摩课,是一节阅读课,比较阅读朱自清和李广田两篇写父亲的散文作品,找出两位父亲表现出的父爱的相同点和不同点。整节课充分体现了以学生为中心的这一特点。学生是课堂的主人,大容量课堂内容,多种学习形式的交互运用,师生互动交流积极有效,都给人一种耳目一新,心生羡慕的感觉。而且只有这个学校才能有这样的课堂。给我们的启示,却是我们的教学一定要心中有学生,眼里有学生,一切教育教学活动,都要切实把学生放在学校的正中央,这样的学校才是优质学校。

三是我们学校一直走在优质学校的路上。优质学校一定是有一套独特的办学思想,实施追求精细化管理的学校。邢台七中一直致力于办好老百姓家门口的优质学校。在办学理念,干部队伍管理,师资队伍建设,校园文化建设等方面,始终围绕着"和谐教育创幸福人生"这一办学思想,坚持可持续发展教育理念,打造"和文化",制定了一系列精细化管理措施。在管理上,要求遵守科学严谨认真精细的管理原则,有程序意识,模版意识,规矩意识,建立长效机制。制定了中层干部业绩量化考核方案,一日工作流程,科室人员岗位职责任务量化标准。在教学上,我们要求老师做到上课七步曲,探索出7341教学模式,确保学习目标任务化,学习任务问题化,板书问题清单化,从而提高课堂教学效率,着力提升学生思维能力和大脑智慧。在德育方面,我们制定了"三三三德育模式","三自一包"责任教育模式,"三个让三个一"激励教育模式,课堂礼仪规范等等行之有效的德育工作操作策略和方法。在体卫工作上,制定了"322"体育规程,深入推进教育教学改革,扎实开展素质教育,收到了很好的效果。

使我校的各项工作逐渐走上规范化、科学化、精细化的可持续发展轨道，不断向优质学校的目标迈进。

外出学习目的是取人之长，补己之短。而且要以我为主，结合自己实际，找出适合自己的经验做法，不能照抄照搬，照本宣科。不能迷失自我，盲目跟风，盲目媚外，盲目自卑，即既不能妄自尊大，也不能妄自菲薄。

所以，每个国家，每个单位，每个学校，每个班级，每个人都要制定自己的发展目标，发展道路，发展方式，建立自己的思想理论体系，引领自己团队的发展。外出学习的老师们，切记切记：一个东西好不好，先进不先进，一流不一流，判断的唯一标准就是适合不适合自己的实际。

四、出差归来，先报告后报销

学校一直都非常重视支持干部和老师外出参观考察学习培训，以及其他一切有利于个人成长，有利于扩大学校影响力的活动。为此，学校制定了一系列相关的制度程序和学习报告模版，多数老师都能按照要求执行。有少数人回来后无声无息，只管报销差旅费，不管学习报告给老师们分享交流，要杜绝这种现象出现，希望有关部门加强监管，有关领导和老师自觉遵照有关规定。

本学期以来，外出的人次明显增多。有参加骨干教师培训的，有外出学习参观考察的，有到别的学校听课的，有参加各级各类论坛的研讨会的，有被上级部门抽调参加检查验收工作的，包括参加迎校庆请专家进学校传经送宝上示范课观摩的。总之，有不少人获得了学习培训提高的机会，学校还统一布置了作业，要求人人及时写出体会感悟来，有的老师是有心人，写了；有的老师，没写，不思不想，不感不悟，不言不语。结果是听的时候感动，热血沸腾，听过了之后无动于衷。

为此，我们要求，从现在开始，凡是公派出去学习、考察、培训、检查工作的，外出参加讲学、讲座、作课、比赛的等等，回来以后，必须做到以下三步：第一步，做个美篇或学习报告发到学校微信群里；第二步，截屏发给主管科室主任和主管校长，认定后在有关报销票据上签字；第三步，带上截屏资料和报销票据找校长办理销假和报销手续。绝不容许不写学习报告要求办理报销。

这样要求的目的，就是期望并逼着大家趁热打铁，及时整理，总结反思，联系实际，学以致用，学会感恩，提升自己。希望大家把以上的要求收藏起来备用，经常看看，别等着自己遇到到了情况，不知道为什么怎么做。

第十节　让你的人生与众不同

一、教师誓词

忠诚于人民教育事业,依法履行教师职责。坚定信仰,不辱使命。敬业爱生,立德树人。励学笃行,提升专业水平。平等尊重,体现人文关怀。为学生终身发展,导航青春。为民族伟大复兴,奠基未来。

二、四不五不让

在工作中坚决做到"四不":该办的事坚决办不拖,能办的事立即办不等,难办的事想办法不推,涉及其他部门的事主动协调不靠。

切实做到"五不让":不让群众办事受冷落,不让群众办事被拖延,不让工作差错发生,不让群众利益受损,不让公仆现象大打折扣。

要在难题面前,敢闯敢试,敢为人先;在矛盾面前,敢抓敢管,敢于碰硬;在风险面前,敢作敢为,敢担责任。

"坚持学科建设为龙头,以教学为中心,以科研为支撑,以师资队伍建设为重点,以深化教育教学改革为动力,以党的建设和思想政治工作为保证,提高质量,全面提升学校的办学实力和办学水平"的办学思路。

三、三风是一种巨大的精神力量

三风是一种巨大的精神力量和育人资源,具有导向、激励、规范和潜移默化的作用,是共同精神家园。大力实施有效教学,强势打造高效课堂。

四原则:抓精课堂教学;抓严教学常规;抓实教学研究;抓准指导意见。

三大目标:教学质量高位运行,素质教育稳定推进,教学管理规范精细。

教学管理:订计划,定目标;细过程,讲节奏;强研究,练实战;求高效,创团队;重激励,有激情。

具体措施:加强教研组和备课组建设,做到教研和备课组活动规范化和制度化。三统一:统一时间、地点、内容。四定四有:定时间、地点、专题、主讲人,有记录、检查、考核、反馈。四课:备课、上课、说课、评课。积极推进学校课程改革的同时,继续大力促进教师课堂教学与学生自主学习方式的转变。

对课堂教学操作和作业管理作了具体规定：

1."四标"进课堂：示标、施标、测标、固标

2."四个点化"：基点内容自求化、要点内容问题化、重点问题习题化、难点内容层次化

3."四个不低于"：学生提问一般不低于课堂时间的 30%；课堂学生练习总时间一般不低于 20 分钟；电化教学适时运用一般不低于 30%；课堂教学目标达成度不低于 90%

4."四个探究"：探究规律、探究思路、探究变式、探究热点

5."四种能力"：自学能力、思维能力、实践能力、创新能力

6."四个主"：教师为主导、学生为主体、训练为主线、能力为主旨（发展为根本）

7."作业四个精"：精选、精讲、精练、精批

8."四化"：有发必收、有收必批、有批必评、有错必纠

9.现代质量观：发展性质量——为学生终身发展奠基，高效性质量——为学生终身学习奠基，生命性质量——为学生终身幸福奠基

第十一节　工作亮点

一、2012 年工作亮点

七中这一年来取得了可喜成绩，体现了鲜明特色。领导班子更加团结和谐，教师队伍更加爱岗敬业，学生更加积极向上。

2002 年，七中中考高考都取得了骄人成绩，学校获得各类各级荣誉称号达 21 次，教师获得各类各级荣誉称号 110 人次，学生参加各级各类竞赛获得达 320 人次。七中的办学条件和校校园环境也发生了巨大变化，现代化的电教设备覆盖全校的全方位监控设施，为七中打造数字化和平安校园打下了坚定基础。

2012 年，七中的办学更加规范化、优质化，育人更加多元化。

一是教学质量稳步提升。中高考成绩是衡量一个学校教学质量的重要指标。2012 年，我校中高考成绩喜人。全市中考总分前 10 名中，我校独占 5 名，500 分以上优秀生率达到 32.8%，名列全市同类学校前茅。高考八大美院专业过关人数达 28 人次，25.6% 学生达到本一专业院校录取线，43.2% 学生达到本科录取线。

二是素质教育扎实创新。探索出特色有效的"三三三"德育工作模式，建立"一生

两特长,一级两套操,一班三节目"学生素质发展目标体系,开展了"七星达人"评选活动,组建了"七个一百"素质教育工程和七个学生社团,为学生素质的全面发展奠定了基础,提供了保障。2012年,我校李志红、高欣被评为邢台好人,王罂雪晴被评为河北省美德好少年,张姚荣获全国希望之星大赛最具潜质奖。

三是办学条件大大改善。为98个教室安装了电子白板;建成高标准学生食宿楼;完成塑胶跑道一期工程;门窗全部更新;校园监控设施实现了全覆盖;三栋危旧教学楼加固改造工程即将完工。

四是师资队伍建设成效显著。组织教师"走出去,请进来",高效学习200余人次;举办"教师大讲堂"5期,暑期集中全员培训50个课时。省市立项课题19个,结题13个。20余位教师参加国家级、省市级学科竞赛获得一二等奖。培养选拔7名优秀年轻教师走上中层和校级领导岗位。推进高效课堂改革,开展听评、赛课活动,举行师德报告会和教育执行力培训3次,全面提高了教师的素质和业务能力。

七中进入了一个快速发展时期,许多学校只重视学生成绩,不重视教师专业发展,这是不对的。我认为没有教师的发展,就不会有学生的发展,所以我们学校更注重教师的发展,从抓教师培训入手,给老师提供更多的学习、考学、进修、培训的机会——生活待遇提高给更多老师出彩机会;用平台搭建促进教师发展;用激励表彰积聚发展动力。

二、邢台七中十五中联合校2017年十大亮点工作

(1)七中与十五中联合办学,优质教育惠及牛城百姓。

(2)联合校师生戮力拼搏,中高考成绩光耀牛城。

(3)十九大指引党建,联合校精彩无限。

(4)"7341"教改狂飙正劲,教师专业百花争艳。

(5)"18件事"创新德育,师生核心素养全面提升。

(6)省级文明城市创建荣誉受检,七彩七中教育名片亮眼。

(7)与新西兰圣保罗中学结为姊妹,线上国际同步课堂推高教育品位。

(8)校容校貌凸显人文,景观处处润物无声。

(9)美术高中声誉日隆,更多学子追捧七中。

(10)教育好声音天天传颂,联合校美名誉满牛城。

三、2018年有七个留下深刻印象亮点

(1)创城工作圆满完成。

(2)迎检工作顺利通过。

(3)中高考成绩单亮眼。

(4)校庆活动隆重举办。

(5)教改科研深入推进。

(6)"和文化"提炼并凸显。

(7)三大主题添彩校园(三大景观:校友亭、校史馆、核心价值观长城。三大指导思想:新思想、新党章、新宪法。三大会议:十九大、全国教育大会、改革开放四十年纪念大会)。

四、2018年十件大事

(1)进一步改善办学条件,美化校园环境。

(2)外派更多老师培训交流学习。

(3)举办校庆系列活动:联欢会、我与七中全员征文(在校师生和能联系到的校友,在牛城晚报或邢周报开辟专栏)要求人人参与,体裁不限、书画展、建成校史馆、编一本七中校史书和大型画册、建一座校友亭、表彰一批功勋教师。

(4)迎接国家及省级义务教育均衡验收。

(5)中高考成绩再提升。

(6)美术高中招生规模再扩大。

(7)建成两个录播教室。

(8)学习贯彻落实十九大精神,举办:落实十九大,创新责任大,大家谈。

(9)进一步完善7341教学思想,举行一次研讨会。

(10)规范开展核心素养18件事。

五、2018年度七中十五中联合校十大亮点工作

2018年,在桥东区委区政府和区教育工委、区教育局正确领导下,联合校广大教职员工不忘教育初心,以创建国家级文明城市活动为契机,不断提升学校办学满意度,努力办好人民满意的教育,牢记教育使命,聚焦教师专业素质发展和学生核心素养两大主题,在全面实施素质教育中落实"立德树人"教育根本任务,圆满完成了

各项工作任务,取得了令人欢欣鼓舞的成绩。回顾 2018 年工作,足迹坚定、精彩纷呈、亮点频出。

一是硬件更硬。2018 年,桥东区委区政府对我联合校工作高度重视。为我校投入 500 多万元,建成 1 个录播教室和微机教室 2 个,更新了所有实验室和教室电子教学设备设施,基本达到了省级义务教育均衡发展验收标准。学校自筹资金 300 多万元,建成多处人文景观,装修了两栋教学楼和功能教学楼,改建图书馆校史馆各一座。整修校园地面,绿化美化环境,改造取暖设施等,学校的办学条件得到空前改善,校园环境更加优美,文化氛围更加浓厚。

二是成果更多。2018 年,学校取得了令人瞩目的成绩:"中国可持续发展教育 20 年卓越团队""河北省教育系统优秀志愿服务品牌称号""河北省五四红旗团委""北京青爱教育基金会晟益社专项基金艺术教育人才培养基地""北京青爱教育基金会晟益社专项基金国际交流人才选拔基地""优秀科级领导班子""社区大党委成员单位"等一系列荣誉称号,赢得了社会各界的广泛赞誉。

三是业绩更佳。2018 年,我校教育教学成绩一路攀升。全市中考前五名我校独占三人,前十名占四人,余茂生同学以总分 624 分名列邢台市公办学校第一名。2018 高考,我校"美高"四名同学通过中央美院专业测试,178 名同学文化、专业双过一本线,一本过线率高达 76.4%。同时,我校"普高"音、体、美、播音、文、理全面开花,31 名同学喜过二本线,三年前中考仅仅 300 多分的赵祺祺同学高考取得 517 的优异成绩。邢台七中高中真正实现了"四流学生招进来,一流的成绩送出去,低进高出,多元升学,突破名校"的教育目标。

四是动力更强。党建工作凝聚新动能。2018 年,学校党总支被评为"南长街街道社区大党委先进单位"。党总支始终把思想建设放在突出位置,以习近平新时代中国特色社会主义思想武装全体党员和教师,切实发挥党总支和支部的战斗堡垒作用,以每月主题党日活动为契机,带领全体教师员工和学生积极投身于文明城市、文明校园创建活动,踊跃开展创城宣传、志愿服务,协助社区、交警义务维持秩序等活动;着力锤炼一流领导班子,建设学习型干部队伍,全体校级干部以落实"五个一"为抓手,扎扎实实深耕教育教学;深入开展《新时代中小学教师职业行为十项准则》学习践行工作,引导广大教师把教书育人和自我修养结合起来,修炼一流师德,营造风清气正的教育环境。

五是名师更强。2018 年 10 月 18 日,举行了盛大的建校 50 周年庆典仪式暨优秀教师表彰大会。历届老领导、退离休教师代表、各兄弟学校领导、各期优秀校友代表、学生家长代表、社会各界友好人士及我校师生 4000 余人欢聚一堂，隆重庆祝邢台七中建校五十周年。大力表彰了"特殊贡献"教师、"十大功勋教师""十大优秀教师"等 47 位优秀教师。学校建设了校友亭，编印了校史画册、校庆征文汇编、教研课题及教学论文成果集萃，拍摄了校庆献礼片，举办了素质教育成果展演，认真总结学校五十年辉煌历程和办学经验，热情讴歌五十年改革发展成就，凝心聚力，砥砺奋进，开启新征程。

六是获奖更丰。2018 年，学校深入推进高效课堂改革，狠抓教师技能培养。在原有的 8 个名师工作室的基础上又新成立了 3 个名师工作室，开展了一系列听评课、专题讲座、主题教研、教学研讨等活动，引领教师专业化发展，成果丰硕。近百名教师在国家省市级教育教学比赛中获奖：刘庆山校长荣获中国可持续发展教育优秀人物奖，王会青、韩中兴等十余名老师荣获中国可持续发展教育优秀个人案例一、二、三等奖；李育红老师被聘为教育部 2016—2017 年度"一师一优课、一课一名师"活动"优课"评审专家、河北省 2016—2017 年度"一师一优课、一课一名师"活动初中数学学科"优课"评审专家；王慧英老师获评河北省中小学幼儿园骨干教师；黄朝川老师荣获河北省习近平新时代中国特色社会主义思想视频精品课评选活动一等奖；王瑞军、吕鑫、谷晓蕾三位老师荣获邢台市"争做小小科学家"第二届红领巾创意机器人大赛优秀指导教师；刘庆山校长荣获邢台市桥东区优秀校长奖，王瑞军、朱云霞、郭磊荣获邢台市桥东区优秀教师奖，张红燕、李常彬荣获邢台市桥东区优秀班主任奖；曾佳佳、张敬华老师分获邢台市桥东区班主任基本功大赛的一、二等奖。

七是德育更新。2018 年，学校为学生成长、展示风采搭建平台，学生核心素养全面提升。300 多名同学在各级各类竞赛活动中收获殊荣。（刘正阳、张家珀同学获得第九届世界数学团体锦标赛少年组银牌；魏诗璇同学荣获第 18 届世界奥林匹克数学竞赛（中国区）总决赛铜牌；我校学生代表队作为邢台市唯一高中代表队荣获河北省第三届时事竞赛高中组一等奖；申博宇、钱开心、任嘉航三位同学荣获邢台市"争做小小科学家"第二届红领巾创意机器人大赛一等奖；李传金、王绞月、沈闫鹏、郭天宇同学荣获中央电视台"希望之星"英语风采大赛中市级二、三等奖；张宪森、周耘磊、邢靖萱、张万里、陈国荣同学荣获邢台市桥东区"最美读书好少年"称号；郝佳怡、步昀泽荣获邢台市桥东区读书活动演讲比赛二等奖；）张宪森、陈渔、周耘磊、邢靖萱、张龙宇、张万里、陈国荣六名同学入选邢台市桥东区教育局等部门联合开展的"新时代好少年"榜样评选活动。学校德育工作扎实创新，以丰富的德育活动为载体，开展清明缅怀先烈、"好书推荐 全校悦读""假期七个一"社会实践作品评展、十八岁成人礼、励志讲师团、诵读《论语》纪念孔子、国家公祭日纪念、家庭智慧教育讲堂等活动,加强学生思想道德教育。

八是迎检更实。2018 年 7 月 5 日,河北省义务教育均衡发展督导评估验收检查组莅临我校开展督导评估,与 30 名桥东区人大代表、政协委员、教师代表就我区教育均衡发展相关问题进行了座谈交流,听取了我校工作汇报,并通过现场问询、查阅资料等方式对学校的办学条件、办学规模、师资队伍、校园环境、教育教学活动开展、后勤管理等情况进行了详细了解,对我校在义务均衡发展做出的努力给予了充分肯定,我校顺利通过省级评估验收;12 月 11 日,桥东区委书记李晓波来到我校,调研检查文明城市及文明校园创建工作,认真听取了我校创城和文明校园创建工作汇报,实地查看了校园文化建设和创城氛围营造情况,仔细询问了我校归属区之后带来的变化,对我校的办学成果给予了高度评价;12 月 19 日,邢台市委教育工委委员、教育局党组成员、副局长岳清海同志一行到我校现场调研指导家长学校工作,对我校家长学校工作给予了充分肯定;12 月 24 日,市教育局督导组一行 7 人对我校"5A 学校"创建工作进行验收,认真听取了我校 5A 创建工作汇报,实地查看了校容校貌,对我校 5A 创建工作给予好评。

九是开放更大。开放办学增添新活力。2018 年,我校大力实施开放办学发展战略,不断拓展交流与合作的广度和深度。6 月 28 日和 10 月 8 日,新西兰坎特伯雷大学国际学院校长、新西兰圣保罗中学校长先后来我校参观考察,就进一步加强校际教育交流,拓展学科合作,推进学生交换学习、教师短期研修等项目进行了深入探讨,达成了合作共识,签订了初步合作意向协议,这是我校开放办学取得的又一新突破;11 月 11 日,"中国可持续发展教育 20 年成果总结大会暨可持续发展教育第 13 次国家讲习班"论坛在北京举行,刘庆山校长作了"依托区域学习资源践行可持续发展教育的实践与探索"的主题报告,我校坚持走可持续发展教育道路,注重素质教育和特色教育相结合的教育模式,受到与会领导专家高度认可,我校荣膺"中国可持续发展教育 20 年卓越团队"荣誉称号;美术专业教师赵敏当选为邢台市美术家协会副主席,沈胜奎当选为副秘书长兼版画艺术委员会主任,郭光明当选为理事,扩大了我校美术高中的影响力。刘庆山当选为河北省家庭教育学会理事。

十是"和"字更亮。"和"文化成为我校学校文化的核心,受到全体师生的广泛认同并自觉践行,增强了学校核心竞争力。在多校合并、联合的发展过程中,逐步形成了以和谐的"和"为核心的"和文化"。"和"文化是对我校办学特色的高度概括。我校围绕着"和"文化这一核心,通过确立"和"文化办学思想,建设"和"文化团队,营造

"和"文化环境,开设"和"文化课程,开展了一系列"和"文化活动,使"和"文化深入人心,成为学校实现可持续发展的动力,形成鲜明的办学特色。

十一是形象更美。2018 年,在市级以上媒体发表新闻、报道共计百余篇,其中我校名师风采纪实在新华社 app 频道全面展示,"桃李芬芳五十载 砥砺奋进新时代——我校办学五十年历程巡礼"的校庆专刊登陆《燕赵晚报》;我校开展十八岁成人礼活动的报道在《河北经济日报》刊登。我校及时总结宣传学校优秀的办学经验、成果和各项工作中涌现出来的先进人物,传递发展正能量。为实现联合校全面融合,开创联合办学崭新局面营造了良好舆论氛围。

潮平两岸阔,风正一帆悬。展望 2019 年,我们一定不忘初心,牢记使命,立德树人,增强"四个意识",坚定"四个自信",做好"四个引路人",积极践行社会主义核心价值观,紧紧抓住新的发展机遇,以更高质量更高水平办学,争创"优质特色、文明和谐美丽"的 5A 级学校,服务我区经济社会等各项事业的可持续发展需要,书写新时代教育的宏伟奋进之笔,努力工作,奋力拼搏,开启新征程,取得新成绩,作出新贡献!

六、2020 年三深入三加快一确保工作目标(331 工作思路)

深入学习贯彻落实办学思想,深入推进高效智慧课堂改革,深入开展创城创先争优活动,加快实现办学条件更加现代化,加快编制学校五年发展规划,加快提升全员师德师能水平,确保实现学校更高质量发展(三精三化:管理精细化,服务精致化,教学精品化,实现办学规范化、优质化、特色化目标,中高考再上新台阶,团队争荣誉)。

七、2022 年喜报连连

5 月 17 日,我校高三体育生参加 2022 年体育高考专业测试,本次考试满分 400 分,本科线为 275 分。其中我校本届参加考试共 25 人,其中 18 人过本科线,350 分以上高水平 6 人,其中田径队白骐菘同学获得了 375 分的好成绩,刷新创造了我校体育高考的最好成绩。天道酬勤,一份付出一份收获,不忘初心,砥砺前行!专业过了关,文化课怎么办?年级抓重点,成立专班,集中精锐,优化组合,逐人分析,一人一案,精准辅导,消除弱科,整体提高,力求专业文化双过线。喜报连连之二:我校喜获河北省绿色学校荣誉称号。主管校长带领学校综合办,协调各科室各年级,对照申报标准,绿化美化校园,开展创建活动,积累档案资料,营造浓厚氛围,顺利通过了验收,工作尽心尽力,值得表扬。喜报连连之三:《邢台教育》刊发长篇专文,介绍我校劳动教育开展情况,拉开了创建省级劳动教育示范学校序幕,主管校长和相关科室积极配合行动,开展了丰富多彩的活动,以劳动知识,研学活动,家庭劳动,社会劳动,生产劳动为主要内容和形式,劳动教育课程化,用一系列实实在在的成果迎接评价验收,相信我们一定会顺利通过。希望各主管校长各科室都找准自己工作的突破点,积极和上级部门对接沟通交流,宣传学校工作成果和亮点。事事争优秀,多多争荣誉!

八、挺进省赛,再创佳绩

我们美术高中的学生邢台市教育局组织的第七届"关注时事,胸怀天下"时事知识大赛中,能够战胜那么多高中强队,脱颖而出,勇夺第一,真的很不容易,可喜可贺。希望再接再厉,挺进省赛,再创佳绩!

多让我们的老师和学生参加各级各类竞赛活动,可以锻炼队伍,磨练意志,增强自信心,对平时教学有很大的促进作用。准备和参加一次竞赛,可以促使参赛者自觉积累储备大量知识,锻炼各种能力,增强心理素质,提高全面素养,同时是提高学校声誉的重要突破口。所以,各部门要高度重视上级部门组织的各种活动,并加强宣传动员,制定活动方案,建立激励机制,狠抓落实,以活动促管理,以竞赛强队伍,以争优博美名。

本次竞赛取得第一的好成绩,原因有三个:一是学校高度重视,要求明确,目标清楚,选人精准,保障有力,指导具体,激发士气,激励斗志。事事时时践行落实"让每一位师生在这里都能大放异彩"的办学思想着力培养学生"怀天下,求真知"的情怀。二是指导老师带队有方,治学严谨,勇于挑战,爱拼敢赢。三是参赛队员充满自信,不惧强手,刻苦勤奋,备战充分认真,心理素质好,应变能力强。

高考结束了,高三的老师要认真反思总结备考得失,分析好今年的高考试卷,按照学校教务处的要求做好总结交流,资源共享,为下一届师生提供有益的借鉴。中考马上到了,初三的师生要发扬竞赛精神,认真备考,力争夺取优异成绩。

第十二节　七中在我心中是最美

一、七中在我心中是最美,爱我七中

资源整合,均衡发展,家门口就有名校,何必舍近求远? 名师荟萃,联合办学,大七中本是名牌,足可尽享优质。生不择校,校不择生,出门就进名校,育人为本,和谐

创新,造福片内百姓。

(1)七中十五中联合办学,同心同德共同育新人。

(2)联合办学,共享优质教育资源提升教育教学水平。

(3)师资交流,分享先进教学理念,科研强校,打造优秀教师团队。

(4)办好老百姓家门口的学校,教出有出息有文化的学生。

邢台七中美术高中是一所名师荟萃,管理严格,办学规范,优生辈出,可以信赖,是对有志学美术升名校学生负责的理想学校!

七中老师和学生人人都是形象大使、宣传员、播种机,无论何时何地都要把七中传播出去,让七中在每个师生、家长的心里都是最美,爱我七中!

二、七中特色教育,培育师生核心素养。

课前演讲不能少,学生素质能提高。上课礼仪很重要,抖擞精神不睡觉。七步曲子步步好,养成习惯能高效。7341是一套,一丝不苟落实到。灵活运用做巧妙,教学相长见真招!课堂宝典常用着,调动学生手和脑。听说读写演练巧,持续发展才能保。

上课仪式:

预备铃响:教师站在门口,提醒学生进班,做好准备工作。

上课铃响:教师走上讲台。

教师:(同学们)上课!

班长:起立!

学生:(全体立正)认真听讲积极思考

勇于提问

老师您好!

(90度鞠躬)

教师:同学们好!(90度鞠躬)

请坐!

下课仪式:

下课铃响:

教师:下课!

班长:起立!

学生:(全体立正)

老师,您辛苦了!

老师,再见!(90 度鞠躬)

教师:同学们,再见!(90 度鞠躬)

三、勇往直前,不甘落后,做好每天的工作

磨不推自转,就是不要别人监督催促,干好每天的工作,完成上级交给的各项任务,于公是法定职分,于己是理应本分,于人是交需情分。努力把每天的工作做到极致,任务完成圆满,无愧于公,不憾于心,没亏于人,法理情三分尽得,莫失一分,才能心安理得,直追圣贤。否则,无论自己有何等惬意满足,都不会受人尊重,令人信服和敬仰。一个人可以不高尚,但绝不能自甘落后。

四、我们要做一个善良的人,坚守人格的高尚

善,是人性中所蕴藏的一种最柔软,但却也是最有力量的情怀。不管如何艰难,我们也应该坚持善良;不管多么孤独,也要坚守人格的高尚。这个世界上每个人都有各自生活的不易,总有一天你会明白,善良比聪明更难。 聪明只是一种天赋,而善良,却是一种选择。

五、我们要坚定梦想,人生不留遗憾

世界上唯一可以不劳而获的就是贫穷,唯一可以无中生有的是梦想。没有哪件事,不动手就可以实现。世界虽然残酷,但只要你愿意走,总会有路;看不到美好,是因为你没有坚持走下去。人生贵在行动,迟疑不决时,不妨先迈出一小步。前进不必遗憾,若美好,叫做精彩;若糟糕,叫做经历! 相信自己,永不止步。

有的人与生俱来的正是其他人毕生追求的;有的人羡慕嫉妒的,正是自己没有拥有的。我们改变不了世界,就不如改变自己的心情,换个角度看问题,转个身看环境,世界原来如此阳光明媚!

六、阅读经典著作,传承我国优良传统文化

孔子文化专栏可以让学生展示如下内容:一是中华民族古今历史上著名思想家政治家文学家等大家的名言警句摘抄。孔子是中华民族传统文化的代表人物,也可以说是一个符号,通过对他的学习宣传,让学生更多的了解掌握中华民族传统文化。二是与孔子等大家有关的故事。三是学生自己以孔子等大家著作和故事为作文素材,编写创作的诗歌,散文,小说戏剧等各类题材的作品。内容丰富,形式多样,重在

要求学生原创,开阔学生阅读视野,培养学生热爱经典和中华民族传统文化,塑造民族性格精神,提升综合素养。

经典就是经典,常能穿越时空,洞穿人性,温暖古今,常读常新,启迪人生,开发智慧,和谐人际,共赢成功,幸福生活。

子曰:"学而时习之,不亦说乎?有朋自远方来,不亦乐乎?人不知而不愠,不亦君子乎?"

曾子曰:"吾日三省吾身:为人谋而不忠乎?与朋友交而不信乎?传不习乎?"

子曰:"温故而知新,可以为师矣。"

子曰:"学而不思则罔,思而不学则殆。"

子曰:"由,诲女知之乎!知之为知之,不知为不知,是知也。"

子曰:"见贤思齐焉,见不贤而内自省也。"

子曰:"三人行,必有我师焉。择其善者而从之,其不善者而改之。"

曾子曰:"士不可以不弘毅,任重而道远。仁以为己任,不亦重乎?死而后已,不亦远乎?"

子曰:"岁寒,然后知松柏之后凋也。"

子贡问曰:"有一言而可以终身行之者乎?"

子曰:"其恕乎!己所不欲,勿施于人。"

《论语》教导我们:对人要诚信,诚信是人格光明的表现,不欺人也不欺己。替人谋事要尽心,尽心才能不苟且,不敷衍,这是为人的基本德性。修己不能一时一事,修己要贯穿整个人生,要时时温习旧经验,求取新知识,不能停下来,一停下来,思想就会僵化。

我们很难知道前路有多长,也不一定清楚自己究竟要奔跑多久,但迈开大步向前进、拼尽全力去生活,就是对人生最好的馈赠。我们那么努力,不是为了感动谁,也不是为了证明给谁看,只是因为不甘心错过绽放的花朵、灿烂的流星,不愿与最好的自己失之交臂!趁着最美好的年华,继续奋斗吧!

七、传递赞美,共谋七中辉煌的明天

我们也要有积极的心态,传递赞美,共谋七中的发展。

最近各团队的美篇制作得都非常认真精美,内容丰富,及时传播工作动态,交流经验体会,宣传办学思想,传递营造赞美氛围,反映我校优秀师生典型事迹,弘扬正能量,各位发言人辛苦了!

看不到工作的亮点,就不知道工作的前进方向,看不到工作的问题,就不知道工作的修正重点。作为一个管理者,就看首尾两头,发现亮点,筛查缺点,培树先进,提携后进,共同前进。传递赞美,播撒阳光。

希望各团队制作的工作总结图文美篇,一要体现制作者学习了哪些教育理论,看了哪些书,得到了哪些启发,以联系我校实际;二要阐释我校的办学思想,及自己团队如何抓好落实的;三要展示自己团队的工作亮点、主要工作内容,可以多一点自己的人生思考体会的文字,给人带来共鸣和指导意义会更好。

面面俱净,处处安静,人人礼敬,事事竞优,业业求精,这是我们七中人共同的理想追求。我们共祝愿,七中好! 七中好,大家好。非常感谢大家,我们在分享中一起进步,在进步中一起成熟,在成熟中一起收获!

我们学校能帮助每一个学生,找到适合自己的发展道路,明确定位,找准方向,优质发展,跨越进步,是小升初学生的优选,是初升高和高升大学学生的上选。是一所着力培养智能并重,品学兼优,德才兼备,又红又专,学有特长,全面发展学生的理想学校。

低进高出,高进优出,特色办学,因材施教,严格管理,从学生实际出发,合理规划,家校合作,精准选择,多元发展,多条腿走路,多渠道升学,让每一个学生都能心想事成,学生满意,老师自豪,家长骄傲,社会好评,是我们办学者管理者教学者的丹心初衷和不懈追求。学生优秀,老师成就,学生越出色,老师越骄傲!

第十三节　办学思想和办学理念特色

一、学校创建七个目标

优质、特色、绿色、平安、卫生、创新、和谐。

二、学校工作七个目标

标准更高一点,要求更严一点,管理更细一点,质量更优一点,发展更快一点,声誉更好一点,贡献更大一点。

三、学校工作七个抓手

抓管理、树形象,抓教改、上质量,抓硬件、求发展,抓品牌、创特色,抓培训、强师能,抓安全、保稳定,抓创新、创名校。

四、学校素质教育"七个一百"工程

百人合唱团、百人乐器团、百人国学经典诵读团、百人健美操队、百人太极扇队、百人舞蹈团、百人写生团。

五、学校歌曲七个板块:

1.家庭组合:(1)爱的奉献(翁倩玉)(2)吉祥三宝(3)父亲(4)母亲(5)相亲相爱一家人(6)烛光里的妈妈(毛阿敏)(7)让爱天天住我家(黑鸭子合唱组)

2.爱国组合:(1)我爱你中国(2)五星红旗(刘媛媛)(3)我的祖国(宋祖英)(4)红旗飘飘(孙楠)(5)我和我的祖国(李谷一)(6)国家(成龙刘媛媛)(7)中国我爱你(凤凰传奇)。

3.爱心组合:(1)因为爱(2)凝聚每份爱(3)相亲相爱(4)感恩的心(5)我们的爱(6)爱的奉献(7)让世界充满爱。

4.古诗词组合:(1)滚滚长江东逝水(2)别亦难(徐小凤)(3)静夜思(4)满江红(5)但愿人长久(6)悯农(7)江南(汉乐府民歌)。

5.名曲组合:(1)春之声圆舞曲(2)高山流水(3)土耳其进行曲(4)二泉映月(5)四小天鹅舞曲(6)春江花月夜(7)回家。

6.梦想组合:(1)最初的梦想(2)梦想(3)放飞梦想(4)超越梦想(汪正正)(5)生命的挑战(水木年华)(6)我的未来不是梦(7)最好的未来。

7.拼搏组合:(1)相信自己(零点乐队)(2)隐形的翅膀(张韶涵)(3)怒放的生命(汪峰)(4)奔跑(黄征)(5)真心英雄(6)飞得更高(汪峰)(7)我相信(杨培安)。

六、七中师生应具备的七种思维品质

1.少说不能干,多想怎么办

2.少一点抱怨,多一点沟通

3.少一点指责,多一点包容

4.少一点不平,多提点水平

5.少一点自我,多一点合作

6.少一点独尊,多一点感恩

7.少一点偏激,多一点反思

七、中层干部每天必做的七件事

1.每天学习一小时

2.每天反思一刻钟

3.每天创新一点子

4.每天发现一亮点

5.每天巡查一大圈

6.每周制作一模板

7.每月撰写一小结

八、教师上课七步曲

(一)文化课:

(1)提前候课 1 分钟,用花名册点名,检查考勤。(1 分钟)

(2)组织学生捡拾脚下垃圾。(半分钟)

(3)用 3 至 5 个问题测试学生,检查学生掌握已学知识情况。(3 分半钟)

(4)板书本节课学习任务。(1 分钟)

(5)用导学案组织学生学习。(35 分钟)

(6)小结本节课学习内容。(4 分钟)

(7)课后向班主任报告考勤及课堂纪律情况。

(二)专业课:

(1)提前候课 1 分钟,用花名册点名,检查考勤。(1 分钟)

(2)组织学生捡拾脚下垃圾。(半分钟)

(3)第一节课回顾前一天学习内容,出现的问题及强调解决办法。(3 分半钟)

(4)提出当天学习任务,板书讲解,示范讲解。(1 分钟)

(5)组织学生利用导学案进行练习、临摹或写生,根据各班具体情况灵活掌握。

(6)最后一节课下课前对学生作品进行讲评。(10 分钟)

(74)课后向班主任报告考勤及课堂纪律情况。

九、七中学生"七星达人"评选标准:

(1)每学期的学习成绩(四次考试总评分)排名达到年级总人数的前三分之一位次,奖一星。

（2）参加校级运动会获得名次或体育科成绩排名达到年级总人数的前三分之一位次,奖一星。

（3）参加社会实践活动或平时学雷锋做好事受到校级及以上部门通报表扬或受到媒体表扬及事迹报道的或每班评出的雷锋星（每班1名）,奖一星。

（4）小论文、小发明、小制作等"三小"科技创新活动中个人作品获得校级以上奖励的,奖一星。

（5）参加校级以上各级各类学科或其它竞赛活动获得奖励或荣誉称号的,奖一星;在校级以上媒体上发表作品三篇以上的,奖一星。

（6）每学期每班评出的"文明遵纪星""班干部表率星"（每班各1人）,奖一星。

（7）在班内或校内各种学生社团或其他组织担任主要职务的,奖一星。

备注:凡是一学期获得七颗星及以上的就自然获得"七星达人"称号;凡在评选标准中第1.2项获得第一名,第5项获得金牌奖励的,奖励一颗星。

十、七中工作推进七步曲

布置任务、责任到人、培训技能、跟踪管理、检查验收、反思纠错、总结表彰

十一、七中教师专业成长做到"七多"

多读书学习、多听名师课、多做一课一反思、多参加集体备课、多研究中、高考大纲,者命题和结题规律方法、多做中、高考题、多写教育教学经验总结

十二、七中七大管理模式

分院管理,牵头校长负责;

条块结合,主管校长负责;

年级自治,年级主任负责;

部门主办,科室主任负责;

班级自育,班级主任负责;

学科协作,教研组长负责;

小组捆绑,合作组长负责。

十三、七中七大特质

办学目标明确、办学思想端正、办学理念先进、办学行为规范、办学特色鲜明、办

学水平一流、办学成果显著。

十四、七中安全七大内涵

校舍安全、人身安全、心理安全、食品安全、财务安全、交通安全、舆情安全。

十五、七中撰写汇报材料七步曲

接受任务、确定主题、网搜范文、学习揣摩、制作模板、填充材料、成文上交。

十六、七中干部应具备七种能力

谋划能力、组织能力、表达能力、持久能力、反思能力、应急能力、创新能力。

十七、七中年度文化七大常规活动

一次画展、一次联欢会、一次体操比赛、一次学生社团活动周、一次歌咏比赛、一次元旦教工猜谜比赛、一次经典诗文朗诵会。

十八、七中创建七彩文化校园

平安和谐校园、绿色文明校园、优质特色校园、创新示范校园、书香艺美校园、快乐幸福校园、七彩魅力校园。

十九、办学目标：

初中保市区一流,高中创省级名牌,力争 3—5 年内把七中打造成区域内优质、特色、示范性学校。

办学目的:发展教师、成就学生、造福桑梓、回报社会。

办学思路:文化立校、依法治校、科研强校、特色树校。

工作作风:坐在屋里想问题、走出屋子找问题、聚在一起讨论解决问题。

管理工作原理:高站位谋划、低重心运行、走动式管理、近距离服务。

二十、教师管理工作"三三"模式

三个内容:教学、教研、考评。

三个抓手:集体备课,课题研究,周测月考检测评价。

二十一、七中十二大有效办学措施

从严治教,团队力量得加强。

健率立制,办学行为规范化。

加大投入,办学条件大改善。

改革体制,办学活力大激发。

明确目标,办学思想更端正。

坚持课改,教学质量快提升。

大兴科研,师资素质大增强。

丰富活动,德育工作创特色。

文化立校,校园文化挖内涵。

狠抓安全,师生文明促和谐。

宣传亮点,外树形象美名扬。

精细管理,步步为赢创名校。

二十二、面向社会七中承诺

不说假话、不做假账、不报假数、不图假名、不干假事、不育假人、不撰假文

二十三、七中德育工作宣传口号

1.七中兴衰,我的责任。

2.七中兴,我荣;七中衰,我耻。我与七中共荣辱。

3.走出家门一步,肩负家族荣辱;走出校门一步,肩负七中荣辱;走出国门一步,肩负祖国荣辱。

4.走出七中校门,做一个热爱七中的七中人。

5.七中因我而精彩,我因七中而骄傲。

6.学生好,一切都好。

7.我好,七中才会好;七中好,我会更好。

二十四、七中学生誓词

我是邢台七中学生,我立誓恪守"求真、争优、完美、创新"的校训,认真求学,博闻灵动,积极修身,淳朴真诚。志向高远而不忘乡土,持学以恒日有所进。我坚持:一

举一动,当体现七中学子形象;一言一语,当珍惜七中学子荣誉。

二十五、七中年级工作重点

高一、初一年级:抓衔接、抓规范、抓习惯。

高二、初二年级:抓学法、抓整体、抓质量。

高三、初三年级:抓尖子、抓进度、抓效率。

二十六、教师成长的十二个途径

参加一次培训,提升自己。

组织一次活动,锻炼自己。

做好一次课题,丰富自己。

参加一次比赛,挑战自己。

准备一次讲座,完善自己。

保留一颗爱心,净化自己。

挖掘一项潜能,深化自己。

培养一门特长,突出自己。

保持一种心态,稳住自己。

转变一个视角,娱乐自己。

把握一个机遇,成就自己。

做好一个表率,展示自己。

二十七、七中师生应具备的七种思维品质

少说不能干,多想怎么办。

少一点抱怨,多一点沟通。

少一点指责,多一点包容。

少一点不平,多提点水平。

少一点自我,多一点合作。

少一点自私,多一点感恩。

少一点偏激,多一点反思。

二十八、三三三德育模式

三个习惯:行为习惯、学习习惯、生活习惯。

三个内容:守纪律、爱学习、讲卫生。

三个抓手:仪容仪表、个人及教室环境卫生、"进楼即静、入室即学"教育活动。

二十九、抓班子　带队伍十项措施

文化化人:把握规律,摸透人心,顺势而为。

制定管人:建章立制,照章办事,循规蹈矩。

思想引人:明确理念,突出重点,狠抓落实。

感性动人:尊重理解,细心呵护,关怀备至。

目标聚人:确定目标,统一认识,凝心聚力。

模式带人:制定措施,完善模式,循序渐进。

效率评人:着眼效果,崇尚实干,落实为王。

任务派人:分解任务,分工到人,限时定量。

责任到人:职责分明,人人有责,成败自负。

奖励激人:及时评价,分清功过,奖功罚过。

三十、七中学生十荣十耻

以爱我班级为荣,以害我班级为耻。

以尊敬师长为荣,以不懂礼貌为耻。

以大度团结为荣,以小肚鸡肠为耻。

以刻苦学习为荣,以不学无术为耻。

以争分夺秒为耻,以虚度光阴为耻。

以争先恐后为荣,以自暴自弃为耻。

以知恩图报为荣,以忘恩负义为耻。

以遵规守纪为荣,以违法乱纪为耻。

以节俭朴实为荣,以浪费奢华为耻。

以自主创新为荣,以坐享其成为耻。

三十一、学生暑假"七个一"社会实践活动

1.阅读一本好书

2.进行一次千里之外的旅行

3.制作一件科技小发明（小制作）

4.做一次为期 7 天的义工

5.写一份观察日记

6.写给未来三年的你的一封信

7.制作一份手抄报（书法、绘画作品）

三十二、7341 教学模式

（一）"教师高效教学，学生自主学习"的七个抓手

1.推行以"导学案"为载体并体现"自主、合作、探究、展示"的课堂教学模式

2.制定"学生自制试卷、互考互评"制度。教师指导学生命题，制成模板

3.实施"ABC"分层布置作业办法。包括预习、课堂练习、课后作业等都可以将学生分类，因材施教，从习题量和难度上差别对待

4.落实"早读模板"。早读目标要量化、细化、可操作、当堂检查

5.制定"学生编写学习报告"制度。对某一时段的学习情况进行总结分析，包括知识提纲（图表、知识树）、重点难点、心得体会等方面

6.用好"错题本"。教师指导，及时检查，避免浪费

7.制定并落实多元评价制度。教师要善于赏识教育，对学生的闪光点及时发现，及时鼓励。多进行一些"十佳、十优"活动等，评出类似"出试卷最好、互考成绩最好、使用错题本最好"等奖项

三段式：定向、定量、定法。三讲三练三展。小结、小测、小拓。

四板块：预习自测、小组探?究?、反馈评价、展示点拨。

一个目标：打造高效智慧课堂，培育健全人格，开启幸福人生。

三十三、七中学生三年学校生活需完成的 18 件事

1.每学期参加一次班级演讲比赛

2.每学期读一本中外文学名著

3.每学期徒步家乡 50 公里郊游

4.每学期做一张可持续发展教育主题手抄报

5.每学期写一篇可持续发展教育主题小论文

6.每学期与同学合作拍一部"我爱我家"主题的微电影

7.每学期背诵30首古诗词

8.每学期背诵20篇500字以上的古文

9.每学期背诵10篇英语短文

10.每学期给父母写10封信

11.每学期参加一次七人组合小合唱表演

12.每学期走进一次敬老院参加助老活动

13.每年听一场世界级音乐会

14.每年做一次千里之外的旅行

15.每年做一次为期7天的义工并写日志

16.每年走进一个农村或工厂考察并写一篇调查报告

17.每年制作一个小发明作品

18.每年种植一种物种或养一个小动物仔细观察成长过程并记录

三十四、邢台市第七中学教师课堂守则

1.做到1分钟候课,上课不迟到

2.做好课前准备,不随意离开课堂

3.提倡走下讲台,不坐着讲课

4.加强课堂管理,确保全体学生认真上课

5.尊重学生人格,不随意把学生赶出教室

6.专心上课,不接、打手机

7.按时下课,无拖堂现象

8.按课表上课,不私自调课

三十五、"活"课堂宝典,形式八招

(1)多转。少站讲台,多到学生中间,边讲边转边看,一节课不少于三遍,走到每一个学生身边,把气场传导入每一个学生的心田,注入正能量。

(2)多点。多追求"一句话惊醒梦中人"的效果。见到趴桌学生就及时点醒,不放任。方式可以是击桌,点名,提问,安抚,调高声音等

（3）多谈。睡觉的现实都是一样的,瞌睡的原因各有各的不同。见到趴桌学生首先要了解具体原因,以示关怀并给予帮助。

（4）多参与。因材施教,对症下药,一人一招,一人一个起点,一人一个支点,让游离学生参与课堂,给他们量身定制私人任务,可以有关本学科,可以有关其他学习,可以有关做人。

（5）多点赞。善于发现学生闪光点,及时予以点赞。人人身上都有亮点,老师要多扬善,少指责。好学生是夸出来的。越是学习障碍生,越是缺乏激励和赞美,你找对了他们的敏感点进行激励和点赞,他们会记忆良久感触颇深。

（6）多陪伴。可以陪伴他们一起补课,一起完成任务。同甘共苦,患难与共,师生情深,师道自传。

（7）多惩戒。教育不能没有惩戒,恰当的惩戒利于纠错导正,扬善除恶,治病救人。可以采取适当方式惩戒来警醒,如站着听课,换到教室内其他位置听课等。

（8）多求助。对别人有用是一个人存在价值的体现,每个人都渴望自己对别人有用,对社会有价值,并得到别人的认可和重视,从而产生自豪感幸福感,更加懂得感恩,与周围的世界建立起和谐的关系,予人玫瑰手留余香。可以让游离学生帮你完成一项工作或私人方面任务,让学生感觉你对他们的信任和亲近。适当时候可以示弱,让他有成就感和义务感。

三十六、内功六段

（1）浅。低起点,小坡度,有耐心。就像医生不用去抱怨患者为什么要得病,得病重一样,既来之则爱之,想办法为他诊治,治好了长自己医术,治不好也要尽人事,付全力,不留遗憾。降低学习难度,让游离学生不像听天书。

（2）活。说学逗唱,歌舞演讲,把自己平生所学的"十八般武艺"悉数用上,教学方式要活,不要走刻板严肃的催眠术路线。

（3）趣。内容有趣味,语言风趣幽默,让假寐的学生也能听进去,坐起来。

（4）联。事不关己高高挂起,事关自己人人早起。每一节课都有一个好的情境导入,让学生感觉这节课对他有用。知识生活化,广泛联系实际,引起学生兴趣。

（5）分。人人起点不同,速度不同,目标不同,人人自然任务不同,因人设台阶,看人下菜贴,一人一药方,才能显出老师的能耐和本事。分层次教学,让所有学生有事干,有成功的可能。

（6）感。感人心者莫先乎情。真正尊重每一个学生,对学生有感情。闹得越欢的学生,内心越自卑孤独,越渴望他人关爱。学困生表面吊儿郎当,内心其实更敏感,更在意,他们更能知道谁是真心对他们好。

三十七、七中教师每学期必做十件事

1.每学期至少讲一节公开课

2.每学期至少制作一个微课作品

3.每学期至少主持或参与研究一个课题

4.每学期写一篇《我的教学思想和实践案例》

5.每学期写一篇"可持续发展教育"论文

6.每周参加一次教研活动

7.每周听一节公开课

8.每周写一篇教学反思

9.每周写一篇教育叙事

10.每天写一份教学情况小结

三十八、两抓、一促、一创

抓师资队伍建设、抓规章制度落实、促教育教学质量提高,创优秀团队、优秀领导班子。

三十九、三个倍加珍惜七中精神

倍加珍惜七中的光荣历史;倍加珍惜七中教职工多年来铸就的"务实、踏实、朴实、扎实"的工作作风;倍加珍惜领导班子之间团结和谐的大好局面和优良传统。

四十、七中学生安全七要七不要

1.要安全出行,不要违法道路交通法规

2.要安全上网,不要读法违法乱纪内容

3.要安全饮食,不要食用腐烂变质物品

4.要安全交友,不要结交损人利己朋友

5.要安全娱乐,不要靠近黄赌暴毒场所

6.要安全运动,不要进行危险易伤活动

7.要安全学习,不要阅读内容下流书籍

四十一、三自一包责任教育模式

学生自我教育、自我管理、自主发展,班级事务承包责任制

四十二、一日值班流程

(一)重点时段(冬季作息时间)

中午 11:30-13:40

下午 17:00-19:25

晚上 21:00-23:00

(二)工作流程(冬季作息时间)

(1)上午 7:10 前到学校食堂就餐,查看食堂卫生、学生就餐情况,填写校长陪餐登记表。

(2)上午 7:10 准时接班,站在学校门口迎接学生上学,疏导交通、提醒学生注意安全。

(3)上午 10:00 值班人员巡视整个校园,查看学生是否有违纪行为,及时纠正;查看是否有安全隐患,及时处理或通知相关部门解决。

(4)上午 11:50 门岗值班,欢送学生放学,疏导交通、提醒学生注意安全

(5)中午学校食堂就餐,查看食堂卫生、学生就餐情况,填写校长陪餐登记表。

(6)中午 12:40 查看学生上午自习情况。

(7)下午 13:40 站在学校门口迎接学生上学,疏导交通、提醒学生注意安全。

(8)下午 15:00 巡视整个校园,查看学生是否有违纪行为,及时纠正;查看是否有安全隐患,及时处理或通知相关部门解决。

(9)下午 18:30 门岗值班,欢送学生放学,疏导交通、提醒学生注意安全。

(10)晚上学校食堂就餐,查看食堂卫生、学生就餐情况,填写校长陪餐登记表。

(11)晚上 19:25 巡视校园,查看住宿生上课情况。

(12)晚上 10:00 巡查宿舍,协助宿管老师查看学生到位、就寝情况,发现问题,及时处理。

(13)晚上 11:00 巡视校园,查看是否有安全隐患,填写《四同值班登记表》,值班室就寝。

(三)应急处理流程

(1)遇到住宿学生生病或身体不适,仔细了解情况,需要就医的生活老师要及时

向值班人员报告,由值班人员立即送到正规医院就医;同时电话通知家长、班主任、学校主要领导,共同协调处理。

(2)如果遇到校外人员来校寻衅滋事,扰乱教学秩序值班人员要警告他们立即离开校园,经劝阻无效的,及时拨打110报警处理,同时通知学校主要领导共同处理。

第十四节　会议发言

一、刘庆山校长发言稿

各位领导,全体老师们:

大家好!下面我说三点内容,表达我此时此刻的心情。

一是感谢。感谢局党组领导对我的信任,让我兼任十五中第一校长。能够和十五中的领导班子及老师们一起共事,我感动非常荣幸,我会非常珍惜这一人生相遇的缘分,真诚希望大家同心同德、精诚团结、勇于拼搏、做好工作,努力把我们学校办成一个高质量、有特色、平安和谐的示范性学校,不辜负上级领导的信任和社会的期待。

二是实干。让七中和十五中联合办学,是局领导的英明决策,是我市教育改革的重大举措是推动我市义务教育均衡化发展的有效创新形式。局领导高度重视我们,还特别为我们明确了三项任务:(1)保证片内生源不流失;(2)保证教育教学质量有提高;(3)搞好七中和十五中联合办学这一重大教育新闻的宣传,让社会各界广泛了解。从今天起十五中和七中就是一家人了,为了每一个师生的尊严,为了每一个师生的发展,为了每一个师生的幸福,就是我们共同的办学宗旨。让我们携起手来,牢记宗旨、脚踏实地、专心致志教好书,聚精会神育好人,实实在在干工作,认认真真抓管理。力争在最短时间内展示出更加优良的教风、学风、校风,赢得社会的广泛认可,为今年"小升初"工作的顺利开展和中考取得优异成绩打下坚实的基础。

三是请求。(1)请求各位老师全心全意支持我们新的领导班子的工作,我们班子成员一定会以身作则,做好表率,关心爱护每一位师生;(2)请局领导一如既往地关心厚爱七中和十五中这一联合体,给我们的工作更多信心、智慧和力量;(3)请局领导放心,十五中和七中这个联合体一定会心心相印、互助互学、尽快融合、荣辱与共,共创新的辉煌,给领导和社会交一份满意的答卷。

最后,谢谢各位领导老师,祝大家平安健康、心情愉快、工作顺利。

二、邢台市第七中学和第十五中学联合办学工作开展顺利

为促进市区义务教育均衡发展,努力办好人民满意的教育,市教育局继续进行教育体制改革。5月31日上午,邢台市第七中学和第十五中学联合办学工作会议在十五中召开。七中、十五中联合办学,由刘庆山任第一校长兼十五中党支部副书记,统筹管理,协同发展,均衡资源,统筹管理。

6月1日下午,联合办学第一次工作会议在七中召开。校长刘庆山传达了邢台市教育局关于做好市直属学校义务教育均衡发展迎检工作的通知和房丽君局长讲话精神。会议指出联合办学目前突出解决片内招生问题、师资交流问题,对今年入校新生拿出原校80%以上师资到联合办学的学校、搞好宣传切实让片内生源及家长能够比较满意地留在片内学校。在会上,进一步介绍两校情况,安排部署联合办学近期工作,会后,各部门迅速对接交流,互通工作信息,布置重点工作,形成了比较系统的指导思想以及工作要求、规章制度,为下一步开展工作打下了坚实的基础。

（一）沟通交流,协同发展

6月5日,市七中召开月度演讲述职大会,校长刘庆山、书记麻贵兴及全体班子成员、各科室、年级主任,第十五中学校长刘振辉、书记李素娟、副校长马会林及部分教师代表出席大会。六月述职的主题为"不忘初心 继续前行",由教务处组织,各年级、各科室代表总结了一个月在学校管理、教育教学方面开展的常规与创新工作及取得的成绩。举办此次述职大会,加快了七中与十五中的互相了解、相互融合。

（二）凝心聚力,初显成效

经过两校的共同努力,联合办学在短时间内初步实现了经验交流、资源共享,教师们的精神面貌和工作状态有了很大的提升。教师们信心更足,干劲更足,工作热情高涨,校园面貌和学生精神面貌大为改观。

联合办学才刚刚开始,学校将会有更多、更广、更深层的交流合作和无缝对接,两校将继续积极实践,团结协作,尽最大努力把联合校办成人民满意的学校。

三、教师节到来之际的发言

田书记好,周主任好,各位领导好:

首先,我代表邢台七中全体师生感谢领导们在教师节到来之际,光临我校视察指导工作,慰问我校师生。我向大家介绍一下我校的三大特点:

一是三校合并。强校带动薄弱学校发展，扩大优质教育资源，有效解决城区孩子上学难的办学模式。我校现有三个校区：七中、九中、十六中，即七中的东院、北院、西院。

二是三类教育，三个特色：初中、优质、热点；美术职业高中，注重技能，力争升学；普通高中，完成高中学历，着眼升学。

三是三大文化，三个亮点。

三大文化：(1)可持续发展教育文化——面向未来教育，(2)孔子文化——传统文化，(3)钱学森大成智慧教育文化——现代科技教育。

三大亮点：(1)教育教学质量高。初中在市区名列前茅，几年来考出了9名中考状元，优秀生率名列第一；美高是美术教育的龙头学校，在校生人数最多，在河北省规模最大，升入名校人数多，本科升学率高。(2)教改科研理念先进、效果好。我们确立了"7341"教学改革模式，是接地气、草根式课题科研模式，市级以上立项课题达163个，名列邢台市第一。(3)素质教育成果丰硕。推行"一班三节目""一生两特长""一级两套操"，开展"三个让、三个一"激励教育活动，实行"三三三"德育工作模式，推行"三自一包"管理模式，涌现出一大批优秀师生：邢台好人李志红、梁东萍、李军、高欣；河北省美德好少年王罂雪晴，河北省最美女教师王翠芳，以及一个个七星达人、考勤星、月度感动七中人物等。

四、依托区域资源践行可持续发展教育

随着党的十九大报告中国家生态文明建设的愿景与联合国2030年可持续发展议程的提出，可持续发展已成为教育现代化的时代命题，加之我校所处的河北省邢台市雾霾形势严峻，这些都决定了我校选择走可持续发展教育道路。近年来，可持续发展教育在我校历经了理念引领、推进实施、多方落实、初有成果四个阶段。

特色地域资源鼓励师生和专家团队共同开发具有浓郁地域特色的可持续发展教育资源，主张"融入区域文化圈，探究区域特殊性，研讨区域新前景"，撰写特色地域资源案例调研报告，利用特色区域资源进行教学。名胜古迹、山川大河、龙头企业、坊间田园、革命老区等都成为我校师生涉足的实践教育基地，让师生在亲身体会的实践活动中增进对可持续发展教育的认识。

下面我将对如何整合利用特色区域资源服务可持续发展教育做重点案例汇报：

一是徒步七里河，宣传践行可持续发展理念。自20世纪70年代以来，河北省邢台市以资源消耗性、粗放型经济发展方式为主，列属于全国雾霾天气重点城市，

PM2。5指数一度破500上限。2014年10月，网上一张广为转发的照片，则让邢台陷入别样的尴尬。照片上是一条悬挂在邢台市环保局院内的横幅，上书："为我市退出全国74个城市空气质量排名倒数第一而喝彩"。雾霾天气影响邢台经济发展，严重危害人们身心健康。

为了向市民倡导可持续发展理念，2016年9月，我校发起发起《践行可持续生活方式 还邢台青山绿水》主题活动，组织师生利用徒步的形式，到七里河水利风景区开展公益环保捡垃圾活动，徒步行程20公里，徒步时间4小时，拾捡垃圾160余件，校内外宣传5次，家长回馈信息108条。此次活动注重利用家庭、学校、社会综合平台扩大影响，我校师生与市政府号召形成联动，青年学生誓与雾霾抗争到底的决心带动了更多人投入蓝天保卫战中来。

二是深入农村调研，提升学生可持续发展能力。冀庄村、塔子峪村、栾卸村原先都是比较贫困的山村，均以矿产资源开采为主业。但近年来三地转变发展思路，注重产业链循环，整体面貌今非昔比，为学习三地可持续发展经验，2016年8月，我校师生在清华大学教育学院康叶钦博士后和北京教科院张婧博士指导下，成功进行了京津冀可持续发展教育——青少年在行动社会实践夏令营活动，余茂生等同学撰写的案例调查报告获得可持续发展教育奖项。京津冀生态圈的同学们参与到了绿色社会的建设当中，提升了京津冀学生收集、分类整理信息的能力、口头表达能力、对别人观点的评价能力、关注现实社会问题并提出创新性解决方案的能力。

三是走进德龙钢铁，探究绿色钢铁秘密。德龙钢铁集团属于园林式企业，企业文化浓郁，园林占集团总面积的百分之四十，现在已经属于国家AAA级景区，做到了经济产值与生态建设协同发展。带着钢铁作为传统高污染产业如何走出绿色生态道路的疑问，2018年5月我校积极开展以《走进德龙钢铁集团 学习可持续发展理念》为主题的调研活动。师生们对德龙钢铁污水处理设备，废料循环利用车间，绿色生态创新区，钢铁纪念馆进行了实地参观、数据监测、问卷调研，在企业所做的绿色钢铁专题汇报会上，师生们就困惑问题和可行建议与企业代表进行深入交谈，共有36条建议被采纳，7条建议付诸实施。校企联合共同探索出了生态经济和绿色生活的有效途径。

四是助力蓝天保卫战，喜见泉城碧水再现。我校学生在街头宣传环保绿色理念，提倡家庭践行可持续发展的生活方式。学校提倡师生上班骑电动车、自行车或步行，规定教师车辆不准进入校园；对水管进行改造，收集废水，冲厕所；规定办公用纸双面使用、不浪费纸张、不乱得垃圾、分类存放；减少塑料制品的采购等。

　　学校师生依托区域资源践行可持续发展教育，我们燃起雾霾全民治理的热火，我们推广农村生态循环经济的经验，我们探寻高污染产业绿色转型的途径。学校带动家庭，家庭影响社会。如今，我市空气优良指数位列河北省第一，七里河被水利部批准为国家水利风景区，摘得中国人居环境范例奖殊荣，我市千年狗头泉从1976年的300亩水波到1986年的干枯，期间2006年两次复涌，如今大面积复涌的新闻更是再次引发轰动。

　　坚持可持续发展的生活方式，为区域再现蓝天碧水努力，在经济相对落后，应试教育浓重，文明素养有待提升的冀南大地，可持续发展的我们一直在路上。

　　我的汇报完毕，感谢诸位聆听！

第十五节　美高宣传

选择七中，你的未来不是梦！

　　先要爬过山，登过顶，再说山上有没有风景；先要使尽全力，想尽办法跳一跳，够得着葡萄，摘下来，尝一尝，再说葡萄甜或酸；先要吃过梨，再说梨子的滋味可口不可口；先要行过万里路，走过千条道，再说行路难不难，条条道路通不通罗马。年轻没有失败，如果说有，那就是什么都不想做，什么都不去干，什么路都不先走，只是想着衣来伸手，饭来张口，不劳而获，坐享其成，碌碌终生。年轻就是为创造人生无限精彩而来。不要让自己惧怕困难，不思进取，不敢挑战自己、超越自我，成为无所事事，无所作为，偷懒躺平的理由。

　　爬上山顶并不只是为了让全世界看到你，而是让你看到全世界。上大学可以不是你唯一的选择，而是为了让你的未来，有更多的选择，而不是任由世界对你任性选择，而你却无可选择！

　　能不能考上大学，哪里能让自己考上大学，这个问题很重要。选择高中时候，就要选择那个能让自己考上大学的学校。邢台七中美术高中，就是这样一所能让中考成绩优异的学生，考上一流大学，能让中考成绩不理想的学生，同样实现大学梦的神奇学校！选择七中，你的未来不是梦！

　　低进高出，特色办学，因材施教，严格管理，合理规划，精准选择，多元发展，多条腿走路，多渠道升学，让每一个学生都能心想事成，学生满意，老师自豪，家长骄傲，社会好评，是我们办学者管理者教学者的丹心初衷和不懈追求。学生优秀，老师成就，学生越出色，老师越骄傲！

一、七中美高欢迎你

每个考生之所以想上大学,是为了让自己可以有更多的自主选择!我推荐七中美高的理由如下。

一是普高和美高,两者虽属不同类型的高中教育,但都是国家教育行政部门都承认的学历,统一颁发的高中毕业证书,走到社会上,入职入伍,应聘招工,升职晋级,效能都一样。

二是学制都是三年。开设的课程都一样。美术高中安排的美术课和语数外等学科是一样的,只是一门课程而已,只不过每天课时安排多一些罢了。三年毕业后,要参加一个美术专业的省级联考或校考,最后无论能不能拿到专业联考或校考合格证,都可以和普高生一样参加普通高考。只不过是拿到了合格证就既可以报考美术专业高校,如央美、国美等大学,也可以报考综合类大学相关专业,如清华美院等。拿不到合格证,只可以报考综合类大学。

三是美高学生参加高考的科目和普高完全相同,如果文化课成绩达到了物理组合或历史组合的本科分数线,就可以有多一个选择的机会,报考大学志愿的时候,既可以填报物理组合或历史组合类所有大学,还可以填报专业美术高校,和综合类大学里面的所有和美术相关的所有专业,志愿填报选择的机会很多。

学美术,学费低,甚至无学费,不必为学费发愁忧虑。到高三年级集训时候,费用依据自己家庭经济条件,可选择高、中、低、免四种标准,去北京画室集训,花费高一点,去石家庄画室集训,花费中低一些,留在学校集训,免收学费。丰俭自取,不要攀比,自由选择,适合自己的就是最好的。最后都能达到上大学的目标和目的。

上美术高中,不是只能考美术专业院校,就业只能当画家,没其他就业门路。实际上,设有美术专业的院校有 500 多所,和美术有关的专业有近百个,都可报考,毕业后拿着大学毕业证书,就业渠道更多,因为有美术一技之长,走到哪里都受欢迎,更容易出类拔萃,快速发展。而且,随着"美丽中国"建设的加速,人们精神需求旺盛,素质教育深入推进,中高考要增加音体美考试的呼声越来越高,对美术专业人才的需求量越来越大,学美术,前程似锦,天地广阔。进,可以考编入体制内规规矩矩做人做事,循序渐进,衣食无忧;退,可以凭一技之长自主创业,伸缩自如,贫富自求。

学美术,既可以上美术专业院校,也可以上综合性大学,关键是同样的中考分数,三年后上美高比上普高考的大学更好,层次更高,更是名牌。只要能上清华大学,美术专业和数学物理等其他专业毕业证书的含金量都是一样的。

对于我们多数家庭来说，务必让孩子先考上个大学，拿到个大学毕业证，就等于拿到了进出体制内外和各行各业的敲门砖。所以，无论上什么高中，都要告诉孩子，哪个高中更适合自己，让自己能考上大学，考上层次更高的大学，就上哪一所高中。邢台七中美术高中就是这样一所能创造教育奇迹的学校：能让中考分数低的考上大学，中等分数的考上好大学，高分数的考上名牌大学，比上普高上大学，上好大学，上名牌一流大学把握更大，机会更多！

二、爱我，就让我上七中学美术

七中美高，名师荟萃，各怀绝技。教师忠诚敬业，师德高尚，呕心沥血，励精图治，培育学生核心素养；学生在可持续发展的路上，大放异彩！

七中美高，升学捷径，梦想起点。教师育人为本，和谐创新，管理严格，兢兢业业，鞠躬尽瘁；学生有志升名校，圆艺术梦想，展精彩未来！

七中美高，大学摇篮，前景广阔。教师热情洋溢，胸怀宽广，同心同德，凝聚力量，成就辉煌；学生享受国家资助政策，减轻家庭经济压力，学业有保障！

七中美高，特色教育，文明向上。开设有音体美、编导主持人空乘等多个升学热门渠道。教师勇往直前，受人尊重，令人敬仰；学生考入大学，可选专业较多，未来社会需求巨旺，待遇收入优厚，回报发展可观！

七中美高，坚定梦想，启迪人生。教师发现亮点，培树先进，传递赞美，共谋发展；学生乐观向上，永不止步，开发智慧，和谐人际，共赢美好明天！

七中美高，管理精细，校风纯正。教师紧跟高考风向，钻研美术教学，拓展专业领域，大胆实践，不断创新；学生蓬勃向上，健全人格，多元评价，风采卓然。

七中美高，科研引领，迎难而上。教师创新拼搏，八大美院文化课、专业课双过线率逐年持续攀升，成果丰硕，享誉邢襄大地；学生实现名校梦，人生不留遗憾！

三、东奔西跑，还是选七中美高

选择很重要。对于每一个面临上一个什么样的高中的学生来说，选择，尤为重要。在做出选择之前，首先充分考虑自己兴趣爱好、特长优势、知识基础、家庭条件、人脉背景等别人无法替代，自己无法马上改变的各种因素，再去确定适合自己实际的人生规划。

上一个什么样的高中，只要能让自己考上大学——这一点很重要，因为一旦走入社会，发现无论从事什么样的体制内和体制外的许多行当，首先要求是本科学历甚至是双一流大学研究生博士生学位,脚踏实地选择一个能让自己走进大学获得一张文凭的高中至为重要,不要考虑是不是名牌高中、热点高中,只要能让自己考上大学的高中才是最好的高中。一个能让中考500分以上的学生考上大学高中,当然是不错的高中;而能让中考成绩400分不到,甚至一二百分的学生也能圆了大学梦,甚至跨入双一流大学的校门的高中,而且学会了感恩,树立了自信,磨练了意志,完善了人格,掌握了能确保一生高质量生存和发展的一技之长,称得上是了不起和伟大的高中,而且这样的高中让学生的父母更加开心快乐幸福,因为他们多数都曾经对自己的孩子放弃过,或者不设定任何的期望值,只要孩子能平平安安健健康康快快乐乐度过青春期就可以了,没想到意外的惊喜,惊人的奇迹会发生在自己家里!

邢台七中美术高中,就是这样一个为许许多多学生和家庭圆梦的高中,是创造教育奇迹和神话的高中,因为这里有一大批无私奉献,技艺精湛,爱生如子,善于发现美,创造美的筑梦人!

四、考上大学,选择更多

"先让我们的孩子考上大学再说""上不上大学无所谓,不上大学照样有饭吃"这是某些家长和学生极端错误的思想和言论,是迁就放纵自己孩子不学厌学的借口,是家长在逃避督促孩子树立人生理想和目标以及动力的责任,是在为自己与孩子后半生埋下痛苦和悔恨隐患。

就目前或者相当长一段时期我们的国情来说,让自己的孩子上大学,上一个尽量有名的大学,是广大普通家庭的共同愿望和不懈追求,是实现对美好生活向往的主要途径。从一定意义上来说,上的学校越有名,遇到的名师高手越多,学历越高,学问越大,能力越强,对个人未来发展的机会能力以及选择的权力越多越大,自主性越高。

老百姓说哪个学校好,首先说那个学校名师多,管理严,校风正,老师对自己的孩子特好,特严格,特关心,自己的孩子或者是亲戚朋友的孩子从那里毕业考上了理想的高中和大学。这就意味着我们办学者和当老师的,必须明确自己的奋斗目标和职责,争做名师,呵护每一名学生,善待每一个家长,成就每一个家庭。学生优秀,老师成就,学生越出色,老师越骄傲,学校越光荣,社会越和谐,民族越强盛,国家越繁荣,为师者不可不知自己使命重大,任务艰巨,人生快乐幸福根基源泉动力所在!

选择七中美术高中,能给你一个不一样的美好人生。我们鼓励每一位师生树立"力争第一,追求唯一"成功理念,个性化教育,人性化管理,科学化育人。人人做到昂首挺胸,自信阳光,乐观向上,厚德博学,身心健康,向美而生!

五、七中美术高中,圆你一个七彩的梦

邢台市七中美术高中,是河北省最具特色的美术高中之一,是邢台市唯一一所优质美术高中。几年来,学校通过科学规范严格管理形成了如下特色:办学规模最大,在校学生人数多,任教师资最强,名师业务水平高;办学成果最优,考入名校学生多,校园环境最美,艺术文化氛围浓。普通百姓最爱,学费花费低。就业门路最广,选择机会多。七中美术高中,成为一所社会口碑好,引领优秀学生迈进大学校门的理想学校。

七中美术高中要求学生树立正确的成才观,指导学生制定个性化生涯发展规划。告诉学生要仰望星空,脚踏实地,明辨是非,崇尚学习,走好人生的每一步。先考上大学,再说上大学有没有用;先把书读好,再说读书有没有用。七中美术高中,能让中考成绩不同层次的学生都能实现大学梦,名校梦。七中美术高中,是有志于上大学学子梦想开花的地方。

七中美术高中坚持先进的办学理念,注重培养学生健全人格和可持续发展能力,为不同层次和类型的学生搭建和创造了体验成功的平台与机会,鼓励学生"力争第一,追求唯一",做最好的自己,不断完善自我核心素养,做一个能快速适应社会,善于与人合作,互助共赢的现代中学生。

六、选择七中美术高中的七大理由

一所高中,面向全市全省甚至全国招生,专门掐尖拔优,中考500分以上的学生凑到了一起,三年之后,人人升入名牌大学,100%升学率是理所应当的,哪怕有一个学生考不上大学,也是不应该的。一所高中面向普通学生,不择生源,有教无类,无论中考分数多少,都敞开大门,欢迎来求学就读,经过老师三年仁心教育,爱心养育,苦心培育,多数学生考入自己理想的大学,甚至名牌大学,实现人生梦想,本科升学率达到76%以上,这是七中美术高中创造的教育的奇迹。因材施教,学生优秀,老师成就;学生越出色,老师越骄傲。是七中美术高中老师永恒不变的教育誓言。

第十六节　践行"和"文化

一、联合校"和"文化解读

七中十五中联合校在历史发展过程中,起于多校合一,长于不断兼并联合多所学校,学校文化具有多元性,复杂性,独特性的特点。近几年,学校结合自己发展历程的实际,本着传承本校历史文化基因,融合现代先进文化元素,彰显本校个性文化特征的原则,提炼出独特的学校文化内核,即"和"文化,而以此作为联合校师生的共同价值观和行为准则,并为广大师生所认同和践行。

在长期的办学实践中,学校一直致力于打造"和文化",以"和"为中心,为基础,为底色,为抓手,为切入点,引导师生正确处理人与人、人与自然的关系,树立正确的世界观价值观人生观,努力做到和真,和善,和美,和慧,最终达到和谐共处,和谐发展,和谐共赢,体现出命运共同体意识,形成真善美慧健全的人格特征。

和真:和谐求真。意思是人与人在学习工作中,建立起和谐的关系,真诚合作,脚踏实地,求真务实,做真人,办实事,说真话,求实效,追求真理,追逐梦想,因为实在,所以精彩。

和善:和谐向善。意思是师生致力于修身养性,选择善良,与人为善,结交善人,远离邪恶,积德行善,塑造一颗善良的心灵,做一个善良正直的人,为一生健康快乐可持续发展奠定坚实的基础。

和美:和谐尚美。意思是在真和善的基础上,提升修养,净化心灵,丰富思想,纯洁情感,文明言行,美化仪表,知美懂美,学美会美,赞美行美,分清美丑,善于发现美,审辨美,传递美,塑造美。

和慧:和谐生慧。意思是只有在和谐共处的环境下,人才能凝聚合力,在共同的攻坚克难过程中,一心一意,同心同德,集思广益,提升能力,增长智慧,不断取得成绩和进步。反之,在一个人心不齐,一盘散沙的局面中,人人以自我为中心,忙于自私自利,内斗内卷,自行其是,投机取巧,不务正业,互相猜忌伤害,走歪门邪道,就不可能增智慧,长才干,干成事,更不可能推动学校发展,实现个人价值,最后只能是谁都一事无成,虚度一生。

对于每个人来说,真善美,不是与生俱来的品质,但在成长过程中,可以主动去选择。而智慧,则可以是与生俱来的天赋,也可以在成长过程中,通过面对遇到的困难挫折,主动挑战,勇于实践,不屈不挠,逐渐历练出智慧和能力。而只有真善美慧素质都具备的人,才能有开放包容心态,共生共赢的思维,美美与共的气度,才能与周围的人团结合作,与自然环境和谐相处,从而不断产生获得感,安全感,幸福感。

作为一个老师,我们的责任就是,首先让自己变得越来越真善美慧,然后在教育教学管理服务过程中,自觉主动引导自己的学生学会选择真善美,磨砺智慧,历练能力,健全人格,成为对社会有用有益的人。

还要告诉学生这样一个道理:出身决定了你的起点有多高;能力决定了你的发展有多快;人品却决定了你最终能走多远。人格是一个人行走世界的通行证。具有真善美的本质,是一个人的人品核心要素和核心竞争力,是立身处世之本,具有智慧和能力,可以让自己快速发展,而且,只有真善美慧都具备的人,才能获得稳定快速持久成长发展的不竭的动力源泉。

二、和真苑、和善苑、和美苑,和慧苑的寓意解读

我们联合校四个院分别取名:和真、和善、和美、和慧,用"和"贯串,俗称"和"字辈儿,"和"很重要,是团结和谐的意思,是联合校和文化的核心。一个人只有内心和谐,与周围的人和环境和谐相处,才能心平气和,埋头学问,修炼心性,而后生发出真知、善心、美丽、智慧,进而专心做事,潜心育人,为社会做出贡献,实现自己的人生理想。

和真苑在南院,南方五行属火,寓意是烈火淬炼真金,真金不怕火炼。希望师生求真务实,求真知,做真人。期望我们的事业红红火火,轰轰烈烈,因为实在,所以精彩。

和善苑在中院,中方五行属土,寓意是皇天后土,厚德载物。希望师生积德行善,修善心,存善念,办善事,说善话,做善人。学校管理者要力争做一个德高望重的人,德高为范,学高为师,行善政,善治理,以德治校,以德服人,引领文明校园创建。

和美苑在北院,北方五行属水,寓意是曲水流觞,流水潺潺,润物无声。"青山不墨千秋画,绿水无弦万古琴"。有水就有灵气,有水就有诗情画意。北院是美术高中所在地,希望师生借水泼墨,望水作画,借画描绘出七中十五中联合校现实的景美物美人更美,色彩绚丽的美好未来。

和慧苑在西院,西方五行属金,寓意是金声玉振,金就砺则利,聪明伶俐,富有智慧。每年的毕业年级都在西院,希望师生潜心钻研,专心磨炼,铸造出倚天屠龙之剑,行走学海,乘风破浪,渡过沧海,达到理想的彼岸,实现人生的梦想。

德者,才之帅也。真善美是一个人的人品基础和底色,是聪明智慧才能的依托。一个人必须具有真善美的品质,先做好人,再学会做事的本领,才有可能成为一个对社会有益有用的人。学校立德树人根本任务才真正能够完成。

三、践行"和文化",做一个智慧通达的人

和文化是中华民族传统文化的美德。

中华民族自古以来就以和为贵,对内讲家和万事兴,对外讲和平共处同发展。讲和不是求和,而是在强大的时候与人和谈和平和睦相处,互帮互助,互学互鉴,共同发展提高。

古代君主为了国家发展,需要营造一个国家安全和平的周边环境,为了确保内部政权稳定,常用和文化智慧力量。和的形式是交换人质,联合联盟,和亲联姻。

春秋战国时期,盛行大国之间互相交流太子做人质,以达到结盟的目的。强汉有王昭君与匈奴和亲。盛唐有文成公主与西藏松赞干布结亲。康熙王朝有固伦荣宪公主远嫁匈奴王葛尔丹。新中国成立后最早提出了国际间和平相处的五项基本原则。

如今新时代我们提出了一带一路和世界各国命运共同体的战略构想,核心就是交流融合发展,互相尊重,互相学习,互相包容,互通有无,共合共赢,共商共建共享,就是传统的追求天下大同,世界和平的思想。

正是因为和文化才创造了中华民族的文明进步。历史悠久,血脉绵延,繁荣昌盛,文化灿烂,实现了可持续发展。哪个时期"和"文化深入人心越深远,发挥作用越充分,社会越稳定,经济越发展,人民越幸福,国家越强大,世界越进步。这也是历朝历代治国理政者的历史责任和终极使命。大到国家,小到单位,公司企业,学校班级,团队家庭,弘扬"和"文化,践行"和"理念,推进"和"建设,营造"和"氛围,创新"和"成果,创建"和"国家、"和"民族、"和"集体、"和"团队、"和"学校、"和"家庭,分享"和"文化带来的一切平安美好幸福,永远是管理者致胜法宝和首要任务。

习近平说:"中华文化崇尚和谐,中国'和'文化源远流长,蕴涵着天人合一的宇宙观、协和万邦的国际观、和而不同的社会观、人心和善的道德观。"团聚最喜悦,团圆最幸福,团结最有力。社会主义核心价值观里面一个重要内容,就是创建和谐文明国家,做诚信友善的人。

"和"文化博大精深,希望我们学校历史和政治老师和其他有兴趣的老师,把这个作为一个科研课题,组织学生在学科教学过程中深入研究一下,结合习近平新时代中国特色社会主义理论之中有关论述,联系我校的"'和'文化"教育实践的实际,

写出自己的体会文章,学科报告以及小论文,培养师生的鉴古知今,博古通今,古为今用,活学活用,学以致用思维方式和动手实践等多方面能力,懂得所有的现实都是历史,所有的历史都是现实的道理,做一个智慧通达的人。

四、七中十五中联合校之"和"文化

做一个标志性的书法"和"字展板,再做七个展板,主题分别如下:

(1)和风细雨。"和"文化简介:内涵,来历,布局。

(2)和弦伴奏。"和"课程介绍:心理课程,健康课程,传统文化诵读等。

(3)和衷共济。"和"队伍建设:述职演讲,校级干部五个一活动,感动人物评选等。

(4)琴瑟和谐。"和"活动剪影:德育艺体等,18件事系列。

(5)、和而不同。"和"课堂展示:小组合作,辅导学生,师生谈心,课堂常规,课前演讲等。

(6)地利人和。"和"景观打造:标志性的"和"巨幅标牌,校友亭,无障碍通道,新作的花池墙,孔子像前石墩,石刻,树圆凳等。

(7)和气致祥。"和"文化成果:优秀师生事迹展示,可持续发展教育成果,教师论文课题,各级各类获奖情况。

五、"和文化"助力联合校大发展

在参加"不忘初心、牢记使命"主题教育过程中,阅读了习近平总书记许多有关和文化的重要论述。在5000多年的文明发展中,中华民族一直追求和传承着和平、和睦、和谐的坚定理念。以和为贵,与人为善,己所不欲,勿施于人等理念在中国代代相传,深深植根于中国人的精神中,深深体现在中国人的行为上。 我们联合校的四个校区,分别命名为和真苑、和善苑、和美苑、和慧苑,每个院内宣传和文化的标牌专栏、条幅字幕、楹联作品、景观雕塑等随处可见,形神毕现,到处弥漫着和文化气息,让师生随时随地耳濡目染,入眼入心,呼吸着和文化的清新空气,潜移默化,逐渐内化于心,外化于行,形成追求真善美慧的精神,养成一种求真行善尚美智慧的良好的自觉习惯,在与人相处的时候,自觉以和为贵,真诚待人,和善可亲,与人为善,助人为乐,成人之美,美美与共,智慧处事,凝聚共识和力量,团结和谐,合作共赢,不断提高自己的教学教育成绩,营造健康向上,快乐幸福的校园文化氛围,让大家都能高高兴兴上学来,快快乐乐回家去。

教育学生只有树立和谐奋进拼搏文明的思想,才能具备可持续发展的能力,才能最终成为人生的赢家。遇见皆是缘,且行且珍惜,让所有的遇见都变成使自己生命茁壮生长的养分,与周围的一切人和自然生物和谐共处,平常心,融洽情,自然缘,相互包容、尊重、理解、支持,凝聚成正能量,才能相互成就,共同发展,利人利己,荣校荣家,利国利民。

我们联合校的办学初心和使命就是"发展教师,成就学生,教化社会,造福桑梓",就是"为党育人,为国育才",就是办好老百姓家门口的学校,为老百姓提供优质的教育资源,让老百姓的孩子在家门口就能享受到最优质教育,所以,联合校的每一个人都必须明确这一点,只要是对学生和老百姓有利事就多做,而且要做好。

联合校的发展,有赖于每一位教职员工都自觉地把自己融入进联合校大家庭之中,胸怀联合校,立足联合校,时时处处事事从联合校大局出发,思考问题,处理问题,从思想和行动上与联合校共荣辱。言必称联合校之美,以联合校兴为荣,以联合校衰为耻。只有上下和谐,师师和谐,师生和谐,生生和谐,家校和谐,才能打造出平安和谐优质特色的教育品牌,实现联合校的快速健康可持续大发展。

六、和中干,干才和

——关于"'和'文化"思考

学校文化是学校的灵魂,文化不断丰富,灵魂不断丰满,是一个学校能够长期生存发展壮大、兴旺发达的不竭动力源泉。它内涵为全体师生共同的价值追求,理想愿景,规章制度,外显为师生行为表现精神风貌,校园环境面貌和景观特色等。学校文化的主题和内容,来自学校的办学历史,和全体师生长期坚持的实践经验的升华提炼。一校一史,必然是一校一品,一校一文化,一校一特色。

七中十五中联合校,坚持"文化立校,质量兴校,科研强校,依法治校,特色树校"的办学思想,致力于"和"文化建设,营造"真善美慧"的和谐文化环境和氛围,校园处处可见"和"文化标志,和谐实干,和谐立德,和谐树人,和谐求真,和谐行善,和谐尚美,和谐生慧,日益成为全体师生口口相传,心心相印,事事践行的思想观念,思维方式,行为规范,有力地促进了学校文化的形成,和谐关系的建立,教育教学质量的提升,各项工作的快速发展,彰显了"和"文化的强大力量。

下面有几幅对联,准备在校园里合适的地方展示出来,先与大家分享一下,也欢迎大家围观参与接龙。

清美

礼义廉耻国之四维,真善美慧人之至境。

行实

仰望星空脚踏实地,业精于勤行胜于言。

修德

厚德厚才立人立己,修文修武利国利民。

立德

修文习武达人立己,博古通今明理革新

和美

和天和地和人和己,至真至善至美至慧。

德行

礼义廉耻表里如一,孝悌忠信身体力行

明德

崇礼崇义明廉明耻,克勤克俭允公允能。

修身

仁义礼智信内化于心,温良恭俭让外化于行

七、师生是一个命运共同体,和谐最重要!

学校只有有了学生,才有存在的意义。没有学生,学校就不能称之为学校,无论校舍如何华丽壮观,只能称作是一个没有生命的建筑群。学校只有学生,没有老师,同样没有存在的意义,更不能生存发展下去。所以说,学校必须既有学生存在,又要有老师存在才有意义,才能称得上是一个学校。师生的这种关系,就决定了师生是一个命运共同体,学习共同体,发展共同体,成长共同体,相互依存,相辅相成,共生共荣。老师们树立了这样一个意识,就会重新审视自己的职业和工作意义,就会自觉的建立生本思想,以生为主,为生服务,自觉建立和维护师生之间的和谐关系,老师靠学生生存,学生靠老师发展。通过结成学习共同体和成长共同体的,最终形成命运共同体,进而实现学校的生存发展兴旺发达。

八、和谐教育创幸福人生

我们提倡和谐教育,是因为无论老师还是学生,只有在一个方方面面都和谐的氛围里,才能真正静下心来生活工作学习,而且不断生发智慧,提高工作效率、学习成绩和综合素质,完善自己的人格。如果一个人整天纠缠在与周围人际或自然环境矛盾冲突之中,耗费大量时间精力去做无谓的争斗,可以想象,最后的结果只能是一无所成。建立和谐的师生关系是发展教育生产力。

"十年树木,百年树人",教育应拒绝轰轰烈烈、风风火火,教育需要春风化雨、润物无声。对教育多一份理解和宽容,对教育规律多一份敬畏和尊重,教育也会因此而幸福。教育向幸福出发。平安工程牢固,德育工作特色,素质教育扎实,办学思想领先,教学质量一流,师资队伍卓越,校园环境优美。

推进教学改革,以学习者为中心,改革教育教学的内容、方法和手段,充分吸纳当代自然科学和人文社会科学的最新成果,充分利用现代教育信息技术,建立符合受教育者全面发展规律、激发教育者创造性的新型教育教学模式,形成相互激励、教学相长的师生关系,使每一个受教育者都能充分发挥自身潜能,激发学习成才的主动性。

社会文化、学校文化、课堂文化建设方面要把培育创新文化作为基础工程,着力营造追求真理、自主探索的学术氛围,培养创新所需要的科学精神、价值取向、思想方式和行为方式。要坚持把观念创新放在首位,大力倡导敢于创新、勇于竞争、宽容失败的精神。

一个人的成长要经历不同的阶段,但是任何人都必须在特定的时期接受学校教师的激发、熏陶、赞美和培养。启蒙教育的作用,一般发生在中小学教师的身上,教师的人格、品德、气质直接影响学生创新精神的成长。教师的水平,直接影响到创新人才的培养。

九、弘扬和谐教育理念

我们学校一直在倡导和弘扬和谐教育理念,我们坚信:和谐教育创幸福人生。我们都懂得这样一些道理:家和万事兴,人和百业旺。团结就是力量,合作才能共赢。得道多助,失道寡助。与人为善,美美与共。师生关系密切和谐,才能产生教育生产力,学生出成绩,老师出业绩。干群关系融洽和谐,才能产生管理生产力,群众得成长,干部能进步,学校获发展,人人获赞誉。由此看来,人人追求和谐教育,践行和谐教育的思想理念,对于自己,对于他人,对于团队,乃至对于社会和国家,都是非常重要的事情。

和无论老师还是学生,且不说要成就一番伟大事业,就是要立足一处,办成一事,体现个人存在价值,也需要周围的人协作配合,争取理解支持帮助,否则会一事无成。所以,我们每个人都要从自身做起,从现在做起,从身边做起,从一言一行,一事一物做起,做一个面带阳光微笑,谈吐和蔼可亲,举止温文尔雅,做事大方得体,待人真诚热心的名师,为学生做示范,为同事当表率,为社会做标杆,为文明做贡献!

第四章　教学指导

第一节　高考对中考的呼唤

高考作文启示——无论是红楼梦选段、围棋术语，还是双奥会话题，都说明一个方向：一定要重视中国传统文化的学习，增强文化自信。多看中国经典，牢记中国名言，讲好中国故事，传播中国声音，学习圣贤精神，感悟人生道理，走好自己道路，创造中国奇迹，实现中国梦想。从中医中药，京剧艺术，围棋象棋，书法绘画，建筑美食佳话等日常生活，体悟中国传统文化精髓，选取作文题材，看似深不可测，无从下笔，但挖掘提炼出来后，依然是老生常谈的话题主题，如爱国勤奋守正创新务实开拓等，依然是老论据，老套路，仍需要由此及彼，由表及里，以小见大的拨云见日的功夫。

平时有意识地指导引领学生，课上课下多留心中国文化中常见常听常玩常做常议论的东西，养成习惯，关注并思考日常生活中蕴含的学科知识，人生道理，哲学思想等，扩大阅读面，都要涉猎一点，概念名词术语，故事传说成语典故等都要积累一些，再注意关心时事新闻，把近几年媒体上集中宣传的各行各业英模人物能工巧匠经历事迹，依据历年考试作文常见主题话题类型，从不同角度分析解读归类。写作时可采用一种三段式模式：亮出论点观点+三讲三解——《讲三个故事（古今中外名人）+做三次解读（引用名人名言或自己的感悟）》+下结论（呼应论点）。这个模式也算是本手吧。

语文、数学是训练人的左右大脑形象思维和抽象思维能力两个重要学科。语文，尤其是其中的阅读理解写作，是学好所有学科的基本工具，听懂人话，看懂人文，明白人理，做好人事，能说会写，让人觉得是个明白人，是一个腹有诗书气自华的人，说的就是就是这个意思。数学是学好所有学科尤其是理工医农以及高科技新生学科的基础，学好数学，理科类的其他学科成绩也不会差到哪里。同时有了数学思维习惯模式，说话作文也一定会有条有理，精于推理算计，长于分析演绎归类，重视实证，逻辑严密，思维缜密。学好数学，能让人心里透亮不糊涂，不至于让人说不够数，算不清账。数学也是实现考试选拔分层的关键学科。语文为王科,数学定高低。从一定意义上说,无论学历史组合还是物理组合,或者音体美特长生,数学考试成绩高,可选择的志愿就多,考进自己理想大学的几率就高。

一、高考教做人——高考作文有感

新高考新导向,历史故事投射你的现实生活,那人那事每天就出现发生在我们的身边,如何面对,如何处理,原则是什么,心态方法如何选择,故事里都有,读史可以知得失,鉴人心,学习为人处事的方法,培养核心素养和可持续发展能力。我们的教育教学,尤其是课堂教学如何备课,教材如何取舍,给学生讲什么,教学生练什么,从今年高考作文命题可以找出观念路径方式方法。大家可以联系自己工作岗位职责实际,深入思考,古为今用,做个有德行有智慧有能力的人,做个好老师,教出好学生。

今年的高考作文考察了学生的文言文阅读能力,提炼概括能力,情景想象预设能力,发散批判思维多角度看析问题能力,语言表达能力等,更关键的是引导学生树立尊重差异,包容不同的思想意识,辩证思维看人的思维方式,培养相互之间求取最大公约数,看主流正面,顾全大局,与人合作共事的可持续发展能力。

无论社会如何开放多元,失去了核心价值观作为主轴,社会就会失序混乱,停滞不前甚至倒退,无论如何要倡导以人为本,个性发展,"己所不欲,勿施于人"和"老吾老以及人之老,幼吾幼以及人幼","先天下之忧而忧,后天下之乐而乐"的传统美德作为根基。

二、中考作文归根传统

中考话题材料选自《论语·学而》中一句话"学而时习之,不亦悦乎",刘德华唱过一首歌《练习》其中有一句:"我天天练习,天天都会熟悉。"可以说:学习是一件快乐的事,反复练习是学习的规律,成功从不断实践中来的等。和古代科举考试命题套路完全一致,从古代的文章典籍主要是四经五书中选取一句话,作为话题,让考生借题发挥。

作文命题材料是我们校门口文化墙上镌刻着的一段话,长年累月在那里。由此,我们是不是要反思一下?

一是耳濡目染,感受熏陶。我们学校一直非常重视传统文化教育,校园里墙上地面楼梯栏杆屋顶,目之所及,到处都张贴悬挂镌刻着有关传统文化内容的故事、经典选段、名言警句等,就是希望大家天天耳濡目染,处处感受熏陶,常常随口吟诵,默默牢记在心,细细揣摩领悟,慢慢反复练习,内化于心,外化于行,做一个有文化内涵,有高雅举止,有坚韧意志,有好学习惯,有实践能力,有创新精神的学生。

二是老师引领很重要。我们有课前课间经典诵读活动,发给学生不少传统文化内容的校本教材,老师们每天都要有计划有重点的给学生讲解一两段,联系生活学习工作实际,师生互动,分享心得体会,指导学生为人处事、读书学习方法,日积月累,学以致用,学生的诵读兴趣会自然提高,寓传统文化教育与日常教学和生活之中,把传统文化架构在学生的知识结构中一言一行体现出来,言谈话语时时引用诗词绝句,名篇佳段,行为举止彰显谦谦君子之风,体现出独有的教风校风学风,这才是我们下功夫开展传统文化教育的出发点和落脚点!

三是研究指挥棒刻不容缓。高考中考作文命题就是一个明确的导向和趋势,各学科的老师都要认真研究本学科的命题趋势,重视传统文化和家国情怀,关注世界时代潮流,着眼时事热点话题,强调思辨思维能力等,应该是所有学科考试的指南。

三、高三初三复习阶段"八个抓"

(1)抓基础:知识、技能、方法,保证试卷前九十分得满分。怎么讲怎么教怎么练也不会的题,大胆舍弃。

(2)抓讲练:课堂精讲精练。

(3)抓习题:筛选优质练习题。

(4)抓精准:瞄准尖子生,针对薄弱知识点和环节。

(5)抓效率:提高课堂效率。

(6)抓技巧:讲解培训应试解题技巧。

(7)抓典型:典型考试例题,好题错题。

(8)抓励志:营造拼搏氛围。主题班会,光荣榜,课堂宣誓,优秀试卷展,周测月考随机考成绩榜,每一科课堂埋头率抬头率统计数据公示等。

总之,要针对我们的学情,弄透考纲和考试说明,多做中考高考试卷和模拟卷仿真卷,因材施教,步步为营,稳抓稳打,确保做一题得满分,追求高效智慧的复习。

第二节　工作重点

一、高一初一年级学生工作重点

一是开展讲卫生守纪律爱学习教育,重点教会学生卫生习惯养成,从怎么打扫卫生,如何摆放卫生洁具等入手,手把手教会学生。

二是给美术生开好人生规划课,让学生坚定学好美术专业,上大学更有希望,前景更加广阔。年级统一培训班主任。

三是选拔培养好学生干部。

四是所有任课老师尽快熟悉学生,展示自己的魅力,让学生喜欢上自己。背过每个学生的名字。了解每个学生的兴趣爱好个性特点。

五是加强安全教育,确保学生天天平安无事。

二、开成绩分析会的目的

一是摆成绩,说亮点,鼓舞士气。

二是找短板,谈不足,自加压力。

三是明目标,定措施,争先创优。

三、关于教学工作的几点建议

一是关于月考试卷选用。提倡各学科老师自己根据学情自主命题出卷。或者原创,或者搜集成卷剪切拼凑整合。内容要求贴近实际,难易适度,符合学情,重在巩固所教学内容,适当拓展,对接中高考试题。可以分三块三个等级内容:60%课本上原题或课堂上讲练过的原题,30%拓展题(练习册),10%拔高题(中考高考模拟试题或历年原题)。

二是注重周测和每节课温故小测环节的落实。应该根据学科章节进度,增加测试频率,利用人的记忆规律,适度安排测试。

三是烘托节假日返校学习氛围,逼迫学生放假不松劲,争分夺秒抓学习。大周日学生下午四点返校后就组织一门学科考试(中考高考科目轮换)。寒暑假开学第一天为考试日,主要考语数外三科。随考随阅卷随讲评。

四是抓好核心素养18件事落实与各学科教学的紧密结合。渗透到日常教学之中。

以上几点由教务处牵头督促,年级主任结合备课组长教研组长负责落实。

四、年级侧重

高一年级侧重在养成教育,使学生养成良好的生活习惯、学习习惯,初步树立正确的人生观、价值观,掌握终身受益的强身健体法成为七中人的基本资格,从而形成良好的班风。

高二年级侧重在能力培养,使学生活用有效的学习方法,学会审视美、欣赏美和寻找美,且有创新意识,培养创新能力,成为名副其实的七中人,从而形成良好的学风。

高三年级侧重在个性张扬,使学生生成和张扬个性成长,具有实现目标和理想的恒心,增强自己追求卓越的信心,成为独具品格的七中毕业生,从而形成良好的校风。

五、教改思路

明确办学定位,搞好顶层设计,三步走。以卓越人才培养计划为抓手,深化人才培养模式改革;以课堂教改为切入点,着力提升教育教学质量;以提升实践能力为目的,创新实践教学环节;以人才政策为导向,提升师资队伍建设水平。

第三节 名师炼成术

一、什么是真正的教师

真正的教师应当是一个思想者和学习者,他的教学出发点是一切为了学生的发展,他会为学生营造扬善抑恶、宽松愉快的教学环境。而一些"伪教师"虽然也是高智商,但他们的行为是利己主义的,他们没有什么教育思想,只善于追逐个人名利,这些人是现行教育的产物。

教师是人类文明的传承者。教师不仅要有足够的知识储备、职业技能、创新意识,而且更要有高品位的文化涵养,以自己的人格魅力和学识魅力感染学生,引导和帮助学生健康成长,全面发展。

二、教给学生学会关心,学会爱

老师要通过自身和言行表达出对学生的关心和爱护,老师要组织学生去看望有困难、有疾病的老师和学生,老师要告诉学生当任课老师和同班同学有困难和疾病时主动去上门问候和看望,让学生之间产生一种关爱的氛围和习惯。建立班级情况通报制度,设立新闻发言人。

三、青年教师教学成长之道

要经历三个境界:明惑、谙要、悟道。

(一)明惑:坚定理想,明确方向

坚守教学岗,实现教学成长,具有时代性、职责性和价值性。

1.时代性:提高教育质量是时代呼唤

2.职责性:教书育人

3.价值性:个人价值和社会价值统一

(二)谙要:执着追求,深谙师道

1.知识渊博:站稳讲台的前提

2.激情四射:使命所在,爱岗敬业,理想追求

3.人格魅力:文明的语言,高尚的情怀,儒雅的风度

4.眼界开阔:世界眼光,未来目标

(三)悟道:勤于实践,融会贯通。

(1)坚持教学实践和教学反思相结合。"没有教师的成长,就没有高品质的教育。"反思:备课、讲授、讨论、答疑、作业、考核等每一个环节,要学习现代教育理论,研究现代教学方法,用先进教育教学理论武装自己。

(2)坚持教书和育人相结合。倾心教书,热心育人。

(3)坚持教学和科研相结合。指导学生开展科研训练计划,形成科研内容与教学内容相互融合。科研方法与教学方法相互渗透,科研成果与教学成果相互融通的局面。

四、得力措施促进教师专业成长

1.优化"备课组"和"教研组"

规范计划——实施——反馈——再计划——再实施——再反馈"活动流程"。

2.改革师徒结对模式

建设青年教师与骨干教师结对等"几对几"多重结对方式,并使之制度化。

3.成立相关专业或科研组织

发展"骨干教师研修会""名师学术委员会""青年教师学术委员会"

4.千方百计推行教研工作

以教师发展为中心,分类别,分层次地组织教师开展研究工作,比如举行年级管理研究班,青年教师教学研究班。

陶行知:"先生创造学生,学生也创造先生,学生先生合作而创造出值得彼此崇拜之活力。""教育者也要创造值得自己崇拜之创造理论和创造技术。"

五、以质量求生存,以特色求发展

(一)教育有品质,管理有特效,教学有智慧,校园有品位,教师有魅力,学生有修养

(二)配套建校,文化美校,规范立校,特色兴校,规模强校,科研活校

(三)文脉相承,和谐宜学,特色鲜明,质量上乘

(四)起好步,促发展,保安全,抓特色,树形象,创名校

(五)润育潜质,培养习惯,发展个性,奠基未来(办学理念)

(六)特色目标:管理有特效,课程有特色,学生有特长,教师有风格

(七)4466文化管理体系

1.学校文化管理四种基本形态:环境文化、制度文化、行为文化、观念文化

2.四项基本原则:追求发展、崇尚尊重、适应变化、达成和谐

3.六种基本策略

目标驱动——制定发展目标,引领师生不断进取。

理念促动——更新教育观念,指导教育教学实践。

科研推动——开展教育研究,推动教师专业发展。

激励策动——完善激励政策,鼓励教师成才成功。

关爱感动——实施人文关怀,激发教师热情激情。

和谐互动——建设和谐校园,营造团结和谐氛围。

(八)六项目标任务:让校园更添美丽,让教育更添品质,让教育更添智慧,让管理更添效能,让教师更添魅力,让学生更添修养

(九)活力课堂:"121"导学练教学模式,分"导、学、练"三个基本环节,以10分、

20分、10分钟为时间节点

"1"即为"导","课伊始,情即生",导课是重要一环,主要是通过设计导言,创设情境,激发学习情趣,调动学习积极性和自觉性,让学生明确学习目标。

"2"即为"学",这部分是课堂模式的关键环节和核心内容,是真正变"讲堂"为"学堂"的部分,是集中体现学生课堂主体地位最重要、最直观的部分。在这一环节,教师要充分放手给学生,教师少说,少做,少干预;即使是点拨,教师也应该遵循"适时、适量、适度"的原则。同时灵活运用合作学习、小组讨论、协作解题、教师点拨等学习方法,鼓励学生以对话式、挑战式进行质疑探究,老师相机点拨,恰到好处地帮学生解决问题。

第二个"1"即为"练",练是检测当堂教学效果的最好利器,通过练习以达到当堂知识当堂掌握的目标。

六、爱的教育

爱是教育的基础,是教育的源泉,有爱便有了一切。爱生为本,育人为先。积极教改,播撒大爱。思想上引导,学习上指导,心理上疏导。爱是教育的真谛所在。有爱才有教育。

五包:包学生、包学习、包思想、包纪律、包生活

期待:对学生充满期待和信任,相信就会实现。你相信学生是什么样,学生就会成怎样。

等待:对学生要耐心地等待,让子弹飞一会儿,等待花开,不要拔苗助长,学生思维最终会击中教学目标。

善待:有教无类,一视同仁,公平地对待每一个学生,善待每一个学生,是爱的体现。

吃苦+严格+创新+教书育人责任制=奇迹

七、教育的深处

教育的深处是文化,文化是提升人的精神、升华人的思想、凝聚文明的要素。

自由其精神、独立其思考、谨慎其言语、敏捷其行动。日月嬗递,大河奔腾,水秀花香,百舸争流。

创造适合学生发展的教育模式,个性化、多样化、可选择性课程结构。入静修身,入室笃志,入神贯注。人格教育为中心,实现德育课程化。多元发展,为学生搭建放飞

梦想的舞台。成长比成功更重要,方向比距离更重要。没有比脚更长的路。从自我的努力中看世界。

自由之思想,自治之能力,自生之技术。人格独立、思想自由、言行自主、目标多元、人生自立,思想辩证。人格独立不奴性,精神自由多创新,思维辩证少偏激。勤学苦练让认真成为品质,求是求新视责任高于一切。做管理大师、教学名人、科研专家、产业大家。

构建新课堂,培养新学生,建设新学校,发展新教育。

课堂因我们而改变,教育因课堂而改变,七中因教育而改变。

教师业务品质化:教学新常规,提升教师整体水平。

八、中国梦主题教育活动

中国梦主题教育活动与学科结合、与课堂结合,十大主题教育活动:

(1)开展征文比赛,重在一个"写"字。

(2)开展主题宣讲,重在一个"讲"字。

(3)开展主题校园文化建设,重在一个"建"字。

(4)开展主题社会实践活动,重在一个"引"字。

(5)开展"随身拍"摄影作品展示活动,重在一个"美"字。

(6)开展"我的梦中国梦"主题班会活动,重在一个"说"字。

(7)开展培育选树学生先进典型活动,重在一个"评"字。

(8)开展勤俭节约办教育,建设节约型校园主题活动,重在一个"省"字。

(9)开展"悦读开启梦想,翰墨香飘校园"读书活动,重在一个"读"字。

(10)开展中华经典诵读活动,重在一个"品"字。

九、学生成长、老师进步、学校发展

教学内容:注重基础、找准定位(最近发展区)。

教学形式:以考代练、精讲多练、举一反三。

教学重点:把握双基、归纳典型例题、分析规律、制作答题模板。

要优化教学过程,倡导师生互动、教学相长,激发学生学习动力和兴趣;要尊重学生身心特点及学习规律,深入学生心灵进行理想、信念、情感、价值的对话、交流、沟通,让学生获取身心的愉悦与幸福。

教育教学质量是衡量一所学校办学成功与否的重要标尺。

教学常规方面(高效、自主)学习

1.导学案

2.学生自出试卷,自定标准,互相判卷

3.分层教学:制订不同的练习任务

4.早读模式落实

5.小组合作学习

6.每周/月写一份学科学习报告

(知识点提纲、学习难点、重点、学习方法、学习体会)

7.用好错题本

8.多元评价制度

(1)课前三个一:课前三分钟演讲,课前三分钟美文欣赏,课前三分钟故事会(时事播报、历史上的今天、数物化科学家故事)

(2)情境教学五要素:以培养兴趣为前提,诱发主动性;以指导观念为基础,强化感受性;以发展思维为核心,着眼创造性;以激发情感为动因,渗透教育性;以训练语言为手段,贯穿实践性。

十、做有思想的领导者

做有思想的领导者,做会总结的领导者。思想立校,实践强师,文化育人。

一切教育要从学生出发,尊重学生、认识学生、发现学生、挖掘学生、发展学生、成就学生。

教育的原点是生命,要关照学生的生命,而且要关照教师的生命。

教育的根源在于心,教育共识就是育心,管理共识就是理心,教学就是师生心心相印的生命互动。

教育的真义是关系,教与育的自然美,学生"育"永远大于"教"。

(1)动力方面:事业心,使命感,七中情、个人追求进步,领导信任,感恩回报,职业道德要求,在其位谋其政,锻炼个人能力的需要。

(2)能力素质:执行力要强,谋划能力,表达能力组织协调能力,干事用心,善于反思,精心、细心、热心、耐心,作风雷厉风行,民主,有亲和力,善于沟通,处理应急矛盾能力,敢于担当,敢于负责,敢于冲锋陷阵,识大局,顾大局,大公无私,先公后私,先人后己,公私分明,正直善良,淡泊名利,心胸开阔,宽厚仁爱。

爱好学习,善于学习,不断学习,用学习来提升自己。接受新事物要快,能开创性地完成组织交给的任务,追求创新。

想方设法调动自己团队的每一个人的积极性。追求精细,办事不粗枝大叶。

追求卓越,总是想办法把任务干得漂漂亮亮。

善于总结,提升经验,辐射自己的管理经验,影响周围更多的人为学校发展干工作,群众基础好,善于团结人。

十一、七中 十五中联合校好教师自主发展的 13 个途径

(1)参加一次培训,提升自己。

(2)研究一个课题,丰富自己。

(3)参与一次竞赛,挑战自己。

(4)组织一次活动,锻炼自己。

(5)准备一次讲座,完善自己。

(6)抓住一次机遇,成就自己。

(7)做好一次表率,展示自己。

(8)转换一个视角,娱乐自己。

(9)发表一篇论文,提炼自己。

(10)保持一种心态,稳住自己。

(11)挖掘一项潜能,深化自己。

(12)培养一项特长,突出自己。

(13)永葆一颗爱心,升华自己。

十二、教师八个一工程

(1)制定一个规划。

(2)上一节研讨课。

(3)参加一项课题研究。

(4)读一本书,与自身发展有关。

(5)写一篇论文,与专业发展有关。

(6)开一门选修课或指导一个社团。

(7)做一次教师论坛发言或给学生做一次讲座。

(8)编写一部导学案或制作一部课件。

十三、和谐教育

（一）用先进的教学思想坚定和谐教育方向

管理文化：以文化引领，靠制度管理，用激励驱动，重人文关怀。

学生文化：行为规范，文明礼貌，富有抱负，充满自信。

课堂文化：开好学科课堂，落实活动过程，开放校本课程，挖掘隐性课堂。

物质文化：设施完善，设备先进，布局合理，生态自然。

（二）用规范的管理制度夯实和谐教育的基础

美国著名管理学家德鲁克说："管理不只是一门学问，还应是一种文化，它有自己的价值观、信仰、工具和语言。"文化是管理和精神之魂，管理是文化的延伸和具体的发展形态。因此，科学规范的管理体系离不开先进文化的引领。

管理上追求：民主、科学、开放、人本化的管理方式。

集权型——民主型　单纯型——特色型　经验型——科学型

行政型——文化型　人治型——法制型

大事有商量，线线有落实，块块有创新，事事有人管。

管理体制方面：四线、五块制。

运行机制方面："三制一包"，目标责任制，绩效奖惩制，末位滞留制，总体责任承包。

一个好的学校应该是一个好的"文化场"，它能通过"场"的引力凝聚智慧，通过"场"的势能约束行动，通过"场"的辐射激发潜能，通过"场"的影响促进发展。

（三）用一流的师资队伍塑造和谐教育的形象

作为一名教师，最理想的境界是既热爱事业又热爱学生。没有爱就没有教育。教师做好理想信念教育、爱心感恩教育、诚信责任教育、文明礼仪教育、安全守纪教育、创新实践教育、生存技能教育

十四、发展学生，成就教师

教育思想领先，办学行为科学，办学质量一流。

（一）"1232"工作思路

1.树一个意识，创名校意识

2.倡两种精神——创新精神，实干精神

3.强三大工程：同心工程、形象工程、质量工程

4.抓两大方面:队伍建设,科学管理

(二)育人目标

质量全面,学有所长,慎独求真,善于合作,追求卓越。

敢创新——为打造品牌学校找方向。

抓培训——为特色教育奠定基础。

兴科研——推动特色教育有效开展。

重德育——特色教育绽放新绿。

(三)六大理论

以高尚的师德感染学生。

以崇高的博爱关怀学生。

以严格的要求管理学生。

以优良的校风影响学生。

以科学的讲授发展学生。

以优美的环境陶冶学生。

(四)六字治学原则:严谨、开放、反思

严谨:中施教上慎之又慎。

开放:既要教学生掌握书本知识,建立本学科知识与外部世界的联系,更要兼容百家,传达百家之言。

反思:克服模式化,进行反思性研究。

(五)科研模式:"科研兴校"

学中研,研中学;教中研,研中教;说中研,研中说;写中研,研中写。

(六)个性发展课程:多元智能理论

体验性教学——教育剧场。

文学课本剧、外语情境剧、心理辅导剧、历史剧、音乐剧、模拟听证会、模拟联合国。

特色创造课程:科技与艺术、创造性教与学、"走进鲁迅"项目组。

十五、在现实中创造未来

(1)主动学习实验班:优秀拔尖学生。

(2)课程改革实验班:全面素质。

(3)教育教学实验班:全面素质。

（4）教育教学实验班：应对高考。

（5）国际课程实验班：面向世界办学，国际一流大学。

激情、用心、精细。在管理上下功夫，在教学上求精致。投入地爱一次，忘了自己。抓规范，求精细。大面积提高教育教学质量，目标要明确，任务要具体，环节要清楚，方法要灵活，学生要参与。同头备课，同课异构，同一进度，同一练习。因材施教，分层教学，分类推进。重业绩，重精神，重人品。爱心为主线，踏实肯干，兢兢业业。诚信、责任感、行动力、思考能力、科研能力、团队意识、合作态度。 管理要有培训，培训要有制度，工作要有模板，执行要有跟踪。

十六、对老师的三点希望

一要修身立德，为人师表。爱岗敬业、乐于奉献、淡泊明志、甘为人梯、良师益友、引路人。

二要教书育人，关爱学生。有德有才是精品，有德无才是次品，有才无德是危险品，无才无德是废品。真心真情真诚关爱学生，有教无类、严慈相济、因材施教、教书育人。春风化雨，润物细无声。传播文明、薪火相传、教书育人、播种未来。

三要严谨爱学，勇于创新。求真务实、严谨自律、勇于创新的治学态度、温故而知新，把握教学规律，更新教育观念。改革教学方法，既要让学生学理论知识，又要学实践知识，学辨别是非的能力，努力培养具有创新精神和实践能力的一代新人。

一个普普通通的人，一旦拥有"教师"的身份，他的心中就有了爱和责任，他就有了一颗高尚的心，一个坚强的灵魂。三尺讲台，守望幸福。教育兴国，强国必强教，强教必先强师。国将兴，必贵师而重教。

"师德高尚，业务精湛，结构合理，充满活力。"一辈子做教师，一辈子学做教师。用心做教育，艰难困苦，玉汝于成。"办好学，教好书，育好人。"

希望学生：珍惜大好时光，树立远大理想，全面发展，爱党爱国爱社会爱人民爱家乡，尊师敬老，有理想、有道德、有文化、有纪律。

"盛年不重来，一日难再晨。及时当勉励，岁月不待人。"

十七、"关注每一个"的策略

实施课堂发言 100%，面批面改 100% 等策略。落实"微笑每一个，健康每一个，智慧每一个，创新每一个，高尚每一个"的教育愿景，尊重每一名学生的个性。

"小班化"特色教育作为薄弱学校快速发展的内在动力。"把百姓的孩子高高举起"，"不一定第一，但绝对唯一"，"不一样的生命一样的精彩"。"小班化"成为一些传统薄弱校逐渐走向优质的"特色品牌"。

"特色"让一些薄弱校焕发了生命力，在"特色"的打造过程中，老师们的教育理念也得到了提升，不再把学生成绩、分数排名作为衡量学校优质的唯一标准，取而代之的是回归教育的原点——真正关注到人的发展，关注如何让教育过程更丰富，师生关系更加和谐，多样化学习需求更充分满足。

通过音乐、体育等"特色"教学，通过要求教师"零拒绝"地欣赏和呵护每一个孩子成长，这样一所普通的学校，渐渐发展成为老百姓心目中的好学校。

以特色带动质量提升的"自救"之路。

十八、一种说法，一点启发

有一种说法，对教育的每一个阶段，在一个人成长过程中的作用和意义，用盖楼做了一个形象的描述。

幼儿园和小学，是打基础的，一片白地，要挖地基，翻土层层铺土垫土，一层层打夯，层层夯实，再开始砌出能满足楼的高度和重量的足够宽足够厚的基础。主要是生活学习行为等各种基本习惯养成的关键阶段。

初中阶段，是搭建楼的整体框架结构体系，四梁八柱都要搭起来，既是各种习惯进一步规范巩固提高的重要阶段，又是各学科知识整体框架结构体系，初步建立的基础建设阶段，还是学习方法方式能力的学习领会实践起步阶段。

高中阶段，是往框架里填充砖沙泥成实墙实壁，知识结构成间成套，适合每个人的思维模式学习方式方法逐渐熟练成熟，基本成型。同时也是内装，装修装潢的时期，为迎接交工验收入住做好充分的准备。

大学阶段，应该是依据各自兴趣爱好条件资源等客观因素，对每一个房间功能，进行规划设计，进一步深度挖掘改造填充，精雕细刻，精修细装。创造和丰富其价值，满足个人的需求和社会的需求。

这个比方有一定的道理，从中获得启发，作为一个老师，因此看清自己的责任和任务，干活儿的目的和目标更加明确，动力更足。

要让学生学习成绩好办法有两个：一是气场压人。有一类人天生就是当老师的料，说学逗唱一学就会，老师靠自己天赋异禀，有人格魅力吸引学生爱学你的语文课，每节课都上得精彩呈，引人入胜，上课认真听讲，下课自觉完成作业。这一点需要老师有天赋。悟性高，常修炼，是我们多数人毕生追求的境界，是名师大师的水平。

二是靠严格要求，一丝不苟，斤斤计较。这是我们多数常人不得已的选择，尤其是初为人师者，手段不多的情况下，最笨也是最有效的方法。是当老师初级阶段的实际需求。对学生学习的每一个环节都严格要求，毫不留情，认真对待，不折不扣。预习听课复习作业考试，每一个环节都要求学生必须按自己的标准完成，慢慢逐渐形成习惯，哪一个学习环节都做得很到位了，这一科的学习成绩自然会提高。这就是传说中的"严师出高徒"真实版本。

十九、体现教学评一致性

每个教师都是质量监测员，不会评价的教师一定是上不好课的。

教师理应"先学会评价，再学上课"，就好比旅游"先定景点，再定怎么去"。教师课堂上采用的形成性评价，相当于开车时的 GPS（全球定位系统），没有评价的课堂犹如没有导航的驾驶。

如果你不是"老司机"，你的课堂教学就会像通常所说的"开无轨电车""脚踏西瓜皮"那样无效或低效。

当然，也有一部分有经验的教师在关注评价，如有一条经验是"堂堂清，堂堂巩固"，即在一节课 40 分钟的时间里，教师先讲 35 分钟，最后 5 分钟让学生做练习，结果是教师经常发现自己教的东西其实好多学生没学会，但下课时间已经到了，堂堂清不了。

如何解决此类问题？

教师可以把每堂课的目标设计成 3~5 个，按目标将 40 分钟划分成 3~5 段，每个时间段聚焦一个目标，体现教、学、评一致，即围绕目标 1，进行教学 1 和评价 1，获取学情，推断是否至少三分之二的学生已经达成目标，如是，那么接下来围绕目标 2，进行教学 2 和评价 2。依此类推，教学、学习、评价共享着目标，分小步走，步步为营抓落实，这是有效教学的核心技术——这就和我们学校 7341 教学模式有相同的地方了。

二十、可持续发展教育课堂教学导学案结构

（一）教学背景与设计
教材分析
课标解读
教学目标

学情分析

可持续发展教育渗透点

教学重点

教学难点

（二）教学过程

1.课前预习探究

指导预习探究：指导知识预习，指导问题探究

预习学习效果：科学知识，学习能力，价值观和生活方式

2.课堂自主合作应用探究

课堂教学阶段任务

第一阶段：读书

第二阶段：讨论

第三阶段：总结提升借鉴思今

3.课后应用探究

时间：作业内容，方式方法。预期学习效果：科学知识，学习能力，情态度价值观

课后第一天

课后第……天

二十一、说课要有说课稿，评课评出 123

教研活动有一个环节，就是为有交流课任务的老师，课前出主意，共同磨课，课后做点评，力求完美。为此，要求各教研组做到以下三点：

一是上交流课的老师要写出说课稿、学案稿、板书设计，打印出来，教研活动时给每一个老师发一份备用，便于研讨。二是评课时每人都说出 123：

（1）指的是说出 1 个可供大家参考借鉴模仿的经验教法。

（2）指的是说出 2 个讲课过程中存在的问题。

（3）指的是说出 3 个修正不足解决问题的方法。

三是各教研组各自建一个教研群，每个人都要把上述的 123 内容发到群里，进行二次教研。教务处要有专人督促检查评价，及时公布不发 123 内容的老师。

一次教研活动，教研组长要提前准备的文字材料有：第一，人手一份交流课老师说课稿、一份导学案、一份板书设计图。第二，人手一份中高考测试卷，小组成员测试成绩统计表。第三，本次教研活动议程和记录。

告诉老师们:交流课分五种类型:初级教师上汇报课,中级教师上优质课,高级教师上研讨课,名优教师上示范课,党员教师上展示课。一学期确保每个一线老师都上一次,根据不同类型的课,分别评出一二三个等次并表彰。关于这一条,可以考虑操作性如何。

二十二、优秀老师之优秀在哪里?

老师们经常要参加各种评优评先,必然会需要总结自己的事迹。只要平时干工作时头脑清楚,条理分明,从以下几个方面去做,总结就非常好写。事迹表现在如下方面:

(1)要总结提炼出自己一套独特的教育教学思想理念,班级管理和学科教学方法。

(2)参加各级各类教学竞赛的成绩,有学生的有个人的。

(3)常规教学及管理方面的表现(学校各科室的量化考核结果)。

(4)教育教学科研成果和传帮带青年教师成绩。

(5)个人在社会上兼职情况以体现个人社会影响力。

(6)个人获得各级各类荣誉称号清单。

(7)积累几个自己的具体的获过奖励的教育教学案例(课堂实录,德育故事,教育叙事,科研课题,发表过或一定级别论坛的交流论文,优秀学生竞赛升学结果等,用来佐证自己的教育教学思想和成绩)。

优秀不优秀,前提是师德师风合格不合格。德能勤绩廉,其中德和廉最关键,具有一票否决权,所以,想当优秀的老师,首先要遵纪守法,遵守教师职业道德规范,遵守上级部门和学校制定的各项规章制度,还要紧跟形势变化,及时学习党的路线方针政策和中央的各项要求,增强政治意识理论水平。这样才能成为真正的优秀教师。

做好老师,要有理想信念、道德情操、扎实学识、仁爱之心,把自己的温暖和情感倾注到每一个学生身上,用欣赏增强学生的信心,用信任树立学生的自尊。

名校名师优秀教师标准是:给什么学生就教什么学生,还能把学生教好。提供适合学生特点的教育。不择生源,因材施教,多元发展,全部成人,多数成才。

二十三、一分析 二结合 三保障

解决教学问题:"一分析"是指,我们要认真分析当下社会实情,学生实情,学习实情,情况明朗后才可开方抓药。

每一个学生的学习实情会直接影响老师的上课效果。不同学生的接受理解能力不同，在此可多花心思，下大力。郭主任指出老师可以根据学生的具体情况做到因材施教，制定出适合每位学生的作业量及作业形式，切实做到量体裁衣。这一措施可以帮助学生合理定位，既有效杜绝学生间替交作业等不良情况，更重要的是给到每一个学生关注，制定了学习目标，脚踏实地保证了正常教学，同时还会发掘一部分学生的潜力，是教育针对性指向学生的一剂良方，在调动学习积极性中发挥重要的促进作用。

所谓"两结合"：第一，讲课内容增加与开设欣赏课相结合；第二，录制视频资料与同步示范相结合。

网络直播课程中，老师做主播，似乎主动权又退回到老师们的手里，少了学生的参与互动，而在家随意的环境也很容易造成上课注意力不集中等情况。那么内容的新鲜程度，形式的多样性是老师们可以调节的。徐辉老师提出：与在校相比，专业课的时间只是之前的四分之一，那么大家可适当增加讲课内容，集中火力在讲课上，并指导好学生利用课下的大部分时间进行消化，"多给他们才能多吃"，而我们做的就是——多给。郭慧宇主任说道：可丰富上课形式，加入欣赏课，而欣赏课的内容也不止局限于美术，比如音乐、舞蹈、戏曲等各种形式都可以，美是相通的，只要抓得住学生的好奇心，充分激发学习兴趣就可以慢慢引导并提高美学修养，那么，我们的工作就没白做！这二者相结合，大大提高上课效率，而这一做法又在丰富课程的同时开阔了学生眼界，为学生补给到各种丰富的知识营养。

具有多年的教学经验及超高业务水平的陈增君老师是年级的风向标，而用摄像机为学生提前录制教学视频则是陈老师的妙招，学生可直观看到自己老师的教学范画，在新课讲解时极为好用。郭主任、徐老师、吴老师利用数位板给学生们讲解作业，在作业上进行批改精准又灵巧。二者相结合，可相互补足，使得整个教学过程均能很好地引导学生思路，提高注意力，获得最大授课效率。

三保障：保障课前活动热情周到，保障课中状态积极高效，保障课后作业及时批改。

做好课前准备，提前十分钟进入钉钉，可先由班长负责点名，然后开启上课前的热身活动，把这十分钟交给学生，老师退到幕后当一名观众，此环节极为重要，是教育渗透的关键节点，它可增加班级凝聚力，使学生感受疫情期间学习的不易，确保学生以最积极的状态进入上课模式；课中，为保障上课效率，根据专业课上课特性，直播和视频会议可交互进行，并实时与学生连麦，主动制造互动机会，防止走思。王春生老师推荐可用抽查作业的方法保障学生观看网课的时间及效率；对于课后阶段，当堂作业当堂讲,当天作业当天批,抓住作业批改的时效性,确保知识点高效吸收,同时也加快了上课节奏,为学生的有效学习时间提供强有力的监管作用。

班主任和语文老师指导学生在家里写防疫日记,就用孙老师的日记作范文吧。可以转发给家长群里。体验生活,观察生活,思考人生,记录所作所为、所见所闻、所感所思、所想所悟。

二十四、班级管理育人办法

推行小岗位制:岗位由学生按需提出,人人有岗;竞争上岗,定期总结;动态轮换,岗位升级。同时还实行小干部轮流制,让每一个人都有锻炼领导能力的机会。我们的试验证明,在班级集体活动中,个人的自我能力得到了很大发展。

这就是中国特色的教育,既有集体的精神,又培养了个人的能力,这和西方个人本位的教育理念完全不同。

教师三个一:一是每人认真打磨一节拿手的课。体现 7341 教学思想,突出三段式或四板块课堂模式。标准是能随时随地高质量展示出来,供校内教研交流、外出参赛、校际交流等使用。二是每人带一个社团。每位老师都要培养具备一项专长,可以是学科知识、生活技能类,也可以是人文素养拓展类,还可以是手工制作小发明小创造类。每个老师自己招收社团会员,少则 5 人,多则 20 人。制订活动计划、时间地点内容。定期展示。三是每天发一段教学反思。各教研组自建平台,每个老师每天在平台上发一段备讲批辅考任意环节的思考文字,有专人负责统计。作为老师业务量化的一项指标。

二十五、落实"质量第一"原则,提高课堂教学实效

(1)敬业乐群,博学通达。

(2)让老师工作着快乐着,辛苦着幸福着;让学生成长着进步着,学习着感悟着——教育思想。

(3)以人为本,厚德启智,强能育才,和谐发展——办学理念。

(4)办"精品+特色"的学校,育"合格+特长"的学生——办学目标。

(5)做亮师德,做精管理,做强事业——办学宗旨。

(6)个人自愿报名应聘,公开演讲,群众评议推荐,组织考核考察,学校选优选聘,能者上,庸者下,劣者汰,优秀人才脱颖而出——用人机制。

(7)教学质量是学校的生命线。

(8)尊重人,关心人,激励人,成全人,造就人,发展人,扬人之长,谅人之短,轻人之过,念人之功,让教师在愉快和谐的环境中工作,从工作中找到快乐——感情管理准则。

(9)《三字经》《弟子规》《论语》《孟子》《唐诗》——校本教材。

(10)敢为人先是七中人的动力之源,追求卓越是七中的价值目标,永争第一是七中的永恒信念!

二十六、反思落实型课堂模式

每堂课学生自主学习、合作探究的时间不少于20分钟;教师精讲点拨不超10分钟;当堂训练时间不少于10分钟。

(一)六步教学法

1.展示目标:明确内容、要求、时间

2.自主学习:掌握基本内容,并找出疑难问题

3.合作探究

4.精讲点拨:有针对性地答疑解惑

5.有效训练:全面掌握课堂教学内容

6.总结升华

二十七、课堂教学"三案"

一是指导学生学习预习的预习案。一般提前三天下发,先由学生自学,然后由学习小组交流、研讨遇到的问题,经小组讨论仍不能解决的问题,再到课堂上讨论解决。为了掌握学生的预习情况,课前老师要抽批或全批预习案。

二是旨在引导学生学会学习的学案,以学案为载体,把课堂变为学堂。课堂上,师生首先解决预习中的问题或生成问题;其次是组织学生落实学案中的问题,及时当堂清。

三是旨在定时定量练习的检测案,要求多学科每堂课要有不少于10分钟的定时定量训练,训练内容力求涵盖所有问题。

二十八、在创新中获得工作的乐趣,提升自己的能力

教室处处是讲台,人人是主讲人,学生是课的主人。

（1）人人都要有创新积极性的意识。

（2）人人都爱创新的人，创作光荣，创作者受人敬重。

（3）让每一个创新都有效。

管理学生，立足细节，深化规范行为，培养学生的思维能力，动手能力，自立能力，让学生学会做人，学会求知，学会做事，学会健体，学会劳动，使学校和学生个体在德育、智育、体育与美育等整体工作中实现和谐多元发展。

二十九、课堂教学当以人为本，以技术为用

（1）有效教学生是一个问候过程，高效课堂应加强教学的文化含量，提高教学的文化内涵。

（2）教学过程中学生的看、听、思、做的过程，一个都不能少。

（3）有效教学的精彩靠教师而非机器。

（4）教学，师生永远是主体，是主导。上课，不能远离抛开课本；教学纸质文本最基础，最重要。课堂教学，要更多地使用、贴近和青睐纸质文本。

（5）技术，可以传递信息，却不能传递智慧。

（6）一节课连续高频地使用多媒体，学生容易产生视觉疲劳，注意力将逐渐游离，这是对课堂秩序的一种隐性破坏。

（7）利用板书，"边讲，边问，边练"的授课过程与方式，在自然学科的教学里不可或缺，它有利于引导、强调、小结和实时调控，有利于保持学生的课堂注意力和师生合作探究，有助于师生课堂合作，共同参与，提升学科思维质量，也有益于展示教师的风采。

三十、打造高效优质课堂

推行"三段式""四板块"教学模式，开展小组合作研究性学习，重点培养学生读说写自我展示能力，提高全面素质。

（一）语文教改方案

导为牵引，练为重点；以导引练，少讲多练；精讲实练，变听为练；说读背写，应练必练；讲则优质，练则高效。

听讲、看书、练习、回答、评析、争论、写作

（二）打造"三生"课堂

生活课堂：课堂教学必须和学生生活实际相结合和学校、社会、国家时代正在发

生进行的事件相结合。

生命课堂:必须有学生的活动,让学生积极参与,积极活动起来,教学的每个环节都要由学生生命活动的迹象。

生动课堂:让课堂活起来动起来。

重视学习,坚持学习,勤于学习,善于学习,注意学习方法,注重向书本学习,向实践学习,向群众学习。

"唱红歌,读经典,讲故事,传箴言"活动坚持立足实际,学以致用,使建设学习型党组织的过程成为增强本领,推动工作的过程。

把学理论与导入调研,谋划发展,改进教学相结合起来。

(三)站在讲台,就是生命在歌唱

热爱育人——课一定要教到学生心中,学语文就是学做人,伴随语言文学读写听说训练渗透认知教育、情感教育和人格教育。语言文字不是单纯的符号系统,而是一个民族认识世界,阐释世界的意义体系和价值体系。

(四)浇花要浇根,育人要育心

教学改革、教育方法要随时改变。

教书育人,以全面发展的人为培育目标,构建了以"思维训练"为核心的语文教育理论。

周杰伦的歌,风格独特,歌词也有文化含量,最主要的是自我陶醉式的演唱,适合独生子女的自我倾述。

为了让青年教师尽快成长,实施立体培养网络。教书除了传授知识,发展智力,最重要的是熏陶思想。老师要站在时代和民族发展的高点上,将平凡的工作和孩子的今天,祖国的明天联系在一起。今天的学生质量就是明天的国民素质,更是后天的民族竞争力。

创名校,出名师,育名生。

争创名校,争做名师,争当名生。

教材固然需要介绍外国文学作品,打开学生的视野,但更要首先学好本民族的文化,我们培养的人是符合社会主义建设需要的合格公民,应该深深打上中华民族的烙印,怀有一颗中国心。这是教育的使命,也是每个教师的责任。

三十一、要跳起来达目标

(1)一般内容抓关键,重点内容重点讲,难点内容突出讲。

（2）要跳起来达目标,沉下去搞教学,活起来想办法,严起来抓管理。

（3）用"拼"的精神强斗志,用"豁"的意志提成绩,用"高"的标准求突破

（4）气氛活,容量大,思维阔,效率高的精品课

（5）抓计划,突出条理;抓备课,突出详实;抓课堂,突出规范;抓训练,突出科学;抓讲评,突出改进。

（6）教而不研则浅,研而不教则空。

（7）界定尖子生,促其冲本一;圈住边缘生,保其上本二线;盯住弱科生,推其上本科线;抓牢特长生,寻求新的高考增长点;心系心障生,促其轻装上阵;严管双差生,促其遵规守纪。

三十二、活课堂做到三结合

（1）将课改与解放学生有机结合,使学生成为学习的主人。

（2）将课改与教学质量有机结合,实现课堂教学的可持续发展。

（3）将课改与地域文化有机结合,使学生提高自身的实践能力。

三十三、课堂教学"五三二"理念

（1）"五"无论是教师的教,还是学生的学,都要做到课前准备精心充分,下五分力。

（2）"三"课堂上下三分力。

（3）"二"课后反馈下二分力。

三十四、培养高效教学自主学习能力七个抓手

（1）推行以导学案为载体"自主、合作、探究、展示"的课堂教学模式(课堂)。

（2）落实学生自制试题互考互评制度(考试)。

（3）实施 ABC 分层布置作业办法(作业)。

（4）落实早读模板(预习)。

（5）落实学生编写学科学习情况报告制度(复习)。

（6）用好错题本(作业)。

（7）制定落实多元评价制度(十优、十好、十佳等)(评价)。

三十五、学以致用，网课生动

学以致用才能让自己的课堂有吸引力。下面是一段摘抄文字，谈的是如何带着学生把历史学科上得引人入胜，趣味横生。

"教会学生用带入式学习某一学科，让学生用假如我是那个人或物，我在那个情境之中，设身处地，推己及人，融入其中，融为一体，融会贯通：我该如何思考选择和行动，再表达展示出来，这样的学习方法和方式收获会更实在有效，网课更有意思，印象深刻！谈心交流，励志加油，让单调乏味最容易使人懈怠消沉的空间和时光，照进一束耀眼的光芒，吹进一股清新的劲风，传进一声激越的战歌，搅动一池微澜的春水，点燃一团熊熊的火焰！目标，2020年高考！战胜疫魔，战胜自己，决胜高考，不负韶华，化腐朽为神奇，取得优异成绩，告慰时代，犒劳自己！"

第四节　关于课堂

一、好课堂是什么样子呢？

上海市著名特级教师程红兵关于好课堂的论述：怀特海说"教育的全部目的就是使人具有活跃的智慧。"在程红兵看来，好的课堂也要让孩子具有"活跃的智慧"，它至少可以分为三个层次：规范课堂、高效课堂和智慧课堂。程红兵认为，规范课堂有三个"当"度：目标适当、内容恰当、方法得当。教学目标适当，就是要聚焦学生的行为，创设适合学生成长的课堂；教学内容恰当，就是说教学内容必须科学正确；教学方法得当，就是教师上课要自然、得体，不要做作，想办法和学生拉近距离。

在谈内容要恰当时，程红兵说"教师要保证课堂内容恰当需做到以下几点：检查——什么是学生已懂的；概括和提炼——什么是学生不懂，但自己看教材可以懂的；讨论和交流——什么是学生不懂、看教材也不懂，通过合作学习可以弄懂的；讲授和阐明——什么是必须老师讲的；活动设计与示范——什么是老师讲了也不懂，必须通过实践才能懂的。"

故事，甚至"笑话"，最能传播教育人的教育智慧。程红兵常举"三枪拍案惊奇"的"笑话"：有老师问学生，黄花岗起义第一枪是谁开的？第二枪是谁开的？第三枪是谁开的？学生一听蒙了，不知所措。老师让学生打开课本，原文是：黄兴连开三枪，揭开了黄花岗起义的序幕。程红兵认为，这样的教学内容设计，没有任何科学性可言，更没有任何意义和价值。

程红兵认为，高效课堂有三个"精"度：目标精确、内容精当、方法精准。教学目标精确，要有水平要求，要有数量概念，要有质量要求，要有时间概念；教学内容精当，要根据学生来设置教学，目中要有人；教学方法精准，要做到心中有数，基于每个学生的差异。

在谈方法要精准时，程红兵说："教师、学生和教材是课堂教学的三要素，它们至少有三种组合方式。第一种组合方式是教师带着教材走向学生，这是传统的教学方式；第二种组合方式是教师带着学生走向教材，这是新课程改革倡导的方式，教师是导游，学生是学习的主体；第三种组合方式是学生带着教材走向老师，完全实现学生的自主学习，这是最理想的教学方式，也是最难实现的方式，不是所有的学生都能实现。"正如一句极富哲理的话："我可以把马领到河边，但我无法保证他们都喝水。"

程红兵认为，智慧课堂有三个"更"度：思维层次更高、开放程度更广、文化意味更浓。思维层次更高就是要把学生置于必须思考、促进思考和考验思考的情境之中；开放程度更广，也就是要把课堂打开，把学生思维打开；文化意味更浓，就是在课堂教学中，教师要有自己的价值判断，要有自己的价值思想。

教师是成人世界派往儿童世界的文化使者。教师在智慧课堂中追求的不应该是"发言热闹的教室"，而是"用心相互倾听的教室"。因为"只有在'用心相互倾听的教室'里，才能通过发言让各种思考和情感相互交流，否则交流是不可能发生的。"

一个教师一旦将教书和育人有机地结合起来，就不会只教会学生知识，而是把教育作为起点和终点，在教书过程中会注入思想、情感、思维方式方法、习惯。在此过程中，技能培养也会生成于自然，学科素养也自然形成。

师恩难忘之一句话：一句话、一细节、一动作、一件事，都可能影响到学生对今后人生的选择标准，进而影响到人生走向轨迹。

热切期待，每一个学生都有一个美好的未来；耐心等待，每一个学生都能在慢慢地生根、发芽、开花、结果；真诚宽待，每一个学生都有自己可爱的一面。

学会思考比学会知识更重要，高效阅读，关注学生逻辑思维能力训练，信息技术与学科教学的有效整合。改革从课堂教学突破，师生共同开发课堂资源，研制和编写学案、教案，形成师生学习共同体。"学、思、知、行"结合起来。学思结合，知行合一，因材施教。

二、课改梦想

把课堂还给学生,让课堂充满生命活力;把班级还给学生,让班级充满成长气息;把创造还给老师,让教育充满智慧挑战;把精神生命发展的主动权还给师生,让学校充满蓬勃生机。

用多元评价方式改变仅以成绩论成败是学校改革目标。学校实施分层教学,不让一名学生掉队。制定细致的管理措施,备课、上课、作业批改、自习辅导、考试、实验、听课、评课等都有严格规定和要求。学校对学生的评价更注重多元化和激励功能,特别重视学生的思想品德和心理健康,为学生建立了成长档案袋,将对学生的过程性评价和结果性评价有机结合,有效地激励学生和工作热情。

三、"三招"就能让您的课堂"活起来"

有的老师一上公开课,总怕学生不配合,造成课堂气氛不活跃,影响教学效果。其实,只要老师每次上课前,把自己想象成学生,思考一下:老师用什么方式开头,才能一下子把人吸引住?创设什么情景,设计什么问题,能牵着学生跟着老师去学习新知识?在课堂教学过程中,如何把知识点练习题趣味化,防止学生精神疲劳,注意力不集中?把这一系列问题认真思考一遍,找出应对策略和具体的解决方法,就能避免上课死气沉沉。建议大家除了落实我们学校提倡使用的"活课堂宝典",另有"三招"分享给老师们:

一是情景化。意思就是设计一个和所学内容有关联的情景、场景或故事,这个情景或场景尽量让师生都能参与进去,合作完成一些情景,并且有一个悬念和疑问引发学生的思考和想象,也可以提出一个能够引起学生议论兴趣的问题或话题,从而引入新知识的学习环节。在整个教学过程中同样可以设计一个又一个情景,在其中融入学习重点难点等知识点能力点。比如学习《林黛玉进贾府》一课,开头可以抛出一个话题:请同学们回想一下,有谁曾经在姥姥家住过一段时间?刚进姥姥家的时候,心里有什么和在自己家不一样的感觉吗?姥姥家的每个人曾经对你说过什么?送给你什么?你最喜欢谁?为什么喜欢他?等等,诱导学生谈感受,然后自然而然引入新课学习,看看林黛玉回姥姥家时有什么样的感受?再比如学习《狼》一课,可以设想一个情境:假如有一个坏人一直尾随你,你该怎么应对这样的处境?引发学生思考。进而引入新课的学习,从加强安全教育,教会学生安全技能入手学习新课,贴近学生生活,很生活化的话题,而且一下子把学生带进一种情境之中,主动回忆创想,分析判断思考,很新颖,学生会产生兴趣。各学科都可以这样开头,从师生身边熟悉的生活中选材,假设问题,设想情景,创设场景,这叫情景教学法。它的好处让学生都动起来,学习的主体地位突出出来了。

二是生活化。书本知识是由生活现象、本质规律的提炼归纳出来的。完全可以还原成生活现象和本质规律,这就需要老师深入思考,根据自己对生活现象的仔细观察分析判断总结,找出其中的联系,用生活现象解读课本知识点,用课本知识说明生活现象和规律,让学生觉得学到的东西在生活中能用得上,兴趣自然浓厚起来,自然就跟着老师去探究学习新知。

三是体验式。意思是在课堂教学过程中,要组织好多种教学活动,我们学校提倡在课堂上多组织合作学习,利用"听说读写背讲演"等多种方式方法,让学生通过"眼耳鼻舌身心"等多种感官体验所学的知识,从而在活动中学到知识,培养能力。只有参与体验,人们才会对一件事产生兴趣,而兴趣是学习的动力! 比如学习诗歌单元,让学生搜集诗歌,编辑诗集,自创诗歌,开诗歌朗诵会等形式,就是参与体验式教学法。这样的方式学生肯定喜欢。教育即生活,生活即教育。课堂即生活,生活即课堂。

要做到以上这三点,需要老师课前下个大的功夫,更需要老师爱生活,爱思考。善于发现身边的人和事,善于思考这些人和事,善于运用理论知识解释生活现象,解决生活中问题,勤于记录积累,建一个生活现象资料库! 备课的时候随时翻看选用。课堂上经常举生活中人、物、事为例子,学生会一直兴趣盎然,追着老师的教学思路跑。

四、学生能做的事一定要让学生自己动手去做

一是早读任务让学生板书。老师们养成选定并亲自书写早读板书的习惯,而且字写的规范美观漂亮,的确值得表扬。下一步是否考虑放手让学生学着板书呢?老师们可以先把下一周一周的早读任务都设计出来,然后交给课代表,让课代表按学号进行分工,每天明确一名学生负责在早读课前书写到黑板上。既可以培养学生的责任心,也可以锻炼学生的写粉笔字的技能,还可以让书写的学生提前熟悉预习完成早读任务。总之好处很多。

二是每节课都要设计这样一个环节,就是让学生上讲台或在下面自己动手板演解题过程或勾画章节重点知识结构思维导图。让学生多动手,多展示,才能更直观更快速的发现学生学习过程中出现的问题,及时有针对性地纠正补救巩固提高。切记一节课全是老师在讲台上,不走下讲台巡查尽量多的学生学习情况,学生很容易走

神聊天打瞌睡。我们的美术专业课上，很少看到学生睡大觉的情况，就说明让学生都动起来，是治疗学生瞌睡病的良药，非常有效。

三是班级管理和学科学习过程中出现的任何事情，老师们要养成一个思维习惯，就是首先考虑：这事能不能交给学生来干？如果能，就想办法怎么教给学生去做，告诉学生做什么，做到什么程度，标准是什么，什么时候完成，和谁一起去做等这些问题。然后再培训学生。这样日积月累，常年坚持，用不了多长时间，老师就可以放手让学生培养自我管理，自我教育，自主发展的能力了，老师就解放了自己，可以集中精力干自己应该干的事，锻炼了学生全面素质，解脱了老师自己，提高了教学和管理效率，获得多赢的效果。开始的时候可能让老师们觉得太麻烦了，不如自己亲自干，可是一旦学生学会了，老师就会轻松很多。千万不要低估学生的能力和潜力。老师们可以看看自己身边那些一上初一就到外地甚至出国上学的孩子们，他们的适应能力和做事能力很快就锻炼出来了！难道我们的学生就不能吗？相信他们吧，他们就等着您把所有的事交给他们来做呢。信任的力量是巨大的！赶快试试吧，从现在，从书写早读任务，从班级里一点小事开始，会让您惊喜的发现，您的学生都很优秀！

五、了解并提高学生的掌握程度

我们都知道，教育需要等待。具体到课堂中，因受任务和时间限制，想做到的确很难。但本着"不放弃每一名学生"的理念，培优的同时，我们还需关注"提中"和"补差"，了解并提高学生的掌握程度。

学生的掌握程度，我认为应从两方面来看。一是数量，即有多少学生掌握；二是质量，即学生的掌握程度如何。理想的状态当然是两方面都能做到100%，但一般来讲很难实现。那么，在日常教学中，尽量提高两方面的百分比，才是更现实的做法。

老师想了解学生的掌握程度，大致有提问、讨论展示、练习和测试等方法，现仅就课堂提问为例。

首先，老师不要急着去提问。提问一般有一问一答和一问众答两种方式，而"问"的主体一般是老师。那么能否调动学生也"问"起来呢？答案是肯定的。"发现一个问题比解决一个问题更重要。"所以课堂上，老师可以先放下身段，去倾听一下孩子们的问题，也算是对学情的一个了解。

其次，老师不要急着下结论。不管是"师问"还是"生问"，问过之后，个别优秀学生可能会很快给出解答，此时老师不要急着让"生答"，更不要自作主张去下结论，我认为应该给大部分学生以思考的余地。学生的眉头从紧蹙到舒展的过程，不是"冷场"的尴尬,而是留白之美丽。

最后,老师不要急着赶进度。知识点和能力点的落实,需要过程。课上或课后练习,必不可少。但这并不意味着,反正后面会练习,这节课的任务还没完成呢,就匆忙转换课题或话题。一步一个脚印,比快节奏大容量更实惠,对中等生和学困生更是这样。

所以,老师不要急,提问需等待。

六、教无定法

教无定法的前一句话是教有定法。只有掌握了大量教法后运用自如才感觉教无定法的。就好比是一个剑客只有到了出神入化的境界,才敢说无招胜有招。一个书法家随手拿到什么都可以当作毛笔,写出惊人墨宝。一个文章大家出口成章毫不费力下笔如有神,敢说写文章没啥章法模式。

所以我们先要大量的学习模仿练习,熟能生巧之后才敢自创体系,随心所欲,挥洒自如,自成一家,不谈教法!

七、举行课堂礼仪有以下三重意义

(一)出征仪式

我们要把每节课都看成一场战斗,课堂就是战场,敌人有很多。因为课堂上,我们要面临旧知识的回顾和新知识的学习。面对新学情新问题,学生或散或懒或精神不振,老师或疲倦懈怠或萎靡不振或心事重重不在状态等,都是师生要面对的问题或者说是敌人。我们要发起冲锋,取得最终胜利,就必须做好战前动员工作,鼓舞士气、昂扬斗志、集中精力、瞄准目标;呼喊口号、提振精神,饱满状态、迸发智慧;开动脑筋、迎接挑战,课堂氛围充满激情。这样,学生在这节课上的学习效果就会有很大的提高。

(二)文明仪式

仪式中包含文明的元素,我们在课堂礼仪中倡导师生互相鞠躬致礼、互相问好、互相尊重。我们在每节课都强化师生的文明意识,日久天长就会形成良好的习惯,内化为素质。师生彬彬有礼,彼此欢迎,产生欢喜愉悦,师生关系和谐,形成强大的教和学的合成生产力,自然生成巨大的教育教学效果,成就教育事业。

(三)传道仪式

古人云:"师者,传道授业解惑也。"中华民族传统美德中有拜师仪式,为师者应德高望重、学识渊博、庄重典雅、高贵优雅、为人师表;学生要心怀虔诚,拜师授业解惑。同时,师生又是教学相长的关系,就是说师生是学习的共同体;在传道学道过程中,师生平等合作、互助互帮、互相启发、互相欣赏、互相切磋、共同进步,才能让课堂氛围更活跃,才能收到意想不到的教学效果。

落实课堂礼仪,每个老师必须高度重视,努力做到。因为创建文明校园,首先要从创建文明课堂入手,课堂文明的标准就是师生互相尊重、互相爱护,课堂充满活力、高效智慧。要达到这一点,就必须有一种形式的具体体现,让师生在课堂礼仪的潜移默化中,不断地体验、感悟、接受,强化尊师重道、敬业爱生的思想观念。时间一长,渐渐形成习惯,内化为素质,外显为气质言行,最终受益的是老师、学校和社会,受教的是我们的学生。

积极落实课堂礼仪的老师值得表扬,还没有具体落实的老师需要转变观念,迎头赶上。年级要加强督促、检查和评价,我们可以用学生们对课堂礼仪的遵守,来感染老师对课堂礼仪的落实;我们可以先培训班干部,然后带动全班学生;每上一节课,学生们一看到老师走上讲台,就自觉起立、高喊班级口号,感染老师的回应和互动,让所有老师都行动起来,文明起来。各年级在推行一项新举措时,多从抓学生入手,学生们的积极行动会感染老师对举措的落实,这也叫教学相长。文明校园不是一个空洞的概念,我们全体师生要从日常生活中一点一滴的礼仪行为和语言表现出来;时间长了,良好的习惯就养成了,文明素养就在一点点中提升了。

社会文明,人人受益;学校文明,师生受益。要想让学生变得越来越文明,老师首先要时时处处事事讲文明懂礼貌,以身作则、做好表率;这样,学生就会模仿老师的言行举动,也变得文明识礼。学生讲文明懂礼貌,老师才能体会到受尊重的感觉。老师们,你想让学生用什么方式对待你,你就用什么方式对待学生吧;你若想培养出让自己崇拜的学生,就从培养学生的文明素养开始吧。

我们学校倡导老师们抓课间文明、上课礼仪、文明用语、礼仪规范,目的就是提升教师素养,带动学生文明素养的提升。这看似简单小事,实则都是为文明奠基、为文明开路、为文明积累,为培养文明人、创建文明校、建设文明社会做出贡献。我们每个人既是文明社会的建设者,又是文明社会的受益者!

落实课堂礼仪,每个老师必须高度重视而且必须做到,不能有任何理由不去做。创建文明学校,首先从创建文明课堂入手,课堂文明标准是师生互相尊重,互相爱护,充满活力,高效智慧。要达到这一点,就必须有一种形式具体体现,让师生在仪式进行中不断地体验感悟接受强化尊师重道,敬业爱生的思想观念,时间一长,渐渐形成习惯,内化为素质,外显为气质言行,受益的是老师学校社会,受教的是自己的学生。积极落实课堂礼仪的老师值得表扬,消极抵制不落实的老师要转变观念,迎头赶上。年级要加强督促检查评价,可以用学生的自觉行动来倒逼老师落实,那就是先培训班干部,每次一上课,一看老师走上讲台,学生自觉起立呼喊口号,逼着老师回应互动,让那些消极的老师也行动起来文明起来。以后各年级推行一项新举措,多从抓学生入手,用学生倒逼老师去落实,这也叫教学相长。文明学校不是个空洞的概念,要求全体师生从日常生活中上课时一点一点的礼仪语言表达出来,礼仪行为表现出来,开始不习惯,做的时间长了就习惯了,文明素养就是一点点积累起来的,让我们一起行动吧!

八、手写板书不可少

每次巡查时,经常看到有些老师一节课上完课,黑板上一个字不写,空白一片,或只是使用电子白板教学。完全抛弃了板书书写这一个传统的教学方式和方法。不能把板书和现代化的电子设备有机地结合起来,老师在讲台上不写一个字,学生不上台板演一道题,这样的教学效果和课堂氛围都不好。大家要注意了。

每一节课,不论是新授课、复习课、习题课、测试课等什么课型,老师们都一定要亲自在黑板上,用粉笔亲手书写出如下内容:

一是本节课学习任务。

二是知识结构图(思维导图)。

三是主要例题解题过程。

四是提示学生必须记住的要点小结。

当然,这四个内容可以根据具体课型需要有选择的书写出来,但是学习任务无论什么课都要有。不能一节课下来,黑板上一片空白,只是用电子白板不停的翻篇,学生来不及看和记录,犹如看电视剧一般过目即忘,更不要说有时间思考,培养学生扎实的思维习惯和具体分析问题的能力了。最后,脑子里留下一片空白。尤其是我们的学生更需要通过黑板上老师的板书加强记忆,跟上节奏,做好课堂笔记,便于复习时候加深记忆,巩固知识。

另外,老师们,通过书写板书,提炼要点,理出思路,再次熟悉导学案的内容,还有就是粉笔字的基本功也不能丢。

再次强调,老师们上课时,要变换着使用"听、说、读、写、讲、演、背、学、逗、唱、画、念、做、打、妆"等多种形式,把课堂搞活起来,让学生始终处于适度紧张的状态。

一节课内要关注到每一个学生的听课状态,至少三次以上走下讲台,走近趴桌子,打瞌睡,说闲话,不听讲,不按老师要求做记录,做题,诵读默读背诵等的学生跟前提醒一下。班风好的班,老师的主要职责是把教学组织好,多教点,练习多点儿,课堂容量大点儿。班风不好,多数学生基础差,意志力弱,注意力不集中,那么我们的老师,就把重点放在组织课堂秩序,调整学生学习状态上,选择适合学生的起点内容,培养学生的学习兴趣爱好和习惯,把精力放在抓基础,抓动力,强制学习,趣味引导,循序渐进,抓学风建设。

教导处和年级主任,平时要给老师讲这些要求,日常巡查时要重点检查,经常提醒老师要因材施教,不要放弃任何一个学生。有耐心,有信心,有决心,变着法子让自己的学生不能不听课,课课有收获,无论知识情感价值观,还是方法技能或是其他有用的东西。

九、传统教学手段和现代化教学手段结合起来

把传统教学手段中的板书教学和现代化教学手段中的课件教学结合起来,不可偏废,要相辅相成,都是为了让学生在课堂上对教学内容印象深刻,教学效果更好更高。

(一)建议板书设计内容要简单明了

板书:(1)板书本节课的学习任务。这是为了增强课堂教学的计划性,防止讲课随意性、盲目性。杜绝没主题、没重点、没计划、没步骤、没痕迹的课堂;学生一节课下来不知道笔记记什么,复习的时候不知道复习什么。(2)板演理科知识的解题过程,文科的重要知识提纲、关键词句等。在板演过程中带着学生去思考分析,用书面或口头表达出来,印象更深刻;同时锻炼学生思考、整合、合作、总结、归纳、提炼,表达等多种可持续发展能力。

板书学习任务就是要把每节课要学习的重点、难点、知识点设计成问题,清单化呈现出来。一般分两部分:第一,师生共同要探讨的问题,用问句列出来。实施问题导向教学方式。老师会提问题、好提问题,才能引导学生提问题的习惯。第二,要完成课本后和本节课知识点有关的练习题哪几道。关键语如:第一,某某是什么或为什么,怎么样,如何才能,有哪些,有多少等。尽量把学习任务用问句列举出来,更能诱发学生学习探究兴趣!能诱发、引导、激发学生迫不及待地学习。而且是一个个疑问句式才好,而不是笼统模糊的陈述句,设计成两三个问题就行了。第二,完成教材每个章节课后练习哪几道就行了。第三,板书应该在黑板靠近门口的地方,占整个黑板的三

分之一大小为宜。下课前再利用五分钟进行小测,把学习任务中一些重点问题制作成小测卷进行测试。

(二)如何选择确定一节课的学习任务呢

确定选择哪些内容作为一节课要学习的知识点或者学习任务呢? 依据有三情:(1)依据考情。看看是不是中高考的考点,或者和中高考考点有没有联系。(2)学情。看看所教学生的情况,基础在哪里,能力有哪些,能接受吗? (3)教情。教学大纲课程标准对这一章节是如何要求的,要求学生达到什么程度,掌握哪些知识,培养哪些能力等。研究设计出让学生试着跳一跳,提高能力才够得着的问题。其实,教情还包括教师本身的情况,教师无论知识和能力还有情感、社会阅历、人生经验是千差万别的,各有所长,各有所短;要扬长避短,选择能发挥自己特长的教学方式方法,自己设计问题的思维模式习惯等要能激发学生的求知欲、好奇心、学习兴趣,让学生急不可待地跟着老师去探究问题。依据这三个方面,每次备课的时候,要认真钻研教材考纲、分析学情,最后再确定一节课的学习任务。上课时再根据学习过程中出现的问题,随机调整学习任务,即生成问题的解决也要重视,一节课才会更有效果和智慧。

(三)关于知识点问题化举例

1.抗日战争胜利

(1)侵华日军在中国犯下了哪些罪行?

(2)中国人民为什么能取得抗日战争胜利? 或问中国人民取得抗日战争胜利有哪些原因?

2.气候和降水

降水在时空分布上有哪些特点?

3.新闻两则

(1)通过对比阅读,本则新闻在内容结构上能分几部分?

(2)本则新闻中哪些句子能够表现出新闻写作的特点?

3.中华民族优秀文化

(1)中华民族传统文化博大精深表现在哪几个方面?

(2)从哪些方面可以看出中华民族文化的包容性?

4.列夫托尔斯泰

(1)文中哪些句子是写列夫托尔斯泰的生平和成就的?

(2)课文分几部分? 从文中描写可以看出列夫托尔斯泰是怎样一个人?

十、要努力提高教学质量,如何提高学生学习成绩?

(1)增加学习时间。

(2)指导学生养成良好的学习习惯,如认真完成作业,预习新课等。

(3)分层教学和布置作业。

(4)抓优秀生带动学困生。

(5)学生组成学习小组,合作探究。

(6)指导学生养成记课堂笔记习惯,做作业前先复习课堂笔记。

(7)做满分试卷。

(8)学生优秀生作业展览。

十一、如何让学生特别想上您这节课?

一是选取一个和本节课所要学习的知识有联系的生活现象、事件或语言材料引入,让学生感觉自己学了本课就能解决生活中的问题,非常有用,这样学生学起来就有兴趣了。

二是把要学的重点难点知识想方设法提炼出来,用问句的形式呈现出来,诱发起学生的好奇心探究欲。这叫有问必思,以问诱思,用问启发。一节课问题千万不要多,只拣重要的最关键的问题列出两三个就可以了。千万不要面面俱到,最后学生都不知道哪是重点难点。

三是用讲故事的形式作开场白,增强课堂的趣味性。我上初中时,一位数学老师擅长讲故事,每次一上课,先讲一段红楼梦,而且绘声绘色,逗得我们总盼着上数学课。还有一位物理老师自己不会讲故事,他就放一段说水浒的评书,也很有意思。

总之,我们的课坚持"目标引领,任务驱动,问题贯串,趣味横生"的原则。好的开头就是成功的一半,老师们备课时务必注意把自己设想成一个学生,站在学生的角度和立场,思考学习新知识,复习旧知识,如何切入,用哪一种学习方式方法更有效,这才是以学生为本,为学生着想。践行我们的办学宗旨:为了每一位学生的尊严、发展、幸福!

十二、传统文化"六步教学法"

读准:读准字音,读通文本。

记牢:熟读成诵。

读美:能唱会吟。

读懂:理解文本。

内化:知行合一。

外化:拓展延伸。

十三、考试学生睡觉怎么办?

每次考试,一个考场之中,多数学生考试是不睡觉的,睡觉的只是少数几个人,针对这几个学生睡觉问题,我们也要高度重视,建议采取如下措施:

一是考前动员大会要列为一项重要内容重点讲。无论是校级、年级还是班级动员会,无论是中考高考还是学校组织的各级各类大小考试,组织者都要把如何预防和治理学生考试睡觉问题作为一项重要内容,认真研究思考,制定有效措施,进行宣讲。这是我们的校情学情和老师的实际情况决定的,必须重视起来。班主任和任课老师要做好考前辅导,比如:一讲考试的重要性。二讲答题的技巧。先易后难。先做有兴趣的,后做没意思的。

二是开考前反复提醒学生注意事项。只要是不违反规定,面对自己的学生,就可以在开考前再来一次应考策略技巧辅导,老师们不要怕麻烦,平时考试每一个老师都反复强调考试的技巧,提醒学生不要睡觉,临近大考了,学生就形成习惯了,老师们教的方法技巧就能用得上,睡觉的人就会减少。

三是每一场考试过程中要做到不停的干扰睡觉的学生。老师在监考过程中,不要坐在讲台上玩手机或做与监考无关的事,不观察学生情况。要不间断的走下讲台去叫醒睡觉学生,干扰他,不让他睡觉。

以上只是针对部分考试时候注意力不集中的学生,希望大家能想出更多的办法来,让我们的学生都能平时努力学,考试不发愁。

十四、一节好课的模样

我们学校的生源状况,决定了我们的课堂应该是什么样子。当然,老师自身具备的一切素质素养特质,也是决定课堂模样的重要因素。但是有一点,归根结底,只有适应学生的课堂才是好课堂。

有一位名师教出了很多优秀学生,记者采访他,问他为什么能培养出这么多优秀的弟子?他告诉新华社记者:"我带学生,很愿意花时间找每个人的特点。第一,找出学生的长处;第二,找出学生的梦想。我经常鼓励学生去做一些事情,设定一个目标,大家一起往前冲。

那么,对我们来说,好课就是,一要有一个吊人胃口的开头,悬念悬疑发人深思,诱人探究。二要有一个发动学生积极参与体验的过程,独立思考,手脚并用,大胆表达,讨论思辨,分享思想,畅所欲言,全员互动,气氛活跃,张弛有度,动静相宜。三要有一个意犹未尽的结尾,激发学生继续探究学习的兴趣。

总之,一节好课就要让学生有所收获:兴趣、激情、知识、能力、方法、习惯、价值观等。课堂的风格,可以因为老师的知识储备和性格特质以及出身阅历等千差万别,而千姿百态,慷慨激烈也好,沉雄浑厚也好,清新明快也好,柔美恬静也好,悠扬和缓也好,如唐诗宋词,因诗人词人个人经历阅历性格特质不同,而气象万千。但对一个老师来说,无论哪一种风格,都必须围绕着学情去设计课堂内容形式,老师不能刚愎自用,自以为是,抱着我讲我的,你听你的,爱听不听,爱学不学,与我无关的不负责任的态度。老师的每一节课,对于每一个学生的这一生来说,基本上就是唯一的一节课了。老师理应上好这唯一的一节课。既为人师,就担师责,牢记使命,不忘初心,忠于职守,立德树人。

第五节　学生干部的培养

一、如何让课代表发挥更大作用?

每个老师都有自己的课代表,如何让自己的课代表发挥更大的作用呢?我的建议:课代表,是由本学科学习成绩好,责任心强,有组织领导力,肯吃苦为同学服务的学生担任。课任老师要把课代表当作自己的工作助手,亲密战友,平时多关心培训,提高其各方面能力,充分发挥其助手作用,让自己的工作效率更高,助手素质能力更强。

课代表平时要帮着课任老师做好以下5件事:(1)收发或协助老师批改检查作业。(2)组织同学认真学习本学科知识。(3)督促并帮助课任老师设计书写早读模版、学习任务等。(4)能够临时替代老师按教学进度上课。(5)参与学校教务处或年级组组织的教师教案作业等检查工作。

第六节　课间文明,上课礼仪

一是课间文明每个年级都重视起来了,受到了很好的效果。政教处和年级值班老师督查到位,文明监督员上岗,走廊安静有序,教室内外卫生实现了垃圾不落地,四个院教学楼很干净,静在走廊动在操场的问题基本解决了,非常好! 下一步工作重点和难点是学在教室的管理,同样要靠学生干部发挥作用,培训好班干部,在教室里行使监督职责。让学生利用课间做好三件事:第一,上厕所或动在操场。第二,整理上节课听课笔记。第三,预习下节课并准备提出一两个问题。让学生课间有活干,知道干什么,有具体的任务,就不会在教室里追逐打闹了!

二是课堂礼仪节节课课老师能落实,学生上课的精神状态好多了,师生互相尊重的风气形成,关系更和谐了。为人师表从点滴做起! 其实什么事一旦做起来,并不难,何况是文明习惯的事! 和教学教育是一回事,教书育人内涵之重要内容。

第七节　学生思想教育

一、世界观、人生观、价值观的培养比知识更重要

从人的成长来看,世界观、人生观、价值观的培养比知识更重要。教育只有以核心价值观凝神铸魂,才能真正立德树人,培养一批又一批身心健康、品质高尚的有用之才。

首先,思想教育需要与时俱进,对接学生成长的实际情况,现实需求。更重要的是,教育还需增加世界观、人生观、价值观的分量和内容,为人的全面发展提供精神滋养。人生观和世界观决定人对整个人生意义和世界价值的基本看法,多抓真善美、人与自然、人性与社会性、公平的准则、道德的底线等,这些问题都是本源性的,牵涉到对社会的基本态度。对这些本源性问题的探讨与摸索,会引导价值观的确立,决定人生追求及思想行为模式。只有通过这些问题的解决,正确认识个人与世界、个体与社会的关系,才能从思想深处动摇功力主义、个人主义的根子,重塑积极向上的价值观念。

做一个明媚的女子,不倾国,不倾城,以优雅的姿态去摸爬滚打;做一个丰富的男子,不虚化,不浮躁,以先锋之姿去奋斗拼搏。做高富帅,高在学识,富在精神,帅在

行动;做白富美,白在品行,富在内涵,美在心灵。

教育,就是让学生的心灵和精神发展也达到富裕状态,始终以阳光豁达、朝气蓬勃的形象,为社会、他人带来信心和快乐。

有梦想,有机会,有奋斗,一切美好的东西都能够创造出来。

二、七个一英模教育活动

(1)取一个英模班名。

(2)挂一个英模画像和班旗。

(3)读一个英模传记。

(4)办一个英模学习园地。

(5)开展一系列英模主题教育活动。

(6)撰写一个英模研究报告。

(7)评选一批英模传人。

三、育人为本,德育为先,立德树人

(1)积极开展民族精神和时代精神教育。

(2)大力推行"学科德育"。

(3)悉心培育学生健全人格。以"认识生命,珍惜生命,尊重生命,热爱生命"为主线,以生命个体成长的内在逻辑为遵循,以不同年龄段青少年的认知能力和身心特点为依据。

(4)不断提升教育工作者的育德意识和育人能力。

(5)素质教育能培养最基本的"人"。人的自信,人的品德,人的意志力,人的团队精神、敬业精神、职业精神,人的沟通能力、亲和力、协作力、协调力等。

(6)人文教育追求:真、善、美。方法:传授、讨论、熏陶、感悟。内容载体:人文知识和环境。

(7)技术教育方法:勤、精、新。方法:演示、操作、训练。内容载体:工作规范和环境。

四、教学生能吃苦

训练学生能吃苦是老师的第一要务。能吃苦肯付出的学生,都是乐观向上,会以苦为乐,这样的学生才能营造和谐的人际关系,有精彩的人生,有幸福的生活,一辈子都不会苦。无数事实证明:哪个老师狠下心来让学生吃苦,陪学生一起吃苦,学生终生难忘这样的老师。

学生不屈不挠的精神,坚持到底的意志,精益求精的态度,勤奋好学的习惯,争先创优的品质,是靠老师一点一滴强化训练出来的。为人师表,率先垂范,吃苦耐劳,才能带出一只爱拼敢赢的虎狼之师!希望每一位年级主任班主任任课教师都能在每一节课上,每一个课间,每一次跑操,每一份作业,每一个教学环节,从严要求学生养成良好的习惯,一丝不苟,无所畏惧,勇往直前,追求卓越!

五、"334"青少年成长教育理论

(1)影响青少年成长的三个关键人物:家长、老师、朋友。

(2)决定青少年成长的三个关键因素是"学习与能力、人格与情商、行为与习惯"。

(3)完善青少年教育的四种教育形态是:"学校教育、社会教育、家庭教育、自然教育"。

六、着眼未来,善待学生

在对学生实施管理的过程中,犯错误的学生,多数是服从管理的,知道老师是为他好,认识到错误,态度很好,及时改正,老师很满意,有成就感,幸福感。还有少数学生不听劝说,还蛮横顶撞,老师们一定很生气,有挫败感,很纠结,很泄气,就想放弃不理他了。这也是可以理解的。

一是因为我们正好赶上这个学生的心理叛逆期,或其他它特殊情况,学生思想一时拐不过来弯。

二是因为我们观察不细致,没有具体了解清楚学生犯错误的真实原因,没有对症下药,因材施教,有针对性的做好学生工作,学生听不进去我们说的话。我们没做到设身处地替学生想想,感同身受给学生减压。

三是可能因为赶上我们近期烦心事儿太多,心情也不好,心理压力正很大,或是我们教育观念,教育方式方法还停留在这样的阶段:我是老师,我永远是对的,我说啥,你学生就必须听啥,你不听就是你的问题,你不听,我不管,等等。

是各种各样的原因,师生两方面的因素,造成在管理过程中,遇到不懂事不服管的学生,发生了矛盾冲突。

遇到这样的情况怎么办呢?我们当老师首先要练练静气功,来个精神胜利法,消消气,泄泄火,思想心理先转个弯儿,大度包容,学会忍耐,求医问药,遍寻良方,冷静处理。想想改变不了学生,就改变自己吧。

无论是当领导的还是当老师的,不能因为遇到一个不好管的人,一件不顺心的事,我们就意志消沉,漆黑一团,自暴自弃,不思进取。用别人的错误惩罚自己,耽误自己成长进步。都是好学生,就用不着我们了,人家都自律自立自学成才,社会就没有坏人,更没有公检司法和监狱了。我们的责任就是尽量让这些学生在和我们相遇的这段时间,受到我们最用心的呵护、照顾、管理、教育,打一个忠厚善良,正直勇敢的底色就可以了。我们身肩立德树人为国育才的历史使命,身负党的嘱托,为社会主义事业培养接班人和建设者,责任重大,使命光荣,不能有丝毫的懈怠,必须竭忠尽智,全心全意管好教好每一个学生,为学生一生可持续发展奠定一个坚实的基础。任何时候都不敢放弃责任,以任何借口和理由,不管不理学生,放任自流,纵容失责。我们的明天还要这些学生负责呢。

当兵的守土有责,寸土不让,我们当老师的就要育人有责,一个也不放过,转化一个,成就一个,功德无量!

七、和谐教育产生教育生产力

身无负担多荒唐,人无经验难成长。每个人都会面临成长的困难,身心的磨砺,没有谁能一帆风顺,自由自在,无牵无挂,无拘无束,无所事事度过一生。磨难有大小,感受各不同。做大事,成大器,必然要经历大磨难,大痛苦,赢得大快乐;做小事,成小我,自然磨难小,烦恼少,获得小快乐。付出多少代价,大概率应该有多少收获。这是心理平衡的依据。有些人总是做梦能有"睡到自然醒,不用刻苦学,照样上大学"好事,或者过上"家近,清闲,挣钱多,没人管"的好日子,简直是痴人说梦。哪有不奋斗就成功,不干事就收获,不吃苦就享福的道理?

一个人只有在不断面临困难的挑战,解决疑难问题过程中,积累经验,锻炼能力,提高素质。穷人的孩子早当家,对孩子来说,是悲苦的经历,也是无奈和无法选择的,但换个角度看,世界又是多面的,至少是阴阳两面,苦乐参半,福祸相倚,苦难穷困,也可以看作难得历练人生的机遇,也是孩子和家庭的万幸。

第八节 学习方法指导

一、应试答题技巧

（1）拿到试卷后，不要急着答题，一先把姓名，考场座位号等有关信息填写准确完整。

（2）深呼吸，静下心，聚精会神把试卷上第一题开始到最后一道题，从头到尾浏览一遍，筛选归纳一下，把这些题大致划分成三类：一类是一看就会的题，二类是似曾相识，大概会的题，三类是很陌生的题。

（3）确定答题顺序。按着先易后难，先做一看就会的题，再做深入思考的题，最后做难度较大，需要耗费大量时间的题。一看就会容易得分的题做了，保证不出漏洞和差错，确保得满分。做似曾相识的题，确保这类题得高分。最后做觉得很陌生的题，尽量拿到分。

（4）无论答完答不完题，都要留出五分钟左右时间，把答卷从头到尾看一遍，查漏补缺。

二、书写规范如何抓

（1）各院教导处统一征订一本硬笔书法字帖，发到每一个老师和学生手中。

（2）在起始年级每大周安排一节硬笔书法课。安排老师上课。

（3）起始年级学生每天交一篇仿写作业，其他年级每周交一篇仿写作业。由班干部评出优秀仿写作业。

（4）各班每周举行一次优秀仿写作业展览。各年级每月组织一次硬笔书法竞赛，选出优秀作品在年级进行展览。

在日常巡查中，发现学生们在使用纠错本和规范书写时，存在不少问题。不少学生不使用纠错本，不知道怎么用纠错本，用不用没有老师指导管理要求。书写也是如此，字迹潦草，东倒西歪，不工整，不干净整洁，不成行有序。卷面没法看。问题出在学生，根源在于各科老师平时不重视，不狠抓。

因此，特提醒全体老师都要高度重视这两个问题。这不仅仅是应试的需要，更是培养学生全面素质的需要。金无足赤，人无完人，知错能改，善莫大焉。人非生而知之者，孰能无惑，人非圣贤，孰能无过？谁能没错。每个人在成长过程中，有许多不知不懂,不会不能的东西,需要探索尝试,不可能一下就正确,就完美,需要不断地试错纠错,才能不断走向正确,合格,优秀,卓越,完美。心理学家盖耶曾经说过:谁不考虑尝试错误,不允许学生犯错,就将错过最富有成效的学习时刻,在一切为了学生发展的新课程理念下,课堂生成的一个错误也将是宝贵的教学资源。从一定意义上说,学生思维的发展是在同错误做斗争并取得胜利的过程中实现的。师生一起成长,在学习中,把每次作业、周测月考做错的题,抄写在纠错本上,作出正确解答,会加深印象,不至于重复犯错。做事,生活,与人交往等方面,养成及时知错,敢于认错,勇于纠错,改正提高完善自己的思想观念,思维方式,自我矫正的能力,避免以后犯同样的错误,改错越多,错误越少,让每一个学生做到"三个一":一笔好字,一手好文,一张好嘴,做一个追求卓越的人。我们的学生非常需要我们经常指导,严格要求,及时督促,引导鼓励。学校教导处要做好牵头组织引领指导,各年级主任具体布置安排,全体老师认真抓好落实。

三、纠错本如何用

(1)各科老师做一个调研,检查一下每一个学生纠错本使用情况,共同找出用好的经验和用不好或不用的原因,研究出整改措施。

(2)经常指导学生使用纠错本的方法,有意识的带着学生用好纠错本。每周检查一次每个学生的纠错本使用情况。分出优劣。

(3)每周在教室里举行一次各科优秀纠错本展览。让学生互相交流,互相学习,促进整改,共同提高。

四、错题本内容安排

(1)错题本要分类:基础一本、古诗文一本、阅读一本、作文一本。阅读部分还可以按文体各分一本。

(2)错题本儿上应该记录的内容:原题、自己做错的答案、正确答案、错误原因分析、相关知识联想扩展、空白地。

(3)怎样记录:手抄、复印、剪贴、表格。阅读和作文最好复印。书店也有做好的语文错题本。

(4)留足空白地的目的:补充同类型题,也可记录自己攻克这个错题的方法、思路、所用的时间、所查阅的资料。

(5)注意事项:归类、书写整洁。一是收集错题,发现了一道错题或新题,在旁边贴上一张小标签;二是每隔几天回顾错题,利用碎片化时间看;三是用不同颜色的笔进行标注重点;四是分单元总结错题和知识点;五是加入同类再错题并加以分析;六是注意对错题进行筛选;七是不要花太多时间做美化。人可以轻松阅读,与你无关;八是集中在考前用翻看的方式使用错题本;九是不写答案,隔天重做;十是筛选题目,一页一题。

五、巧用思维导图

语文由于其学科性质,在整理错题时难免遇到文字量较大的问题,那么不妨巧用思维导图,将文字转化为图形,"工作量"是不是降低了呢? 如何画思维导图呢? 我认为没有定式,以自己喜欢的方式皆可。

例如:(1)错题的关键词(句),可作为思维导图的主干。(2)对错题原因的分析,可作为思维导图的支干。(3)记录关键信息,包括从错题中总结的经验、得到的启发等,与主干、支干相对应,用线条形成逻辑上的关联。

六、锻炼学生听说读写讲的能力

在日常生活中,抛开宅心仁厚,德行纯正等德智情商因素,善于换位思考,乐于耐心倾听,勤于能说会写的人,一般来说,人缘不会差,而且在职场上也会走得更快更远。一个人与人交往,工作生活学习的基本功,就是听说读写讲,什么时候都要用到。那么,我们各学科老师在每一节课上,都要围绕着这五种能力进行教学。

这五种能力基本的标准是如下要求:

听:专注认真,边听边想有记录。

说:口齿清楚,抑扬顿挫有节奏。

读:生动形象,声音洪亮有激情。

写:笔划清楚,工整干净不潦草。

讲:大大方方,条理清楚有层次。

七、关于复习的三点建议

每年九月份,进入高三或初三的年级,多数学科都已经结课了,只有少数学科需要在12月份左右结课。然后就进入全面文化课复习阶段,应该注意以下几个问题。

一是复习分为三个阶段。第一阶段组织学生进行章节复习,第二阶段是专题复习,第三阶段是综合复习,和高仿真模拟考试训练。

二是每一个阶段坚持考什么就复习什么的原则，做好章节知识点的取舍选择。有用就练，没用就扔。用考点统领知识点的复习。因此，老师们要提前做好三轮复习资料的备课编写。教导处牵头指导，年级主任具体安排，备课组长具体组织研究确定复习方案，明确进度、内容、形式等。编写各科复习学案教材时候，要坚持体现出三点：一是近五年中高考试题的考点，二是对应每一个考点的分散在每一个章节的知识点，三是围绕考点知识点设计一套练习点，即练习题。也就是说，复习阶段的备课上课辅导测试都要围绕这三点展开。

三是中高考命题专家都透露了三个秘密：第一，毕业班的老师一定要高度重视钻研近十年和近五年的中考高考题，把考点题型烂熟于心，张口就能说出来，备课时绷紧这根弦，围绕着这根弦备课，讲课，布置作业，辅导学生，出周测月考试卷。关键是在复习阶段一定要回归教材课本，再学课本上的例题，确保掌握基本的公式公理定理原理等，还要重视课后练习的复习，以本为本，以基为基。考卷上的每一道题，都是万变不离课本例题练习，只不过是各种变形而已。尤其是我们的学生，不要钻进偏难怪刁的练习题里。多看多练大路题。第二，在综合复习阶段，一定要组织学生多做中高考真题，将考点灌输给学生，指导答题技巧和方法，学习掌握评分标准。第三，我们平时征订的辅导材料练习册，质量参差不齐，滥竽充数者多，扣考点不紧密，老师们要有一双慧眼，大胆取舍，仔细甄别，慎重选择，根据考情学情编写平时的练习题考试题。

八、复习课，老师别闲着

学期过半，有些学科进入了复习备考阶段，为了避免无效低效的复习课，落实我校的所有的课堂都要高效智慧的要求，请老师们复习课，也别闲着，让师生每一节课都目标明确，手脑并用，在紧紧张张快节奏中度过，师生相长。任何一节课，从一定意义上来说，就是一场恶仗，敌人和对手就是新知识，考点重点盲点难点，以及自己知识的缺陷，方法的缺乏，尤其是畏难情绪、懒惰心理等个人情商因素。战胜了就是优秀老师和学生，放弃了就是逃兵，将一事无成。为此要做好如下三件事儿：

一是画圈。给学生画一个复习的圈，明确三项内容：一节课的复习要点，复习范围和具体内容，复习这部分内容的方法和技巧。

二是示范。带学生一起复习几个典型例题：几年中高考题，模拟题，与中高考考点有关的自制题。给学生示范如何制作专题复习思维导图（知识树，网状图，列表等复习提纲图）。编写知识点顺口溜、口诀等。

三是操练。留出课堂一半以上的时间让学生亲自动手做题,这些题必须是老师亲自做过的、精心挑选编制的练习题和测试题,而且要求学生在规定的时间内完成答题。以考代练是提高效率的复习法宝。即测即收,即判即评即改,可以组织学生小组合作完成这一环节。特别注意尖子生的复习收获情况的评价管理。

九、一二三四五,复习有套路

复习课是常规教学的重要环节,老师们备复习课时,也要有导学案,而且要有每一节课的复习任务,其实,复习课同样离不开老师手把手指导学生复习,一节复习课,复习什么? 复习多少东西? 用什么方法形式复习? 老师必须在备课时备出来,这样才能提高复习效率,自己的学生才能考出好成绩,让学生高兴,学校满意,家长感激,同事喜欢,自己无愧于心,越来越自信乐观上进。

关于复习课特提出以下五点建议,也叫"一二三四五,复习有套路":

一是串讲知识点。以章节为单位,或者以专题知识为单位,或者是综合知识练习为单位,把有关的名词概念,定理公式,考点要点等,带着学生一起回忆总结提炼出来。

二是画思维导图。在串讲的过程中,带领学生一起设计出思维导图,板书在黑板上,让学生有一个形象直观的印象,让学生动脑动手,锻炼搜集整理资料,整合知识信息,分析批判等多方面能力。老师要先胸有成竹,心中有图,才能带学生做到这一点。

三是做典型例题。什么是典型例题? 参照题就是中高考试题。这些题特点就是综合性强,做一道题,要运用整个章节、整本书、甚至整个学科前后左右的知识点。老师心里要装几道每一个章节的典型例题,平时就要多做中高考模拟试卷,而且要有一个专用本,积累这些章节典型例题,备课时翻翻,挑选对应的适合的使用就可以。

四是搞好课堂互动。课堂互动是每一节课都必须设计出来的环节,有师生互动,有生生互动,有两人互动,有四人互动,有多人互动,有群体互动。动的形式有听说读写背讲演等多种形式,互促互查,互检互测。一节课要有动有静,静,就是给学生一定时间安静下来,独立读书、思考、笔记、练习做题,这是最重要的环节。动,就是让学生在静的状态下完成任务,通过黑板展示,对话交流等形式,互相帮助,互相启发,互相评判,达到验证学习效果,丰富完善学习成果,还可以调节课堂气氛,防止个别学生犯困瞌睡,搞小动作,影响教学进度。动静结合,老师在备课时要设计好。

五是力求当堂检测。复习课,要设计一份章节或专题知识测试卷,用一节课中的

6到8分钟左右时间,每人发一份测试卷,快做快交快阅快评,巩固复习成果。

总之,用心的老师会认真上好每一节课。因为我们讲的每一节课,对学生来说,一辈子就跟您上这一节课。误人子弟,罪莫大焉,为人师者,不可不慎。

十、名著阅读应考策略一点建议

一是把核心素养18件事中每学期阅读一部经典、背诵古诗词、写小论文等项目落实和日常语文教学紧密结合起来,纳入学期教学计划之中。

二是起始年级入学初就要求每一位学生买一套中考高考要求的名著书目书籍(中考8部),老师要检查落实情况

三是制作试卷。一本名著一套试卷。结合考纲和中考高考试卷题型,制作一套试卷。

四是开好阅读课,指导学生名著阅读方法应试技巧。

五是开展多种形式的读名著,讲故事,写评论,说考点读书交流活动。发挥小组合作学习活动的作用。

十一、适合自己的就是最好的

最近,教育部要求学校加强学生手机、作业、睡眠、读物、体质五项管理,我们当老师的一定要高度重视起来,在日常管理中,老师们要认真思考研究这个问题,找出具体可行的方式方法,有效的举措,科学指导学生管理好自己的这五个方面:

手机到校交给老师保管,有事就找老师要。作业老师分层留,学生自行选择做多少,保证各自吃饱吃了,师生事前沟通好。睡眠各自要适度,自我督促学为主。读书要读健康书,严禁传播黄赌毒。运动锻炼靠自己,天天跑步健神体。自觉自律最重要,学生家长和老师配合好,才能确保有成效。

其实,这五项管理要落实到位,难度非常大,但是有问题就要解决,不能消极抱怨,不想干就不干,有困难就躲开,无论遇到什么样的学生和家长,我们都要积极面对,耐心对待,是块石头也要在踏上印,是块铁板也要抓出痕。这是我们当老师的职责所在,尽职尽责,育人报国,为师之德。要主动作为,迎难而上,才能不断提升我们的业务能力和师德水平。

保证学生充足睡眠时间,而每个学生体质精力,理想信念,兴趣爱好,主观因素,客观环境等情况不同,这就不好一刀切。人人都必须睡够多长时间,才是科学的管理?犹如负担轻重问题一样,你扛一百斤扛不动,他扛二百斤很轻松;你做十道题,五

个小时做不完也做不对，熬到半夜感觉很苦很累，他做十道题用不了俩小时，而且全做对，还要自己再选十道题搞拓展训练；你天生"佛系"，自甘平庸，专注玩物，不思进取，无责无忧，无欲无求，少小养生，乐此不疲，睡八个小时睡不够，上课照样没精神，趴桌子睡觉，他志存高远，自加压力，只争朝夕，自得其乐，睡五个小时就足够了，赶紧起床学习，上课还精力集中，效率很高。一个班五十多名学生，怎么可能让每个学生都统一负担，统一作业量，统一作息时间呢？现在的国情，尽管中高考制度一直在改革，但是通过考试，依据分数选拔录取的办法一直没有变，也就是说，没有分数就是差一分，也没有那个高中和大学敢录取你，这个时候，分数面前人人平等，就不管你平时早到校晚离校，睡不睡好觉，作业多与少，苦不苦，累不累，受不受得了。中高考不会根据每一个学生的具体情况为每个学生设计发放一份试卷，而是内容统一，标准统一，考试时间统一，各种要求都统一，不管你会还是不会，做没做完，不管你抱怨不抱怨，到点就必须交卷。所以，老师既要瞄准中高考，在日常教学中，尤其作业量上适应应试的需求，搞好应试教学，又要尽量做到因材施教，可让人人都斤两不差，正好合适，谈何容易？所以，老师统一要求所有学生达标及格线，必做的数量指标要有，更要靠学生自己灵活选择适合自己的负担，安排自己作息时间，决定作业量大小多少。那么，怎么解决这个矛盾呢？建议老师们，首先要理解并接受每一个学生的诉求，不要强求一律，激化矛盾，造成纠纷，造成不必要的麻烦。然后把上级部门政策和学校的规章制度，是学校正常的教育教学秩序的基本保障，老师都要遵照执行，学生都要遵守，把人各有志，情各不同，因人而异，不求一律这些道理给学生和家长讲明白。

老师担负着立德树人的根本任务，就要帮助学生正三观（人生观价值观世界观），强三感（责任感使命感荣誉感），做三事：涵情、励志、惜誉。让学生和家长懂得：学校德智体美劳，社会工农商学兵，自然草木虫鱼鸟，五行金木水火土，量器大小长短中，样样都需要，行行都重要，物物不可少，多把尺子，多个人才，不要互相攀比，适合自己的就是最好的。

十二、学习，离不开记忆

无论哪一科教学，基础知识和基本技能的学习和掌握，都是第一位，是培养学生理解、运用、创新能力和素质的前提和基础。因此，我们一些传统的课堂教学方法一定要坚持，要学生多种形式熟读、亲自手写、变着花样背一些文章、原理定理、常识公式，解题过程方法是非常有用的。

在教育界,很多人对死记硬背的方法嗤之以鼻。但这里有 2 位著名的特级语文教师都提到:学语文,要死记硬背。

(1)黄玉峰,黄玉峰老师是教育界的领军人,复旦五浦汇实验学校校长、上海写作学会副会长。他表示:学语文,就是要死记硬背。他认为,学语文本身是要下点功夫的,尤其年纪小的时候,要下点功夫、记点东西,背点东西,学点东西。特别是诗歌、好的文章等,更应该从小就背起来,因为节奏感在里面呀。

平时大量的阅读、大量的记忆非常重要。许多读到的内容,借过来借过去,就活了,东西越多越活,当你写文章用词的时候,这些东西自己就会跳出来了

(2)李镇西老师,是成都市武侯实验中学校长,是著名的教育专家。李镇西认为,学语文靠刷题没有用,要掌握"三把钥匙",除了多读、多写以外,其中一把"钥匙"就是死记硬背。李镇西老师说:对语文学习来说,阅读是信息的吸收,写作是情思的表达,背诵是经典的储存。这三者同等重要,不分主次,缺一不可。

第九节　激情教育

一、轰轰烈烈诵读,读他个天翻地覆

大声朗读不仅可以培养孩子良好的语感,使孩子吐字如珠,情感饱满。更可以通过反复朗读,把文章里的词句变成自己的。掌握更多好词好句,出口成章。

激情读书,要的就是气势十足和仪式感,蓄积出一天拼搏奋斗的能量,找到忘我投入学习的感觉,酝酿出我要学,我乐学的激情。

激情早读和激情跑操诵读的标准就是:站姿挺拔,举书到位,声音震天,气壮山河,如猛虎啸林,狮吼山巅,龙咆天际。有一种"我不懈努力,我不成功,天理难容"的坚定信念。 最后到达人人把教室当作战场,和懒惰拼搏,和睡觉斗争,和难题决斗,和不良习惯拼命! 和一流同伴为伍,和优秀比肩看齐,和卓越赛跑竞争。

先规范站姿,拿书的姿势,尽量放开喉咙大声读。要读出"山到绝顶我为峰""会当凌绝顶 ,一览众山小"的豪迈气概和情怀,要读出"我命由我不由天""世上无难事,只要肯登攀"的不屈不挠的进取精神,要读出"气吞万里如虎","壮志饥餐胡虏肉,笑谈渴饮匈奴血"恢弘气势和磅礴状态。

绝对不能出现"两三点雨山前,七八颗星天外"的稀稀拉拉状态,不能松松垮垮、无精打采、有气无力的样子和发声。

喉咙打不开,声音出不来,心胸就闭塞,气势被掩埋,激情上不来,成绩哪里来? 让学生再放开心胸、放开喉咙,放开声音,甚至可以声嘶力竭忘我投入大声读起来,读出我最美、我最壮、我要成功,谁都挡不住我的气壮山河气势和感觉来,千万不要嘻嘻哈哈、弓腰驼背、东倒西歪、漫不经心、敷衍了事地读!

各班班主任要组织学生对照检查,诵读前充分酝酿感情热情激情豪情,拿出壮怀激烈的劲头儿和精气神,投入到诵读之中去。

每次让学生放声诵读前,老师要先做个示范,站姿示范、拿书姿势示范、发声示范以及豪情投入示范,然后树一个两个三个标杆儿,再树一个小组两个小组逐渐全班达到规范程度。不断要求,不断纠正,不断规范,不断完善,手把手教,言传身教,由点到面,由粗到细,由慢到快,反复训练,最后达到全年级全校书声朗朗,激情满班,豪情满堂,斗志充满校园的状态!

二、激情诵读颂

激情学习,分秒必争。

站姿端正,昂首挺胸。

双手举书,托起梦想。

伸直臂膀,目视前方。

四十五度,认真专注。

放声诵读,声如洪钟。

饱含深情,气势如虹。

口出耳入,回荡心胸。

敲动心弦,铁骨铮铮。

循环往复,回味无穷。

半时朗诵,整日豪情。

神清气爽,蓄积动能。

确保课堂,威武雄壮。

一日之计,来自星光。

天道酬勤,自立自强。

老师示范,学生模仿。

点滴矫正,树立典型。

练成规范,身心习惯。

校园处处,书声震天。

久久为功,争当英雄。

抬头挺胸气足,神圣投入专注,音壮志满心诚,如醉如痴读书!

书举过额头,抬头读书,和书在胸前,低头读书,是不同的感觉,起码发声感觉是不一样的。抬头读书,可以气流声流通畅,不受阻隔,低头读书,气声都不顺畅,压抑憋屈,无法畅快淋漓的大声读出声来的。歌王费玉清唱歌时候为什么总是仰头四十五度放声高歌?他说,这样唱起来才舒服,声音不郁滞含混,吐字清晰,感情投入,陶醉其中,而且清亮圆润饱满好听。

每天早读盯班老师一定要示范指导要求学生务必做到:书举过前额,仰视四十五度,尽情放声读书。这也好像是学艺的人做早课,练早功一样!

练功读书的姿势很重要,站出的是毅力,读出的是力量,喊出的是威武雄壮,练出的是神功,养出的是精气神,提高的是学习的高效率!

三、激情诵读,读出更多精彩

我们各班的激情诵读越来越规范,已蔚然成风,学生诵读的习惯在不断养成,下一个阶段,各年级语文老师和班主任,要给予学生以理论指导,一学期上几节诵读技巧课,可以请有诵读经验的学生家长,或社会上诵读专家,到自己班级上诵读课,也可以多放一些课本诵读光盘,让学生模仿、临摹、借鉴、揣摩,反复练习,自己录一段诵读小视频,在班里展示,开展诵读比赛。通过多种形式,让学生掌握诵读知识和方法技巧,更喜欢诵读,爱上诵读,在诵读中培养多种能力和素养。

朗诵的益处:

(1)可以改变孩子的性格!正确朗读朗诵训练可以使孩子爱上讲话、善于表达、愿意分享。朗读朗诵可以激发我们的激情,提升自信心。反复的朗读朗诵可以增强我们的胆量,使孩子变得大方、大气。

(2)表达流畅!想要表达流畅,需要反复阅读、朗读、朗诵。"读书百遍,其义自见"不是机械的读,而是动脑筋的"边思考边读",到最后会把文章的意思读出来。

(3)积累词汇!唐诗宋词、各种现代诗歌中都包含着很多创造性的词汇,这些词汇的积累对孩子的语言学习是一个非常重要的帮助。当我们对中国的传统文化、对古典、经典的词句有了深入的了解时,在听到后会在心中产生强烈的共鸣,久而久之自己也可以出口成章。

(4)丰富想象!如同情景再现,通过文字内容,头脑里会联想出丰富的画面,更加生动深刻的理解文稿,有助于我们的表达。通过积累词汇句子,走入到不同的情境就会联想到相对应的词句来进行描述,来丰富我们的语言表达内容,使之更有内涵。

(5)提高审美!在反复朗读朗诵中我们把默默的的文字变成了有声语言,有韵味、有节奏、有韵律、有形象、有情感的去表达。

(6)提高写作能力!因为反复的朗诵朗读,我们对诗句非常的的熟悉和理解,在需要时我们会恰如其分的把它运用到我们的文章当中。在用的恰到好处时,会对我们的文章起到画龙点睛的作用。

学会朗诵,将文字演绎成乐章;学会演讲,将思想幻化成力量;学会主持,将舞台掌握在手中;学会交流,将人生绘出精彩!

四、如何打造激情诵读、激情课间操、激情课堂

一是培树典型,搞好试点。选几个骨干教师打冲锋,做模版,带好路,引好道,造气氛。

二是循序渐进,逐渐铺开。靠典型引路,鼓励多数,强制少数老师和学生跟上去,全年级统一步调,营造比学高潮。

三是规范管理,不断强化。各班都干起来了,就要思考如何把早早读模式规范起来,提高效率和效益,不能走形式,搞成放羊课。从形式到内容都要有要求。

比如说,可以年级统一搞小测试,统一测试卷,也可以站起来激情诵读十分钟,也可以由课代表或班干部抄写前一天下班前老师布置的早早读任务,然后让学生前后四人一组互查学习效果。

四是反复纠正,形成习惯。只要坚持督促学生按照要求进行一个月,学生按时早起吃饭上学进班,节奏自然就形成了。习惯会改变懒惰的毛病,而且很快就会进入紧张的学习状态,老师不要怕麻烦,习惯一旦养成了,就省很多事儿,抓住开头一个月,死盯,严管,狠抓,细纠,逼着学生改,非常关键。

每天都要充满激情进教室上讲台,要想让学生每天激情早读,激情跑操,激情上课,老师就要充满激情。

大家齐努力,搞好自己的学科和课堂。只要功夫深,铁杵磨成针。精诚所至,金石为开。我们的学生都不笨,只是还没有被开发完整,对我们来说,机会难得。

用激情点燃激情,用梦想引领梦想,用思维带动思维,用问题诱导问题,用方法指导方法,用创造激发创造。总之,每个老师希望学生每天每节课是什么状态,自己就要先装扮成什么样子。可以先设想自己马上要登台表演,充分酝酿情绪,认真准备

台词和表情和招式,一亮相就能抓住学生的心,逗起学生的劲儿,带动起全体学生的学习热情,投入到学习中去。

每个老师都要有一个梦想,给每个学生都描绘一个理想的未来样子,告诉学生您期望他成为什么样的人。要相信我们的学生,一定会按照你理想的模样生长,成人,成功,成才!

第十节　研学旅行

一、研学旅行就是一堂课

要用平常心看待研学活动,而且研学不只是玩,更是又研又学又展示。

研学其实是一门课,研学过程就是把课堂搬到了大自然旷野上,搬到历史馆天文馆科技馆博物馆等各种展馆上,搬到风景名胜和历史古迹遗址上,搬到校园以外的地方祖国大好河山之中上。是体验式研究性学习形式方式方法。

既然是研学,就要明白自己要研什么?学什么?所以,出发前,每一个学生都要给自己提一个问题,带着问题去上车,坐车,下车,走路,边看边想路上遇到的一切看得见的风物美景和看不见的人文历史,同学之间还可以互相交流各自搜集整理、了解掌握到的有关研学路上和目的地的知识。

老师更应该在出发前做足功课,分好小组,明确分工,带好研学工具。确定几个研学目的目标、任务主题,分给各小组,指导学生如何围绕主题提出问题并汇集起来,制定研学提纲,指定研学小组指导老师,要求每个小组都准备一两个节目,随时随地开展才艺展示比赛,活跃在研学旅行期间气氛等,一系列工作都要事先准备好,安排好,这样的研学成了一堂课,是体验式教学的课堂,变成了一门课程,才能收到真正的效果。

研学回来以后,以小组为单位进行研学成果交流,视频影像大展播,绘画摄影手抄报,征文演讲故事会,形式多样的展示,让学生有一次提升全面素质,才能更好的达到研学的目的。

我来了,我看到了,我知道了,我做了,我懂了,我会了。看一遍,说一遍,做一遍,知识就变成了技能情感价值观。事非经过不知难,这才是研学的技巧和目的。我们平时的文化课课堂教学过程、技巧都是相同的,相通的。

行万里路,读万卷书,经万般事,练万项技,做万事通,识万种人,成万年业!这几个"万"要相互交融,相互作用,相辅相成,不可分割开来,效果才好。

二、文走天下,稳赢人生——让每一次研学都有成果

百闻不如一见,百见不如一练。研学活动是引领学生从校内小课堂走向社会大课堂的重要方式和渠道。让学生走进一个陌生的环境,去学会交往,学会观察,学会写作,学会表达,学会交流,学会合作,学会生存,学会探究等等,学以致用,培养多方面素养和能力。

五一小长假到了,有条件的学生要外出旅游,希望把每一次旅游都变成一次文化探究之旅,研学之旅,要有研学成果。班主任和任课老师可以先让学生重读课文中一些游记散文,并读一读余秋雨先生的文化散文作品,提醒并指导学生走好如下三步,也叫研学三步曲:

一是提前搜集相关资料。选好旅游目的地和线路后,上网搜集相关城市乡村景点的详细资料,第一,历史沿革,政治经济文化军事科学文学等各个方面的名人和故事,第二,地理位置环境地形地貌类型气候特征等。第三,风物特产饮食建筑人文礼节文化、风俗习惯等。做好笔记,边走边体验,边记录,照片视频尽量多的留下来。

二是旅行回来后做两件事。一要写作文,模仿名人大家的相关经典作品,记叙文散文诗歌小论文调查报告等多种形式都可以。二要确定一个主题,制作幻灯片和微电影。

三是以小组为单位在班里进行交流。班主任和任课老师要找时间指导学生,利用合适的时间,让学生以小组为单位,分解任务,整合资源,明确分工,在班里进行交流。

研学活动是我校核心素养十八件事里的重要内容,对于培养学生全面素质意义和作用非常大,要求学生"读万卷书,行万里路,经万般事,识万种人"。

陶行知说过,教育即生活,生活即教育。让学生走进生活接受教育,在生活中拓展知识面,体验中训练能力,俯仰天地万物,开阔心胸,扩大视野,思接千载,神游万仞,磨练心智和毅力,丰富情感和经验,树立正确的世界观价值观人生观。更好地完成立德树人的根本任务。希望大家高度重视,精心指导。

三、研学活动课程化

一是确定主题,制作课程,编写教材,体验学习,学习报告,实践反馈。

二是、档案留存:相册,展板,报告,手抄报,演讲交流会,教材讲义。专题片,视频

光盘。

研学旅行是让学生在读书行路中,培养知行合一的习惯,在走进陌生环境的过程中,运用自己学过的知识方法认识世界,勇敢的面对和主动融入陌生的人群,养成一种社交能力,锻炼出健康的生活方式和态度,提高生存能力和多方面素质。

四、研学活动主题

走进清风楼:廉政文化,走进开元寺:宗教文化,走进郭守敬纪念馆:科技文化,走进德隆钢厂:可持续发展教育文化,走进抗大纪念馆:红色抗战文化,走进邢窑:邢白瓷文化,走进百泉公园:泉文化,走进南水北调工程:水文化,走进七里河大桥:桥文化。

第十一节　每节课板书"学习任务"

一、为什么每节课要板书"学习任务"

课堂教学中,老师们要把传统教学手段中的板书教学和现代化教学手段中的课件教学结合起来,不可偏废,要相辅相成,建议板书设计内容要简单明了。板书:一要板书本节课的标题和学习任务。这是为了增强课堂教学的计划性,防止讲课随意性、盲目性,杜绝没主题、没重点、没计划、没步骤、没痕迹的课堂,学生一节课下来不知道笔记记什么,复习的时候不知道复习什么。二要板演理科知识的解题过程,文科的重要知识提纲、关键词句等。在板演过程中带着学生思考分析,用书面或口头表达出来,印象更深刻,同时锻炼学生思考、整合、合作、总结归纳提炼,表达等多种可持续发展能力。都是为了让学生课堂上对教学内容印象深刻,教学效果更好更高。

为什么要反复强调要老师们板书成"学习任务",而不要板书成"教学目标或学习目标"呢?主要是基于以下几点考虑:

第一,提醒老师们,面对一节节新的教学内容,新的一届学生,老师要和学生是一样感觉新鲜陌生才好。老师要把自己想象成是一个比其他学生知识技能稍好点的学生,和学生一样要重新学习新内容。老师保持新鲜感、陌生感,就会产生兴趣、激情、求知欲,这样师生的学习动力自然也就产生了。

第二,提醒老师们,在学习这个问题上,师生其实是一个共同体,是一个互相学习的关系。古语曰：教学相长。闻道有先后，术业有专攻，师不必贤于弟子，弟子不必不如师。这是教育的常识，也是教育规律。常识往往被人们忽略，甚至抛弃，我们必须千万不能忽略丢弃。相对而言，对于我们的学生要从多方面衡量；我们老师和学生之间也有许多需要互相学习，互相借鉴的地方；说白了就是，在学生面前，我们要敢于放下姿态，向学生学习，做学生的学生！

第三，学习任务，比教学目标学习目标说得更直白，指向更具体，更容易量化，一节课的学习计划性更强。老师们的学习任务制定的不要多，一两个就可以了，一多了重点就没有了。根据人的注意力和心理规律，事不过三，过了三就记不住了。

另外，要把学习任务问题化，用问句表述学习任务，是因为问句更能吸引人、打动人，激发人的注意力、好奇心和求知欲。

二、问题化、活动化课堂最养人

无论上什么样的课，一定要首先板书学习任务，让学生一开始就知道自己这一节课要学什么，学多少东西，怎么才能学会。板书学习任务时，一定要用疑问句来表述学习任务。千万不要用一般陈述句来表述。疑问句能引逗诱发带动学生积极思考，探究问题的兴趣。陈述句平淡无奇，不能起到吸引学生注意力和诱发学生思考的作用。我们的学生情况决定了我们应该采用哪种教学方式方法，量身打造，随身定制，首先要想方设法把学生好奇心勾起来，积极性调动起来，学习兴趣培养起来，让学生在课堂上始终处于亢奋状态！所以，提问式、启发式、动手式、动嘴式、合作式、探究式、参与式、快乐式课堂，对我们的学生来说最适合。课堂上千万不要让学生闲的没事干，要用一个个有价值的问题提问贯穿课堂始终，就是要变着花样让学生不停的想、不停的说、不停的写、不停地展示自己的学习收获。百闻不如一见，百见不如一干。这样的课堂才能高效智慧！

提倡"以问题为中心，以知识为载体，以师生互动为方式，突出教材主干、突出高考考查重点、突出学生在学习中的易混、易错点，突出学生能力的培养"，对准中等生，打造高效课堂。提倡按"问题导向、图形搭桥、规律引路、分层递进、过程清晰、变式拓展、网络清晰、方法得当"的程序编写教案、组织教学。关于学习任务问题化，特举例如下：

（1）熟记英语单词常用的方法有哪几种？

（2）本段要熟记哪几个单词？

（3）课文中哪一句话是提出中心论点的？

(4)围绕中心论点作者从几个方面进行论证的？运用了哪些论证方法？

三、如何选择确定一节课的学习任务呢

确定选择哪些东西作为一节课要学习的知识点或者说学习任务呢？依据有三情：

一是依据考情。看看是不是中高考的考点，或者说和中高考考点有没有联系。

二是学情。看看自己学生情况，基础在哪里，能力有哪些，能接受吗？

三是教情。教学大纲课程标准对这一章节是如何要求的，要求学生达到什么程度，掌握哪些知识，培养哪些能力等。研究设计出跳一跳能不能够得着的问题。其实，教情还包括教师本身的情况，教师无论知识和能力还有情感，社会阅历，人生经验，是千差万别的，各有所长，各有所短，教师扬长避短，选择能发挥自己特长教学方式方法，自己设计问题思维模式习惯等，只要能激发学生求知欲好奇心学习兴趣，让学生急不可待跟着老师去探究问题就行。

依据这三个方面每次备课时候，钻研教材考纲分析学情，最后再确定一节课的学习任务。上课时再根据学习过程中出现的问题随机调整学习任务，即生成问题的解决也要重视，一节课才会更有效果和智慧。

四、为什么我们要求一节课的学习任务最多选定三个

主要有以下三个根据：

一是根据人的认知规律。俗话说事不过三。这是有道理的。因为人的注意力集中的时间是非常有限的，记忆力也只对三个数字内的东西印象深刻。

二是根据学情和课时的需要。我们的学情，大家都知道，有时我们的美高学生，从学习动机动力，爱好兴趣，文化基础，基本技能，学习方式方法，都决定了我们老师教学进度计划，学习任务选定的难度和数量多少。必须把握学情，实事求是，因人而宜，见机行事。一节课只有40或45分钟，学习任务不可能选定太多，一旦多了，重点难点就不能突出出来。

三是根据教育教学规律。学习任务选定三个以内，就是提醒老师们时刻记着一个教学规律：教材就是一个例子，学习任务也就是三个例题，通过例题的学习，让学生掌握知识的基础上，更重要的是掌握一种或几种思维方式方法，解题的思路流程规律方式方法，省出更多的时间，让老师带领组织学生反复练习，熟练巩固提高。这就是圣人先师说的举一反三，触类旁通，授之以鱼，不如授之以渔。老师举一个例子

后,让学生用三到五同类题进行练习,学生亲自动脑动手动脚动口练几遍,比老师满堂灌效果要好得多。我们学校美术老师的课堂教学方法值得文化课老师们借鉴,少讲多练,老师讲出要点,剩下时间指导学生自己练习！百闻不如一见,百见不如一练,练完再给别人讲一遍,学习的效果就会达到最佳！

这一次物理老师王玉珍参加国培期间听了名校老师优质课,她发现这些优质课都是板书学习任务,而且都不超过三个,都是用大量时间组织学生开展合作探究,练习展示讲解等活动,课堂活跃,学生有兴趣不瞌睡,注意力集中,积极参与学习过程,这说明我们的学习任务要求是非常对路的,老师们一定要坚持做下去！

五、板书学习任务要注意啥

一是学习任务从哪里来？来自于教材的重点、难点、考点和学情

二是学习任务如何表述？用疑问句表述最好,吸引学生听课兴趣并引起思考

三是学习任务设计几个最好？根据教材内容而定。每节课二到五个,因课选择,太多了,重点不突出,学生记不住,效果不会好。课堂教学就是举几个例子示范给学生而已,不要面面俱到,眉毛胡子一把抓。难度系数照顾到大多数学生即可

第十二节　学科教学指导

一、在语文教学中的感悟

(一)教学过程

激情导入,明确目标,识记常识

反复诵读,积累词句,疏通文意

研讨思想,分析重点,突破难点

反馈调控,检测练习,强化巩固

当堂小结,回应目标,课后作业

(二)学习课文四要素

文字:音形意

文意:文章的思想内容

文艺:文章的艺术手法,写作方法

文情:文章带给人的情感共鸣

(三)现代文学习模板

整体感知,把握大意

局部分割,分析段句

重点突破,体会思艺

难点点拨,提升能力

总结反馈,巩固多基

(四)探究学习中存在的问题

(1)浅:发现和提出探究的问题没有深度,停在文章表面,缺乏探究的意义。

(2)散:不能围绕课文中心思想和学习重难点内容,有针对性的发现提出问题,漫无边际,四面开花,问题遍地,不能在一节课内聚焦解决几个问题。

(3)慢:学生学习基础参差不齐,对课文理解快慢不一,学生难以形成共性问题,探究学习进度慢,影响课堂教学效率。

(4)懒:个别学生学习兴趣不高,主动性不强,不参与学习,发现不了问题,更是懒得参与探究学习。

(五)说课稿的几个三

说三情:教情、学情、考情

说三点:重点、难点、考点

说三维:知识技能、过程方法、情感价值观

说三法:教法、学法、考法

说三块:目标、步骤、反思

说三环:导入、析文、作业

说三式:自主、合作、探究

说三论:系统论、控制论、信息论

说三读:默读朗读、个读齐读、速读精读

(六)各种文体课文的学习重难点内容

记叙文:叙事线索、人物性格、语言。

小说:情节、人物形象、环境描写。

议论文:论点、论据、论证方法

诗歌:意境、语言、诗情、赏析

说明文:说明对象、说明顺序、说明方法。

戏剧:戏剧冲突、人物对话、人物形象

(七)教法学法集锦

提问对话法、引导点拨法、朗读法、勾画圈点批注法、讨论法、展示法、分组研究、记忆法、想象法、合作探究法、启发式、归纳法、写作训练法、迁移训练法、情景激励法、比较法、分析法

(八)未来教育的学习方式和传统学习方式

网络化学习和纸媒性学习

交互性学习和个体性学习

批判性学习和接受性学习

个性化学习和统一性学习

综合性学习和综合性学习

(九)语文学科培养学生素质的七种策略,即途径方式方法

编写知识树或思维导图、课前三分钟演讲、仿写课文片段、改编课文文体、编演课本剧、编写课文提纲、缩扩续写课文

语文教学应立足教材,结合学情,采用多种手段,教给学生学习方法,激发学生学习兴趣,培养学生的语文素养及听说读写能力,帮助学生树立正确的人生观、价值观、世界观,进而提高学生的综合能力,为学生的终身发展奠基。

二、文言文学习策略之一——诵读法

一读通文句:示范读,领读,自由读,齐读……两三种形式读,学会断句,培养语感。

二读解词语:实词、虚词,成语典故名句,文言语法等。

三读明道理:理解大意,提炼思想,分析写法(语言表达特点,谋篇布局结构,写作方法),联系实际,模仿写作,学以致用。

诵读法可以让课堂气氛活跃,适合上语文诗歌文言文短课文之类的公开课。一课一得,一节课突出一个重点,教会一个学习方法,传授一个道理或生活人生经验即可。

另外,课文短就要求学生当堂全文背诵,文字长就要求学生背其中一段流传下来的名段。

朗诵他人作品是学习的过程,大声读自己的作品实质是修改完善的过程。名篇佳作的音韵美、节奏美、气势美,只有在诵读中才能真正感受到;文章的起、承、转、

合,只有在诵读中才能深刻地体会到。

让学生始终处于斗志满满,高速运转,争分夺秒,争先恐后的紧张状态,有一种明天就要走进考场的紧迫感。

只有掌握了大量教法后,运用自如才感觉教无定法的。就好比是一个剑客只有到了出神入化的境界,才敢说无招胜有招;一个书法家随手拿到什么都可以当作毛笔,写出惊人墨宝;一个文章大家出口成章毫不费力,敢说写文章没啥章法模式。所以我们先要大量的学习模仿练习,熟能生巧之后才敢自创体系,随心所欲,挥洒自如,自成一家,不谈教法!

三、作文课,学什么?

给咱们的学生上作文课,就是反复教给学生三个秘诀:

一是内容:有话可写。平时热爱生活,留心身边的人和事,勤于思考对与错,好与坏,随时随地记下来所见所闻所感所悟,积累多了,写作文就不发愁了。叙述一件什么故事,描述一个什么人物景境和内心活动状态,讲清一个什么道理,抒发一种什么情感。

二是结构:分层说话。先说什么,再说什么,后说什么,有条有理,有详有略。
三是语言。说对说好。说的准确,语法没问题;说的合理,逻辑没问题;说的优美动人,修辞没问题。

其实,各学科老师,不管是数理化,还是语外政史地等其他学科,都需要教给教会学生这三个秘诀,让我们的学生学会说话,学会作文,学会做人,学会做事。

四、语文课要做到"五化"

学习任务问题化:从课文中集中提炼两三个问题,围绕这两三个问题分解成一个个小问题,由小问题牵着学生注意力,随着这一个个小问题解决,大问题也就解决了。问题化让课堂学习形式多样化,气氛始终紧张活泼,课后学生很清楚自己一节课的收获。

学习形式多样化:听说读写背讲演等多种形式根据实际情况,交互使用,使学生始终保持新鲜感。

学习内容生活化:文学源于生活,文章中讲的故事、道理和生活多联系,相互印证,激发兴趣。

学习课文例题化:把每一篇课文的学习都当作数学例题一样,教会学生触类旁通,举一反三。

学习作业层次化:结合学情,针对不同学生,布置适当的作业。

五、诗歌(含古诗词)鉴赏

(一)诗歌(古诗词)中常见的思想情感

忧国伤时:揭露统治者的荒淫残暴,反映国难、离乱给人民带来的痛苦,表达诗人对国家、民族命运的担忧。

建功报国:表达诗人对建立功业的渴望,报国无门的悲伤,山河沦丧的痛苦,壮志难酬的悲叹。

思乡怀人:表达诗人的在旅途或异地对故乡和亲友的思念,在边关对故乡、祖国的牵挂,在深闺之中对心上人的思念或对自由的爱情与生活的向往。

生活杂感:寄情山水,向往田园生活的淳朴、悠闲,对国家、故乡昔盛今衰的感慨,借古讽今的思想,青春易逝、美好时光一去不复返的伤感,引发对昔日的追忆。

(二)诗歌(古诗词)常见的语言风格

朴素自然、清新飘逸、沉郁顿挫、淡雅高远、清丽婉约、严谨细腻、悲壮苍凉、雄健高昂。

(三)诗歌(古诗词)常见的意境

孤独凄凉、闲适淡泊、激情飞越、壮志昂扬、清新飘逸、沉郁苍凉、平淡自然、委婉含蓄、简洁凝练。

(四)诗歌(古诗词)常见的写作手法

托物言志、借古抒怀、借古讽今、用典、铺垫、象征、对比、想象、烘托、以小见大、动静结合、以动衬静、虚实相生、比兴。

(五)诗歌(古诗词)常见的语言美感

对称美(常见于对仗、对偶的修辞手法),韵律美(一唱三叹、回环跌宕、韵律整齐,常见于反复、顶真与押韵),拟声词(使诗歌更加生动形象,让人宛如身临其境)

(六)答题模板

这首诗语言XX(一两个词点明语言风格),诗中XX语句(引用始终相关语句具体分析这种特色)采用了XX(表达方式、修辞手法、表现手法)的写作方法,写出了XX(意向)的XX特点,表现、突出了诗人XX的思想感情。

六、现代文阅读分析

常见现代文表达方式：记叙、描写、议论、说明、抒情。

常见现代文结构形式：照应、衔接、过渡、铺垫、伏笔。

常见现代文修辞手法：比喻、借代、夸张、互文、对比、反复、双关、衬托。

常见现代文中描写、修辞性语句的作用：深化文章意境，突出意境的深远或优美、苍凉，呼应作者的情感，奠定全文者的感情基调，深化文章主旨，使文章意味深长、耐人寻味、言近旨远。

常见现代文的词语赏析：XX 词语有 XX 之意（解释该词语在句子中的含义），描述了 XX 的景象或现象（原句的含义），具有 XX 的表达效果（该词在结构上所起的作用，表达了 XX 的思想感情；奠定了 XX 的语言风格；在结构上起到了 XX 的作用）。

七、初中语文优秀说课模版

各位评委老师：

上午好！我是来自（ ）学校（ ），我今天说课的题目是《   》。下面我将从教材、教法、学法、教学过程和板书设计等五个方面来对本课进行说明。

（一）说教材

1.教材地位、作用

课文《   》是人教版初中语文（   ）年级（   ）册第（   ）单元中的第（   ）篇课文，这一单元的主题是（   ）。

根据新课程标准的要求，中学语文教学要培养学生热爱祖国语言文字，热爱中华民族优秀文化的感情，培养高尚的审美情趣和一定的审美能力，提高文化品位，（   ）作为中/外国文学史上的一朵奇葩，对陶冶学生的情操，意义非凡。

2.教材特点

《   》是（   ）（体裁）主要写了（主要内容），表达了（中心思想），语言简炼，层次清晰，描写生动，语言优美，是本文最大的特色，教学这篇课文计划安排（   ）课时，我今天要说的是第一课时，在学习《   》之前，本单元已经学习了（   ），学生们懂得了一些（   ），有助于学习（   ）。

3.教学目标

根据语文新课程标准要求，结合初中学生实际以及单元教学要求和本课特点，我将本课的教学目标确定为如下三项：

（1）知识和能力目标：能正确读写本课所要求掌握的生字新词，了解本篇课文和作者的一些常识

（2）过程与方法目标：

a 掌握朗读方法；通过美读课文，品味语言。整体感知课文，理清脉络，把握文章主要内容。

b 以学生自读为主，教师引导启发为辅，强调有感情地朗读，融入文本意境。

c 运用朗读的方法学习诗歌，养成在朗读中学习诗歌的习惯；运用联想和想象的方法学习诗歌，体会诗歌的情感，概括诗歌的主要内容。

d 在合作探究的过程中让学生学会阅读、理解、品味一篇美文。在自主合作探究中品味文中有着强烈抒情色彩、意味深长的语句，把握作者表达的思想感情。

（3）情感态度和价值观目标：

a 品味作者所要表达的思想感情，培养（　　　）。

b 引导学生感悟生命的美好，培养关爱生命、乐观向上的生活态度。

c 提高学生人文涵养，在领略自然美的同时，懂得把握文中的哲理。

4.教学重点

根据新课程标准中"要培养学生自主，合作，探究的学习方式"这一要求，以及（本课的一些特点），我将本课的教学重点确定为（　　　）。

5.教学难点

因为（学生的一些实际，如，初中学生现阶段的知识储备和理解能力有限 或距今时代久远）我将本课的教学难点确定为（　　　）。

（二）说学情

就是分析教学对象。因为学生是学习的主体，因此教师说课必须说清楚学生情况。这部分内容可以单列，也可以插在说教材部分里一起说。说学生包括：

（1）说学生的知识经验。这里说明学生学习新知识前他们所具有的基础知识和生活经验，这种知识经验对学习新知识产生什么样的影响。

（2）说学生的技能态度。就是分析学生掌握学习内容所必须具备的学习技巧，以及是否具备学习新知识所必须掌握的技能和态度。

（3）说学生的特点风格。说明学生年龄特点，以及由于身体和智力上的个别差异所形成的学习方式与风格。

（三）说教法

根据自主高效课堂教学的要求，应该充分调动学生参与课堂教学的积极性，发

挥学生的主体作用,所以采用以下教法学法:

a 情景导入教学,为学生创设了良好的环境,使学生能迅速进入角色。

b 讨论法:(包括学生和学生之间的讨论和教师和学生之间的讨论)这种方法有利于学生之间的合作交流以及师生之间的平等对话,使每一个学生都能积极地发表个人见解,激发学生学习兴趣和灵感。

c 讲授法和点拨法:由于初中学生接触文本的时间较短,生活经验和知识积淀有限,要理解(　　)有困难,所以教学中利用课件补充作者生平有关重要信息和时代背景,以及进行简要的点拨非常必要。

d 点拨法。运用点拨教学法,以突破重点。运用点拨法,就是教师针对学生在学习课文的过程中存在的知识障碍、思维障碍等。

e 多媒体演示法,辅以多媒体演示法,展示图片,增强学生的直观感受;配乐朗读,以渲染气氛。

f 情景设置法。在本节课上,我充分利用课件展示创设情景,如世界杯短片、配乐诵读、海雕捕食影片等,使学生很自然地融入课文的意境中去产生思想共鸣。

g 朗读教学法。新课标重视朗读,要求读出语气、语调和韵味。通过富有感情的美读课文,体会课文的意境,品味文章所表达的对大自然的热爱之情。本篇课文语言简洁明快、质朴优美,在句式上长短整散搭配协调,字字句句都饱含作者的情感,基调欢快,有很强的节奏感,读起来朗朗上口。因此在本文的教学中,采用(初读、精读、品读),让学生在朗读中深入理解课文内容、感受课文独特的意境。指导学生通顺、流畅、有感情地反复朗读,深入体会。并将各种方式的读贯穿于整个课堂,让学生在读中学,学中悟。诵读法。每篇文章都有独特的意蕴,只有反复朗读才能领会其中深刻而丰富的思想内涵。因此我采用诵读法,主要有范读和学生自由朗读等形式。

h 教师引导、师生合作探究法。充分发挥学生的主观能动性,让学生在讨论中分析、感受作者的写作成功之法。合作交流法,开放学习,课堂应该尊重个性,鼓励创造。因此,在本节课中我努力搭建一个生生交流、师生交流的平台,使学生在和谐的关系中、轻松的学习中个性得到发展。并且也使学生在学习过程中能取长补短,学会如何与人交流,与其他人一起分享劳动成果,增强学习的自信心。

i 设疑导学法。(课文写了什么?为什么写?怎样写的?学到什么?步步深入,几个问题贯穿整个教学流程,让学生由整体到局部地学习把握课文。)

j 自读点拨法。本文属自读篇目,课堂教学以学生充分阅读、自由探究为主,教师点拨课文的学习要点为辅。

k 比较阅读法?。在语文教学中,采用比较阅读的方法是培养学生理解能力和分析能力的一种行之有效的方法。

（四）说学法

学法上,我贯彻"把学习的主动权还给学生"的指导思想,倡导"自主、合作、探究"的学习方式,具体采用的学习方法是:朗读和默读相结合的方法,讨论法,勾画圈点读书法,运用网络环境进行小组课题研究,（让学生在课后以 为专题,充分利用多媒体和网络环境进行小组课题研究,培养学生的求知欲望和主动意识）。

1.诵读法

朗读是学生把握语感,提高阅读能力的有效途径,在此基础上理解文章内容,感悟优美的情趣。这一篇散文语言优美,要求学生在自主学习,扫清文字障碍,初通文意后,能通过反复朗读品味,还课堂以朗朗书声。通过诵读和品味达到对文章的整体感知,加深对课文内容的理解。品味文中优美的语句,培养学生对散文的阅读欣赏爱好,对学生进行美的熏陶,培养学生热爱祖国优秀文化的精神。

2.自主、合作、探究法

叶圣陶说过"教师之为教,不在于全盘授予,而在于相机诱导"。教学中营造宽松、和谐的氛围有利于调动学生的积极性,鼓励学生在交流、互动中获取知识,培养良好的语文素养。

3.圈点勾画法,让学生勤动笔墨,积极读书。

学生用圈点批注法做预习笔记,要用活页纸做感悟笔记,便于整理归类。指导学生在对课文的分析中,用符号圈点出重点词、句,以助于学生对文章内容的理解。养成圈点批画的良好习惯。

合作讨论法。引导学生积极参与小组,合作探究解决难点,也可以使学生认识到合作的重要性。

4.自主学习法

要求学生必须学会使用工具书,养成看课文注解,自学课文的好习惯,自主参与到教学的各个环节中去,如课前预习、课上积极思考踊跃发言、课后及时复习巩固等。经过自学,应基本理解课文内容、读准字音、正确停顿、有感情地朗读。学生分组讨论,达成共识。

（四）说教具:多媒体（幻灯片教学）

（五）说教学程序

为了完成教学目标,解决教学重点,突破教学难点,课堂教学,我准备按以下六

个环节展开:

1.情景导入

我设计的导语是:( )。预计用时两分钟。此导语以师生对话的方式展开,消除了学生上课伊始的紧张感,激发学生的阅读兴趣。

方法:

直接导入(高年级学生,慎用)

温故导入(第二、三课时使用)

悬念导入(语文:赠汪伦)千里桃花、万家酒店

经验导入(物理:搓手会热)

实验导入(物理、化学)

歌曲导入(语文、英语、美术、历史等)

情境导入(万能导入法)

笑话导入(语文:药)

故事导入

问题导入

2.整体感知(读、思):预计用时 15 分钟

首先,教师请学生借助注课下注释和工具书解决字词问题,教师有针对性地对某些容易读错写错的生字词进行指导,例如( ),这样做,既为学生阅读课文扫清了障碍,也体现了语文学科工具性的特征。

接下来,教师补充相关资料,(1)介绍作者,(名、时、地、作、评)方法上讲究特色,(2)说明写作意图,(3)介绍作品的社会影响,(4)播放有关音像资料。

然后请数位学生分段朗读课文,请其他学生边听连圈划每段的关键词语,根据段义,理清文章脉络,在此基础上,教师边引导学生归纳文章脉络,边完成如下板书。

新课程标准对学生阅读的要求是:在通读课文的基础上,理清思路,理解主要内容,此环节力图将学生置于阅读的主体地位,调动学生的主体性和积极性,让学生边读边思考问题,锻炼学生的阅读能力,尤其是概括要点的能力,解决教学重点。

3.研读赏析(讨论、交流、合作):预计用时 10 分钟

新课标明确指出,"阅读是学生个性化的行为,不应以教师的分析来代替学生的阅读实践,"所以,教师以多媒体出示如下一组思考题,请学生小组讨论,然后班级交流,学生通过积极主动的思考和讨论,给出答案,进一步加深对文章中心的理解,从而受到情感的熏陶,获得思想的启迪,培养学生的合作精神和探究意识,解决本课的

教学难点。

4.质疑问难(探究、展示、评析):预计用时5分钟

教师启发:这篇课文中,同学们还有哪些疑问,提出来大家一起解决,待学生提出问题后,师生合作探究,共同解决。

这一环节重在鼓励学生踊跃发表自己的观点,这样可以养成学生参与意识,养成积极思考,大胆发言的习惯。

5. 拓展延伸

(1)围绕中心,补充材料:培养学生的联想能力和想象能力,让阅读与写作互相促进。

(2)教师介绍相关材料,引导学生课下阅读:拓展学生的知识面和阅读范围,丰富同学们的知识储备。

6.课堂总结:预计用时3分钟

通过教师的总结,使本课知识要点化,系统化,给学生以强化记忆。

7.布置作业

(1)用5个本课所学词语,写一段话。

(2)关于学后感悟。

注意:量,分层。

(四)板书设计

这一板书的设计,内容精当简约,布局合理,美观大方,能体现散文的特点,既体现了课文重点内容,又给学生留下深刻的印象。

各位评委老师,以上,我从(　　　)四个方面对本课进行了说明,我的说课到此结束,谢谢各位评委老师!

八、培养学生语文学科核心素养

语文学习要过好读背抄说写这五关。

第一关阅读。这里强调的不是方式,而是数量。高中阶段的语文课外阅读量,三年应不低1,500,000字。每学年阅读五部以上文学名著及其他课外读物。高中学生语文课,阅读数量上方向、时段、内容都非常明确。

第二关背诵。这一关强调的是质量。经典篇章,从词句到篇章结构再到思想情感,内化为学生自己的语文素养,更简单更加直接的方式,就是背诵。背诵的目的,就是将别人的变成自己的,积极建构与提升,将书上的文字变成自己心中的话语,将先

贤的思想情感内化为自己的思想情感。高中学生自读文言文,经典篇章,背诵两万字,浅易文言文的阅读理解能力,可以得到根本性的提升,如果从高中一年级开始,每天坚持背诵100字,一个学年,就可以基本解决高中文言文阅读理解的绝大问题。

第三关抄写。这一关是语文阅读能力提升的捷径。前人为我们总结了很好的经验,看一遍不如读一点,读一点不如抄一遍。和诵读相比,抄写是很辛苦的,但也是很有效的。默写的过程是记忆巩固理解精深的过程。

第四关说书。如果说前三关是吸纳,那么第四关说书是基于阅读经验与生活经验的口头表达,是释放。所有的口头表达,都是基于具体思考与感悟的。在语文课堂上把别人的故事讲清楚。对别人的观点能够提纲挈领的加以概括,做几句评说,或一番评论,在联想中迁移拓展,借助规范的话语模式说几句自己的话,只要能说出来说清楚,再力求说稳妥,说漂亮,说的有条理,有逻辑,就是成功。

第五关写作,我手写我口,前提是心中有渴望有感悟,对阅读中的一词一句,心中有戚戚,摘录下来,摘录之外,将心中的戚戚努力写清楚,本身就是走向条理,走向深入的过程,一定要深入浅出,不求长篇大论,精辟深刻。在实际教学中三五句话能把话说清楚,说稳妥的学生应该给予肯定。机械地说,哪怕学生每次能努力增加一句,稳妥地表达,日积月累,必见功效。

读背抄说写,是对高中语文实践活动最直白的表述,目的是教学生聚拢到更具体更切实的语文实践之中。

九、语文教学模式:五个比

比读书、比写字、比认字、比背诵、比回答问题。

出示自学指导:学一点,教一点,再学一点,教一点。这样小步走,学生喜欢,效果好。

从最后一名学生抓起:让学困生优先读书,优先回答问题。老师带领尖子生认真帮助后进生解决问题,这样全体学生在课堂上紧张地看书,紧张地练习,紧张地讨论,紧张地当堂完成作业。

四清:堂堂清、日日清、周周清、月月清。

真正有价值的教育是让孩子不断展示自己,要想尽一切办法让学生向往学校,喜欢老师,让学校成为学生乐而忘返的乐园。

心理越有问题,学问越大者,危害也就越大。好老师应该有尊重学生的意识,要有爱学生的情怀。

十、什么才是学习历史的正确方法呢?

笔者以为,学习历史应该是循序渐进的,而不是一味采用填鸭式,向学生拼命塞入一大堆讯息,以致讯息泛滥成灾,对历史产生怨恶。

历史学习应轻松自然,要在潜移默化中吸取营养。这可以先从历史人物、趣味故事、影视资讯、名胜古迹着手,让学习者感觉到历史融于生活之中,无所不在。尤其是影视资讯,这是一种软实力,接触面广,容易被人接受。

一旦对历史产生兴趣,就可以比较有系统地去砥研一些课题,由点到面,先广后专。从历史小说,到专题论文乃至大部头史著,一手资料,原始档案等,一步步地深入探讨。

学习历史的最高境界在融汇贯通,在于"悟"字,终臻历史哲学。读历史就是读人性。人类最大的教训就是没有从历史教训中吸取教训,因此一而再,再而三地重蹈复辙。其实,所有事件,小至个人际遇,大至国家大事,只要熟读历史,往往可以找到相应案例,因时制宜,寻找解决方案。

历史真相,有时扑朔迷离,不易理顺。要了解真相,除了必须了解大历史背景外,更应注重细节,结合现实情况,以逻辑思维探索人物心理活动。这正是训练人们思考与分析能力,可以作为处世之道与生活哲学。

历史学习,小至个人修养、人生哲理,大至时事问题、世界格局,都能从历史中寻找答案。"忘记历史就意味着背叛",这句话已被世界各国奉为真理。这句话也无疑在告诫人要时刻牢记历史,牢记先贤筚路蓝缕,艰辛建立家国的汗马功劳。

十一、关于美术课的一点看法

从高一年级开始,美术专业老师要为学生要开设美术史、美术欣赏、学画画三类课。其实,这三类课是不可能完全严格分隔开的,尤其是在学画画的课上,在教授指导学生学习技巧过程中,应该融合美术史和美术欣赏的内容和方法的学习,会让课的趣味性文化性更强。

例如教授:如何画好眉毛? 这一内容,就要先展示几种不同类型的眉毛,让学生先有个感性认识,然后简单介绍美术史上哪一位画家的人物肖像作品中眉毛画的最好,好在什么地方。还要引导学生思考眉毛的类型与男女老幼年龄段、不同历史时代、社会职业阶层等的关系,从而让学生更多的了解和眉毛有关的文化知识,增加课堂的乐趣和文化内涵。

当然,对我们的学生来说,首要的是面对高考组织教学内容,设计教学形式,先要练好基本功。如果再重视一点学生的观察能力培养和思维能力训练,专业老师想方设法把每一节课都从文化角度去思考备课,着力提高学生学习兴趣,会收到更好的教学效果。

十二、学科教学模式

语文:"自主探究、点评提升"讲评课。

数学:"问题导学"。

物理:"精讲精练独思三段式"教学法。

化学:"改、查、究、理、练"五步讲评法。

英语:"1441"讲课课堂教学模式。

地理:"指导——探究式"课堂教学模式。

生物:"质疑——探究——明理——反馈——点拨"五步教学法。

政治:"剖析自我、举一反三、提高升华"教学模式。

第十三节　学习习惯的培养

一、怎么样培养独立自主的习惯?

第一,生活自理是培养自立品质的第一步。一名高中生,国家未来的建设栋梁,如果因为生活上的无能、低能,这样的孩子即使读完大学,也根本不可能在社会中立足,更别提为社会做出什么贡献。

第二,在困难中锻炼意志。每当面对学习、生活中的"障碍"和"困难"时,暗示自己不要求助于别人,而是鼓励自己独立去思考,去解决。一旦通过自己的努力,克服了困难,你就能体会到成功的喜悦,从而增强自信心,养成独立的习惯。如果我们决定依靠自己,独立自主,就会变得日益坚强,距离成功也就越来越近。

第三,主动承担任务和责任。在学习中主动为老师和同学提供力所能及的帮助,大胆承担别人托付的任务。通过这些活动,你可以增强自己的责任心,也能够从中体会到一个独立的人不仅能够让自己不断进步,还可以为他人、为集体做出自己的贡献。

第四,摆脱对别人的依赖心理。遇事不要等别人来拿主意,要自己设计,自己决断。当你放弃依赖别人的念头,决心自强自立,你就走上了成功之路,你将实现你梦想不到的奇迹。

二、一定要惜时如金

罗曼·罗兰曾说过,即使一动不动,时间也在替我们移动,而日子的消逝,就足以带走我们希望保留的幻想。

领悟:惜时如金,你就有了主动权;自省:时间是人生宝贵的财富;养成:怎样赢得更多的时间?

时间就是金钱,只有重视时间,才能获得人生的成功。有人认为,就那么几分钟,对我们漫长的人生有什么意义呢? 实践证明,这几分钟,甚至几秒钟都是至关重要的。你今天比别人多读 10 分钟书,是没有多大差别的,但是你坚持一年、二年、三年呢? 人生最宝贵的是生命,而时间是组成生命的材料,所以时间也是最宝贵的。时间就是生命。一个人的宝贵的财富就是人人都拥有的时间,谨记浪费时间就是浪费金钱,你就会合理地运用时间。

三、当代青年是同新时代共同前进的一代

习近平强调,当代青年是同新时代共同前进的一代。广大青年既拥有广阔发展空间,也承载着伟大时代使命。每一个青年都应该成为社会主义的建设者和接班人,不辱时代使命,不负人民期望。广大青年要忠于祖国、忠于人民,了解中华民族历史,秉承中华文化基因,有民族自豪感和文化自信心,把自己的理想同祖国的前途、把自己的人生同民族的命运紧密联系在一起,扎根人民,奉献国家。要立鸿鹄志、做奋斗者,培养奋斗精神,做到理想坚定,信念执著,不怕困难,勇于开拓,顽强拼搏,永不气馁。要求真学问、练真本领,通过学习知识,掌握事物发展规律,通晓天下道理,丰富学识,增长见识,更好为国争光、为民造福。要知行合一、做实干家,面向实际、深入实践,严谨务实、苦干实干,在新时代干出一番事业。要以社会主义建设者和接班人的使命担当,为全面建成小康社会、全面建设社会主义现代化强国而努力奋斗,让中华民族伟大复兴在我们的奋斗中梦想成真。

不仅仅是英语课堂教学,其实各学科教学都应该努力创造"活课堂",通过"听说读写背讲演"等多种教学形式交互运用,让课堂气氛活跃起来。备课的时候从生活中寻找搜集整理学生身边熟悉的教学素材,加以提炼,编写成一段一段的小情景情节剧或小品脚本,课前让学生熟悉掌握体会排练,然后在课堂上呈现出来,通过学生体

验,加快加深对知识点的掌握。这样让学生在课堂上自始至终在活动中获得知识运用知识,增长智慧。学以致用,学起来才有兴趣,产生动力,实现教育的目的。希望大家都能坚持教学三原则:生活化、情景化、体验式。

四、德智体美劳全面发展

育人为本,引导学生珍惜学习时光,增长见识,丰富学识,沿着求真理、悟道理、明事理的方向前进。树立健康第一的教育理念,让学生在体育锻炼中享受乐趣、增强体质、健全人格、锤炼意志。

美育教育,以美育人,以美化人,提高学生审美和人文素养。劳动教育,教育学生崇尚劳动、尊重劳动,弘扬劳动精神,引导学生长大后能够辛勤劳动、诚实劳动、创造性劳动。

通过德智体美劳的全面培养,提升学生的综合素质和专业素养,让学生扎实掌握分析问题和解决问题的能力、不断创新的能力、面向未来的关键能力,促进学生的全面发展,培养一代又一代拥护中国共产党领导和我国社会主义制度、立志为中国特色社会主义奋斗终身的有用之才。

2017年9月中共中央办公厅,国务院办公厅印发《关于深化教育体制机制改革的意见》,明确指出把认知能力、合作能力、创新能力、职业能力作为关键能力培养。这四大关键能力,与社会主义核心价值观中有关个人层面的爱国、敬业、诚信、友善的必备品格,共同构成新时代中小学生的核心素养。

如何把教学目标转化为学生的学习目标,如何设计既能承载学习目标又让学生自带动力的学习任务,如何为学生的学习提供适切的方便的工具和脚手架,如何让大量的形成性评价进入学习过程,如何从仅仅获取信息,分析理解走向问题解决,如何从学科素养走向核心素养,等等。

第五章 干部培训

第一节 刘庆山校长在联席会上强调的内容

一、成绩

1.教育教学改革结硕果,教师成长,名师培养

李育红副校长被推荐为省级千人计划名师,上报为国家级万人计划名师。

李育红、胡海云被评为正高级教师。

李育红、王翠芳、胡海云被评为特级教师。

2.学生成长,获奖多多

(1)谷晓蕾带领我校"荣耀之光"创客团队冲进省级竞赛。

(2)学生获得"希望杯""大中华杯"等竞赛一二等奖多人。

(3)高三年级美术生多人通过联考、校考,5人过中央美院,多人过八大美院。

3.各年级在校园文化活动中形式多样,创意无限,落实核心素养18件事出成果

初一年级一级两套操,高二年级书法展。

4.学生素养普遍提高

二、需要加强的几项工作

1.认真组织好升国旗仪式

内容、形式要把关。朗诵文字不超过200字,时间控制在3分钟以内,国旗下讲话稿不超过3分钟,才艺展示不超过3分钟;主持人、演讲者要衣着整齐大方、声音洪亮、富有激情;音响设备要保证效果。总之,要及时反思,打磨精品,抓好每一个环节,每一个细节。

2.抓好课间文明

(1)学在教室、静在走廊、动在操场。

(2)每班安排两名学生每个课间在本班门口值班,保证自己教室门前面安静、整

是突击任务,都要有首先做一个规划的意识,要事先分析情况,研究问题背景和根源,理解上级意图和要求,然后认真思考,周密计划,制定多个方案,最后反复斟酌,确定最佳方案和计划,再召开团队会议,进行宣讲解读,以求人人知道理解领会,达到目标任务责任明确,有目的地去干活。

所以,各科室年级主任都要重视自己的计划能力的培养和展示。不要随便应付,草草做个计划交差了事。糊弄领导,更是糊弄自己,很难有所长进。从开学初交上来的计划和每周交上来的周计划,就可以看出谁的计划水平高,谁的计划能力强,这是组织发现人才的重要途径,大家不可不认真对待。让大家在群里展示交流,目的除了互相了解工作,积极配合外,还为了让大家互相学习借鉴,取长补短,提高自己的计划能力。

执行能力是干部能不能干成事,干大事,争先创优的关键能力。会做计划,是第一步,还要会组织协调上下左右各种关系,调动各方面的资源,为自己所用,完成自己的计划。只会说,不会干,计划再好,也是一张废纸,一句空话。所以,我们强调落实,落实,再落实,是干部的关键能力,雷厉风行,说了就干,一干到底,有一种不到长城非好汉的意志和工作作风,是最可贵的品质,也是所有领导最喜欢和欣赏的品质,更是个人快速成长的基础和实力。领导交办的事,拖拖拉拉,敷衍了事,都是烂尾工程,事事无结果,结果不回报,事事没回信,是一个干部最大的硬伤。

监督能力是确保计划实施的重要手段。有安排有布置,还要有专人负责监督。形成管理链条。

评价能力。有计划,有执行,有监督,活儿干成什么样子,还要有评价,对照计划和标准,测量衡量结果是不是达标,是不是精细精致精美,精益求精,哪些是不合格,合格,良好,优秀,都要评出来,反思,总结,表彰,提炼出经验模版程序,形成长效机制规章制度等,便于以后更加高效地开展工作。评价能力也是领导干部很重要的能力,同样要注意培养。做一个素质全面,能力出众的管理者。

以上所说,需要每个人都一直在路上修炼,永无止境,我们共勉吧。

二、如何做好团队建设

3月13日,我们学校借着在皇寺龙山水岸举行联合校劳动教育基地挂牌仪式之机,组织了一次主题党日和植树活动。

活动前,有一位非常专业有激情的团队建设培训师,为我们做了一个大约半小时的团建培训,效果非常好。大家一开始没有认识其重要性,不够重视,心不在焉,自由散漫,心里漠视,不予配合,难以融合,逐渐通过培训老师一个接一个环节引领指导鼓励带动,一步步达到目标明确,思想统一,积极配合,步调一致,动作协调,士气高涨,融为一体,同心同向,基本上完成了团建的任务,实现了团建的目的。这些收获,尽管可能有些人至今还没有体会到,但是这次活动会在大家的心里留下很深很久的印象,值得我们保存下来,反思一下,学习借鉴,用在自己科室年级班级日常管理和教育教学之中。经常思考如下几个问题:自己团队存在什么问题?应该组织什么样的团建活动?怎样组织团建活动?如何让自己组织的每一次团队活动,上的每一节课,收到好的效果? 思考在活动前上课前如何设计一个简单的凝聚人心,集中注意力的环节,以确保后面活动和课堂学习的效果。

这次的团建培训,各个环节,设计的组织的都很用心,受到的启发分享一下。

让每次经历都留给我们思考和经验,都有收获,进而成为我们的习惯。不仅仅是放松身心,拓宽视野,增进友谊,增强合作,更要寓教于乐,让参与者体验幸福,提升能力,促进工作,形成联合校师生是一家,团结合作的命运共同体意识。

(一)做好团建前的动员

提出让大家进入状态的要求,明确几条纪律,甚至是奖惩措施,定下制度,立下规矩,尽到告知责任。同时,要求大家尽快脱离以前的环境感觉,角色意识,迅速建立新环境,新角色,新定位的感觉和意识。入乡随俗,一切从新开始,犹如自己到了一个陌生的地方,重新生活学习工作打拼,尽快融入一个新的团队,重塑一个新的形象。新鲜感、好奇心可以催生进取心和探究欲。这样就让团建效果又好又快的凸显出来

(二)一个团队必备的七个一要件

(1)一个队长或领袖(建一个团队群)。

(2)一面共同命名的旗帜。

(3)一句体现共同价值观和目标的口号。

(4)一首共同喜欢的队歌。

(5)一套共同制定的规章制度和长效机制。

(6)一系列团建主题活动。

(7)一整套团建档案。

根据以上意见,请各主管校长科室年级班级主任,思考一下如何搞好自己团队建设,凝心聚力,瞄准目标,激发士气,履职尽责,做精做细做优本职工作,随时准备完成学校安排的各项任务,带出一支支爱拼敢赢的团队来。

三、干中进步，实才精彩

一个人只有在干中才能不断进步，而且只有靠实干才能创造出精彩。

越是急难险困的时候，越能通过一个人的表现，看出一个人的本性。当前，疫情反复无常，防控形势急，难度大，教育教学形式因此也要跟着复杂多变，模式随机切换，师生身心产生各种问题越来越多，学校管理同样面临诸多突发急变的形势，难度加大，需要大家顺时应变，把控好防疫和教学和管理等方面工作，统筹协调，无缝衔接，运转正常。人人责任明确，个个主动作为，天天居安思危，时时盯紧一线，事事落实到位，件件跟踪查看。提前到岗，亲转勤看，排查隐患，发现问题，及时整改解决，不留遗憾。这样的日子，才最能考验出一个人的境界和才干。

常言道：一叶知秋。遇事观人，办事识人。一个党员，一面旗帜，一个支部，一个堡垒。这都说明了个体和集体关系，个人表现和作用对塑造团队形象的重要意义。

人们总是通过所遇到一个老师和学生的言行举止，来判断一个学校的校风教风学风的好坏，来评价一个学校的管理水平和形象优劣，并以此作为选校择班拜师的依据。

在学校内部，通过一个老师和学生的一件事，一句话，一个行为，一个细节上的表现，判断一个年级，一个科室的精神状态和工作作风，一个班级的风气面貌和氛围的优劣好坏。

人们到一个单位办事，往往是通过要面见的面对的第一个人，以及后面办事流程中的每一个人，对他的说的第一句话，做出的第一个动作，表现的第一个表情和态度，来确定他对这个单位团队的印象和感受，看这个单位团队责任分工是否明确，责任链条是否建立，责任人是否有担当肯负责，工作作风是否高效优良等，从而形成一种整体的优劣判断和好坏口碑。而且，很多时候，我们说什么并不太重要，重要的是怎么说。别人很容易忘记你说话的内容，却会记住你说话的态度。

作为一个团队管理者，要经常倾听，收集意见，仔细观察自己团队的人对外人，对自己老师学生的态度和表现，来发现优秀，查出不足，寻找原因，总结经验，扬长避短，精准帮扶，不断整改提升，谋细，实干，高效，出彩，带出百姓满意，老师欢喜，学生喜欢，领导放心的优秀团队来。用一个个好老师，好学生，好科组，好年级，好班级，塑造出一个好学校来。

作为主管校长和科室年级主任，教研备课组长，班主任，要明白这个道理，切实抓好团队建设，管好自己的人，带好自己的兵，做强自己的队，干好自己的事。为自己争光,为学校添彩! 希望人人都有一个自装动力系统,沿着学校统一制定的大方向,大目标,各团队每个人都有小目标,磨不推自转,上下一心,左右合作,高效运转,实现个人进步,学校发展的理想。人人好,学校才会好,学校好,人人才更好。

四、中层述职演讲要体现三点

今后月度中层述职演讲要体现三点:述职性,演讲性,比赛性。因此要注意做到三点:

一是叙述工作成绩中创新的突出的亮点特色,常规一般性工作就不要说了,而且要尽量用数字说话,清单化表述和激情描述性相结合。

二是因为演讲,所以既要讲又要有演的成分,演就要求语言生动,声音洪亮,讲究节奏,适度加入表演的成分,想办法给观众留下深刻印象。

三是比赛就是要求选手从服装搭配、仪容仪表、精神状态等多方面有所准备才好,一切和平时和在台下样子不一样,要比出精气神儿。

总之,各团队主管都把每次月度述职演讲比赛当成展示自己能力、实力、尽心尽职的机会,锻炼自己的队员,提升团队战斗力凝聚力向心力的绝佳机会,就会重视起来,不是负担,而是磨练! 风风火火,雷厉风行,激情燃烧。

五、珍惜岗位,有所作为

中层干部的计划都能做,还能按时发,值得表扬。注意问题有:一是有的计划图省事,敷衍了事,一个计划周周复制粘贴,没有一点变化,说明根本就没有发现新问题,思考新措施,明确周重点。二是每一条计划,只有事,没有落实到人,究竟谁负责,没有注明。三是有的计划很空洞,和学校的办学思想,工作重点,近期要求以及本年级科室的实际没有结合起来。

做计划,能看出一个人的心思在没在工作上,思维是否缜密,谋事是否务实,能力是否不断提升。学校给你舞台,让你尽情绽放,珍惜岗位,有所作为,莫负信任和韶华,只争朝夕,为校争光,为己成长。

计划做出来后,要在本年级各科室好好宣传,开会分工明确,部署到位,好好培训,狠抓落实,督促及时,要求严格,纠错点评表扬,提升管理水平。

各院主管校长要认真收阅指导,不断完善计划。

六、各院主要工作亮点展示

和善苑:非常重视问题导向,督查整改工作。能够把早联查和日巡查发现的问题和各年级班级的亮点,列出清单,及时通报,提醒督促有关部门负责人整改落实,效果很好。

和美苑:非常重视发挥管理团队的表率作用。中层以上干部都能够按照要求早到校,按时分组深入年级进行早联查。

和真苑:非常重视学生会干部的管理使用培训,发挥学生会干部的积极性和作用。安排专人负责坚持每天举行 5 分钟学生会干部培训,讲评问题,培训技能,明确标准,细化要求,提高能力,让学生干部成为学校管理的参与者,见证者,小帮手。增强了学生的主人翁意识和自我管理,自我教育,自主发展的三自能力。尤其可贵的是,全院地面塑胶全覆盖,年级多,学生类别多,工作协调和卫生保洁难度大困难多,但能够始终保持随时看随时干干净净,清清爽爽,整整齐齐。

和慧苑:非常重视教师劳动纪律管理和赞美文化的打造。能够每周把到校前 20 名的老师名单,及时公示,号召大家见贤思齐,学习先进,营造比学赶帮超的氛围。另外,非常重视励志教育和备考氛围的营造,坚持不断创新形式,对学生进行目标激励,鼓舞士气,凝聚人心,苦练冲刺能力。

美高南院:非常重视后进生的培养。在校的师生人数不多,但奋斗拼搏氛围却越来越浓厚,各项管理日益规范严谨精细,学生基础不高,但师生同心,不离不弃,耐心诱导,士气高涨。

各院开学以来,都有许多亮点工作,主管和分管校长,以及科室年级主任都回头看看,总结经验,发现亮点,激励奋进,找出问题,及时整改,互相学习,互相借鉴,以求更优,争创一流的科室和年级团队。

要进一步提高工作标准。树牢"人家 100 分是满分、我们 100 分才是及格分"的意识,坚持"没有最好只有更好"的标准,拉高标尺、夯实责任,静下心来、认真干事,撸起袖子干、甩开膀子拼。要进一步严格兑现奖惩。严格落实"分工要负责、表态要落实、奖惩要兑现"的工作要求,对在大战大考中不认真不负责不落实不整改的人和事,坚决处置到位,确保能者上、庸者下、劣者汰。

七、开学第一周落实好以下五项工作

一是上好开学第一课。

二是上好班会课,学习校规校纪,民主制定班规班纪,签订自律承诺书,安全责任书。三自一包责任书,统一发型发色,服装样式等仪容仪表。第一个月是规范习惯养成的关键时期,班主任立规矩,讲规矩,抓规矩,查规矩,逼着学生守规矩,至关重要,要不惜时间力气,精细严格要求,尤其是住宿生的各种习惯养成。老师要尽量多的时间和学生在一起,陪着学生,发现问题,及时处理,纠正错误言行举止。不要怕苦怕累,一开始规矩立起来了,以后就省许多事。

三是学科老师上好第一课:自我推销"我是名师","跟我学,上大学,不是梦"。学好本学科的意义和方法,本学科的三年知识结构和本学期学科内容要点。介绍我校课堂教学模式和日常学习习惯常规要求。一天学习流程。

四是物色选拔班干部,学课代表,实行双主管 ab 角配备。让人人有机会负责,有机会展示,有机会锻炼。

五是完善防疫台账,清点好学生返校和未到校人数,并一一落实情况。划分卫生区,开展大扫除。

以上要求各主管校长,年级主任要亲自抓好落实。搞好宣传报道,鼓舞士气,精益求精,开好局,起好步,出好彩。

八、各院综合办主管校长务必每天带领本科室人员做好如下工作

周一:科室例会,培训保安。各院负责后勤校长和主任,要做好红管家,多操一份心,有主人翁意识。每天上班早到学校十分钟,不要进办公室,先遛边沉底看角,仰视俯瞰四处望,走遍校园每个角落,检查校园体育、消防、文化、安全等各种设施。下班晚走十分钟,转遍每一间教室,查看各种公物保管情况。现场管理,发现问题隐患,列出清单,及时整改。整理教工自行车秩序

周二:检查防疫物资及台账,整理教工自行车秩序。

周三:检查教室食堂宿舍水电暖各种线路和设备,整理教工自行车秩序。

周四:检查校园周边环境,整理教工自行车秩序。

周五:检查盘点库房存货和台账,整理教工自行车秩序。

每天完成其他常规任务和临时任务。

其他校级干部和科室主任,年级主任,班主任,参照一下,学会系统思维,底线思维,问题导向思维,理清头绪,条理工作,精细谋划,制定一周之内每天的常规活动计划,深挖本职工作内涵,细分工作任务,认真履行职责,深入研究制定落实精细化管理办法措施,转变工作作风,坚持亲力亲为和一线办公,提高工作效率,做好表率,有

条不紊地开展工作。严禁半天不出办公室门，坚持不间断巡查发现问题。

九、大家务必在以下方面

主管校长，教导处，年级主任，教研组长，大家务必在以下五个方面，集思广益，统一思想，想方设法，千方百计，下大力气，狠抓落实，确保教学质量稳定提高：

一是加长有效学习时间。校内不加校外加，要求学生在家学习时间尽可能加长。家校结合，共同监督。

二是加大有效作业量。因材施教，分类指导，分层推进，因人订量，精准培优，个别辅导。

三是加强激情教育。目标激励，励志教育，设计形式，要求落实。

四是加强严格管理。精细要求，细致入微，密切跟踪，发现问题，及时处理，从严纠正，对照制度，按照程序，遵照流程，依据情节，给予奖惩。

五是提高课堂效率。面向多数，难易适度，精讲多练，总结套路，盯住优生，落到分数，聚焦素养，能力突出，瞄准大考，提升高度。

十、做好周计划，抓好落实风

学校现在有五个院，中层干部聚到一起开会的时间就少了，开会多数采用分院，分年级和科室，线下和线上，以及随时随地开小会等多种形式，用来安排工作，沟通思想，统一思路，整理队伍，统一步调，凝心聚力，合作交流，共赢发展。我们就要通过学校的中层群和工作群，发一些指令通知感悟和要求，所有校级和中层干部，无论正职副职，时刻保持激情饱满状态，随时接受信息，该回复反馈的回复反馈，该执行的执行，该交流的交流，该请示报告的请示报告。不能有事不关己，高高挂起的思想，不理不睬没反应，凡是在中层群里的人，都要把接受信息和自己的本职工作联系起来，或亲自落实，或配合落实，或观察学习别人做法和经验。这也算是开会的形式一种吧。

凡事预则立，不预则废。谋划工作是干部的基本功，也是培养和展示个人素养和能力的最好办法，每个人都高度重视，时时在发现，刻刻在思考，分分在谋划，常常在落实。

事前有谋划，事中有监督，事结有总结，事后有反思，找规律做模版，搞培训，提能力。

每一位校级和中层干部，都要养成一个好习惯，磨不推自转，不待扬鞭自奋蹄。

人人都自备发动机,争做永动机,争第一,抢红旗。坚持不懈,不要别人督促,就按时做好周计划,把每天干什么,干几件事,都提前谋划出来,然后按部就班,按计划进行工作,一边亲自干抓落实,一边睁大眼睛观察科室本年级每个人每天履行职责情况,及时督促检查指导评价,不断精细化规范化高效化,提高工作水平和成绩,打造优秀团队!

十一、中层干部要做到哪些:

忠诚担当,不讲困难;

勤奋好学,激情实干;

精力旺盛,勇挑重担;

能力出众,冲锋向前;

坚守一线,精细谨严;

早来晚归,敢抓敢管;

执行力强,服从为天;

多岗多干,创优争先;

力不从心,辞职不干;

绝不误事,尸位素餐;

尽职尽责,拼搏示范。

第四节　敬畏生命,生命至上

一、抓紧营造出家的感觉

初一和高一的学生,到一个陌生的地方,陌生的环境,陌生的班级,多数人会有不同程度的恐惧心理,处处小心,步步谨慎,如果这时候,老师和高年级的学生,能够主动热情洋溢的接纳他们,对待他们,关心帮助他们,让他们尽快消除陌生感,恐惧感,距离感,觉得他们遇到的老师和学长,都可亲可近,可爱可敬,可依可靠,多搞一些集体团队活动,发现优点,突出亮点,注重细节,看到特长,鼓励表扬赞美的语言多一些,让学生感动多一些,自信心建立起来,师生关系和谐起来。熟悉喜欢爱上自己的老师,同学,班级,学校,尽快适应融入新的环境里,培养出主人翁的意识,留住学生的心,是当前班主任和所有老师的首要任务。

严与爱都要有，严中有爱，育严于爱，爱中带严，爱严并用。我们一边在班里立规矩，讲规矩，学规矩，守规矩，一边要点点滴滴让学生感受到爱的呵护，爱的关心，爱的语言，爱的一举一动一颦一笑，爱生如子，张弛有度，爱严合一。千万不要错过这个重要的时间节点。不要因为立规矩，让学生感觉老师不近人情，冷酷无情，也不要因为示爱施爱，放任不管，纵容不羁，没大没小，没规没矩，肆无忌惮，让学生受到溺爱，耽误了最佳铺轨入轨期。

让每一个家长尽快喜欢班主任和任课老师。还要及时召开多种形式的家长会，尽快和家长熟悉熟识起来，摸清底数，找出正能量的家长，密切沟通交流，达成共识，建立家长委员会并发挥其作用，家校合作，形成合力。千万要和家长搞好关系，形成同盟军共同体。千万不要把家长拒之门外，拒之千里之外，形成矛盾关系和互不信任关系，成为负能量，干扰班级工作正常开展。

年级主任做好谋划，做好培训，尽快做好这些工作，打好起始年级的基础工作，规矩教育，学科教育，班干部选用，家校合作，和谐班级氛围营造等等抓手，要一一落实到位。

二、建立健全学习保障制

（一）是与非不容含糊

1.是与非的问题，说到底是如何认识党，如何认识人民，如何认识中国特色社会主义事业的问题。

2.有人认为，谈理想太远，谈理念太玄，谈宗旨太泛，是非问题抽象、空洞、刻板，这种看法，反映的正是是非观的模糊。

3.口号可以少喊，但群众立场不能动摇信仰，不靠形式，但自我要求不能放松，思想可以多元，但核心价值不能跑偏。

努力造就学习型领导班子和干部，造就学习型领导班子和领导干部必须适应时代发展要求，加强党的自身建设迫切需要造就学习型领导班子和领导干部，推动多项事业发展迫切需要造就学习型领导班子和领导干部，提高干部能力素质迫切需要造就学习型领导班子和领导干部，应对复杂国际形势迫切需要造就学习型领导班子和领导干部。

（二）造就学习型领导班子和领导干部必须立足干部队伍建设现状

1.以理想信念为核心不断提高领导班子和领导干部的政治素养。马克思主义信仰、共产主义信仰、全心全意为人民服务宗旨。

2.以知识更新为目的不断优化领导班子和领导干部的知识结构。

3.以领导能力为中心不断增强领导班子和领导干部的实践能力。谋划、统筹、优化。

4.以依靠群众为重点不断坚定领导班子和领导干部的群众立场。问政、问需、问计于民。

(三)造就学习型领导班子和领导干部必须突出重点务求实效

1.在科学安排内容上求实效。

2.在创新方式方法上求实效。

3.在改进学风上求实效。

4.在加强制度建设上求实效。

建立健全中心组学习制度、主题教育制度、学习联系点制度,建立健全科学、合理的学习绩效评价制度、学习激励制度。把领导干部学习情况与干部奖励评优、晋升和使用挂起钩来。建立健全学习保障制度,在学习经费投入、培训阵地、文化设施的软硬件建设方面,提供必要保障。

以业绩论英雄,凭实绩用干部。用对一个人,树起一面旗帜;用好一个人,带动一大片。

营造出风清气正的用人环境,进而形成风清气正的干事环境,最终实现风清气正的发展环境。

第五节　教师评价标准

1.教师每学年过"七关"

(1)学科考试关。

(2)基本功关(三笔字:钢笔、毛笔、粉笔)。

(3)备课关(课件或导学案设计)。

(4)班主任基本功关(主题班会设计、演讲、案例分析)。

(5)校本课题关(每人主持或参与一个校本课题研究)。

(6)校本教材开放(参与编写校本教材)。

(7)问卷关(学生问卷)。

2.教师评价标准

(1)师德:教学事故处理规定。

难不推难,补台不拆台。想抓愿带的意识,敢抓能带的气魄,善抓会带的本领。

4.方法上要突出大局和重点。党的意识,政治意识,危机意识,责任意识

自身正,身如劲松,不失一足;自身净,人如荷莲,不染一泥;自身硬,心如石坚,不妄一念。

公权:不为自己私用,不为家属借用,不为亲朋好友利用。

在位不在位:留得精神美德在,留得功劳政绩在,留得廉洁党红在。

一个好的精神状态,一个好的工作作风,一个好的工作业绩。

用心学习,用心感悟,用心实践。事业心加认真既挂帅又出征。

5.政治上突出忠诚和坚定。勤于学习,善于学习,精于学习,始终学习

6.工作上突出干事和担当

(1)有想干事的境界。

(2)有敢干事的魄力。

(3)有会干事的水平。

(4)有干成事的追求。

(5)有不惹事的底线。

三、中层中层,学校先锋

中层需要高强的执行力,是个顶天立地的岗位,中层强,则校强。怕累怕苦,不当中层干部。

一要一线上课,而且满工作量;二要四同值班,而且尽忠职守;三要身兼数职,而且争先创优;四要爱拼敢赢,而且无怨无悔。

当了中层以上干部,就要尊重自己的选择,忠于自己的选择,献身自己的选择,才能不辜负自己的选择和组织的信任。接受了组织的任命,当了中层干部,奉献付出,以校为家,以苦为乐,苦中作乐,满脑子工作,全身心投入,处处示范,扎根一线,冲在最前,现身现场,让自己成为学校最忙碌的人,而不是最清闲自在的人。只要能把本职工作和组织交给的任务做好,可以放弃一切享受,再苦再累,无怨无悔。也就是说,一旦自己心甘情愿当个中层干部,就要抱定为了多干活,责任大,吃苦在前,享受在后,别的都不是最重要的思想。

希望每一个中层干部都对照检查一下自己,给自己打个分,够不够格,优不优秀。吃得了这苦,忍得了这罪,受得了身不由己,少了许多享福时间和机会,能做到就留下来,继续当中层干部,做不到就及早转身离开,量力而行,专心到一线做个专职

而优秀的任课教师,同样可以让自己人生发光发亮,在自由奔放中实现梦想,为党育人,为国育才。

第六节　在新形势下求新突破

随着一系列教育新政策颁布实施,逐渐落地,教育形势正在发生巨变,如何适应这个变化,具体到我们学校的年级工作,看准大方向,定好落实方案,设计好节奏,既不能快,也不能慢,不急于求功冒进,也不搞不切实际的一刀切,稳步推进,边改边看,摸着石头过河,考验和磨练我们的智慧。各院主管校长和年级主任要找到最佳结合点,达到上级部门和社会家长,学生以及老师,都感觉能接受我们学校的各种工作部署,甚至满意,以便开展好本年级的工作。

一是工作目标不能变。改革目的还是为了提高教育教学质量,中考高考成绩,还是老百姓衡量和选择一个学校的重要标准。所以,在安全基础上的培优拔尖,提高优秀生率和增加尖子生人数,依然是我们工作的重点。是衡量各院工作水平和年级主任能力的重要指标。

二是班主任老师们,还要在以下五个方面,下足功夫,开动脑筋,解放思想,拓宽思路,开足马力,挖掘潜力,想方设法,挤压争抢,稳准狠硬,管卡诱逼,精细谋划,大抓落实,务求实效:第一是加长学习时间;第二是加大训练量和强度;第三是激情教育;第四是严格管理;第五是集体教研和培优拔尖。

一、各位中层以上干部注意暑期以下两项工作

(一)做好校园安全工作。

1.各院成立护校队,明确一个总负责人,分三个小组:救援组,后勤保障组,通讯联络组。明确职责,分工负责。制定防汛抗洪抢险救灾,防溺水和其他校园安全应急处理预案。

2.加强值班人员管理。履行好岗位职责。学校办公室开展不定时抽查各院值班情况,并及时通报。

3.加强教职工全员管理。中层以上干部和护校队成员,保持24小时通讯畅通,随叫随到。所有教职工外出要注意安全,增强防疫意识,严格履行外出备案程序和手续。杜绝教职工各种违反师德和违法违纪行为发生。

4.各处室做好上情下达和迎接各项检查工作。及时处理上级通知文件,按时上

报有关材料。有扫尾工作或重点项目和需要假期完成的任务,以及突击任务的,要安排人员迅速到位,保质保量完成。

5.班主任要和家长学生保持经常沟通,掌握本班学生假期情况,经常进行安全教育和提醒,确保万无一失,人人平安,天天平安。

(二)各院主管校长和教导处组织好教师假期培训工作,充电提升

有目标,有项目,有具体内容,有明确标准,有严密日程安排。落实假期备课计划,谋划好下学期的工作。

二、"打通最后一公里"之学生打扫卫生区须知

第一,值日小组要提前到校,按时打扫卫生。在正式上课前完成所有打扫任务。

第二,值日小组要分工明确。分四个职能小组:一是两人带墩布拖地,二是一人带苕帚簸箕扫地,三是一人带抹布擦卫生区内的栏杆、垃圾桶和消防器材面、以及水台等,四是组长负责最后检查验收打扫质量和卫生洁具摆放是否整齐。

第三,班主任要把班级学生分成几个小组,确定组长,认真培训,及时检查,确保每次卫生打扫干净彻底,不留死角。而且要求学生注意安全自护,不到危险地方做危险动作。

防疫必知:打扫卫生,自行车摆放,仪容仪表,公物管理,课间秩序,上下楼顺序,课外活动,进出校门口表现,课间操流程,课前预习,课上听课状态,回答问题,课后复习作业等。

每一个岗位,每一项工作,每一个环节都有最后一公里的细节,需要老师积极研究发现找准,并聚焦思考如何打通它。作为管理者,要树立追求完美的意识,增强岗位意识,要有在什么岗位,就有极强的岗位意识,就随时随地操什么心,谋什么事,坚持高标准严要求,谋划要细,手段要硬,措施要狠,落实要实,检查要急,效果要好,不能表现为粗、软、怕、推、散、懒的作风,平时细心观察,认真思考,精心指导,常盯常说,逐步规范,追求优秀,体现出我们学校学生特有的精神风貌和高雅气质,展现出我们的育人理念和学校品质,打造独具特色的学校品牌,赢得社会的认可和赞誉!吸引更多的学子向往我们学校,追求我们学校,以能成为我们学校师生中的一员为荣!

三、中层要硬,事业有成

当个中层干部不容易,因为不容易,才能得到锻炼成长,提升境界,扩大格局,开阔视野,增强自信,提高才能,完善素质,强化素养,服务大众,放大价值,积攒实力,

以备发展,让人生的意义具体可观,可测可量,内容丰富多彩,可说可谈,梦想如愿以偿!

中层干部要具备硬素质和强表现。

第一忠诚担当:忠诚于党的教育事业,忠诚于学校,忠诚于组织和领导,担当责任担当任务,担当荣辱。

第二具体表现为:一是勤于工作,早到校,晚离校,节假日抽空过来看看学校;二是勇挑重担,兼职较多,工作量满,积极参与合作;三是优质高效,每一个岗位,每一份工作都能做到成绩位次,排在团队前两名或三分之一以内;四是敢于挑战自我。敢于争抢急难险重任务,无条件服从命令和安排,任劳任怨,并保质保量完成,帮助领导和组织排忧解难。

每一位中层以上干部,都可以对照以上几条,谋事干事,反思打分,定格定档,自我评价,以期今后才华横溢,能力出众,成绩出色,夯实基础,谋求发展。

不怕没机会,就怕没本事。不怕没位子,就怕没德行。不怕没事做,就怕不做事。

四、执行力就是"10 个不"

(1)布置任务——不容置疑。

(2)面对任务——不怕困难。

(3)接受任务——不要条件。

(4)分析任务——不谈客观。

(5)执行任务——不打折扣。

(6)配合任务——不遗余力。

(7)沟通任务——不讲理由。

(8)结束任务——不留死角。

(9)检讨任务——不推责任。

(10)汇报任务——不请自来。

五、管理者的 18 种惰怠行为

(1)安于现状,不思进取。

(2)明哲保身,怕得罪人。

(3)唯上,以领导为核心;不以客户为中心。

(4)推卸责任:遇到问题不找自己的原因,只找周边的原因。

（5）发现问题不找根因，先推责任，头痛医头脚痛医脚。

（6）只顾部门局部利益没有整体利益。

（7）不敢淘汰惰怠员工"、不敢拉开差距，搞"平均主义"。

（8）经常抱怨流程有问题，却从来不推动改进。

（9）不敢接受新挑战、不愿意离开舒适区。

（10）不敢为被冤枉的员工说话。

（11）只做二传手，不做过滤器。

（12）热衷于讨论存在的问题，从不去解决问题。

（13）只顾指标不顾目标。

（14）把成绩透支在本任期，把问题留给下一任。

（15）只报喜不报忧，不敢暴露问题。

（16）不开放进取，不主动学习；业务能力下降。

（17）不敢决策，不当责，把责任推给公司；公司是谁？

（18）只对过程负责，不对结果负责。

第七节　一些建议

一、事事求精细，件件出精品

每日盯操人员配置：一名校级干部、年级主任站在操场中央总揽全局，一名中层干部和一名体育老师负责组织跑操，培训，音响设备，点评。四名体育老师或科室老师站在操场四个角督操。及时汇总各班跑操情况。一名干事负责管理不能跑操的学生，安排他们捡拾操场死角垃圾，统一排队站在操场中央观摩或分组给各班评分。一名校医或体卫老师负责现场处理突发应急情况。

激情跑操点评要点：集合是否快静齐，跑步队伍前后左右是否整齐划一，步调一致。口号是否声音洪亮，节奏一致，气势雄壮，精神饱满。跑完是否点评及时准确。

精细化、规范化、科学化管理意识，要渗透到学校一切工作中，成为每一个校级和中层干部必备素质和思维做事习惯。事事处处时时谋划精细，落实精细，督查精细，评价精细，高标准严要求完成组织开展的所有活动。凡是自己经手的事，都做到安全有预案，有保障，落实有抓手，分工很明确，责任到人头，执行有力度，效果天天增，台账要健全，抓住细节，不留隐患。确保每个团队没闲人，专心干活没闲事，互相鼓励没闲话,争先创优立新功。

市委书记钱三雄要求:领导要主动担当担责,改变抓工作的旧习惯坏习惯。要改变只布置不抓落实的坏习惯,坚决防止会议开过、文件发过,就算完成了任务;要改变对待任务互相推诿、不肯牵头的坏习惯,切实做到"分内的事认真干、交叉的事主动干、额外的事愉快干";要改变原来完成任务、协调解决问题当甩手掌柜、不讲效率、不了了之的坏习惯,凡事都要主动思考、拿出意见,主动挑担子、要账要结果;要改变一出现问题就找客观理由的坏习惯,多从主观上找原因,推动问题解决、工作落地;要改变出了问题不依法依规、不严明纪律、不闻不问或拼命推卸责任的坏习惯,真正鼓起勇气抓落实、义无反顾抓落实、披荆斩棘抓落实,全力推动邢台高质量赶超发展。

二、再抓紧,再提升

本学期开学以来,各院遵照从严管理,从细要求,从实落实,从快整改的原则,教育教学、科研体卫、法制安全等各项工作,规范化、精细化、科学化水平有了很大提高,校园环境和师生精神面貌有了看得见感得到的变化,大家高标准严要求的意识明显加强,对学生规范习惯养成教育的自觉性明显增强,老师们的激情工作状态在早来晚归、盯班到位、纠错整改、拔尖培优、关注后头、文明礼仪等等多方面表现突出,赢得学生和家长社会的广泛赞誉,为学校的优质发展和良好口碑增了光,添了彩。

在看到成绩进步的同时,还要看到影响我们更高质量发展的问题和障碍。我们近期要做如下两项工作:

第一,抓住两头,突出重点,狠下功夫。一头是培优拔尖,一头是转差扶弱。用培优拔尖带动全班班风学风向好向浓,用转差扶弱确保班级安全稳定。前者让班级出彩,后者让班级合格。目前,据观察和各个渠道反馈的信息分析,培优拔尖大家都重视起来了,对转差扶弱工作,大家重视不够,有畏难情绪,而且要求的标准也不高,满足于在我的课堂你不闹事,只要在校园里不出事就可以,对后进生的听课状态、学习激情、作业完成情况要求不严,督查不够,整改不力,对学生课外活动时,在校园犄角旮旯的表现,男女生不正常的交往情况,出了校门口抽烟喝酒,聚集打闹,社会交往情况了解不够,掌握不多,对隐患预测,矛盾问题线索排查力度不够,造成一些社区居民,和接学生的家长有很多意见和建议。各院校级干部和中层干部,班主任要切实高度重视起来这些问题,想出办法,找到措施,明确责任,亲盯亲转,亲看亲查,逐项整改落实到位，让我们的管理再上一个新台阶，校风再有明显改观。

第二，人人严谨自律，带好每一个学生。从这两天考试监考巡查来看，发现了不少问题。考试时有不少考场出现学生刚开考就睡觉，没人管的现象。问题出在学生，根源就在老师。老师不在状态，学生必然散沙一片。凡是有睡觉现象的考场或课堂，尽管老师懒得管的原因有千万条，但没有一条能说出口，摆在桌面上的，还是老师有没有爱心耐心和责任心问题。学生经常有问题是正常的，老师看不到问题，或者看到问题不理不睬，不管不问，不想办法解决，就是不正常。且不说严格管教，精心育人是当老师的天职。其实，我们不要求每个学生都一样好，只是期望老师们，想方设法让每个学生每天都不虚度，都有一点点进步，无论品行道德，思想习惯还是学习成绩，这就足可以了，学生有进步，老师有成就，就是这个道理。

四个院的师生要在学校大的工作思路和规章制度指导下，抓办学理念思路落地，抓各项工作管理模式程序流程落实，狠抓激情教育，精细管理，智慧教学，出彩成绩。

每个人在自己的岗位上，都要努力做到谋得细，干得实，说得好。都要忠诚担当，任劳任怨，不找借口，不推卸责任，敢于负责，谋划精细，强力执行。

安全是保障，教学是中心，宣传添动力。抓住安全和教学、宣传三件事，从严从细管理，多深入一线，深入课堂，狠抓教学。同事之间，师生之间，家校之间，对待外来人员来访、来查、来学、来交流的时候，要以礼相待，互相尊重，遇事多交心，多商量。多议工作，不聊大天；多挑重担，不拣条件；多找办法，不找理由；多思己过，不推卸责；多传好话，不说闲话；多讲真话，不传谣言；多谈正理，不弄是非；多助人进，不拉后腿；多鼓士气，不泄人劲；多搞团结，不搞分裂；要识大体，顾大局，讲团结，勤合作，求共赢，树立爱学校，敢吃苦，懂教学，会管理，出业绩才是人才的评价标准和用人导向。

营造和谐实干的校园文化氛围，增强和谐教育就是教育教学生产力，推动力，竞争力的共识。确保安全教学宣传全丰收。尤其要搞好宣传，传递赞美，树立典型，干出成绩，打造亮点工作。

第八节　本学期工作重点

一、当主管，十个要

心态要强，手段要稳，服从要快，责任要清，标准要高，观察要细，执行要严，督查要勤，办法要多，效果要显。

以上"十个要"，是单就工作而言，和生活中为人处事无关，希望大家不要误解。

一个科室或年级主管校长或主任，自己就是问题的终结者，从谋划到执行，再到督促检查和结果评价，都是自己的事儿，搞得好不好，成绩有没有，不能推卸给别人。希望大家都能从上面"十个要"切入，做好每天的工作，天天发现问题，天天解决问题，不断改进工作，天天让人看到明显的变化。能看到问题，及时解决问题，问题会越来越少，看不到问题，就会出大问题。所以，作为一个主管，每天在校园里转几遍，要发现优秀亮点的人、事、场面，增强自豪感，幸福感，成就感，自信心，还要带着高标准，冷静观察转的过程中的每一个细节，精益求精，追求卓越，发现问题，思考问题，分析问题，能自己解决的，就自己解决，自己不能解决的，就去找这个问题的责任人，告诉他，帮助他，一块想办法，直到最后把问题解决了。

学校是一艘航船，大家都是船上一员，大海时而风平浪静，时而波浪滔天，行进中谁都下不了船，唯有互相照应，互相提醒，互相鼓励，互相帮助，才能战胜一切困难，同舟共济，到达彼岸，实现个人的目标和共同的梦想！

二、家校沟通好，麻烦就减少

一是各年级、各班都要成立家长委员会。选出有正义感，有理论水平，有一定的社会影响力，有思想工作经验，能和学校保持高度一致的人担任委员。

二是定期邀请家委会成员到学校开会，汇报交流学校或年级或班级的情况，尤其是管理和教学上一些改革举措，争取大家理解，达成共识，靠他们传递给其他家长，取得支持。

三是定期召开全体家长会。除了班级常规工作情况、成果交流外，重点可以就一些舆情反应出来的问题，进行座谈交流，让家委会成员主导交流的话题和方向，引导大家理解支持学校、年级班级的各种做法，做到一下几点：

（1）服从管理，听从指挥，配合好工作，教育自己的孩子以学为主，以学好为荣，和老师的教育内容方式保持一致。帮助处理家长和老师、学校之间发生的矛盾纠纷。

（2）学生或家长有不同意见，单独和老师沟通交流，不当面顶撞老师。老师要高度尊重家长，不推卸责任，不抱怨家长，和家长和谐合作。

（3）特别提醒家长，遇到矛盾，或对学校班级老师一些做法不理解，不满意，一定要和学校的年级主任、教导处主任、主管校长、校长联系，电话号码发给每一位家长，学校会处理好家长们的意见和建议。

大家要高度重视网络舆情对我们学校工作的干扰力，对学校形象的影响力，不可掉以轻心。年级主任要保持警惕，高度敏感，在老师和学生当中，建立自己的信息员队伍和搜集渠道，平时要注意细致观察了解，搜集倾听各班学生和家长的意见，及时处理在萌芽状态。每一次改革创新的决策，或落实学校的工作要求，一定要周全细致的谋划，把潜在的风险挖掘出来，把可能出现的问题预测出来，寻找对策预案，做到有备无患，把风险控制在最低限度，确保不出舆情问题。

三、管理干部工作思维流程及方法

一是现场调查研究，集体精细谋划，认真落实到位，监督检查管理，评价整改反馈。

二是晒亮点，找问题，挖根源，想办法，抓落实。

三是亲自看，亲自想，亲自管，亲自干，亲自验。

四是干完一件事就做反思，反思之后就做改进，改进完了就做模版，做好模版就抓落实。

五是不看不说话，说话必有据，有据必真实，真实必完美。

无论在哪个岗位，负责什么工作，接受什么任务，都要抱着研究的心理，职业的意识，专业的追求，事业的理想，这件事做完后，自己就是这方面的专家，在自己的桌子上，抽兜里，柜子里，都是工作的记录，过程的反思，结果的材料，思想理念类，计划总结类，流程程序类，请示汇报类等，做个明白人，不能干完一件事，不思考，不总结，不自评，不报告，不长进。

管理者，要做终身学习者，思想执行者，问题发现者，解决者，技能培训师。

四、科研督导处职责范围

（1）课题管理培训。

（2）名师工作室指导管理，指导引领教师职称阶梯晋升，参赛磨课。

（3）校本研修和校本教材开发。

（4）师资培训，对外交流，引入外部优质资源助力学校发展。

（5）参与日常教研。

（6）对接上级督导检查部门工作。和办公室结合，督导检查评价四个校区的工作。

五、联查建议

各院坚持联查制度，调动和发挥校级干部和中层干部积极性，早到晚归，经常转，亲自看，勤督促，善发现，快处理，互相学习借鉴，确保管理不断精细化，规范化，高效化，这很好，而且还要不断完善形式，提高效率。

一是分组错时段或者分楼层同时进行。鉴于各院参加检查的管理人员多，大家就不要成群结队作伴检查，不能深入细致找出问题。最好分成两组，各有一名校级干部带队，要么分开时段检查，全时段掌握校园情况，要么分楼层同时分别检查。检查队伍太大，人太多，容易流于形式，实效不大。各院根据自己情况安排好就可以。

二是带职责，带任务，带笔和本参加联查。分好组后，最好明确一下每个人的职责和任务。边转边看，边发现边记录。（1）班班要转到，无死角查到；（2）重点看三点：老师到位情况，学生课堂状态，卫生情况和物品摆放各种设施保管情况；（3）把好的和差的两头典型记录下来。由各组带队领导汇总检查情况，交给各院主管校长，由主管校长把存在的问题和亮点人和事，反馈给年级主任和科室主任。

三是年级主任和科室主任，要每天都把检查出的问题落实到人，督促完善整改，并及时反馈给主管校长，及时表扬优秀班级和老师。

六、精细管理，力争一流

无论在哪个单位，年级班级和科室团队，无论到什么时候，有人的地方，根据不同的划分标准，就有上中下，左中右，好中差，优中劣之分，而且往往是两头小，中间大。这就产生了一种大家耳熟能详的管理方法：抓两头带中间。带大带强前头，让团队更优秀，减少甚至消除干净后头，让团队更卓越。

优秀的人是少数，自带光源，自有动力，自求上进，基本不用人管，自然事事遵规守纪，尽心尽力，想方设法，执行力超强，追求卓越，成绩突出。多数人随大流，领导让干啥就干啥，让干到什么程度就努力干到什么程度，尽力而为，只求质量过得去，成绩差不多，不求超一流。还有少数人甚至是极少数人，思想意识行动都落后，觉悟不高,三观不正,学习工作没目标,没方向,没动力,能力不足,困惑不少,起因不明,状况复杂,干活没精神,闲话一大堆,干活的时候看不见他,提意见,发牢骚,说泄气话,找麻烦的准有他,需要有人来拉一把,拽着走,推一下,管严点儿,催急点儿,重典猛药治理。对这部分落后的人,除了需要制度管,还需要团队负责人格外重视,重点关注,经常提醒,因材施教,积极帮扶,引、导、带、教、压、促,表扬鼓励与批评处罚兼用,还需要同事同学热情帮助,真诚感动,激情感染,氛围熏陶。

所谓优秀的团队,只不过是其中优秀的人多,所占比例大,落后的人少,所占比例小。要带出一支优秀的团队,无论科室还是年级班级,主管领导的工作重点和衡量成效高低的标志就是,让自己队伍里的优秀人才越来越多,不甘落后,自我加压,自求进取,想干事,能干事,干好事,干成事的人数越来越多了,一天比一天增加了,不干活儿,说闲话,发牢骚,搞破坏,不出成绩的人越来越没市场,没人缘,越来越少了,争取清零,而且特别要防止这样的人不减反增,形成一股落后势力,处处扯团队的后腿,阻碍了团队的进步。

管理是一门学问,大家的角色是多重的,既是领导者,又是被领导者,还是他人的同事同伴同行人,对上对优秀的人,甘当学生,虚心请教,认真学习,深刻领悟,强力执行。对下,对后来者,要勇于担当,勇于为师,助人为乐,倾尽所能所知所会,无私奉献,引领指导,精细管理,高标准严要求,手把手教,面对面示范,互相切磋。平时都要注意学习理论,用心工作,观察分析,探索探讨,实践总结,把握规律,提炼经验,交流分享,共同提高管理效率和水平,建设优秀班级年级科室学校。

工作的核心就是执行力,执行力就是效率,执行力就是质量,执行力就是品牌,执行力就是口碑,没有执行力,一切的工作布置都是零,执行力就是做到最好。

各年级主任指导本年级各班把激情诵读进一步规范提升高质量,一个班一个班验收。激情诵读,激情跑操,激情课堂,激情工作绝对不是一场运动,一次活动,一次走秀,不是一阵风就过去了,而是我们的教学教育和管理的常规,要常态化,高标化,持久化,习惯化,素养化,追求高效完美!培养出激情乐观,自信满满,充满正能量,可持续发展的人。

七、师资队伍建设的"34333"工程

(1)三德教育:职业道德,社会公德,家庭美德。

(2)四风建设:家风,教风,学风,校风。

(3)三个抓手:培训,竞赛,表彰。

（4）三能提升:教学技能,管理技能,服务技能。

（5）三方共赢:学生出成绩,老师出美誉,学校出魅力。

八、接待迎检工作和开展各类活动必知应会

（一）前期准备

（1）制定迎检接待或活动方案。提前了解检查的主题、内容形式、程序环节、来人的人数、单位职务背景、可能关注提问的问题,都要事先备足功课。报主管校长审定。

（2）通知相关科室年级做好哪些迎检或活动准备工作。礼仪标准,着装要求,门卫礼仪行为规范。

（3）按时组织有关领导着装整齐大方得体,到门口或指定地点等候迎接。

（二）人员准备

确定接待规格、参与接待陪同的人员,明确分工和职责任务。随行陪检人员标配为三人:解说员,摄影员,记录员。定位定点定时定责。

（1）要有导检员引导路线。

（2）要明确负责陪同汇报介绍情况的领导。

（3）要有摄影摄像人员跟随。

（4）要有记录员跟紧领导,形影不离左右,带录音设备,及时录音,详细记录:一是领导到什么点位汇报介绍了什么;二是检查的领导如何表态、评价,如何给予肯定赞许提倡,如何指出问题、提出希望、指明方向,提出要求等。

（5）要有会场服务人员。负责制作摆放领导桌牌、茶水、卫生、汇报工作用的多媒体设备操作,随机任务。

（6）宣传报道人员。及时制作美篇,撰写新闻稿件,推送到学校群、区市教育局宣传部有关群,朋友圈。联系媒体记者,跟踪媒体发稿。

做好校内外宣传。原则是对内谈问题,对外讲成绩。平时多积累身边师生的感人事迹,搜集整理学校工作群里发的宣传信息,选定一个主题,合并同类信息,写出一个有新闻价值的稿件。联系媒体记者,跟踪要求发稿。

写作时力求做到"七化":开头情景化,叙事故事化,描述形象化,评价感情化,点赞激情化,要求平实化,希望动人化。经常选一些质量高的美篇或通讯稿文章,修改把关后及时推送出去:区、市教育局宣传部门、党建群和本科室主管部门自建群,市、省级国家级媒体,记者朋友,有影响力的自媒体人,发动学校老师发朋友圈。

（三）资料准备

（1）汇报材料撰写,把关审查定稿,印刷装订精美,提前交给负责汇报的领导熟悉一下。

（2）确定交给来检领导资料的份数、种类（工作总结汇报材料、学校简介、校本教材、宣传画册等,根据检查主题来人情况选择）、手提袋包装袋（校园文化标志）样式等。

（3）迎检档案搜集整理分类、摆放位置确定,负责介绍档案资料的人员的培训。规范接待工作,锻炼接待能力,提升全面素质,体现办学水平,展现综合实力,展示优秀形象,赢得良好口碑。

各科室无论开展完任何活动,举行完任何仪式,主管领导都要组织大家及时反思,回顾总结得失,及时整改,完善细节,制作工作流程程序模版,留存影相文字材料,健全档案,建章立制,建立长效机制,建立台账,搞好宣传报道,以备下一次参考对照使用。

九、中层干部述职演讲总结点评暨下半学期的工作目标和要求

（一）述职主题词:规矩,实干,激情,出彩

（二）述职演讲效果

各团队围绕主题,各有成果,各有特色,各有风采,各有亮点,各有感动。奋力拼搏的初三高三,不断规范的初一高一,走向成熟的初二高二,日益精细的科室,展示出各自的魅力,都为活力联合校增光添彩。

（三）本学期123工作思路

"1"个目标:打造一个全新的疫情中不一样的活力联合校。

"2"件大事:①迎接文明城市检查测评;②迎接全国卫生城市检查测评

"3"个重点:①激情教育;②规范教研;③培优拔尖。

（四）联合校许多老师的可敬可贵之处,他们积极践行学校"谋细、实干、说好"的工作要求,值得大家学习

（1）李军老师:我不在学校,就是在去学校的路上的专心敬业精神,是实干的典范。

（2）焦振军老师:心灵手巧,干一行,爱一行,钻一行,专一行,源源不断地为大家提供现代化信息技术服务,开发资源,传授方法,打理设备,长于谋划,建言献策,建章立制。他坚持老师的需要,就是自己的研究课题,突显了痴心钻研的工匠精神,是

谋细的标杆。

（3）张连芳主任：心怀美好，勤于观察，善于发现师生和学校的亮点，敢于发言，及时传递赞美，传播学校办学理念和成果，鼓舞士气，热心宣传的爱岗乐观精神，是美言的化身。

（五）好的述职演讲要做到三点：述职突出亮点，总结显出特点，演讲激出泪点

十、下半学期大家要做到：

一是总结过往，认真反思，查摆问题，寻找差距，思考对策，找准抓手，狠抓落实，扎实整改，不断规范，提高实效，再上台阶。

二是对标优秀，调高标准，主动作为，激情工作，追求卓越，形成团结和谐，争先创优，竞争激烈的局面和长效机制。

三是围绕一个目标，做好两个迎检准备工作，抓实教学三个重点工作。确保安全防疫不出事，教育教学出成绩，迎检工作争一流。

要抓到位抓成效，补强"落实乏力"的作风短板，突出抓工作的到位率，进一步叫响"千表态万表态，拿出实绩才是真表态；千本事万本事，敢于担当才是真本事"。要敢动真敢碰硬，力改"怕得罪人"的要害毛病，既要春风化雨、和风细雨地开展工作，又要敢于"暴风骤雨"，对不负责任的干部坚决追责问责。要率先抓示范抓，形成领导带头的清风正气，一级带着一级干，一级做给一级看，千方百计抓好工作落实。

十一、抓工作要追求卓越

态度再激情一点，
谋划再精细一点。
思路再清晰一点，
分工再精准一点。
措施再具体一点，
下手再狠劲一点。
标准再严格一点，
节奏再紧凑一点。
力度再加大一点，
进步再明显一点。
效果再突出一点，

宣传再动人一点。

十二、值班班干部任务要明确

我们要求凡是老师不在教室、不在课堂的时间段，班主任或任课老师，都要安排一名班干部或者课代表坐在讲台上，当好老师的助手，当好小老师，代行老师的职责。要使用好班干部课代表，就要先培训好。

第一，制定值班日程表。责任要落实，制度是保障，分工要明确，任务要清楚，标准要明白，责任要到人。例如，年级科室卫生考勤巡查等各项工作都要制定具体的日程安排表，任务分配表，质量标准表等，各班每天的早读、自习课等班干部课代表要有值班表，指定到人，并按时到位履行职责。

第二，值班班干部和课代表任务。维持课堂秩序，保证学习状态。阻止大声喧哗混乱状态，提醒趴桌睡觉学生。帮助老师完成教学任务。书写学习任务，组织同学预习复习做作业小测试，收发作业测试卷，领读、放录音录像资料等。及时总结值班时发现的课堂上问题，报告给有关老师，提醒老师及时处理整改。

第三，早读形式要多样化，讲究效率和质量。同学科老师要经常研究如何提高效率和质量，设计出有利于调动学生积极性和激情创造力的早读形式。有以下五种方法和形式提供给大家参考，根据各班各科各位老师专长优势需要等实际情况，可以单独使用，也可以交互使用：

一是统一组织学科小测试；二是激情诵读；三是指定背诵材料；四是明确预习内容和数量；五是开展小组各种竞赛。

十三、多往一线课堂跑

开展一项工作后，就要多往一线课堂跑，边查看边发现问题，边思考边研究，如何做的精细深入规范科学，如何提高效率和质量。这是我们这个群里每一个人的任务，和不断提高自己教学领导力的方式和方法，千万不要有干啥只管开头，不管持久，只管差不多就行了，不管如何精细化管理，提高效率。大家都要行动起来。找问题，想问题，讲问题，琢磨解决问题的途径和方法。集思广益，取长补短，交流分享。

下一个阶段教学工作的三大主题：

一是围绕着如何提高学习成绩，研究四个问题的解决办法和抓手。并做好好经验、好建议、好做法的搜集整理宣传推广。

二是围绕培优拔尖工作，制定工作方案，并抓好落实。

三是抓好教研活动活动实效。四环节,环环做真做实。教备组长切实负起责任,提前准备好中高考试卷,阅卷统分评价存档。中层以上干部参加教研活动坚持下去,及时通报情况,发现问题,反馈给主管校长处理。

管理就是让越来越多的人顾全大局,热爱集体,拼搏进取,追求荣誉。

第九节　美景在胸心,必是有为人

一、带团队的基本法则

(1)自律者服众,先做榜样,再做管理。

(2)制度在先,有规矩有纲领。

(3)保护强者,保护干部。

(4)相信天赋,不要试图改变别人。

(5)永远不要培养不匹配的人。

(6)永远不要指望懒惰的人可以变得勤快。

(7)永远不要挽留要离职的员工。

(8)永远不要主动劝回已经离职的员工。

(9)经营指导管理。

(10)管理者要过利益关,胸怀要大。

(11)奖罚明确清晰。

(12)用人之长,天下无不用之才,用人之短,天下无可用之才。

二、要有使命感和责任感,更要有荣誉感

学校各项工作水平是由各个团队的工作水平决定的。一个船队的前进速度是由最后一条船的前进速度决定的。没有混乱不堪的班级,就不会有混乱不堪的学校。

各科室主任年级主任都要追求卓越,而且首先要从谋划工作开始,谋划精细,说明思维缜密。凡事预则立 ,不预则废。不精细,说明思考不深,谋事不细,做起事来就会粗枝大叶,敷衍了事,效果就不会规范高效优秀。当然,带领监督检查大家执行认真,也是非常重要的。一细谋划,二狠执行才最好。

另外最为关键的是,作为一个团队的主官都要有使命感和责任感,更要有荣誉感,比老师们更有激情,而且无论遇到什么样困难和挑战,都要不气馁,不放弃,越战

五是指导督促检查学生认真撰写军训日记。组织学生交流军训体会。联系时事和国防教育相结合。少年强则国强，强身健体，立志成才，保家卫国，报效国家！

六是每天督促检查学生假期作业完成情况。仔细观察记录每一个学生的学习品质。

七是每天进行安全教育，经常提醒嘱咐学生，确保学生安全军训。经常提醒学生注意上下学交通安全，军训期间身体状况自我保护。根据天气变化更换衣服，多喝热水，预防感冒。及时加强与家长沟通。做好应急预案，妥善处理突发事件。

六、每次教研出成果

一是组织大家认真严肃的做30分钟中高考题，即中高考历年真题和仿真模拟试题。找考试方向、解题规律方法和技巧、提高做题速度，如何指导学生应试。

二是一起备课，找章节重点难点考点，如何提炼问题，确定学习任务并用问句提出来，大家都记录下来备课用。

三是给上交流课的老师出主意，研究如何上成一节优质课，体现出整个备课组的团队水平。

四是完成其他任务。要帮着年轻老师学会如何从教材中提炼出问题，用"怎样、如何、哪些、什么是、是什么"等这样的常用词语，将学习任务问题化。例如：高一地理课中有一节关于流水地貌，可以这样问：(1)流水地貌是如何分类的？(2)流水地貌的名称有哪些？(3)怎样辨别各种流水地貌的图示？然后再围绕着一个个问题，抽丝剥茧，分解设计出一个个小问题，用问题牵着学生一步步思考，通过一个个小问题的解决，最后完成大问题的学习，完成教学任务，这就是教学设计和教学步骤，也是教研的重要内容。一次教研活动要把下一周要学习的每一个章节学习任务都找出来，一起推敲交流确定下来。

提炼问题有个诀窍，就是从教材中每一个章节后面设计的练习题里选择。围绕课后练习题来确定每一节课学习任务。这样有个好处，上完一堂课，课后练习都解决了，满足了普通学生的需求，再选一些拓展训练有点难度的课外练习，满足优秀学生需求。

把学校的办学理念和教育模式和教学理念模版，变成每一个老师具体行动，落实到每一节课堂上，黑板上，作业布置，教学的各个环节里，首先我们的校级干部中层干部要沉下身子到课堂里去，到每个教研组里去蹲点，自始至终参加一个教研组的活动观察参与交流，而不是走马观花转一遍，看一下教研组就了事了。把思想变为行动,才是管理的真谛!

第十节　当管理干部三件事

干部就是出主意,想办法。具体来说就是三件事:一要会谋划工作。二要带头实干。三要能分工明确,责任到人,把自己团队的人组织起来冲锋在前。

谋划很细,说明头脑清楚用心了,分工到人,明确责任,说明调动了大家积极性了。再忙再累也要抽出时间独自静下心来,回头看,往前看,告诉自己团队的人下一步该干啥,怎么干,精细管理,步步为营,扎扎实实,无缝对接,狠抓落实,稳扎稳打。做个明白人,干活就有劲儿! 希望各科室主任年级主任都这样干活儿。学会谋划工作,明确分工,夯实责任,务求实效,提升自己,带好团队。

一、承包年级校长每天三件事

一是例行检查。跟着每天早联查队伍转,重点关注自己承包年级各班卫生、纪律、师生精神状态。发现优秀典型和不良现象,做好记录,与有关主管校长、科室主任以及老师沟通交流,及时传递赞美,提醒后进!

二是用心观察。自己单独深入承包年级转转看看,走动式查课,关注课堂规范情况,学习任务书写,老师学生上课状态

三是聚焦课堂。具体深入到一个班听课,指导老师按照学校教改模式开展课堂教学。

总之,承包年级校长要承担起引领指导、督促检查、帮扶鼓劲,协调沟通,撑腰打气的职责。发现亮点,培树优秀,发现不足,及时纠正,营造年级积极向上,聚焦课堂,提升质量,爱拼敢赢的良好氛围。

二、入学仨月,导引入格

据说,新兵入伍,头三个月,现在新兵连集中封闭集训,学习军纪军规,练习基本落实要领和动作为主,学习军事知识专业技术为辅。三个月之后,再分配到各连队,根据兵种岗位职责要求,再深入学习掌握相关知识和技能。这对我们管理起始年级的学生,有一个很好的借鉴意义。

起始年级的班主任和任课老师,一定要把学生的各种习惯养成教育放在第一位。从行为习惯入手,比如按时上下学和上下课;进楼即静,入室即学;上下楼梯靠右

行,轻声漫步过走廊,体育活动就到操场;走路昂首挺胸目视前方;说话交流有礼有节,和颜悦色微笑面对等。

三、勇于担当,做好工作,合作共赢

各主管校长和各科室,经常会遇到牵头负责组织落实完成上级部门布置安排的一些工作任务。

首先,遵照谁去开会,谁就负责牵头工作的原则。

其次,牵头人认真学习钻研会议和文件内容,理出头绪,联系实际,分解任务,责任到人,定出工作标准和工期,一抓到底,善始善终。

再次,积极争取上下左右配合,互相理解支持,互相尊重鼓励,互相多出主意,多想办法。杜绝推诿扯皮。

凡是牵头人安排的工作都是征求校长同意后布置安排的,代表学校统一指令要求,任何人都要先接受执行,完成任务后再反映个人意见和建议。不能找借口推卸责任,耽误工作,影响学校大局。

四、起始年级班主任做好以下工作最重要

(1)通过入学教育让学生和师生之间在最短时间内互相熟悉,建立伙伴关系和班级命运共同体。

(2)选拔培训班干部、学课代表。

(3)民主订班规和个人自律十条。

(4)订班歌、班徽、班旗、班级目标、口号等。

(5)强化落实班级事务三自一包责任制。

(6)做好班级文化建设。教室内外文化墙、橱窗、专栏主题和管理规定。营造良好环境和舆论氛围。

(7)针对班级出现的问题开好各种班会。

(8)培训上课礼仪和三三三德育常规。

用心的班主任带班不断总结经验,越干越轻松,不用心的班主任,总是感觉手忙脚乱不出效果。各科室每天联查都是从卫生、纪律、学习、安全等几个方面入手,观察各班的管理水平和班主任能力业绩。以上列举的几项工作,要在开学后一个月内完成。年级主任和主管科室每周重点督促检查这几项工作落实情况,让各班主任抓住这几个抓手,抓好班级班风建设,开好局,学生养成习惯了,以后的工作就会有事半

功倍的效果。

五、优秀生培养抓手

(一)建立优秀生成长档案

(1)思想道德品质特征。

(2)入学后历次考试学科成绩变化分析。

(3)行为习惯和思维能力特点。

(4)特长和爱好。

(5)人生目标。

(二)建立优秀生集群

按照学习成绩排名编学号,排座位,让前十名学生集中在教室前三排,搭伙成群,同桌邻座,便于互相交流合作,比赛竞争,营造比学赶帮超的氛围。进一步促进整个班级良好学习氛围的形成。

(三)制定优秀生培养方案

从升学目标激励,心理辅导,学科课堂教学特别关注,课外个性化辅导,作业督促,考试分析等方面,制定针对性强的措施,落实每一个任课老师责任,定期分析会诊,对症下药,验证效果。

年级主任要亲自按照以上三点,指导各班主任和任课老师逐项抓好落实,常抓不懈,一抓三年,月月总结点评,特别是重点班、重点老师、重点学生(年级前10或20名)的情况要详细掌握。

六、创新开展筹备和迎检工作

希望领会精神,发挥主观能动性,创新开展筹备和迎检工作。

一是召开会议学习贯彻相关文件精神和会议内容, 安排部署检查主题内容要求。

二是制定工作方案预案。

三是营造迎检氛围:条幅,标语,园地,橱窗等。

四是开展系列活动:发资料,开班会,设课程,问卷调查表,考试答题,评比竞赛,表彰,教材开发,进社区街道校外宣传等。

五是建立健全档案材料:总结,计划,通知,台账,图片视频资料。

六是引导检查工作亮点:看得见摸得着的做得特色出色的工作。

七是做好接待迎送和宣传报道工作。每次迎检之后,牵头迎检的部门及时做美篇写报道做宣传。

七、跟上时代步伐,做好眼前工作

新时代,新形势,新特色,现在的工作节奏很快,要求行政管理效率随之提高,每个人要主动而不是被动,接受而不是拒绝适应时代的变化,一定要与时俱进,顺势而为,乘势而上,才能有所作为,心情舒畅。常言说,改变不了环境,就改变自己的心境,说服不了别人,就说服自己。相信一切都是最好的安排!

所以,我们要不断努力完善自己,积极寻找工作规律,打造适应新常态工作的钥匙。尽管行政工作随机性很强,但只要我们平时勤于学习思考国家政策变化,掌握教育规律,善于观察把握时代发展方向和脉搏,准确研判形势特点,就能随机应变,未雨绸缪,及早制定应对策略和措施。比如,对于一些紧急情况,凡是参加会议的领导,一边认真听会,把握住领导讲话精神要点,一边思考梳理工作任务,联系学校实际做好任务分解分工清单,具体时间标准要求,一边列出总结汇报提纲,第一时间用手机传给学校主要领导或自己的科室主任科员,或相关部门负责人,安排布置落实,这样就提高了工作效率,不至于手忙脚乱。要把压力变动力,完成上级交办的一切任务是第一位的。事越难干,任务越艰巨,环境越复杂,矛盾越突出,越是锻炼人考验人提升人的好机会,才是让自己出类拔萃,脱颖而出的人生机遇。机遇稍纵即逝,谁能抓住,谁就能一跃而上,站到新的发展台阶上。

总之要做到三个有:一有文字材料:会议记录,计划总结,工作方案,活动记录,图片视频,档案资料;二有氛围营造:条幅标语,橱窗专栏,板报墙报;三有活动展示:形式多样,或全校,或部分年级,或一个班级。

八、关心时事,胸怀大爱

各年级主任可以组织本年级的师生,尤其是专业老师,创作抗疫主题作品,形式多样,可以是书法摄影绘画,作文手抄报,手工制作等,风格各异,表述语言生动形象,以个人,备课组,年级组为单位进行集中展示。

看看哪一位老师,备课组长,年级主任关心时事,胸怀大爱,关注社会热点和正能量,用自己高超的专业技能描绘眼前发生的一切,心中感受到的所有,记录并赞美身边美好的人和事,弘扬中华民族传统美德和精神,净化自己的灵魂,鼓舞家人朋友全体师生乃至社会群众攻克时艰,向美而生的信心和勇气!

九、齐步走——加大班级管理力度

班主任与专业老师,要及时了解及掌握学生动态,对于一些怠慢学业的学生可与家长直接联系,真正做到及时有效。再者利用家长群平台,号召家长们积极配合老师工作,并帮助家长总结出一套行之有效的育儿方法,树立家庭教育的重要地位,引导形成在孩子成长的过程中,人人都是当事人,人人都是管理者的思想。从而班主任、专业老师、家长的步调一致,形成"齐步走"的合力,把教育做的像治水一样,变淤堵为疏导,管理就会顺畅很多,最终达到有目的的教育。

总而言之,无论教学本身还是班级管理,学生的核心地位不动摇。老师们同心同德,群策群力目的只有一个,那就是提高教学成绩,最终教育好我们的学生。此次教研力求精准施策,在反复的探讨中获取到许多宝贵经验,为教育教学工作做好坚实的理论基础,那么接下来按照计划逐步实施将是我们下一步工作的重点。

第十一节　新年号角已吹响

2020年具体工作,请各位主管校长和主任注意:对号入座,各自领走,好好谋划,目标明确,制定标准,细化任务,责任到人,重点突出,措施得力,步骤严谨,切实可行,守住常规,谋出亮点,干出特色,届时交流。

(1)举行中高考表彰会:评选出功勋教师、优秀教师,优秀备课组、优秀协作组,优秀课题主持人、优秀论文作者,最佳优质课(教务处、科研处)。

(2)继续做好创城迎检准备(政教处)。

(3)编制(2020~2024)五年发展规划(办公室)。

(4)高质量完成高中招生工作:(政教处)。

(5)积极推动校园移址新建工作(办公室)。

(6)加大智慧校园建设力度(教务处、综合办):装备智能设备,实现一校四院网络互联互通,资源共享,充分利用智能设备的功能,为教育教学服务,促进教学信息技术高质量使用。

(7)加快教育教学设施设备的更新换代(教务处、综合办)。

(8)加大校园文化建设力度(政教处)围绕"和文化"设计建设亮点景观。

(9)实现档案管理规范化科学化精细化(办公室):一个档案馆,一名管理员,一套管理系统。

（10）继续加大教师培训力度（教务处、科研处、政教处）新课程新高考培训，中高考备考培训，可持续发展教育课堂教学模式培训，校本课程开发能力培训，心理健康教育能力培训，社团活动组织能力培训，联合校办学思想培训。

（11）继续大力推进高效智慧课堂改革（教务处）：抓好7341教学模式落实，突出"思维导图"学习方法和能力教学，组织老师研究学科核心素养的内容和重点，着力培养学生可持续发展学习能力。

（12）狠抓核心素养18件事落实（政教处、年级组）重活动方案设计，重活动落实，重比赛激励，重成果展示。

（13）建立财务内审制度，明确职责。完善财务管理制度，根据易发问题和隐患制定预案和规定，严格执行采购审批、招投标流程程序等一切规定（办公室、财务处）：加强学习，熟悉规定，程序完备，责任明确，公开透明，严格把关，做账规范，档案齐全，不留漏洞，防控风险。主管校长要有主人翁责任感，要有法治思维，底线意识，纪律观念。要做好预算，精打细算，既要知道花多少钱，还要知道钱从哪里来，更要知道哪些钱能花，哪些钱不能花。花每一分钱都要合法合规有依据，征求财务人员意见，符合财务管理制度。制度无情，依法依规管理就能公平，就是最大的人情。

（14）抓好校本课程开发和教材的编写使用（教务处、科研处）。

（15）加强班主任队伍建设，建立优秀班主任表彰制度，举行班主任聘任仪式（政教处）。

（16）制定劳动教育年度计划和评价体系，有序安排各年级各班学生，参加校园内外丰富多样的义务劳动，增强劳动观念，锻炼技能。（综合办、团委）：常规劳动，临时劳动任务。打扫卫生，修剪花草，搬移桌凳，社区服务等。做好劳动培训，确保安全，搞好评价，建好台账，纳入班级量化考核。

（17）落实232体艺规程和校本体育教材的规范使用。制定年度训练方案和参赛计划。抓好运动队训练，务求逢赛参加，有赛有我，赛必争优（体卫处）。

一、如何升国旗

根据七届人大常委会第十四次会议通过的《中华人民共和国国旗法》（后简称《国旗法》）中关于"全日制学校，除寒假、暑假和星期日外，应当每日升挂国旗"，"全日制中学小学，除假期外，每周举行一次升旗仪式"的规定，为了严格中小学（含各类中等职业技术学校，下同）升降国旗制度，使学生通过升降国旗这一具有教育意义的仪式受到深刻的爱国主义教育，特提出意见，要求各地中小学在升降国旗时，除要严

格按《国旗法》中有关条款的规定执行外,结合中小学的具体情况,应做到:

1.升旗仪式在每周星期一早晨举行(寒暑假除外,遇有恶劣天气可不举行),重大节日或纪念日应举行升旗仪式

2.举行升旗仪式时,在校的全体师生参加,整齐列队,面向国旗,肃立致敬

3.升旗仪式程序

(1)出旗(旗手持旗,持旗方式可因地制宜。护旗在旗手两侧,齐步走向旗杆,在场的全体师生立正站立)。

(2)升旗(奏国歌,全体师生行注目礼,少先队员行队礼)。

(3)唱国歌。

(4)国旗下讲话(由校长或其他教师、劳动模范、先进人物等作简短而有教育意义的讲话)。

4.每日傍晚静校前,由旗手和护旗按《国旗法》第十六条规定降旗

5.每日升降旗(不举行仪式)时,凡经过现场的师生员工都应面对国旗,自觉肃立,待国旗升降完毕时,方可自由行动

6.旗手、护旗要由各班推选代表轮流担任,并经过严格训练后方可执行升降旗任务

二、严守四同值班规定,确保安全不辱使命

参加四同值班的领导很辛苦,起早贪黑,昼夜坚持,操碎心,跑断腿,全方位巡查,无缝隙管理,才保证了校园师生的平安无事,任务艰巨,使命光荣。在其位谋其政,尽好责履好职,是义务也是本分,万万不可掉以轻心,离职脱岗,玩忽职守,必须确保自己值守的时间段阵地在,人必在,与学生同吃同住同学习同活动,片刻不离左右。

应该说多数带班领导和值班小组人员能够按照学校要求,战战兢兢,如履薄冰,尽职尽责做好值班工作,值得表扬。

但是总有一些值班人员责任担当意识,奉献意识,危机意识,问题意识不强,自律能力很差,总是心存侥幸,自作聪明,投机取巧,不能按时到岗到位值班,有逃岗脱岗现象,夜里查完宿舍偷偷溜回家睡觉,出现紧急情况不在岗,找不到人,打不通手机,联系不上,出现了有急难险情,不能第一时间赶到现场处理的极端情况。对有这种问题的值班人员特提出严厉批评,并提醒大家务必杜绝此类情况的发生。为此,再次强调以下要求:

（1）严格执行《四同值班一日操作规程》和《中层干部履职承诺书》。

（2）带班领导严格履行交接班程序，并与同组人员见面，明确要求，交流情况，做好值班记录，并将发现的问题及时通报给有关校长、科室主任和年级主任。

（3）当日值班人员一律在四同值班室就寝，女值班人员也可以在生活老师宿舍就寝，其他人一律不准回自己办公室就寝。

（4）所有中层干部及校级干部务必24小时开机，确保联络畅通，有叫必到。

（5）对于值班期间没有执行学校规定，造成责任事故的，学校一律追究责任，严惩不贷，绝不姑息。

学生好，一切都好。学校平安，人人有责，学生平安，人人平安。学期过半，学校各项工作任务艰巨繁重，需要大家齐心协力，共同保障学校天天平安，日日稳定，步步为赢。

要想站稳岗位，就要努力百倍。对于我们大多数人来说，拥有一个岗位，一份工作，源自一份信任和托付，挣钱多少自己做不了主，但是珍惜岗位，用心苦干，借机增长才干，使自己进步，体现自己的人生价值还是能由自己说了算。既然选择了当老师，就要做好学生安全的保护神，人生的引路人。既然身负重托，就要不辱使命。

希望大家都振奋精神，保持高昂的斗志，立足岗位，兢兢业业，认认真真，一丝不苟，同心协力，我的课堂我负责，我的辖区我负责，我的岗位我负责，我的时空我负责，为建设平安和谐优质特色文明的七中十五中联合校，人人做出应有的贡献！

三、班主任礼赞

是天空、海洋，收容着每片云彩，停靠着每艘船帆；是阳光、雨露，温暖每片绿叶，滋养每个蓓蕾；执生之手，互相成就，学生收获成长，老师收获快乐；像学子的双亲，辛劳里有父母的身影，欢笑中是朋友的面庞，学生的进步与平安，常在心中的惦念；迎着曙光进校，踏着月色离开。天边第一缕霞光熟悉你的身影，夜空第一颗星星记着你的倦容。

多少个季节轮回，多少个春夏秋冬，撇下嗷嗷待哺亲儿，让挚爱流向学生心房。把学生的理想与信念，看作亲儿的远航风帆；班主任用生命诠释使命，用担责拓印职责。引领学生遨游知识的海洋，点燃孩子深藏心中的希望，让学生在快乐中自由成长，让个性在舞台上得以张扬。

班主任无所不能：电脑、断案、沟通、演讲、教课、算账、社交、咨询、看人、熬夜、早起、受气、舍得、娱乐、受得了忙、守得住闲，承受的误解。上得了课堂，跑得了操场。

批得了作业,写得了文章。开得好班会,访得了家长,管得好家长群。解得了忧伤,破得了迷惘。

四、参加外出考察培训学习的原则

一是规范外出管理,严格审批程序。上级部门指派和学校统一安排组织的,有关人员可以依据文件通知要求申请参加,由主管科室主任上报主管副校长,再报校长批准后,方可外出。

二是取经解惑,宣传学校。凡是外出的老师都要带着问题、个人讲座资料论文课题课例案例等成果、学校的宣传材料上路,带着激情答案和办法回家。

外出考察培训学习期间,一要把听到看到感受到的每一个思想观点理论,都和学校和自己的教育管理实际结合起来,思考问题、寻找办法。二要主动展示,抢占先机,参与交流,大胆发言,积极宣传个人教育和学校办学成果,传播七中十五中联合校的声音和故事,树立学校的美好形象。三要争取集体和个人荣誉。

三是校本研修为主,外出学习为辅。照顾全体,针对主题,对口派出,学以致用,学完分享。一般情况下,根据学校需求,一人一年内外出考察培训学习次数不得超过两次。提倡就近短期,减少远途长期。

四是要坚持拿来主义原则。外出学习要既不做自大的夜郎,也不做自卑的东施。而是怀揣两颗心:以我为主的自信心,博采众长的谦虚心。带上两面镜子:放大镜,觉得自己什么都好,别人什么都不好的时候用;显微镜,觉得别人什么都好,自己什么都不行的时候用。用好两个辩证法:一分为二看问题;具体问题具体分析。带回两件宝:我要做几件事;建议学校做几件事。

第十二节　一切遇见都能修炼

一、管理就是"管事理人"

(一)如何管事

1.搭平台、建机制。包括岗位职责,作业流程、规范、标准等

2.立目标,制计划,抓落实。执行要低标准,严要求

(二)如何理人

1.重培训,育文化。培训技能,培训制度,培训心态

2.勤检查,勤改善,重奖罚

二、干部队伍建设五字诀

稳固基,突出干部政治标准;强化责,发挥干部表率作用;着眼培,提升干部综合能力;突出选,加大干部选任力度;约束严,干部作风从严要求。

三、体卫处职责

(1)负责对接上级对口部门,上情下达,高质量完成交办的各项任务。

(2)负责体育卫生音乐常规管理工作。

(3)负责音体卫教师管理使用培训评价工作。

(4)负责学校环境卫生保健督查管理评价。体育音乐特长生招生、考试选拔、日常训练指导管理、组织大型运动会、组织课间操。

四、四同值班人员须知

(1)值班校长负责制,督促本组人员按时到岗履职。

(2)早晨:负责住宿生叫早、督操、点评、通报有关情况。中午:午自习或午休检查。晚上:夜自习检查师生到位秩序情况,督促按时就寝。

(3)陪同三餐,一日每半天不少于两次全方位巡查。做好值班记录备查。处理突发事件。

五、门岗接待流程

把这几句话打印出来张贴在传达室墙上和桌子上,并认真培训保安人员。

1.您好,请问您找谁?

2.您能和他电话联系一下吗?

3.您稍等,我帮您联系。(如果来客是上级部门领导,联系不上时,就亲自通知综合办,由主任或科员到门口接待,并根据情况通知有关校长或科室主任及时接待)

4.请您登记一下。

5.好,您请进。

六、关于开会的四项原则

为了规范联合校各级各类会议,确保会议精简精准,务实高效,特对会议召开的时间、内容和方式方法,提出四项原则,请各位校级干部、科室和年级主任遵照执行。

(1)时间原则:没有极特殊情况,所有会议一律安排在下午第二节课以后。提倡利用课间或下班之后开会。

(2)精准原则:坚持目标导向、问题导向、任务导向、效果导向。会议组织人或主讲人会前做好四件事:一要搞好调研谋划(一学文件明标准知任务,二看现场找问题知差距);二要列出问题清单;三要明确责任到人;四要提出建议对策。要认真备会,认真筛选参会人,坚持任务涉及谁就通知谁参会。会上要有任务清单,而且要指名道姓分配具体任务,确保参会人任务明确,要求具体。减少陪会人员。发挥参会人会后主动牵头组织沟通协调的作用。整合现有的干部资源,尽量让没有教学任务的中层以上干部多参会,多替会,多干事。

(3)上课优先原则:无论校内校外会议,被通知开会的中层以上干部要坚持优先上课原则。可以先上课后参会,也可以让其他主任替会。校内各部门组织的其他活动,也参照执行。

(4)开会类型原则:校级干部和部门之间在开会前加强沟通交流,提前互相通气,整合会议内容。少开大会,多开小会,少开长会,多开短会,多开合并会议,少开单一会议。多开培训会、鼓劲会,少开命令会、抱怨会。就事说事,提倡送会上门,开电话会、微信会,开有用的会,杜绝泛泛而谈,标准不清,任务不明,问题不准,责任不明,务求智慧高效。干部走下去,质量提上去。干部围着师生转,老师围着学生转,大家围着质量转。

七、开会有套路,会前走四步

校级干部和中层干部平时参加上级部门会议多,回到学校要抓落实,要召集有关部门和人员开会布置安排分工,如何让会议有效果呢? 特提出如下建议:

坚持目标导向,问题导向,任务导向,效果导向。会议组织人或主讲人会前做好四件事:一要搞好调研谋划(一学文件明标准知任务,二看现场找问题知差距,三要和相关领导会前沟通好,说清楚需要配合做哪些工作,使之心里有数);二要列出问题清单;三要明确责任到人;四要提出建议对策。

开会,不仅仅是发号施令,更要是统一认识,凝聚人心,促进和谐,增进感情,建立友谊,争取合作,强化执行力的思想技能培训会。

八、提出怎么写会议简报的五种方法

提出机关文章应遵循"八有一无"标准，即文当有识（见识）、有理（道理）、有趣（情趣）、有势（气势）、有物（事例）、有情（感情）、有文（文采）、有句（妙句）、敢于无视文章套路；提出文章"有一价值观"，即提出一个新问题，亮出一个新观点，讲出一个新道理，引用一个新事例，写出一个新句子，只要有一新，便有价值；提出"文无定法我是法、贵在创新贵在变"的观点；提出机关一般文章、领导文章、秘书文章的"三个三"的特征；提出文章是"经国之大业、领导之基业、机关干部之主业"的地位；提出机关写文章应实现"从参谋到助手、从文秘到文胆、从智囊到智库、从出主意到策源地、从专家到政治家"五种境界的升华。

九、既要会做人，更要会做事

作为一名教师干部，既要会做人，更要会做事；既要会做领导，也要会做下属；既要会处理业务，也要会处理关系。努力提高以领导能力和水平为重点的综合素质，做一名上下均称道、上下都满意的优秀教师干部。

一是注意要按照"上情"理顺"下情"。要想在工作上融会贯通，应对自如，必须把上下情结合起来。吃透上情、摸准下情是基础，做好结合是关键。结合也是一种创造。是能力、水平、修炼的体现。二是统筹兼顾好上与下。顾下不顾上，是与上级领导相处的一大忌讳；只顾上，不顾下，也同时会给自己的工作带来很大麻烦。干部成长的两个基础：群众基础、领导基础；两种力量：拉力和推力。顾上不顾下，易于失去人心，难以开展工作，难以博得上级信任。

当好教师干部，有没有责任心，责任心强不强，是能不能当好干部的前提和思想基础。我们的干部对所担任的工作应该主动负责、敢于负责和善于负责，即"在其位谋其政"。要有解决具体矛盾的勇气和能力；有处理棘手问题的方法和魄力。

我们的干部必须树立全局观念，立足本职，胸有全局。有些工作在全局看来是可办的，在局部看来是不可办的也得办；在全局看来不可办，在局部看来可办的同样不能办，这就叫局部服从全局，就是全局观念。牺牲局部利益，服从全局利益，一些教职工可能会有意见，可能一时想不通，这就需要中层干部做好思想工作，讲清楚局部与全局的关系，讲清楚根本利益、长远利益与全局利益的一致性。

总之，我们的教师干部要保持良好工作心态，要保持谦虚、耐心、积极向上、积极创新，为我七中十五中联合校的跨越式发展贡献更大的力量。

十、学会给自己的师生讲话

校级和中层干部以及班主任老师,经常面对老师学生家长讲话:安排工作,理论学习,培训技能,动员宣传,激发斗志,交流思想等,稿子尽量自己写,说自己的话,举自己身边的人和事,将自己的思想观点传播给大家。每次写给学生和老师听的讲话稿,要根据不同场合,会议类型,年级年龄特征,时间节点,选择不同的主题词,和每一个段落开头句子关键词,谋篇布局,列出写作提纲来,再参考百度上同类型范文,斟酌讲话人平时的讲话精神内容语言表达习惯,先写初稿,再征求几个同事意见修改一下,最后定稿。

一般讲话稿分三大部分:第一部分是谈要开什么会,搞什么活动,接着谈为什么开和搞,即会议和活动的意义。第二部分是正文,要写具体详细点,讲要做到几件事(最好不超过三件事)。第三部分是结尾,表达祝愿祝福期望意思。

总之,写讲话稿一般不要长篇大论,听众的注意力集中时间一般能保持在 15 分钟到20分钟。所以,除非讲的每一件事都有关每一个人的利益得失,平时要多联系群众,琢磨群众心里,发现群众的话题和工作中存在的问题,问题就是讲话稿写作的主题。多讲接地气的实在话,而且简短截说,言简意赅,列举干货,多告诉大家干什么事,干几件事,啥时候交差,怎么干才能干成干好。千万不要信口开河。从一定意义上来说,我们讲话的人就要见什么人说什么话,力求入耳入脑,激动人心才好。这样才能写出高质量的讲话稿来。

力求每年每次每一个场合的讲话稿是新的有针对性的,不重复使用,常写常新,逼着自己提升政策理论写作水平。

十一、科室人员上班三部曲

按时签到守规矩;清洁桌椅再擦地;干好本职争第一。

请各位校长和科室主任经常培训科员,按照学校各项规章制度要求,带好队伍,管好自己的科员(包括图书馆阅览室管理员、实验室、心理咨询中心,门岗保安等以及主管的所有人员),做好一日常规,做好上班三部曲,严格遵守工作纪律程序和模版,做到工作有计划,有分工,有步骤,有督促,有检查,有记录,有评比,有总结,有表扬。提高管理人员素质,确保即将到来的三项迎检工作顺利通过:5A级学校复检,国家级文明城市创建工作的明察暗访,义务教育均衡发展验收。

第十三节　中层的责任担当

中层中层,重在执行;执行执行,必定负重;负重负重,才能服众! 中层干部,是一个非常重要的岗位,是荣誉,更是责任。上要承接执行校长的指令任务,中要协调平行科室年级同事配合,下要想方设法调动本团队全体师生的积极性,另外还要担任班级管理教学科研等许多工作。能够撑下去的要百炼成钢,脱颖而出,逐渐成熟,游刃有余。撑不下去的,必然苦不堪言,知难而退,主动让贤,另辟蹊径,做自己喜欢的能够胜任的工作,选择适合自己的工作岗位,专注专业,也不失为一个明智选择,用另一种方式发展自己,为学校同样做出应有贡献,快乐自己,成就团队!

懂得责任,扛起责任,无怨无悔,坚持下去,不管风吹雨打,迎难而上,踏平坎坷成大道。个人发展要结合自身实际情况,挑战自己固然精神可嘉,要想最终有所成就,多数人还是要实事求是,量力而行,顺势而为,乘势而上,才能有所作为,实现自己的人生梦想。不能盲目互相攀比,好高骛远。看到别人干什么自己不顾自身实际,自己也要干什么争什么抢什么得到什么,最后岁月蹉跎,无功而返,错失了符合自身实际的发展机会,非常可惜。

做任何工作喜欢就会快乐,不喜欢就是痛苦。如果自己能够左右一切,自然极好,如果自己不能左右一切,就必须调整心态,干一行,爱一行,钻一行,乐一行,不能这山看着那山高,总是处在攀比之中,痛苦的不能自拔。到头来哪一座山头都爬不到头,挖哪一口井都见不到水,整天忙忙碌碌,一无所成。

我们学校的中层干部多数都非常优秀,任劳任怨,不计得失,听从指挥,吃苦在前,享受在后,忠于职守,无私奉献。尤其是哪些身兼数职和一年四季坚持四同值班的中层领导,更是十分辛苦,确保学校平安无事,深得师生敬重和喜欢爱戴,他们是撑起学校繁荣昌盛的脊梁和楷模,我们都要应该向他们致敬!

年终岁尾,每个人都要回首过往一年,扪心自问:我这一年为学校,为团队,为自己,用尽了全部身心和力量了吗?我敢说:我无悔,我无愧!来年,我还能做的更好吗?

一、有主管科室的校级干部每周做到"五个一"

(1)参加一次听评课(听了记录本为准)。

(2)召开一次科室例会(会议记录为准)。

(3)访谈一名学困生(谈心记录为准)。

（4）进行一次无盲区巡查（巡查记录为准）。

（5）分享一篇教育感悟（办公室登记为准）。

二、问题导向思维模式

要求大家坚持问题导向思维模式，那么问题从哪里来呢？主要来源于五个方面：一是自己发现，二是群众反映，三是领导提醒，四是个人预感，五是下属报告。

四同值班人员职责包括住宿生早操管理。今后每天早晨，值班校级干部负总责，值班主任和生活老师要积极配合并具体负责。值班校级干部每次具体完成以下三项任务：一要督促带领值班主任按时进宿舍督促学生按时起床。二要督促值班主任按时组织住宿生按时跑操。三要紧盯现场，注意观察各班跑操情况并亲自进行点评。法制综合办牵头负责对值班人员履职和各班跑操情况信息，进行收集整理总结反馈。

三、中层干部任免使用管理原则

为了加强中层干部管理，激发干部干事创业激情，建设一支勇于吃苦，爱拼敢赢的优秀干部队伍，特制定本办法。

中层干部任免使用管理原则：组织考验考察给位子，个人努力优秀保位子，量化考核结果定位子。

（1）按照中层干部个人量化考核细则标准，以学期为单位进行量化考核，依据量化考核结果，实施动态管理，凡是连续三个学期量化考核成绩名次在后三位的，岗位予以调整。

（2）量化考核结果分中层正职和副职两条线排序。

（3）中层正职连续三次排名后三位的调整为副职，调离原科室。中层副职连续三次排名后三位的，免去副职职务，调离原科室，到一线任课。

四、个性化教育才是特色教育

以后传达完成上级下达的文件精神和各项任务，做什么事情都要和我们学校实际相结合，制定工作方案，上边的政策理论要求都想想我们学校有哪些东西哪些做法，哪些材料可以和它对接上解读说明，把宣传大道理和宣传学校成绩办学实践成就紧密结合，用学校师生活动图片，才能让宣传接地气有特色效果好，要牢牢树立这种意识，养成这种思维模式习惯。

只有中国的才是世界的，只有七中的才是中国的，因材施教，因地制宜，因人施

奏,适度加入表演的成分,想办法给观众留下深刻印象。

三是比赛要求选手从服装搭配,仪容仪表,精神状态等多方面有所准备才好,一切和在台下样子不一样,要比出精气神儿。

总之,各团队主管都把每次月度述职演讲比赛当成展示自己能力实力尽心尽职的机会,锻炼自己的队员,提升团队战斗力凝聚力向心力的绝佳机会,就会重视起来,不是负担,而是磨练!

九、一个团队想要成功必须做到

(1)创始人必须要有信仰,坚定方向。

(2)运营者必须要具备强大的人脉关系和资源,有效率的执行和解决方案。

(3)中层管理靠的是团队,团队必须要有人帮、有人教、有人带。

(4)基层靠的是强有力的执行。

十、心想事成,说到做到

班主任要求到哪里,学生就会做到哪里。学生一定能变成你想要的模样。

示范、引导、强迫我们的学生,竭尽全力,声如洪钟,专心致志,心无旁骛,肆无忌惮,争分夺秒,快速投入集合队伍,放声歌唱、高声诵读、跑操高喊口号,对我们的学生来说,可以增强自信心,训练专注力,增强记忆力,扩大肺活量,强大心肺功能,提高学习效率和效果。

所有的年级主任班主任体育老师一定要重视要求学生做到位!培训到位,评比到位,展示到位!打造一支训练有素,精神激昂,惊天动地的班级和年级团队!形成一道校园美丽壮观的风景线!

让我们的学生,竭尽全力,声如洪钟,专心致志,心无旁骛,肆无忌惮地放声歌唱、诵读、跑操高喊口号,对我们的学生来说,可以增强自信心,训练专注力,增强记忆力,扩大肺活量,强大心肺功能,提高学习效果。

十一、老师们都要有培养小老师意识

任课老师和班主任,都要有培养小助手意识。班级里的班干部和课代表,选拔时要注意素质高,爱管事,敢负责,肯付出,有组织能力,有群众基础,老师们选拔出来后,就有意识的经常培训他们,分派任务,明确职责,制定工作标准,手把手教会工作方法,多指导,多鼓励,多表扬,树立他们在班里的威信,逐渐让他们成长为能帮老师管理班级的小老师和小班主任,学生有成长,老师有成就。

学生人人能自律,人人有职责,安排他们盯班讲课,收发作业,策划组织活动,积极参与学校年级的工作等,在完成一个个任务,履行一次次职责过程中,培养责任感,自信心,管理领导组织能力,这样的班级才是理想的班级。

第六章　系列讲话

第一节　学校大会上的讲话

刘庆山校长在新学期开学典礼上的讲话

尊敬的老师们、亲爱的同学们：

大家好！新的学期已经如约而至。也许有人还沉浸在假期之中，也许有人已经为梦想而整装待发，也许有人已经行进在梦想的路上。

我非常荣幸，在今天这样一个热烈、庄重、喜庆的七中·十五中联合校的开学典礼上，欢迎大家来到我们美丽的校园，一起拥抱坚强奋进的自己，拥抱一尘不染的初心，拥抱美好的梦想，振奋精神，再鼓干劲，凝心聚力、再创辉煌，开启新的生活篇章。

新的学年，新的征程，同学们充满希望地走进了校园，教师们在培训积淀后走向了课堂，开启生命历程的又一次起航，人生理想的又一次飞翔。我们要以全新的姿态迎接这个充满收获的金秋九月，因为秋天只属于辛勤耕耘的人们，机遇永远属于有准备的头脑。

初一高一的学生是我校一股蓬勃的新生力量，是一道靓丽的风景线，学校因你们的到来而精彩无限，充满了新的朝气和活力。看到你们洋溢着青春的脸庞，看到你们对知识的渴求，对梦想的期望，作为校长，我感到肩上责任的重大。在此，我代表学校对你们的到来，表示热烈的欢迎，希望你们在我们这所充满"和文化"的校园茁壮成长，学习进步，奋发向上，成就未来。

今年我校将迎来 50 周年华诞，每一位联合校人都无比激动和自豪。我校始建于1968 年，2002 年、2009 年先后与十六中、九中合并，2017 年又与十五中实现联合办学。如今七中·十五中联合校是一所集初中、普通高中、美术高中为一体的完全中学，在校生达 6000 余人。我校在多校合并、联合的发展过程中，大力深化教育教学改革，同心同德，奋力拼搏，走可持续发展之路，形成独具特色的"和文化"，让每一位师生在这里都能大放异彩。

我校一直是优秀学子成长的沃土,是放飞希望的殿堂,是无数校友的精神家园。我校初中成绩斐然,被誉为"中考状元的摇篮",美术高中声名显赫,优秀学子遍布祖国大地。奇迹的缔造,源于全体师生锐意进取、顽强拼搏的奋斗精神与团结协作。

在第34个"教师节"来临之际,我代表学校向奉献在教育战线的全体教职员工表示衷心的感谢,真诚地说一句:"谢谢你们,你们辛苦了!因为有你们,学校的教育事业腾飞在际;因为有你们,学生的美好明天注定辉煌。"

同学们,感恩遇见,相逢有缘。你们选择了七中·十五中联合校,会遇见懂得尊重、理解、爱护你们的好老师,他们会助你成就梦想。这是一种幸运,请大家倍加珍惜这样一个难得的人生机遇,珍惜这份缘。在此,我真心地嘱托同学们几句话:

一是珍惜当下,严格自律,学会做人。"在一个人成长的诸多因素中,知识固然重要,但比知识更重要的是能力,比能力更重要的是品德。"同学们要遵规守纪,自觉提升个人的道德修养。比如:每天上课不浪费一分一秒,每天的作业坚持独立完成,每天看几页有益的书等等。珍惜当下,在自己的能力范围内尽量把每件事做到极致和卓越。只有这样聚沙成塔,集腋成裘,厚积薄发,才能成就精彩的人生。

二是珍惜时间,严守计划,学会学习。大家要制定科学的学习计划,规划好自己的目标,并严格执行,端正学习态度,勤学好问,养成良好的行为习惯,养成热爱读书的好习惯,做学习和发展的主人。只有这样持之以恒地朝着目标去努力,最终才能攀上理想的巅峰!

三是珍惜他人,胸怀感谢,学会感恩。同学之间是兄弟姐妹,你们要懂得相互友爱,珍惜同学情;老师是知识的传播者,你们要懂得尊敬和感恩,珍惜师生情;父母给予了我们生命,也给予了我们无私的爱,要心存感激,常思回报。还要心中有大爱,做一个对国家、对民族负责的人。

四是珍惜渴望,胸怀理想,学会自信。一个有理想、有抱负、志存高远的人,应该有持久的热情、坚定的意志、持之以恒的精神。希望同学们从我做起,从现在做起,有理想,有自信,满怀学习和奋斗的激情,以永不言败的英雄气概面对挑战,以坚持不懈的品格战胜挫折。我坚信,你一定会获得成功,赢得人生的满堂彩;我知道,你们一定会成为我们的骄傲,不让我们失望。

老师们,还记得多年前,怀揣着无限的憧憬初登讲台的自己吗?那个用粉笔书写梦想和希望的自己!在新的学期,请好好拥抱、珍藏这份美好的初心,继续向前。做一个学生喜欢的老师,认真上好每一堂课;和学生一起仰望星空,追逐梦想。

老师们，在教育生涯中，最幸福的是学生在我们精心的培育下，凭着优异的成绩，考入理想的高一级学校，走上工作岗位，成为对社会有用的人才，为国家做出伟大的贡献。请相信，我们遇见的每一名学生，都具备成才的一切潜质、潜能、潜力。只要我们有爱心，有耐心，有恒心，去挖掘、去发现、因材施教、循循善诱、诲人不倦，认真探索教育规律，他们就一定会成为最棒的学生。等我们可爱的学生拥有了飞翔的翅膀，会感谢你所给予的厚爱！

老师们，面对新的教育形势，我们要继续努力贯彻"全人格教育"的理念，走可持续发展教育之路，让每位学生都拥有自信、勤奋、好学的优秀品质，具有自主发展、勇于创新等核心素养，成为国家的栋梁之才。我们要给每位学生搭建展示精彩的舞台，开辟翱翔的天空，用真心陪伴学生成长，让学生充满阳光和自信，走向光明的未来。我们不忘初心、牢记使命，砥砺前行。

最后，再一次祝老师们节日快乐，祝同学们在七中·十五中联合校平安幸福、学习进步！让我们一起坚定信念，挥洒激情，扬帆远航，我们不忘初心，牢记使命，砥砺前行，向更加美好的未来前进！祝我们的联合校更加平安和谐、优质特色、绿色卫生文明，所有的美好都能如约而至！

谢谢大家。

庆祝邢台市第七中学建校五十周年

尊敬的各位领导，各位来宾，老师们，同学们：

大家好。金秋送爽，硕果飘香，在这个喜庆祥和的美好时刻，我们欢聚一堂，热烈庆祝邢台市第七中学建校五十周年。

五十年岁月如歌。回首昨日，学校初建，老一辈七中人凭借着对教育事业的忠诚，以奋发图强的勇气，敬业奉献的精神，在七中这块充满着希望的土地上辛勤耕耘。

他们筚路蓝缕，以启山林，用双手垒砌着七中发展的基石。他们一支粉笔，两袖清风，立 三尺讲台，洒无数汗水，用高尚师德风范，质朴无私精神 撑起了七中初建的一片蓝天，奠定了今日灿烂辉煌的基石。

一代代薪火相传，七中焕发出了蓬勃的生机，一批批优秀的中青年教师，不但继承老一辈学博为师、德高垂范和无私奉新精神，而且还具有 新时代教师敢于创新的朝气和勇于创新的精神，呕心沥血，兢兢业业，将七中推向辉煌。

五十年沧桑巨变,几代人,风雨兼程,七中在不断地 成长壮大。尤其是在区委区政府的正确领导下,以刘庆山校长为首的 领导班子带领全体师生,锐意进取,开拓创新,学校得到了前所未有的发展。现在的七中不仅是中考状元的摇篮,更是学生快乐成长的沃土。

在这里,"三三三"德育模式,"7341"教学思想,取得显著成绩;在这里,"可持续发展"理念 使学生受益终生;在这里,美术高中成为全国优秀生源基地;在这里,普高成绩一路攀升。

在这里,"学生优秀,老师成就";"学生越出色,老师越骄傲";"学生好,一切都好",是七中每一位教师坚守的教育诺言。

作为一名和七中一起成长的一线教师,我有幸参加并见证了七中发展的艰辛,分享了七中一次次成功的喜悦,感受了一个充满活力,不断进取,历经风雨,不断走向辉煌的历程。

昨天,我们缔造辉煌;今天我们硕果累累,满载荣誉;明天,我们更是信心满怀。我们深知:身教言传,勤严爱廉,无私奉献,自强不息的精神已经融入血脉,我们将以最饱满的精神状态,最积极的工作热情投身到工作中去,在平凡的岗位上为七中的发展奉献自己的光和热。

我们坚信,有各位领导和校友们的支持,有全体七中人同心同德的努力,七中的明天将蒸蒸日上,七中人必将用激情与汗水,青春与热血,续写新的篇章,铸造新的辉煌!

最后,祝我们大美七中五十年校庆圆满成功!

祝各位领导,来宾,校友,老师们身体健康,工作顺利!

祝同学们学习进步,学业有成!

谢谢大家!

初三年级毕业典礼暨誓师大会——校长致辞

尊敬的各位老师家长朋友们、亲爱的孩子们:

大家下午好。今天我们在这里,举行毕业典礼仪式,既是欢送你们毕业,也祝福你们的未来。

此时此刻,我的眼前浮现出你们三年前刚刚踏进我们校园的场景,你们是那么的可爱、稚嫩、活泼、积极向上。在烈日下军训时,你们一个个晒得满脸通红,高喊着响亮的口号,脸上洋溢着坚毅和顽强。从那时起,你们就成了我们七彩七中不可缺少的一员。

三年时光匆匆而过,一转眼,你们都长大了。站在毕业典礼的主席台前,首先,请允许我代表学校及全体师生,对圆满完成初中三年学业的全体毕业生,表示热烈的祝贺!同时也代表学校,向三年来为同学们的成长倾注了无数心血、智慧和爱心的老师们,家长们表示深深的敬意和诚挚的感谢!

前几天,初三师生照了毕业合影,当天还有家长给老师们送来了表示感谢的鲜花和祝福,同学们也流露出了对老师和校园的恋恋不舍,让我们深深感动。三年,1095个日日夜夜,你们和七中共成长。相信每个同学都有许多难忘的瞬间,我们不会忘记,365个课间操整齐的队形和坚毅的身影,升旗仪式嘹亮的歌声,红五月艺术节特色艺术魅力的展示,运动会矫健的步伐,各种竞赛取得的优异成绩,更难忘的课堂,是你们和老师、同学之间的深厚情谊。在这三年中,你们学得了知识,也懂得了做人,你们给学校的发展注入了许多的活力和荣誉。 前几天在2018年河北省第三届"关注时事,胸怀天下"中小学生时事竞赛本次知识竞赛中,来自全省十一个地市的十二支代表队参加了比赛,我校作为邢台市唯一高中代表队参加了本次大赛,他们分别是来自高一年级的庞西子、袁梓恒、张景和,最终荣获河北省一等奖!为我校建校50周年华诞献礼!我校高中学生取得的优异成绩得益于刘庆山校长提出的"7341"教学思想,也是我校长期贯彻"三个让,三个一"激励教育思想,深入落实七中学生"三年学校生活需完成的18件事",有效提升学生"核心素养"的具体体现。

昨天又收到好消息,在第二十九届"希望杯"数学邀请赛中,我校学生初三12班余茂生、初二5班刘正阳同学荣获第二十九届"希望杯"全国数学邀请赛金奖;初一1班李泽垚、初一7班张晶晶、初二5班张家瑄、初二5班顾永昌、初三12班闫文基等同学荣获第二十九届"希望杯"全国数学邀请赛银奖!这是我校坚持可持续发展教育理念、深化落实"7341"高效智慧课堂教学改革,培养提升学生核心素养所取得的丰硕成果,邢台七中·十五中联合校全体师生向所有获奖同学及辅导教师李玉革、张春莉、蔡立华、董永和老师表示热烈祝贺!在此,我要告诉你们,我为拥有你们而自豪!

今天,你们就要离开母校。再过一天,就要踏上中考考场,看着你们为了中考努力拼搏的身影,我相信,你们一定会为学校争光,一定会取得优异的成绩。人生就像一场马拉松长跑,结果掌握在自己手中,你们要用坚持和毅力不断前行。在此,我为即将踏上新的征程的同学们说几句肺腑的话,与大家共勉。

第一，树立中考必胜的信心和勇气。因为信心对于一个人的成功，起着至关重要的作用。面对中考，我们等着你们创造奇迹，摘得桂冠。

第二，要有超强的良好心态，再加上你们用刻苦努力练就的实力，就能有超常的发挥，我等待着你们一匹匹黑马脱颖而出。

第三，中考过后，人生的路上凡事要把德放在第一位。无论你们将来的人生怎样，取得怎样的成就，我希望你们永远做一个正直的人。为他人、为社会、为国家做出贡献。做一个遵纪守法、以诚待人、正直无私并积极传递正能量的人。漫漫人生路，一身正气，人生的境遇才会越来越高。

第四，要懂得感恩。首先，你们要懂得感恩父母，父母的爱是天下最无私最伟大的；你们还要懂得感恩老师，他们披星戴月，都是为了让你们在人生道路上走得更好。生活中还有长辈的关怀、同学的友谊、他人的帮助等，你们都要用感恩的心去珍惜，用真实的情感去发现，领悟生活的馈赠。当你们学会了感恩，就学会了做人！

第五，把学习当成一种常态。初中毕业，只是漫漫人生路上的一个驿站。中考之后，你们又要风雨兼程。只要拥有真才实学，才能实现人生的价值。当你把学习当成一种常态，你就拥有了一种品质；当你用主动学习的态度引领成长，你就拥有了一笔财富。

记得这样一句话：所有的分别，都是为了再次相逢。今天，初三的孩子们将短暂离别，明天，你们将背起行囊，开始新的征程。同窗情，师生爱，且行且珍惜，将来不管你们身在何地，处在何位，请你们继续完成人生的考试，交出事业优秀的答卷，为母校增辉添彩。不管未来有多长久，请记住成长的路上，有你有我有七中。我们欢迎你们重返母校，看看我们校园的新面貌、新发展！

同学们，海阔凭鱼跃，天高任鸟飞，愿你往后的日子里，严以治学，诚以立身，在中考取得优异的成绩，在人生之路上实现自己的梦想，开启精彩的人生新篇章。

刘庆山校长在第三届十八岁成人礼上的讲话

亲爱的同学们、敬爱的家长们、尊敬的老师们：

大家好！今天是个特殊的日子，我们在这里为亲爱的孩子们举行庄严而隆重的十八岁成人礼，我很高兴也很激动。

首先，祝贺同学们跨进了成人的十八岁。你们敬爱的老师和亲爱的家长将与你们一起见证这激动人心的场面，一起回忆走过的难忘岁月，畅想明天绚丽的乐章。在这里,我代表联合校全体师生向你们表示由衷的祝贺!同时,也向辛勤培育你们的老师表示最崇高的敬意!向今天参加成人仪式的所有家长表示真诚的感谢!

两年前,你们带着缤纷的希冀和美丽的憧憬,走进了你们理想的学校——邢台七中。从此,就走进了一个放飞梦想的乐园。

在这里,"让每一位师生都能大放异彩"是学校不变的追求。我们努力让每一名学生都能拥有自信、勤奋、好学的优秀品质,提升核心素养,具备可持续发展和勇于创新的能力。

在这里,"学生优秀,老师成就"是每一位教师坚守的教育诺言。老师希望每一名学生都有自己独特的兴趣爱好和特长,给每一名学生搭建展示精彩的舞台,为实现美好的梦想而努力。

在这里,"自主、合作、探究、展示"的7341高效智慧课堂,"三三三"习惯养成德育模式,"三自一包"责任教育模式,"三个让,三个一"激励教育模式,"提升核心素养的18件事"工程,"232"体艺工程等一系列富有创新意义的工作措施,体现了我们"以生为本,与时俱进,追求卓越"的办学理念。

作为七中学子,你们应当感到自豪:因为她有五十多年的办学历史,既有清新优雅的育人环境,一流的硬件设施,又有一批经过多年历练的名师授课;你们的学长中涌现了许多高考精英,成为社会栋梁,谱写了七中辉煌的历史篇章。我期待着你们续写七中校史更精彩的一页。

同学们,在不知不觉中,你们已经由当年的小小少年阔步迈入了十八岁的成人行列。十八岁要有成年人的担当,要有成年人的坚强,要有成年人的信仰,要有成年人的智慧,要有成年人的博爱,这就是十八岁的高度,这就是成年人的成熟。

同学们,在今天这个特殊的庆典上,在欢庆你们已经成人的同时,不要忘记你们还走在高考的路上。作为准高三的你们,要懂得高考是一场激烈的竞争,胜利只属于强者。所以,希望你们鼓起勇气,扬鞭策马,携手并肩,一起走过这难忘的360天。

此时此刻,我作为你们的师长,有太多太多的话想对你们说,说说对你们的希望。

第一,希望你们有感恩之心,有家国情怀。同学们,十八年飞逝而过,如今的你们已经羽翼丰满。蓦然回首中,你们会发现成长的画面,总会有父母辛劳的身影,总会有老师用心的陪伴。他们关心你、照顾你,为你遮风挡雨;他们指导你,教育你,为你成长护航。同学们,你们更要懂得关爱孝敬父母,感恩尊敬老师。

同学们,你们要做一个知荣辱、明是非的人,做一个对国家、对社会有用的人,做一个对得起父母、对得起师长的人,做一个有家国情怀的人,这就是对父母和师长最好的回报。

第二,希望你们要忠于志向,善于合作。同学们,十八岁是一个标志,是一道门槛,更是一种责任。你们开始享受法律赋予的公民权利,同时承担法律规定的公民义务,你们要肩负神圣的使命。不仅在年龄上成人,更要从小我变成大我,从自然的我变成社会的我;不仅对自己负责,而且要对社会,对国家,对人类负责。

成年就是要做一个忠于志向的人,既要志存高远,又要脚踏实地;成年就要做一个勇敢独立的人,走向学习与生活的自立,精神与人格的独立,做人有原则,做事有见解;成年就是要做一个善于合作的人。善于发现欣赏别人的长处和优点,只有这样才会众志成城,无往而不胜。

第三,希望你们要学会担当,心怀天下。同学们,你们要勇敢面对高三的磨练,学会担当。高三的学长留给你们的,不只是忙碌的背影,更是坚毅拼搏的精神。希望你们继承高三精神,只争朝夕,百炼成钢,用汗水书写自己无悔的青春!请大家坚信:时间终究不会辜负每一个奋斗的人!

同学们,在中华大地上,自古以来,文脉的承续,社会的发展,文明的进步,都是基于人们对知识的勤奋追求。当我们心怀天下,独立思考,一切困难,一切挫折,一切辛酸,都将变得微小;一切暗淡的时光,都将变得灿烂辉煌。

作为过来人,我很羡慕你们,因为你们刚刚十八岁,还有时间,还能选择,还有激情,还在奋斗!青春赋予你们坚毅前行的勇气,也赋予你们眺望远方的胸怀。面对远大的前景,你们的内心更需要充满勇敢与从容,自信与坚持,责任与担当。

同学们,希望你们用执著追求梦想,用快乐带动心情,用平淡面对磨难,用努力获得幸福,用真诚对待朋友,用感恩拥抱生活!用爱心、责任、理想和诚信塑造自己的品行!用智慧、勤奋、自律和奉献书写自己的人生!

最后,衷心地祝福你们:

以青春的激情,坚定的步伐,去丈量未来的道路,拥抱灿烂的明天!

以健康的心智,良好的状态,去接受各种的挑战,谱写动人的华章!

用辛勤的汗水,不懈的奋斗,去迎接明年的高考,收获人生的硕果!

用高尚的人格,渊博的知识,去展示自己的魅力,报效伟大的祖国!

谢谢大家!

学、主题活动、社会实践为主要途径,整体筹划,综合运行,形成全方位、立体化的教育效应。邢台七中师生自此有了方向的引领,优秀传统文化以一种外显的姿态成长着!

二是打造环境文化,优化经典传承氛围。环境浸润,大象无形。在环境文化建设方面,邢台七中实行"主题统揽,稳步实施,分层推进,多种呈现"的方略,创新打造特色景观建设,力争做到让每一个墙壁都说话,让每一空间都育人,让每一片花木都含情,学校利用教室、走廊、墙壁、橱窗等宣传窗口,通过学校广播、校园网、宣传栏、电子屏等媒介,张贴和布置有关中华传统美德的图画图像、名言警句、诗词歌赋等,营造浓厚的优秀传统文化氛围,潜移默化、润物无声的文化育人功能日益呈现。

步入校园,"孔子文化广场"上大型孔子雕像、"立德树人""仁爱"景观石和绿草丛中刻有孔子语录的文化石自然天成,倍增厚重之感,天然石材与艺术的融合巧夺天工,给人以震撼和鼓舞,陶冶性情,使师生浸润在传统文化的氛围中;广场上《四书》《五经》长廊与孔子塑像交相辉映,润物无声;校园内镌刻的古今中外名人塑像,激励学生努力奋进;初中部"行知楼"楼梯上《论语》让学生直面中国圣贤,让经典文化陶冶性灵,体现了学校对传统文化的关注,潜移默化地提升师生的人文素养。

美术高中男生公寓楼命名为"岳阳楼",取自爱国名句"先天下之忧而忧,后天下之乐而乐"而脍炙人口的范仲淹名篇《岳阳楼记》,希望同学们心怀天下,为中华之崛起、全人类进步而奋斗;女生公寓楼命名为"一层楼",取自王之涣《登鹳雀楼》中名句"欲穷千里目,更上一层楼",寓意同学们志存高远、积极进取;教学楼上悬挂的标语"两眼一睁,开始竞争;抢先一步,领先一路",时刻提醒着同学们不负韶华,只争朝夕;操场墙壁上"孔子浮雕图"栩栩如生,每一个人物、每一个场景都在诉说着孔夫子流传千年的至理名言。

如今的七中,以"孔子文化广场"为轴心,以景观石、青松翠柳等绿茵景观走廊为主线,"一带一路"特色传统文化教育愿景已经形成。教室里、楼道中、过道旁、栅栏上,随处可见经典名句,俯首可拾传统文化小品。校园内,树、花、草、石合理搭配,相映成趣,平面绿化、立体绿化张弛有度,层次分明,以文化育美,优化了传统文化教育氛围。

三是打造校本文化,传承以文化人理念。课堂,是学校教育的主阵地,是传承传统文化精髓的主场。邢台七中为推动优秀传统文化进课堂,将优秀传统文化嵌入学生的脑中,成为中华民族的文化基因,在教学时间、教师队伍、教学方式上做了深入、详细的探索,推动课堂教学走向新的天地。

我校将每天大课间统一为诵读经典时间,学生在教师的指导下有选择地背诵经典诗文;每周安排一节阅读指导课,进行必要的阅读方法指导,解决阅读过程中遇到的疑难;每两周一次"礼孝课程"学生深刻了解礼孝内涵,每月更新班级孔子文化专栏,并利用黑板报展示国学经典和传统节日;每学期组织学生参与传统文化知识竞赛,学生们在丰富多彩的活动中优秀积累了中国传统文化,从中领会做人、修身、行事的道理。

我校为加大传统文化进课堂力度,开发了校本教材《国学经典教育读本》《邢台七中礼孝课程》,使之成为校本课程的重要内容,让学生扎下优秀传统文化的根。并且利用节假日在开元寺开展"读经典,做好少年,清洁家园我争先"社会实践活动,鼓励孩子们将课堂上学到的优秀传统文化转化为课外的文明行为举止。

四是打造活动文化 固化经典传承形式。活动与教育是一体的,活动是学生得以生长的土壤。我校创设内容丰富、形式多样的载体,以活动促教育,以活动促提高,增强育人的效率,积极培养有文化底蕴的学生。

每年9月28日孔子诞辰纪念日的早晨,学校都会组织学生开展诵读纪念仪式。学生代表在倡议书中号召大家牢记孔子思想的精髓,成为"有爱心、负责任、求真知、做真人"七中学子。祭孔仪式润物有声,唤起师生努力向上的精神。

我校在开展诵读经典活动中积极倡导亲子共读,号召家长和孩子手牵手地在经典的照耀下共同成长,让读有所悟的家长在家长会上现身说法,让学有所成的家长在班级交流经验,让有学习要求的家长参加"与经典同行"主题班队会,书香家庭、书香社区的建设悄然启动。为配合好传统文化进家庭活动的开展,学校还积极举办家长培训班和传统文化大讲堂,发动全体教师、学生和家长,开展了"文明礼仪"(好习惯)的征集、评选、宣讲和践行活动,在品悟经典的过程中感受文化的熏陶,从而端正言行、修身养性,起到固本强基之效用。

我校积极实施以传统文化教育促进道德建设,接连开展了"读书节""国旗下才艺展示""京剧进校园""书法进校园"等主题活动,学生社团篆刻社团、京剧社团、象棋社团活动也竞相绽放,学生们在感受优秀传统文化魅力的同时受到民族精神、爱国主义等思想品德教育,使民族优秀传统文化薪火相传,永葆生机。

弘扬中华优秀传统文化是我校教育的永恒主题,让中华优秀传统文化渗透到校园每一个角落,用中华优秀传统文化润泽师生生命底色,是我校教育的不懈追求。我校先后荣获"中国当代特色学校""河北省特色文化建设先进学校""河北省书法教育实验学校""河北省语言文字规范化实验学校""河北省教学工作先进单位""河北省心理健康教育特色学校""河北省职业技术教育示范学校""河北省艺术教育示范学校""河北省文明礼仪教育试点学校""河北省师德工作先进单位"等百余项荣誉称号,赢得了社会各界的广泛赞誉。

总之,邢台七中决心把中华优秀传统文化教育扎实开展,不做表面功夫,真正把经典与现实相熔接,感受与践行相结合,引导学生行为,提高文明素质,打造氛围浓厚的中华优秀传统文化经典校园。我们深知,传统文化教育是一项长期而艰巨的系统工程,我们将紧扣时代主题,坚持把优秀传统文化教育与践行社会主义核心价值观相结合,与学校德育工作相结合,不断创新优秀传统文化教育实践,为邢台教育事业作出应有的贡献。

三、邢台市"绿书签行动"集中宣传周活动致词

尊敬的各位领导、老师们、同学们:大家上午好!

今天是世界第 23 个阅读日。在这个春暖花开、书香满园的日子,我们相聚在美丽的邢台市第七中学和善苑,举办邢台市 2019 年"绿书签行动"集中宣传活动,目的在于引导广大青少年绿色阅读、文明上网,为青少年成长营造良好的的社会文化环境。在此,我代表七中全体师生对各位领导的到来表示热烈欢迎和诚挚感谢,对为活动顺利开展默默奉献的志愿者们道一声辛苦。

学校是青少年健康成长的一片净土,必须做到守土有责,让广大青少年在阳光雨露下茁壮成长,大放异彩。创建"平安和谐,优质特色,绿色卫生文明"的理想学校,一直是我校追求的办学目标,广大教师牢记立德树人的根本任务,和学生一起致力于打造书香校园,共同完成核心素养 18 件事,不断强化学生绿色阅读,文明上网的良好习惯,通过指导学生"读万卷书,行万里路,经万般事,识万种人",培育学生健全人格和可持续发展能力。人生最美是少年,少年最美是读书。年年岁岁阅读日,岁岁年年人不同。我校将积极开展"绿色阅读,文明上网"活动,不断创新形式,引领全体师生"与经典同行,共翰墨飘香",以文化人,教化社会,造福桑梓。从校园的书香浸润,到阅读的课程化,从师生共读走向全民阅读,以一颗沉静、纯净的心灵去迎接书籍的洗礼,构筑起健康成长的精神防护林。

"粗缯大布裹天涯,腹有诗书气自华","读书破万卷,下笔如有神","一日不读书,则语言无味,三日不读书,则面目可憎","书籍是人类进步的阶梯",这些经久流传的千古名言,说出了读书的好处。淡雅的墨香传承我们悠久的文明,绿色的书海承载我们青春的梦想。邢台七中全体师生愿同社会各界一道,携起手来,同心协力,用

实际行动传承人类文明,传播善良美好,为中华文明的发扬光大、为人类的进步贡献自己的力量!

预祝 2019 邢台市"绿书签行动"宣传周活动,取得圆满成功!

谢谢大家!

2019 年 4 月 23 日

第三节　党代表发言

一、襄都区人大代表 2021 年度述职报告

一年来,作为一名区人大代表,我能够认真履行代表职责,依法行使代表的权利和义务,积极参加人大常委会组织开展的各种活动,倾听人民群众呼声,参政议政,建言献策,较好的完成了本职工作。

(一)加强理论学习,提高履职能力

一是积极参加区人大常委会组织的代表培训学习。认真学习习近平新时代中国特色社会主义思想和对人大工作指导意见,着重对党的十九大和十九届历次会议精神、《宪法》《人大代表知识问答》《代表法》、区人大的各项决议决定进行研读学习,提高自己思想政治素质和依法履责能力。二是学习代表履行职责的工作方法和技巧,通过人大常委会、东郭村镇组织的各项代表活动,增强了我的代表意识,提高履职能力,熟悉履职程序。增强了全局意识,围绕工作中出现的新情况、新问题,深入进行思考,积极探索新的思路和办法。三是坚持理论联系实际,牢固树立群众观念和责任意识,一切从人民的利益出发,深入群众,体察民情,倾听、了解和反映选民的意见和呼声,保证群众意见得到充分表达。

(二)牢记代表职责,积极参与活动

做一名合格的人大代表,不仅要牢记代表职责、使命,更要积极、认真地参加人大各项活动,这是履行职责的基本要求。

在第二届人大第一次代表大会上,我被选为人大常委会委员,并被任命为教科文卫工作委员会委员,一年来全体大会、常委会会议、代表团会议、出席率都在100%。先后参加了常委会组织城市综合体调研、安全生产"双控"机制建设视察、食品药品安全管理执法检查等活动和四次常委会议。

(三)做好桥梁纽带,积极建言献策

作为人大代表,既要在监督政府方面尽职尽责,更要做好区党委、区政府和人民群众的桥梁纽带。要做好党委和政府路线方针政策各种决议和工作报告的宣传员,还要做好人民群众的传递员,为党委政府工作决策提供科学的依据和有益的建议。一年来,我把每次参加的党委政府和人大各种会议精神,都及时宣讲给学校师生和选区群众,还主动了解群众急难愁盼的事情,尽己所能帮助解决。先后利用重要节日慰问并给困难群众捐款,参加防疫抗疫志愿者和创建文明城市志愿者活动,提交《关于精准创城,规范人群密集场所车辆管理的建议》等提案。

总之,职责所在,日必行之。今后,我一定继续努力,充分发挥人大代表的作用,为我区的人大工作作出更大贡献。

二、刘庆山述职报告

本人自当选桥东区人大代表以来,始终牢记着代表使命和责任,尽心尽力做好工作,履行职责,圆满完成各项任务。

(一)坚持学习,提升能力

作为一名新当选的人大代表,只有认真学习,不断提高自身素质,才能真正成为一个合格的人大代表。一年来,参加了区人大、南长街办事处和区教育局组织的宪法学习活动,以及其他各种类型培训学习。自学或组织本单位党员继续深入学习党的十九大报告、习近平总书记系列重要讲话和在全国教育大会上的讲话精神。重视理论联系实际,把中央的政策和习近平总书记新时代社会主义思想,与教育教育实际相结合,开创性的开展工作,提高了教育教学质量,提供优质教育资源,更加有效的服务了我区的经济社会发展。

(二)参加活动,履职尽责

区人大和南长街办事处经常组织人大代表参加各种活动,发挥人大代表的监督职能,更好规范促进各行各业健康发展。本人先后参加了三项重点工作联动督查活动,深入社区开展调研,到大众厨房、建筑工地等现场察看环保防治污染情况。定期到人大代表活动室接待群众来访,了解民意,记录诉求,及时反馈给有关职能部门。通过参加一系列活动,增强了人大代表意识,提升了服务水平。

(三)积极思考,主动建言

区人大围绕我区教育工作发展规划,要求人大代表积极建言献策。本人积极响应号召,认真思考,深入开展调研,为我区教育发展提出了多条建议,从建议建立优质教育集团,扩大优质教育资源服务范围,到建议加强校园周边环境综合治理,再到加强教师队伍建设,提高师资水平等,为教育事业的发展出谋献策。同时,带领本单位全体师生狠抓教育教学质量,努力办好老百姓家门口的学校,使我区的教育水平不断提高。

总之,一年来,本人在区人大和街道办事处的带领下,尽己所能,做了一些力所能及的工作,亲近选民,了解民意,宣传政策,监督落实,建言献策,努力做一个优秀人大代表。

三、人大代表述职报告

我叫刘庆山,现任邢台市七中校长,自当选为桥东区人大代表以来,我注重政治理论学习,努力提高自身素质,依照宪法和法律赋予人大代表的各项职权,积极参加区人大组织开展的各项活动,较好地履行了职责和义务。

(一)学习理论,钻研业务,提高素养

坚持经常学习习近平总书记新时代中国特色社会主义思想和不忘初心、牢记使命有关论述,以及关于人大工作的讲话精神,树立以人民为中心的思想,强化了人民代表为人民的意识。认真学习《宪法》《代表法》,进一步丰富了人大代表的业务知识,提高知法、懂法、用法、守法等方面的自觉性,为更好的履职尽责打下坚实的基础。

(二)参政议政,参加活动,进言献策

参加区人大一年一度的人民代表大会。每一个人大代表参加人民代表大会,是行使自己代表权利和职能义务的主要内容和途径。我从不缺席,积极参加会议,并按照议程和各项规定,圆满完成大会交给的各项工作任务。无论是投票选举,听取报告,还是分组讨论,撰写提案等,都抱着严肃认真,郑重担当的态度去对待大会的每一个环节的要求。

参加区人大组织的人大代表培训班,在前南峪培训班上,认真聆听了专家教授的讲座,对习近平总书记新时代中国特色社会主义思想有了深刻的认识,对"不忘初心、牢记使命"主题教育有了深刻的理解。同时参观了抗大纪念馆,了解了抗大精神内涵。还学习到了智慧城市建设的有关知识。

参加区人大和南长街办事处人大代表团组织开展的一系列活动。走进社区考察新型取暖设备使用情况,走进建筑工地了解防尘环保措施落实情况,走进贫困家庭开展送温暖帮扶活动,走进高科技企业参观考察。

参加"人大代表之家"和"人大代表联络站"活动,亲自接待选民,听取选民对我区政府和街道社区工作的意见和建议,并及时理出头绪,提炼成问题,反映给有关部门。向选民宣传党的十九大精神和我区历届人大代表大会上政府工作报告的内容,让选民了解近几年我区党委和政府工作成绩和未来工作计划,激发大家建设经济强区、美丽桥东的热情。

(三)广泛调研,撰写提案,监督完善

历次在区人大代表大会召开前后,都根据区人大的要求,围绕我区的年度重点工作,结合我区的实际,走基层,进社区,实地查看,联系选民,聆听选民的呼声,汇集选民的意见,撰写提案,围绕校园周边环境综合治理和街道路面平整畅通问题,先后撰写并提交两份提案,并得到了有关部门及时回复,使校园周边环境和小街小巷安全隐患得到了有效解决。

做人大代表,是一种荣誉,更是一种义务,能够为选民服务,是一份荣幸。今后,我会继续牢记代表使命,更多更好地履职。

四、邢台七中刘庆山关于推动我区劳动教育基地建设的提案

劳动教育是中小学教育不可缺少的重要组成部分,是全面贯彻落实教育方针,实施素质教育、提高学生总体素质的基本途径。2020年3月,中共中央 国务院发布《关于全面加强新时代大中小学劳动教育的意见》。《意见》提出,要全面构建体现时代特征的劳动教育体系,把握劳动教育基本内涵,明确劳动教育总体目标。要着力提升劳动教育支撑保障能力,多渠道拓展实践场所,多举措加强人才队伍建设,健全经费投入机制,多方面强化安全保障。而我区还没有明确劳动教育实践基地的规划和建设,特此提出本议案。

(一)丰富和拓展劳动实践场所

地方教育行政部门要统筹规划和配置劳动教育实践资源,满足学校多样化劳动实践需求。充分利用现有综合实践基地、青少年校外活动场所、职业院校和普通高等学校劳动实践场所,建立健全开放共享机制,特别是充分利用职业院校实训实习场所、设施设备,为普通中小学和普通高等学校提供所需要的服务。可安排一批土地、山林、草场等作为学农实践基地,确认一批厂矿企业作为学工实践基地,认定一批城乡社区、福利院、医院、博物馆、科技馆、图书馆等事业单位、社会机构、公共场所作为服务性劳动基地。推动学校充分利用校内学习、生活有关场所,逐步建好配齐劳动技术实践教室、实训基地,丰富劳动教育资源。

（二）按照当前政策,校外劳动教育实践基地"小农场"建设的用地主要还是农业用途

如需建设相关配套设施,对于不改变土地用途的,可仍按原用途管理。作为生产和为生产服务的看护房、农资农机具存放场所等设施农业用地,可按《自然资源部农业农村部关于设施农业用地管理有关问题的通知》(自然资规〔2019〕4号)办理相关手续,种植设施不破坏耕地耕作层的,可以使用永久基本农田,不需补划;设施农业用地被非农建设占用的,应依法办理建设用地审批手续。

（三）健全经费投入机制

各地要统筹中央补助资金和自有财力,多种形式筹措资金,加快建设校内劳动教育场所和校外劳动教育实践基地,加强学校劳动教育设施建设,建立学校劳动教育器材、耗材补充机制。学校可按照规定统筹安排公用经费等资金开展劳动教育,可采取政府购买服务方式,吸引社会力量提供劳动教育服务。

五、党代表小组发言

本届党代会意义非凡,今年是建党一百周年,脱贫攻坚战圆满收官,疫情防控工作取得重大成果,我市召开具有历史意义的党代会,我有幸参加,感到无比自豪和高兴。看到市委近几年在复杂多变的情况下,工作依然取得了巨大成就,更是倍感激动。

这几年来,市委工作理念超前,重点突出,思路清晰,措施有力,成效显著。狠抓党建,紧紧围绕经济建设和社会发展这一主题,在做好防疫抗疫工作前提下,大力开展三大攻坚战,提高城市品位,解决民生难题,使老百姓的获得感幸福感明显提升,赢得了非常好的口碑。

更令人振奋的是对未来五年工作规划和谋划,立足于邢台的实际,又具有高大上的特点,蓝图宏伟,目标清晰,工作路线图一清二楚,各种保障措施精准得力,我们相信只要全市上下,齐心协力,攻坚克难,就一定能实现我们的目标。

作为一名教育系统的党代表,我更加感到责任重大,一定按照市委工作报告中提出的各项要求,在本职工作岗位上积极作为,狠抓落实,带领全体教职员工,认真贯彻执行党的教育方针,牢记立德树人的使命,端正教育思想,切实加强师资队伍建设,提高师德水平和业务技能,大力推进素质教育,积极开展教育教学改革,提高教育教学质量,不断扩大优质教育资源的覆盖面,办好老百姓满意的教育,为襄都区和我市经济社会可持续健康快速发展贡献力量。

市纪委的工作报告,内容翔实,条理清楚,重点突出。紧紧围绕市委中心工作,深入开展党风廉政建设,有效开展党风廉政教育,提升全体党员干部党性修养,积极推进纪检监察工作工作的规范化科学化,提高工作效能,在查办案件,信访稳定等方面取得了巨大成绩。有力地维护了党的形象,确保了市委各项工作的顺利推进和高效落实。

党建引领聚合力,砥砺奋进谱新篇。市第九次党代会以来,我市认真践行以人民为中心的发展思想,继续弘扬光荣传统、赓续红色血脉,进一步增强大抓落实、大干实事的思想自觉和行动自觉;充分发挥好基层党组织战斗堡垒和共产党员先锋模范作用,扎实推进"三基"建设年活动,广大基层党组织展现新气象、干出新作为;驰而不息改进作风,全力营造风清气正的政治生态,坚持"以实绩论英雄"的用人导向和"干净干事、担当担责、创业创新、实绩实效"的用人标准,始终保持干事创业的良好精神状态;进一步强化以人民为中心的发展理念,大力开展"我为群众办实事"实践活动,用心用情用力为群众办实事、办好事、解难事。

在市委的坚强领导下,全市各级党组织牢固树立政治意识、大局意识、核心意识、看齐意识,努力谱写新时代党的建设新篇章,为邢台高质量赶超发展提供有力支撑和坚强保障。

第四节　区市系列会议发言

一、区教育局座谈会发言材料

邢台七中十五中联合校,是由原市七中、九中、十六中和十五中合并联合而成,是一个集初中义务教育、美术职业高中和普通高中教育于一体的综合性完全中学,现有四个校区,占地84亩,建筑面积34000平方米。124个教学班,7500名在校生,其中初中和高中人数各占一半。在编教职工人数为420名,在聘教师80余人。

七中十五中联合校是我市一所优质热点学校。近十年来,办学规模不断扩大,教育教学质量稳步提升,各项评价指标始终名列市区同类中学前茅,初中教学质量一流,美术高中办学特色突出。

学校根据自身的办学实际,大力弘扬"和文化",确定了"精细化管理,精品式办学,特色化立足,内涵式发展"办学思路,着力创建"平安和谐,优质特色文明"。

理想学校,遵循"文化立校,依法治校,科研强校,特色树校"的办学策略,通过坚持不懈落实抓党建,带队伍;抓管理,树形象;抓教改,上质量;抓科研,强师资;抓安全,保平安等系列教育教学管理措施,使学校的各项工作水平不断提升,办学理想目标逐步实现,为我区的基础教育发展作出了积极贡献。下面我从三个方面汇报交流一下,我们一些符合我校实际而卓有成效的做法。

(一)聚焦主业抓党建,立足岗位做贡献

学校的中心工作是教育教学,主要目标是提高教育教学质量,根本任务是立德树人,也就是培养出尽可能多的品学兼优,素质全面的学生。因此,学校的一切工作,都围绕着中心工作和根本任务这一主业来开展。围绕加强党建工作,我们做了以下几个方面的探索,收到了一定的效果。

第一,创建一个体制,把党组织建在年级。目前,学校四个院各设有支部,六个年级各建立了一个党小组。这样建支部的好处是党建工作基础坚实,针对性更强,更便于发挥党支部的战斗堡垒作用,强化了党员的先锋模范作用,突出了教育教学的中心地位,引领大家树立抓好党建促教学,搞好教学强党建的意识,正确处理好党建和教育教学的关系,让党建工作在日常教育教学中落地生根,使教育教学工作在党建过程中,方向明确,原则正确,动力源源不断。

第二,明确育人导向,坚持三个基点。一是守住一个教育的落脚点,为党育人,为国育才。通过日常学习宣传,让全体老师都能牢记这一使命,坚守教育的初心。二是围绕学校工作的一个中心点,专心教育,潜心教学,心无旁骛,全心全意,育人为本。三是牢牢把握住一个结合点,把党建工作和教育教学工作紧密地结合起来,党建不离教学,教学不离党建,两手一起抓,都要硬,确保二者相辅相成,互相促进,共同提高,使党建有活力,教学有动力,教育有根基。

第三,开展专项活动,做实五大阵地。一是利用党员活动室,坚持"三会一课"制度,做实党建常规。二是开设"做一个有思想的管理者"大讲堂,建设学习型党组织,做实党建内容。三是开展校级干部五个一活动,做实党建特色。四是开展争先创优活动,做实党建抓手。五是建立健全入党积极分子培养机制,做实党建后劲儿。

(二)围绕中心不动摇,狠抓质量创新高

学校工作千头万绪,一条主线提纲挈领,围绕教育教学,狠抓教育教学质量,是每一所学校的立足之本,发展之根,持久之源,兴旺之基。

第一,常抓教学常规,强化精细管理。我们除了坚持落实一般学校都有的日常教学常规外,还结合自己实际情况,制定了有本校特色而实用的教学常规,如上课七步曲,活课堂宝典,课堂礼仪,一日九巡检查程序等,对于规范课堂教学,提高课堂效率,激发学生学习兴趣,丰富学生素养起到了积极作用。

第二,持续推进教改,激发教学活力。教学的主阵地是课堂,一成不变的教育教学内容很容易造成老师们教学形式方法的因循守旧,墨守成规,从而课堂教学激情日消,活力日减,效果日低。所以,不断引领指导督促老师们积极探索开创新的教育教学模式,开展激情教育和教学改革,既能满足学生的求知需求,激发学习热情,又能让老师在创新中体验到变化的乐趣,成长的感觉,收获的喜悦。我们发起了"激情课堂、激情跑操、激情诵读、激情工作"等系列活动,并逐渐固化为常规模式。我们组织学校的老中青优秀教师,不断回顾总结提炼自己的教育教学经验,取长补短,集思广益,最后研制出符合校情的"7341教学模式",在全校师生中推行,经过大家在教学实践中,不断尝试总结修改丰富,使这一个教改模式深入人心,对提高我校的教育教学质量有非常明显的作用。另外,我们在德育方面,体育卫生艺术教育,行政管理方面等方面,也形成了一套行之有效富有本校特色的组合模式,同样收到了很好的效果。

第三,教学科研并重,以研促教强校。我们的教科研工作一直走在市区中学前列,每年的立项数和结题数都位列第一。

我们的教科研坚持的原则是:立足岗位实际,问题即是课题;开展接地气,草根式科研;科研为先导,教学为基础;教中研,研中教,以教为本,以研促教,边教边研;人人有课题,人人都参与。实施校本课题,区市课题,省级以上课题三级分级课题申请管理模式,确保教科研工作的普惠性、全覆盖、优质化、实效性,最终达成的目标是:一有利于提高学生学科成绩,二有利于促进学生素质全面发展,三有利于提升教师师德修养和业务能力。

我们的教科研还依托名师工作室,开展了以"和文化"为核心的校本教材开发,德育品牌策划,校园文化建设,班主任技能培训等专题研究,使教科研工作成果转化为实际的教育教学推动力、竞争力、创新力。

第四,明确目标导向,激发教师活力。有目标才有动力。我们特别重视对教师的引领激励机制的建立,以激发老师们教育教学的积极性。首先,在制定各种评优评先晋级晋职方案时,明确三个优先,一是一线教师优先,二是班主任优先,三是毕业年级教师优先。引导大家去一线干活,到一线表现,在一线立功受奖,实现自己的理想。其次,每年都为毕业年级师生制定升学目标,和年级主任签订责任状,并作为奖惩去留升降的依据。利用中考高考誓师大会的机会,当众签订,公示宣布,激发斗志。会后要求年级主任和每一个班主任和任课教师,直至和每一名学生都签订责任状、协议书、保证书,把每一名师生的积极性都调动起来。再就是要求非毕业年级要加强过程管理,瞄准中考高考目标,强化质量为评价标准的意识,以考核评价表彰为抓手,营造比学赶帮超的氛围,激发出每一位师生的工作学习动力。

(三)重视培养优秀人才,确保更高质量发展

人才强国,人才兴校。一所学校,只有优秀教师和干部越来越多,才能保证教育教学质量越来越高,事业发展越来越快,社会声誉越来越好。因此,我们始终高度重视,并切实把优秀教师和干部培养,放在师资队伍建设和干部团队建设首位。主要在以下几个方面下了很大功夫。

第一,重视发现发掘发展,及时选拔培训培养。择机压担子,看表现,搭台子,测能力,给位子,促发挥,戴帽子,激动力。目前,我校经过精细的培优管理,基本上实现了关键岗位干部,尤其是年级主任,年富力强,工作有激情,有经验,有业绩,每个年级优秀教师比例逐年提高的局面。

第二,建立健全评优机制,引领优秀阶梯成长。一是依据区市制定的名师骨干新秀评选制度,设计我校相应的评选方案,为教师成长提供明确的路径指引。二是在学校内部建立多元化评价体系。根据教师对自身荣誉的高度重视,和对获得学校认可的渴求,我们依据学校工作的规律,和教师工作的特点,选择不同的评价标准,评选不同类别的优秀教师,并授予称号,颁发证书,开会表彰。例如根据中考高考成绩,评选功勋教师、特殊贡献教师,十大优秀教师。根据学科竞赛成绩,评选金牌教练员,优秀指导教师。另外还评选十大考勤星,感动七中月度人物,科研先锋,金牌班主任,十大优秀通讯员,校级名师工作室主持人等等,让老师们人人都有盼头儿,有奔头儿,有干头儿,激发大家争先创优的劲头儿。三是要求每一位老师都制定个人三年和五年成长规划,引领大家发展。从目标预期,重点任务,措施路径等方面,认真思考,详细规划,自主落实,学校定期检查,及时指导,按时验收。

第三,培优选干,倾向一线,注重实战,唯德唯能,全靠业绩。我们一直坚持优秀教师和干部,都要从一线来,在一线干,几年来,我们提拔的干部都是一线的优秀教师。这一用人导向已经成为大家的共识,显性要求,明确规则,人人遵守。

以上是我们学校工作中的一些行之有效的做法,也是我们自己感到有价值的体会,不当之处,请大家指正。

尽管所有学校的目标任务都是提高教育教学质量,这是完全一致的,但是各校有各校的实际,校情不同,一校一情,学校文化,目标定位,发展思路,工作措施等,必然不同,互相之间只有启发性、借鉴性,没有多少可比性,自然要求各校办学者从自

身实际出发,因地制宜,因校施策,各订目标,各谋发展,自求进步,自我突破。具体来说,校长素养,师资水平,生源质量,现有的软硬件资源,学校历史文化积淀背景等方面千差万别,就决定我们每一个人有各自不同探索和实践,很难照抄照搬别人的经验,不过可以从中受到启发,开阔思路,结合本校实际,摸索制定适合自己学校的工作套路。

最后说一点对我区教育实现高质量发展的思考,就从我们学校目前面临的瓶颈提出建议。目前我们学校存在以下几个困难,成为制约学校发展的瓶颈。

一是硬件不足。缺校舍、缺宿舍、缺食堂。由于城镇化进程加快,我区的区位优势得天独厚,吸引力强,城区人口增加又快又多,老百姓对优质学校的需求大,作为热点学校,每年的生源充足,近十年来,在校生人数和班级数增加翻了两番,而我们的占地面积和校舍建筑面积没有跟上增加。现在我们美术高中专用教室和画室都严重短缺。多数班只能文化课教室和画室交互使用,严重影响教学质量。

二是师资不足。目前在聘教师80余名。全部自筹经费发放工资。

三是规模难大。我校是我市唯一一所美术职业高中,建校早,历史长,质量高,有口碑,品牌好,有吸引力,目前在校生达到4300多人,在河北省单就规模而言名列第一,社会需求还在不断增加,我们只能办好,做强做大。但是局限于办学条件,不能再扩大规模了。

四是培训不够。初中高中教材变化快,新高考改革有许多困惑,优秀教师培养办法不多,老师们需要走出去参观考察学习交流,有一些制度规定造成难以安排落实。

我区只有两所初高中都有的完全中学,我们的瓶颈具有一定的代表性。教育是民生,也能促进我区经济社会发展,每一所学校发展好了,我区的教育才能好。

建议区教育局能在以下几个方面有所作为。

一能牵头整合我区内外优质教育培训资源。一是把专家和名师资源发掘出来,围绕校长和师资队伍建设培训,统一管理使用,统一安排部署,资源共享共用。二是把区域内各个学校师资状况底数摸清,统计缺余进退结构搭配情况,教育局进行资源整合,促进校际之间师资合理有序流动,防止师资浪费。

二能理清职责,发挥职能。教育局重点抓政策落实,监管服务,校园建设,保障供给。在把握政策,争取政府教育投入,监管服务,教科研指导,科学评价各学校办学水平,校园建设,保障学校人财物供给(包括优选干部,配强班子,引进人才,配足师资,资金投入,信息化技术软硬件水平提高)等方面发挥更大作用。做好学校后盾,增强局校一家即命运共同体意识。

三能让各个学校分析自己的情况,明确定位,找出优势和发展的困难,制定发展规划,以问题为导向,统一汇总整理,列出主次轻重缓急,作为年度教育工作重点,逐年解决问题,挨个帮助学校完善,推动我区教育全面持续高质量发展。

二、全面开展"树师德、正师风"师德师风建设专项整治行动

尊敬的教育局领导、各位同仁:

大家上午好!

为深入落实国家和省市区关于加强和改进新时代师德师风建设系列要求和安排部署,规范在职教师职业行为,全面提升教师思想政治素质和职业道德水平,维护教师队伍的良好形象,邢台七中·十五中联合校决定在"一校四区"范围内全面开展"树师德、正师风"师德师风建设专项整治行动。这是进一步提高联合校教育品牌的重要举措,是学校改革和发展的原动力之一,也是七中·十五中联合校办学质量和效益的竞争力所在。

我们将主要做好以下几方面工作:

(一)提高认识,加强领导,健全机构,制定方案

邢台七中·十五中联合校高度重视师德师风建设工作,按照"谁主管谁负责"的原则,把师德师风建设责任目标落实到联合校"一校四区"有关责任人,各校区与所辖年级、科室层层签订《师德师风建设目标责任书》,将师德师风建设与联合校教育教学实际密切结合起来,与教职员工的日常生活、工作密切结合起来。制定切实可行的师德师风建设实施方案,确定具体的实施步骤和工作措施,按学期、按月度制定师德师风学习计划,"四校一区"齐抓共管,"树师德、正师风",切实加强师德师风建设,规范办学行为,扎实推进素质教育。

(二)建立长效考核机制,增强教师遵守职业道德的自觉性

习近平总书记说:"评价教师队伍素质的第一标准是师德师风。师德师风建设是每一所学校常抓不懈的工作,既要有严格制度规定,也要有日常教育督导。"联合校将全面贯彻落实区教育局"树师德、正师风"师德师风建设专项整治行动安排部署,建立健全师德师风建设学习教育、考评奖惩、师德承诺、工作台账、接受社会监督、严禁有偿补课专项治理等规章制度,建立对全体教师进行师德师风考核的长效机制,保证师德师风建设不走过场、不打折扣。考核机制具体从两方面着手:一是建立教师师德达标的日常考核记录,通过开展师德师风主题活动,例如师德师风建设主题班会、专题讲座、主题教研、师德论文、师德故事会、师德演讲比赛等一系列活动及日常

教学活动中的常规督促检查，推动教师内化师德要求，实现自我提高。二是认真组织开展一年两次的师德评估考核工作。通过开展师德标兵评选活动、师德师风建设工作考核，使评选、考核的过程成为激发教师学习先进、比学赶超、争先创优的过程，并将教师的师德考核结果记入教师专业成长档案，作为教师综合考核评价、晋级奖惩、职务职称评聘等的重要依据。我们严格落实师德师风"一票否决"制度，坚决杜绝教师违反职业道德的行为，对于师德师风考核不合格者，取消当年特级教师、名师、优秀教师、优秀班主任、骨干教师等评优评先参评资格，取消职称评聘、晋级晋档资格，扣发全年奖励性绩效工资，问题特别严重的按有关规定报上级部门做相应处理。

（三）加强学习，努力规范教育教学行为，端正办学思想

深入开展学习，提升思想认识。我联合校把师德师风教育作为教师队伍建设和教师校本培训的首要任务和重要内容，努力做到融师德师风教育于学校日常教育教学工作全过程，实现师德师风教育的常态化、制度化。我们将积极组织带领全体教职工，认真学习襄都区教育局"树师德、正师风"师德师风建设专项整治行动实施方案，认真学习教育部《中小学教师违反职业道德行为处理办法》《严禁中小学校和在职中小学教师有偿补课的规定》和邢台市教育局"26个严禁"等相关文件要求，要求教师制定个人师德修养计划，做好师德学习笔记，写好心得体会，切实提升全体教职工的思想认识。

我们将加大对师德师风先进典型的宣传力度，用健康的舆论引导人，以先进的事迹感染人，用身边的典型教育人，组织全校教职工认真学习我们身边的河北省师德标兵朱云霞、温婧等优秀教师的先进事迹，促使教师把加强师德修养变成自觉自愿的内在需要，努力形成团结奋进、健康向上的良好校风。

师德师风建设是一项长期而又艰巨的任务，是一项常抓常新的工作，是学校义不容辞的责任。邢台七中·十五中联合校决心在襄都区教育局的领导下，抓住师德师风建设的工作重点，认真落实师德师风建设活动的每一个环节，以高度的政治责任感和强有力的措施，把师德师风建设推向深入，全力打造一支有理想信念、有道德情操、有扎实学识、有仁爱之心的"四有"好老师队伍，努力办好人民满意的教育，以良好的思想作风和工作作风为襄都区教育做出应有的贡献！

邢台七中十五中联合校

2021年6月11日

三、关于促进我区教育高质量发展的思考

近年来,我区党委政府高度重视基础教育的发展,采取了一系列扎实有效的措施,通过大力实施教育三年攻坚计划,新建校园,增加学位,加大投入,完善教育教学设施设备,扩充壮大师资队伍,设立教育奖励基金,改善办学软硬件条件,夯实了基础,补齐了短板,大大激发了全体教师教书育人的积极性,使我区的初高中教育教学质量大幅提升,呈现出强劲的发展势头。

目前,我区的基础教育学校相对数量不多,初中六所,高中两所,相对来说,我们的初中教育质量整体水平比较高,七中三中可以说是市区优质热点学校,有着很高的品牌价值和影响力,受到市区老百姓的好评青睐,从一定程度上满足了区域内居民对优质教育的需求,为防止生源外流,保障群众安居乐业做出了积极贡献。两所高中都是特色高中,一个是七中美术高中,一个是三中外国语高中,都能发挥各自的办学优势和特色,为人民群众的孩子提供了多元化就学升学模式和渠道,教育质量也能够不断获得了老百姓的认可和满意。

从我区快速发展的形势和未来发展的趋势来看,当前我区的基础教育还存在许多不能适应这种形势和趋势的问题与困难,各个学校普遍师资短缺,优质热点学校生源过度充足,师生比不达标,薄弱学校生源不足,新建学校施工进度有待进一步加快,尽早投入使用,教师师德素养和业务素质亟待提升,学校之间软硬件办学条件不均衡,管理水平不平衡,教育质量差距大等等。解决好这些问题,就能促进教育的高质量发展。为此,我认为,德智体美劳的教育,人财物的管理,学校内部的事交给学校管和办,校园建设,改善办学条件,优化教育资源配置,选拔任用培训校长,保障师资供应,打造利于学校发展的外部环境,学校外部的事交给区委区政府负责。内外形成合力,共促教育高质量发展。

（一）建议成立教育高质量发展工作专班和智库,负责全区教育发展顶层设计

专班负责组织领导,立足全区,放眼全局,着眼每一所学校,定期研究教育工作,明确发展方向目标,制定发展规划,研究制定教育政策法规,为学校整体和个体发展提供指导性意见。监督检查教育规划计划落实情况,协调各有关部门确保教育重点建设项目工程按期完工。智库要围绕全区的教育工作,搞好调查研究,提出意见和建议。

4.实施名校发展战略,壮大教育经济

(1)立足区内现有名校,实施集团化办学和名校带动工程,拓展优质教育资源,打造特色名校,提高教学质量,在满足群众对高质量教育需求的同时,实现我区教育和经济的双促进双丰收。

(2)大力实施招商引资教育项目吸引区内外社会资本在桥东区投资办学,开创"外来资本+本地名校"和"外来资本+外来名校"等教育发展新模式,解决资金和管理上的不足。

(3)解决特色研学短板。取缔不正规的、没有研学资质的机构,支持有资质的机构开设我区特色研学课程;出台优惠政策,开发可供研学学生食宿的酒店餐饮点,引入更多的外省市学生到我区研学,在提高我区历史文化知名度的同时,推动全区经济发展。

5.规范和促进民办教育发展

(1)设立教育广场。政府出台相关政策,引导教育机构(含无证机构)入驻教育广场,政府统一监管,避免监管盲区。

(2)建立培训机构从教人员档案,合理调整校外培训机构审批标准,严把入口关;坚决取缔"学前班"等违规校外培训机构,规范培训机构办学行为,提升校外培训机构办学水平,满足群众对个性化教育的需求。

(3)加大政府对非营利办义务教育的扶持力度。在教科研项目立项、教师专项培训、政府奖补资金安排、税费减免等方面确保非营利性民办义务教育学校与公办学校享受同等待遇。鼓励优质优价,对民办义务教育学校收费实行市场调节价,尊重家长的选择权,支持民办义务教育学校办出特色、办出高水平。

6.促进幼儿园可持续高质量发展

结合我区公办园实际,对幼儿园办园成本进行调研,在保证公办园正常运转的基础上,建立幼儿园收费标准动态调整机制,合理提高幼儿园收费标准,加大专项经费投入力度,助推幼儿园高质量可持续发展。

7 借力高端资源,提高办学水平

(1)加强与邢台学院沟通协调,建立邢台学院与我区基础教育合作机制,充分利用高校高端教育资源,创建校地发展共同体,共建"教师教育创新实验区",促进我区教育事业快速发展。

(2)加强心理健康教育。认真落实上级有关心理健康教育的文件精神,充分利用校外资源,积极开发校内资源,推动和帮助学校广泛开展高质量心理健康教育课程,提高教师和学生对心理健康水平,提高教育教学质量,保障学生健康成长。

(3)积极开展家庭教育。提升家长对家庭教育意义的认识,提高家长参加家庭教育知识培训的积极性;认真落实上级有关家庭教育的文件精神,推动学校广泛开展家长学校工作,并逐步提高工作水平;充分利用网络便利优势和高校及社会家庭教育专业力量,不断提高家长学校工作水平和家长家庭教育能力。

五、桃李芬芳五十载,砥砺奋进新时代

2018 年,是我校全面贯彻落实党的十九大精神的开局之年,也是建校五十周年的重要历史节点,意义重大,影响深远。

一年来,学校在习近平新时代中国特色社会主义思想指引下,在区委区政府和区教育局领导下,团结带领全体师生深入学习贯彻党的十九大精神和全国教育大会精神,牢记立德树人根本任务,大力弘扬"和文化",认真总结五十年办学经验,持续巩固 5A 级校园建设成果,推进联合校一校四区协同发展,学校办学成绩持续攀升,办学特色进一步彰显,社会美誉度不断提高,各项工作迈上了新的台阶。

现将一年来的主要工作汇报如下:

(一)夯实思想根基,强化政治担当

2018 年,学校把深入学习贯彻习近平新时代中国特色社会主义思想和党的十九大精神作为全年重要政治任务,持续推进"两学一做"常态化,开展八次主题党日学习、两次专题民主生活会、发放书籍、撰写读书笔记,用这一伟大思想武装全体党员和教职员工,进一步牢固树立"四个意识",坚定"四个自信",坚决做到"两个维护"。

持续加强党的建设,认真学习贯彻《中国共产党支部工作条例(试行)》,强化政治功能,落实主体责任,引领学校治理和办学治学全过程。聚焦落实桥东区委和区教育局关于中央第十五巡视组巡视河北反馈意见整改要求,紧紧围绕桥东区重点工作和学校中心工作,切实发挥党总支和支部的战斗堡垒作用,精心办好老百姓家门口的优质学校。

(二)中高考再突破,办学成绩喜人

教育教学成绩继续攀升。2018 年全市中考前 5 名我校独占 3 人,全市前 10 名有我校 4 人,余茂生同学以总分 624 分名列邢台市公办学校第一名,学校"中考状元摇篮"再添新硕果。优秀生率等各项评价指标名列市区中学前茅。

高考成绩全面提高。4 名同学通过中央美院专业测试,178 名同学文化、专业双

过一本线,一本过线率高达76.4%,美高特色进一步彰显;普通高中及播音、音乐、体育等其他艺术类高考成绩创新高,31名同学超二本线,中考仅300多分的赵祺祺同学高考取得517分的优异成绩。实现了"低进高出"的教育奇迹。

初中严格落实义务教育划片招生,美术高中、普通高中招生规模不断扩大,新高一在校生人数再创新高。继续深化与十五中联合办学,两校协同发展、齐头并进,新初一学生全部在七中校区就读,教师统一调配、教学统一部署,让更多学生在家门口享受到优质教育,片内生报到率高达85%以上,为全区义务教育质量的均衡提升做出新贡献。达到了教育体制改革,实施联合办学的目的。

(三)深化教改课改,提升教师能力

一年来,学校始终坚持以教学为中心、以教师专业能力提升为关键,以深化"7341高效智慧课堂"改革为抓手,不断增强全体教师的学习力、执行力、创新力,锻造了一支具备可持续发展理念的高素质骨干教师队伍。

(1)可持续发展教育取得新进展。2018年,我校在中国可持续发展教育20年成果总结大会上荣膺"中国可持续发展教育20年卓越团队"荣誉称号。刘庆山校长荣获中国可持续发展教育优秀人物,11项教学成果被评为可持续发展教育优秀案例。

(2)7341课堂改革持续推进。继续贯彻"7341高校智慧课堂"模式,全面推进"学习任务问题化板书"、传统授课与现代媒体结合式授课,以7个抓手、3段式、4板块教学等行之有效的教学手段和方法,大大提高了课堂效率。全年共开展7341公开交流课372节,主题特色教研活动500余节次,全体教师在交流中学习经验,在参与中共享教改成果。

(3)教师专业素质不断提高。不断巩固提高教师专业能力。第一次选聘教育部属东北师范大学免费师范生1名,10名教师通过桥东区教师招聘入职我校,30余位新聘教师融入团队,补充了新生力量。2位教师晋升副高级职称、8位教师晋升中级职称,50余位教师外出参加各级各类培训,邀请北京石景山以及省内外、校内外专家来校举办教育讲座和主题沙龙,继续开展青年教师"结对子"、实施"青蓝工程",推动了教师教学水平的整体跃升。

一年来,近百位教师在各级教育教学比赛中获奖,载誉归来。刘庆山校长荣获桥东区优秀校长,王瑞军、朱云霞老师荣获桥东区优秀教师,张红燕、李常彬老师荣获桥东区优秀班主任;王慧英老师获评河北省中小学幼儿园骨干教师;黄朝川老师荣获河北省习近平新时代中国特色社会主义思想精品课评选一等奖;吴晓辉老师荣获"一师一优课、一课一名师"省级"优课";王志超老师荣获河北省教师教育学会中小学微课大赛一等奖;赵丽静老师荣获邢台市高中校本课程优质课一等奖;邓琳、张卫平等59名老师荣获"一师一优课、一课一名师"市级"优课",展示了我校教师的优秀素质。

(4)科研能力有效提升。我校新建3个名师工作室、总数达到11个,实行以主持人命名工作室名称制度,增强带头人责任感和荣誉感,曹现军英语工作室、邓琳数学工作室和张春莉数学工作室被评定为邢台市第四批职工创新工作室,引领作用进一步凸显。新立项省级课题1项、市级课题3项,全校教师踊跃参与课题研究,397项校本课题获得立项,科研氛围更浓厚。

(四)健全德育体系,培育时代菁英

完善一套特色德育模式。深入落实"三三三"习惯养成德育模式、"三自一包"责任教育模式和"三个让、三个一"激励教育模式,狠抓习惯养成,积极落实提升学生核心素养的"18件事",引导学生在校期间做好18件事、养成18种习惯、培育18种核心素养,成长为全面发展的时代菁英。

打造一支优秀的班主任队伍。高度重视班主任队伍建设,继续选齐配强班主任团队,定期开展班主任工作培训交流,研讨共进。在2018年桥东区班主任基本功大赛中,曾佳佳、张敬华两位班主任分别荣获一、二等奖,充分展示了我校的班主任素质。

创新一系列富有成效的活动载体。纪念孔子诞辰、书法进校园、中医进校园等传统文化校园行活动,中高考誓师、十八岁成人礼等校园主题活动,16次特色升国旗仪式、清明祭英烈、国家公祭日等爱国主义教育活动,走进德龙钢厂文化园、走进红星西社区、假期"七个一"等社会实践活动,京剧、书法、篆刻、机器人等35个学生社团各具特色、朝气蓬勃,多姿多彩,平台广阔。

表彰一批优秀集体和个人。德育引领素质全面提升,涌现出一批优秀集体和个人。先后评选出160个校级文明班集体,700余位"七星达人",300多名同学在各级各类竞赛活动中摘金夺银。刘正阳、张家珀同学获得第九届世界数学团体锦标赛少年组银牌;魏诗璇同学荣获第18届世界奥林匹克数学竞赛总决赛铜牌;王禹熙同学荣获"第十届全国中小学硬笔书法大赛"特等奖;庞西子等3人荣获河北省第三届时事竞赛高中组一等奖;申博宇等3人荣获邢台市创意机器人大赛一等奖;王语瑶、温子轩同学荣获邢台市"传承红色基因,争做时代新人"书法比赛一等奖;张宪森等5人荣获邢台市桥东区"最美读书好少年"称号;郝佳怡、步昀泽荣获邢台市桥东区读书演讲二等奖;周耘磊等7人入选桥东区"新时代好少年"榜样。

（五）巩固5A成果，共创和谐校园

（1）大力改善办学条件，建设优质校园。2018年，区委区政府继续加大投入力度，为我校新增新配录播教室、计算机房、电子白板、实验室仪器改造、图书等优质教育教学设备，我校办学条件继续得到优质改善。学校按照桥东区迎接省义务教育均衡发展验收工作部署，全力做好各项验收准备工作，接受验收组来校现场调研座谈和核查，展示均衡发展成果，为我区顺利通过验收贡献力量。

（2）弘扬法治，建设平安校园。广泛深入落实宪法学习宣传，浓氛围、广宣传、发书籍、齐诵读，进一步增强师生宪法意识。精细落实"四同值班"，校级干部、中层干部一日九巡、24小时在岗，健全应急体系，开展防灾减灾演练，接受省市区各项安全检查督导，确保校园安全。

（3）贡献创城，共享文明校园。在邢台市创建全国文明城市和桥东区创建省级文明城区的工作中，学校师生冲锋在前，踊跃开展创城宣传、投身志愿服务，152人次参与文明城市创建活动，128人次参与义务维持交通秩序活动，4次走进社区参与卫生清洁打扫活动。学校"爱在其中"服务团队还被省教育厅评为"河北省教育系统优秀志愿服务品牌"称号，展现文明风范。

（4）"'和'文化"打造和谐校园。2018年，学校凝练出了"和"文化办学思想，大力弘扬"和"文化，建设"和"团队，营造"和"环境，开设"和"校本课程，开展一系列"和"文化活动，和气、和谐、合作理念深入人心。

喜迎五十华诞，彰显办学特色。2018年，适逢学校50周年华诞，学校坚持简朴、热烈、喜庆方针，围绕迈进新时代、推动新发展、提升新水平、展示新特色，开展一系列主题讲座、教研，举办师生美术作品展、学生素质教育成果展演等活动，编辑出版了校庆主题论文集、作品集，评选五十年功勋教师、模范人物47人，系统总结五十年办学成就，全面展示了学校素质教育成果和办学特色。

（六）坚守清正廉洁，恪守师德本色

高度重视干部廉洁和教师作风建设，召开党风廉政建设工作会议，开展月度述廉述学；进一步完善学校工程招投标制度、校务公开制度，接受全方位监督。全体党员和干部始终把纪律挺在前面，层层签订党风廉政建设责任书，严格遵守中央八项规定精神；广泛开展《新时代中小学教师职业行为十项准则》学习践行工作，组织全体教师签订《严禁乱办班、有偿家教承诺书》《邢台市教育局新时代中小学教师职业行为准则责任书》，营造风清气正的教育氛围。全体教师遵纪守法，遵规守纪，乐学善教，自觉与党中央保持一致，恪守教书育人师德本色，务实干净担当。

各位领导、老师们,一年来,学校先后荣获"邢台市文明单位""河北省五四红旗团委"、桥东区"优秀科级领导班子""南长街街道社区大党委先进成员单位"等诸多荣誉。新华网、河北经济日报、燕赵晚报等国家级和省市媒体报道学校办学成就和美术特色百余次,学校社会美誉度进一步提升,师生获得感进一步增强。

学校各项成绩和进步,是在各级领导的关心支持下,在全体师生共同努力下取得的。我们心怀感恩,我代表学校领导班子向区委区政府、区委教育工委、区教育局各位领导和同志们、向全体教职员工致以崇高的敬意和衷心的感谢!

新的一年,我们将满怀豪情的迎来中华人民共和国成立 70 周年,让我们在上级党委政府正确领导下,继续不忘初心,牢记使命,砥砺奋进,立德树人,为学校持续健康发展和办好人民满意的教育事业而努力奋斗!

最后,在春节即将到来之际,我代表学校党政班子向考核组各位领导、同志们、向全体老师和您的家人拜年,祝大家:身体健康,工作顺利、阖家幸福!

第七章　党建工作

第一节　刘庆山校长 2016 民主生活会个人对照材料

一年来,在上级党组织的正确领导和校总支帮助支持下,在思想上、工作上、作风上等各方面不断增强修养、提高水平,自己感动有明显的进步。

一、积极参加党组织开展的各项活动

从"两学一做"到学习吕玉兰、李保国等先进人物的事迹,再到自觉对照党章标杆,检查反思自身,修正不足,一直在实际工作中完成思想的转变。

在工作中,以检查德育为首,以教育教学工作为中心,注重学生全面素质的培养,深入开展教育教学改革,积极动员全体师生参与学校的 7341 高效智慧课堂改革实验,落实"三三三"德育模式和"三个让三个一"激励教育思想、"三自一包"管理模式,组织教师开展丰富多彩的校园文化建设活动,使教师在改革实践中不断提高师德水平、业务能力,使教师专业发展的水平不断提高。在改善办学条件方面,想方设法和上级部门沟通,积极争取上级部门的支持,加大对我校的资金投入力度。利用暑假完成了多项搭建维修任务,使高中部的面貌有了一个大的改变,使老师和学生有了一个更加舒适、温馨、满意的工作学习环境。为初中部全体教师更新了办公桌,得到了老师们的欢迎。维修改建了多个功能室,增添了办公教学设施设备,使办学条件有了大的改善。

在这一系列工作过程中,主管领导认真负责、精心管理、加班加点,牺牲了假期休息,一直盯在施工现场。尤其今年暑假洪灾期间,值班领导多防死守、任劳任怨、以校为家,及时排查安全隐患,与上级部门保持高度一致和通信畅通,完成了一系列数据上报工作,并及时维修受损的校园安全设施,保证了新学期安全开学。

学党章,增修养,向模范人物看齐,在实际行动中磨练自己的意志,改造自己的思想,明确并坚定为师生服务的信念,这是我一年来自己的一个明显的收获。

二、做政治上的明白人，工作上的带头人，作风上的自律人

党的十八届六中全会上明确了习近平总书记的核心地位，这不仅是民心所向、党心所归，更是现阶段我国中国特色社会主义事业进步、向前推进的重要保障。我们必须深刻领会党的十六大以来党的各项决策部署，与党中央保持高度一致。首先，我们要坚决拥护党中央的一切决定，从思想上、行动上不折不扣地接受执行贯彻落实。其次，要做宣传，使全体党员都要明确党中央这一系列决议。思想上不跑偏，行动上不掉队。最后要坚持反四风和八项决定，始终时刻绷紧作风建设这根弦，严格遵守党章和党中央的出台的一切规定，见贤思齐，管住心、管住嘴、管住手、守规矩、不越位、不犯规，做一个廉洁自律、纯洁纯粹的党员。

一年来，我在学习党章和党中央的文件、习总书记的讲话中，深深地体会到作为一名普通党员，必须注意理论学习。只有不断学习，才能不断了解新政策、新思想、新理念，自己在工作中才能不迷失方向，沿着正确的道路，不断用理论联系实际，谋划新措施，制定新计划、新形式，落实新行动，取得新成果。

我们学校这一年来的工作就在不断创新中前进，教育教学的创新，赢得了全体师生的欢迎和社会的满意。我们要记住这个经验就是不停地学习新东西。

三、办好人民满意的教育和学校是我们一直的追求

人民对教育对我们学校的要求会越来越高，这就要求我们把工作标准不断地调高，我们所面临的问题和困难会越来越多，工作任务会越来越重。

从我自身来说，我会在以下几个方面努力做好：

（1）政治政策理论学习方面，要及时密切关注党中央不断提出的新政策决议、文件规定，特别是有关党建和教育方面的政策法规，认真学习领会其精神，并与自身工作紧密联系，安排部署我校的各项工作。

（2）继续抓好"抓班子带队伍"工作。只有领导班子强有力，才有教师队伍强有力，才能带出一支爱拼敢赢的师生队伍。一方面，我要率先示范、严格自律；另一方面，我会对各位同事严格要求。既请各位监督我，也请各位允许我监督，大家互相监督、互相提醒，加强沟通交流，知无不言、言无不尽。当面锣，对面鼓，有话当面说、会上说、明里说。故意制造矛盾，破坏团结，破坏我们整个班子的形象。希望大家都要珍惜七中这个大家庭的和谐美满的大好形象。要多做师生的暖心工作，真诚对待每一位师生，从而赢得师生的拥护和赞美。

（3）继续加大精细化管理的力度，进一步改善办学条件。一要努力争取让每一个教师都参与到教改实验中去。二要每位主管校长抓细抓实抓精自己主管的工作，标准要高，意识要强，不做老和尚，不做老好人，不做小推车，争取在主管的那条线上积极负责、主动作为，不断创新工作局面。三要续上级资金，完成西院操场改建升级，建一个五人制足球场；完成完成高中部和西院教师办公桌更新、办公室空调更新安装，完成智慧校园设施设备采购和安装调试使用；希望大家多出谋划策、集思广益、创新完善工作方案。四要严格财务制度，开源节流，确保资金安全；既要超前建设，又要量力而行，保证每一分钱花得有用有益而不浪费。

第二节　坚持以思想建设为引领

一、学思想，明方向，务实际，创辉煌

习近平总书记3月5日在参加他所在的十三届全国人大五次会议内蒙古代表团审议时强调："坚持党的全面领导是坚持和发展中国特色社会主义的必由之路""中国特色社会主义是实现中华民族伟大复兴的必由之路""团结奋斗是中国人民创造历史伟业的必由之路""贯彻新发展理念是新时代我国发展壮大的必由之路""全面从严治党是党永葆生机活力、走好新的赶考之路的必由之路"。五个"必由之路"的重要认识，深刻总结新时代党和人民奋进历程的宝贵经验，为全党全国各族人民奋进新征程指明前行道路，体现了深沉的历史自觉和强烈的历史担当，具有很强的思想性、理论性、现实性、指导性。

具体到我们学校，受到的启发，同样可以从这五个方面总结出我们的办学经验：坚持党的全面领导是我们学校健康优质发展的必由之路，七中特色的办学理念和实践是我们学校不断壮大的必由之路，团结奋斗是我们学校永葆一流品质的必由之路，坚持科学发展规范办学是我们学校实现可持续发展的必由之路，从严治党，从严治校，从严治班，依法执教，是永葆学校活力，不断创造教育奇迹的必由之路。

围绕中心抓党建，做出业绩促发展；立足岗位抓党建，爱岗敬业显党性；精细管理抓党建，从严从实提能力；专心育人抓党建，德艺双馨培优生；廉洁自律抓党建，干净干事做模范。

十九大报告要求我们：不忘初心，继续前行。

我们共同的初心就是：书育人，立德树人，成才报国，实现自己的人生价值。

中层以上干部的初心就是：不忘当初给组织的保证，牢记自己的誓言，带好自己的科室和年级团队，想方设法调动每一个人积极投入工作中去，争先创优，不负使命和重托，回报信任，成就自己。

一线老师的初心就是：不忘当初从教的抉择，牢记自己立人立己、为国育才的追求，带好自己的班，上好自己的课，因材施教，想方设法让每一个学生都有进步和成长，阳光自信快乐成才，让自己成为问心无愧、学生难忘的良师益友。

学生的初心就是：不忘当初父母把自己送进学校的希冀和嘱托，牢记自己立志成才、报效祖国的理想和赤子之心；只争朝夕，以学为主，全面发展，凭借优异成绩考取理想的大学，为幸福人生奠定坚实的基础！

近期，我联合学校组织党的十九大学习形式多样，内容具体丰富，有深度和广度，铺盖面大，有关信息会时时记录，整理梳理，或分专题或综合进行宣传报道。

深学十九大精神，做实本职工作：(1)组织专题学习；(2)述职演讲比赛；(3)请专家讲座；(4)结合本职谈体会征文；(5)开办学习专栏园地；(6)利用微信群公众号等形式宣传；(7)师生一对一牵手帮扶；(8)在校园营造宣传氛围，标语、黑板报、电子屏等等；(9)开办团校；(10)编写校本教材进课堂；(11)开展社团活动；(12)成立政治老师十九大报告宣讲团。

一个大党，必须有一个统一的指导思想，统一领导，统一意志，统一目标，统一标准，才能统一步调，才能打胜仗。七中十五中联合校，也必须如此！针对联合校日常管理中出现的问题，结合办学规律和教育教学规律，提出的有针对性的观点看法要求，传播的是办学思想，提出的是工作标准，突出的是工作重点，强调的是工作措施，表达的是指导培训，期盼的是落实执行，追求的是共同提升，造福的是全体师生！

一个国家，一个民族，一个单位，只有富强才会赢得尊敬和仰慕。祖国好，七中才会好，七中好，祖国会更好！做好眼前事，育好身边人！

二、立足本职学党史，学好党史育新人

围绕教学抓党建，抓好党建促教学。如同把马克思列宁主义普遍真理和中国具体革命实际相结合，马克思主义中国化的道理一样，什么时候都要立足自己，理论联系实际，灵活变通，为我所用，杜绝脱离实际，照抄照搬。适合自己的才是最好的。因此，我们时刻把上级部门和组织安排的一切工作，和学校实际紧密结合起来，文件、通知、讲话、会议精神，以及世界上古今中外一切先进学校的管理教育教学经验等全部校本化，变成我们自己工作计划安排，方法方式，在自己教材里，备课时，课堂上，

教研时,管理中加以落实,把党史里有的人,讲的事,说的理,变成我们备课时的素材,教会学生博古通今,以史为鉴,古为今用,学以致用。否则,就是无本之木,空谈之论,务虚之事。

立足本职学党史,牢记使命育英才。学校的中心工作是教育教学,学习党史,要立足本职工作岗位,搞好三个结合:一是和教育教学工作相结合。二是和自己的岗位职责履行相结合。三是和提高个人思想道德修养相结合。通过学习党史,从中国共产党诞生、发展、壮大的历史进程中,汲取人生经验,处事智慧,前行力量,重温当老师的目的,明确做教育的任务,找到教好学的办法,从而进一步坚定为人民服务的宗旨,牢记立德树人的使命,增强教书育人的责任感,丰富教育教学的理念方式方法,以生均优秀生比例论英雄,以老师满意,学生喜欢,领导放心,社会赞美为办学水平评价标准,努力培养出越来越多的优秀学生,创造出更多低进优出,优进高出的教育奇迹,谱写出英才辈出的教育神话,为党育人,为国育才,丰富教育阅历和故事,充实滋养自己心灵的力量,积淀人生智慧,实现自己当老师的人生价值。

古语说:"名师出高徒",道出了当老师的人生梦想:做个名师,出个高徒,光耀师徒。其实,还有一句古语说"教学相长",这句话的意思更值得我们做老师的明白其中的道理:老师和学生是相互作用,互为学习的老师,相辅相成,相互依存,共为一体的。意思是说,名师出高徒,高徒出名师。我们师生共同的目标就是:做名师,育名生,创名校!

三、学党史,增信心,做名师,育好人

学习党史,要立足本职工作岗位,搞好三个结合:一是和教育教学工作相结合,二是和自己的岗位职责履行相结合,三是和提高个人思想道德修养相结合。通过学习党史,从中国共产党诞生、发展、壮大的历史历程中,找到当老师的目的,做教育的任务,教好学的办法;从而进一步坚定为人民服务的宗旨,牢记立德树人的使命,增强教书育人的责任感,丰富教育教学的理念方式方法,努力培养出越来越多的优秀学生,创造出更多的教育奇迹,谱写出低进优出,优进高出的教育神话,丰富教育阅历和故事,积淀滋养自己心灵的力量,实现自己当老师的人生价值。

面对办学条件差,生源底子薄,优秀生人数少,师资队伍整体水平有待进一步提高,以及其他各种不利因素,作为管理者,作为一个老师,不能只是抱怨,不能灰心丧气,不能畏难不前,更不能放弃努力去改变,而要有化腐朽为神奇,化不利为有利的理想信念和乐观浪漫情怀,坚持不懈的具体行动。

现在,正在掀起学习党史的热潮,我们要从共产党的发展壮大历史中得到启示,受到启发,汲取经验,树起精神支柱,增强前进动力,找到工作方法,学思悟践。正如习近平总书记所要求的:学史明理,学史增信,学史崇德,学史力行,学党史,悟思想,办实事,开新局。

中国共产党的历史,就是一个激荡人心,令人振奋的人生励志故事。历史就是一面镜子,经常照进现实。今天就是历史,今天和历史总是惊人的相似。因此所有历史都可亲可敬,可歌可泣,可感可悟,可学可仿,可追可随。我们党从无到有,从小到大,从少到多,从弱到强,从劣到优,从败到胜,从一片小根据地,到连成一大片根据地,从星星之火到成燎原之势,最后解放全中国,推翻国民党反动政府,把一切帝国主义势力赶出中国,从一个地下党到成为执政党,在一穷二白的战争废墟上,让中华民族站起来,富起来,强起来,逐渐实现中华民族的伟大复兴,走近世界舞台的中央,引领世界发展的潮流,示范中国发展理论制度道路文化,积极构建世界人类命运共同体,创造更加丰富的优质教育资源,辐射更大范围,培育更多优秀学生,造福更多老百姓。

所以,只要我们有了清晰的教育理想,明确的教育信仰,坚定的教育信念,必胜的教育信心,有了什么学生都不放弃,自己的学生都要转优,不达目的决不罢休,坚持到底的意志和毅力,有了越是艰难越向前的执着劲儿,有了艰苦创业,敢于奋斗的精气神,有了立德树人的使命感和责任感,有了"没有爱就没有教育"育人理念,有了有教无类,因材施教,学而不厌,循循善诱,诲人不倦,只要功夫深,铁杵磨成针等教育方法和激情,有了"苦不苦,想想长征两万五;累不累,想想革命老前辈"的榜样激励,有了不比起点比终点辩证思维方式,有了和特教学校比生源比条件比优势的优越感,什么样的困难,什么样的学生,我们都敢面对,都能接受,都要转化,都要育好育优育强,让我们的优秀生从无到有,从少到多,从星星点点到成批出现,从小分队到大方阵,优秀班级从一个两个三个,直至多数班,最后班班脱"贫",人人致"富",全部走强,全部优秀,年级整体卓越,学校整体优质优美,成为中国未来发展事业合格建设者和优秀接班人的红色摇篮,成为一所名副其实的强校名校,富有特色的品牌学校,全面发展的理想学校!

全体师生共同励志:做名师,育名生,创名校。

四、学党史、悟思想、办实事、开新局

最近党中央号召大家开展学习党史活动。近日,区教育局召开了专门会议,安排

部署开展党史学习教育活动,我校在第一时间,开会传达了会议精神,号召全体师生迅速掀起学习党史的热潮,理论联系实际,以史为鉴,学史明理,讲史励志,大抓落实,大干实事,大干快上,大力创新,希望各位党员、思想政治课老师、全体管理人员积极行动起来,做到五个一:一学习总书记一系列讲话,二读一部党史书籍,三读一本伟人英烈传记,四每天给学生讲一个伟人爱国爱党爱学习的小故事,五选三五个学科优秀学生组成兴趣小组搞一次小讲座。

读、悟、干、说结合起来,教育学生弘扬革命精神,学习先辈事迹,树立崇高理想,红心向党感党恩,高唱红歌跟党走,从读史中,读出趣味,读出情感,读出为人处事经验来,读出发奋学习,为中华民族崛起而读书的豪情壮志来,做好本职工作,立足岗位,以实际行动,出色业绩,培养更多的优秀学生,做一名德艺双馨的优师、导师、名师,创优质联合校,践行"听党话,跟党走,党叫干啥就干好啥"的诺言,体现自己的纯真党性和优良的工作作风。

学党史,明真理;守初心,担使命;学伟人,读传记;仿英模,讲故事;坚信念,正三观;感党恩,跟党走;怀天下,爱祖国;会合作,干实事;懂管理,勇教改;提成绩,育新人;勤宣传,扬美名!

要求全党同志做到学史明理、学史增信、学史崇德、学史力行,学党史、悟思想、办实事、开新局,以昂扬姿态奋力开启全面建设社会主义现代化国家新征程,以优异成绩迎接建党一百周年。

学党史的目的,习近平讲了三条:一是用党的奋斗历程和伟大成就鼓舞斗志、明确方向;二是用党的光荣传统和优良作风坚定信念、凝聚力量;三是用党的实践创造和历史经验启迪智慧、砥砺品格。

习近平将这次党史学习教育的意义归纳为三个"必然要求":一是牢记初心使命、推进中华民族伟大复兴历史伟业的必然要求;二是坚定信仰信念、在新时代坚持和发展中国特色社会主义的必然要求;三是推进党的自我革命、永葆党的生机活力的必然要求。

党的十八届三中全会通过《中共中央关于全面深化改革的若干重大问题的决定》提出:"深化教育领域综合改革。全面贯彻党的教育方针,坚持立德树人,加强社会主义核心价值体系教育,完善中华优秀传统文化教育,形成爱学习,爱劳动,爱祖国活动的有效形式和长效机制,增强学生社会责任感、创新精神、实践能力。"

五、用实干来守初心担使命

习近平总书记更提倡实干。他强调："领导干部要发扬理论联系实际的马克思主义学风，带着问题学，拜人民为师，做到干中学、学中干，学以致用、用以促学、学用相长，千万不能夸夸其谈、陷于'客里空'。"

现在开展的"不忘初心、牢记使命"主题教育的意义，就是要求大家在本职岗位上，联系自己的工作实际，用具体的行动，守初心，担使命，找差距，抓落实。我们当老师的就要用办好人民满意的教育，培育一批又一批对国家和社会有用的人才，社会主义合格建设者和接班人，来体现我们为中国人民谋幸福，为中华民族谋复兴的初心和使命担当。

找差距，抓落实，是守初心，担使命的具体的行动表现。找差距就是要求我们围绕五个方面进行对照检查，找出差距：对照党章、党规、党的教育方针和习近平总书记关于教育的一系列重要论述，对照上级部门的工作要求，对照我校办学理念、规章制度、岗位职责、工作标准模版程序等，对照学生和家长社会的期盼需求，对照身边先进优秀同事的优良习惯和作风以及突出的工作业绩。抓落实就是要求我们找到差距发现问题之后，不回避，不掩盖，端正态度，正视现实，勇于面对，知错即改，知难而进；不自卑，不气馁，知耻后勇，奋起直追，见贤思齐，自加压力，自发动力，瞄准追赶目标，制定追赶计划，一步一个脚印，脚踏实地。可以从下几个方面一点点抓好落实：管好自己，管好自己科室年级团队，管好自己班级学生，管好自己的课堂，做精致备讲批辅考评的每一个教学环节，力争自己的学生每一个学科取得理想成绩，素质全面提升。

抓好党建促进教育教学工作，用优异的教育教学成绩，来体现"不忘初心，牢记使命"主题教育的伟大意义。在主题教育整个过程中，要注意做到三个结合：要把政治理论学习和教育教学工作有机地结合起来，要把以身作则做好表率和督促带动身边同事合作共赢结合起来，要把埋头苦干，干出成绩和宣传推广经验分享成果结合起来。学理论，勤思考，善领悟，常践行，用实干创新来证明自己干什么都是认真的，真学、真信、真懂、真会、真了不起，确保两不误，相兼顾，互促进，共提高，双丰收，使主题教育的目的真正落到实处，有根有叶，开花结果，思想受洗礼，作风更优化，能力更提高，业绩更出色，群众得实惠，学校更卓越。

第三节　党课讲稿:在工作中修养党性

一、多措并举提高教育系统学习水平

(1)坚持围绕中心抓学习,着力凸显学习型党组织建设的目标价值。建设学习型党组织,根本目标是以学习促发展,不断在武装头脑、指导实践、推动工作上取得新成效。

(2)坚持领导示范抓学习,有效引领学习型党组织建设的推进方向。党员领导干部是教育系统建设学习型党组织的组织者、推动者、践行者,具有导向和示范作用,应带头学习,带头学习,带头宣讲,带头调研。

(3)坚持结合重大节庆带头抓学习,不断掀起学习型党组织建设高潮。重大节庆是弘扬民族精神,增进爱国情感,提升思想道德素养的重要时机,是推进学习型党组织建设的重要平台。

(4)坚持结合师生思想抓学习,切实提高学习型党组织建设的针对性、时效性。教育系统建设学习型党组织应结合师生的思想思想实际,引导师生的思想意识、知识结构、行为养成等方面开展全方位学习,坚持用中国特色社会主义理论体系武装头脑。

(5)坚持方法创新抓学习,努力增加学习型党组织建设的吸引力、感染力。创新方式方法是学习型党组织建设体现时代性、把握规律性、富于创造性的关键之举。一方面,拓展学习阵地;另一方面,创新学习载体。带着一个问题,蹲在一个地方,待上一段时间,找到一个方法,形成一个成果的既定目标。

(6)坚持理念支撑抓学习,不断增强学习型党组织建设的内动力。党的理论创新每推进一步,理论学习、理论研究、理论宣传就要促进一步。

二、学以立德,学以增智,学以创业

(一)学以立德——努力打牢领导干部思想理论和理想信念基础

世界观、人生观、价值观、权力观、地位观、利益观。

(1)领导干部要通过加强学习坚定理想信念。

(2)领导干部要通过加强学习提高党性修养。

党的意识、宗旨意识、执政意识、大局意识、责任意识,自我净化,自我完善,自我革新,自我提高。

(3)领导干部要通过加强学习提升道德素质

(二)学以增智——全面提升领导干部的知识水平和认识水平

(1)世情国情党情的发展变化,要求领导干部必须加强对新知识的学习。

(2)领导干部必须加强对多方面知识的系统学习,求之以博。

(3)领导干部还必须加强对业务知识的深入学习,求之以专。

(三)学以创业——不断提高领导干部解决实际问题、干事创业的能力和水平

理论联系实际,学以致用,用以促学,学用相长。

(1)通过学习不断提高领导干部解决实际问题、干事创业的能力。

(2)通过学习不断提高领导干部领导学科发展的能力。

(3)通过学习不断提高领导干部推动改革创新的能力。

学有目标,学有重点,学有所获,学有所成。

三、爱岗与敬业

爱岗敬业是爱岗与敬业的总称。爱岗和敬业,互为前提,相互支持,相辅相成。"爱岗"是"敬业"的基石,"敬业"是"爱岗"的升华。

爱岗敬业指的是忠于职守的事业精神,这是职业道德的基础。爱岗就是热爱自己的工作岗位,热爱本职工作,敬业就是要用一种恭敬严肃的态度对待自己的工作。

(1)正确认识职业,树立职业荣誉感。人员只有正确地认识会计本质,明确在经济管理工作中的地位和重要性,树立职业荣誉感,才有可能去爱岗敬业。这是做到爱岗敬业的前提,也是首要要求。

(2)热爱工作,敬重职业。

(3)安心工作,任劳任怨。

(4)严肃认真,一丝不苟。

(5)忠于职守,尽职尽责。

只有爱岗敬业的人,才会在自己的工作岗位上勤勤恳恳,不断地钻研学习,一丝不苟,精益求精,才有可能为社会为国家做出崇高而伟大的奉献。焦裕禄、孔繁森、郑培民、李保国等一大批党人民的好干部都是在本职工作岗位上呕心沥血,勤政为民;当非典疫情袭来,一大批平时并不引人注目的医生、护士和科研人员,挺身而出,冒着生命危险,冲上第一线,拯救了一个个在死亡线上挣扎的同胞的生命,有人还为此献出了自己宝贵的生命。

在我们学校有许多爱岗敬业的老师，他们有的坚持早来晚归，比如我们评选出的考勤星；有的爱生如子，认真教书育人，德艺双馨，成绩显著，深受师生喜爱，比如我们评出的市级和校级邢台好人、感动校园人物，以及众多各级各类优秀教师；有的任劳任怨，服从领导，听从指挥，在平凡的岗位上默默守护，默默付出，努力做好一切工作，比如在创城迎检准备工作中，遵照学校要求，加班加点完成任务的党员同志们。

四、党性就是执行力

一百多年来党的发展历程告诉我们，政治路线确定之后，干部就是决定因素。作为实现全面建成小康社会宏伟目标的组织者、实践者和推动者，领导干部的执行力直接关系党和国家各项事业的成败。现阶段，不断提高各级领导干部的执行力，既是领导干部尽责履职的基本要求，也是确保全面改革各项目标任务顺利实现的重要保证。

习近平在指导开展的"守初心、担使命，找差距、抓落实"的主题教育活动时，专门论述"抓落实"强化执行力。他说，"抓落实，就是要把新时代中国特色社会主义思想转化为推进改革发展稳定和党的建设各项工作的实际行动，把初心使命变成党员干部锐意进取、开拓创新的精气神和埋头苦干、真抓实干的自觉行动，力戒形式主义、官僚主义，推动党的路线方针政策落地生根，推动解决人民群众反映强烈的突出问题，不断增强人民群众获得感、幸福感、安全感"。

如何提高执行力呢？

第一，树立牢固的执行观念。传统管理理论认为，领导要做的仅仅是决策，而执行是下属的事情。在此观念支配下，一些领导干部只愿意发号施令，而不愿扮演执行者的角色。现代管理学则强调执行的重要性，现代管理学之父德鲁克在《未来的领导者》中指出："领导者缺乏执行力恰恰是导致失败的主要原因，现代的社会更需要的是执行型的领导者。"领导力本质上就是一种执行力，是运用自己的影响力将目标内化为组织内部每个成员自我实现、自觉达成目标的能力。因此，一个好的领导不仅应当是科学的决策者，更应当是一个能推动决策不折不扣加以落实的坚定执行者。当前，我国改革已进入攻坚期和深水区，各级领导干部只有牢固树立执行观念，敢于啃硬骨头，敢于涉险滩，敢于以"踏石留印、抓铁有痕"的决心冲破思想观念的束缚、突破利益固化的藩篱，对中央的要求不折不扣地加以贯彻执行，才能保证到 2020 年在重要领域和关键环节改革上取得决定性成果，完成十八届三中全会提出的改革任务,形成系统完备、科学规范、运行有效的制度体系,使各方面制度更加成熟更加定型。

第二,提高自身的执行素质。由于我国区域发展的不平衡和社会的复杂多变,全面深化改革的决策部署大都是宏观指导性的,因此执行改革任务所使用的方法和手段需要因时、因地、因事灵活应对,这就需要领导干部具有较强的综合执行素质和能力,掌握提高执行能力的方式方法。那么,领导干部该如何提高自身的执行素质和能力呢? 笔者认为,至少需要做到如下三点:

一是要不断学习。毛泽东同志说:"饭可以一日不吃,觉可以一日不睡,书不可以一日不读。"我们所处的时代是一个社会快速发展变化的时代,我们党所面临的执政考验、改革开放考验、市场经济考验、外部环境考验是长期的、复杂的、严峻的,我们不能故步自封,更不能墨守成规。领导干部只有加强学习、不断学习,坚持与时俱进,适应时代复杂变化,不断丰富自己的知识结构,掌握科学的执行方法,才能做到科学决策,才能在执行时做到胸有成竹、事半功倍。

二是要热爱自己的职业和岗位。美国著名思想家巴士卡里雅指出:"你在哪个位置,就应该热爱这个位置,因为这里就是你发展的起点。"各级领导干部肩负着人民的重托,无论身处哪个部门,哪个职位,都要热爱自己的职业和岗位。因为领导干部只有热爱自己的职业和岗位,才会在工作中充满激情和责任担当,才会在工作中迸发出无限的智慧和力量,才能不畏艰难险阻,不计部门和个人得失,把中央的各项决策部署执行好、完成好。

三是要有创新思维和团队精神。创新是执行力的动力和源泉,也是提高执行力的法宝。邓小平同志曾指出:"没有一点'闯'的精神,没有一点'冒'的精神,就走不出一条好路,走不出一条新路,就干不出新的事业。"改革发展的大局需要"闯"和"冒"的精神,具体工作同样需要。面对纷繁复杂、不断变化的社会,任何经验都会很快过时,要完成5年、10年乃至20年的中期、长期改革任务,必然需要有创新思维。敢于创新、勇于创新、善于创新实际上是对党、对事业、对人民高度负责的具体表现。只有具备了这样的精神,才能够卸下思想上的"包袱",破除瞻前顾后、畏首畏尾的心理,才能够大胆去闯、去试,也才能够不断用新办法解决新问题。此外,领导干部还要具有团队精神,不仅要将自己锻炼成一个执行高手,更要善于打造优秀高效的执行团队,善于把组织目标转变为每一个组织成员的共同追求,从而形成强大的团队执行力,完成急、难、险等各种任务。

第三,建立科学的执行制度。科学的执行制度是保障任务执行到位的重要保障。

邓小平同志讲过,制度好可以使坏人无法任意横行,制度不好可以使好人无法充分做好事,甚至会走向反面。一套经过科学设计的良好制度,可以使执行事半功倍,四两拨千斤;而不适当的制度,越是严格执行,和美好愿望南辕北辙。因此,一方面,应按照奖优、治庸、罚劣的原则,建立健全本地区、本部门、本单位的科学的工作绩效评估机制和监督问责机制,充分调动执行的积极性和主动性。另一方面,要确保各项制度统一、平等和严格地得到遵循和执行,否则制度就将形同虚设。"其身正,不令而行,其身不正,虽令不行"。领导干部一定要带头执行各项规章制度,以自身的率先垂范来影响和增强下属和团队的执行力。中央颁布的"八项规定"之所以能得到全国人民的高度认同和各地的严格遵守,很重要的一个原因就在于以习近平总书记为核心的新一届中央领导集体能在"八项规定"方面率先垂范,起到重要的引领和示范作用。

第四节　让新思想在联合校开花结果

按照学校党总支的要求,全体党员要深入学习党的十九报告和政府工作报告,新党章和新宪法,习近平新时期中国特色社会主义思想。学习的内容丰富,任务艰巨,要求严格,作为最基层的党员干部和一线教育工作者,一定要善于学习,抓住重点,领会精神,联系实际,立足岗位,化虚为实,着力实践,重在实干,用每天脚踏实地的工作和开拓创新的业绩,来证明自己是真学真懂真会真用有关思想精髓,报告内涵,章程宪法意义。我们不能只停留在抄抄写写,念念背背层面,而要和自己的教育教学管理服务工作相结合,落实到带好班,上好课,服好务,育好人,创优秀团队,争先进个人上。否则,都是不走心的学习,而是弄虚作假,应付差事,自欺欺人,误人害己。

让新思想在联合校落地生根,发芽开花结果,我们就要做到以下几点:办好人民满意的教育,就是办好老百姓家门口的七中·十五中联合校,创建平安和谐,优质特色文明的5A级学校。实现立德树人的根本任务,就是加强社会主义核心价值观教育,培养有爱心,负责任,求真知的现代中学生。让每个孩子都能享有公平而有质量的教育,就是落实7341教育教学模式,"三个让三个一"激励教育模式,"三自一包"责任教育模式等我校特色的办学思想,因材施教,让每一位学生在联合校都能大放异彩!

新思想为我们指明方向,明确原则和远大目标,注入工作的精神动力,具体干什么,怎么干,必须立足联合校实际和自己的岗位职责,制定工作计划,明确工作任务,找到切合实际的工作方式方法,这样才是真正的对党忠诚,对人民负责,造福桑梓。

一、扣住十九大报告,写好教育感悟

围绕党的十九大报告和习近平总书记系列重要讲话中一个词、一句话,一段论述,就可以生发思考,展开联想和想象;结合我校工作,自己岗位,日常教育教学,检查管理过程中发现的问题或典型人和事,对照报告或讲话精神,进行分析总结提炼,找规律,谈经验,说教训,讲教育故事,制定工作计划、方案、程序、模版,开展各种教育教育,德育,法制安全,体卫后勤,党建工会等一系列活动,这就叫学以致用,知行合一,实干兴邦,实事求是,理论联系实际。

所以大家写教育感悟不应无话可说,写学习心得不应无的放矢,只要立足本职工作,带着问题学报告和讲话,就会感到有说不完的话。既学了讲话,又干了本职工作,还完成写教育感悟的作业,一举多得,何乐而不为呢!

学深悟透十九大,立足本职抓落实。党的十九大报告内容丰富,针对教育的论述指向明确,目标清晰,作为基层教育工作者,必须深刻领会其精神内涵,立足本职,联系实际,融会贯通,做好自己手头事,管好自己身边人,从现在做起,从点滴做起,聚精会神,一丝不苟,圆满完成领导交给的每一项工作任务。不搞虚头巴脑的东西,不照抄照搬本本,不能照本宣科,不脱离实际生搬硬套,不玩花架子务虚避实。

就目前来说,我校校级领导要做到"每周五个一",各科室各年级老师要抓好:课间文明,课堂礼仪,课堂板书等"三个一"常规任务的落实,持续不断,贵在坚持,久久为功,绝不懈怠,切实让管理精细化有成效,教学精致化出成绩,服务规范化提水平,营造实干创新和谐文明的氛围。最终实现一个目标:创建平安和谐,优质特色文明学校。不断提高教育教学质量,扩大优质教育资源,力争让我校每一位学生学有所成,学得快乐,办好老百姓家门口的学校。

党的十九大胜利召开,标志着我们国家进入了一个新时代,为我们明确了新的历史使命,要求我们为这个时代和社会做出新的贡献。《榜样3》里介绍的共产党员的先进典型是时代先锋、党员楷模,他们的先进事迹令人感动、催人奋进。耄耋老人宋书声,用一辈子做一件事;18年来从不收一分钱出诊费的贺星龙;用四年时间,解决乡村基础建设,改变村里面貌的李元敏;为了不让测试仪器冻坏,把仪器用大衣裹在怀里,自己却被冻晕的王淑芳;社会和谐平安的守护者,一个让毒贩闻风丧胆的缉毒神探应春荣;将把百家心变成一条心的鲁家村书记朱仁彬;为啃下超导这块"硬骨头"中科院院士赵忠贤扎根实验几十年,心无旁骛;国测一大队64年来,46次踏入新疆无人区,挑战生命极限。这一个个平凡的故事诠释了催人奋进的时代精神,他们没有人想着名利,他们忍受常人无法忍受的痛苦、寂寞、孤独,用无私大无畏的精神很好地诠释了新时代共产党员的责任与担当。

中国梦,七中梦,我的梦,引领着我们不忘初心,教书育人,带好自己的班,上好自己的课,不放弃任何一名学生,让每一名学生在七中都能大放异彩。当好学生人生的引路人,学习的指导师,安全的保护神,做一名让学生终生难忘的良师益友!一个大党,必须有一个统一的指导思想,统一领导,统一意志,统一目标,统一标准,才能统一步调,才能打胜仗,七中十五中联合校,也必须如此!

二、凝聚磅礴力量 实现伟大复兴

在万众瞩目中,党的十九届六中全会胜利闭幕了。全会全面把握党团结带领人民取得的伟大成就,深刻揭示中国共产党赢得历史选择的成功之道,审议通过了《中共中央关于党的百年奋斗重大成就和历史经验的决议》,对全党统一思想、统一意志、统一行动具有重大而深远的影响,为在新时代更好坚持和发展中国特色社会主义、实现中华民族伟大复兴凝聚起磅礴力量,必将进一步推动中国共产党从胜利走向胜利、从成功走向成功。

我们深刻发现,坚持党的领导、坚持人民至上、坚持理论创新、坚持独立自主、坚持中国道路、坚持胸怀天下、坚持开拓创新、坚持敢于斗争、坚持统一战线、坚持自我革命,是一切成就的根源,是党和人民共同创造的宝贵经验。历史长河奔腾不息。实现中国式现代化,是前所未有的壮举,不可能一蹴而就;实现中华民族伟大复兴,是无比壮阔的征程,必然充满艰难险阻和风险挑战。但是我们有历经百年奋斗特别是党的十八大以来砥砺奋进取得的深厚积淀,有以习近平同志为核心的党中央坚强领导,有亿万人民群众的齐心协力,这是开创未来的信心所在。我们有经历艰辛、在饱经风雨的长期摸索中积累下来的宝贵经验,这是续写辉煌的动力源泉。

学习全会公报后我倍感振奋、备受鼓舞。时代是出卷人,我们是答卷人,人民是阅卷人。适逢中国共产党成立一百周年,我国胜利实现第一个百年奋斗目标、全面建成小康社会,正在向着全面建成社会主义现代化强国的第二个百年奋斗目标迈进。时代的考题已经列出,我们这一代人的答卷正在写就。作为一名党员干部,必须深刻认识和把握全会的重大意义、精神实质和丰富内涵,坚决把党的十九届六中全会精神贯彻落实到实际工作中去,以更高的标准、更大的干劲、更好的作风、更严的纪律,立足本职、忘我工作,进一步强化责任担当,想透说清干实,拿出一往无前的干劲,就没有任何力量能够阻挡追梦的脚步。

三、迎七一抒怀

迎七一,庆百年,不忘初心思报国。

听党话,跟党走,牢记使命勤工作。

干满点,上好课,安全教学不松懈。

谁主管,谁负责,保证自己不出错。

特殊年,特殊月,特殊日子责任多。

教好书,育好人,防疫事事认真做。

种疫苗,保健康,党的关怀莫错过。

各处室,绷紧弦,人人思想不滑坡。

天天转,时时看,犄角旮旯不放过。

查隐患,除危险,确保事事有着落。

值四同,睁大眼,昼夜在岗尽职责。

学校好,大家好,平平安安过好节。

四、开足马力,创造奇迹

走精品化办学之路,深挖内涵,树立"亩均论英雄"的意识,在提高优秀生比例上下功夫,做文章,突显我们的办学个性和优势,塑造特色品牌。这都是考验和锻炼我们应对复杂局面挑战能力的好机会。艰难困苦,能磨练人的意志和智慧,希望我们大家既要团结一心,和谐合作,遵守号令,统一步调,又能八仙过海,各显神通,奋力竞争。

今年的德育工作主题主要有以下几个:学党史,学宪法,学传统文化,学英雄模范人物等。加强劳动教育,卫生医学科学和生存技能教育。落实好我校的德育文化模式。通过学党史,抓党建,感党恩,跟党走等主题教育活动,帮助师生树立正确的三观,激发奋斗的豪情。通过抓教改,进一步打造激情课堂,高效智慧课堂,提高学生主动学习兴趣和能力,聚焦提高学科应试技巧和成绩。老师们务必要严守师德,不违背上级部门规定和学校一切规章制度,令行禁止,洁身自好。各年级和科室,按照自己的工作计划,盯紧工作目标,把握住工作重点,认认真真落实好学校制定的德育教学、科研法制,体卫后勤等方面的管理原则思想模式及工作程序流程,安全有保障,教学有成果,成绩有突破,各自有亮点,活动有特色,使联合校各项工作再上新台阶,再攀新高度,再创新辉煌!

以习近平新时代中国特色社会主义思想为指导,贯彻落实党的十九大和十九届二中、三中、四中、五中全会精神,贯彻落实习近平总书记关于教育的重要论述和全国教育大会精神,按照"五位一体"总体布局和"四个全面"战略布局,增强"四个意识"、坚定"四个自信"、做到"两个维护",坚持稳中求进工作总基调,立足新发展阶段,贯彻新发展理念,构建新发展格局,以推动高质量发展为主题,以改革创新为根本动力,坚持系统观念,更好统筹发展与安全,坚持和加强党对教育工作的全面领导,全面贯彻党的教育方针,落实立德树人根本任务,坚持发展抓公平、改革抓体制、安全抓责任、整体抓质量、保证抓党建,全面推进依法治教,巩固拓展新冠肺炎疫情防控和教育改革发展成果,为建设高质量教育体系立柱架梁,推进教育治理体系和治理能力现代化,为建设教育强国开好局、起好步,以优异成绩庆祝建党100周年。

持续开展全国学生"学宪法 讲宪法"活动和"宪法晨读"活动。推动领导干部、"两院"院士等专家学者、英雄模范人物进校园开展思想政治教育。围绕"明理""共情""弘文""力行"四大板块实施八大行动,持续开展"我和我的学校""青春告白祖国""小我融入大我,青春献给祖国""奋斗的我 最美的国""新时代先进人物进校园"等品牌工作,全面推进《新时代爱国主义教育实施纲要》贯彻落实。指导各地"一校一案"落实《中小学德育工作指南》。开展"从小学党史,永远跟党走""学习新思想,做好接班人""开学第一课""全国中小学生电影周"等主题活动,强化红色教育实践活动。

促进学生军事训练的制度化、规范化。促进劳动教育常态化实施。完善学校体育"健康知识+基本运动技能+专项运动技能"教学模式。组织遴选校园足球、篮球、排球、冰雪体育传统特色学校,"满天星"训练营和奥林匹克教育示范校。

推进大中小学劳动教育课程建设,召开全国中小学劳动教育现场推进会,推动中小学劳动教育实验区工作。加强作业、睡眠、手机、读物、体质等五项管理,研究出台相关政策文件。开展中小学校园欺凌专项治理。

第五节 学习党章,进一步坚定理想信念

历史证明,理想信念是任何时代、任何社会都不可或缺的。对于中国共产党人来说,实现共产主义的最高理想在任何时候都不能动摇、淡化和放弃。

在为实现共产主义而奋斗的过程中,共产党人都要依据自己所处的时代特色和

要求,明确每一个历史阶段的目标,并使之形成为全党的坚定的共同信念。

中国共产党人的最高理想和最终奋斗目标是实现共产主义。在当代,广大共产党员就是要在共产主义最高理想的指引下,建设中国特色社会主义。

一、建设五型党组织

(1)强化教育提素质,建设学习型党组织。

(2)夯实基础强组织,建设堡垒型党组织。

(3)正确引导抓作风,建设务实型党组织。

(4)反腐倡廉保安全,建设廉洁型党组织。

(5)科学多元谋发展,建设创新型党组织。

二、党建工作思考

(1)围绕中心抓党建,做出业绩促发展

(2)立足岗位抓党建,爱岗敬业显党性

(3)精细管理抓党建,从严从实提能力

(4)专心育人抓党建,德艺双馨培优生

(5)廉洁自律抓党建,干净干事做模范

三、党员需要具有的精神

(1)忠诚敬业

(2)团结协作

(3)责任担当

(4)主动作为

(5)争先创优

(6)开拓创新

(7)精细管理

四、学习钱学森敢为人先精神

钱学森同志一生赤诚爱党报国,献身科学事业,真情服务人民,为中华民族屹立于世界民族之林贡献了全部心血和智慧。要学习钱学森忠诚于党,报国爱民的坚定信念,学习他敢为人先,永攀高峰的创新精神,学习他德馨品高,行为世范的大家风范,学习他崇尚实干,勤于实践的工作作风。

要大力弘扬钱学森等科学家的崇高思想和革命风范,锐意进取,扎实工作,为建设富强民主文明和谐的社会主义现代化国家作出新的更大贡献。加强机关作风建设的重要举措,是深入开展为人民服务创先争优活动的重要抓手,要增强服务意识,改进服务作风,提高服务效率,提升服务能力。

五、大局意识

(1)政治意识、大局意识、核心意识、看齐意识。

(2)做信念坚定的明白人,表白如一的真实人,严守纪律的规矩人。

(3)合抱之木,生于毫末;九层之台,起于累土。

(4)述职述党建,评议评党建,考核考党建,任用干部看党建,党建+工作体系。

(5)风清气正,不忘初心。

(6)一把手负总责,分管领导各负责,班子成员齐抓共管,纪委协调督查。

(7)党章意识、党员意识、组织意识、纪律意识、责任意识。

(8)管子曰:"求必欲得,禁必欲止,令必欲行。"制度治党是从严治党的根本原则。

第八章　写作指导

第一节　如何写有关学校工作的文章

写文章,谁都躲不开,尤其是当老师的人,备课写教案,工作写计划总结,汇报写报告请示,讲座写讲稿,科研写论文,宣传写报道等,更是经常要遇到,能写的人,写得好的人,多数思路很清楚,思维很缜密,做事有条理,读的书多,爱记录,爱思考,爱表达,善提炼,勤交流。所以,平时多学习怎样写文章,有百利而无一害。

下面分享一点撰写组织或上级布置的命题文章的体会,暂且称之为写文章四步法:

一是领会意图,明确要求,确定主题,找准定位。一定要想清楚如下几个问题:领导为什么让写,让写什么,不让写什么,怎么写,写给谁看的,看的听的人最喜欢或谁最想了解知道什么,写什么东西最能给人留下深刻印象等等。对我们学校来说,各团队的校长主任都要经常写一些东西。例如党建团委,德育,教学,科研,体卫,法制安全,后勤和工会,年级工作,宣传报道等。

二是多找范文,仔细研读,边读边想,记下金句。主题确定之后,从网上,报刊杂志上,经典书籍里,寻找与自己要写的文章主题有关的范文,认真研读,看看范文,想想自己即将要写的东西,揣摩临摹,比葫芦画瓢,读完几篇文章,怎么写,自己心里基本上就有数了,甚至胸有成竹了。要特别注意搜集研读如下四类材料:一是中央文件和国家法律法规会议精神;二是领导讲话,包括国家省市县区校各级领导的讲话;三是先进学校的经验,古今中外教育名师大家的讲座著作文章等;四是与自己所写的主题有关的公开发表的论文作品等。把其中可以作为自己文章论据的段落金句抄写下来备用,就好像做饭的食材,尽量多的预备储备,写起来心里就不慌了。

三是列出提纲,立足本校,搜集素材,对点分类。提纲要先列出每一段的小标题和中心句重点句子,列得尽量具体详细,再把平时自己掌握的学校工作计划总结,领导讲话,活动记录,档案资料,图片文字资料等,统统找出来梳理一遍,对照列出的提纲要点,把梳理出来的材料放到对应的位置。一个小标题下面准备有几个材料支撑,来证明说明,串起来就是一篇文章。一定要写自己学校的工作,要多用自己学校的人物事迹案例,用个性化的语言,有自己学校的特色,写出自己的个性来。不能让别人一看一听,发现你写的东西全国都一样,产生天下文章一大抄的感觉。

四是写出草稿,反复修改,认真打磨,力求过关。文章不厌千遍改。修改得让自己和周边的人都满意了,交上去过关就容易多了。就好像上一节优质课,要反复的试讲修改打磨,才能成为真正的优质课。能够上好一节优质课,对自己能力的提升作用是不可估量的。所以老师们都很重视登台上优质课的机会,总是下很大的功夫,但是时间和精力不会白费的。有了第一次成功,以后就会不害怕了,而且越来越自信,成长的更快更好更优秀。所以,凡事认真对待,细心琢磨,有精品意识,非常重要。

大家构思写稿的时候,可以从以下十个方面搜集素材:一流的办学条件、一流的名师队伍、一流的校园环境、一流的管理团队、一流的教学质量、一流的服务水平、一流的办学成果、一流的办学思想、一流的校园文化、一流的社会声誉。

总之,当老师要能写文章,能多发表更好,即便文章不能发表,写作本身作为同事间交流,和上级汇报沟通的方式,是必备的管理领导能力之一。

一、做好宣传员,传播好声音

写稿子很辛苦,这谁都知道,可一个人一旦爱上了一件事,就不会觉得是苦,反而会觉得是件好玩的事,不分昼夜想做就做,乐在其中!很甜蜜很有趣,而一个人能找到自己有趣的事很不容易的,找到了就要珍惜坚持做下去,不为别的,只为有趣!一旦爱上写作,就会乐此不疲,不但不觉得苦,还会觉得甘甜无比,写出心中想说的话,写给想听自己说话的人,和自己周围的人用文字表达沟通交流,获得共鸣,融合了人际关系,抒发了自己情怀,提升了自己观察思考分析表达能力,升华自己思想境界,一写竟能有如此多的收获,真是其乐无穷,何乐而不为呢?

做我校的宣传员,任务就是为我校营造正能量舆论场,强力营造宣扬我校办学成果的舆论氛围,不断扩大我校初中质量最优美高品质最高的特色品牌魅力。为此大家要做好以下三项工作:

一是创。多出原创作品,根据学校年度学期工作计划,注意搜集认真学习领会学校各种会议上各位领导工作部署讲话内容,仔细观察每天学校组织开展的各级各类活动,发现并记录下活动中涌现出来的,表现突出的优秀师生们的一言一行一举一动生动事例,用文字表达出来,传播领导讲话精神,宣传学校办学思想,描绘优秀师生形象,弘扬校园正能量,推介赞美大七中文化。原创时一要用心拟一个能一下子吸引住读者眼球的题目。二要尽自己平生所学专业知识和非专业知识以及自己人生体会,融会贯通,体现自己写作风格特色,给人带来正能量和启发。三要图文并茂。有图有文字,不记流水账,以文解读图片,可以参考一下连环画的制作方法。

二是点。点赞点评。看到媒体上有关我校的正面新闻报道,我校老师制作的优秀美篇作品就及时点赞鼓励,并且及时评论,写出自己的感动思考体会,表达自己的共鸣心声,达到互动交流欣赏赞美鼓励效果。

三是转。看完有关赞美和正面宣传我们学校的报道美篇作品等东西就转,转给自己的朋友圈公众号或和自己有联系的所有圈子群,让您的亲朋好友一起分享的您的成果、您的快乐幸福和您所在团队的和谐美满,让更多的人知道您一切都好! 您所在家庭单位团队是您最满意的最好的最优秀卓越的最棒的! 为您的生活工作事业鼓掌叫好祝福。而不是为您担心。

二、一篇好文章主要体现在以下几个方面

(1)用心拟好题目,袭人眼球,引人想读下去。

(2)用心写好第一段,写下自己深入思考的成果。平时注意学习记录学校各种会议上领导讲话的内容,并认真思考领会,然后结合自己的读书体会,来解读我校的办学理念。

(3)用心写好每一段,可贵之处在于学以致用。如果我们各学科老师都能这样,用学科知识、思维方式方法来解读实践我们学校的办学思想,那该多好。我们希望做美篇的老师做出来的美篇, 让人一看就知道是哪一学科哪个科室老师做出来的,带有学科和科室特色。

每一个团队都应该有一个属于自己团队的发言人,这个人要极度热爱忠诚自己的团队,做事异常用心,凡事精益求精。现在我们已经有了陈志红、卫军雷、曾佳佳、范晓娟等多位老师,他们热爱七中,忠诚团队,善于观察,及时积累,走心制作,图文并茂,语言动人,追求完美,可谓标杆。

三、写好讲话稿的秘诀

理想梦想目标志向、信念意志毅力信心、责任担当、爱国爱党爱社会主义爱校爱家爱父母爱长辈爱事业爱岗敬业爱科学爱大自然、感恩报恩分享、坚持,持之以恒不放弃不抛弃锲而不舍、合作团结互助友善、诚信守信、拼搏进取爱拼敢赢、乐观向上、

创新创造、守纪守法、健康身心、全面发展、善良和谐、自尊自爱自强自立自省自律自主、珍惜时间青春友谊

勤奋好学、激情智慧能力、学以致用、学会生存、学会相处、学会学习、学会合作、懂得敬畏、懂得礼仪、勤俭节约、追求卓越、谦虚谨慎、戒骄戒躁。

每次写给学生和老师的讲话稿，要根据不同场合，会议类型，年级年龄特征，时间节点，选择不同的主题词和每一个段落开头句子关键词，谋篇布局，列出写作提纲来，再参考百度上同类型范文，斟酌讲话人平时的讲话精神内容和语言表达习惯，写出高质量的讲话稿来。

力求每年每次每一个场合的讲话稿是新的有针对性的，不重复使用，常写常新，逼着自己提升写作水平。

四、写材料七步曲

（1）领命题。

（2）学模板。

（3）与领导沟通，确定材料用途。

（4）成立写作组，集思广益，搜集素材，列出提纲，再交领导审定。

（5）组员分头写作。

（6）整理初稿，组内讨论，初步定稿。

（7）交给领导审定。

五、信息人员每天"三要"

一要有一双慧眼。每天挤出时间，或早起五分钟，或晚睡十分钟，抽空浏览各种信息渠道，看看学校各个微信圈里的一天消息，要有高度的敏感性，及时发现学校内外有价值的新闻报道、线索、人物事件及所有对自己搞宣传有用的的信息。

二要有一个"箩筐"。把所有有用的信息都收集起来，是报纸上的就用剪刀剪下来，贴在自己的集报本上，是网上的，就复制保存到自己的备忘录或专用文件夹里。像做饭的各类食材，被随时写作采用。

三要有一个自律。自己逼自己一把，每周写一篇文章或做一个美篇。规定自己每周选一个主题，然后翻看自己一周内收集到的各类信息材料，看看哪些材料和自己的主题沾边儿，提练出来，深入思考，需要找当事人深入了解具体情况的，就找当事人采访，照片文字都要备好。一旦写起来，坚持一个月，就停不下来了，到时候不写就

难受,这就是习惯的力量!

做信息宣传很辛苦,写材料是苦差事。像跑马拉松,得有毅力。靠别人逼迫去做,很痛苦,自己愿意做,是快乐。不过多数时候,写作者会由开始的被逼无奈,到后来渐渐爱上写作,乐在其中,并将看作一个生活的爱好,让自己受益终生。大家一起努力吧!

六、越熟悉啥,越有话可说

学校要求大家每周做到"五个一",并努力做到和党建工作相结合,和"两学一做"相结合,和提高自己党性修养相结合。各位校级干部一直坚持每周做到了"五个一",促进了自身和学校管理工作的规范化、精细化、科学化,非常了不起。其中一项要求大家学习十九大报告,新党章新宪法,习近平总书记系列讲话与七中十五中联合校实际相结合,写的教育教学感悟,都非常真实生动感人,对全体师生都有非常积极的启发意义。可以说提升的是自己,受益的是师生,功德无量! 为了让我们的教育教学感悟写得更好一些,效果更好一些,更有意义,特建议大家做到以下几点:

一是多写自己的学科教育教学感悟。大家都是因为教育教学业务优秀,才脱颖而出,经验丰富,值得总结反思,写自己熟悉的东西,必然写得有深度有力度有温度,教法学法说出来一定接地气。

二是多写自己从事管理工作的经验感悟。大家在一个管理岗位上工作多年,摸索出一整套有效的规律办法招数,提炼出来,分享给老师们,提供借鉴。

三是多写自己理论学习、培训考察后的反思感悟。大家学习培训考察这样的机会,相比一线教师要多一些,要及时把体会收获分享给大家,不要给你机会学了,回来后啥东西也没给带回来,不吭不响。写这类感悟要有以下几点内容:

第一,重要的文件内容,理论观点,政策规定,先进经验,所见所闻等,罗列几条就好。

第二,对照所学内容,联系我校实际,思考几年来我们做的怎么样,成绩有哪些,问题有哪些。

第三,建议我校今后应该怎么做。根据我校实际,开出提升工作水平的工作清单,尽量列出具体几件事,几条措施,几个办法。

第四,多写自己的从教经历,人生感悟,或者记录歌颂赞美自己身边的优秀教师学生。或者就自己发现的问题,深入思考对策。

总之,千万不要脱离自己、学校、工作生活实际,坚持问题导向,目标导向,效果导向写感悟。起到疏导情绪,凝聚人心,鼓舞人心,振奋人心的效果来才好。

七、各团队制作周总结,开头一段可以这么写

开头一段要写 300 字以上才好。可以分三层意思:

一是思想。和自己本职工作有关的国家政策文件,教育理论书上怎么要求论述的;学校办学思想和本学期工作计划里如何要求的;主管校长主任自己的工作理念是什么。

二是工作。每周工作重点是什么,自我及团队做成了哪些亮点工作,效果如何。

三是体会。谈几点自己本周有哪些工作体会,反思得失成败经验教训,便于修正提升自己。

然后根据自己一周内发现拍摄到的感人场面中人和事照片,精选少量照片用上就可以了。工作只有在不断创新中才会觉得是乐趣!

第二节　讲好大七中故事

一、通讯员写什么

咱们的通讯员很辛苦,为学校宣传做出了很大贡献。大家爱学校,有激情,有一双发现美的慧眼,及时记录学校日新月异的变化,传递赞美,鼓舞了师生,弘扬了正气,陶冶了自己,宣传了学校,希望大家一如既往,继续努力,多看多写学校的亮点,笔耕不辍,提升水平。

建议大家可以从下几个方面选题,认真观察,随手拍摄,采访师生,搜集素材,做好美篇,写好通讯稿件,在各级各类媒体平台上进行交流宣传我们学校的办学成绩,荣耀学校,发展自己。在家做一桌美食,在外游一处美景,在学校干一件好事,尽一份责任,看到身边师生兢兢业业工作场面,奋斗的情景,都值得展示和赞美!

人们都是在不断的被肯定赞美中,不断的强化正能量,完善人格,激发潜能,越干越好! 在挑剔讽刺挖苦中消沉坠落,越干越糟糕! 一个人心里装着什么,就会看到什么。

二、学校宣传学期常用主题

我们的办学思想(校级干部发言材料、科室年级团队会议内容、教研备课组活动等)、校园美景、校园文化景观、走廊文化、教室文化、黑板报、孔子文化园地、钱学森

之问园地、联合校领导团队、联合校名师团队、我们的班主任、我们的任课老师们、我们的升旗仪式、我们的七星达人、我们的社团活动、我们的实验室、我们的心理辅导中心、我们的家长学校、我们的课外活动、我们的核心素养十八件事在行动、我们的班集体、我的一家人、我们的三个让三个一在行动、我们的七彩校园、我们的高效智慧课堂、我们的教室或画室、我们的作品(作文、作业、成果)展。

三、单位总结文章素材来自三个渠道

一是别人提供:请别人把各自掌握的本职工作内容总结一下,交上来,作为自己写总结的素材。

二是自己观察:用自己的耳朵和眼睛,观察自己单位一段时期内,校园环境,楼宇景观,设施设备,各科室活动及成果荣誉,师生精神面貌变化等,如果别人提供不上来,就靠自己亲自去调查了解具体情况,实际数据等,这一部分需要写材料的人平时就做个有心人,耳闻目睹,善于发现,捕捉亮点,记在心里,写在纸上,随时备用。

三是看书思考:别人提供的材料和自己观察收集的资料,只是干巴巴的材料,需要自己分析归纳整理,分出几个类别条块,从中提炼几个小主题小标题,形成自己的思想体系。要做到这一点,就需要参考别人写文章的套路,就需要上网或读书看报纸,找出同类范文,认真研究,一边看,一边想自己的眼前的这些材料怎么用,确定自己的文章中心思想,分段主题,结构布局,语言风格等,再列出题纲,把材料分门别类插入排列到相关的小标题下面。文章由整体框架,渐渐细化,一段一段逐渐完善,最后成文。

写总结不能图省事,千万不要只依靠别人提供的材料,拼凑在一起,罗列一堆,杂乱无章,没有灵魂,看不出你的观点思想,体现不出组织领导的意图,你要表达几个意思,提倡什么,赞扬什么,反对什么,批判什么。自己观察思考的东西更重要。

四、总结的结构三段式

一是概括总结,二是主要成绩,三是未来展望。
把主要成绩提纲(顺序可按主次轻重调整增减)做好列出小标题
(1)党建。
(2)教师队伍建设(师德师风和专业化发展)。
(3)办学条件硬件建设。
(4)教学成绩(中高考和学生竞赛成绩)。

（5）德育：活动类成果，师生获奖。

（6）素质教育（体卫艺术）。

（7）教学改革和科研课程开发。

（8）安全管理和后勤保障节水节电节能。

（9）办学成果：集体获奖荣誉类，领导评价，社会评价。

（10）其他。

五、信息宣传工作模版七个一

（1）一周召开一次宣传骨干头脑风暴会（轮流三五个人参加即可），研究宣传工作策略方法措施。

（2）一周确定一个宣传主题（德智体美劳教育成果，四个院亮点荟萃，各科室亮点集锦，名骨新风采展示等等）。

（3）一周明确一个人主持会议。

（4）一周指定一个人撰写专题稿件。

（5）一周往各大媒体平台上传一篇有分量的稿件。

（6）一周集中学习模仿一篇新闻报道等体裁的范文。

（7）一周分头搜集整理一次学校各方面新闻线索和素材。

主管主任和校长要定期对以上工作列出清单，明确分工，责任到人，及时督促，进行反思讲评，表彰先进，鞭策后进，建设一支优秀的宣传队伍。

六、常写教育反思

静夜思，深夜和凌晨是最适合静思的时刻，白天的喧嚣浮躁尘埃落定，喜欢思考的人过滤掉漂浮的感觉泡沫，捡拾起厚重的思想真金白银，综合整理、分析提炼、记录下来，分享给身边的人，升华自己、惠及同道、共同进步、共同发展、共同提高。

静夜思，思什么呢？可以回首往事，也可以展望未来。可以重温辉煌时过五关斩六将的豪迈气概，也可以回味苦涩教训时败走麦城的仰天长叹。可以研究成功案例，也可以咀嚼失败故事。可以因思而励志奋起，也可以因思而修正成熟。总之，一个人只有在不断反思中，才能不断进步。

我们说，爱学生是为师之本，常反思是强师之道，敢超越是大师之境。就是希望老师们守本、自强、卓越，誓做成人之美之良师。

七中·十五中联合校各位校级领导和老师们深入思考立德树人的教育初心，将自身多年教育教学工作的经验总结分享,撰写成篇,引领全校教师在反思中成长,在交流中进步,共享受益。爱教书之岗,敬育人之业。

第九章 安全教育

第一节 加强安全教育,遵守交通法规

天寒地冻,师生们出门上班上学,往往穿的厚,戴的多,捂得严,视野视线都会受到影响,行动受到束缚,浑身上下都不灵活了,所以从家到学校来回路上,一定要有强烈的遵守交通规则意识,自我保护意识,眼观六路,耳听八方,确定前后左右没有障碍物,没有危险情况,没有安全隐患才小心骑行。

一是出入家门口和校门口时,要左右环顾,四周瞭望,确认斑马线两边车辆停下让行,才快速推车通过。不要和汽车抢道抢行。

二是上下学来回路上,遇到十字路口,要看准红绿灯的转换,"红灯停,绿灯行",让每个孩子在路上牢记默念,一定要严格遵守,无论如何抢时间,人身生命安全是第一位的。如果怕迟到受批评被处罚,那就每天计算好上下学路上需要的时间,在床头放个闹钟,头一天晚上定好闹铃时间,逼着自己早起十分钟,提前出家门,路上可以从从容容,不用慌里慌张,不看红绿灯横冲直闯,拿自己的人身生命安全去冒险抢时间。各班主任要提醒家长经常教育自己的孩子路上注意安全,并配合孩子保证遵守上下学作息时间。

三是四同值班人员要盯岗到位,注意上下学时段校门口出入人员流动疏导,提醒学生不要扎堆聚集,尽量不要横穿马路,尽量沿门口两侧便道推行自行车一段距离后,再在有红绿灯的路口穿行马路。

各院综合办要和交管部门立即联系,争取在上下学高峰时段有交警来校门口执勤。各班主任要通过班级家长群告知大家加强对孩子的冬季安全教育,确保自家孩子的交通安全。

第二节　实现安全平稳有序的工作目标

高三开学近一个月,初三开学半月多,在有关领导和师生共同努力下,实现了安全平稳有序的工作目标,而且运行速度快,效率高,质量好,确保了各项工作万无一失,赢得了领导表扬,家长放心,社会满意。感谢和慧苑与和真苑两个院初高三全体师生和所有管理人员。

为了进一步提升教育教学,以及学校综合治理水平,针对运行过程中出现的问题,希望初高三和即将开学的非毕业年级师生,在以下几个方面多下功夫:

一是务必时刻保持警惕,一丝不苟不折不扣完成规定动作。人人都要严格执行复学方案、应急预案、制定的各种规章制度、工作流程模版程序。(1)特别把好教室门口测温关,不让一个体温有异常的学生进入教室。不能图省事,把学生先放进去再测温。(2)走读生每天坚持家校一线活动轨迹,没有极特殊情况,不和陌生人接触。早晨离家前必须测温,有任何异常都可以请假居家休息或学习。(3)夏天了,教室可以长时间开窗通风。(4)监督并杜绝学生在教室内不戴口罩,交头接耳近距离接触。(5)禁止学生在走廊厕所角落里扎堆、追逐打闹、大声喧哗。(6)严禁住宿生围着一张桌子面对面就餐。(7)教室里宿舍里消毒要按规定及时按时足量足次,注意安全。

二是借着特殊时期教育教学特殊性,培养强化学生学习生活卫生行为习惯。这个时期师生都很重视自己的身体健康和生命安全,利用好这种心理,多提细节要求,多督促纠正,多反复强化,正面引导和批评教育相结合。另一方面要加强学生的心理教育,消除恐慌心理,遇到突发情况,老师要稳住神,不惊慌失措,不大惊小怪乱喊乱叫,在领导和专业人员指导下,组织好学生按流程安排每一步行动。任何人不得将每天学校发生的异常情况传播出去,全力控制在在现场的人员最小范围内。有效预防控制舆情。

三是全员参与,严格纪律,师生一体,共同度过特殊时期。无论是一线教师还是科室管理人员,要认清形势,服从大局,提高政治自觉性,和学生同时间上下学,加强课堂管理和课外活动组织,有学生的地方就有老师监督检查管理,实施全方位全过程网格化无缝隙管理。各院主管校长要牵总负责,分工明确,督察到位,敢于较真,怎么严格要求都不过分,及时发现问题及时处理。全校一盘棋,协调联动,联防联控,防疫教学,人人有责。

非毕业年级马上就要开学了,校园里要恢复以前的热闹,人多事多隐患多,各层级的检查会更加频繁，每个人都要万般小心谨慎，既要坚守岗位，做好本职工作，又要防止松懈放纵，脱岗缺位，消极应对，玩忽职守。让随时到校巡查的上级部门逮个正着，持久苦功，毁于一旦，追悔莫及。俗话说得好，不打勤不打懒，专打不长眼。与其投机取巧，不如久久为功，分秒必争，时时刻刻认真履职当差，不怕何时何人来看。

第三节　开学前后工作原则

一、总要求

一手抓防疫，一手抓教学。防疫工作常态化、精细化、科学化，教学工作重基础、重实战、重实效。

二、方法论

成立专班，有将有兵有责有活。
倒排工期，每天列出工作清单。
细化措施，人人明确工作任务。
掌握标准，事事做到条理规范。
加强督查，现场查看工作进度。
强化管理，严格追责工作失误。

三、有诀窍

校级干部要带头，敢担当，不等不靠，不推不拖，不瞒不怨，雷厉风行，亲自谋划，亲自培训，亲自示范，亲自动手，亲临现场，亲自督查，亲自纠错，亲自汇报。

中层干部要听指挥，多操心，出主意，埋头干，带领本组和本科室成员，一件一件事地抓好落实，做到目标明确，程序完整，流程清晰，按期完成，保质保量，成果显著，干净卫生，整齐划一，标志明显，便于取用，一目了然，查验方便。

迎接检查要主动，营造氛围是第一步，首先整出有影有形有声的东西，看得到，摸得着，听得见：墙上有宣传条幅标语，地上有划线标示，桌子上有档案材料，柜子里有物品摆放，院子里有干净卫生，遇到的有迎接解说。凡事明确专人专班专室专责。

全员树立同舟共济思想，互相尊重理解，互相帮助支持，互相搭台补台，互相提醒指导，互相赞美鼓劲，互相成就得荣，共渡难关，共同决战决胜！不负韶华，逆势而上，再创辉煌！

第四节 校园安全专题会议

新中国建立七十年大庆,从上到下都要确保安全稳定,市里区里9月16日上午十点半召开校园安全专题会议,会议强调如下几点:

一是做到六个一。建立一套行之有效的安保制度,开展一次专项排查并建立台账,配备一套完整的安保装备,制定一套安全应急预案,进行一次安全预防演练,开展一次安全专题教育宣传。

二是重点关注七个方面:校门口外来人员进出监控筛查;上下学交通安全;住宿生食品卫生安全和管制刀具危险品及矛盾纠纷排查化解;重大集会密集区域人群活动管理;校园监控盲区盲点时间段的巡查;校园消防和教学设施设备维护检修;问题学生和教工的管理和监护。

三是落实职责和责任追究制度。党政同责,一岗双责。四同值班和应急值守制度。承包年级校长、年级主任、科室主任、班主任、任课教师岗位职责。

以上要求,主要有法制处牵头督查,各院后勤综合办负责落实,其他处室配合,确保学校安全稳定,圆满完成各项迎国庆任务。

第五节 海恩法则

安全管理领域中有一条非常著名的海恩法则,即每一次严重事故的背后,必然有29次轻微事故和300起未遂先兆,以及1000起事故隐患。

海恩法则强调两点,一是事故的发生是量的积累的结果;二是再好的技术,再完美的规章,在实际操作层面都无法取代人自身的素质和责任心。

第六节 关于安全稳定工作

一、周边环境治理

(1)认真进行安全教育。

(2)加强日常管理,及时发现隐患,及时处理、化解学生之间的矛盾。

(3)毕业年级加强学生的心理疏导,张弛有度,因材施教。

(4)学会和学生家长以及媒体打交道。

二、安全工作标准

(1)国际标准:安全体系机构。

(2)高效管理:标准化、流程化活动组织流程和管理方案,组织有序,应对及时。

(3)保障到位:队医随团,意外伤害险,安全提示。

(4)高科技:GPS定位系统。

(5)正规资源:正规协议,保安执勤,司机技术过硬。

(6)安全基金:设立风险基金。

第十章　工作计划

第一节　2018 下半年工作计划

一、指导思想

以习近平新时代中国特色社会主义思想为指导,坚持教育教学为中心,进一步提升师资队伍可持续发展核心素养,深入推进 7341 高效智慧教育教学改革,着力提高教育教学质量。做实富有我校特色的"和"文化,认真落实文明校园评比标准,全面创建"平安和谐优质特色文明"5A 级学校,争取顺利通过国家级义务教育均衡发展督导评估验收,圆满完成全年工作目标任务。为校庆五十周年献礼。

二、重点工作

(1)迎接文明城市创建测评。
(2)迎接国家级义务教育均衡发展督导评估验收。
(3)举办校庆五十周年系列活动。
(4)起始年级养成教育。

三、强调一下几点

(1)新高考方案与我校高中实际结合研究:走班分层,学科组合,课程设置,师资调配,专用教室安排,学生选科选课指导,人生规划设计指导等。教务处安排专人负责成立研究小组。
(2)核心素养十八件事落实。
(3)起始年级社团活动安排。
(4)办学理念的落实:课间文明,课堂礼仪,课上板书。加强检查指导评价,让师生形成习惯。
(5)名师团队成员发挥引领示范作用。

(6)加强校本教研科研工作。

(7)举行可持续发展教育新课堂模式观摩月活动。

第二节　2021年精神和工作计划

只要我们想干事、会干事、敢干事，就一定能干成事。只要我们把"敢"字挺在前面、把"干"字落到实处、把"拼"字叫得更响、把"民"字放在心上、把"严"字贯穿始终，凭着敢啃"硬骨头"，能拔"铁钉子"的拼劲和韧劲，就一定能拼出一片新天地。

面对2021年更高的目标、更重的任务，我们唯有拉高标尺、奋勇争先，按照"狠狠跳一跳才能摘到桃子"的标尺要求自己，以更加饱满的热情，更加坚定的信心，更加昂扬的斗志、更加务实的作风，努力推动我市大气环境向更高质量、更高标准迈进。"起步即冲刺，开局即决战！"

以习近平新时代中国特色社会主义思想为指导，贯彻落实党的十九大和十九届二中、三中、四中、五中全会精神，贯彻落实习近平总书记关于教育的重要论述和全国教育大会精神，按照"五位一体"总体布局和"四个全面"战略布局，增强"四个意识"、坚定"四个自信"、做到"两个维护"，坚持稳中求进工作总基调，立足新发展阶段，贯彻新发展理念，构建新发展格局，以推动高质量发展为主题，以改革创新为根本动力，坚持系统观念，更好统筹发展与安全，坚持和加强党对教育工作的全面领导，全面贯彻党的教育方针，落实立德树人根本任务，坚持发展抓公平、改革抓体制、安全抓责任、整体抓质量、保证抓党建，全面推进依法治教，巩固拓展新冠肺炎疫情防控和教育改革发展成果，为建设高质量教育体系立柱架梁，推进教育治理体系和治理能力现代化，为建设教育强国开好局、起好步，以优异成绩庆祝建党100周年。

持续开展全国学生"学宪法、讲宪法"活动和"宪法晨读"活动。

推动领导干部、"两院"院士等专家学者、英雄模范人物进校园开展思想政治教育。围绕"明理""共情""弘文""力行"四大板块实施八大行动，持续开展"我和我的学校""青春告白祖国""小我融入大我，青春献给祖国""奋斗的我 最美的国""新时代先进人物进校园"等品牌工作，全面推进《新时代爱国主义教育实施纲要》贯彻落实。指导各地"一校一案"落实《中小学德育工作指南》。开展"从小学党史，永远跟党走""学习新思想，做好接班人""开学第一课""全国中小学生电影周"等主题活动，强化红色教育实践活动。

促进学生军事训练的制度化、规范化。促进劳动教育常态化实施。

完善学校体育"健康知识+基本运动技能+专项运动技能"教学模式。组织遴选校园足球、篮球、排球、冰雪体育传统特色学校,"满天星"训练营和奥林匹克教育示范校。

推进大中小学劳动教育课程建设,召开全国中小学劳动教育现场推进会,推动中小学劳动教育实验区工作。加强作业、睡眠、手机、读物、体质等五项管理,研究出台相关政策文件。开展中小学校园欺凌专项治理。

强化综合实践育人,积极开展研学实践、志愿服务等综合实践教育。

深入实施中华经典诵读工程,组织举办第三届中华经典诵写讲大赛,开展中国诗词大会等品牌活动,实施经典润乡土计划、"家园中国"民族地区中华经典传承推广活动。在中小学培育建设中华经典传承推广特色学校。

第三节　开学前后工作安排

一是实施主持工作校长负责制。以校区为单位,分院做好开学前的准备工作。主管校长:和善院——李汝静,和美院——王翠芳,和慧院——刘德全,和真院——杨春稳。自定开会时间、内容和议程。其他校级干部搞好配合,并参加所在校区会议。开好三个会:中层干部以上会、全体教师会、开学典礼。全校不再开大会。各校级干部开好主管科室和承包年级开学动员会。

二是主持校长负责本院的德智体美劳、卫生、党建、宣传、安全和各级各类创建迎检等全面工作,负责协调各校级干部和科室工作。在学校大的工作思路和规章制度指导下,抓办学理念思路落地,抓各项工作管理模式程序流程落实,狠抓激情教育,精细管理,智慧教学,出彩成绩,同时要自定思路,自定计划,自我评价,开展各项工作。

三是对外联络和对上上情下达。对内做好协调。原来牵头的校级干部,分工不变,对上对外工作不变,保持连续性和稳定性和高效性。中层干部的分工,根据工作需要,可以微调,不宜大动。既要各显其能,各自为战,又要大局为重,交流信息,分享经验,协调联动,统一思想,合作共赢。

四是要忠诚担当,任劳任怨,不找借口,不推卸责任,敢于负责,谋划精细,强力执行。抓住安全和教学两件事,从严从细管理,多深入一线,深入课堂,狠抓教学。团结好本院的各层级干部,互相尊重,遇事多交心,多商量,发挥好他们的主观能动性,积极出谋划策,尽心尽力,调动全体老师的积极性,安全教学双丰收。好好宣传,树立典型,干出成绩,打造亮点工作。

第四节　开足马力,创造奇迹

2021年是一个特殊的年份,充满惊喜和难以预料。十三五收官,十四五开局,建党百年华诞,大事纷至沓来。面临更多新矛盾,新困难,新挑战。具体到我们从事的职业工作,同样会面临很多新问题,新要求,新任务。我们所在的区域内教育均衡发展虽然成果丰硕,但校际之间竞争一直没有停止而且日趋激烈,生源争夺战火花四溅,家长和学生的选择日趋多元化,近视化,功利化,跟风化,强校大校名校对优秀生的虹吸力更大,致使薄小弱校更加难以改变生存现状,甚至日趋恶化,造成新的不均衡问题。超大规模办学的优势依然明显,规模化办学依然是扩大学校影响力的主要途径,而我们学校限于自然条件,暂时无法多招生扩规模,这也成为我们快速发展的瓶颈问题,我们只能选择走精品化办学之路,深挖厚铺夯实做优内涵,树立"亩均论英雄"的意识,在提高优秀生比例上下功夫,做文章,凸显我们的办学个性和优势,塑造特色品牌。这是考验和锻炼我们应对复杂局面挑战能力的好机会。艰难困苦,能磨练人的意志和智慧,希望我们大家既要团结一心,和谐合作,遵守号令,统一步调。

2021年的德育工作主题主要有以下几个:学党史,学宪法,学传统文化,学英雄模范人物等。加强劳动教育,卫生医学科学和生存技能教育。落实好我校的德育文化模式。通过学党史,抓党建,感党恩,跟党走等主题教育活动,帮助师生树立正确的三观,激发奋斗的豪情。通过抓教改,进一步打造激情课堂,高效智慧课堂,提高学生主动学习兴趣和能力,聚焦提高学科应试技巧和成绩。老师们务必要严守师德,不违背上级部门规定和学校一切规章制度,令行禁止,洁身自好。要苦练内功,修炼师能,发自内心地爱护学生,以情感人,以德服人,依规管人,严格管理学生,依法以德执教。不断钻研业务,学习先进育人经验,摸索教育教学规律,找出并分享提高学生学习成绩的有效管理办法,创新教育教学方式方法,把培养优秀生人数、比例、在团队排名位次,作为衡量自己师德水平和工作业绩的重要指标,大家各自发挥自身优势,与人合作共赢,同享荣誉进步。各年级和科室,按照自己的工作计划,盯紧工作目标,把握住工作重点,认认真真落实好学校制定的德育教学、科研法制、体卫后勤等方面的管理原则、思想模式及工作程序流程,做到安全有保障,教学有成果,成绩有突破,各自有亮点,活动有特色,宣传有频度,使联合校各项工作再上新台阶,再攀新高度,再创新辉煌!

第十一章 师者心语

第一节 学习归来话感受

10月20日到10月23日,我参加了区教育局组织的中小学特色办学综合创新能力研修班,聆听了北京四中原任校长刘长铭的讲座《好的学校教育》,实地参观考察了四所学校,分别是清华大学附属小学、中央美术学院附属实验学校、北京市九十四中、北京市润丰学校,并聆听了四所学校校长的办学经验介绍。有三点收获和大家分享交流一下。

一、优质学校一定要一套独特的办学思想

五所学校校长在介绍办学经验时,都强调了办学思想在学校发展壮大过程中的重要作用。办学思想是学校的灵魂,是引领学校全体师生员工前进的旗帜,具有凝聚全校师生力量的作用。如润丰学校的和谐教育思想,北京四中的守望教育思想,清华大学附小的赞美和成志教育思想等,都是学校校长结合学校的办学历史,和长期的教育教学实践,凝聚全校师生的共识,总结提炼出来的办学思想,形成了自己学校风格的办学模式。

二、优质学校一定是把学生放在中心位置的学校

在参观考察过程中,印象最深的是,每个学校在课程开发设计上都能依据自己学生年龄特点,身心发展规律,区域教育资源优势,制定符合自己学生实际的课程开发目标任务,内容形式,实施方案。清华大学附小生源质量很高,又具有清华大学丰富的教育资源,这个学校的课程开发就具有高起点,高层次,高标准的特点,所做的观摩课,是一节阅读课,比较阅读朱自清和李广田两篇写父亲的散文作品,找出两位父亲性格的相同点和不同点。整节课充分体现了以学生为中心的这一特点。学生是课堂的主人,大容量课堂内容,多种学习形式的交互运用,师生互动交流积极有效,

都给人一种耳目一新,心生羡慕的感觉。而且只有这个学校才能有这样的课堂。给我们的启示,却是我们的教学一定要心中有学生,眼里有学生,一切教育教学活动,都要切实把学生放在学校的正中央,这样的学校才是优质学校。

三、我们学校一直走在优质学校的路上

优质学校一定是有一套独特的办学思想,实施追求精细化管理的学校。邢台七中一直致力于办好老百姓家门口的优质学校。

在办学理念,干部队伍管理,师资队伍建设,校园文化建设等方面,始终围绕着"和谐教育创幸福人生"这一办学思想,坚持可持续发展教育理念,打造"和"文化,制定了一系列精细化管理措施。

在管理上,要求遵守科学严谨认真精细的管理原则,有程序意识,模板意识,规矩意识,建立长效机制。制定了中层干部业绩量化考核方案,一日工作流程,科室人员岗位职责任务量化标准。在教学上,我们要求老师做到上课七步曲,探索出7341教学模式,确保学习目标任务化,学习任务问题化,板书问题清单化,从而提高课堂教学效率,着力提升学生思维能力和大脑智慧。

在德育方面,我们制定了"三三三德育模式","三自一包"责任教育模式,"三个让三个一"激励教育模式,课堂礼仪规范等行之有效的德育工作操作策略和方法。

在体卫工作上,制定了"322"体育规程,深入推进教育教学改革,扎实开展素质教育,收到了很好的效果。使我校的各项工作逐渐走上规范化、科学化、精细化的可持续发展轨道,不断向优质学校的目标迈进。

第二节　走近师生越多,自然有话可说

校级干部要经常走近师生,和他们交流,才能源源不断地获得撰写教育教学感悟的素材,诱发无尽的思考,还能愉悦身心,和谐关系,皆大欢喜,文思泉涌,记录下来,就是文章。

看了李汝静副校长每天公布出来的联查情况通报和李富贵副校长联查之后的感悟,更加感受到走近师生的重要性和走近之后有感而发的重要性。对各位校级干部是一个给力的启发:走近师生越多,自然有话可说。而且会写出一些老师们爱看的文字来,是他们生活工作学习过程中经常遇到的事儿、理儿、话题,传播一句中央有关教育声音,转发一条教育政策,交流一段个人教育故事,赞美一个师生互相关爱的

情景,展示一篇听课评课巡查后的反思文章,抒发一种爱岗敬业无私奉献的情怀,只要对大家有帮助就行。

我们要求中层以上干部每天参与教育教学联查,带着一颗爱心,一双慧眼,一种敏锐的洞察力,一个记事本,到一线去,到教学楼去,到教室去,到师生跟前去,到校园的每一个角落去,去发现校园和师生每一天发生的变化,去倾听师生的心声。记录怦然心动的亮点,令人感动的瞬间,叫人警觉的问题,触景生情的思考,举一反三的追问,都是我们实现精细化管理的重要内容。发现问题,思考问题,解决问题,是我们每一位管理者必备的品质。少了任何一个环节都是不完整的管理。

第三节　有关教学

一、三招就能让您的课堂"活起来"

有的老师一上公开课,总怕学生不配合,造成课堂气氛不活跃,影响教学效果。其实,只要老师每次上课前,把自己想象成学生,思考一下:学生喜欢老师怎样用什么方式开头,才能一下子把人吸引住? 创设什么情景,设计什么问题,能牵着学生跟着老师去学习新知识? 在课堂教学过程中,如何把知识点练习题趣味化,防止学生精神疲劳,注意力不集中? 把这一系列问题认真思考一遍,找出应对策略和具体的解决方法,就能避免上课死气沉沉。建议大家除了落实我们学校提倡使用的"活课堂宝典",另有有三招分享给老师们:

(一)情景化

"情景化"的意思就是设计一个和所学内容有关联的情景或场景或故事,这个情景或场景尽量让师生都能参与进去,合作完成一些情景,并且有一个悬念和疑问引发学生的思考和联想、想象,也可以提出一个能够引起学生议论兴趣的问题或话题,从而引入新知识的学习环节。在整个教学过程中同样可以设计一个又一个情景,其中融入学习重点难点等知识点能力点。这叫情景教学法。

(二)生活化

书本知识是由生活现象、本质规律的提炼归纳出来的。其完全可以还原成生活现象和本质规律,这就需要老师深入思考,根据自己对生活现象的仔细观察分析判断总结,找出其中的联系关系,用生活现象解读课本知识点,用课本知识说明生活现象和规律,让学生觉得学到的东西在生活中能用得上,兴趣自然浓厚起来,自然就跟着老师去探究学习新知。

(三)体验式

在课堂教学过程中,要组织好多种教学活动,我们学校提倡在课堂上多组织合作学习,利用"听说读写背讲演"等多种形式方式方法,让学生通过"眼耳鼻舌身心"等多种感官体验所学的知识,从而在活动中学到知识,培养能力。只有参与体验,人们才会对一件事产生兴趣,而兴趣是学习的动力!教育即生活,生活即教育。课堂即生活,生活即课堂。

要做到以上这三点,需要老师课前下功夫,更需要老师爱生活,爱思考。善于发现身边的人和事,善于思考这些人和事,善于运用理论知识解释生活现象,解决生活中问题,勤于记录积累,建一个生活现象资料库。备课的时候随时翻看选用。课堂上经常举生活中人、物、事为例子,学生会一直兴趣盎然,追着老师的教学思路跑。

二、做实线上教学,必能一举多得

学期未结,课业没完,疫情先到,师生不得不提前离开校园。如何迅速拿出措施,应对这不确定的挑战和考验,是摆在我们联合校每一位师生面前,躲不开而必须面对的问题。

按照上级要求,我们边防疫边教学,就目前来说,防疫抗疫是我们教学的一个重要内容,做好线上教学也是抗疫,两样活儿是密不可分的一个事儿,都要抓紧。近几天我们学校有上百位老师走出家门走进社区,或者居家隔离在自己小区加入抗疫志愿者服务队,体验了在一线抗疫的艰难困苦,舍小家,顾大家,顾不上需要管而不能管的各个年龄段的孩子,忍着严寒冷风,坚守岗位,昼夜奋战,阻断疫情蔓延。

如果说在抗疫第一线的志愿者是在前线,我们没有机会去一线抗疫的老师们,就要想方设法为一线的可爱的人们,做些力所能及的事情,为他们解除后顾之忧。那做好线上教学就是最好的支援前线的方式,替他们陪伴管好隔离在家的孩子,为学生上好思政课、心理课、文化课、技能课,励志激情,立德育人,做好心理疏导,指导他们居家锻炼身体,继续坚持学习课程,这也是对抗疫工作的最大贡献。

老师们也可以利用疫情为我们带来的这一段不得不接受的时间和空间,静下心来,反思过往,总结得失,感悟人生,参透教育,把握规律,探究本质,提炼方法,钻研业务,分享交流,切磋技艺,提升教育教学水平;还可以把平时和家人顾不上相聚的时间补回来,把平时顾不上和父母孩子交流的话,平心静气地说出来,加深亲情,浓郁温情,建设最美家庭。

总之,只要我们有更广的胸怀,更宽的视角,换个思考问题的角度,主动与时俱进,适应环境变化,换一种工作和生活方式,看待眼前发生的人生遇到的一切,就会有不一样的感觉。积极乐观,挑战极限,心理成熟,丰富素养,化腐朽为神奇。做好线上教学,早起强身健体,按部就班练功学习,师生齐心协力,共同一体,完全可以一举多得。

第四节　我们的努力

一、七彩心灵、我的责任、说自信

我们的努力,就像盐,盐溶于水,盐已无痕,水中处处留有盐的痕迹,融为一体。

当你看到下面这些现象的时候,切记息怒、息怒、再息怒!切记放下你手中的教鞭,想一想你的盐就在里面体现着。每当这个时候,下面的一段话,就会在我耳边回响,你还记得是谁说过的吗?

"你这糊涂的先生!你的教鞭下有瓦特,你的冷眼里有牛顿,你的讥笑中有爱迪生!你别忙着把他们赶跑,你可要等到坐火轮、点电灯、学微积分,才认他们是你当年的小学生。"

七彩世界,源于七彩心灵。无论童年少年青年中年老年,每一个人每一个阶段每一个境况下心灵的色彩都是不一样的,相互理解包容沟通交流欣赏赞美共生共存,才会有教育的效果!也是教育的终极目的,世界只有充满爱才会变得七彩斑斓,和谐幸福美满!

七中兴衰,我的责任。我们希望每一个七中人都有这样一种意识和担当。有的人习惯于挑毛病发牢骚,只管看病,不管开处方治病,抱怨客观条件这也没有那也没有,责怪别人这也不行那也不行,推脱活儿这也不能干那也干不了,从来不说怎么才能干才能干成才能干好,从来不想在现有的条件下,面对这样的领导同事和学生,自己如何发挥主观能动性,主动创造性地开展工作。

我们都应该勇于担当,竭尽全力奋斗!我们要勇于自查自纠自我反思,凡是抱怨的都是想逃避责任的,是一种不敢担当贪功推过的表现,必须改正这种非常错误的思维模式。遇到问题从自身做起,出主意想办法,寻找解决问题的方案措施,主动作为,力争让一切矛盾和问题都在自己手里解决掉!从中也锻炼自己的处事能力,提高自己工作水平,树立自己在团队里的威信和正能量形象。

说自信,自信要有支撑。一个国家的自信,来自于民族富强,一个团队的自信来自于集体的兴旺,一个人的自信来自于自己的信念坚定,目标明确,不停拼搏,不断收获,乐观向上。

党的十九大回顾了我国人民的奋斗史,收获史,才有了四个自信。您所在的团队一天天变化,一月月进步,您个人一步步成长,您的学生一个个成熟,就是我们每一个人自信的源泉,反思能使人扬长避短,增加自信,积极作为,勇往直前! 让我们一起寻找自信的力量之根!

二、学生能做的事一定要让学生自己动手去做

(一)早读任务让学生板书

老师们养成选定并亲自书写早读板书的习惯,而且字写的规范美观漂亮,的确值得表扬。下一步是否考虑放手让学生学着板书呢? 老师们可以先把下一周每天早读任务都设计出来,然后交给课代表,让课代表按学号进行分工,每天明确一名学生负责在早读上课前书写到黑板上。一可以培养学生的责任心;二可以锻炼学生写粉笔字的技能;三可以让书写的学生提前熟悉预习完成早读任务。总之好处很多。

(二)每节课都要设计这样一个环节,就是让学生上讲台或在下面自己动手板演解题过程或勾画章节重点知识结构思维导图

让学生多动手,多展示,才能更直观更快速地发现学生学习过程出现的问题,及时有针对性地纠正、补救、巩固、提高。切忌一节课全是老师在讲台上,不走下讲台巡查尽量多的学生学习情况,学生很容易走神。我们的美术专业课上,学生都能动起来,是治疗学生走神的良药,非常有效。

(三)班级管理和学科学习过程中出现的任何事情,老师们要养成一个思维习惯,就是首先考虑:这事能不能交给学生来干?

如果能,就想办法怎么教给学生去做,告诉学生做什么,做到什么程度,标准是什么,什么时候完成,和谁一起去做等等这些问题。然后再培训学生。

这样日积月累,常年坚持,用不了多长时间,老师就可以放手让学生培养自我管理、自我教育、自主发展的能力了。老师就解放了自己,可以集中精力干自己应该干的事;也锻炼了学生全面的素质,提高了教学和管理效率,获得多赢的效果。何乐而不为!

开始的时候可能让老师们觉得太麻烦了,不如自己亲自干,可是一旦学生学会了,老师就会轻松很多。磨刀不费砍柴功! 千万不要低估学生的能力和潜力。老师们

可以看看那些一上初一就到外地,甚至出国上学的孩子们,他们的适应能力和做事能力很快就锻炼出来了!难道我们的学生就不能吗?相信他们吧,他们就等着您把所有的事交给他们来做呢。

信任的力量是巨大的!赶快试试吧,从现在、从书写早读任务、从班级里一点小事开始,靠给您的学生吧,您会惊喜地发现,您的学生都很优秀!

三、开讲了,要注意啥?

开讲了!开讲了!开讲了!外出培训回来的老师们,开讲了!在教务处的组织下,陆陆续续开始了不同形式的收获分享讲座。学校要求这些老师们完成三件事:做一个美篇,搞一次讲座,上一节模仿课。美篇,多数老师按照美篇的制作模版,从"看到了什么""我校做了什么""我以后怎么做并建议学校怎么做"三个方面做了分享,尽管有少数老师没有联系我校实际和自己工作谈体会,提建议,订措施,但只要做了,就值得表扬,希望在做讲座的时候弥补一下更好!

开讲了,开讲的老师讲座时要注意啥呢?我的建议有如下三点:

一是多谈自己思考感悟,精谈专家讲座内容。不做传声筒,要做思想者。不做"理论家",要做实践者。

开讲的老师要找准定位,把外出听到看到的东西高度提炼,简明扼要做汇报,重点介绍自己受到哪些启发,引起哪些思考,有哪些心得体会,发现自己存在哪些问题,专家的哪句话有用,外校的做法哪些在我校能落地等等。

二是多谈自己下一步工作方案,少谈客观困难。困难无处不在,无论什么样的学校,都有自己的无法回避的困难,办学条件,生源质量,工作环境等等,都是相对而言好与差,再好的学校也有后进生转化问题,再差的学校也有自己的亮点和潜在的优势。我们只要沉下心来,先找能做的事情做起来,一件一件事的做,犹如温水化冰,星火燎原,慢慢地最终会化冰成水,火光冲天的,总不能被困难吓倒,啥事也不做,抱怨这个不行,抱怨那个没有,怨天尤人,坐等困难自己解决,而要多想想:就在这个家,就在这个学校,就面对这样的条件我就要有所作为。所以开讲的老师在制定方案时,一定要结合实际情况,制定出具体细致可行的计划,做几件事,什么时候完成,达到什么效果等等,都一一列出来和大家分享。

三是说了就办,定了就干。方案计划都有了,就一定要和本教研组本团队的老师们一起趁热打铁去尝试,去实践,马不停蹄地干下去,不能讲座的时候说得天花乱坠,激情澎湃,讲座完了,没有行动,让人看不到成果。可以先上模仿课,再上研究课,再上观摩课,再上示范课等等,咬定青山不放松,以课为例,反复打磨,真正把学到的新理念,新模式,新教法,新学法,学到的一切新东西统统用在我们的教育教学和管理工作中去,不辜负学校外派学习的期望嘱托,不让学校的学费白交!让您外出学习期间大家替您干活不白受累!

四、围绕中心抓党建,立足岗位做奉献

围绕中心抓党建,对于学校来说,中心工作就是教育教学,一切工作都要围绕着这一中心开展进行。过去我们讲抓革命,促生产。抓革命,其实就是抓党建工作的一部分,是抓思想领域的工作,改造旧的落后的思想世界观,建立新的先进的思想世界观。促生产,对学校来说就是,搞好教育教学工作。

立足岗位做贡献,意思是说,作为教师,自己的任务就是教书育人,如何教书育人呢?就是坚持党的教育方针,以习近平新时期党的教育思想为指导,培养符合新时期中国特色社会主义事业要求的接班人和建设者。作为一名党员和教师,立足岗位做贡献的具体表现就是要做到以下三点:

一是非常清楚自己到底要给谁育人,育什么样的人,怎样育人这三个问题的答案。

二是能够始终坚持围绕立德树人这一根本任务和历史使命,坚定四个自信,争做四有教师,培养四有新人。

三是自觉用习近平新时期中国特色社会主义理论武装自己头脑,指导自己一言一行,遵守党章党规党纪和国家法律法规,坚守教师职业道德规范,修养自己党性。在学科教学和日常管理过程中,自觉渗透和传播习近平新时期中国特色社会主义理论,帮助学生树立正确的世界观价值观人生观,掌握扎实的学科知识和技能,培养爱国爱党爱民情怀和爱拼敢赢的斗志。

学校党建工作只有始终围绕教育教学中心工作来开展,才能真正上合党中央意志,下符学校工作实际,真正做到顺民心,通民意,办好让人民满意的学校。只有这样做,才会既实事求是有抓手,又实实在在能出彩。如果脱离学校实际,离开教育教学工作这一中心,开展任何工作,搞任何活动,都会成为无源之水,无本之木,缘木求鱼,对牛弹琴,隔靴搔痒,一无所成。理论联系实际,密切联系群众,实事求是,永远是我党优良传统和制胜法宝!

五、学深悟透十九大，立足本职抓落实

十九大报告内容丰富，针对教育的论述指向明确，目标清晰，作为基层教育工作者，必须深刻领会其精神内涵，立足本职，联系实际，融会贯通，做好自己手头事，管好自己身边人，从现在做起，从点滴做起，聚精会神，一丝不苟，圆满完成领导交给的每一项工作任务。不搞虚头巴脑的东西，不能照本宣科，不脱离实际生搬硬套，不玩花架子务虚避实。

就目前来说，我校校级领导要做到"每周五个一"，各科室各年级老师要抓好课间文明、课堂礼仪、课堂板书等常规任务的落实……持续不断，贵在坚持，久久为功，绝不懈怠，切实让管理精细化有成效，教学精致化出成绩，服务规范化提水平，营造实干创新和谐文明的氛围，最终实现一个目标：创建平安和谐，优质特色文明的学校。

不断提高教育教学质量，扩大优质教育资源，力争让我校每一位学生学有所成，学得快乐，办好老百姓家门口的学校。

六、让新思想在联合校开花结果

按照学校党总支的要求，全体党员要深入学习十九大报告和政府工作报告、新党章和新宪法、习近平新时代中国特色社会主义思想。

学习内容丰富，任务艰巨，要求严格，作为最基层的党员干部和一线教育工作者，一定要善于学习，抓住重点，领会精神，联系实际，立足岗位，化虚为实，着力实践，重在实干，用每天脚踏实地的工作和开拓创新的业绩，来证明自己是真学真懂真会真用有关思想精髓、报告内涵、章程宪法的意义。

我们不能只停留在抄抄写写、念念背背的层面，而要和自己的教育教学管理服务工作相结合，落实到带好班，上好课，服好务，育好人，创优秀团队，争先进个人上。否则，都是不走心的学习，是弄虚作假，应付差事，自欺欺人，误人害己。

让新思想在联合校落地生根，发芽开花结果，我们就要做到以下几点：

办好人民满意的教育，就是办好老百姓家门口的七中·十五中联合校，创建平安和谐、优质特色文明的5A级学校。实现立德树人的根本任务，就是加强社会主义核心价值观教育，培养有爱心、负责任、求真知的现代中学生。让学生获得平等而有质量的教育，就是落实7341教育教学模式、"三个让，三个一"激励教育模式、"三自一包"责任教育模式等我校特色的办学思想，因材施教，让每一位学生在联合校都能大

放异彩!

新思想为我们指明方向,明确原则和远大目标,注入工作的精神动力。具体干什么,怎么干,必须立足联合校实际和自己的岗位职责,制定工作计划,明确工作任务,找到切合实际的工作方式方法,这样才是真正的对党忠诚,对人民负责,造福桑梓。

七、优秀老师之优秀在哪里?

老师们经常要参加各种评优评先,必然会需要总结自己的事迹。自己平时兢兢业业干了好多事,真到写总结时总发愁。其实,只要平时干工作时头脑清楚,条理分明,从以下几个方面去做,总结就非常好写。事迹表现在如下方面:

(1)要总结提炼出自己一套独特的教育教学思想理念,班级管理和学科教学方法。

(2)参加各级各类教学竞赛的成绩,包括学生的也包括个人的。

(3)常规教学及管理方面的表现。

(4)教育教学科研成果和传帮带青年教师成绩。

(5)个人在社会上兼职情况以体现个人社会影响力。

(6)个人获得各级各类荣誉称号清单。

(7)积累几个自己的具体的获过奖励的教育教学案例(课堂实录,德育故事,教育叙事,科研课题,发表过或一定级别论坛的交流论文,优秀学生竞赛升学结果等,用来佐证自己的教育教学思想和成绩)。

优秀不优秀,前提是师德师风合格不合格。德能勤绩廉,其中德和廉最关键,具有一票否决权,所以,想当优秀的老师,首先要遵纪守法,遵守教师职业道德规范,遵守上级部门和学校制定的各项规章制度,还要紧跟形势变化,及时学习党的路线方针政策和中央的各项要求,增强政治意识理论水平。这样才能成为真正的优秀教师。

习近平说:一个人遇到好老师是人生的幸运,一个学校拥有好老师是学校的光荣,一个民族源源不断地涌现出一批又一批好老师则是民族的希望。

做好老师,要有理想信念、道德情操、扎实学识、仁爱之心,把自己的温暖和情感倾注到每一个学生身上,用欣赏增强学生的信心,用信任树立学生的自尊。

八、起始年级班主任做好以下工作最重要

(1)通过入学教育让学生和师生之间在最短时间内互相熟悉,建立伙伴关系和班级命运共同体。

（2）选拔培训班干部、学课代表。

（3）民主订班规和个人自律十条。

（4）订班歌、班徽、班旗、班级目标、口号等。

（5）强化落实班级事务三自一包责任制。

（6）做好班级文化建设。教室内外文化墙、橱窗、专栏主题和管理规定。营造良好环境和舆论氛围。

（7）针对班级出现的问题开好各种班会。

（8）培训上课礼仪和三三三德育常规。

用心的班主任带班不断总结经验，越干越轻松，不用心的班主任，总是感觉手忙脚乱，不出效果。各科室每天联查都是从卫生、纪律、学习、安全等几个方面入手，观察各班的管理水平和班主任能力业绩。以上列举的几项工作，要在开学后一个月内完成。年级主任和主管科室每周重点督促检查这几项工作落实情况，让各班主任抓住这几个抓手，抓好班级班风建设，开好局，学生养成习惯了，以后的工作就会有事半功倍的效果。

九、看大会有感而发，想教育多元评价

改革开放四十周年纪念大会，有一个表彰议程，我们得到一个启示：举行隆重仪式，发出响亮号召，学习英模人物，表彰先进个人，忆往昔峥嵘岁月，直叫人拼搏奋斗，激荡创业创新豪情，唱响社会时代主旋律，指明未来发展的方向。

除了提醒各学科老师从中提炼出中高考考点外，我们可以借鉴这种英模表彰鼓励模式。10 月 18 号，我们学校举办建校五十周年校庆时，也表彰了近五十名各类优秀教师代表，收到了很好的激励效果。我们学校的激励教育模式，要渗透到日常的教育教学过程中，就是让老师们对学生进行多元评价，多几把衡量学生的尺子，有一个智慧的大脑，有一双明亮的慧眼，发现学生有一个亮点，一点进步，一方面贡献，就给他起一个优秀的称号，让学生都能享受到受重视的存在感，尊严感，自豪感，幸福感，这会让我们的教育更有吸引力，感召力，效果更好。

学校各部门负责人也可以在管理过程中思考并发挥一下多元评价的巨大作用。好学生是夸出来的，您希望学生是什么样子，就往什么样子引导塑造他！在我们学校一定会出现"行行出状元，科科有第一，人人有特长""不拘一格降人才"的大好局面！我们的口号是：让每一位师生在这里都能大放异彩！

联合国教科文组织提出"一切教育活动都是为了学生的成长和发展，为了孩子

一生的幸福"。

十、基层人就做基本事

据说,凡是到阿里巴巴应聘的,只要一张口和马云谈公司发展战略规划的,马云一律不录用。他说,公司不缺战略家和理论家,缺的是一线干活的人才。凡是进格力公司的员工,先要沉下去,去跑市场卖产品,去一线车间工作,在基层摸爬滚打几年。

我们学校是最基层的单位,我们的工作岗位是最基层的岗位,教学、管理的事都是最基本的事儿,而且是事关学生、家长、教职工切身利益的平常事、细小事、难办事,每天面对的就是学生、家长、同事、教材、教案、作业本、家庭、学校等,可以说都是非常具体的事儿,具体的困难和问题,具体的矛盾和纠缠。只有把这些最具体的事情整明白了,才能得到真正的锻炼,水平得到真正的提高。我们学校各科室各年级犹如部队上的连排班,打的都是具体的一场战斗,面对的都是真刀真枪真敌人,需要的是每个战士的真功夫,真本事,不需要什么高瞻远瞩、高谈阔论、宏伟蓝图、战略眼光、高高在上、不接地气,要的是研究如何把一个山头攻下,一个敌人消灭。所以,我们无论是谁,凡事都要亲自动手,冲锋在前。就我们做学校管理干部和一线老师来说,走进一线,走进课堂,走进老师中间,走进学生教室,做好表率,做好老师学生的思想工作,把一个个老师的积极性调动起来,把一个个学生教育好,把每一节课上好,把领导交办的每一件事办好,就是一个优秀的管理干部和老师,这是一个基层教育工作者的本分。

希望大家做到"七个必须":

感恩感动:感恩遇见,感必行动

亲力亲为:亲自示范,亲自动手

尽职尽责:尽忠本职,尽心负责

敢做敢当:敢于冲锋,敢于担当

精心精细:精于用心,精做细节

实干实效:实在干活,实求高效

共进共赢:共同进步,共同成就

人生的"六个等级":

(1)领袖级(感恩、远见、自律)。

(2)领导级(赏识、包容、奉献)。

(3)英雄级(主动、创造、成就)。

（4）强人级（勇敢、挑战、改变）。

（5）常人级（羡慕、嫉妒、仇恨）。

（6）微弱级（抱怨、牢骚、纠结）。

人生就是一场修行，修行到哪个级别就享受哪个级别的待遇。

十一、能干不能干，全在事儿上见

一个人能干不能干，不是只看他能不能说，敢不敢说，而是看他在说过之后，具体干了多少，干的结果如何，能说能干，敢说敢干，才是真正能干的人。

你追求什么，什么就是你的压力，也是你的动力。一个人如果什么都不在意，要么是超人，要么就是非人。生在天地间，活在烟火中，人间有百态，世有万种情，七情六欲，人皆有之，顺逆阴晴，富贵贫贱，酸甜苦辣，健康平安，疾病危机，谁都难免，谁都不会无动于衷，只不过看那个人在遇到这样境遇的时候，如何应对。是泰山崩于前而不动声色，还是大惊小怪，大呼小叫，草木皆兵，慌慌如惊弓之鸟，那就全看一个人的心理素质了。

每临大事有静气，积极应对，冷静处理，想方设法，化危为机，逢凶化吉，遇难呈祥，需要我们平时就涵养浩然正气，审时度势，迎难而上，有意识地在解决问题中磨练自己，提高做事的能力，见多识广的人，往往会遇事不慌，书到用时方恨少，事非经过不知难，说的就是这道理。凡是遇事躲着走，怕困难，怕吃苦，拈轻怕重，投机取巧，可能会得一时清闲自在，一遇到难事儿，必然手忙脚乱，无所适从，束手无策，坐以待毙，会受更大的苦，遭更大的罪，吃更大的亏。

华为最近遭遇到一连串事件，任正非有理由牢骚满腹。但他的表现非常清醒，除了极少数时间流露出舔犊情深，他没有煽动情绪，而是压灭怒火。极度的克制，在最大的压力下，坚持常识。

他绝不跳别人挖好的大坑，强调遵守当地法律的重要性。企业在任何国家都必须要遵守业务所在国所有适用的法律法规，包括联合国、美国和欧盟适用的出口管制和制裁法律法规。

能干不能干，全在事儿上见。"人在事上练，刀在石上磨"，有句老话：出水才见两腿泥。有担当，敢作为，扑下身子干活儿，练就真本事，是让自己脱颖而出的最好办法。在教育教学和学生管理过程中，经常遇到难管的人和事，优秀的管理者和老师都是通过处理这些难管的人和事，教育教学和管理能力不断提升，经验不断丰富，才优秀起来的；靠抱怨和躲避，永远也不会解决问题，更不能锻炼自己的心理素质和能力。

人一辈子永远保持乐观向上、积极进取的精神状态,多干点儿活儿,多帮点儿人,心理素质和做事能力都能提高,于人于己都是好事。

分享:

正确的人生哲学只有在拼命工作中,在汗水中才能产生,人的精神只有在日常的不懈的劳动中才能得到磨炼。

埋头于本职工作,不断钻研,反复努力,这意味着珍惜上苍赐予的生命中的每个今天此刻中的每个瞬间。

不必脱离俗世,工作现场就是最好的磨炼意志的地方,工作本身就是最好的修行,每天认真工作就能塑造高尚的人格,就能获得幸福的人生。

十二、好事多磨,奋斗为乐

如果你不喜欢自己现在干的活儿,既无法选择,又无法改变,就不如先放弃浮躁,沉下心来,硬着头皮把活儿干好,日积月累,逐渐增长才干智慧。一来说不定能喜欢上这个活儿,甚至成为行家里手,活得更加游刃有余,有更大的发展空间,一级级走上更高的平台,实现自己梦想和人生价值。二来为以后另辟新路,再做选择积攒足够的实力和底气以及本事。磨刀不费砍柴功,厚积薄发,少走弯路,脚步更稳,进步更快。

如果你不喜欢你遇见的人:家人同事领导,同学朋友邻居,既无法选择,又无法改变,就不如放弃厌烦,撇开纠缠,专注目标,专心做事;或着眼未来,反观自省,坚定信念,为己发展,主动交流,寻求共识,求同存异,期于成事,立足长远,不计一时得失。俗话说,登高望远皆笑脸,谷底仰视满狰狞。一旦自己壮大,超脱之心,就会有一种心旷神怡、惠风和畅的感觉。用古诗词来形容:会当凌绝顶,一览众山小。不畏浮云遮望眼,只缘身在最高层。居高声自远,非是藉秋风。

青春是用来奋斗的。其实,人生就是矛盾的组合体,矛盾无处不在。理想和现实不合拍,能力和困难不对等,自己与周围人不和谐,内心充满委屈纠结郁闷压抑等等,都是矛盾的表现形式。解决矛盾的过程就是奋斗的过程。奋斗的过程就是成长的过程。人的一生无论在哪个阶段,在哪个地方,都会遇到不同的矛盾,都离不开奋斗。奋斗的涵义,不只是工作,包括生活学习等等人生遇到的一切,与天有"斗",与地有"斗",与人有"斗",与自己的生老病死新陈代谢一样有斗,只有奋斗才能证明一个人是有生命存在的。无处可逃,无路可走,无可奈何,唯有奋斗!迎难而上,乐在其中!

十三、星光不负赶路人

与其临渊羡鱼,不如退而结网。与其抱怨,不如自强！完善自己,感天动地。

不要抱怨别人不识香臭,先让自己花香四溢,自然会有人闻香而至。

不要抱怨别人不知酸甜,先让自己硕果满枝,自然会有人望果垂涎。

不要抱怨别人不爱人才,先让自己才华横溢,自然会有人识才而用。

凡是想成就一番事业的领导,都会在不停地寻找志同道合,身怀绝技的同道中人,而这正为无数人才提供了脱颖而出,施展抱负的无数机会。尽管修炼,专心做事,终究会有用武之地。

谁的未来都不是梦,前提是梦想终将照进现实,而现实就是我们自己的实力能不能与梦想相匹配。实力决定梦想大小远近高低成败的结果。

星光不负赶路人,时光不负有心人。人无论在哪里上班干活儿,只管好好干,好事迟早有,一时没来到,经验心中留。

十四、靠天靠地不如靠自己

担当过,努力过,奋斗过,收获才是必然的,不必羡慕别人的拥有,只管沿着正确的方向奋斗！时时刻刻,分分秒秒,一点一滴,一步一脚！

祈求神灵保佑,谁可曾想过神灵经历了多少艰难险阻,爬过了多少级台阶,才登上了高台,接受万众顶礼膜拜,香火不断。

期待别人帮助,谁可曾想过别人经历了多少忍辱负重,爬过了多少深沟险壑,才练就了功夫,吸引众人的目光,掌声不断。

其实,谁都代替不了谁的成长,神灵就是自己,自助才能自信。求人不如求己,旁观不如实干。走过路过,就会留下痕迹,拼过搏过就会留下印记,奔过跑过,就会留下汗水,哭过笑过就会留下回音！

没有踏破铁鞋无觅处 ,哪有得来全不费功夫。没有山穷水复疑无路,哪有柳暗花明又一村。没有读书破万卷,哪有下笔如有神。独上高楼,望尽天涯路。欲穷千里目 ,更上一层楼。不入虎穴 ,焉得虎子。台上风光十分钟,台下苦练十年功。要想人前显贵,必得背后受罪。没有忍辱负重,哪来岁月静好！

十五、用实干来守初心担使命

现在开展的"不忘初心,牢记使命"主题教育的意义,就是要求大家在本职岗位上,联系自己的工作实际,用具体的行动,守初心,担使命,找差距,抓落实。我们当老师的就要用办好人民满意的教育,培育一批又一批对国家和社会有用的人才,社会主义合格建设者和接班人,来体现我们为中国人民谋幸福,为中华民族谋复兴的初心和使命担当。

找差距,抓落实,是守初心,担使命的具体的行动表现。找差距就是要求我们围绕五个方面进行对照检查,找出差距:对照党的教育方针和习近平总书记关于教育的一系列重要论述,对照上级部门的工作要求,对照我校办学理念、规章制度、工作标准模版程序等,对照学生和家长社会的期盼需求,对照身边先进优秀同事的优良习惯和作风以及突出的工作业绩。抓落实就是要求我们找到差距之后,不自卑,不气馁,知耻后勇,奋起直追,见贤思齐,自加压力,自发动力,瞄准追赶目标,制定追赶计划,一步一个脚印,脚踏实地。可以从下几个方面一点点抓好落实:管好自己,管好自己科室年级团队,管好自己班级学生,管好自己的课堂,做精致备讲批辅考评的每一个教学环节,力争自己的学生每一个学科取得理想成绩,素质全面提升。

抓好党建促进教育教学工作,用优异的教育教学成绩,来体现"不忘初心,牢记使命"主题教育的伟大意义。在主题教育整个过程中,要注意做到三个结合:要把政治理论学习和教育教学工作有机的结合起来,要把以身作则做好表率和督促带动身边同事合作共赢结合起来,要把埋头苦干,干出成绩和宣传推广经验分享成果结合起来。学理论,勤思考,善领悟,常践行,用实干创新来证明自己干什么都是认真的,做到真学真信真懂真会真了不起,确保两不误,相兼顾,互促进,共提高,双丰收,使主题教育的目的真正落到实处,有根有叶,开花结果,思想受洗礼,作风更优化,能力更提高,业绩更出色,群众得实惠,学校更卓越。

十六、板凳要坐十年冷,事成还需基本功

真正的勇敢,不是从不害怕,而是充分了解困难和风险后,选择继续前行;是知道人生路上总有艰难坎坷,依然有勇气拥抱生活、笑迎挫折。每一个迎风向前的人,都是自己的英雄。

在一个人的人生道路上,求学既是一个阶段的必要而重要,甚至可以说是唯一的事情,也是每一个不断追求卓越的人,终生孜孜以求的事情。中高考成绩很重要,而生命安全比中高考成绩更重要。在生命安全有保障的前提下,对一名学生来说,抓紧时间学习备考,是第一位的大事,要充分利用好在家里独自生活的日子,管理好自己的每一分每一秒,把全部精力都投入到学习中去,不负光阴,只争朝夕,自加压力,

自我激励,自主学习,超前预习,大量练习,总结规律,提高效率,夯实基础,提升能力,丰富素质,增强素养。

现在全社会防疫生产同时抓,要求两不误,双胜利,对学校来说,师生也要防疫教学两手都抓,而且要抓的更紧,因为这事关每一个学生的未来,每一个家庭的幸福。老师们要认真对待这个特殊时期特殊的教学工作,科学设计教育教学内容和方法,全面精心指导好学生学习,讲究教学效率和效益最大化,确保防疫工作和教学质量双丰收。

十七、人生处处是考场

无论是现在还是在未来,人类都不会因为一场大灾大难而改变进化的方向,社会也不会因为一次又一次危机动荡而放慢文明的脚步,人才永远是引领推动社会发展的主要力量。真正的人才把成就他人荣耀团队造福社会,作为自己的选择和奋斗目标,作为衡量自己成功和价值的标准。

人生处处是考场。一个人的人生过程中,要经历不同阶段各种各样大大小小有形无形的考试选拔。考试选拔的结果,有的是用分数来证明,有的是用得失来衡量,无论什么样结果,都是对自己平时一点一滴,一举一动、一言一行耕耘劳作,日积月累下来的结果之质量的总考核、总考验。种瓜得瓜 ,种豆得豆,不种不得。守株待兔,不劳而获的事情不会常有长久拥有。

是不是人才要靠实力证明,实力赢竞争,优秀看真才实学。选拔优秀,任贤用能才能成就事业。人生要幸福,就要去奋斗,去不断积累德行,增长才干,丰盈饱满自己身心素养。感叹怀才不遇,那是因为自己的才能实力还不足以迎接拥有机遇,或者是接不住机遇,上天怕给了你机遇而误人子弟,祸害苍生,毁灭自然。

相信一切都是最好的安排,得失进退都是自己应得的回报。得之不喜犹奋进,失之不悲更奋起,进而不骄常自省,退而不馁静修炼。只管埋头苦干实干厚德博学进才,机遇总是敞开大门迎接有准备的人,是金子总会发光的。自古苍天厚待勤者,从来自然不恤懒汉。毋以善小而不为,毋以恶小而为之。万丈高楼平地起,大德高人常做细。

考点考题难预测,备考贵在每时刻,人生处处是考场,德才兼备幸运多。

十八、收心、比拼、求真

9月1日,联合校开学了,一切都是崭新的开始。老师有学生,才有存在的意义,才能教书育人,立德树人,尽为师之责,显为师之德;学生有学校有老师,才能读书学习,成才报国。

沉寂了两个多月的校园又热闹起来了,充满了生机和活力,梦想和希望飞翔在校园的天空。我校迎新生工作准备充分,高效有序,温馨美满。老生返校紧张和谐,井井有条,顺利归位。

全校教职工借着开学前学校召开的各级各类会议的东风,各个团队都吹响了冲锋的号角,信心满满,干劲十足地迎接着一切工作任务,展现出联合校师生求真务实,励精图治,开拓进取的精神风貌。

全体老师遵规守纪,人人争先,一线老师、科室人员、中层以上干部都能听从指挥,服从大局,严格自律,展现高度的思想境界和人格素养,早到晚归,心系学生,情驻校园,牢记使命,不忘初心,用辛勤的付出换来学生的优异成绩,体现存在的价值和为人的尊严。

弘扬正气,创造正能量,是联合校每一个师生的共同责任。干好自己分内的事儿,有余力就多帮助周围的人。分内的事愉快干,交叉的事主动干,分外的事抢着干,始终如一卖力,坚持不懈干事。

事业都是干出来的,荣誉都是拼出来的,一切美好都是奋斗出来的。让我们用自己的痴心诚心爱心,来一起创造联合校更好的明天吧!

十九、军训期间班主任培训会有感

勤于学习,才能心如明镜。

勤于行动,才能心有所动。

勤于反思,才能积淀提升。

勤于总结,才能头脑清醒。

勤于记录,才能理出头绪。

勤于讲说,才能练出口才。

勤于展示,才能走向成熟,

勤于交流,才能丰富自己。

勤于参与,才能不断超越!

不管此生从事什么职业,做什么,都要为自己定一个目标,从小目标做起,朝中目标大目标努力,达到目标的过程就是日复一日年复一年的学习——行动——反思——总结——展示,最终汇成一个个有趣的故事。回味着,咀嚼着,快乐着,幸福着,诠释着自己职业的精神,人生的价值!

二十、自律创造奇迹

站得端,立得正,举得起,力够强,喊得出,声够大,气够足,势够壮,情够深,学得好!坚持下去,就和每天坚持早起跑步练功一样,跑着跑着,练着练着,不停的跑着练着,总有一天就感觉不早起不习惯,不跑步不习惯,不练功不习惯,不诵读不习惯,不学习不习惯,不干活不习惯,不认真不习惯,不努力不习惯,不拼搏不习惯,不进取不习惯,不优秀不习惯。

自律的品质就是靠执着认真地做好每一件事,这样日积月累炼成的!而自律的人都是能够创造奇迹的人,起码能够创造一个心仪的不一样的自己。

咱们学校体育老师郝占礼把学生李明轩带成省级跳高冠军,就是从先把自己和学生变成一个自律的人开始的。自律就是一个人的内心有了内驱力,生活工作学习,形成了磨不推自转。看来流传至今所谓的"头悬梁,锥刺股"、凿壁偷光之类的故事,绝不是虚构的。

生命中有许多你不想做却不能不做的事,这就是责任;生命中有许多你想做却不能做的事,这就是命运。许多事,很多人开始不一定喜欢,不一定习惯,慢慢地发现,一切习惯了,就好了,而且还发现,变好了的不仅仅是自己,还有周围的人和事儿。

二十一、新年新气象,奋斗正当时

广大青年既是追梦者,也是圆梦人。追梦需要激情和理想,圆梦需要奋斗和奉献。广大青年应该在奋斗中释放青春激情、追逐青春理想,以青春之我、奋斗之我,为民族复兴铺路架桥,为祖国建设添砖加瓦。——习近平

勤奋的人总是按时起床,乐观的人总是充满希望,努力的人总能超越梦想,正能量的人总是自带光芒。我始终相信一句话:只有自己足够强大,才不会被别人践踏。

有人帮你是幸运,学会心怀欢喜与感恩;无人帮你是命运,学会坦然面对与承担。没有人该为你做什么,因为生命本是自己的,你得为自己负责任。

奋斗的日子总是难忘,虚度的时光徒留感伤。艰难困苦,玉汝于成。永葆一颗年轻乐观积极向上的心,才能拥有战无不胜的力量。过去一年虽然道路坎坷崎岖,走得很辛苦劳累,却让我们意志更加坚定,心胸更加阔达,智慧更加强大,目光更加聚焦,任务更加明确,追求更加紧迫。激情度过每一天,管理更精细,教学更精美,质量更优质,

内涵更丰富,学生更可爱,夺取了许多可喜的成绩。

忆往昔峥嵘岁月稠。两岸猿声啼不住,轻舟已过万重山。疫情挡不住春天的脚步,日月描绘出灿烂的人生,新年携带着牛气的好运,为我们开创出精彩的未来,祝愿联合校的各位家人,珍惜韶华,激情满满,精神抖擞,盛装出发,迎接挑战,犹如初生牛犊,不辞辛劳,奋勇争先,师生同心,惜缘惜福,和谐相处,凝聚合力,高效地、智慧地应对一切不确定性困难,瞄准目标,抓铁见痕,踏石留印,执着认真,变着花样儿激发学生学习兴趣,想着办法督促学生动手动脑做题。事事精心,点点滴滴,晶莹剔透,玲珑有致,追求卓越,携手冲向美好时空!

胜日寻芳泗水滨,万紫千红总是春。

二十二、有实力才能有用处

让学生对社会有用是我们的责任。

我们当老师做教育的目的和任务就是:立德树人,培养一批又一批对社会有用的人。所谓有用,就是能够满足他人和社会的精神或物质需求,以体现自己的人生价值,获得存在感荣誉感。要能够提供这些需求,就要求自己有能力和实力,去做好事善事大事。就是要求我们的学生具有有爱心、负责任的品质,能担当、肯吃苦、会办事的能力。在家是父母的依靠,兄弟姐妹的榜样;在学校是团队的骨干,同学的表率,老师的帮手;在社会是文明的使者,推动社会进步的力量。

培养学生让自己有用的能力,就要从培养学生良好的习惯入手,包括良好的生活习惯、行为习惯、学习习惯。习惯是成就一切能力和实力的重要因素。著名教育学家乌申斯基说:"如果你养成好的习惯,一辈子都享不尽它给你带来的利息,如果你养成了坏的习惯,一辈子都在偿还无尽的债务。"

决定一个人成就的,靠的是天时地利人和,三个因素都具备了才可以。所以只是靠天靠地,靠运气和机遇,是远远不够的;人和更为关键,有自我驾驭能力,随时能够调节平衡心态,内心充满正能量,与己与人与自然,和谐共生,善于合作,互学互助,不断自我超越,才是为人处事之道,安身立命之基,进步胜出之本。而要坚持和付出,是不停地做,重复地做,用心去做,当你真的努力了付出了,你会发现自己潜力无限。

每一段不努力的时光都是对生命的辜负。

二十三、各有所长,才尽其用

时时事事处处做个有心人,凡事用心谋细,依据各自特长,确定岗位,明确职责,分工负责,狠抓落实。有埋头苦干的,有指导查看的,有高喊加油的,有鼓掌营造氛围的,有摄像记录精彩内容的,有擅长写作文采飞扬宣传形象的,总之,在一个团队里,八仙过海,各显其能。人人都要让自己成为八仙之一,平时练就一个特长和技能,遇事分工明确,互相合作,在团队建设中发挥独特的作用,人尽其才,才尽其用,用尽其所,为团队带来成就和荣誉,为个人带来成长和进步。

其实,我们班级管理和教育教学的秘诀,也正是如此:以生为本,尊重个性,发现优势,因材施教,挖掘潜能,培育特长,各具所长,发展特色,让学生具备可持续发展能力,让每一个人都能大放异彩,适应未来的社会工作的挑战,在现实生活中得到存在感,获得感,荣誉感,幸福感。自信充实,优雅大方,美丽动人。

二十四、适应新形势,展现新形象

时代在变,政策在变,形势在变,人们的观念在变,评价事物好坏优劣美丑的标准也在变。大家都要跟上变化,适应变化,利用好变化带来的机遇。

不变是相对的,变化是永恒的。我们作为教育工作者,肩负着为党育人,为国育才的重任,必须紧跟国家教育政策的变化,顺应时代潮流,深刻领会立德树人根本任务的内涵,更新教育教学观念,更新教育教学方式,更新评价学生的标准,更新与学生与家长沟通交流的方式方法,积极回应社会各种关切和诉求。

坚持科学人文的教育原则,树立共富共生,共进共和,共优共赢,师生学习和命运共同体的新理念,以“海纳百川,有容乃大”的胸怀,登高望远,从善如流,尊重理解,和蔼友善,循循善诱,因材施教,换位思考,将心比心,崇尚团结,重视分享,追求共识,凝聚合力,以优质的服务态度,和不断提高的教育教学质量,营造新形势下学校家庭社会的和谐共处的氛围,赢得新的美誉度,打造新形象,创造新品牌,收获新口碑。

第五节　如何保持良好心态?

我们每个人都身处在一个团队里生存生活发展,这个团队可以是一个家庭,可以是一个工作单位,也可以是一个临时组织起来的活动集体。

对我们学校来说,我们有科室、年级班级、教研组备课组,校级和中层等各种团队。无论您在这个团队里担任主管,还是普通一员,都担负着保证这个团队人心齐、事业兴、个人旺的责任和使命。可是,既然是一个团队,就是有几个几十个几百个甚至更多人组成,每个人都有自己的思想兴趣爱好脾气性格,素质能力也是各有高下千差万别,大家必须经常相互磨合,相互适应,最后逐渐形成一个有统一意志目标规矩步调的团队,以确保所向披靡,战无不胜,事业成功,个人光荣!

在相互磨合适应过程中,难免人与人之间产生误会矛盾冲突,从而造成互不信任、心理纠结、情绪不安等问题,遇到这些情况怎么办呢?

我认为:心态不好,不是现实出了问题,而是自己心理出了问题。同样一件事,众人的看法有一样的地方,也有不一样的地方,这就是看问题的角度相同或不同造成的,出发点落脚点相同或不同决定的。只要多转换角度,多设身处地,多换位思考,就能达到认识统一,思想一致,心情舒畅,凝心聚力,共谋大业。

一个团队里队员,素养能力千差万别,只有差异,没有差人。寸有所长,尺有所短,梁山好汉,一百单八将,各有绝技,互为补充,相互欣赏,相辅相成,才能打赢一场场战斗。刘邦手下三杰,有的擅长运筹谋略,有的善于将兵攻城,有的长于后勤保障,相互协作,相得益彰,才创下汉朝四百年基业。唐僧带的总共三个徒弟,有实干先锋而脾气不好的孙大圣,也有幽默风趣不想干活却能让取经一路欢歌的猪悟能,还有默默无闻埋头苦干却能力有限的领导铁粉沙僧。团队不大,总共四个人,还性格各异,各怀心态,各有梦想,如果唐僧没有与人为善、包容大度、爱心耐心、真心诚心,怕是取经团队早就分崩离析,取得救苦救难的真经就永远是个梦想了。师徒四人个人励志成长成仙成佛成为传奇的故事,也不会流传千古,受人颂扬!

看人长处,避人短处,用人所长,集众人长,就能上下齐心,精诚团结,创造辉煌,成就个人,造福社会。一个领导干部,必须有大胸怀,容人所短,扬人所长;时刻保持清醒头脑,快乐心情,昂扬斗志,勇往直前,才能带动整个团队的士气高涨,赢得胜利!

一、多一把尺子,多一分收获

你手里只有一把锤子,看到的全是钉子。历尽苦难的孙悟空金箍棒下全是妖魔鬼怪,一心向善的唐僧眼里全是可以教化之人,贪图享受的猪八戒眼里全是美食和美女,只管挑担的沙僧眼里只有师傅,救苦救难的菩萨眼里全是急待解救的受苦受难的众生。

孔孟说,人之初,性本善。荀子说,人之初,性本恶。对于我们每个人来说,对人性的看法千差万别,没有绝对的好与坏,善与恶,真与假,是与非。犹如一幅太极图,阴阳黑白是不断运动变化的,主观因素和客观条件共同作用下产生各种各样的组合形式,呈现出来的状态自然千变万化。相对于他人来说,我们都是客体,我们的责任应该是,要尽量让自己发光发热,传递正能量,为营造一个积极向上的能量场尽心竭力。

作为一个教育工作者,更应该有这样的情怀和担当:爱满天下,拥抱未来,不抛弃不放弃任何一名学生。我们始终坚信每位学生都有自己的特长和优点,每位学生都是一棵开花的树,我们用心呵护,静待花开,理解尊重,真情陪伴,诚心沟通,耐心开导,爱心倾注,让每位学生都能得到阳光雨露,充满自信,身心健康,苗壮成长,大放异彩! 不辱教育使命,昂首阔步走在教育事业的大路上。

二、做个小太阳,传递正能量

你想成为什么样的人,你就和什么样的人交朋友;你想和什么样的人交朋友,你就先把自己变成什么样子的人。

正能量的人乐观向上,积极进取,传递的都是正面信息,令人精神振奋,斗志昂扬,带动周围的人自信快乐,勇往直前,快速成长。负能量的人悲观消极,怨天尤人,传递的都是负面信息,叫人颓废绝望,惶恐不安,带动周围的人牢骚满腹,自暴自弃,一事无成。

我非常欣赏下面几段话:

有福德的人,通过欣赏别人的优点来让自己的生活更加光明;通过赞美他人的功德来让自己的福德更加圆满;通过观照自心来让自己的爱心和智慧更加发挥。缺福德的人,常常观察别人的缺点来让自己的内心更加污染;常常谈论他人的是非来给自己制造更多的麻烦;常常评判别人的对错来惩罚自己,使自己倍受折磨。

上层社会的人,每个人都在盯着对方的长处;中层社会的人,每个人都在等待别人的好处;下层社会的人,每个人都在坐等别人的笑话。

莎士比亚说:"善良的心,就是黄金。"

哈佛大学一项研究表明:一个人的精神层次越高,心理越是健康,内心也越善良,不因别人的看法而轻易改变自己的本性,在对人上微笑、喜悦的表情越多,人生也会活得更快乐。

内心不够笃定的人,才会在慌乱失措中急急忙忙地给自己削出各种棱角,以看似与众不同的方式横冲直撞,假装有个性。真正有个性的人是能够找到属于自己的天地,内心有方圆,做事有方法,在平静而淡定的日常生活中获得踏实的成就。

为了自己的成长和快乐,请多看并汲取他人之长吧。

三、让子弹飞一会儿

有的人喜欢做一件事马上就要得到实实在在的报酬、名利、地位等。喜欢讨价还价,立竿见影,一手交钱,一手交货,所谓从不做亏本的买卖。

其实,生活中并非皆能如愿,而且等待收获的过程,也是磨练心性,锻炼意志,提升能力,积蓄能量,经受考验的孕育时期。一旦机会来临,一跃而上,厚积薄发,干起来会更加得心应手,游刃有余。

如果不见报酬,马上放弃,心生怨艾,牢骚满腹,一蹶不振,怨天尤人,就会带来不好的影响。一是自己多年积累的经验、成绩、声望,和群众基础荡然无存,前功尽弃;二是没人敢用一个没有韧性长性,斤斤计较,自己都不能驾驭自己的人;三是没人愿意去帮一个没有远大目标,只顾眼前利益的人。因为这种人唯利是图,见利忘义,缺乏忠诚品质。

不管做什么,都不要急于回报,因为播种和收获不在同一个季节,中间隔着的一段时间,我们叫它为:坚持。夏收,先要熬过严冬;秋收,先要战过酷暑。不经风霜雨雪、艰难坎坷,就难成正果。认准目标,埋头苦干,只管耕耘,莫问收获。

该来的早晚要来,不该来的,要么永远不来,要么得而复失,甚至加倍归还。乐观的心态是,得与失都是难得的人生财富。不抱怨,发生的事情抱怨也没用,改变不了环境,就改变自己的心灵。不放弃,放弃只能让一切变得更加糟糕。只有不放弃,才有可能东山再起。不自弃,相信三十年河东,三十年河西这句醒世真语。没有谁会永远一帆风顺,顺境逆境都是相对而言,而且是交互变换的。

从一定意义上说,别人眼中的幸福,和自己感受体验的幸福不会是完全一样的。古语曰:"知我者谓我心忧,不知我者谓我何求。"看来甘苦自知,福祸各感。安逸中有危机,危机中有生机,只有居安思危,不懈追求,生命不息,奋斗不止,才能化险为夷,逢凶化吉,遇难呈祥,柳暗花明,勇往直前,实现梦想! 过上自己想要的生活模样。浮躁,只会让人短视;淡定,才能让人致远。

四、学校兴旺,我的责任

过去有句俗话,火车跑得快,全凭车头带。现在进入了高铁动车时代,动车之所以跑得快,不是只有一个火车头带,而是每一节车厢都有动力系统。学校要实现可持续发展,每一位师生都要有主人翁意识和责任感,主人翁意识和强烈的责任感就是动力系统。同心同德,同向同行,学校发展,人人有责。毛主席说过,我们找到了如何避免兴亡周期律的办法了,那就是让人民当家作主。这也是实现中华民族可持续发展的规律。

一个国家治理如此,一个单位管理同样道理。只要人人都对自己所在的单位有一种"兴旺我责"思想,单位就可以避免衰败消亡的命运。负责任表现为平时的一点一滴情感和具体的行动之中。谁对学校有深情,谁就会有一双发现美的眼睛,谁每天都会记录下身边的每一个细小的感动。要有爱心初心,才能不断出新。传递赞美,讲好故事,用心感受身边的一切美好,和悦身心,和谐相处,和美与共!人人都有联合校主人意识,学校才能可持续发展!

有主人翁意识的人,从来不抱怨。因为他们知道抱怨解决不了任何问题,而且问题不会因为抱怨就消失,还会传染消极悲观情绪,影响团队积极向上的士气。每当发现问题的时候,首先想到的是自己的责任,主动想方设法去找原因,找措施和办法。能自己亲自动手解决的就亲手解决,需要别人配合解决的,就主动求助,协调有关部门负责人帮助解决,不到万不得已,绝不把问题和矛盾上交,这才是真正的主人翁精神。

分享一个故事吧:

一天,董事长问:"谁能说说公司目前存在什么问题?"100多个人上来抢话筒!

又问:"谁能说说背后的原因?"一半的人立马消失!

再问:"谁能告诉我解决方案?"不到20人举手!

"那么有谁想动手试一下?"结果只剩下了五个人!

骂者众,思虑者少,献计者寡,担当者无几,这是当下社会普遍存在的现象!挑毛病、找原因、给方法、担责任,哪个含金量更高?

解决是能力,担当才是王道。

五、要想快乐,干好工作

谁都知道:劳动最光荣,最美好,最快乐,最幸福。只有劳动才能体现一个人的价值!才能增添阅历,增长学识,增强才干,健全人格,健康身心,锤炼意志品质,积累夯实发展进步的基础,才能体会人生的乐趣和意义,才能在团队中发挥作用,找到位置,获得认可和赞美以及友情和友谊。

对我们做教育当老师的来说,劳动就是每天要干满点,出满勤,教好书,育好人,上好每一节课,管好每一个学生,做好本职工作,指导帮助支持配合同事做好工作,同成长,共进步,传递赞美,相互鼓励,和谐创新。

只要专注于工作，平时沉醉于思考工作目标方法步骤之中，就会省却许多人事无谓的纠缠带来的烦恼。正如一句歌词说的好"投入地爱一次，忘了自己。"忘我的投入工作之中，不计较自己得失成败，只管耕耘，不问收获，说不定埋头苦干一段时间之后，蓦然回首，会惊喜地发现身后是一片金色的麦田。

转抄一段话共赏一下吧：

你的付出，时光都会懂，如果它许不了你一个"梦想成真"，它一定会补你一份"无心插柳柳成荫"。

只不过是或早或晚，或显性或隐性，或物质或精神，不同呈现方式的差别而已。

梦想也许会像个成年人一样喜怒不形于色、高深莫测，但是时光一定会像个孩子，单纯得像一面镜子，你付出就会让你有所获。

走过哪些弯路不要紧，重要的，是这一路的风景。这些，能创造出最好的你。

境由心造，情随心转，相由心生，心想事成，用一句俗话来说，心里想什么就有什么，说曹操曹操到。一心向善，善莫大焉；心怀大爱，爱满天下。心中有鬼，遍地是鬼，心里有魔，魔障遮眼，心中有妖，妖精缠绕，心里作怪，怪事连连，心存善念，遇见皆善，心藏美好，美好环绕。所以，要想改变身边不如意的环境，先要把自己的内心打扫干净。诚心正意，修身养性，格物致知，齐家治国平天下，古语不虚，道出了人生真谛。

六、最适合自己的才是最好的

任何东西好不好，先进不先进，一流不一流，优秀不优秀，评判的标准只有一个，就是是不是适合自己的实际。无论是一个国家，还是一个单位集体团队，或是一个家庭和个人，对自己的生存之道，发展道路，生活方式，工作方法等等的选择，一定要实事求是地从自己的实际出发，去选择确定最适合自己的发展目标，管理方式，实施方案路径渠道，不能照抄照搬别人的东西，否则就会出现削足适履，东施效颦的可笑结果。

不了解一个国家的历史，就不要轻易指责这个国家的发展道路和社会制度的选择。不了解一个学校的过去，就不要轻易指点这个学校管理模式教育教学等方面的优劣。不了解别人的过去，就不要轻易评论别人的对错。因为一切现存现有的目标道路做法等，都要受这个国家、学校、个人所拥有的历史、环境局限，不可能超越时代和地域人文氛围的局限，这是历史规律。所以，一切都要从自己实际情况出发，选择最适合自己的方式生活工作发展。最适合自己的才是最好的。不要抱怨别人为什么不和我们一样去做什么和怎么做。也不要自怨自艾为什么不和别人一样去做什么和怎么做。

团队是每一个个体的总和。每个人都存在于一个团体之中。个人要发展好，必须选择正确的方向，处理好个人与他人与团队的关系，适应环境，顺势而为，乘势而上。的确，每个人的生活经历、受教育经历、工作环境人际关系都是一个人思想意识、脾气性格、兴趣爱好、思维方式和行为习惯形成的决定性因素。这些因素的不同，造成人各有志，各具特性。工作作风、管理和教育教学风格，自己为人处事方式各不相同，这是好事，只有这样，我们生活的世界才丰富多彩，我们的学生才能接受到丰富多彩的教育，更加有利于我们的学生健全人格的形成。我们要怀抱和而不同，理解包容的心态，以诚相待，主动沟通，积极交流，尽力创造敞开心扉，各抒己见，自由活泼的氛围，在维护大局，依法守纪，遵循原则的前提下，最终达到互相尊重，互相认识，互相理解，互相体谅，互相接纳，互相适应的结果，建立起和谐共处，互帮互助的人际关系，形成良好互动和工作合力，共同发展，共同维护团队利益，成为命运共同体，荣辱与共，同舟共济，共创伟业，实现共赢：事业有成就，学校有前途，团队有成绩，个人有进步。永远牢记着集体的辉煌来自于每一个人的全力奉献，个人的荣光离不开集体的辉煌，团队好，每个人才会好，每个人好，团队会更好。

七、海纳百川，有容乃大

人无完人，金无足赤，扬长避短，才尽其用。

古语有许多经典：金无足赤，人无完人。疑人不用，用人不疑。水至清则无鱼，人至察则无徒。人谁无过，过而能改，善莫大焉。如此警句，我们不仅要知道，更要在现实生活工作中灵活运用，不光要用到自己身上，还要用到对待别人的态度和方式上。

只盯着身边人的缺点，就没有可交可用之人，可喜可乐之事。只盯着身边人优点，就没有可教可带之人，可悲可怜之事。一个人的人生道路对于每个人来说，都是一条没有走过的陌生归途，每个人都是试验着去探索着走，没有谁能替代着走完别人的人生道路。既然是陌生的新路，在探索实验过程中就必然会有成功和失败，正确与错误，优点和缺点，优秀和平凡，亮点和暗淡等等结果，对于这些结果，我们要客观面对，辩证看待，历史观察，不能只看到好的地方，也不能只看到不好的地方。用俗话说就是要学会睁一只眼，闭一只眼，留一半清醒，留一半醉，要有包容万物胸怀，上中下，左中右，大中小，高平低，热温凉，好中差都要看到，都要接受，因为人的千差万别，才有了世界的五彩斑斓，五颜六色，绚丽多彩，才有了人的七情六欲，喜怒哀乐，亲疏远近，同道陌路。

一个人与另一个人或一群人，一辈子永无交集，从未相聚，固然不用也没有相互认识理解接受的必要和可能，一旦相见，相聚相处，就必然需要研究如何相待，如何相互包容，相互尊重、支持帮助，共事共赢。正确的选择是：克己奉公，大局为重，相互适应，求取最大公约数。相互取长补短，互为导师，因材施教，因势利导，量才使用，各安其位，人尽其才，才尽其用，共谋发展！当老师的，面对自己各种各样各类学生；当领导的，面对自己各种各样各类同事；当家长的，面对自己各种各样各类亲人，都要有一颗善良感恩的心，在为他人服务奉献中，实现自己的人生价值，找到自己的存在感，丰盈自己生活的充实感，挖掘自己幸福的源泉。

八、当老师的本分

感恩时代，让我们充满活力。

感恩党亲，让我们扬眉吐气。

感恩祖国，让我们生逢盛世。

感恩社会，让我们平安无虑。

感恩家人，让我们有靠有依。

感恩学校，让我们用武有地。

感恩领导，让我们奋进不止。

感恩同事，让我们成就自己。

感恩学生，让我们增长业力。

感恩所遇，让我们丰富阅历。

当老师，做教育工作，不同于其他行业，教人育人，带人领人，引人扶人，感人动人，敬人爱人，帮人助人，是做教育的本质规律，也是实现当老师的人生价值的唯一途径。这就是我们学校提倡的价值观：学生优秀，老师成就；学生越出色，老师越骄傲。而要有这样的思想观念和历史使命，就必须有大情怀，大格局，大胸怀，大眼光，大视野，大本事；而要达到大的境界，一要自觉树立，二要潜心学习，三要积极尝试。

一个人心里装多大的事儿，多少事儿，谁的事儿，多少想法办法，平时言谈举止就会体现出来，不能想象一个整天谈个人得失成败、喜怒哀乐、家长里短、鸡毛蒜皮事儿的人，能有多少心思功夫去关心别人，带领别人，帮助别人，成就别人，去尽教书育人的本分，去实现自己的梦想和人生价值。

九、平凡的人生亦可以灿烂

伟人之所以伟大是他们心中无顺逆,眼里无阴晴,经常保持乐观积极向上的心态,做出一番造福人类世界的伟业。而我们普通人信奉人生不如意事十之八九。所以,矛盾纠结郁闷时候比较多。

正确的处事态度和方法是:

能做主的事情尽全力干好,不能做主的事情尽全心适应,顺应大势,居危思安,转危为机,顺势而为,乘势而上,苦中作乐,逆境成事,积攒实力,蓄势待发,伺机而动,一鸣惊人。

做好自己眼前的事情,不负人生,不负与自己相遇相处的每一个人,也是一种伟大,同样值得尊重和敬仰。

寄语我校六位年级主任及其团队,希望各位体会寄语真意,带领大家不负众望,再创辉煌!

十、想开才能看开,看开才能开怀

一切食物要想成熟,必须要经过风霜雨雪,蒸煮烤炖,到一定的火候才能成为美食。一切人物要想成熟,一定要历经九九八十一难,屡败屡战,越挫愈勇,坚持到底,才会世事洞明,见怪不怪,信念坚定,处乱不惊,转差为良,扶正祛邪,扬善除恶,普度众生。

所谓的一路顺风,一帆风顺,万事如意,心想事成,都是一种美好的祝愿,没有谁在人生路上能遇到这样的境界。明白了这个道理,平时遇到的一切不如意不开心不顺眼的人和事,都是自己成长成熟成为人物过程中的必需品,对于自己无法选择、决定的人和事,只管包容接纳适应,尽心尽力,与人为善,不求回报,只管耕耘,问心无愧就是了。

每天乐观面对遇到的一切,善待身边的人,活出高质量的自己。

十一、无雨清明,依然断魂

清明节,窗外,风声呜呜;树,浑身极力摇动;心,随着风声和鸣,伴着树摇的节奏在颤动。阳光,被风吹得四处奔波。落在地上的树叶子,不知所措,有的旋转翻滚着,有的飘飘摇摇飞起来,有的蹦蹦跳跳起起落落。

如果在平时,这样的天气,这样的景象,倒引不出什么异样的感觉,赶上这个特殊年份的清明节,就产生了异样的情愫。没有落雨纷纷,狂风大作也是配得上了。天人合一,草木含情,山河同悲,日月共感,应该就是这样子的。

警报音,鸣笛声,如泣如诉,一切静默,止不住,流泪了,心静了,空灵了。

哀悼舍己为人的烈士,缅怀造福社会的亡灵,感恩封城利国的凡人,追思不幸罹难的同胞,致敬逆风而行的英雄,思念含辛茹苦养育自己的逝亲。

送别是为了梦中重逢,缅怀是为了痛定前行,祈祷是为了民族无恙,落泪是为了激浊扬清。让逝者安息,让自己化悲痛为力量。

告慰先人的最好选择和行动就是:自我珍重,发奋图强,修己和人,弃恶扬善,厚养生者,敬老扶幼,慎终追远。

教育学生牢固树立正确的价值观、人生观、世界观:老吾老以及人之老,幼吾幼以及人之幼。先天下之忧而忧,后天下之乐而乐。安得广厦千万间,大庇天下寒士俱欢颜!把有限的生命投入到无限的为人民服务之中去。

向伟人学习,与圣贤看齐,坚定世界大同,人类命运共同体的理念,用毛泽东主席的词《念奴娇·昆仑》里的话说就是:"而今我谓昆仑:不要这高,不要这多雪。安得倚天抽宝剑,把汝裁为三截?一截遗欧,一截赠美,一截还东国。太平世界,环球同此凉热。"

要相信,只有树立了远大理想和目标的学生,才会方向明确,行稳致远,自信满满,动力十足,越挫愈勇,斗志昂扬,激情常在,勇往直前,追求卓越,好学不止,奋斗不息,贡献不断,价值无限。

十二、在奋斗路上体验幸福的滋味

只有为一件事动过情,操过心,用过力,流过汗,淌过泪,滴过血,反过思,总过结,回过味,喜怒哀乐,酸甜苦辣样样尝过,才会在事情成与败之后,有太多的话要说,分享给别人才有启迪智慧,激发动力的价值。

只有想方设法让自己出类拔萃的人,才能放下身段,俯下身子,静下心来,眼观六路,耳听八方,虚怀若谷,海纳百川,取众人之长,补自己之短,不断地提高自己,最终修炼成一方面特长,显示凸显出来,令人折服,受人尊重。

只有靠着受尽煎熬,咬牙坚持攀上某一个顶峰的人,才会眼前晴空万里,江山如画,光明无限;手握乾坤旋转,满目鲜花烂漫,耳边掌声不断!

告诉学生,风雨彩虹,梅香寒来,备战中高考,就要靠只争朝夕,珍惜每一分每一秒,苦读多练,才能实现梦想,体验到幸福的滋味!

十三、量力而行,达人达己

有一句古话说得好,己欲立而立人,己欲达而达人。说明了一个道理,就是先让自己内心和谐,然后处理好周边的人际关系,是一个人生存立足,发展成功,快乐幸福的重要而且关键因素。

一个人无论到什么时候,什么地方,什么岗位,什么阶段,遇到什么状况,都要学会控制好自己的内心世界;自省自主,自强自胜,自律自超,尽量客观看待评估自己和他人以及周围的一切;不骄不躁,不卑不亢,不慌不忙,不要放纵,也不要自虐,拿捏好分寸,恰到好处,人己两适,物我两旺最好。

有能耐改变自己生活、工作、学习的环境,就一定要有舍我其谁的气魄,担起使命,勇敢面对,勇于挑战,尽心尽力,尽才尽能,勇往直前,勇于拼搏,开天辟地,不虚此生,不枉此行,让遇到的一切都变成自己喜欢的理想的模样。如果没有那份能耐,就要学会珍惜身边的一切,不怨天不怨地不尤人,努力接纳阴晴圆缺和顺逆得失,主动适应各种环境变化和遇到的各色人等,平心静气,尽己所能,顺天应时,与人方便,与人为善,与人同乐,与人和谐,创造出自己舒适满意的环境,成就别人,升华自己。我们当老师的不正是如此写照吗?大多数人一辈子守着平凡,活着平淡,看着平常,过着平稳,却努力让自己的学生出奇出色出众,出类拔萃,从而通过学生的美妙伟大多姿多彩的未来,延伸自己为师为人的价值!

是树苗就要志存高远,伟岸挺拔,根深叶茂,参天蔽日,福荫无边;是小草也要审时度势,自求发展,寻找阳光,积极向上,自我滋养,自我强壮,互助相伴,绿茵满地,芳草连天,美美与共。

第六节　和谐最重要!

一、师生是一个命运共同体

学校只有有了学生,才有存在的意义。没有学生,学校就不能称之为学校,无论校舍如何华丽壮观,只能称作是一个没有生命的建筑群。学校只有学生,没有老师,同样没有存在的意义,更不能生存发展下去。

所以说,学校必须既有学生存在,又要有老师存在才有意义,才能称得上是一个学校。师生的这种关系,就决定了师生是一个命运共同体,学习共同体,发展共同体,成长共同体,相互依存,相辅相成,共生共荣。

老师们树立了这样一个意识,就会重新审视自己的职业和工作意义,就会自觉的建立生本思想,以生为主,为生服务,自觉建立和维护师生之间的和谐关系,老师靠学生生存,学生靠老师发展。

通过结成学习共同体和成长共同体的,最终形成命运共同体,进而实现学校的生存发展兴旺发达。

二、和谐教育创幸福人生

我们提倡和谐教育,是因为无论老师还是学生,只有在一个方方面面都和谐的氛围里,才能真正静下心来生活工作学习,而且不断生发智慧,提高工作效率、学习成绩和综合素质,完善自己的人格。如果一个人整天纠缠在与周围人际或客观环境的矛盾冲突之中,耗费大量时间精力去做无谓的争斗,可以想象,最后的结果只能是一无所成。

建立和谐的师生关系就是发展教育生产力。

我们学校一直在倡导和弘扬和谐教育理念,我们坚信:和谐教育创幸福人生。我们都懂得这样一些道理:家和万事兴,人和百业旺。团结就是力量,合作才能共赢。师生关系密切和谐,才能产生教育生产力,学生出成绩,老师出业绩。干群关系融洽和谐,才能产生管理生产力,群众得成长,干部能进步,学校获发展,人人获赞誉。由此看来,人人追求和谐教育,践行和谐教育的思想理念,对于自己,对于他人,对于团队,乃至对于社会和国家,都是非常重要的事情。

和谐的秘诀只有一个,就是古代圣贤传家修身成事成才的法宝:严于律己,宽以待人。忍者无敌,仁者无敌,韧者无敌。无论老师还是学生,且不说要成就一番伟大事业,就是要立足一处,办成一事,体现个人存在价值,也需要周围的人协作配合,争取理解支持帮助,否则会一事无成。所以,我们每个人都要从自身做起,从现在做起,从身边做起,从一言一行,一事一物做起,做一个面带阳光微笑,谈吐和蔼可亲,举止温文尔雅,做事大方得体的名师,为学生做示范,为同事当表率,为社会做标杆,为文明做贡献!

和谐教育追求人与人的和谐、人与知识的和谐、人与自身的和谐、人与社会的和谐、人与自然的和谐。

尊重和包容、真诚的为学生为家长为社会服务、让孩子们享受阳光般关爱、使孩子们得到全方位的发展。

当校园里的阳光和空气中充满着和谐味道的时候,这才是真正的和谐教育。

和谐教育的表现形式:是一种态度,是一种情感,是一种方法,是一种习惯,是一种思想,是一种信仰,是一种精神,是一种声音,是一种氛围,是一种环境,是一种面相,是一种人生追求,是教育的崇高境界。

三、践行"和"文化,做一个智慧通达的人

"和"文化是中华民族传统美德文化的核心。

中华民族自古以来就以和为贵,对内讲家和万事兴,对外讲和平共处同发展。讲和不是求和,而是在强大的时候与人和谈和平和睦相处,互帮互助,互学互鉴,共同发展提高。

古代君主为了国家发展,需要营造一个国家安全和平的周边环境,为了确保内部政权稳定,常用和文化智慧力量。和的形式是交换人质,联合联盟,和亲联姻。

春秋战国时期,盛行大国之间互相交流太子做人质,以达到结盟的目的。

强汉有王昭君与匈奴和亲。

盛唐有文成公主与西藏松赞干布结亲。

康熙王朝有固伦荣宪公主远嫁匈奴王葛尔丹。

新中国成立后最早提出了国际间和平相处的五项基本原则。

在古代朝廷内部,皇帝为了稳定政权,经常用公主格格和一些开国功臣朝廷重臣结为亲家婚姻,达到君臣一家,上下一体,互为基础,和睦相处,共同发展。

历史上以及当今世界联合联盟的案例数不胜数,欧盟,华约,北约,上合组织等各种结盟组织,都是为了求同存异,抱团取暖,生存发展。

如今新时代我们提出了一带一路和世界各国命运共同体的战略构想,核心就是交流融合发展,互相尊重,互相学习,互相包容,互通有无,共合共赢,共商共建共享,就是传统的追求天下大同,世界和平的思想。

正是因为和文化才创造了中华民族的文明进步。历史悠久,血脉绵延,繁荣昌盛,文化灿烂,实现了可持续发展。哪个时期"和"文化深入人心越深远,发挥作用越充分,社会越稳定,经济越发展,人民越幸福,国家越强大,世界越进步。这也是历朝历代治国理政者的历史责任和终极使命。大到国家,小到单位、公司企业、学校班级、团队家庭,弘扬"和"文化,践行"和"理念,推进"和"建设,营造"和"氛围,创新"和"成果,创建"和"国家、"和"民族、"和"集体、"和"团队、"和"学校、"和"家庭,分享"和"文化带来的一切平安美好幸福,永远是管理者致胜法宝和首要任务。习近平说:团聚最

喜悦,团圆最幸福,团结最有力。

和文化博大精深,希望我们学校历史和政治老师以及其他有兴趣的老师,把这个作为一个科研课题,组织学生在学科教学过程中深入研究一下,结合习近平新时代中国特色社会主义理论之中有关论述,联系我校的"和"文化教育实践的实际,写出自己的体会文章,学科报告以及小论文,培养师生的鉴古知今,博古通今,古为今用,活学活用,学以致用思维方式和动手实践等多方面能力,懂得所有的现实都是历史,所有的历史都是现实的道理,做一个智慧通达的人。

四、和谐,从会说话开始

我们联合校高举"和"文化大旗,构建和谐校园。和谐,指的是为了学校利益,为了团队发展,为了师生幸福,校内校外各种社会关系的融洽相处,密切合作。

达到和谐,要调动一切因素,人人自觉,人人参与,日常一言一行一举一动都要有意识地去践行和谐理念。有爱心,明事理,能通情,会说话,说让人舒服的话,是达到有效沟通交流,实现和谐关系的重要方式方法。

和领导同事,和学生家长,和遇见的所有人,就要坚持如下说话原则:

多说赞美的话,少说挑剔的话。

多说厚道的话,少说刻薄的话。

多说引领的话,少说指责的话。

多说和气的话,少说气人的话。

多说客观的话,少说离谱的话。

多说有用的话,少说没用的话。

多说团结的话,少说挑拨的话。

多说亲切的话,少说生硬的话。

多说鼓励的话,少说泄劲的话。

多说措施的话,少说没法的话。

多说暖心的话,少说寒心的话。

多说指路的话,少说敷衍的话。

多说诚意的话,少说虚假的话。

多说担当的话,少说推诿的话。

多说参与的话,少说旁观的话。

多说积极的话,少说消极的话。

多说正能的话,少说是非的话。

五、投入地爱一次,留下一段美好好回忆

回忆一段历史,就是回忆一段共同奋斗的艰辛与甜蜜,回忆团队命运共同体思想情感凝聚在一起的鲜活与美好,回忆其中每一个人为了集体和个人理想尽力而为的可敬可爱,回忆那一点点一滴滴值得一生无悔的选择与坚持。

一路走来,为你哭为你笑,诗情画意的岁月,如诗如歌的声音,如泣如诉的感动,优劣慧顽的故事,喜怒哀乐的情愫,酸甜苦辣的滋味,春夏秋冬的体验,守望参天的执着,直抵心灵的温暖,洗尽铅华的高贵,犹如一粒粒珍珠,随着日月旋转,越发金光闪闪,历久弥新,成为相伴一生的自娱自乐自足之源。

六、"和文化"助力联合校大发展

在参加"不忘初心,牢记使命"主题教育过程中,我阅读了习近平总书记许多有关和文化的重要论述。他说:"中华文化崇尚和谐,中国"和"文化源远流长,蕴涵着天人合一的宇宙观,协和万邦的国际观,和而不同的社会观,人人和善的道德观"。在5000多年的文明发展中,中华民族一直追求和传承着和平、和睦、和谐的坚定理念。以和为贵,与人为善,己所不欲,勿施于人等理念在中国代代相传,深深植根于中国人的精神中,深深体现在中国人的行为上。习近平总书记说,把中华优秀传统文化的时代价值概括为"讲仁爱,重民本,守诚信,崇正义,尚和合,求大同"六个方面。

我们联合校的四个校区,分别命名为和真苑、和善苑、和美苑、和慧苑,每个院内宣传和文化的标牌专栏,条幅字幕、楹联作品、景观雕塑等随处可见,到处弥漫着"和"文化气息,氛围浓厚,让师生随时随地耳濡目染,入眼入心,呼吸着"和"文化的清新空气,潜移默化,逐渐内化于心,外化于行,形成追求真善美慧的精神,养成一种求真行善尚美智慧的良好的自觉习惯,在与人相处的时候,自觉以和为贵,真诚待人,和善可亲,与人为善,助人为乐,成人之美,美美与共,智慧处事,凝聚共识和力量,团结和谐,合作共赢,不断提高自己的教学教育成绩,营造健康向上,快乐幸福的校园文化氛围,让大家都能高高兴兴上学来,快快乐乐回家去。

教育学生只有树立和谐奋进拼搏文明的思想,才能具备可持续发展的能力,才能最终成为人生的赢家。遇见皆是缘,且行且珍惜,让所有的遇见都变成使自己生命茁壮生长的养分,与周围的一切人和自然生物和谐共处,平常心,融洽情,自然缘,相互包容、尊重、理解、支持,凝聚成正能量,才能相互成就,共同发展,利人利己,荣校

荣家,利国利民。

我们联合校的发展,有赖于每一位教职员工都自觉地把自己融入进联合校大家庭之中,胸怀联合校,立足联合校,时时处处事事从联合校大局出发,思考问题,从思想和行动上与联合校共荣辱。言必称联合校之美,以联合校兴为荣,以联合校衰为耻。只有上下和谐,师师和谐,师生和谐,生生和谐,家校和谐,才能打造出平安和谐优质特色的教育品牌,实现联合校的快速健康可持续大发展。

第七节　学校特色

一个学校,没有优良的教育教学质量做基础,奢谈学校特色多突出,除了自欺欺人,哗众取宠,什么都没有。

办学特色不是靠贴贴标签,挂挂条幅虚假的形式,更不是靠几个学生弹弹琴,唱唱歌,跳跳舞,表演几个节目来证明的,而是靠人们走进学校后,对学校环境氛围的耳目一新观感,对师生精神面貌的与众不同的感受,对校园里流动的空气的独一无二的品鉴,对所见所闻所感之后沉淀下来的东西的别有一番风味的回味。这些感受最后形成一种系统的整体的具体形象的认知,构成了我校有别于其他学校的独特风格,凝聚成学校文化特色,具体表现为学生有特长,教师有特征,学校有特色。

办学特色,其实就是一个学校文化的独特魅力。不是一朝一夕就能做到的,它是一种文化,而文化需要有几年甚至几十年的积累积淀才能形成。

所以,我们可以说某种办学特色,是我们的办学追求或愿景,我们一直在教育教学管理实践中不断渗透、践行、实现,让学校方方面面不断凸显出来这些特点,逐渐形成鲜明特征和个性特色。

一、和真苑、和善苑、和美苑、和慧苑的寓意解读

我们联合校四个院分别取名:和真、和善、和美、和慧,用"和"贯串,俗称"和"字辈儿,"和"很重要,是团结和谐的意思,是联合校和文化的核心。一个人只有内心和谐,与周围的人和环境和谐相处,才能心平气和,生发出真知、善心、美丽、智慧,才能专心做事,潜心育人,为社会做出贡献,实现自己的人生理想。

和真苑在南院,南方五行属火,寓意是烈火淬炼真金,真金不怕火炼。希望师生求真务实,求真知,做真人。

和善苑在中院,中方五行属土,寓意是皇天后土,厚德载物。希望师生积德行善,

修善心,存善念,办善事,说善话,做善人。学校管理者要力争做一个德高望重的人,德高为范,学高为师,行善政,善治理,以德治校,以德服人,引领文明校园创建。

和美苑在北院,北方五行属水,寓意是曲水流觞,流水潺潺,润物无声。"青山不墨千秋画,绿水无弦万古琴。"有水就有灵气,有水就有诗情画意。北院是美术高中所在地,希望师生借水泼墨,望水作画,借画描绘出七中·十五中联合校现实的景美物美人更美,色彩绚丽的美好未来。

和慧苑在西院,西方五行属金,寓意是金声玉振,金就砺则利,聪明伶俐,富有智慧。每年的毕业年级都在西院,希望师生潜心钻研,专心磨炼,铸造出倚天屠龙之剑,行走学海,乘风破浪,渡过沧海,达到理想的彼岸,实现人生的梦想。

德,才之帅也。真善美是一个人的人品基础和底色,是聪明智慧才能的依托。一个人必须具有真善美的品质,先做好人,再学会做事的本领,才有可能成为一个对社会有益有用的人。学校立德树人根本任务才真正能够完成。

二、七中赞——写于建校五十周年

邢台七中,今岁遇见。正值校庆,五十华诞。

一九六八,文曲下凡。选址东门,护城河畔。

六校合并,师生挥汗。自力更生,建校维艰。

始名东风,延用八年。随序排名,七中列忝。

历经八载,初高完全。美术中专,批准举办。

专才辈出,十二余年。后又更名,美高名显。

二〇〇二,十六中还。二〇〇九,九中入班。

二〇一七,十五中联。时至今日,一校四院。

在校师生,六千有三。和谐文化,历史渊源。

和真和善,南苑中苑。和美和慧,北苑西苑。

政通人和,齐心集团。正和严活,校风示范。

为人师表,身教言传。恪守教风,勤严爱廉。

知行合一,学风相传。自主乐群,学子风范。

回首半世,感慨万千。苦难辉煌,难忘先贤。

十月十八,隆重纪念。校庆主题,星光灿烂。

十大功勋,教师典范。十大优秀,才俊不凡。

二十有七,特殊贡献。历届学子,无论贵贱。

师生欢聚,热泪相见。载歌载舞,热闹非凡。

畅叙友情,重温当年。如醉如痴,展望明天。

几代师生,英才辈现。七中威名,如日中天。

优质特色,和谐平安。文明美丽,日渐实现。

盛名累积,荣誉如串。年年争优,人人获赞。

立德树人,使命在肩。成才报国,发奋志坚。

欣逢盛世,创新发展。中国梦想,全凭实干。

七中未来,大美如愿。同祝七中,基业万年。

三、用奋斗的姿态迎接新时代

有一种姿态最美丽;有一种声音最动人;有一种信念最坚定;有一种行动最高贵;有一种过程最精彩;有一种收获最幸福;有一种享受最持久——那就是奋斗!

2018 年,有七个留下深刻印象的亮点:创城工作圆满完成、迎检工作顺利通过、中高考成绩单亮眼、校庆活动隆重举办教改科研深入推进、"和"文化提炼并凸显、三大主题添彩校园。

三大景观:校友亭、校史馆、核心价值观长城。

三大指导思想:新思想、新党章、新宪法。

三大会议:十九大、全国教育大会、改革开放四十年纪念大会。

展望 2019 年,七件大事提前谋划:保稳定迎接建国七十周年、抓教研迎接新高考方案实施、抓提升迎接教改实验再深入、抓规范迎接国家义务教育均衡验收、抓备战迎接中高考成绩再创新高、抓文明迎接创城工作继续开展、抓惠民迎接改革措施陆续落地。

四、七彩七中,可持续发展

永远不对自己的孩子说,你看看别人的孩子;因为孩子从来没有对你说,你看看别人的家长。

永远不要对学生说,你们看看别人班的学生;因为学生从来不会当面对你说,你看看别人班的老师。

永远不要对同事说,你看看别人的同事;因为你的同事从来不会对你说,你看看别人的同事。

永远不要对领导说,你看看别人的领导;因为领导从来不会对你说,你看看别人的下属。

如果自己没有能力逃离自己生存生活工作的环境,那就选择自己适应现有的环境的方式方法。

教育,是因材施教,分类指导,包容个性,培养特长,全面发展,鼓励学生成长为最好的自己;追求第一固然重要,更重要的是力求唯一。在教育管理过程中,可以建立竞争机制,采取比赛等手段,通过外在压力激发学生的内动力,教会学生在竞争比赛中合作,在合作中竞争比赛,展现出自己优秀的一方面和独特魅力,完成自己的成长经历。

但不能用一个标准一把尺子去衡量评价所有学生的好与坏,高与下,优与劣,强与弱,长与短。从学校到班级都应该看作是一个大花园,期待百花齐放;看作是一片大森林,乐见万木茂盛;看作是一片天空,喜望百鸟争鸣;看作是一汪池塘,俯观万种鱼翔。

你的学生来时之路千差万别,不要期望他们现在和未来一模一样,而应该是教育学生在遵守基本社会规则和法律法规道德规范前提下,各自生长,气象万千,这样才能让我们的生活的世界变得多姿多彩,充满活力,可持续发展。

第八节 为师之本,以德为先

以德服人,以情感人,以学教人,以能导人,以廉育人。

百年大计,教育为本,教育大计,教师为本,教师大计,师德为本。

师德师风建设,是学校师资队伍建设的首要任务,是实现学校可持续发展的根本保障,是完成立德树人根本任务的重要和必要条件。

德育工作的重要性

有德有才是极品

有德无才是残品

无德无才是废品

无德有才是危险品

作为老师要具备哪些素质

修为师之德

守为师之道

尽为师之责

强为师之技

练为师之能

展为师之风

铸为师之魂

创为师之业

圆为师之梦

树为师之名

唱为师之歌

教书育人，精忠报国，忠诚党的教育事业。德高为师，身正为范，学博为基，做好四个引路人。身教言传，勤严爱廉，争做四有教师。

当老师要不断修炼，德才兼备：每一个人所谓的成功，都是一个自我修炼，不断完善的过程。由不纯正、不灵动、不完善、不完美开始，逐渐走向至纯至正、至灵至聪、至真至善至美的境界。

没有天生的圣人智者，只有一直走在至深至高至远的路上的人。任何人在通往成功的路上，都会有这样的经历：面对困难时畏惧，面对挫折时彷徨，面对压力时迷茫，面对无助时心生退意，面对孤独时犹豫不决。而成功的人就是那些经历了不堪，痛定思痛之后，依然能够不忘初心，坚定信念，专注目标，痴心不改，在不断跌倒后重新爬起振作，重整行装再出发，日益精进，增长学识，苦练本领，最终接近或达到理想的境地。

当老师的职责就是，自己有梦想，有目标，有信念，有坚韧不拔的精神，带着一群学生，犹如唐僧师徒四人，专注前方，专心取经，不畏艰险，患难与共，相互鼓励，踏平坎坷，终成正果。一路奋斗一路歌，展现人生的精彩，实现人生的价值！

一、争做四个引路人，争当四有好老师

教育是点燃每一个交付在我们手上的生命，而不是熄灭或者摧毁。教育不是你接收了多少人，而是你影响到了多少人。

生活中一定要和你同频的人在一起，和鼓励你前行的人在一起，和有趣的人在一起，和正能量的人在一起。因为这样你会越来越快乐，越来越进步，越来越有趣，越来越优秀，越来越有正能量，你会慢慢活成一束光，照亮自己也会照亮别人！

教师要做学生的"四个引路人",即做学生锤炼品格的引路人,做学生学习知识的引路人,做学生创新思维的引路人,做学生奉献祖国的引路人。

(1)做学生锤炼品格的引路人。教师在关注学生成绩的同时,要引导学生锤炼品格,要通过各种行之有效的方式方法培养学生具有健全的人格和优良的品格,让学生不仅当一名合格公民,更要当一名优秀的炎黄子孙。同时,教师自身也要注重品格的锤炼。

(2)做学生学习知识的引路人。教师自身要有扎实的学识,既能教给学生知识,又能教给学生方法,不仅要引导学生学什么,更要引导学生怎么学,还要引导学生不厌学,精益求精地学。教师要成为学生的引导者、帮助者、参与者。

(3)做学生创新思维的引路人。教师要鼓励学生有创新行为,允许并包容学生在创新时犯错,学会创造性地思考和实践,力争成为创新型人才。一个优秀的老师要敢于让学生超越自己,要能够接受学生提出的新观点,新思想,只有这样才能够培养学生的创新思维。

(4)做学生奉献祖国的引路人。教育学生热爱祖国,是每位教师应尽的教育职责。教育学生要做一个对祖国、对社会、对人民有用的人,要有大格局、大视野,不能仅仅思考自己,更要"达则兼济天下"。在老师的教育下,每个学生都有责任感,都有使命感,都有国家的荣誉感,为中华民族的伟大复兴而努力学习。

老师要争当四有好老师。即有理想信念,有道德情操,有扎实知识,有仁爱之心。

一是有理想信念,这是实现中国梦的思想基础,体现了思想育人的导向。思想是行动的先导,有什么样的思想,就会有什么样的行动。

二是有道德情操,这是教书育人的前提条件,体现了道德育人的导向。古人云,师者,传道、授业、解惑也。一个道德情操高尚的教师,他的学生也会是道德楷模。

三是有扎实知识,这是对教师的起码要求,体现了知识育人的导向。教师的职业就是教书育人,如果自己一瓶不满、半瓶晃荡,那是教不好学生的。

四是有仁爱之心,这是教师从事的职业所需,体现了和谐育人的导向。孔子曰,仁者,爱人也。教师就是人类社会灵魂的工程师,只有真心诚意地去爱每一名学生,才能成为一名合格的教师。

二、老师的本质是艺术家

中国教育学会顾问、上海市教育学会名誉会长,被联合国教科文组织授予"亚太地区普教专家"称号的我国普教界著名学者吕型伟关于教育有一段名言:

教育是事业,事业的意义在于奉献;

教育是科学,科学的价值在于求真;

教育是艺术,艺术的生命在于创新。

我们是人类灵魂的工程师,是学生形象的塑造者,是未来国家和社会发展的奠基人。我们用德艺双馨对学生言传身教,让学生成为我们理想的模样,为我们自己,为我们的社会,为我们的国家培养出一批又一批德才兼备接班人和建设者。立德树人,使命光荣,不忘初心,兢兢业业。

习近平总书记对文艺工作者的嘱托和希望,大家都可以读一读,想一想,从中汲取营养和力量,悟出使命和责任,落实到具体行动上。

从一定意义上来说,我们当老师的本质是文艺工作者,每天面对的活生生的人,鲜活的生命,火热的生活,青春的年华,激情的岁月,用粉笔,总黑板,用备课本,用日增的白发,用有教无类,用因材施教,用循循善诱,用诲人不倦,用赤心爱心描绘雕刻塑造出一个个国家希望,民族期盼,家庭依靠,社会需要,老师骄傲的优秀学生。

读一读习近平总书记的讲话,联系我们联合校的实际,结合自己的岗位职责和每天工作任务,积极投身到我们学校的教育教学工作中去,创造亮点,创新业绩,发现美好,歌颂赞美身边的优秀师生,讴歌联合校的辉煌的昨天,火红的今天,理想的明天,鼓舞士气,团结一致,办好老百姓家门口的优质学校。

第十二章　给予学生

第一节　致开学的孩子们

开学啦 让我们再读一遍龙应台写给安德烈的一段话——

"孩子,我要求你读书用功,不是因为我要你跟别人比成绩,而是,我希望你将来会拥有选择的权利,选择有意义、有时间的工作,而不是被迫谋生。当你的工作在你心中有意义,你就有成就感。当你的工作给你时间,不剥夺你的生活,你就有尊严。成就感和尊严,给你快乐。"

那些年,我们在一个风吹麦浪的浪漫季节,怀揣着最初的梦想,来到长满了柠檬树和映山红那些花儿的七彩校园,开始了十七岁的生活,我们是一群没有什么不同的花季少年,对未来充满了顽固的爱,仰望星空,渴望光荣,经历了艰苦奋斗,终于创造了无与伦比的美丽。我们发誓,如果有来生,还要选择让我们终生难忘的七中!

有严峻的警告:高考没有彩排,人生不能重来;宁吃百日苦,不留终身憾。

也有高远的胸怀:高考是纸老虎,一切不成定局,一切都在变化中。

既有清醒的认识:厚积十载苦谁知,薄发一朝甘自尝。

也有固执的坚持:坚持到底,永不言败。

既有学习的方式:两眼一睁,开始竞争;两眼一睁,学到熄灯。

也有反省的道理:让错误数量越来越少,档次越来越高。

既有青春的热血:青春是用来拼搏的,青春是用来实现梦想的。

也有做人的道理:静下心来做人,潜下心来做事。

既有实实在在的做法:冲出教室,跑步进入食堂,节省更多时间可以学习;预习到位,听课到位,回答到位,记录到位。

又有精神层面的激励:不抛弃,不言弃,沉着冷静;摒弃侥幸之念,必取百炼成钢。

也有意志层面的砥砺:不做懒汉,不落埋怨;不做退缩的懦夫,不做平庸的草菅。

还有竞争层面的提醒:低头需要勇气,抬头需要实力;低头做事,抬头做人!

当然少不了趣味的哲理:对学习,永不言败;对班级,充满热爱;对批评,充满感怀;对同学,充满友爱;对老师,充满崇拜;对三闲,坚决拜拜。

更有理想层面的开拓:超越自我,挑战极限,全力以赴,无悔无怨。

比自律、比早起,比速度,比投入,比状态,比声音,比勤奋,比效率,比士气,比付出,比人格,比坚持,比成绩,比名次。

你要堕落,神仙也救不了;你要成长,绝处也能逢生。

也许现在的你很累,但未来的路还很长,不要忘了当初为何而出发,是什么让你坚持到现在,勿忘初心。丢失的自己,只能一点一点捡回来。把委屈和泪水都咽下去,输不起就不要输,死不了就站起来,告诉所有看不起你的人:我很好。

如果不想学习,不想努力,又不能坚持;不能专一,没执行力,又不懂感恩,却总是想赚钱,那你买个碗吧。

第二节 "日清–周结–月考"循环式学习法

相信每个老师的班级都有一些这样的学生:整天忙忙碌碌,费力耗时,但对所学知识仍然记忆不牢固,掌握不扎实,因而导致成绩不理想。那怎样才能有效地提高学生的学习效率呢?

"日清–周结–月考"循环学习法到底是啥?

日清,就是当天的学习任务当天完成,做到"三不"——"不等""不靠""不拖",严格按教学进度复习。周结,就是利用周末时间,把一周内复习的内容进行系统的归类整理,形成知识体系;把典型习题分类整理,力求做到触类旁通,举一反三。同时,也要把一周来落下的学习任务补上。月结,是对自己每月学习情况的总结和反思。

为什么提倡这样的学习方法?现代教育认为学习需要不断总结和反思

"艾宾浩斯遗忘曲线"告诉我们:遗忘的发展规律是先快后慢,24小时内复习所学的知识容易记牢,8小时之内及时复习效果最佳。心理学家也分析,一个英语单词只有在大脑里停留7-12次才能被记住,所以知识不要希望背诵一次就能记住,只有充分利用各种可能的时间重复复习,才能达到真正的记忆。

现代教育论认为,方法来自对学习行为过程的不断总结,不会总结和不会做计划都是不会学习的表现,总结的过程本身就是完善的过程,是提高的过程,学习需要总结,需要反思,在总结中完善,在反思中提高。

具体该怎么做呢?每天及时复习,搞好学情周总结,重视月考。

1.每天三个时段,分别拿出至少十五分钟的时间及时复习:

早上用 15 分钟的时间翻看教材,强化复习前一天学习的内容不看书,仅通过想像就能够回忆起来的知识,才是真正记忆牢固了的知识;

午休或者午饭后上课前利用 15 分钟时间,复习完善上午学习的知识;

晚上 6 点到 8 点是大脑记忆的高潮期,在这个时间段把当天各科的学习任务和学习内容梳理一遍,看还有哪些学习任务没有完成,赶紧利用睡前时间补上。

睡前合上书,回忆一天所复习的基本知识内容的重点、难点,回顾与之相关的典型例题、习题,增强记忆效果。

2.搞好学情周总结。

建议同学们采取"知识强化记忆"的方法:看着课本目录回忆基本知识,确实想不起来的内容可以翻看课本,重新记忆。

3.重视月考。

进入复习阶段,大部分学校会一个月安排一次"月考",检测一个月的教学情况。因此,月考后,同学们要认真总结和存在的问题。对一个月来的学习要进行"查缺补漏",属于反思这一个月的学习情况,找出阶段学习和考试技能方面知识没有掌握牢固的,要制定计划,再"回头看";属于考试技能技巧的要汲取教训,防止下一次重蹈覆辙。考试技能技巧的培养要从平时做起,而不能仅靠考前的几次模拟考试训练。

"日清–周结–月考"循环式学习法,能够最大限度地优化学习过程,大幅度提高学习效益。最大幅度改变了学生的学习习惯,使学生的学习常规真正落到了实处,成绩稳步提高。

宏伟的建筑蓝图需要落实到一砖一瓦上,最终才能建起高楼大厦。你只有完成了每天每周的学习任务,你在一个月后一个学期后,才能不欠账,才能胜利完成学习目标。

善于学习的同学,请一定抽出时间日清周结,不留知识死角。一路走去,不留遗憾和缺漏。这样,你才能始终扎实前进,心情也会更加愉快,也才能不断建立自信,巩固自信,从而让自己的学习状态始终良性运转。

第三节　考试有感

学生考试,高度用脑,考完回家,父母犒劳。
先道辛苦,再来拥抱,美味佳肴,饭桌摆好。

多多鼓励,少点指责,适当放松,理解重要。

有效沟通,方有成效,关系不到,徒增烦恼。

家庭教育,大道至简,功利之心,若能全抛。

浮躁之风,九天云霄,孩子优点,方能看到。

大器晚成,亦难预料,若不成材,成人亦好。

孝敬父母,老有依靠,放平心态,优点多找。

自尊自信,自我寻找,幸福人生,探索其道。

快乐学习,生活之妙,慢慢体会,细细思考。

既考学生,又考家教,机不可失,失了难找。

动动大脑,比比智慧,青春无悔,因你骄傲。

第四节　明明白白告诉学生人生真相

早起的鸟儿有虫吃。八小时之外才能找到成功的捷径。马无夜草不肥。鲁迅说,写作哪有什么秘诀,我是把别人喝咖啡的时间,都用在了写作上了。一分耕耘,一分收获。没有谁能随随便便成功,没有自律自强,尽可能多的时间的投入,高强难度和反复的大训练量,干什么都不可能成功。

该奋斗的年龄,不要贪图安逸。少年时代经受并战胜的一切苦难,都将成为青年成才,中年成功,老年享受,养家糊口,服务社会,造福人民的根基和资本。人生是环环相扣的,每一个环节都是由无数个细节组成的。细节是魔鬼,成功就藏在细节之中。作为一个中学生要在立志成为社会有用之才,报效祖国的大目标下,务必明确一个三年、六年、十年的近期升学目标,然后用每天的早起晚归,脚踏实地,只争朝夕,专心学习,刻苦训练,一步步去接近和实现每一个周测月考期考年考目标。

让学生懂得真正的高人是这样的:三年不鸣则已,一鸣惊人。厚积薄发。平时目标在胸,埋头苦干,也不高喊不切实际的口号,只是盯住目标,持之以恒,反复修炼,一旦技术精熟,艺高胆大,必然如猛虎下山,呼啸而出,出手不凡,百步穿杨,一举成功,一战成名。

第五节　中学生如何践行"八荣八耻"

中学生如何践行"八荣八耻"呢?我认为应该努力做到以下几个方面:

（1）热爱祖国，热爱学校，关心班集体。不做有损于国家、学校和集体利益的事情。用自己的实际行动树立学校形象，维护学校荣誉。

（2）积极的服务社会，服务同学，服务他人。在生活中要甘于奉献，乐于助人，不计较个人得失，不做损人利己的事。

（3）要崇尚科学，追求真理，刻苦学习，历练本领，不断提高自身的能力和综合素质，为将来祖国的建设和发展打好基础。

（4）在校要做一个勤劳的公民，成为一个能够自强自立、有益于社会的人。要克服养尊处优、消极懒惰的倾向，不做好逸恶劳、不劳而获的人。

（5）要学会与他人交往，学会友好相处，要懂得尊重他人就是尊重自己的道理，团结同学，尊敬师长，互相进步，反对一切不文明的语言和行为。

（6）要诚恳待人，遵守诺言，做一个诚实守信的人。不迟到不早退，不无故缺课，不做违反纪律的事情，共同建设和谐文明的校园。

（7）大力弘扬艰苦奋斗的作风，以铺张浪费为耻，坚决反对大手大脚挥霍浪费享乐之风。

（8）积极参加多项文体活动，营造健康文明积极的校园文化，不进网吧、游戏厅等有损身心健康的场所，对那些庸俗、低级、堕落的文化，要坚决抵制。

要使青少年学生对荣辱观的内容人人知晓，更要重视他们的养成教育，使之成为青少年学生的人生准则和行为指南。

第六节　学习口才对孩子一生的影响

（1）更加自信：从胆怯害怕到充满信心大胆展示。

（2）开口说话：从不敢说话到轻松与他人沟通。

（3）展示自我：从不会表现自己到乐于表现自己的特长。

（4）懂得礼仪：从不知如何接待客人到会运用礼貌用语，接人待物有礼有节。

（5）学会才艺：从不会表演节目到灵活表演绕口令、快板、相声、讲故事、主持节目等。

（6）发音标准：从满口方言到逐步学会标准普通话，享受标准发音的美感。

（7）应变能力：从处事比较迟钝到遇到问题可以积极地应变及处理。

（8）语言组织：从语无伦次到话语句完整。

（9）培养气质：从没有独特的气质到培养优雅，大方、自然、洒脱的气质。

(10)举止高雅:从谈吐不佳到说话举止有度,风度翩翩,举止高雅。

(11)领导能力:从小学会组织、管理,学会领导才能。

第七节　毕业寄语

同学们,当你们离开校园的时候,依然坚守在这里的,是你们的老师,有一丝甜蜜,更有恋恋不舍。三年的时光短暂而美好,你们收获了友谊、情感、和感恩的心,这将是你们一生宝贵的财富。祝福你们一切顺利。

同学们,未来的路还很长,海阔凭鱼跃,天高任鸟飞。奋斗的人生最美丽,拼搏的光阴最幸福。希望大家充满自信,永不言败,勇往直前,做一个对社会有用的人!

第十三章　家庭教育

第一节　家风家教与孩子成长

一、家庭教育是什么

家庭教育已经进入新的时期,需要重新定义。我们首先要知道家庭教育是什么,家庭教育的作用是什么,家庭教育在大教育中扮演什么角色,你在家庭教育中、在孩子的教育中能够做到什么。也许,这些问题没有统一的答案,但你的思考、你的认知水平、你的教养观念,将决定家庭教育的实现程度。

在当下,立德树人已经成为教育的根本任务,核心素养已经成为人发展的重要评价依据,家校社合力已经成为教育共识。可为何在面对个体发展的时候,不能够将统一认识化作行动力? 这里面最为关键的因素,就是个体差异化发展与现阶段教育实施过程间一直存在的若干矛盾。这不仅包括培养目标不一致,还包括小我与大我,自我与我们的认识观念不同,父母职能和儿童权利保障等多个方面的问题。

各位同仁有着丰富实践体会,在一起可以充分理解国家方针政策,分享各地经验,探讨现实问题,取得基本共识,一起努力,推动我省家庭教育事业健康有序发展。

二、做最好的自己

真正自信的父母,总是思考如何做最好的自己,让自己成为孩子的骄傲;自卑的父母,总是琢磨怎么让自己的孩子比别的孩子强,来为自己赢得面子。

为人父母,不要总说,孩子是我们的未来。其实我们,更是孩子的未来。

不要总期待孩子某一天能会成为我们的骄傲,先想一想:我们能不能先成为孩子的骄傲。

如果你只想种植几天,就种花;

如果你只想种植几年,就种树;

如果你想流传千古,就种植观念!

家庭教育的唯一捷径是：家长努力提高自己的境界，进而提高孩子的境界，带动孩子一起飞翔。

让我们与智者为伍！与经典同行！

三、放弃控制，才能控制

叛逆孩子都有着一些共同特点：非常容易发脾气、喜怒无常，几乎总是拒绝大人要求他们做的事。他们最大的问题就是：不愿意接受成人的权威。

这个时候，你需要真正理解你的孩子。只有放弃对孩子的控制，才能获得更多的掌控权；只有不强迫孩子听话，孩子才会开始听你的话。

四、一把钥匙一把锁——给天下父母的忠告

孩子的教育真的很重要！

(1)你的教育方法越简单粗暴，孩子的错误和谎话就越多。

(2)用考试成绩作为评价孩子的唯一尺度，父母和老师就都变成了盲人。只有用多把尺子衡量人，才能真正发现孩子的长处在哪里。

(3)在家庭教育中，父母一般都很在意自己对孩子说了什么，这固然是重要的，但更重要的是你做了什么，因为孩子的特点是善于观察。父母千万不可忘记，儿童大多是研究大人的专家。

五、家庭自律规

人是关系的产物，人生活在关系中，人是关系的总和。

在伤害性的亲子关系中长大的孩子，倾向于逃避关系，从而使自己陷于孤独。

不敢靠近，保持距离，制造冲突，都是常用的逃避关系的方式。受人恩惠急于还人情，或者施人恩惠刻意不求回报，也是对关系的逃避。

以下建议请内化于心，外化于行。

(1)要多鼓励、赞美家人，而不是批评、指责、埋怨家人。因为只有鼓励和赞美才能带给家人自信和力量，批评、指责、埋怨只是在发泄情绪伤害家人的心灵。

(2)要用行动去影响家人，而不是用言语去说教家人。因为家人的行为不是被教导而成，而是靠自己积极正能量的影响。

(3)要多聆听家人的心声，而不是急于评断家人。因为聆听才是最好的沟通。

(4)要无条件的去爱家人本来的样子，而不是去爱我要求的样子。因为那是我的

想法和自私。

（5）要学会静下心来与家人平等沟通,而不是居高临下的指使家人。因为强势只会给家人带来更强烈的情绪。

（6）要用心去陪伴家人,而不是心不在焉的敷衍家人。因为只有真正的陪伴,才能让家人感受到爱的温暖。

（7）要控制自己的情绪,和家人一起安静平和的享受好每一个当下。因为脾气和暴力只代表无能和对家人的伤害。

（8）要积极主动的处理好与家人的关系,创造一个和谐的家庭环境,绝不让家庭矛盾影响和伤害到家人。因为只有家庭关系和睦才是对家人最大的爱。

（9）要让家人长成他们要长成的样子,而不是你期待的样子。因为家人并不属于谁,他们只是你生命之旅中非常有缘的过客,去完成他们自己的梦想和使命。

（10）要多为家人种善因、行善事。因为种善因方能结善果,积善之家必有余庆,积不善之家必有余殃。

第二节　几条家庭教育格言

（1）家长在家庭教育时一定要记住:情感教育永远都大于道理教育。

（2）孩子挑食是从父母谈哪一个不好吃开始的。

（3）良好的习惯是孩子所储存的资本,会不断增值,并一生享受着它的利息。

（4）一个行为反复养成习惯,习惯反复形成品质,品质改变命运。

（5）父母要想培养孩子一个健康的人格,就应营造一个轻松和睦的家庭。

（6）激发幼儿的求知和学习的欲望,远比教会有限的知识有意义得多。

（7）孩子在幼儿期间蕴藏着无限的可能性,需要父母加以挖掘和引导。

（8）适时引导孩子讲故事,这是保持他们思想活跃的绝妙方法。

（9）家庭教育的任务,首先是父母教育、父母学习。

第三节　致家长的一封信(节选)

尊敬的家长朋友们:

您好!

首先,非常感谢您对我们邢台七中十五中联合校的信任,把孩子送到这里就读。

在广大家长的关心、理解和支持下，我们学校走过了五十多年的发展历程。一代代七中人初心不改，持续奋斗，立德树人，育桃李芬芳，引领学生们展望未来，努力学习，奋力拼搏！新的学期展现新的气象，开启新的征程，我们秉承"让每一位师生在这里都能大放异彩"的教育理念，满怀激情，坚定信念，团结奋进，携手迎接新的机遇和挑战，共创新佳绩，共筑新未来！

邢台七中十五中联合校优生辈出，有口皆碑。初中教学质量在邢台市位居前列，中考优秀生率名列第一。美术高中是我省在校生规模最大，人数最多的学校，每年的升本率达到70%以上，普高成绩每年稳中有升，保持着高速发展的势头。我校是一所集义务教育、美术高中、普通高中于一体的完全中学；是一所深受广大学生和家长赞扬，得到社会广泛认可的邢台市首选品牌学校。

为了更好地把您的孩子教育好、管理好，我们将有效地拓宽与您交流、沟通的渠道，同时也将以真诚的态度、务实的作风和创新的精神进一步改进我们的工作。同时，也期待家长配合学校做到以下几点：

一是成功的教育离不开学生、老师、家庭三者的相互尊重、相互配合，只有家校形成合力学生才能健康成长。学校和家长，老师和学生是命运共同体，我们要互相尊重，互相理解，互相支持，共同托起学生的未来。我校老师们深知为国育才，为党育人，为民培根的责任重大，夙兴夜寐，兢兢业业，克己奉公，一致恪守如下信念：学生优秀，老师成就，学生越出色，老师越骄傲。

二是良好的家风对孩子成长起到潜移默化的作用。在平时生活中，家长们教育孩子要勤俭节约，在生活上不攀比，不追求名牌，不让学生带手机等贵重物品到校；督促孩子不要穿奇装异服、不染发、不戴首饰来校；教育孩子与同学相处，要尊重对方、宽容谦让。

三是遇事多沟通，凡事好商量，建立起和谐的家校合作关系，确保学生健康成长。在学生如何教，如何管方面，老师都具有很强的专业素养，家长要做好榜样，并教育孩子尊重老师。正处在青春期的学生，因为心理发展达不到成年人的预期，在家里会和家长产生矛盾，在学校会和老师、同学产生纠纷，这非常正常。家长们要有一个正确的态度面对，妥善的方式处理，不要操之过急，能在师生和同学之间自行解决的问题，就让其自行解决，一定要耐心等待，冷静思考，科学指导。家长尽量不要意气用事，卷入其中，让事态扩大，矛盾激化，更不要随意把矛盾问题向家庭和学校之外的任何无关渠道和他人诉说，那样不仅无助解决问题，反而会令问题和矛盾更难解决。家校是一家，家长和老师要一条心，拧成一股绳，共同找根源，想办法，把孩子身上的不良习惯和毛病改掉。老师和家长之间永远不要形成对手关系,甚至敌对关系。家长要相信学校和老师,学校和老师要相信家长,互相信任,互相理解支持。我们都要坚持这样一个原则:凡事都要靠学校和老师、家长三方解决;事都可以沟通交流解决,什么事只要有关方面各让一步,都会顺利解决。

四是我们真诚地欢迎社会各界和家长积极参与到我校的各项工作中去,并能通过正常渠道向学校和教师反应问题。尤其是对孩子所在的班级工作以及任课老师有好的建议和意见,一定要先和学校主管校长、各年级主任打电话或见面沟通,无论有什么样的问题,我们都一起商量找到解决的办法。我们相信,在我们共同努力下,一定能营造风清气正的教育生态,为学生健康成长创造和谐有力的教育环境。

新学期已经开学,让我们相互密切协作,共同把我们的孩子教育培养好。我们坚信,通过全体教职员工的不懈努力和全体家长的支持配合,一定会为我们的孩子创造一个辉煌灿烂的明天。

最后祝愿家长朋友们工作顺利,身体健康!

第十四章　好文分享

第一节　教育真谛

一、因人施教,培养特长

假期去武安一小村里求医问药治疗腰椎间盘脱出症。据村里人说治病的是一位老牧羊人,早年上山放羊,经常有羊跌倒坠崖摔断腰椎,老人就试着给羊接骨正腰,慢慢就学会了治疗腰病,由治羊过渡到治人,而且成了名医。

每天坐诊治病时间是凌晨两点到七点,早一会儿晚一会儿都不看病,而且脾气很大很怪,寡言少语。治疗过程中只有十几分钟,除了几句对答什么都不说。一次治疗,久不重犯,效果很好。切身体会,绝无诳语。

由此我想到,我们的教育对象学生有多少人能够样样精通,文武全才?何不因材施教,培养学生一个特长,并且让他特长极为突出,岂不也是教育的应有之义!

二、读万卷书,不如行万里路

读万卷书,不如行万里路。其实,行路也是一种阅读。一个读的是有字书,一个读的是无字书。

读书是在字里行间行走,古今中外在脑海里翻腾;行路是在阅读天地万物,一草一木都被我们辨识。

在路途中,我们会经历很多,所谓见多识广,了解别人和自己,我们的心胸会变得更宽广,以更好的心态去面对自己的生活,从而扩大我们的人生格局。

生活不止眼前的风景,还有诗和远方。走过了,经历了,就是人生的路,只愿一路风清,快乐而精彩。且行且珍惜!

三、严格要求自己养成阅读习惯

金克木老先生曾在一篇文章中将人们的读书分为以下几类:

跪着读的书——神圣经典；

站着读的书——权威讲话；

坐着读的书——为某种目的而进行的阅读；

躺着读的书——文艺类书籍；

走着读的书——能自身与之对照、与之谈话的书。

严格要求自己养成阅读习惯。如果以前没有读书的习惯，那么逼着自己每天抢一点、占一点、挤一点时间，就像薛瑞萍老师说的"恋爱的人总有时间拥抱，想读书的人永远都有时间阅读"，一点点形成习惯后，手边没书的日子，反而会觉得分外空寂。

四、致父母、宝贝、家长、老师

（一）致父母

在教育孩子的时候，你选择了挣钱，不去管教孩子，等孩子大了，你辛辛苦苦挣一辈子的钱不够他挥霍一年！

在教育孩子的时候，你选择了管教，陪伴，等孩子大了，你一辈子没挣到的钱孩子一年就挣到了！

你在哪方面付出，就会在哪方面收获，孩子的教育时效性太短，错过了就再也没有了！

孩子优秀了，你留钱做什么？ 孩子不成器了，你又留钱做什么！

（二）致宝贝

对你要求严厉的老师，你不要心生敌意，反而要心怀感激。

因为，只有负责的老师才会顶着种种压力和风险，去苦口婆心或大动干戈地管教你。

他期待你成才变好，才如此出力不讨好。这是传道授业的悖论，也是为人师者的深情。

（三）致家长

只有负责的老师才管学生。不指望每个学生都懂这个道理，因为他们毕竟还只是个孩子。

但是希望每个家长都懂这个道理，因为你们毕竟不是孩子了。

还要告诉孩子，在成长过程中遇到负责、公正、认真的老师是多么值得庆幸的事情啊！

（四）致老师

当老师的你，生命中会遇到很多个学生，每一个学生对你而言，只不过是众多学生中的一个。然而，对于学生来说，你却是他生命中遇到的有限的老师。你将是开启他万千世界的人，若爱，请深爱；若教，请全力以赴。

第二节　超越自己

一、超越他人不易，超越自己更难

自己先干得好，后说自己好，很有必要；让别人因为得到你的精神激励和物质帮助，而说你好，才更重要。

"起步就奔跑，开局就争先。"

"一天当作两天用，两步并作一步走。"

"努力到无能为力，拼搏到感动自己。"

二、走在前列，就要干在实处

干部干部，做好服务是本分，做不好服务是失职。真正要少一些"空喊口号、花拳绣腿"，多一些"吹糠见米、刀下见菜"；少一点"好高骛远、坐而论道"，多一点"三更灯火、脱鞋下田"。干部干部，关键在干。干部存在的价值就是解决问题，决不能让干部自身成为问题。正所谓"一等二靠三落空、一想二做三成功"。重大改革要"揭榜挂帅"，重点工作应周通报、月月盯、季季拼，重点任务必奖"红旗"罚"蜗牛"，处处是比学赶超、争先进位的赛场，无不彰显拼抢姿态和发展张力。树立"精细服务，开放包容"的意识。

要保持强烈的目标导向，强烈的问题导向，强烈的现场意识，让会风文风——

"务实高效，小会多、大会少，短会多、长会少。"

"直奔主题，不穿靴戴帽，一切奔着解决问题去。"

对我们当老师的来说，忠诚有三层含义：一是对党的教育事业忠诚，二是对自己所属的团队（学校科室年级）忠诚，三是对自己的岗位职责忠诚。三者关系从抽象到具体，从理论到行动，从形而上到形而下，从大概念到小细节，步步落实，相互印证。

机遇，只有在实干中才能把握；难题，只有在实干中才能破解。

要努力破除思想束缚之"冰"、方法局限之"冰"、思想懈怠之"冰"，干在实处，善作善成。

三、激发自身发展潜力

科学研究发现,具备以下五个基本要素的人最有发展潜力:

第一是内驱力。如果动力来自外部的压力,就很容易消失。

第二是有毅力。失败是成功之母,要经得起失败。

第三是开放。要学习不同的意见,吸收不同的观点,不要固守自己的观念。

第四是智慧。所谓智慧就是要动脑筋,不是机械地去做。

第五是领导力。所谓领导力并不是说培养学生将来都去当领导,而是正确认识自己的优缺点,能够与人沟通、交流并影响他人。

四、提升自我境界

(一)王国维做学问"三境界说"

第一境界:昨夜西风凋碧树,独上高楼,望尽天涯路;

第二境界:衣带渐宽终不悔,为伊消得人憔悴;

第三境界:众里寻他千百度,蓦然回首,那人却在灯火阑珊处。

(二)读书的"三重境界"

第一境界:书到用时方恨少;

第二境界:书山有路勤为径;

第三境界:腹有诗书气自华。

"三境界"串起来也是一个发现问题、解决问题、实现目标的过程。

(三)干事业也有"三境界"

第一境界:热爱你的工作,它才会成为事业。

第二境界:热爱你的事业,它就会成为艺术。

第三境界:热爱你的艺术,它就会为你带来终身的成就和终生的快乐。

五、正确的人生哲学

正确的人生哲学只有在拼命工作中、在汗水中才能产生,人的精神只有在日常的不懈的劳动中才能得到磨炼。

埋头于本职工作,不断钻研,反复努力,这意味着珍惜上苍赐予的生命中的每个今天、每个瞬间。

不必脱离俗世，工作现场就是最好的磨炼意志的地方，工作本身就是最好的修行，每天认真工作就能塑造高尚的人格，就能获得幸福的人生。

工作中遇到问题，有人只会两手一摊说不会，有的人却能态度端正，解决问题。

很多时候，比能力更重要的，是你的工作态度。态度端正的人，擅长合作；态度不好的人，耽误大家时间。别总说不喜欢这份工作，能做好不喜欢的工作，才配得上更好的工作。

六、保持谦虚，寻找榜样

优秀的人总能看到比自己更好的，而平庸的人总能看到比自己更差的。真的努力后你会发现自己要比想象的优秀很多。

一个人比你优秀，必须和他交往，因为优秀的人散发正能量；一个人比你有德行，你尽量与他成为一个团队，因为厚德载物；一个人比你有智慧，你尽可安心与他同行，相信智慧能照亮未来；一个人活的生命比你有质量，你可用心与他成为知己，生命才有高度与宽度 。与智者同行，与善者同频！

真正强大的人，从不把优越感写在脸上。一个人的可贵之处，不在于他的身份有多高，而在于他能够始终如一地待人谦逊，而那些自以为的尊贵，不值得尊重。

尊重别人，就是尊重自己。别人尊重你，并不是因为你优秀，而是因为别人很优秀，优秀的人更懂得尊重别人。

七、反思过往，总结经验

不管做什么事，在什么岗位，只要经历了，就要反思过往，总结经验，理出做事规律和套路，才能真正提升自己，启迪他人，更好地服务社会，造福人民。

下面是一位高管心路历程和人生体会，值得参考：

(1)从小事做起，学会吃亏，与他人合作。

(2)心有多大，舞台就有多大。

(3)好好学习，天天向上。

(4)勇于实践，勇于犯错，善于反思。

(5)要有方法、有套路，对问题系统思考、对解决方案有战略性的设计。

(6)独立思考，不人云亦云。

(7)少抱怨、少空谈、积极主动，多干实事。

(8)对职业负责、对目标负责，对自己负责，成功者往往自觉自律、信守承诺、心无旁骛。

（9）多点人文修养和审美情趣，看起来与工作不怎么相关，其实太相关了。

（10）"大家好，才是真的好"，关注人，帮助人，真诚待人，厚道做人。

（11）开放和分享的态度。

（12）做好时间管理。

当你自认为辛苦、艰难，甚至委屈时，请看看前面为你开路的那位，当你的领导在为你冒险、开拓、进取的那刻，跟随者应把所有的怨言、负面，扼杀在思想的摇篮里。因为领队的阻力远比追随者大十倍，因为他挖出一条道，可能不一定是最顺直的！

但他会让你们走得轻松、走得顺畅，却不会告诉你们，开垦这条路的过程他有多累，多辛苦。